"十三五"国家重点图书出版规划项目

法学精义
Essentials of Legal Theory

刑事司法通识课讲义

何家弘 著

清华大学出版社
北京

图书在版编目(CIP)数据

刑事司法通识课讲义 / 何家弘著 . -- 北京:清华大学出版社,2025.1.
(法学精义). -- ISBN 978-7-302-67947-9

Ⅰ. D925. 204

中国国家版本馆 CIP 数据核字第 2025PH6094 号

责任编辑:刘　晶
封面设计:徐　超
责任校对:王荣静
责任印制:丛怀宇

出版发行:清华大学出版社
　　　　　网　　　址:https://www.tup.com.cn,https://www.wqxuetang.com
　　　　　地　　　址:北京清华大学学研大厦 A 座　　　邮　　编:100084
　　　　　社 总 机:010-83470000　　　　　　　邮　　购:010-62786544
　　　　　投稿与读者服务:010-62776969, c-service@ tup. tsinghua. edu. cn
　　　　　质量反馈:010-62772015, zhiliang@ tup. tsinghua. edu. cn
印 装 者:三河市东方印刷有限公司
经　　销:全国新华书店
开　　本:170mm×240mm　　印　张:33.5　　插　页:2　　字　数:530 千字
版　　次:2025 年 3 月第 1 版　　　　　　印　次:2025 年 3 月第 1 次印刷
定　　价:128. 00 元

产品编号:104792-01

作者简介

何家弘,法学博士(美国西北大学,1993),现任中南财经政法大学"文澜学者"特邀教授,中国人民大学法学院刑事法律科学研究中心研究员、证据学研究所所长、反腐败与法治研究中心主任;兼任北京侦探推理文艺协会会长、国际足联道德委员会委员;曾在最高人民检察院挂职担任渎职侵权检察厅副厅长(2006—2008),在中央电视台"社会与法"频道担任嘉宾主持人(2005—2006);荣获国家颁发的"留学回国人员成就奖"(2003),并享受国务院颁发的特殊津贴;法学教材《证据法学》(与刘品新合著)荣获司法部第二届"法学教材与法学优秀科研成果"一等奖;法学代表作《短缺证据与模糊事实》荣获北京市第十三届"哲学社会科学优秀成果"二等奖和第三届"中国法学优秀成果"二等奖,并出版英文版;法学专著《亡者归来——刑事司法十大误区》已出版英、法、德、西、葡、日、希伯来文版;"洪律师推理小说"(《血之罪》《性之罪》《龙眼石之谜》《古画之谜》《黑蝙蝠之谜》)已出版法、意、西、英译本;曾在英国苏塞克斯大学、日本名古屋大学和香港城市大学任客座教授,并应邀到美国、英国、法国、德国、澳大利亚、荷兰、比利时、挪威、丹麦、墨西哥、哥伦比亚、巴西、古巴等国的三十多所高校、研究机构发表演讲。

书趣

2023 年 5 月,我年满 70 岁,在中国人民大学光荣退休,简称"荣休"。于是,我就进入了人生的新一个时段。

我于 1953 年 5 月出生在北京。1966 年 6 月,在我小学即将毕业时,爆发了"文化大革命"。于是,我们这代人就集体"辍学"。1969 年 10 月,我顶着初中毕业生的虚名,在"知识青年上山下乡"的大潮中来到北大荒,在黑龙江省北安县的一个农场工作、生活了 8 年。1977 年 11 月,我获准"返城"回到北京,被分配到一家建筑公司当水暖工。1979 年 7 月,我考上大学,开始研习法律,连续在中国人民大学获得法学学士学位和法学硕士学位。1986 年 7 月,我开始在人大法律系任教,至今已有 38 个年头。其间,我曾到美国留学,于 1993 年 9 月在西北大学法学院获得法学博士(SJD)学位。

回顾我的人生道路,我看到一个大字,就是"书"!青少年时本该读书,我却因社会运动而荒废学业。成年后有了读书的机会,我就夜以继日乃至废寝忘食地补读。然后,我的人生就以"书"为主线——读书、想书、写书、讲书。这些年,我确实写了不少书,独著、合著、主编的书籍超过百部。在现代中国,写书其实不太难,著作等身的学者亦非少数。

从形式上看,书是写出来的。但是从内容上说,书是思想的结晶,是语言的集成,因此,书是想出来的,也是讲出来的。《刑事司法通识课讲义》一书,我就想了 40 年,讲了大半年。

1983 年 7 月,我考取人大法律系的硕士研究生,专业方向是犯罪侦查学。于是,我就进入了刑事司法的研学领域,尽管当时我国还没有"刑事司法"这个专业术语。几十年来,我的读书、想书、写书、讲书都以刑事司法为基本界线,相对集中于犯罪侦查学、证据法学和刑事司法制度,包括一些相关问题的集中研究,譬如刑事错案问题和反腐败问题。

临近退休,我开始总结自己的学术经验,以便在有生之年发挥余热。我有比较厚实的专业知识积累和比较丰富的专业研究经历,但是缺少紧随现代科技进步与社会变化的能力,因此我很难跻身学术前沿,只能把有限的精力投放于学科的经验总结与基础建设，而且要以宏观构建为主。换言之，我应该多回顾，少前瞻。假如我不自量力地向前争跑，那只能事倍功半。

2023 年 5 月 14 日，由中国人民大学法学院主办、中国人民大学法学院证据学研究所和中国人民大学刑事法律科学研究中心承办的"刑事司法的回顾与展望"主题研讨会在北京昌平举行。这次研讨会也有为我庆祝"荣休"的含义。来自全国各地的数十位专家学者，从不同角度探讨了刑事司法的改革与发展，让我获得许多教益和启发。

多年来，我一直希望能加强刑事司法的一体化研究，推进刑事司法专业的一体化发展。经过认真思考，我决定开讲刑事司法一体化的课程，并且设计了课程的内容体系。9 月开学，我就在人民大学主讲了通识讲座："刑事司法四十年，大案讲述中国进步"，一共六讲，每周日上午授课。

与此同时，我在网络平台上开讲"刑事司法解密"课程，课程分为三个单元：第一单元是"刑事司法的八大解密"；第二单元是"大案讲述中国的进步"；第三单元是"大案讲述中国的制度改良"。现如今，这门课已经结束，我就在讲稿的基础上撰写本书。在每一讲的结尾，我都给同学们留了一道思考题。我还就此问题与同学们展开对话，大家可以扫描二维码收听。由此可见，这是我"边想边讲"的书，也是可以"边读边听"的书。

一个人只要有工作，而且有足够的生命力，就会有退休的一天。年轻时，我不懂退休，却经常说要退休。但是，当我真正面临退休的时候，心中却有些不舍和惆怅。因此，我要调整心态，适应新的人生阶段。

生命就像一把火，无论多么兴旺，多么辉煌，最终都会熄灭，都会烟消热散。一般来说，退休是人生的拐点，生命的火焰开始缩小，开始降温，开始黯然失光。人常说，退休之后还要发挥余热。然而，生命终有数，余热难久长。我所能期盼或追求的，就是让生命的余热慢慢冷却。

我相信那句老话，生命在于运动，因为生命的基本功能就是运动。就人类而言，这既包括体力运动，也包括脑力运动。进入老年之后，人体的各种机能都在不可逆转地衰退，而持续的运动可以延缓衰退的过程。

几十年来，我养成了多种运动习惯。现在，我的体力运动主要是打羽毛球和跑步，我的脑力运动主要是写书和讲课。其中，打球和讲课不仅给我带来了健康，还给我带来了快乐。于是，我就编了一首《西江月》：

讲课动口动脑,打球动手动脚;

全身运动抗衰老,晚年生活挺好。

这本书就是很好的证据。

我相信,这是一本可以留给后人的书。

中南财经政法大学"文澜学者"特邀教授

中国人民大学刑事法律科学研究中心研究员

何家弘

2024 年 5 月写于北京世纪城痴醒斋

目　录

导语　刑事司法的名称解密 ……………………………………… 1

第一单元　基础

第一讲　刑事司法的历史演进　……………………………… 27
第二讲　刑事司法的制度模式　……………………………… 62
第三讲　刑事司法的政策取向　……………………………… 83
第四讲　刑事司法的基本功能 ……………………………… 102
第五讲　刑事司法的事实解析 ……………………………… 128
第六讲　刑事司法的证明方法 ……………………………… 145
第七讲　刑事司法的证明责任 ……………………………… 170
第八讲　刑事司法的证明标准 ……………………………… 189

第二单元　转向

第九讲　从群众专政转向专业司法 ………………………… 229
第十讲　从运动执法转向常规司法 ………………………… 239
第十一讲　从人证为主转向物证为重 ……………………… 251
第十二讲　从有罪推定转向无罪推定 ……………………… 262
第十三讲　从纠问诉讼转向抗辩诉讼 ……………………… 276
第十四讲　从实体公正转向程序公正 ……………………… 299
第十五讲　从打击犯罪转向保障人权 ……………………… 318
第十六讲　从侦查中心转向审判中心 ……………………… 339

第三单元　改良

第十七讲　刑事调查制度的改良 …………………………… 359
第十八讲　刑事检察制度的改良 …………………………… 372
第十九讲　刑事辩护制度的改良 …………………………… 386
第二十讲　刑事证据制度的改良 …………………………… 399
第二十一讲　人民陪审制度的改良 ………………………… 421
第二十二讲　法庭审判制度的改良 ………………………… 432

第二十三讲　死刑适用制度的改良 ……………………………… 463

第二十四讲　申诉再审制度的改良 ……………………………… 482

余论:刑事司法的发展趋向 ……………………………………… 497

结束语 …………………………………………………………… 508

参考文献 ………………………………………………………… 511

附录一　"刑事司法的回顾与展望"研讨会纪要 ……………… 515

附录二　案例索引 ……………………………………………… 521

后记 ……………………………………………………………… 524

导　语
刑事司法的名称解密

　　各位同学,大家好! 我是何家弘。欢迎大家跟我一同学习刑事司法。我们一同学习,就都是同学。今天,我要讲这门课的第一个基本问题:刑事司法是什么？这涉及刑事司法的名称。不过,在讲这个问题之前,我要先讲我的姓名,因为我的姓名和刑事司法的名称遇到了相似的难题。

一、"法学爷"与"何家宏"

　　既然是"名称解密",我就先请同学们破解我的"名称密码"。这是密码语:"弘精扬神法的学可家人。"这句话是什么意思？你们能破解吗？

　　我估计有人已经找到了答案。这道题很简单,就是使用最简单的解码方法,也就是"隔字连读法"。于是,这句密码就变成了"弘扬法学家精神的可人",也就包含了我的名字。

　　我叫"何家弘",何是可人——"何",家是法学家的"家",弘是弘扬的"弘",把它们反串在一起就是"弘扬法学家精神的可人"。

　　下面,我再给大家出一道比较难的问题。这是探求原因的问题,是需要推理的问题。刑事司法人员在查办案件的时候,往往要从结果去探求原因。例如,侦查人员发现了一具非正常死亡的尸体,就要查明死亡的原因。如果是自杀,就要查明自杀的原因。如果是他杀,那就要查明谁是凶手。因此,逆向思维或溯源推理是刑事司法中查明案件事实的常用方法。

这道题还是与我的名字有关，就是法学家的"家"。我们为什么叫法学家，不叫法学爷？这是一个语词使用习惯问题，是我们的祖先在很多年前就约定俗成的。但是，老祖宗为什么要这样决定呢？我不是语言学家，不知道这个语词的起源。但是，我知道中国人有称"爷"的传统，特别是天子脚下的北京人。

在北京人的俗语中，官府的人都是爷：皇帝是万岁爷，辅佐皇帝的大臣是相爷；县官是县太爷，辅佐县官的人是师爷；就连那些走卒衙役也得称为军爷。平民百姓也可以称爷，年长的人是老爷，年轻的人是小爷，老爷的儿子是少爷，老爷的女婿是姑爷。此外，北京话中还有一些带有调侃意味的称爷，例如，有钱的人叫款爷，做小买卖的人叫倒儿爷，街头神聊的人叫侃爷，蹬平板车的人叫板儿爷，四处扒窃的人叫佛爷①。人们供奉的神灵更得称爷了，例如，龙王爷、灶王爷、土地爷、财神爷、门神爷。总而言之，中国人喜欢称爷。

但是，为什么法学家不叫法学爷？其实，法学爷的名称也很响亮嘛，还可以简称为法爷。那本人就是何法爷！这个问题确实很难！我经过多年的思考和认真的研究，终于找到了答案。我采取了比较研究方法，主要是比较"家"和"爷"的语词含义。

"爷"的本意是辈分比较高或年龄比较大的人，引申为具有较高社会地位的人。"家"是什么？我们都有家。家是我们生活中最熟悉的地方，是我们生活中最关爱的地方。因此，我们称一个人是某个学科或领域的"家"，那就是说，这个学科或领域就像他的家一样。于是，我就得出一个结论。如果一个人称得起是"法学家"，那他就要做到以法为家、知法如家、爱法似家、奉法胜家。如果你不能做到以法为家、知法如家、爱法似家、奉法胜家，那你就不能说自己是法学家。另外，法学家不仅是法学教授的称号，也是法官、检察官、警官和律师的称号。如果中国的法官、检察官、警官和律师都能做到以法为家、知法如家、爱法似家、奉法胜家，那么中国的刑事司法就一定是高水平的，就一定能维护社会的公平正义！

有人会问：何老师，您是法学家吗？这个问题嘛，我自己不太好回答。这么说吧，我基本上差不多是个法学家。不过，这个问题不是重点。我今天

---

① 这是 20 世纪 70—80 年代流行的说法，取义是"能轻轻拂取他人财物的小偷"。

要讲的是我的名字,重点是请同学们记住我的名字,特别是第三个字——"弘"。这是弘扬的"弘",不是宏伟的"宏"。

我强调这一点,就是因为网络上经常有人把我的名字写错,写成了宏伟的"宏"。例如,我2023年初在今日头条和B站的"何家弘说案"中发布了视频"2022年中国十大刑案",知乎网转发时就把我的名字写成了"何家宏"。我2015年在凤凰网的"全民相对论"节目做嘉宾,他们在字幕中也把我的名字写成了"何家宏"。如果你们在网上搜"何家宏"的消息和图片,也有不少就是本人的。这些都是以讹传讹,而源头可以追溯至二十多年前的记者访谈。

那时候还没有互联网和智能手机,记者在电话采访后写的文章中就容易把我的名字写错。我也不知道最初是哪个记者把我的名字写成了宏伟的宏。后来,我在接受电话采访时就会告诉记者,我的名字是弘扬的弘。当时还没有智能的联想汉字输入法,而且弘扬的弘字不太常用,因此有的记者就会追问:是那个宝盖儿宏吧?我说不是,是弘扬的弘,就是左边一个弓,右边是私的那一边。记者就问,公私合在一起,这是什么字?我还真不好解释。后来,我懒得解释了,就说你随便写吧,反正姓名就是个符号,宝盖儿宏也可以算是我的别名吧。于是就有了以讹传讹。

我曾经跟学生们讲过因我的姓名而带来的烦恼。当时正在热播电视连续剧《还珠格格》,有学生就给我出主意。大家都知道乾隆皇帝的名字是弘历,您下次给人解释名字的时候,可以提乾隆皇帝,弘历的弘,大家肯定都知道。

报纸上写错名字,不是什么大事,但是在有些情况下写错名字就很麻烦了,譬如飞机票。那时候还没有身份证号码的联网,买飞机票就报姓名,然后到机场办理值机手续的时候再核对身份证。这些年,我多次给公安机关和警察学院讲课。他们的接待工作都很细致周到,但是也会出一些小的疏漏。

2001年,我到云南警官学院讲课,他们给我买返程机票,就写错了我的名字。那天早上他们送我去机场,我拿到机票就说,名字写错了。他们说,不会吧,我们还特意查过报纸啦。他们立刻打电话找到机场派出所的工作人员进行协调。虽然机场的工作人员很客气,但是人家有原则,机票上的姓名与身份证不符,不能办理值机手续。派出所工作人员又找到国航的柜台,人家的答复简单明了,机票上的姓名不能改,但是可以再买一张机票,而原来这张机票只能到购票的地方去退。于是,他们又给我买了一张机票,把我送上了飞机。有了这次经历,我在购买机票时就格外小心了。

2002 年,我到香港城市大学法学院当客座教授,为期半年。我要回北京时,因为香港飞北京的机票太贵,深圳飞北京的机票能便宜一半,所以我就打电话到深圳的航空公司售票处订购机票。我又遇到了姓名的烦恼。那位小姐的普通话不太好,我解释了半天,她也没明白弘扬的弘不是宏伟的宏。后来,我突然想到了乾隆皇帝,便连忙问道:你知道乾隆皇帝吗? 她说,知道的啦。我又问 ,那你知道弘历吗? 她说,知道的啦! 我很高兴地说,就是弘历的弘。她沉默片刻,很有些不耐烦地说:"何先生,你早一点告诉我是红颜色的红,就好啦!"我愣了一下,很快就明白了。她想到的红利,不是乾隆的名字,而是分红的红利。这大概也是深圳人最关心的事情。最后,我几乎是一笔一画地解说了弘扬的弘。

我不仅有中文名字的烦恼,还有英文名字的烦恼。30 年前,我到美国西北大学法学院留学。我这个人比较传统,不愿意给自己起英文名字,就使用中文名字的汉语拼音,He Jiahong。于是,有的美国学生就叫我"he",听起来怪怪的。大概他们以为 he 是我的名,jiahong 是我的姓,而且就用英语的发音。我只好耐心地进行解释。

后来,我到海外讲学时就经常这样自我介绍:HE is my family name. It looks like he, but sounds like her. So, I am not Mr. He, but Mr. Her. 这往往能收到很好的开场效果。然后我再说,"何"是我的姓,这与西方人的习惯不太一样。我们中国人把姓放在前面,西方人把名放在前面,这大概反映了中国文化与西方文化的一个差异。千百年来,中国人在说到姓名时总是要"以姓为先",这就是以潜移默化的方式教育人们要家庭优先;而西方人"以名为先"的习惯则在强调个人优先。这表明中国的传统文化强调集体利益,而西方的传统文化重视个人利益。这种差异也会对刑事司法产生一定的影响。

我的姓名烦恼说明了两个问题:第一,语词使用可能以讹传讹;第二,语词习惯存在文化差异。我想要说明的是:刑事司法的名称也存在相似的问题。

二、刑事司法的语词溯源

刑事司法是什么? 这似乎是一个非常简单的问题,因为刑事司法是大家一看就懂的语词。刑事与犯罪有关,司法与法院审判有关,因此刑事司法就是法院审判犯罪案件。各位同学,你们同意这个解释吗? 你们平常是这样使用刑事司法这个语词的吗?

在汉语中,"司法"的本意是执掌法律和管理法律事务,通常指司法人员依照法定职权和程序审理具体案件的专门活动。在中国古代,司法曾是官名。唐朝时,各州主管法律事务的官员称为"司法参军",在县一级则称为"司法"。①清朝末年,受西方国家"三权分立"思潮的影响,修订法律者开始使用与立法、行政并列的"司法"概念,并写入《大清新刑律》等法律。②当时主持修订法律的沈家本曾说:"东西方各国宪法之萌芽,俱本于司法之独立。"③此处所说的"司法",应该指法院和法官。

在现代汉语中,司法一词的使用相当广泛,法律学者讲述,普通百姓传说,诸如司法部、司法机关、司法人员等就都是耳熟能详的语词。然而,这个语词的含义并不明确,人们的使用也不统一。20 世纪后期就有一些学者在著作中探讨司法的概念,但是观点并不一致,而且多为介绍外国司法制度的著述,例如董番舆教授的《日本司法制度》,由中国检察出版社 1992 年出版;龚祥瑞教授的《现代西方司法制度》,由北京大学出版社 1993 年出版。总之,汉语中的"司法"一词就呈现出口语化的状态。

对于大众来说,司法似乎是一个无须界定的概念,或者说,是一个很难界定的概念。因此,规范语词使用的辞书就没有对"司法"作出解释,甚至刻意回避。例如,1979 年由上海辞书出版社出版的《辞海》和《法学词典》就都没有"司法"的词条。

1995 年出版的《中华法学大辞典》(诉讼法学卷)没有"司法"的词条,但是有 41 个与司法有关的词条,其主要含义可归为三类。第一类是指司法行政机关,如司法部、司法部长、司法行政、司法行政机关、司法助理员等。第二类是指法院或审判,如司法改革运动、司法建议、司法决斗、司法认定、司法审查、司法终审原则等。第三类是指服务于司法活动的鉴定学科,如司法

---

① 广东、广西、湖南、河南辞源修订组:《辞源》(修订本),北京,商务印书馆,1988 年,第 0251 页。

② 王利明:《司法改革研究》,北京,法律出版社,2000 年,第 3-4 页。

③ 韩波:《法院体制改革研究》,北京,人民法院出版社,2003 年,第 2 页。

鉴定学、司法精神病学鉴定、司法化学鉴定、司法会计鉴定等。① 这些都是常用的专业术语,但是其中"司法"的含义并不相同。这反映了该语词使用的乱象,而主因是人们对司法主体的认识不一。

按照中文词义,法院和法官肯定是司法的主体,检察院和检察官也可以称为司法的主体,司法行政机关及其工作人员可以因部门名称而归入司法主体的范畴。但是,公安机关和警察不是司法的主体。在我国的语言习惯中,公安是与司法并列的语词,诸如"公安司法机关"和"公安司法人员"就是耳熟能详的官方语言。

在汉语中,"刑事"与"司法"的搭配组合应该是晚近的语言现象,而且源头很难查考。也许有人曾在口语中使用,但无有文字记载,难以为据。根据个人知识,这个语词的形成受到外语的影响,而本人大概也犯了一个错误。今天,我就给大家"解密",讲讲我犯的"错误"吧。

1983 年,我考上中国人民大学法律系的研究生,专业方向是犯罪侦查学。我的导师徐立根教授是我国的犯罪侦查学泰斗,也是物证技术学的创始人。1984 年,他到美国访学半年,回来后就给我们介绍了美国的法庭科学,让我们大开眼界。1985 年初,经过徐老师的努力,人民大学法律系和公安部二所要联合举办"物证技术暑期讲习班",邀请美国的专家来讲课。作为准备工作,徐老师让我翻译一些资料。那都是他从美国带回来的复印文章,大多与法庭科学或物证技术有关。

当时,中国人的英语水平都很低,能说几句英语的人就算是凤毛麟角了。虽然我从考大学才开始学习英语,但是方法得当,而且持之以恒,因此在研究生中算是英语比较好的。但是,那些资料中有很多我不认识的单词,我只能不时地查字典。当时还没有计算机互联网,没有现在这么方便的翻译工具。有些英语单词,我在词典中也找不到,其中之一就是 Criminal Justice。

1982 年,我在上大学期间"斥巨资"——10 元,买了一本英汉词典。该书非常厚重,正文就有 2 285 页。其名称也很长:《最新英汉求解、作文、文法、辨义四用词典》。我是在新华书店买的书,但是该书竟没有版权页,因此

---

① 陈光中主编:《中华法学大辞典》(诉讼法学卷),北京,中国检察出版社,1995 年,第 517–526 页。

不知道它的编著者、出版社和出版时间，只在扉页下边看到署名 THE WORLD BOOK COMPANY, LTD. 。这也反映了当年我国知识产权保护的状况。我翻译那些讲习班的资料主要依据这部英汉词典。

Criminal 的翻译很简单，就是"刑事"或"犯罪"。Justice 的翻译则很难。那部英汉词典中的译项包括：正义、公正、正当、处罚、裁判、法官等。[①] 但是，这两个词合成一个专业术语应该怎么翻译，词典中没有答案。在翻译文章的时候，我根据不同的语境，把它翻译成刑事正义、刑事法官或刑事审判。但是我遇到了一个无法回避也无法变通的难题。

那个"物证技术暑期讲习班"邀请两位美国的法庭科学专家授课，一位是后来鼎鼎大名的李昌钰博士，一位是他的老师戴弗雷斯特教授。后者任教的大学是 John Jay College of Criminal Justice, City University of New York。李昌钰也曾在该校学习法庭科学，并且在 1972 年获得学士学位。我的难题是：这里的 Criminal Justice 应该怎么翻译？

我查了一些资料，没有找到明确答案，就在那些译项中选择了最适合作为大学名称的"法官"，把它翻译成"刑事法官学院"。我还找到了两个依据，英国的 justice of the peace 翻译为"治安法官"，美国最高法院的法官称为justice。徐立根老师看了这个翻译之后认为不合适。他访问过那所大学。他说，那所大学不是培养法官的。我说，那就翻译成"刑事法学院"。徐老师认为也不合适，因为它与美国的法学院完全不同。他说，那所大学很像刑事警察学院，但是它与警察机关没有关系，它的毕业生也不一定都去警察机关工作。另外从语词来说，Justice 肯定不能翻译成"警察"。

我只好再去查阅词典。我在那部大辞典中找到了一个翻译例：Minister of justice，译为司法部长。我受到启发，就把它翻译成"纽约市立大学的约翰·杰刑事司法学院"。虽然徐老师认为在这里用"司法"一词不太符合中文的语言习惯，但是没有更好的译法，也就接受了。

在那个"物证技术暑期讲习班"期间，我担任了全程的翻译。那是李昌钰博士第一次回到中国大陆，也是我第一次见到他。后来，他多次回大陆，我也多次与他见面，包括同台讲课。在那次讲习班期间，我曾经问过李昌钰博士，"刑事司法学院"的翻译是否准确。他回答说，很好啊。

---

① 《最新英汉求解、作文、文法、辨义四用词典》，THE WORLD BOOK COMPANY, LTD.，第925 页。

于是,我就把 Criminal Justice 翻译成"刑事司法"。我也查阅了一些中文专业文献,没有找到"刑事司法"这个语词。既然无人使用这个概念,那我把它作为 criminal justice 的译词,也就难言对错了。而且,我这也算是创造了一个新的专业术语,便颇有些偏爱地作为自己的语词使用习惯。

1987 年,我买到一本《英汉法律词典》。那是由法律出版社于 1985 年 11 月出版的我国第一部英汉法律词典。在这部词典中,Criminal Justice 译成"刑事审判"。相关的词条还有:criminal justice professional 译为"刑事审判人员",criminal justice research 译为"刑事审判研究"。不过,我也找到了一个能支持我的译法的词条:Criminal Justice Agency 译为"刑事司法(事务)代行机构",而且注明为"美国"。[①] 我认为,这条翻译不太准确,反映了当年我国法律英语翻译的水平。

20 世纪 90 年代初期,我到美国的西北大学法学院留学,攻读法学博士(SJD)学位。我对美国的法学教育有所了解,也知晓了刑事司法学院和法学院的区别。美国的法学院属于本科后教育,专门培养"法律人"(lawyer),包括法官、检察官和律师。刑事司法学院主要是本科教育,也有硕士生和博士生,其课程设置偏重于警察等执法人员的培养。

普林斯顿大学的刑事司法学院是美国最早的刑事司法学院。该院成立于 19 世纪中期,最初是法学院的附属机构,为法学院学生提供一些刑事司法的选修课程。20 世纪初期,该学院正式独立。现在,普林斯顿刑事司法学院设有犯罪学系、刑事法律系和刑事司法政策系。犯罪学系主要讲习犯罪的起因、机制以及犯罪预防和犯罪控制策略等问题。刑事法律系负责培养学生对刑法、刑事诉讼法等法学专业知识的掌握和应用能力。刑事司法政策系则致力于研究刑事司法政策的形成和实施机制,以及与社会变革等相关的刑事司法问题。

刑事司法学院是美国高等教育的"特产"。一方面,美国没有专门培养警察等执法人员的大学。美国联邦调查局在 1972 年建立了国家学院,但那是职业培训机构,主要培训高级特工。另一方面,法学院的毕业生是高度专业化的法律人,而且拥有高学历,不适合从事警察等普通执法工作。美国法学院毕业生获得的第一个学位原本名为"法学士"(Bachelor of Law)。20 世

[①] 英汉法律词典编写组编:《英汉法律词典》,北京,法律出版社,1985 年 11 月,第 217 页。1999 年 1 月,法律出版社出版了《英汉法律词典》(修订本),还保留了上述词条的译法,见第 203 页。

纪中期,耶鲁大学法学院和哈佛大学法学院率先把学位名称改为"法博士"(Juris Doctor, JD),然后其他法学院纷纷效仿。此外,法学院还设有法学硕士(Master of Laws, LLM)学位和法学博士(Doctor of Juridical Science, SJD)学位。总之,那时候美国警察无需大学学历。

20世纪中期,随着社会文明程度和法治水平的提升,警察等执法人员接受高等教育的需求不断增长。于是,一些地方的公立大学就纷纷建立刑事司法学院,其中名气最大的就是成立于1964年的纽约市立大学约翰·杰刑事司法学院。该学院冠名"刑事司法",其实是一所综合性大学,但是以犯罪学、法庭科学、司法心理学、刑事司法政策、公共安全管理等学科为特色。这些刑事司法学院的建立,推动了刑事司法的科学研究,也使刑事司法成为一个流行的专业术语。

1990年初,我应美中法学教育交流委员会的邀请,到美国的西北大学法学院做访问学者。在半年时间内,我通过西北大学法学院教授的介绍和安排,访问了芝加哥的警察局、检察署和法院,还数次旁听审判,并且与警察一起巡逻。据说,我是第一个坐美国警车巡逻的中国人。这些学习访问活动让我对美国的刑事司法有了初步的了解。

在访学期间,我旁听了著名证据法学家乔恩·华尔兹(Jon Waltz)教授的证据法学课程,并多次利用课间机会向他请教,还谈到了在美国攻读法学博士学位的愿望。华尔兹教授在幼年时曾经随经商的父亲在中国上海生活两年,对中国有一定感情。另外,当时在西北大学法学院学习的中国大陆学生很少,因此华尔兹教授对我的研究计划很感兴趣。他建议我不要局限于犯罪侦查的研究,而应该扩展到对刑事司法的研究。他送给我一本他的专著《刑事证据导论》(*Introduction to Criminal Evidence*),[①]还送给我两本刑事司法的著作。

第一本是科尔博(Hazel Kerper)教授的《刑事司法系统导论》(*Introduction to the Criminal Justice System*)。该书包括四部分内容。第一部分的主题是"法律系统的基本要素",下设三章,标题分别是"法律是什么""法律的种类""法院的特殊角色"。第二部分的主题是"犯罪性质与刑事责任",下设四章,标题分别是"犯罪是什么""犯罪要件""侵犯人身罪的要件"

---

① 回国之后,我组织一些青年学者把该书翻译成中文,由中国人民公安大学出版社于1993年3月出版,书名是《刑事证据大全》。

"侵犯财产罪的要件"。第三部分的主题是"刑事司法程序",下设七章,标题分别是"刑事司法程序概览""刑事司法程序的基本概念""侦查""检控""审判""量刑与矫正""未成年人法庭程序与未成年人矫正"。第四部分的主题是"刑事司法系统的专业人员",下设三章,标题分别是"警察""法律专业人员和法院专业人员""矫正官员"。

从这本书的内容来看,刑事司法是一个社会功能系统。它由警察、检察官、律师、法官和狱警组成,通过侦查、检控、审判、刑罚等活动,实现打击和控制犯罪的社会功能。正如该书作者所言,"刑事司法系统是这样一种社会系统,它首先要确定哪些行为必须被刑法禁止,然后通过最终导致犯罪者被处罚的程序来实施该禁止。每个公民都应该理解这个系统是如何运作的。犯罪影响到每一个美国人的生活质量,而刑事司法系统就是承担直接的犯罪控制职责的机构。"①

第二本是列文(James Levine)、姆史诺(Michael Musheno)和保拉穆伯(Dennis Palumbo)合著的《刑事司法:一种公共政策路径》(*Criminal Justice: a Public Policy Approach*)。这本书的内容也包括四个部分。第一部分的主题是"犯罪分析与刑事司法",下设四章,标题分别是"冲突的取向:刑事司法的私人动机与公共利益""感知犯罪""犯罪原因分析""刑事司法政策的制定"。第二部分的主题是"刑事司法的机构",下设四章,标题分别是"美国的警务:目标、工作环境和手段""诉辩律师:司法的交易人""法庭决策:裁判的推断性""转型中的矫正机构:未来的监禁替代方式"。第三部分的主题是"应对犯罪的政策",下设四章,标题分别是"威慑:通过恐吓预防犯罪""改造:犯罪行为的传统矫治""非罪化与合法化:刑法范围的限缩""被告人的分流:社区纠纷解决,咨询和治疗"。第四部分的主题是"刑事司法政策的评估与改进",下设三章,标题分别是"犯罪衡量及其他刑事司法概念""刑事司法政策的评价""变化前瞻:未来的犯罪政策"。

从这本书的内容来看,刑事司法是解决犯罪问题的方法和手段,是社会公共政策的实现路径。虽然它用大量篇幅讨论了刑事政策问题,包括威慑犯罪、罪犯改造以及把某些犯罪行为合法化等减少犯罪数量的措施,但是它讲的刑事司法主体也是警察、检察官、律师、法官和狱警。该书作者在开篇

---

① Hazel Kerper & Jerold Israel: *Introduction to the Criminal Justice System* (Second Edition), West Publishing Company, 1979, p. 1.

说道："对美国人来说,犯罪问题是压倒一切的。新闻报纸上充满了犯罪故事,竞选活动经常聚焦犯罪问题,全国各地的普通美国人关注的主要问题也是犯罪。联邦、各州和地方执法经费的激增就反映了民众的关切。美国社会中犯罪问题的突出,是一个不争的现实。"①

坦率地说,我当年只浏览了这两本书的大概内容,并没有认真研读,因此对刑事司法也只有一些粗略肤浅的认识。简单地说,刑事司法是由警察、检察官、律师、法官和狱警组成的社会系统,其基本功能就是打击犯罪和治理犯罪。不过,这种初步的认识让我理解了刑事司法的概念,知晓了刑事司法的研究领域,也开拓了我的研究视野。后来,我就从更宽阔的视角去设计我的博士研究计划。

值得注意的是,科尔博教授的《刑事司法系统导论》是美国西部出版公司推出的"西部刑事司法系列"(West Criminal Justice Series)丛书之一。这说明,刑事司法已然成为颇受学者关注的法学研究领域。不过,"刑事司法"还不是成熟的专业术语。1990 年出版的第六版《布莱克法律词典》中还没有"刑事司法"的词条,只有"刑事司法系统"的词条,解释为"处理刑法及其实施的法院和法庭的网系(network)"。②

1999 年出版的第七版《布莱克法律词典》增加了"刑事司法"的词条。其解释是："第一,社会应对那些被指控实施了犯罪的人的方法手段;第二,那些要把执法作为职业的人所要进入的学科领域。"其近义词是执法(law enforcement)和警察科学(police science)。该版保留了"刑事司法系统"的词条,解释为："被指控犯罪的人所经由处理指控或适用刑罚之机构的集合。该系统一般有三个组分:执法(警察、警务官、法警)、审判(法官、检察官、辩护律师)、矫正(监狱官、缓刑官、假释官)。"其近义词是执法系统(law enforcement system)。③ 这应该是英语中刑事司法的基本含义,也是我们研究汉语中刑事司法的词义渊源之一。

---

① James Levine, Michael Musheno, Dennis Palumbo: *Criminal Justice: a Publice Policy Approach*, Harcourt Brace Jovanovich, Inc., 1980, p. 2.

② Bryan Garner, *Black's Law Dictionary* (Sixth Edition), St. Paul: West Publishing Co. 1990, p. 374.

③ Bryan Garner, *Black's Law Dictionary* (Seventh Edition), St. Paul: West Publishing Co. 1999, p. 381.

三、刑事司法概念的本土化

1992 年 8 月,我获准去美国西北大学法学院攻读法学博士(SJD)学位,华尔兹教授是我的导师。他没有要求我去学习课程,让我专心撰写博士学位论文。经过与导师协商,我的论文主题定为"中美刑事起诉制度的比较研究"(A Comparative Study on Criminal Prosecution in the PRC and USA)。这可以说是在刑事司法框架内的比较研究。1993 年 9 月,我通过了博士学位论文答辩,获得了法学博士学位。我因此还在美国创造了用最短时间(1 年零 10 天)完成法学博士学业的纪录。

1993 年 11 月,我留学回国,继续在中国人民大学法律系任教。我对博士学位论文进行修改润色,1995 年 3 月由中国检察出版社出版。这大概是中国大陆地区出版的由中国学者撰写的第一部英文法学专著,书名是 *Criminal Prosecution in the PRC and USA:A Comparative Study*。根据编辑的要求,我附上了符合国人语言习惯的中文书名:《中美检察制度比较研究》。

在美国留学期间,我对美国的刑事司法有一些直观的认知。回国之后,我就撰写一些记述留学见闻的小文章,发表在报刊上,其中有些涉及美国的刑事司法制度。这些文章在一定程度上推广了"刑事司法"的语词使用。后来,我把这些文章汇集成书,取名为《毒树之果——美国刑事司法随笔》,由中国人民公安大学出版社 1995 年出版。该书分为两篇,上篇是"刑事司法系统",下篇是"刑事司法程序"。这大概是我国第一部以"刑事司法"作为书名的法学著作。

1996 年出版的《中华法学大辞典》(刑法学卷)收入了"刑事司法"的词条。其解释如下:"国家司法机关根据宪法、法律赋予的刑事司法权;依照刑事法律对刑事案件进行侦查、起诉、审判、执行的活动。在中国,刑事司法权包括审判、检察、侦查和执行权。其中,审判权统一由人民法院行使;检察权统一由人民检察院行使;侦查权除检察机关行使外,公安机关(含国家安全机关)也参与行使;执行权由人民法院、公安机关和司法行政机关行使。人民法院、人民检察院行使司法权均对权力机关负责,并受其监督。"①这应该

---

① 高铭暄等主编:《中华法学大辞典》(刑法学卷),北京,中国检察出版社,1996 年,第 665 页。

是我国辞书中最早对"刑事司法"作出的解释。此后,"刑事司法"一词越来越多地出现在法律人的口中和笔下,为学术研究者提供了新的视角。

21世纪伊始,我国的一些法律学者开始从"刑事司法"的视角研究相关领域的法律问题。例如,谢佑平教授的《刑事司法程序的一般理论》,由复旦大学出版社2003年出版。该书在刑事司法的框架下研究了刑事诉讼的构造原则、基本模式、强制措施与司法审查、刑事辩护与律师制度、侦控审关系与刑事程序、司法裁判的实体公正与程序公正等问题。姚建龙教授的《超越刑事司法——美国少年司法史纲》,由法律出版社2009年出版。该书从刑事司法的视角,研究了少年犯罪和少年司法的问题。刘玫教授的《刑事司法领域中的女性参与》,由中国人民公安大学出版社2011年出版。该书以刑事司法为视野,研究了女性参与和男女平等的问题。

伴随刑事司法理论研究的发展,我国的一些政法院校相继开设刑事司法专业,例如,中国政法大学、中南财经政法大学和华东政法大学就设有刑事司法学院。中国政法大学的刑事司法学院设有两个本科专业,即法学专业和侦查学专业,而后者是该学院的特色专业。中南财经政法大学的刑事司法学院是在原来的公安学院和法学院刑法学系的基础上组建的,现在有刑法学系、警事科学系和法庭科学系,设有法学(刑事司法方向)、侦查学、治安学和边防管理四个本科专业。华东政法大学的刑事司法学院是在原来的犯罪学系基础上改建的,现在设有侦查学、治安学、边防管理、计算机科学与技术四个本科专业。

此外,许多警官学院都开设了刑事司法系,主要培养刑事警察。毫无疑问,这些院校设立刑事司法专业,在一定程度上受到了美国刑事司法学院的影响,也代表了"刑事司法"概念在我国的本土化。然而,"刑事司法"一词在传说过程中出现了词意的变化,主要是受到汉语中"司法改革"语境的影响。

1997年,中共十五大提出"依法治国方略",并且强调了推动司法改革的意义。党的"十五大"报告指出,要"推进司法改革,从制度上保证司法机关依法独立公正地行使审判权和检察权"。[①] 2002年,中共十六大提出要继续推进司法改革,而且明确提出司法体制改革的目标任务。2003年,中央成立

---

① 王利明:《司法改革研究》,北京,法律出版社,2000年,第1页。

司法体制改革领导小组,制定了司法体制改革的具体方案。① 这种语境下的司法主要指法院和检察院。例如,司法体制改革的主要内容就是"要推动省以下地方法院、检察院人财物统一管理,将现有的中央、省、地市、县区的四级管理体制,改变为中央和省级两级管理体制"。②

在司法改革的语境下,学者们必然要论说司法的主体,并且形成了不同的观点。按照一般的理解,司法的主体是法院和检察院,但也有人认为司法的主体就是法院。韩波教授综述说:"大多数学者认为,从广义上讲司法的主体是依据我国宪法规定,享有司法职权的各级人民法院和各级人民检察院。因为人民检察院法律监督机关的宪法地位以及检察院浓厚的行政机关色彩,越来越多的学者认为应从狭义上理解司法的主体,即司法的主体是代表国家行使审判权的人民法院。"③王利明教授的《司法改革研究》也是以法院为主体,而且体现在书名的英文翻译之中。该书的英文书名是 *Research on Judicial Reform*。在英文中,judicial 或 judiciary 仅指法院或法官。刑事司法改革的英文是 criminal justice reform。

有人主张司法的主体还包括公安机关和司法行政机关。卓泽渊教授在回顾我国的司法改革时说道:"中国将着力优化司法职权配置,健全司法权力分工负责、互相配合、互相制约机制。由公安机关、检察机关、审判机关、司法行政机关各司其职,实现侦查权、检察权、审判权、执行权的相互配合与相互制约。习惯上所讲的公检法排序,要修订为法检公司的排序,即法院、检察院、公安机关、司法行政机关。按照新的改革设计,司法行政机关一是有可能获得完整执行权,包括刑事裁判的刑罚执行权和与民事裁判相关的民事执行权。二是有可能获得司法行政事务管理权。"④

司法行政机关作为司法的主体,似乎是名正言顺的,而司法部管理的事务也都可以归入"司法"的范畴。值得一提的是,律师也曾因此而被归入司法的主体。1986 年,中国确立律师资格考试制度,由司法部负责组织实施。1995 年,《法官法》和《检察官法》颁布实施,分别建立初任法官和初任检察

---

① 孙谦:《平和:司法理念与境界——关于法治、检察相关问题的探讨》,北京,中国检察出版社,2010 年,第 237-238 页

② 卓泽渊:《中国的法治之路》,北京,外文出版社,2018 年,第 173-174 页。

③ 韩波:《法院体制改革研究》,北京,人民法院出版社,2003 年,第 4-5 页。

④ 卓泽渊:《中国的法治之路》,北京,外文出版社,2018 年,第 174 页。

官的资格考试制度。2001年,全国人大常委会通过《法官法》和《检察官法》的修正案,规定国家对初任法官、检察官和取得律师资格实行统一的司法考试制度。于是,律师与法官、检察官一样,都要参加司法部统一组织的"国家司法考试"。从这个名称来看,律师也就成为了司法的主体。

因为把律师归入司法主体的做法不符合中文的语言习惯,所以"国家司法考试"于2018年改为"国家统一法律职业资格考试",并且扩大了参考人员的范围,包括法官、检察官、律师、公证员、法律顾问、仲裁员(法律类)及政府部门中从事行政处罚决定审核、行政复议、行政裁决的人员。从"律考"到"司考"再到"法考",体现了中国法律职业一体化的发展,但是也从一个侧面反映了"司法"语词使用的混乱。

在司法改革的带动下,"刑事司法改革"逐渐成为"热词",并且在一些重大刑案的推动下成为社会关注的焦点。法学理论界和司法实务界也会集中研讨刑事司法改革的议题。

2022年9月,由中国刑法学研究会、中国刑事诉讼法学研究会和中国法学会检察学研究会联合举办的"新时代中国刑事司法改革发展与展望"研讨会在京召开。专家学者在这次会议上讨论的主要议题包括:大力推进以审判为中心的刑事诉讼制度改革,努力建设公正高效权威的刑事司法制度;协同推进认罪认罚从宽制度改革,创造性地贯彻宽严相济刑事政策;坚持证据裁判原则和庭审实质化,确保刑事案件质量和公正;健全完善冤错案件的及时纠正和严格防范机制,确保公平正义不迟到不缺席;强化现代科技支撑,着力提升刑事审判和管理效能。这些内容显然都是以法院和检察院为主体的。

综上所述,"刑事司法"是外来语词与中文语词相结合的产物,于是就形成了两种不同的语言习惯。严格地说,英语的justice和汉语的"司法"并非同义词,因此产生语义混乱。根据上文所引《布莱克法律词典》中的解释,我当年的翻译并不精准。在criminal justice这个语词中,justice的含义应为本意,即公平正义,因此翻译成"刑事公义"更为贴切。如果从美国那些学院的专业设置来看,criminal justice也可译为"刑事执法"。在汉语中,执法可以包括司法。假如我当年译为"刑事公义学院"或"刑事执法学院",而且被人们接受并传说,那么汉语中大概就不会出现"刑事司法"的两种使用习惯了。由此可见,这个语词的使用有些以讹传讹,现如今只能将错就错。不过,这也可能是歪打正着!

四、刑事司法概念的国际化

刑事司法的概念起源于美国,然后被其他国家的法律人采用,并逐渐成为国际上通用的专业术语。欧洲国家的法律学者在这一领域也取得了一些颇有影响力的成果,譬如英国的麦高伟(Mike McConville)教授。2002 年,麦高伟教授与杰弗里·威尔逊教授共同主编的《刑事司法程序手册》由牛津大学出版社出版。[1]次年,中国的法律出版社出版了该书的中文版。[2] 然后,麦高伟教授利用在香港城市大学法学院和香港中文大学法学院任教的便利,组织中外学者通过实证研究,撰写了一部关于中国刑事司法的英文专著,由爱德华·埃尔加出版社于 2011 年出版。[3] 这些著作的关键词都是刑事司法(Criminal Justice),因此在一定程度上促进了刑事司法概念的国际化。

欧盟国家的刑事司法一体化也为刑事司法概念的国际化提供了推力。自 20 世纪中期以来,欧洲理事会和欧盟通过了一系列关于刑事司法协助与合作的公约、条约、条例、指令、决定。1995 年开始起草的《刑事大法典》草案是在统一刑事司法方面的重要努力。虽然它尚未通过,但是某些内容已得到实现,例如 2002 年 6 月 13 日通过的《欧盟理事会关于成员国间适用欧洲逮捕令和缉捕制度的框架性决定》。

在警察、检察、审判方面,欧盟国家建立了若干跨国性质的组织机构,而这些组织机构在刑事司法合作方面发挥实际作用,推动了欧盟刑事司法一体化的进程。例如,分别于 1957 年和 1986 年建立的欧洲人权法院和欧洲审判法院,通过判例法的约束作用使共同体法在成员国得到适用,并协调各国刑法和刑事诉讼法,成为欧盟一体化进程的驱动器。[4] 1998 年 9 月 25 日,欧

---

[1]　Mike McConville and Geoffrey Wilson, *The Handbook of the Criminal Justice Process*, New York: Oxford University Press, 2002.

[2]　麦高伟、杰弗里·威尔逊主编:《英国刑事司法程序》,姚永吉等翻译,北京,法律出版社,2003 年。

[3]　Mike McConville, *Criminal Justice in China: An Empirical Inquiry*, Cheltenham: Edward Elgar Publishing, 2011.

[4]　李晴兰:《欧洲共同体法院在欧洲一体化中的作用》,载《欧洲法通讯》第四辑,北京,法律出版社,2003 年,第 14 页。

盟建立欧洲司法协作网,促进欧盟各国之间的司法协助。1999 年 7 月 1 日,欧盟建立欧洲刑事警察组织,推动欧盟各国的警务合作。2000 年,欧盟建立欧洲刑事检察组织,为有组织犯罪的侦查起诉提供支持。这些组织机构的成立,促进了欧盟各国间的刑事司法协助与合作,在一定程度上协调了各国刑法和刑事诉讼法的实施,推动了欧盟刑事司法的一体化进程。

2004 年,我带领一些青年学者去荷兰、瑞典等欧盟国家考察,主要是考察刑事司法的一体化。回国之后,我们编写了《刑事司法大趋势——以欧盟刑事司法一体化为视角》。我在序言中写道:"即使在数百年之后,世界各国仍然会享有独立的刑事司法权,仍然会有各自的刑事司法系统,也仍然可以有并不尽同的刑事司法运作模式,但是,各国的刑事司法活动都要遵循统一的刑事司法原则,遵照统一的刑事司法标准,犹如各国的电子通讯都要遵循统一的标准和体育比赛都要遵守统一的规则一般。这就是刑事司法走向统一的大趋势。"①

人类社会很难实现"世界大同",但是可以构建"人类命运共同体",而且要加强国家之间的交流与合作。就刑事司法制度而言,这种交流合作的需要主要表现在以下几个方面。首先,任何国家的刑事司法制度都是既有优点也有缺点的,因此要相互学习与借鉴。其次,刑事司法有跨越政治制度和文化传统的社会需要、追求目标和发展规律。最后,随着社会发展与科技进步,世界各国之间的交往日益频繁,成为刑事司法趋同的动力。总之,不同制度之间的借鉴与融合是刑事司法的发展趋势。

为此,我还主编了中英文对照版《外国刑事司法制度》,作为面向法学研究生的"21 世纪法学系列教材"之一,由中国人民大学出版社于 2006 年出版。除了在中国人民大学给研究生讲授刑事司法制度的课程,我还到全国各地做了关于刑事司法的讲座。2012 年,我受聘担任日本名古屋大学的特任教授,给法科学生主讲了一门课程,名称就是"中国的刑事司法"。

这些著作不仅为刑事司法研习提供了参考文献,也为刑事司法改革提供了参考资料。其实,不仅我国在进行刑事司法改革,许多国家也在推进刑事司法改革(criminal justice reform)。例如,2021 年 1 月,美国总统拜登就提出了刑事司法改革方案,主要内容是要限制执法部门获得军事装备和缩减

---

① 何家弘主编:《刑事司法大趋势——以欧盟刑事司法一体化为视角》,北京,中国检察出版社,2005 年,第 4 页。

私人监狱的使用。① 2022 年 5 月,拜登总统再次签署刑事司法改革令,主要内容是要提高执法效率,强化执法责任,提高公众对刑事司法的信任度。②

刑事司法已然成为国际通用的专业术语,各国之间的刑事司法协助就是一个例证。2018 年 10 月,全国人大常委会颁布了《中华人民共和国国际刑事司法协助法》。该法第 2 条规定:"本法所称国际刑事司法协助,是指中华人民共和国和外国在刑事案件调查、侦查、起诉、审判和执行等活动中相互提供协助,包括送达文书,调查取证,安排证人作证或者协助调查,查封、扣押、冻结涉案财物,没收、返还违法所得及其他涉案财物,移管被判刑人以及其他协助。"这条规定对于我们理解刑事司法的概念很有帮助。

联合国制定的《刑事司法准则》(the Standards and Norms in Criminal Justice)也对刑事司法概念作出解释:刑事司法是指国家权力机构制定、执掌和适用刑事法律。司法的主语是国家机关,它是一种国家行为。刑事司法指国家各个机关制定刑事法律和运用这些法律对案件进行处理的行为,包括调查或侦查、刑事诉讼中的起诉、审判机构对案件的受理和审判。③

在此,我们又看到英文与中文的差异。在英文中,Criminal Justice 包括刑事法律的制定,即包括刑事立法。这似乎与汉语的"司法"概念不一致。在汉语中,立法是与司法并列的概念,因此刑事司法不应包括刑事立法。如何理解二者的关系,我在后面讨论刑事司法的基本功能时会具体讲解。

五、刑事司法概念的一体化

如前所述,中国的专家学者在使用"刑事司法"概念时有不同的习惯,而且主要表现为对刑事司法主体的认识不同。受此影响,人们在研讨刑事司法问题时就形成了"部门本位"的刑事司法观和"学科本位"的刑事司法观。

---

① 参见 2021 年 1 月 26 日的《环球网》报道:"推动刑事司法改革! 外媒:拜登计划施加新政,限制警方获得军事装备。"
② 参见 2022 年 5 月 25 日《央视网》报道:"美国白宫:总统拜登将签署行政命令,推进警务和刑事司法实践。"
③ 杨宇冠、杨晓春:《联合国刑事司法准则》,北京,中国人民公安大学出版社,2003 年,第 3-4 页。

(一) 部门本位的刑事司法观

受部门利益或习惯的影响,法院、检察院、公安局、司法部对"刑事司法"的解释有所不同。在刑事司法改革过程中,法院强调狭义的司法权,检察院强调法律监督权,公安部强调广义执法权,司法部强调司法人事权。于是乎,符合本部门利益时就积极推动,不符合本部门利益时就消极应付。在涉及不同部门之间的权力配置问题上,这种"部门本位"的刑事司法观就会影响刑事司法改革,与审查批捕相关联的改革就是例证。

按照我国的法律规定,批捕权是检察机关法律监督权的组成部分,是检察机关对犯罪侦查活动进行监督的主要手段。为了强调批捕的监督属性,最高人民检察院于 2000 年把原来的审查批捕部门改名为侦查监督部门。其基本职责有三:第一是审查逮捕;第二是刑事立案监督;第三是侦查活动监督。

2000 年 9 月,最高人民检察院召开全国检察机关侦查监督会议,强调侦查监督部门要实行从刑事立案到侦查终结的全过程监督,并且提出了"提前介入,引导侦查"的主张。加强侦查监督符合法治发展的需要,也符合刑事司法的改革方向。然而,侦查监督改革涉及检察机关和公安机关的权力配置和关系定位。在这个问题上,检察机关和公安机关的态度就不太一样。

在最高检的倡导下,一些地方的检察机关开始探索侦查监督的新路径和新模式。2001 年,河南省周口市人民检察院和公安局联合开启了"检察指导侦查取证"的探索。这一做法经媒体报道,引发法学理论界和司法实务界的广泛关注,并且被称为"周口模式"。① 然而,这项改革在地方可以推进,在全国推行就比较难。

2002 年 3 月,最高人民检察院在工作报告中提出,要深化侦查监督和公诉改革,建立适时介入侦查、引导侦查取证、强化侦查监督的工作机制。2002 年 5 月,最高人民检察院在全国刑事检察工作会议上提出,要坚持、巩固和完善"适时介入侦查、引导侦查取证、强化侦查监督"的工作机制。后来,最高检研究起草了一个"检察引导侦查工作机制"的意见,还召开了专家

---

① 周口市人民检察院:《"检察指导侦查"研讨会观点摘编》,载《国家检察官学院学报》,2002 年第 5 期。

研讨会,正式送交公安部审议。我应邀参加了这个专家研讨会。在会上,最高检的领导介绍有关情况,并说已征求公安部有关领导的意见。但是,最高检把那个意见正式送交公安部审议之后,很久没有回音。后来我听说,公安部就此征求各地公安机关的意见,得到的反馈是"强烈反对"。

2014年,党的十八届四中全会提出要推进以审判为中心的刑事诉讼制度改革。于是,最高检又提出"检察引导侦查"的议题。经过一段时间的协商和研讨,最高人民检察院和公安部于2017年12月联合发布《最高人民检察院公安部关于公安机关办理经济犯罪案件的若干规定》。2021年10月,最高人民检察院和公安部又联合发布《关于健全完善侦查监督与协作配合机制的意见》。这些规定在一定程度上体现了"检察引导侦查"的精神。

批捕权的行使涉及检察机关和公安机关的关系,批捕权的配置还涉及检察机关和审判机关的关系,而这也是刑事司法改革的一个议题。有学者认为,批捕权是国家司法权的重要组成部分,应该由承担审判职能的法院行使,不应该由承担控诉职能的检察院行使,因此主张在司法改革中把批捕权划归法院。有的学者还指出,检察机关承担职务犯罪侦查职能。在这类案件中,检察机关自己侦查,自己批捕,削弱了批捕程序对犯罪侦查的监督制约功能。

检察机关不愿放弃批捕权,但是必须对这种改革意见作出回应。2009年9月,最高检印发《关于省级以下人民检察院立案侦查的案件由上一级人民检察院审查决定逮捕的规定(试行)》,明确规定省级以下(不含省级)检察院立案侦查的职务犯罪案件,需要逮捕犯罪嫌疑人的,应当报请上一级检察院审查决定。

2010年,一些地方的检察机关开始试行这项自侦案件上提一级批捕的改革,到2011年底基本完成。这项改革增加了上级检察机关批捕的工作量和工作难度。例如,在地市级检察院负责侦查的职务犯罪案件中,犯罪嫌疑人的批捕以前由本院的侦查监督部门负责,现在则要报请省级检察院的侦查监督部门批准。省级检察院的侦查监督检察官经常要长途跋涉,去下级检察院讯问犯罪嫌疑人。对于辽阔的新疆、西藏、内蒙古等地区来说,这项改革的人力物力投入很大。然而,这是部门利益的需要,反映了部门本位的刑事司法观。

(二)学科本位的刑事司法观

由于刑事司法的概念模糊且众说不一,不同学科的专家就会从本学科的视角进行解说,并形成"学科本位"的刑事司法观。例如,有的刑诉法学者认为,刑事司法改革就是刑诉法的事情,与刑法无关;有的刑法学者认为,刑诉法是刑事司法改革的路,刑法才是刑事司法改革的车。于是,在以"刑事司法"为主题的研讨会上,不同学科的专家学者就会从不同角度发表观点,甚至出现各说各话的状况。

2023年5月14日,中国人民大学法学院在北京召开了"刑事司法的回顾与展望"研讨会。与会的专家学者以"刑事司法"为主题,从不同学科的视角陈抒己见,既有观点的差异,也有观点的碰撞。有的专家就指出,当前刑法的学者和刑诉法的学者在话语体系上有较大偏差,对话很困难。于是,一些刑事司法改革就存在各说各话的问题,并导致了偏离改革目标的情况。还有的专家强调,刑事司法的研究要打破学科之间的壁垒,加强学科群的整体式研究。①

在中国,学科的划分是精细且严格的,从学科门类到一级学科再到二级学科乃至三级学科,都有明确的名称和地界。根据研究对象不同而对学科进行划分,这是天经地义的,但是划分过细过严且与带有行政管理色彩的职称晋升、科研评奖、课题申报、大学评估等挂钩,就可能影响科学的发展和学术的进步。一些学者就会把学科视为"领地",自己"不出圈",他人"别越界",于是就形成了学科本位的刑事司法观。

学术研究追求精深,因此要划分专业,例如刑法学、刑事诉讼法学、刑事证据法学、犯罪侦查学、犯罪学、刑事执行法学等。然而,刑事司法实务并没有明确的学科划分。例如,侦查人员、检察人员、审判人员在实践中都要综合运用刑法、刑诉法、证据法的专业知识。

社会科学研究的路径之一是问题导向,而司法实践中的问题不会遵守学科的划分,于是,研究者在问题引导下就会"跨界"闯入他人的领地。刑事错案问题研究就是一个例证。刑事错案是刑事司法系统的伪劣产品,反映了刑事司法制度的弊端和漏洞。这不是刑事司法系统中某个部门的问题,

---

① 具体内容参见本书的附录一。

也不是刑事司法领域内某个学科的问题,因此需要综合性研究。

在过去二十多年,我国发现并纠正的多起冤错案件,引起了社会各界的广泛关注,也推动了刑事错案问题与刑事司法制度的研究。2005年,我带领一些青年学者开始对刑事错案问题进行实证研究。我们通过一些典型案例,分析了我国刑事司法制度存在的问题,并且提出了一些改良的建议。在此基础上,我撰写了一本专著,书名是《亡者归来——刑事司法十大误区》,2014年由北京大学出版社出版。

刑事错案是人类社会面临的共性问题,而且越来越受到世界各国司法官员和法律学者的重视。虽然我国刑事司法的十大误区具有一定的特殊性,但是也在很大程度上反映了刑事司法的普遍性规律,因此我的研究成果也受到海外专家学者的关注。我在该书序言中说过,"本书一定能够像我的犯罪悬疑小说一样走出国门"。这本书确实"走出去"了,而且比我的小说走得更远。

在过去10年,《亡者归来——刑事司法十大误区》一书已经由美国的夏威夷大学出版社出版英文版,法国的才赋出版社出版法文版,德国的德古意特出版社出版德文版,西班牙的大众出版社出版西班牙文版,巴西的向东方和巴特尔出版社出版葡萄牙文版,以色列的皮尔拉维出版社出版希伯来文版,日本的科学出版社出版日文版,中国台湾地区的元照出版公司出版中文繁体字版。

法国前驻华大使白林女士、国际刑法学会主席约翰·佛菲勒教授、德国马普外国与国际刑法研究所所长乌尔里希·齐白教授、美国俄亥俄州洗冤中心主任马克·高德塞教授、巴西瓦加斯基金会大学巴西–中国研究中心主任高文勇教授分别为该书的外文版撰写了序言。一些外国专家还专门就该书写了书评。例如,美国著名的中国问题研究专家斯坦雷·拉博曼(Stanley Lubman)教授在2016年第4期《中国展望》(China Perspectives)上发表了一篇书评,标题是"何家弘,亡者归来:中国的刑事司法与错判"("He Jiahong, Back From the Dead:Wrongful Convictions and Criminal Justice in China")。美国的刑事错案问题研究专家马文·扎尔曼教授在2017年第1期《中国评论》(China Review, SSCI)上发表了一篇长达24页的书评,标题为"错判:中国和世界的一个系统性关切"(False Conviction:A Systemic Concern in China and the World)。

俄罗斯的联邦工商会杂志《向导》还就本书发表了专访文章。

近年来,我还应邀到许多国家的教育科研机构就刑事错案问题做过讲座,包括美国的纽约大学、哥伦比亚大学和辛辛那提大学,英国的伦敦大学亚非学院、伦敦国王学院、苏塞克斯大学、利兹大学、金斯顿大学和皇家国际事务研究所(查塔姆宫),澳大利亚的国立大学、拉特罗布大学和科庭大学,法国的巴黎七大、蒙彼利埃三大和艾克斯-马塞大学,德国的马普外国与国际刑法研究所,挪威的伯尔根大学,荷兰的乌特勒支大学,比利时的布鲁塞尔自由大学(法语)和蒙斯大学,日本的名古屋大学,墨西哥的国立大学和奇瓦瓦大学,巴西的瓦加斯基金会(FGV)大学等。总之,这部刑事司法一体化研究的学术著作在世界上产生了较大的影响,或可称为中国法学"走出去"的代表作之一。

由此可见,我们应该对"刑事司法"的语言习惯进行整合,或者说,实现刑事司法概念的一体化。简言之,刑事司法是专业人员依照法律赋予的权力,办理刑事案件,适用刑事法律的活动,以刑事调查、刑事检控、刑事审判、刑事执行为基本内容。与此相应,刑事司法系统包括刑事调查机关、刑事检察机关、刑事审判机关和刑事执行机关。刑事司法的主干人员包括刑事调查人员、刑事检控人员、刑事审判人员和监狱管理人员。此外,刑事司法还有辅助人员,包括刑事技术人员和刑事辩护人员。这些专业人员都是刑事司法活动的参与者。

理解这个概念,我们要明确三点:第一,刑事司法是一种跨行业的组织行为。它包括警察行业、检察官行业、法官行业、律师行业、监狱管理行业、刑事科学技术行业等。第二,刑事司法是一个跨学科的法学专业。它不是一个学科,因此不能建立"刑事司法学"。刑事司法的学科群应包括刑法学、刑事诉讼法学、犯罪侦查学、刑事证据法学、刑事执行法学、刑事科学技术等。第三,刑事司法是一个跨部门的功能系统。它的主体不能简单地列举为公、检、法机关。其实,公安局、检察院和法院都不是刑事司法系统的部门,各机关中从事刑事司法活动的人员才是刑事司法的主体,包括刑事调查人员、刑事检察人员、刑事审判人员等。

综上所述,刑事司法是一个重要的法学专业领域,也是一个重要的社会功能系统,大有厘清概念之必要。刑事司法概念的一体化可以促进刑事司法观念的一体化,并进而构建刑事司法的职业共同体。诚然,概念的明晰和语词的精准,并不能创造事物,但是可以促进事物的发展。借用先哲的用语,概念不能造物,但可以格物,并进而育物,即促进刑事司法的健康发展。

各位同学,我给你们留一道思考题:中国应该如何推进刑事司法的一体化?

第一单元 基　　础

第一讲　刑事司法的历史演进

各位同学,大家好! 学习刑事司法,要从历史开始,因为了解它的过去,才能更好地理解它的现在并展望它的未来。正所谓,知晓来龙,方见去脉。

一、神明裁判

人类是群居的动物,而群居就会产生纠纷,或者说发生各种案件。因此,在人类社会的早期,氏族长老或部落酋长的职责之一就是对成员的纠纷进行裁判。当时,人们生活和交往的地域范围比较小,在同一群体内生活的人口数量也比较少,因此案件的情况一般不太复杂。氏族长老或部落酋长根据双方的陈述和旁人的证言,就可以作出裁判。长老和酋长的威望一般也可以让当事人服从判决,让民众信服判决。但是在有些情况下,纠纷双方各执一词而且没有其他证人,这种原始的查明事实方法就不好用了。而且,随着社会纠纷的增加,长老或酋长的权威也不够用了。于是,人们就开始求助于神的力量。

(一)神誓法

最初,人类请求神灵帮助断案的方法是神誓法。例如,张三找到酋长,指控李四偷了他家的肉。李四拒不承认。双方的说辞都有一定道理,酋长不好裁断,就让双方对神发誓,声称自己的话是真实的。由于该部落的人都信奉神灵,这种发誓就会对当事人形成心理压力,说谎的一方就不敢坚持原来的说法,于是酋长就可以作出裁判。这就是查明案件事实的神誓法。

对神发誓是有效的,但未必总是有效的。如果发誓太随便,那就可能流于形式。例如,我们在日常生活中时常听到有人讲:"如果我说的是假话,天打五雷轰!"但是,说话的人和听话的人大概对这个誓言都不会太认真。古代的司法裁判中也有这个问题,于是一些民族为了保证神誓的效力,就规定了严格的宣誓程序和方式。例如,公元 6 世纪法兰克王国的《萨利克法典》就规定,使用巫术是一种违法行为。如果某甲指控某乙对他使用了巫术,那么某甲就要在法庭上按照特定的程序对神宣誓,并且一丝不苟地使用正确的形式和姿势提出指控。然后,法庭再要求某乙用同样严格的方式作出反驳。如果某人不敢对神发誓,或者在陈述的形式或姿势上出现错误,或者在陈述过程中出现口吃等现象,那就可以证明他说的是假话,法官就可以判他败诉。

古代也有人不信神灵。或者,他们虽相信神灵,但是认为神灵的报应毕竟比现世的惩罚更为遥远,因此就敢于面对神灵撒谎。另外,随着神誓法的重复使用,它的心理威慑作用也越来越小。于是,很多诉讼当事人都敢于面对神灵,信誓旦旦,令人难辨真假。面对这种情况,司法者必须寻找其他求助于神明的方法,必须寻找更有效的断案神器。于是,各种各样的神明裁判就应运而生了。

(二)神判法

在世界各国的刑事司法历史中,神明裁判的方法堪称五花八门。古代巴比伦人在审理案件的时候经常采用"水审法"。按照古巴比伦王国的《汉谟拉比法典》的规定,如果某自由民的妻子被人告发有通奸行为,但是她自己不承认,那么司法官就在宗教仪式下让人把该女子扔到河里。如果那个女子沉到水里,就证明她有罪;如果她没有沉下去,而是浮在水面上,就证明她无罪。

水审法是很多民族都使用过的神明裁判方法。不过,古代日耳曼人采用的"水审法"检验标准恰恰相反:浮在水面有罪,沉入水中无罪。被告人的膝盖处被绑起来,然后用一根绳子系在其腰部,并且根据其头发长度在绳子上打一个结。司法者慢慢地把被告人放入水中。如果被告人的身体沉入水中而且达到淹没绳结的深度,那就证明其是清白的;否则就证明其是有罪的。[1] 据说,这种裁判的原理是日耳曼人相信承载宗教信仰的水是"圣洁"的,不能容纳提供虚假陈述的罪人。

　　火审法也是许多民族使用的神明裁判方法。这是利用火的灼热对人体的考验来查明案情的方法。例如,某甲指控某乙偷了他家的财物,某乙不承认,而且双方都没有证人。法官无法查明案件事实,就可以在一定的宗教仪式下,让某甲和某乙先后用手去捧拿烧红的铁器。然后,法官查验双方的手掌,根据伤情判断谁的陈述为真,并据此作出判决。在有些地区,这种考验是单方的。司法官首先让被告人或原告人接受考验。如果考验结果能说明问题,另一方当事人就不必接受考验。但是,如果考验结果不明确,或者证明被考验者没说谎,那么另一方当事人就要接受考验。[2]

　　这些神明裁判大多是通过让当事人接受某种肉体折磨或考验的方式来查明案件事实,因此又称为"折磨考验法",英文是 Trial by Ordeal。在这种考验中,司法的天平显然不利于接受考验的当事人。因为人手在接触高温烙铁时一般都会受伤,只有在极其特殊的情况下才能得到"神灵"的关照而幸免。由此可见,司法官要求谁去接受考验在很大程度上决定了审判的结果。如果司法官怀疑某人说谎,就可以要求他接受考验。在现实中,被告人往往会成为首选的考验对象。

　　古印度的不同地区采用过多种神明裁判方法,汇集起来堪称"神明裁判大全"。两千年前的《摩奴法典》规定,如果法官依据人证不能确认案件事实,就可以采用"神明裁判"来查明案件事实。作为《摩奴法典》之补充的《那罗陀法典》第 102 条规定了八种"神明裁判"的方法,包括火审法、水审法、秤审法、毒审法、圣水审、圣谷审、热油审和抽签审。火神法和水审法与上面讲的相似。称审法是要求诉讼当事人在审判之前和审判之后各称一次体重,有明显差异的当事人就被认定为说谎。毒审法、圣水审和圣谷审的做法相似,就是要求诉讼当事人吃下有毒的植物,或者在寺庙中供奉多日的水或谷物,然后查看当事人的反应。如果有上吐或下泄的反应,则证明其说谎。热油审是把铜币或石块投入烧热的油锅中,让诉讼当事人用手捞出来,

---

　　① 参见陈一云主编:《证据学》,北京,中国人民大学出版社,1991 年,第 19-20 页。

　　② 参见[英]罗伯特·巴特莱特(Robert Bartlett):《中世纪神判》(*Trial by Fire and Water: the Medieval Judicial Ordeal*),徐昕等译,杭州,浙江人民出版社,2007 年,第 14-17 页。

然后查验手上的伤情,这与火审法相似。抽签审非常简单,就是在一个盒子或袋子里放入形状相同的黑球和白球,然后让当事人去摸取。摸到黑球者说谎,摸到白球者没有说谎。①

中国古代也曾经把"神誓法"作为查明案件事实的方法。据《周礼》记载,"有狱讼者,则使盟诅"。这就是说,打官司的人要通过宣誓来证明自己陈述的真实性。中国古代也有类似"神明裁判"的方法。据传说,中国司法官员的鼻祖皋陶就使用神明裁判。皋陶是舜帝时期主管兵刑的官员,既是军事长官,也是司法长官。皋陶治狱用"神羊"。"神羊"又称为"独角兽",是一种传说中的神兽。皋陶在遇到疑难案件的时候,无法判断被告人是否有罪,就让人把"神羊"带上来,对着被告人。如果神羊用独角顶这个人,就说明这个人有罪。如果神羊不顶这个人,就说明这个人无罪。这就带有了神明裁判的性质。一些东南亚国家也有使用动物的神明裁判,例如把被告人扔进寺庙前面的鳄鱼池。如果鳄鱼咬这个人,就说明这个人有罪。如果鳄鱼不咬这个人,就说明这个人无罪。

中国的主流社会没有采用上述"火审""水审"等神明裁判方法,但是一些少数民族地区则有流行。直到20世纪前期,中国的一些少数民族地区仍然保留着"神明裁判"的方法,例如藏族的"捞热油",景颇族的"捞开水",彝族的"捧铧犁"等。②

(三)神明裁判的评析

在神明裁判中,司法官的职能并不是查明案件事实并在此基础上适用法律,而是扮演裁判仪式主持人的角色。那时的法庭也不是为查明案件事实而设立的司法机构,而只是请神灵揭示案件事实的场所。于是,司法裁判就披上了神灵的外衣。毫无疑问,神明裁判提高了司法判决的权威性,因而有助于维护社会秩序的稳定。

神明裁判不是科学的查明案件事实的方法,是人类社会早期发展阶段的产物,是与人类当时的认识能力相适应的。随着人类社会的发展,神明裁判自然要退出历史舞台。值得一提的是,虽然神明裁判具有浓厚的宗教色彩,但是在欧洲首先禁止这种做法的却是教会法庭。1215年,欧洲天主教拉

---

① 参见陈盛清主编:《外国法制史》,北京,北京大学出版社,1982年,第31-32页。
② 参见夏之乾:《神判》,上海,上海三联书店,1990年,第1-7页、44-47页。

特兰大教会明令禁止在其宗教法庭的审判中使用神明裁判。随后,欧洲许多国家也相继废除了神明裁判。例如,法兰西王国在 1260 年明令废止;罗马帝国和英格兰都是在 1290 年废止的。13 世纪末,神明裁判基本上退出了欧洲司法裁判的历史舞台。①

　　神明裁判并不是荒诞无稽的方法,在司法审判中确实有助于查明案件事实。其实,有些神明裁判方法在今天看来也有一定的科学道理,譬如曾经在法兰西王国流行的"面包奶酪审"。在这种审判中,法官要求被告人快速吃下一块大麦面包和一块干奶酪。如果他没有困难就吃了下去,那就证明他无罪;如果他吞咽困难甚至发生呕吐,则证明他有罪。这确有一定道理,因为有罪者在紧张和恐惧等心理压力的作用下会出现唾液分泌减少等现象,于是就会感到口干舌燥、难以下咽。当时的司法人员未必知道这种裁判方法的科学原理,那可能只是一种感性经验的总结。

　　神明裁判貌似神秘,而且有浓厚的宗教色彩,但是我们可以透过现象看本质,破解其中的秘密。其实,多数神明裁判的基本功能就是识别谎言,而方法就是通过一些人体反应来判断陈述的真假,例如,手掌被热铁烧烤后的伤情,吃了圣谷或喝了圣水之后的人体反应。

　　司法裁判的首要任务就是判断诉讼当事人陈述的真假,张三说李四偷吃了他家的肉,李四说没偷,司法官员就要判断谁的话是真实的。千百年来,世界各国的司法人员一直在努力探索识别谎言的方法。除了神明裁判,司法人员还发明了其他的方法。

　　早在春秋战国时期,中国的司法官员就总结出"以五声听狱讼"的方法。所谓"以五声听狱讼",就是要以察言观色为基础来分析被告人陈述的真假。具体来说,它包括辞听、色听、气听、耳听、目听。所谓辞听,就是听其陈述。如果被告人说话吞吞吐吐、结结巴巴,那就说明他说的是假话。所谓色听,就是看其脸色。如果被告人在回答问题时脸红,就说明他在说谎。对此我有些疑惑,不知道古代人是不是一说谎就脸红,而现代人已经进化到说谎不脸红了,因此现在不能把脸红作为识别谎言的标准。所谓气听,就是听其喘息。如果被告人呼吸急促不匀,就说明他在说谎。所谓耳听,就是要观察其听力的反应。如果被告人似乎听力不好,经常让问案者重复问题,那就说明

---

　　①　William Andrew Noye:*Evidence:Its History and Policies*, Australia, Butterworths Pty Ltd. , 1991, pp. 8-10.

他要说谎。其实,这不是被告人的听力不好,而是他需要时间来思考如何回答。最后是目听,就是要仔细观察被告人的眼神。如果被告人目光躲闪,就说明他要说谎。总之,中国的司法人员早在两千多年前就提出这种识别谎言的方法,确实很厉害。

神明裁判的基本功能都是判断当事人陈述或证人证言的真假。中国古代没有神明裁判,但是有些司法官员却极富创造性地借用神明裁判来识别谎言。北宋科学家沈括就在《梦溪笔谈》中记述了一个非常有趣的案例。

宋朝御史陈述古曾在福建的浦城担任县令。上任后,他查办积案。县城里曾发生一起盗窃案,一个大户人家丢失金银细软若干。前任县令抓到了几个嫌犯,但是未能查清盗贼。陈述古听说东山庙里有一口大钟,当地人都相信那是神钟,能够识善恶、辨盗贼。于是,他让衙役把那个大钟搬到县衙的后院,用幔帐围起来,并且在大钟外面涂上了黑墨。陈述古升堂问案,把那几个嫌犯带上来。他说,这个神钟能够识善恶、辨盗贼,今天咱们就请神钟断案。你们依次到幔帐中用手摸大钟。如果你是好人,大钟不会响。如果你是盗贼,大钟就会"嗡"地响起来。我也就知道谁是盗贼了。

那几个嫌犯在衙役的引领下走进幔帐摸钟,但是大钟一直没响。就在众人疑惑之时,陈述古让衙役查验这些嫌犯的手掌。只见其中一人的手掌上没有墨黑。陈述古一拍惊堂木,你就是盗贼!他说,大家都知道这个神钟能够识善恶、辨盗贼,因此那盗贼一定不敢去摸钟。其他人手掌上都有墨黑,只有你的手上没有,因此你就是盗贼。听了这话,那个人只好认罪,然后根据他的口供又起获了赃物。于是,陈述古办案传为佳话,被后人称为"摸钟辨盗",还被写进了史书。当然,这不是神明裁判,但胜似神明裁判。

陈述古的这种方法带有欺骗的性质,但是在当时很有成效。其实,人类历史上一些著名的案例就包含了采用欺骗方法识别谎言的内容,例如《圣经·列王记》中记载的所罗门王"智慧断案"的故事。

有一天,两个妇人来见所罗门王。第一个妇人说:"我主啊,我和这妇人同住;她与我同住的时候,我生了一个孩子。我生了孩子以后的第三天,这妇人也生了一个孩子。房子里除了我们两人以外,再没有别人。夜间,这妇人睡觉的时候,压死了她的孩子。她却在半夜,趁我睡着的时候起来,从我身旁把我的孩子抱去,放在她的怀里;又把她死了的孩子放在我的怀里。第二天早上我起来,要给我的孩子吃奶的时候,发觉他死了。我再仔细察看,发觉他不是我的孩子！"第二个妇人说："不！活的孩子是我的，死的孩子才是她的。"第一个妇人又说："不！死的孩子是她的，活的孩子才是我的。"所罗门王听罢，就让人拿来一把刀，下令说："把活的孩子劈成两半，一半给这个妇人，一半给那个妇人。"第一个妇人忙说："我主啊，把那活的孩子给她吧，千万不可杀死他！"第二个妇人却说："这孩子既不归我，也不归她，劈开吧！"所罗门王说："把活的孩子给第一个妇人。千万不可杀死孩子，这个妇人确实是他的母亲。"所罗门王下令刀劈孩子的做法就属于"欺骗"。

在中国历史上也有一个类似的案例，就是《折狱龟鉴》记载的"争儿案"。后魏时期，扬州刺史李崇巧妙地审理了一个棘手的案件。当地居民苟秦到县衙告状说，他家三岁的儿子失踪了，后来发现在郭奉伯家中。但是，郭奉伯说那个孩子是他的儿子。两家都有邻居作证。县官无法裁断，就把案件上报扬州府。李崇审问了原告和被告之后，一时也难以裁断，就下令把两个父亲和那个孩子分别关押，并说要派人外出调查。几天之后，李崇让衙役告知二人，那个孩子暴病身亡，让家人办丧。苟秦听说后痛不欲生。郭奉伯听说后却只是唉声叹气。李崇得知这一情况之后，就把那个孩子判给了苟秦。这也是用欺骗方法识别了谎言。

各位同学，你们认为现在的司法人员还可以使用神明裁判吗？在现代社会中，如果人们有信仰，这种查明事实的方法依然有效。我国的审判没有要求当事人和证人宣誓的法律规定，但是在司法实践中偶有所见。试举一例。

2016年2月，浙江省舟山市普陀区法院审理了一起借款纠纷案。原告和被告都是当地的渔民。原告声称他曾经借给被告20万元，但是被告不承认。原告没有借据，也没有其他人证，只能讲述当时借钱的情况。但是被告坚称原告所说都是假的。如果按照民事诉讼的证明分配原则，谁主张谁举证，那么在原告方不能举出充分证据证明其借款的事实主张的情况下，法官就要判原告方败诉。但是，审理该案的法官感觉原告比较老实，就想出了一个颇有创意的办法。普陀山上有一尊高大的南海观音铜像，当地渔民都奉为神明，相信其大慈大悲，能护佑渔民平安。于是，法官郑重地对被告说：请你面对南海观音像发誓，再说一遍你没有借钱。被告低头犹豫片刻，然后承认了借钱的事实，大概他不敢欺骗南海观音。虽然这位法官的做法带有神誓法的性质，但是达到了查明事实的目的。

二、审讯问案

在刑事司法活动中,当事人陈述和证人证言是司法人员查明案件事实的主要依据,而审讯问案就是获取这些证据的主要方法。一般来说,被告人是最了解案件事实的人,因此其供述最有证明价值,被很多国家的司法人员视为"证据之王"。例如,法兰西王国的法典中就明确规定被告人的口供是最可靠且最重要的证据。中国古代也有"断罪必取输服供词"和"无供不录案"的诉讼原则。这就是说,司法官员要判被告人有罪,必须获得被告人认罪的供词。

(一)刑讯逼供方法

一般来说,被告人不会轻易承认自己的罪行,司法官员就必须想方设法逼迫被告人认罪,而刑讯就是让被告人开口的有效武器。在相当长的历史时期内,世界各国的司法官员都在审讯问案中使用刑讯。法兰西王国从13世纪开始广泛采用纠问式诉讼程序,于是,秘密审讯和刑讯逼供就成为获取被告人口供的常规手段。德国1532年的《加格林法典》规定,被告人供述是定罪的主要证据,刑讯是查明案情的主要手段。欧洲的教会法院也经常对被告人使用刑讯,而且有各种残酷的刑具。

中国的刑讯有着十分悠久的历史。早在两千多年前的周朝,刑讯就已经广泛地用于刑事司法之中。据《礼记·月令》上记载:"仲春之月……毋肆掠,止狱讼。"所谓"肆掠",就是严刑拷问。在春季,为了保证生产的正常进行,要限制对劳动力的刑讯,这也就是说在其他季节可以使用刑讯。

唐朝的法律对刑讯制度有了更为具体的规定。由于司法官常常滥施刑讯,甚至拷囚至死,所以法律对刑讯有所限制。按法律规定,司法官在问案过程中对同一名囚犯实施拷讯不得超过三次,而且拷打的总数不能超过二百。如果在此限度内拷囚致死,执法者不受处罚;如果超过此限度而拷囚致死,执法者则要被判处二年徒刑。宋朝的法律也有类似的规定。

法律上的规定并不能阻止实践中对刑讯的滥用。且不说那些恶官酷吏常借刑讯来草菅人命,就连包公等青天大老爷,也把刑讯看作查明案件事实的"看家手段",宣称"不用大刑,焉得实供"!而且,当时已经出现了"掉柴"

"夹帮""脑箍""超棍"等十分残酷的刑具。

明朝的统治者实行特务政治,所以刑讯逼供又有长足的发展。按《明律》规定:"内外问刑衙门,一应该问死罪并窃盗、抢夺重犯,须用严刑拷讯,其余只用鞭扑常刑。"然而,实践中多用酷刑,且花样繁多,令人瞠目。据《明史·刑法志》中记载:明代锦衣卫镇抚司有 18 套刑具,如挺棍、夹棍、脑箍、烙铁、一封书、鼠弹筝、拦马棍、燕儿飞、灌鼻、钉指等。对于重要的罪犯,这十八般兵器,无不试之。

清朝的刑事司法有宽松时期,也有严酷时期,但是刑讯的基本情况与前朝大同小异。下面,我就讲一个著名的案例。

(二)杨乃武与小白菜案

1873 年 11 月,浙江杭州府余杭县令刘锡彤收到一份诉状。原告葛喻氏声称,自己的儿子葛品连突然死亡,怀疑是儿媳葛毕氏毒死了儿子。刘县令听说过葛毕氏。此女本名毕秀姑,出生在一个普通人家,父亲早逝,母亲以裁缝为生。毕秀姑生得洁白秀丽,人送雅号"小白菜"。小小县城,出此美女,难免招蜂引蝶,并惹出不少"桃色流言"。她自恃貌美,看不上凡夫粗汉,而大家子弟又看不上她的出身和名声,结果是高不成低不就,二十多岁仍未出嫁。

其实,毕秀姑心中有一个情人,名叫杨乃武。此人出身书香门第,相貌英俊,文才出众。他比秀姑年长 8 岁,已有妻室。杨乃武想娶秀姑作妾,但秀姑之母不愿让独生女儿做人偏房,因此好事未成。后来,杨乃武的妻子病故,他便想娶秀姑续弦,但是他的父亲和姐姐都坚决反对,认为门不当户不对,而且秀姑的名声也不好。杨乃武只好作罢,另娶后妻。

秀姑年龄日长,又有流言蜚语,其母心急,就在媒婆冯许氏的撮合下,强把女儿嫁给了当地做豆腐的葛品连。葛品连年过三十,家境贫寒,相貌平庸,体弱多病。秀姑虽然看不起品连,但已成婚,倒也相安无事。没想到,婚后一年半,葛品连暴病身亡。

刘县令曾经听儿子说,坊间有传闻,小白菜与杨乃武通奸杀夫。当时,杨乃武已经考中举人,在当地名声大振。刘县令口说不信,心中也有几分猜疑。如今看到葛母的诉状,就立即下令,到葛家去开棺验尸。

负责验尸的仵作名叫沈详,现场还有衙役沈彩泉协助。按照法律规定,验尸要填写"尸格",就是格式化的验尸报告。沈详提交的"尸格"上写了"中毒死亡"的结论。

看到验尸报告,刘县令命令衙役把小白菜葛毕氏带到县衙,升堂问案。在堂上看到葛毕氏,他心想:如此美貌女子,嫁了个粗陋男人,肯定会有奸情。但是,葛毕氏不承认与杨乃武通奸,更不承认杀死了丈夫。刘县令便下令用刑。小白菜是一个柔弱女子,怎能耐受大刑,只好供认了与杨乃武通奸并合谋毒杀亲夫的犯罪事实。

拿到小白菜画押的供词,刘县令便提审杨乃武,但后者不仅不供,而且自恃有功名在身,相当傲慢。按规定,刘县令不能对举人用刑,就呈请学台革除了杨乃武的功名,然后审讯杨乃武,并用大刑,但后者始终不认。刘县令认为案情重大,不宜过分刑讯,决定解送杭州知府审理。

知府陈鲁听过案情报告,也认定是葛毕氏与杨乃武通奸谋害亲夫,但是还需要查明毒药的来源。陈知府升堂问案,首先提审小白菜。知府的大堂比县衙更加威武。已经被刑讯吓破胆的小白菜很快就承认了投毒杀夫的罪行。至于毒药的来源,她说八月二十四与杨乃武见面密谋杀夫,然后杨乃武于十月初五给她送来了砒霜。

陈知府提审杨乃武,后者并不认罪。对于小白菜的说法,杨乃武说,八月二十四自己正在省城参加科举考试,十月初五自己在南乡岳父家商讨家事,而且都有人证。陈知府不信,动用大刑。府衙的刑具比县衙的更加厉害,杨乃武坚持不住,只好承认。陈知府问他在何处购买砒霜,他就说是在东乡的"钱记爱仁堂"药铺。拿到供词,陈知府非常得意,命令刘县令去提取杨乃武买砒霜的证词。

刘县令回去之后,就让师爷章抢香去找"钱记爱仁堂"药铺的掌柜钱宝生,问他有没有卖砒霜给杨乃武。钱宝生当即否认,说自己根本不认识杨乃武,而且自己卖药给谁都是有账可查的。章师爷便请钱宝生到县衙去说话。

在县衙里,刘县令以礼相待。章师爷起草了一份证词。证词说,杨乃武在十月初三到店里来买砒霜,说是要毒老鼠。因为杨乃武是当地有名的绅士,他就没有怀疑,卖了砒霜。一开始,钱宝生不愿意提供这份伪证。刘县令就给他写了一张保证书,说明此案与钱宝生无关,而且不会让他与杨乃武当堂对质。最后,钱宝生在这份证词上具结画押。

见到这份证词,陈知府再次提审杨乃武,杨乃武却死不承认,一再喊冤,结果陈知府只好让书办写好供词,让衙役趁杨乃武受刑昏迷时按上手印。陈知府呈报浙江巡抚杨昌睿:葛毕氏谋杀亲夫,拟凌迟处死;杨乃武夺妻杀夫,拟斩首示众。杨巡抚审查之后,同意知府的判决,就把案件报送朝廷的刑部审批。

在刑部审核该案期间,杨乃武写了一份两千五百字的申诉状,他的家人也去京城申诉鸣冤。后来,中央的督察院给浙江巡抚发了咨文,要求复查该案。杨巡抚就把案件发回杭州府,下令再审该案。

按照当时的法律规定,再审也要公开,允许民众旁听。因为此案在杭州产生了很大的影响,所以陈知府升堂问案那天,堂下和门口站满了民众,包括杨乃武的家人。陈知府传讯的第一个证人就是"钱记爱仁堂"药铺的掌柜钱宝生,因为他是本案的关键证人。

钱宝生到堂之后,看到府衙的威严和黑压压的观众,不禁心慌意乱。他抱怨说:"从前县令要我承认卖砒霜,我因为没有这事,不肯答应。县主包我无事,不必到案。不知怎样又传我来省审问!"此话一出,现场观众议论纷纷,都说原来的证言有假。陈知府是原判定罪主官,自然不愿意追问此事,就草草收场。长话短说,虽然再审中发现了一些证据的疑点,但是陈知府依然维持了原来的有罪判决。

后来,在督察院和刑部的要求下,杨乃武与小白菜案又进行了复审。但是因为复审都在原地,而且复审官员多与原案有牵连,所以无法翻案。

本案还有一个情节。钱宝生回家以后,继续经营药铺的生意。有一天,官府的一个军爷来找他,让他去给再审作证。他不愿意去,那位军爷也没有强迫。当晚,军爷留宿在药铺,而且与钱掌柜共进晚餐。第二天早上,钱掌柜暴病身亡,据说是食用了大量的巴豆粉。钱掌柜没有家人,因此他究竟是自杀还是他杀,无人追问,不了了之。

当时,上海有一家创办不久的报纸,就是后来颇有名气的《申报》。1874年11月,《申报》连续两天刊发了杨乃武的《申诉状》,而且配上了抨击司法弊端、要求平反冤案的编者按语,在社会上产生很大的反响。

受社会舆论的影响,也有官场斗争的考量,一些京官联名上书执掌朝政的慈禧皇太后,建议让刑部重新审理杨乃武与小白菜投毒杀人案。1875年7月,慈禧下懿旨,将该案交由刑部重审,并且要在京城重新开棺验尸。于是,浙江的官员就开始安排把该案的被告和证人押解到京,而且要挖掘葛品连的尸棺,运送到京城。

1876 年 12 月,刑部尚书皂保会同京师五城指挥,在北京朝阳门外的海会寺开棺验尸。该案主犯杨乃武和葛毕氏、原告葛妈和证人王妈、余杭县令刘锡彤和仵作沈详等人都在场。现场还有很多民众围观。

开棺之后,尸臭扑鼻,幸亏有大香炉的气味遮掩。葛品连尸体的皮肉已经腐化,仅剩骨骼。刑部的两名资深仵作仔细查验,确认死者的牙龈、手指、脚趾等部位都呈黄白色,没有青黑色。根据法医古籍《洗冤集录》上的检验标准,他们确认葛品连并非中毒死亡。

1877 年,全国瞩目的杨乃武与小白菜冤案终于平反,二人被无罪释放。回家后,杨乃武开始养蚕,并经营丝绸,复兴家业。1914 年,他因病去世。小白菜出狱后,孑然一身。她万念俱灰,便出家为尼。1930 年,她无疾而终。

在刑部再审该案的过程中,这个冤案的成因也被查清,始作俑者是刘县令的儿子刘子翰。这位刘衙内不学无术,吃喝玩乐。想当年,杨乃武考中举人之后,在当地名声大振,地方士绅公子都愿意与他交往,刘子翰也是其中之一,但是杨乃武看不上这位胸无点墨的"官二代"!刘衙内托人结交杨乃武,在自视清高的杨乃武那碰了一鼻子灰,他就记恨在心。另外,刘衙内也曾看中小白菜的姿色,想方设法勾搭,却未能得逞。后来,他听说小白菜与杨乃武有情,心中另有一番醋意。葛品连死后,刘衙内听说有关情况,认为这是报复杨乃武与小白菜的天赐良机。

刘衙内首先找到葛品连的母亲,怂恿她去县衙告状。然后,他借吃饭之机向父亲讲述"杨乃武和小白菜通奸杀夫"的传闻。刘县令下令开棺验尸之后,刘衙内买通了负责验尸的仵作沈详,后者便在验尸中作弊。沈详见尸体口鼻间有少量血迹,就报称"七窍流血";见指甲灰暗,就报称"甲色青黑";用银针刺进死者咽喉检验时见针上颜色略黑,按规定应擦净再验,但他即刻报称"验得死者确系中毒毙命"。当时在场的衙役沈彩泉提出,"死者眼耳无血"和"银针只暗不黑",不像是中毒死亡,但沈详还是在验尸报告上填写了"中毒死亡"的结论。

后来,这个刘衙内在刑部重审该案时坐船外逃,结果那小船在杭州湾倾覆,他葬身大海。有人说他是畏罪自杀,也有人说那是意外事故。无论如何,这个结局也算是罪有应得。

在杨乃武与小白菜冤案中,刘县令等官员都有责任,而且都受到了处罚。仵作沈详被判处两年徒刑；县令刘锡彤被发配黑龙江充军，终身不得回乡；杭州知府陈鲁和浙江巡抚杨昌睿都革职查办；其他参与审理的官员也都降职罚俸。慈禧皇太后借此案整肃官吏，大概也收到了她想要的效果。

杨乃武与小白菜案是中国历史上著名的冤案，可以说是流传百年，家喻户晓。现在，我们也经常用这个案例来讨论刑事错案问题。2003 年国庆节，中央电视台的《今日说法》还做了一期特别节目，通过杨乃武与小白菜案的模拟审判，讲述我国古代的刑事审判。撒贝宁是主持人，我应邀作为点评嘉宾，还扮演了审案的县太爷。

（三）行刑逼供的禁止

刑讯逼供是一种野蛮的查明案件事实的方法，而且容易造成冤错案件。一些恶官酷吏和贪官污吏常常借刑讯来草菅人命，在社会上产生恶劣的影响。因此，在刑讯逼供盛行的同时，也有人在批评这种审讯问案的方法，主张采用文明的审讯方法。

汉朝初期的统治者总结秦朝灭亡的教训，提出了"省刑除苛"的主张。公元前 167 年，汉文帝正式宣布废除肉刑，代之以劳役刑。西汉著名的司法官路温舒还曾经给皇帝写了一篇奏章，即著名的《尚德缓刑书》。这篇文章被后人收入《古文观止》。路温舒在文章中提出了司法改革的建议。他希望朝廷改变重刑罚、重刑狱的政策，主张"尚德缓刑"。他认为刑讯逼供的结果往往是无辜者含冤受罚，即所谓"捶楚之下，何求而不得"。他建议皇帝实行德政，放宽刑罚，废除刑讯。

在这种背景下，汉朝的司法官员总结出辗转推问，侧面迂回，以便查明案情的"钩距"讯问法。据《汉书·赵广汉传》记载：广汉"尤善为钩距，以得事情。钩距者，设欲知马贾，则先问狗，已问羊，又问牛，然后及马，参伍其贾；以类相准，则知马之贵贱，不失实矣"。

在我国历史上，很多优秀的执法者都善于在问案过程中抓住一些不被人注意的细节，巧妙推问，以使罪犯伏法。明朝作家冯梦龙在《智囊补》中就记载了这样一个案例。

湖州人周生和赵三是好友。二人约定一起乘船到南都去做生意。这天早上，周生如约来到订好的船上，但船主张潮说赵三尚未来到。等了好久，赵三仍未到，周生便叫张潮去赵家催促。张潮到赵家后敲门问道："三娘子！

三郎为何还不来上船?"赵妻孙氏大惊道:"他出门很久了,怎么还没上船呀!"张潮回复周生。周生很着急,便同孙氏四处寻找,但连找三日未见踪影。周生怕受牵连,便写状报案。县官怀疑孙氏和他人通奸、谋害亲夫,但是没有证据,遂成积案。后来一位杨评事复查此案,发现破绽。他把当事人传来,讯问案情经过。张潮等陈述如前。杨评事听罢追问张潮道:"你敲门便呼'三娘子',当知三郎不在家!你从何而知?"张潮语塞,最后只好低头认罪。原来,那天清晨赵三先到船上。因时间太早,他便和衣而睡。张潮贪其钱财,遂将船划至僻静处,将赵淹死,然后复回原处,等候周生。这是一个不用刑讯就让被告认罪的案例。

19世纪,意大利的著名法学家贝卡利亚在《论犯罪与刑罚》一书中强烈地抨击了刑讯逼供制度。与此同时,欧洲各国的资产阶级革命先后取得胜利。许多国家都在法律上禁止了刑讯逼供。

1911年,孙中山先生领导的辛亥革命成功后,南京临时政府曾颁布了一些改革司法制度的法令,其中也包括禁止刑讯的内容。

然而,即使在现代社会中,野蛮的刑讯方法也像幽灵一样时隐时现。虽然许多国家都在法律中废止了刑讯逼供,但在现实中仍然存在大量的秘密刑讯和变相刑讯。值得注意的是,随着法律规制的加强,刑讯方法也发生了一些变化,主要是从"硬刑讯"转向了"软刑讯"。20世纪中期,美国的审讯人员开始使用各种"软刑讯"(Soft Torture),包括"疲劳审讯法"和"精神折磨法"。

2009年4月17日,美国的《纽约时报》报道了中情局特工对恐怖犯罪嫌疑人使用的"软刑讯",包括关禁闭、强灯照、十指功、放虫咬、撞假墙、水板审等。其中,撞假墙用拍电影的手法设置声光效果,很有科技含量。水板审讯法的英文是waterboarding,具体做法是把被审讯人的身体以仰卧的姿势固定在一块长木板上,然后用持续的水流冲击面部。这种方法不会直接造成严重的身体损伤,但是会让被审讯人感受到痛苦和死亡的威胁,那感觉比把头按进马桶的做法更为"真切"!美国前中情局长格斯把水板审讯法称为一种"专业审讯技术"。美国前总统特朗普也赞成使用水板审讯法。

与此同时,审讯方法也在"由硬变软"。传统的审讯方法属于"硬审讯",英文是harsh interrogation,即通过刑讯或折磨来逼迫被审讯者供述。后来,一些审讯专家提出了"软审讯"的概念,就是soft interrogation。我第一次听到这个概念是在 30 年前。

（四）软审讯法

1990 年初，我应美中法学教育交流委员会的邀请去美国西北大学法学院作访问学者。在那里，我认识了美国刑事司法的泰斗英博教授。当时，英博教授已经年逾八旬，但是几乎天天到法学院工作。他待人非常热情，特别是对年轻学者。回国之后，我就组织几位青年学者翻译了英博教授与雷德、巴克雷合著的《审讯与供述》，英文书名是 *Criminal Interrogation and Confession*，该书于 1992 年由群众出版社出版。

约翰·雷德是美国审讯科学和测谎技术的先驱。他于 1974 年在芝加哥创建了雷德联合学校，主要为美国的执法机关培训审讯人员和测谎人员。巴克雷是雷德的学生，在雷德去世后接任了雷德联合学校的校长职位。

1992 年 8 月，我再次到美国西北大学攻读法学博士学位。我给英博教授带去了中文版《审讯与供述》，他非常高兴。9 月 21 日，他带我去参观雷德联合学校并受到巴克雷校长的热情接待。他向我介绍了他们的教学方法，特别提到了"软审讯法"。

这是我第一次听到"软审讯法"的说法，便好奇地请教。巴克雷校长向我做了解释，但是他使用了许多心理学的专业术语，我没有完全听懂，只是大体上得知：这是建立在心理学基础上的审讯方法；基本模式是在分析被审讯人的心理特征和行为特点的基础上，通过语言或其他人体行为来说服犯罪嫌疑人如实供述；它与"硬审讯法"的主要区别在于，它不使用强迫的方法让嫌疑人供述，不是"硬逼着"嫌疑人供述，而是以"软"的方式说服嫌疑人，让其自愿供述。雷德先生创造的"九步审讯法"就很有代表性。下面我就做一个简单的介绍。

第一步是提出正面指控。审讯者直接正面地告诉被审讯人，他已被视为本案的犯罪嫌疑人，然后观察其反应；如果被审讯人没有积极反应，审讯者再重复一遍，语气可更为强烈，但意思表达应非常明确；如果被审讯人同样消极，说明其不诚实；如果被审讯人一开始就强烈反对，说明其可能无罪。

第二步是展述审讯主题。审讯者说出自己对实施该犯罪行为的原因的推测，从而给有罪的被审讯人提供一个可以在道德上为自己开脱的理由——主题；如果被审讯人认真听而且在考虑这一主题，说明其可能有罪；

如果被审讯人立即反对主题并愤怒,说明其可能无罪;被审讯人此时一般都会否认自己有罪。

第三步是阻止再次否认。审讯者打断被审讯人的无罪辩解或者具体说明,并回到第二步的主题上;无罪者一般不会让人打断自己,而是会继续抢发言权;有罪者通常会停止否认,或者减弱否认,顺从审讯者回到主题。

第四步是克服异议障碍。被审讯人会提出针对主题的异议——从情感、道德、事实说明自己不会实施该犯罪;这是对犯罪行为的间接否认,内心压力较小;审讯者应打断被审讯人关于该犯罪原因的辩解,驳倒其说明的理由。

第五步是获取对方注意。被审讯人可能用沉默或其他身体动作掩饰内心斗争,审讯者要努力抓住并保持被审讯人的注意力;审讯人员要表现出自己认真诚恳的态度,可缩短身体距离,甚至拍拍对方的肩膀,以加强和对方的心理接触。

第六步是控制消极情绪。被审讯人心理抗拒减弱,但仍很消极,目光呆滞;审讯者应加强与被审讯人的目光接触,以克服其消极对抗情绪;"讲真话就像一次精神手术,切除心灵上的肿瘤"。

第七步是列出选择问题。审讯者使用一组选择疑问句来让被审讯人以可以接受的方式承认该犯罪行为;选择恰当时机,给被审讯人"保留面子";故意还是意外或无奈;多次还是第一次;根据情况决定是否改变选择问题;这是审讯成败的关键。

第八步是查明犯罪细节。审讯者不要否定被审讯人选择的答案,而要让被审讯人讲出该犯罪行为的某些只有作案人自己知道的细节;此时不要纪录,不要追究其陈述中的矛盾;必要时可以出示证据和证人。

第九步是提取书面供词。审讯者让被审讯人讲出全部犯罪事实;多数嫌疑人日后会翻供,因此要及时制作书面供述;讯问笔录中注意使用被审讯人自己的语言和语言的明确性,可以故意在每页笔录留一两个错误,以便让被审讯人阅读时亲笔更改并签名。

(五)审讯圈套

20世纪后期,"九步审讯法"是美国警察普遍使用的审讯方法,被称为"教科书审讯法"。但是进入20世纪以后,"九步审讯法"也受到一些学者的批判,主要是其中包含了一些欺骗的审讯方法,被人称为"审讯圈套"。

雷德在《审讯与供述》一书中讲解了"圈套问题"的使用。例如,在一起杀人案中,嫌疑人声称案发时自己在家。审讯人员就说:"被害人玛丽的邻居说那天晚上看见你的汽车停在玛丽家的门外。你对此作何解释?"这是个"圈套问题",实际上没有人在现场看见嫌疑人的汽车。这个问题是对嫌疑人的考验。如果嫌疑人是清白的,而且从未去过现场,他就会立刻否认。如果嫌疑人去过现场,就会有些犹豫并试图解释,审讯人员就可以找到破绽。雷德说:"几乎在任何案件中都可以使用圈套问题。圈套问题可以使用真实的证据为基础,也可以使用虚构的事实为依据。它可以设计各种内容,例如,遗留在现场上的手印、足迹、轮胎痕迹、个人物品,以及嫌疑人鞋上与现场泥土种类相同的污泥等。"①审讯人员有时还可以根据嫌疑人的陈述编造故事。

在一起抢劫案中,嫌疑人为了证明自己不在现场而声称案发时其在百老汇的剧场看歌舞剧。审讯人员可以立刻说,自己碰巧也去看了那个歌舞剧,而且记得在演出过程中发生了两个观众吵架的事件。这是虚构的,但是审讯人员可以把虚构事实描述得活灵活现。这就会使说谎的嫌疑人陷入困境。他或者附和审讯人员的讲述,或者寻找不知情的理由,例如他中间去外面接电话或上厕所了,没看见吵架的事情。这就给侦查人员戳穿他的谎言提供了依据。

2006年到2008年,我在最高人民检察院挂职担任渎职侵权检察厅的副厅长,有机会到各地的检察机关调研职务犯罪案件的查办情况。其中,有些检察官在讯问嫌疑人时使用的方法就很有创意。

在一起受贿案中,嫌疑人是个很有水平也很有口才的官员。面对侦查人员的讯问,他总是以"实事求是"做挡箭牌。他说:"我们共产党最讲实事求是。无论干什么,都要实事求是。我是领导干部,无论对上对下,都要实事求是。我做事要实事求是,说话也要实事求是。我跟你们讲,我没有受贿,就是没有受贿。这就是实事求是嘛!你们检察官是代表党和人民的,办案就应该实事求是。"侦查人员见他反复强调"要实事求是",就说:"我们都知道要实事求是,不用你讲。这样吧,你把它写在纸上,就不用一遍遍重复

---

① ［美］弗雷德·英博等著:《审讯与供述》,何家弘等翻译,北京,群众出版社,1992年,第88页。

了。"嫌疑人点了点头,在侦查人员拿来的白纸上写下"要实事求是",然后又按照侦查人员的要求签上自己的名字。侦查人员结束讯问之后,拿着这张纸找到嫌疑人的妻子,对她说:"这是你老公写给你的,他让你实事求是地回答我们的问题。"妻子仔细查看,发现确是丈夫的笔迹,就如实交代了她和丈夫收受贿赂的犯罪事实。其实,这是侦查人员事先设计的审讯圈套。

毫无疑问,这属于欺骗取证,但是我们应该禁止侦查人员使用这种欺骗方法去获取证据吗?我国《刑事诉讼法》明确规定:"严禁刑讯逼供和以威胁、引诱、欺骗以及其他非法的方法收集证据。"按照这条规定,带有欺骗性质的取证方法都属于严禁使用的范围。但是,侦查人员在调查取证的时候往往要采取一些欺骗手段,例如,化装侦查和卧底侦查。侦查人员打入犯罪集团的时候,能实话实说吗?例如,"我是公安局派来的"。侦查人员在讯问犯罪嫌疑人的时候能实话实说吗?例如,侦查人员对受贿嫌疑人说,现在有人举报你,但是我们也没找到什么证据。你自己交代吧。侦查人员当然不能这样说了。一般来说,侦查人员会说,我们已经掌握了你受贿的证据,行贿人也交代了,现在就看你自己的态度了。

(六)欺骗取证

犯罪侦查具有对抗性和博弈性,双方经常要斗智,包括使用欺骗手段,正所谓兵不厌诈。因此,侦查人员使用带有欺骗性质的方法,符合犯罪侦查活动的要求和规律。1979 年的《刑事诉讼法》规定了"严禁威胁引诱欺骗",那是特定历史时期的产物。1996 年修订的《刑事诉讼法》保留了这条规定。很多司法实务人员都承认会欺骗取证,但是认为这种事情是"能做不能说"。

2003 年,全国人大法工委组织专家学者讨论再次修改刑事诉讼法,一些学者就提出了欺骗取证的问题。我也写过一篇论文,标题是《论欺骗取证的正当性及限制适用》,发表在 2012 年第 1 期《政治与法律》。我在文章中提出,法律不应严禁在犯罪侦查中使用带有欺骗性质的取证方法,但是应该加以限制,而限制的方法就是在刑事诉讼中排除那些以恶劣的欺骗方法获取的证据。什么是恶劣的欺骗方法?我认为有两条标准:第一,这种欺骗突破了我们的道德底线;第二,这种欺骗可能导致无辜者作出有罪供述。我再举一个例子。

在一起抢劫案中,侦查人员得知嫌疑人非常孝敬他的母亲。在审讯中,侦查人员突然接到一个电话。然后他告知嫌疑人,你的母亲得知你出事后急忙外出找人帮忙,结果在街上出了车祸,正在急救室抢救。嫌疑人是个大孝子,当时就泪流满面,请求去医院看望母亲。侦查人员说,我理解你的心情,但是我们有规定,案子在没有结论之前,我们不能让你出去。如果你供认了自己的罪行,我们就可以立刻送你去医院看望母亲。嫌疑人说,那好吧,我都承认。嫌疑人承认了抢劫的指控。讯问笔录制作完毕,侦查人员又接到一个电话,然后很抱歉地对嫌疑人说,"哎呀,医院弄错了,那个出车祸的老人不是你的母亲"。其实,这是侦查人员针对这个嫌疑人设置的审讯圈套。我认为,这种欺骗方法是恶劣的,是不可接受的,因为它不仅突破了我们的道德底线,而且可能使无辜者违心地承认自己有罪。

2011 年 8 月,全国人大法工委在网上公开征求民众对《刑事诉讼法修正案(草案)》的意见。这个草案取消了"严禁威胁、引诱、欺骗"的规定,修改为"严禁刑讯逼供和以其他非法方法收集证据,不得强迫任何人证实自己有罪。"但是在征求民众意见之后发布的第二稿修正案,这条规定又改回去了。这就是 2012 年《刑事诉讼法》第 50 条的规定:"严禁刑讯逼供和以威胁、引诱、欺骗以及其他非法的方法收集证据,不得强迫任何人证实自己有罪。"

我问过全国人大法工委的有关部门领导。他说,草案公布之后,社会上反对的声音很大。有人说,这次《刑事诉讼法》的修改是在倒退。以前警察办案不能威胁引诱欺骗,以后办案都可以威胁引诱欺骗了!因为这是原有的规定,要删掉必须有非常充分的理由。不过,新修订的刑诉法在排除非法证据的规定中做了区别对待,这就是第 54 条的规定:"采用刑讯逼供等非法方法收集的犯罪嫌疑人、被告人供述和采用暴力、威胁等非法方法收集的证人证言、被害人陈述,应当予以排除。"这就是说,采用威胁引诱欺骗等方法收集的犯罪嫌疑人、被告人供述可以不排除。换句话说,对犯罪嫌疑人和被告人采取威胁引诱欺骗方法获取证据是可以接受的。

文明和法治是刑事司法的大势所趋。近年来,我国在这方面不断取得进步,例如制定了有关审讯时同步录音录像和律师在场的法律规定。这些规定对审讯工作提出了更高的要求,因此侦查人员必须提高自己的审讯能力。有人建议,审讯人员应该在闲暇时练习"太极功"。这有助于审讯方法的由硬变软,提高审讯人员"以柔克刚"的能力。

三、科学断案

在很长的历史时期内,刑事司法都以人证为主,但是也在使用物证。一般来说,物证的应用和推广要伴随一定科学技术的产生和发展。虽然物证是客观存在的,但是物证并不能自己到法庭上去直接证明案件事实,必须借助于人的力量,必须由人来解释物证所反映的案件情况。换言之,物证需要人的解读。而解读物证往往需要一定的科学知识,所以物证与科学技术之间的关系几乎是密不可分的。大多数情况下,物证离开了科学技术便无法发挥其证明作用。

在人类社会的历史进程中,各种物证在司法活动中的运用曾经长期处于随机变化和分散发展的状态。直到 18 世纪以后,与物证有关的科学技术才逐渐形成体系和规模,物证在司法活动中的作用也才越来越显得重要起来。毫无疑问,19 世纪是科学证明方法得到长足发展的时期。这主要表现在两个方面:首先,法医学的兴起为科学证明案件事实提供了有效的方法;其次,各种人身识别技术的问世为准确地认定案件事实提供了科学的手段。

(一)法医检验

在中国,司法实践中对物证进行勘验和检查的活动已有两千多年的历史。据《秦简·封诊式》中记载的"贼死""经死""穴盗"和"出子"等案例的情况来看,秦朝已经有了一套比较固定的勘验方法和规范。[①] 例如,在"穴盗"篇中,勘验者不仅记录了现场手印、膝印、鞋印和工具痕迹的数量、位置与形状,而且用语均比较准确,即使用今天的标准来衡量,也算得上一份基本合格的现场勘查笔录了。[②]

唐朝时,法律中已经有了关于勘验鉴定责任的规定。如《唐律疏议·诈伪》中规定:"诸诈病及死、伤受使检验不实者,各依所欺减一等;若实病、死及伤不以实检者,以故入人罪论。"[③]如果勘验鉴定结论不符合实际情况,那么进行勘验鉴定的人就要依罪受罚,这说明当时在办案断狱中已十分重视勘验鉴定结

---

① 参见张晋藩主编:《中国法制史》,北京,群众出版社,1985 年,第 122 页。
② 参见贾静涛:《中国古代法医学史》,北京,群众出版社,1984 年,第 23—26 页。
③ 乔伟:《唐律研究》,济南,山东人民出版社,1985 年,第 266 页。

论的作用。此外,唐代时毒物学检验也有了一定的发展,人们不仅能识别中毒的一般症状,而且掌握了证明中毒的方法,如卵白验毒法和银钗验毒法等。

宋朝是中国历史上勘验鉴定快速发展的时期。为了让同学们更好地了解这段历史,我有必要介绍一下宋朝的司法制度。宋朝的中央司法机关是大理寺、刑部和御史台。大理寺是审判机关,犹如现在的最高人民法院。大理寺分为左右二寺,右寺负责审问人犯和查明案情,左寺负责定罪量刑,犹如法国等欧陆国家的预审法官和审判法官。刑部是司法行政机关,但是比现代司法部的权力更大。刑部下面设立若干机构,分别掌管调查、勘验、审讯、缉捕案犯等事务。此外,刑部在各路(犹如省)还设立提点刑狱司,简称"提刑",审查所属州县的刑案判决和囚犯管理。如有疑狱,提刑官就要亲自调查问案,而且可以委派专人担任体究,即调查人员。御史台是监察机关,可以监督并弹劾百官,并且在各州府设立可以直接向皇帝报告的通判,号称"监州"。在地方,州(府)、县的长官负责审判案件,司寇参军和县尉负责缉捕和审讯案犯,此外还有负责勘验现场的检验官和负责勘验尸体的仵作。因为司法工作的专门化得到加强,所以勘验鉴定的制度和技术都有很大发展。

在宋代前后的历史时期,司法官员重视审判经验的总结,于是就有人编写了案例集,例如和凝父子编著的《疑狱集》(公元960年前后)、郑克编著的《折狱龟鉴》(1140年前后)、桂万荣编著的《棠阴比事》(1213年)、宋慈编著的《洗冤集录》(又称《洗冤录》,1247年)、赵逸斋编辑的《平冤录》(1270年前后)、王与编著的《无冤录》(1308年)。其中影响最大者当属《洗冤集录》。

多年来,人们一直把《洗冤集录》称为"世界上第一部法医学著作",把宋慈称为"法医学家"。此说不太准确。宋慈不是法医学家。宋慈于1186年出生于福建路建宁府建阳县(今福建南平)的官宦人家。其父宋巩曾任广州节度推官,就是在节度使幕府中掌管刑狱的官员。宋慈从小受父亲的影响,对刑案断狱很有兴趣。年轻时,他跟随当地名儒,学习朱熹理学,颇受教益。朱熹的"格物致知论"①、"知行观"②和重视观察实证的思想都对他有很大影

---

① "格物致知"出于《大学》"致知在格物"一语,原无认识论意义,基本上是讲对一般道德的体认。朱熹从认识论的意义上解释"格物",建立了系统的格物穷理说,具体内容是"穷天理,明人伦,讲圣言,通事故"。

② 朱熹主张"知先行后",是指儒家的个人道德修养和实践。道德实践需要伦理指导,因此"知为先"。伦理不能流于空谈,因此"行为重"。"知先""行重"是实践道德的两个方面,有其内在逻辑。

响。不过,他不是思想家,而是实干家。

宋慈在31岁时考中进士,被任命为县尉,但是因丧父守孝而未能上任。结果他错失机遇,一直等到40岁时才补授为县衙主簿,后升为县尉。因为带兵镇压农民叛乱有功,宋慈当上了知县,又因为查办刑狱有方,先后担任了建宁府通判、广州知府和广东、江西、广西等路的提刑官。最后担任广东经略安抚使,官居三品,于1249年病逝,享年63岁。宋慈在40岁进入仕途,从科级干部做起,一直干到副省级高官,很有成就。

以上经历表明,宋慈不是法医,而是政府官员。套用现在的说法,宋慈担任过县政府办公室主任、县公安局长、县长、市监察委主任、市长、省级法院院长和省军区司令员。其中,他任职时间最长的就是省级法院院长,主要工作是巡回审理各市县的疑难案件。这些疑难案件多为杀人案件,或者是久拖不决,或者是囚犯鸣冤。宋慈复查这些案件,都要亲自带人查验,认真求证,谨慎裁断。他说自己是"他无寸长,独于狱案,审之又审,不敢萌一毫慢易心"。他深知,刑狱官犯错,关乎人命;人命,大于天。

宋慈为官清廉,听讼清明。他认为,司法官的清正廉明是法律的保障,"吏不良,则有法而莫守"。他重视现场勘验,重视检验取得的证据,不轻信口供,力求查明真相。这些表明,宋慈在查办案件中践行了朱熹的"格物致知""行为重"和重视观察实证的主张。

宋慈认真总结经验,包括自己的经验和前人的经验。他汇集前人著作,如《疑狱集》《折狱龟鉴》《棠阴比事》等,取其精华,去其糟粕,编著了《洗冤集录》。正如他在卷首语中所说,"遂博采近世所传诸书,自《内恕录》以下凡数家,会而粹之,厘而正之,增以己见,总为一编,名曰《洗冤集录》"。[①] 不过,他说的《内恕录》已然失传。

宋慈在《洗冤集录》序言中开宗明义便说道:"狱事莫重于大辟,大辟莫重于初情,初情莫重于检验。"他还说:"狱情之失,多起于发端之差,定验之误。"[②]《洗冤集录》确有大量篇幅讲述法医检验,但是也有其他痕迹检验的内容,例如足迹检验。他在第二篇"检复总说上"中讲道:"若是临高扑死,要看失脚处土痕踪迹高下。若是落水淹死,亦要看失脚处土痕高下,及量水浅

---

① 宋慈:《洗冤集录校译》,杨奉琨校译,北京,群众出版社,1982年,第4页。
② 宋慈:《洗冤集录校译》,杨奉琨校译,北京,群众出版社,1982年,第4页。

深。"①在"自缢"篇中,他又说道:"若经泥雨,须看死人赤脚或着鞋,其踏上处有无印下脚迹。"②

此外,宋慈在《洗冤集录》中还强调了调查访问的重要性。

首先,宋慈认为司法官到达现场之后,应该先查问事件发生的经过,然后再进行勘验。他说:"凡到检所,未要自向前,且于上风处坐定,略唤死人骨属,或地主、竞主,审问事因了……始同人吏向前看验。"③

其次,宋慈肯定了现场勘验时专派一人担任"体究"的做法。他说:"近年诸路宪司行下,每于初、复检官内,就差一员兼体究。凡体究者,必须先唤集邻保,反复审问。"④这种"体究"人员的设置,很像现代侦查工作中现场勘验与现场访问的人员分工。

再次,宋慈认为在办案过程中应该广泛地进行察访,全面收集各种案情材料,然后再汇集起来进行综合性分析。他说:"有可任公吏,使之察访,或有非理等说,且听来报,自更裁度。"⑤这说明他已经认识到收集案情材料切忌片面性。他强调说:"须是多方体访,务令参会归一。切不可凭一二人口说,便以为信,及备三两纸供状,谓可塞责。"⑥此外,他还举例说明了察访的重要性:"如斗殴限内身死,痕损不明,若有病色曾使医人、师巫救治之类,即多因病患死。若不访问,则不知也。"⑦

最后,宋慈还谈到了"耳目"的使用。他指出:"凡官守戒访外事,唯检验一事,若有大段疑难,须更广布耳目以合之,庶几无误。"他还强调了对"耳目"的使用不可偏听偏信。他说:"虽广布耳目,不可任一人,仍在善使之,不然,适足自误。"⑧

另外,宋慈在《洗冤集录》中还强调尸体检验中应认真记录死者的人体特征,包括有无刺字和刺字的内容,以便查明死者的身份。刺字是中国古老的刑罚,具体做法是在脸上刺字并染黑,称为墨刑或黥刑。汉朝时,墨刑被

---

① 宋慈:《洗冤集录校译》,杨奉琨校译,北京,群众出版社,1982年,第14页。
② 宋慈:《洗冤集录校译》,杨奉琨校译,北京,群众出版社,1982年,第51页。
③ 宋慈:《洗冤集录校译》,杨奉琨校译,北京,群众出版社,1982年,第13页。
④ 宋慈:《洗冤集录校译》,杨奉琨校译,北京,群众出版社,1982年,第16—17页。
⑤ 宋慈:《洗冤集录校译》,杨奉琨校译,北京,群众出版社,1982年,第26页。
⑥ 宋慈:《洗冤集录校译》,杨奉琨校译,北京,群众出版社,1982年,第17页。
⑦ 宋慈:《洗冤集录校译》,杨奉琨校译,北京,群众出版社,1982年,第16页。
⑧ 宋慈:《洗冤集录校译》,杨奉琨校译,北京,群众出版社,1982年,第16页。

废止。公元 10 世纪中期,五代之后晋首创刺配法。所谓刺配法,即对流配犯人附加刺字的做法。宋朝沿袭刺配法,且广为使用。宋代对流配犯人不仅脸上刺字,有时还在耳后或手背刺方环或圆环。当时有些流配犯人为了消除身上这些可供识别身份的标记,采用了"艾灸"或"药取"的方法。宋代还实行士兵刺字的制度,禁军和厢军都在脸上刺有军号。

宋慈说:"剥烂衣服,洗了,先看其尸体有无军号,或额角、面脸上所刺大小字体计几行或几字,是何军人。若系配隶人,所配隶何州?军字亦须计行数。如经刺环,或方或圆,或在手背、项上,亦计几个。如是刺字或环子曾艾灸或用药取,痕迹黯溇及成疤瘢,可取竹削一篦子于灸处挞之可见。"①在查验尸体有无刺字之后,还要查验死者身上有无文身、伤疤、黯记等,并且"量见分寸",或加以说明。如果没有,也要写清楚。此外,还要"打量尸首,身长若干,发长若干,年颜若干"②。

上述调查访问等内容都超出了法医学的范畴,属于司法官员查办案件的方法和要务。由此可见,把《洗冤集录》界定为法医学专著是不合适的。

我认为,宋慈是中国历史上可与包拯并肩齐名的司法官。如果说包拯以铁面无私著称,那么宋慈应该以科学断案著名。因此,我们可以把宋慈的办案思想称为"科学司法观",内容包括:重证据,重调查,重检验,科学断案,预防错判。《洗冤集录》是一部刑事司法著作,以预防冤狱为目标,以科学检验为重点。它的基本内容是讲解法官查办疑难案件的方法和技术,它的主旨是纠正错判和预防冤案,正如书名所说的"洗冤"。从这个意义上讲,《洗冤集录》是人类历史上第一部错案研究的专著。

元、明、清各朝的勘验鉴定制度基本上沿袭宋制,但内容不断丰富。例如,元代有了专门检验伪金银、伪印鉴、伪钞及凶器等各种物证的专门人员——"行人"。《元典章·儒吏考试程式》就规定:"诸滥伪之物及伪造所用作杖,皆须行人辨验。穿窬、发冢、杀人之物亦同。"③不过,杀人案件中的尸体检验依然是司法勘验的重点。

在很长的历史时期内,中国的司法勘验技术都处于世界领先地位。但是 18 世纪之后,欧洲和美洲逐渐成为世界科学技术发展的中心,自然也就成

---

① 宋慈:《洗冤集录校译》,杨奉琨校译,北京,群众出版社,1982 年,第 38 页。
② 宋慈:《洗冤集录校译》,杨奉琨校译,北京,群众出版社,1982 年,第 38 页。
③ 贾静涛:《中国古代法医学史》,北京,群众出版社,1984 年,第 95~102 页。

为司法勘验科学发展的中心。19世纪和20世纪,各种服务于司法审判的科学技术不断问世并长足发展,迅速扩充司法证明的"工具库",包括毒物鉴定、尸体检验、人体识别、笔迹鉴定、指纹鉴识、武器鉴定、齿痕鉴定、足迹鉴定、声纹鉴定、唇纹鉴定、遗传基因(DNA)鉴定等。

伴随这些科学技术方法的发展,世界各国也就出现了一些重大案例。这些案例在一定程度上推进了科学技术的传播,也从不同侧面记录了证据科学以及相关法律规则的进步,于是就有了各种"世界第一案",包括毒物检验第一案、罪犯识别第一案、指纹鉴识第一案等。这些案件以独特的方式记录了刑事司法发展的历史瞬间。

我在前面讲了杨乃武与小白菜案,暴露了以人证为主的刑事司法的缺陷。当时,欧洲的刑事司法正处于从"人证为主"转向"物证为主"的时期,医学和化学的研究成果为认定中毒死亡提供了更为科学的方法,并形成了新兴学科"司法毒物学"。就在杨乃武与小白菜案发生之前,法兰西王国发生了一起类似的案件,就是玛丽投毒杀夫案。

1840年1月,法国的工厂主夏尔死亡,医生开始诊断为霍乱,后来怀疑是中毒。夏尔的母亲认为儿媳玛丽有重大嫌疑,就到治安法院报案。在审判中,多位医学专家出庭作证,但是意见不同。最后,法官采信了"毒物学之父"奥尔菲的证言,认定被告人玛丽犯有投毒杀人罪,判处终身苦役。后来,菲利普国王得知此案,大概有些怜香惜玉,就改为"终身监禁"。玛丽在蒙彼利埃监狱服刑10年,因患肺结核而提前出狱。几个月后,她在家中病逝,年仅35岁。这个案件经过欧洲许多报纸的连续报道,使"司法毒物学"成为家喻户晓的新名词。因此,该案堪称毒物检验世界第一案。①

(二)人身识别

人身识别一直是司法证明中的重要课题之一,因此人类一直在探索对与案件有关人员特别是罪犯的人身识别方法。古代中国曾经使用过给犯人脸上刺字以便识别其身份的做法。古巴比伦、古印度和一些欧洲国家则使用过在罪犯身体上烙印的方法来识别其身份。毋庸讳言,这些人身识别方法既不科学也不文明,是野蛮司法时代的产物。当然,在18世纪以前,一些

---

① 参见何家弘:《世界名案证据解密》,北京,人民法院出版社,2023年,第2—16页。

国家的司法人员也开始在办案过程中利用人体外貌特征和笔迹等动作习惯特征来对罪犯进行同一认定,但是都没有形成科学的体系。

进入19世纪之后,欧洲的科学技术有了长足的进步,也自然地促进了人身识别方法的发展。例如,笔迹鉴定已经成为一门科学。它不仅进入了大学的课堂,而且出现了一些各有特色的流派。

1879年,巴黎警察局一个名叫阿方斯·贝蒂隆的年轻职员发明了人体测量法。他根据当时医学、人类学和统计学的研究成果,提出了根据人体骨骼长度来对罪犯进行人身识别的设想,并且成功地运用于司法实践之中。1892年,贝蒂隆运用人体测量法,成功地认定了巴黎爆炸案凶手的真实身份,在欧洲产生了很大影响。有人认为,这是人类历史上第一次系统地运用科学方法进行人身识别,为证明案件事实提供依据。[1]

与此同时,欧美的一些犯罪学家和科学家也对人的指纹进行了系统的研究,使指纹成为最有效地识别和证明罪犯身份的证据。从某种意义上讲,指纹技术的问世标志着司法证明方法的一次革命。

1880年,英国的《自然》学刊发表了一篇关于指纹研究的文章,作者是在日本讲学的苏格兰医生福尔茨。在那篇文章中,福尔茨介绍了自己对指纹的研究成果。他发现日本人重视指纹,在签订合同时要按手印。据说,这是从中国传去的习俗。他讲授生理学,对此很感兴趣,就开始收集指纹样本。他收集了几百份,都是当地的仆人或零工的手印。他发现指纹的图形很有规律,而且人各不同,可以作为人身识别的根据。他在文中说道:"当血污的指纹印在泥土、杯子等东西上留下痕迹时,它们就能导致用科学方法来证明罪犯的身份。"

福尔茨在文章中还讲述了他亲历的两个案件。有一次,一个窃贼在作案时爬过了福尔茨家附近的一面白墙,并在墙上留下了几个很清晰的黑指印。福尔茨听说警方已经抓到了窃贼,就请求警方允许他把被捕者的指纹印制下来,与墙上的指印进行比对。警方大概是出于对这位英国医生的尊敬而同意了他的要求。他的比对结果证明那个被捕者并非此案的罪犯。警方开始还不以为然,后来又抓到一个嫌犯。福尔茨再次提取被捕者的指纹印,比对之后认定此人才是真正的窃贼。警方随后拿下了认罪口供。

---

[1] 何家弘:《世界名案证据解密》,北京,人民法院出版社,2023年,第80-89页。

日本警察认为这个英国医生很神奇。后来,当地又发生一起盗窃案,现场也有手印,警方就主动请福尔茨帮忙。福尔茨在一个玻璃杯上发现了整个手的指纹印。当时警方还没有找到嫌犯,福尔茨就把自己过去采集的指纹样本拿出来进行比对,发现与一份指纹样本完全一样。那是当地一个佣人的指纹样本。他把姓名告诉警方,警方逮捕了那个佣人,那个佣人承认了自己的罪行。① 这大概是人类历史上通过指纹查获罪犯的第一个案例。不过,这个案件的影响不大。1892 年发生在阿根廷的弗朗西斯卡杀子案的影响更大。②

毫无疑问,指纹鉴识法标志着人身同一认定方法进入新的历史时期。因为指纹具有人各不同、指指相异、触物留痕、终身不变等特性,所以在刑事司法中具有极高的应用价值,成为 20 世纪的"证据之王"。

值得一提的是,欧洲在 19 世纪也出现了一个堪与宋慈相提并论的人物,就是奥地利的汉斯·格罗斯(Hanns Gross, 1847-1915)。格罗斯曾先后在维也纳大学和格拉茨大学攻读法律,然后在格拉茨地区担任预审法官。当时,预审法官的主要任务是审查警方提交的案件,审讯被告人和询问证人、审查证据,并在必要情况下参与现场勘查等侦查活动。由于当时的警察破案主要依靠耳目提供情报和审讯嫌疑人,所以办案中弊病很多。面对这种情况,格罗斯认识到运用科学技术的重要性。于是他自学了许多自然科学的知识,并转入格拉茨大学法学院任教,专心致力于这一领域的研究。

1893 年,格罗斯教授出版了《预审法官手册》(*Handbuch fur Untersuchungsrichter*)。1899 年该书出第三版时,他增加了副标题 *System der Kriminalistik*。其中,Kriminalistik 是他创造的德文新词,后来被引入其他多种语言,包括英语的 Criminalistics。在汉语中,这个词曾经被翻译为"犯罪侦查学"和"物证技术学",格罗斯教授也因此被誉为"现代犯罪侦查学之父"或"物证技术学之父"。然而,这个定位也不准确。

1992 年 5 月,我作为中国人民大学代表团成员访问奥地利,参访了格拉茨大学,并且获得了该校法学院院长特别赠送给我的礼物,就是一本 1899 年出版的格罗斯教授的著作。回国后,我借助词典翻译了该书的目录。

---

① 参见[苏联]拉·别尔金:《刑事侦察学随笔》,李瑞勤译,北京,群众出版社,1983 年,第 136-137 页。

② 参见何家弘:《世界名案证据解密》,北京,人民法院出版社,2023 年,第 124-134 页。

该书第一部分是总论,内容包括:第一章预审法官;第二章审问;第三章现场勘查;第四章调查访问。第二部分是分论,内容包括:第五章专门知识及其应用;第六章报纸的利用;第七章欺骗手法;第八章隐语黑话;第九章吉普赛人的行为和特点;第十章迷信;第十一章武器的知识和应用;第十二章绘图及相关技能;第十三章足迹及其他痕迹;第十四章血迹;第十五章密码解译;第十六章人体伤害;第十七章盗窃;第十八章诈骗;第十九章火灾;第二十章生产事故;第二十一章查找贵重物品。

看到这些内容,我认为把 Kriminalistik 一词翻译为"犯罪侦查学"或"物证技术学"都不太准确,因为这些内容显然超出了犯罪侦查学和物证技术学的范畴,更像是刑事司法一体化的知识介绍。这个语词是从当时在欧洲流行的"犯罪学"一词衍生出来的,其词根是"犯罪"或刑事",因此可以翻译为"犯罪对策学"或"刑事法科学"。

格罗斯的著作与宋慈的著作有相似之处。二人都是司法官,而且都是在个人经验的基础上荟萃前人成果,编辑成书,供司法官参考使用。格罗斯的书名是《预审法官手册》。其实,宋慈的《洗冤集录》也可以称为"司法官手册"。正如他自己在卷首语中所说,"示我同寅,使得参验互考"。[①] 不过,格罗斯的著作比宋慈的著作晚生了六百多年。

1907 年,格罗斯的著作由约翰·亚达姆和科利尔·亚达姆翻译成英文出版,扩大了该书在世界范围的影响,特别是美国。美国人注重实用。因为该书中涉及犯罪学和刑法学的内容都属于其他学科,所以美国学者主要选用了该书中的科学技术部分,并且逐渐把 Criminalistics 的词义限定在这个狭窄的领域。于是,这个词的含义就近似于汉语中的"刑事技术"或"物证技术",并且可以与英语中的"司法科学"(Forensic Science,又译为"法庭科学")替换使用。例如,我在"导语"中讲到的戴弗雷斯特教授和李昌钰博士就共同编写了一本教材——《司法科学:刑事技术导论》(*Forensic Science: an Introduction to Criminalistics*)。该书是由麦格罗-希尔公司作为"犯罪学与刑事司法丛书"之一出版的。[②]

20 世纪以来,随着科学技术的发展,为刑事司法服务的科技手段不断增

---

① 宋慈:《洗冤集录校译》,杨奉琨校译,北京,群众出版社,1982 年,第 4 页。

② Peter De Forest, R. Gaensslen, Henry Lee: *Forensic Science: an Introduction to Criminalistics*, McGraw-Hill Series in Criminology and Criminal Justice, McGraw-Hill Book Company, 1983.

加。继指纹鉴别法之后，足迹鉴定、牙痕鉴定、声纹鉴定、唇纹鉴定等技术不断地扩充着司法证明的"武器库"。特别是 20 世纪 80 年代出现的 DNA 遗传基因鉴定技术，更带来了司法证明方法的一次新的飞跃。与此同时，人们也在探索审查人证的科学方法，如测谎技术。

（三）测谎技术

19 世纪，意大利的一些科学家开始探索识别谎言的科学方法。一位医学家设计出一种灵敏的"科学摇床"。他让受测试的人平躺在摇床上并固定好位置，然后与其谈话。当谈话与案件无关时，摇床保持平衡状态；但是当谈话与案件有关时，被测试人由于情绪激动，而使较多的血液涌到其头部，摇床便失去了平衡。根据这些反应，他可以判断被测试者是否在说谎。一位生理学家设计出一种肌肉颤动描记器和血管容积描记器。他通过记录一个人在紧张恐惧时的肌肉颤抖情况和血管容量变化情况，判断其是否在说谎。意大利著名的犯罪学家龙勃罗梭则通过记录被测试者的脉搏变化来识别谎言。根据文献记载，他曾经在一起盗窃案件中，成功地运用这种方法认定了一个罪犯，同时也证明了另一个嫌疑人的清白。

20 世纪初期，美国的科学家开始研究识别谎言的科学方法。一些犯罪学家和心理学家试验了通过血压、呼吸等生理变化来识别谎言的技术。20 年代，加利福尼亚州伯克利市警察局长沃尔默领导拉森和基勒等科学家研究测谎技术，经过数年努力，终于研制出一台可以同时记录被测人回答问题时的脉搏、血压、呼吸等生理变化的测谎仪，并且在具体案件中使用。

20 世纪中期以来，科学技术的发展为测谎技术的发展提供了支持，特别是在"硬件"方面。60 年代，美国的多参数测谎仪可以相当精确地记录被测人在呼吸、脉搏、血压和皮肤电阻等方面的生理反应与变化。70 年代，美国科学家发明了操作简便的声析型测谎仪，它可以记录附着在被测人声音中的由声带肌肉微颤所生成的次声波，从而判断被测人的陈述是否真实。90 年代，日本和美国的科学家还研究了脑电波测谎仪，通过记录被测人的脑电波变化情况来识别谎言。

与此同时，测谎技术在"软件"方面也有长足的进步。美国的测谎专家在总结实践经验的基础上，制定出多种测谎问题的编排程序和方法，如准绳问题测试法、紧张峰测试法、犯罪情节测试法、问题交叉测试法、真假比对测试法等。这些规范化的"软件",提高了测谎技术的可靠性。20世纪90年代,电子计算机技术被引入测谎之中,它大大提高了测谎"软件"的功能和效率。

在犯罪侦查中,测谎技术不仅可以审查犯罪嫌疑人,还可以为侦查人员提供破案的线索。1995年,美国俄勒冈州警察局就运用测谎技术侦破了一起杀人案。一个农场主的妻子突然失踪了,她的邻居和朋友都感到奇怪并怀疑其丈夫,于是报告了警察局。当警察询问时,农场主说妻子回墨西哥的老家了。警察虽然不相信他的说法,但是找不到任何证据,便建议他接受测谎审查。他同意了。在测谎室里,测谎员对他提出了一些与案件相关的问题,例如:你妻子的失踪与你有关吗?他做了否定的回答,但测谎结果表明他在说谎。于是,测谎员对农场主进行了第二轮测谎,在提问中穿插使用了下面这些问题:(1)你是否知道你妻子的尸体在河里?(2)你是否知道你妻子的尸体在铁道旁?(3)你是否知道你妻子的尸体在农场建筑物旁?(4)你是否知道你妻子的尸体在住宅里?他对这些问题都做了否定的回答,但是测谎结果表明他对第三个问题的回答是假的。测谎员又对农场主进行了第三轮测谎,使用的问题涉及农场建筑物周围的一些具体位置,结果发现他在回答"你是否知道你妻子的尸体在车库里"的问题时说了谎。于是,警察对车库进行了仔细的搜索,结果在车库一角的地下找到了妻子的尸体。面对这一事实,农场主只好承认了杀害妻子的罪行。

测谎技术的进步使越来越多的人认识到测谎的科学性和使用价值,使测谎技术得到推广。测谎技术不仅用于犯罪侦查,还用于民事纠纷的调查、机关企业的雇前审查、重要保密部门和岗位的人员审查等。美国的联邦调查局、联邦缉毒署、中央情报局、国防部犯罪调查局以及各州警察机构都有专业测谎人员,社会中还有许多民间的测谎机构。与此同时,世界上许多国家也在积极研究和使用测谎技术。一时间,测谎仪似乎称为了司法人员识别谎言并查明案件事实的神器。

受意识形态的影响,我国在一段时期内对西方国家的测谎技术持全面否定的态度,宣称那是伪科学的骗人把戏。1983年9月,我考上了中国人民大学法律系犯罪侦查学方向的硕士研究生。在学习期间,我听说美国警察可以用测谎器破案,感觉很神奇,就查看了一些英文资料,并且编译了一篇介绍美国测谎技术的文章,发表在1984年第3期《法学杂志》,标题是《美国测谎业一瞥》。这应该是我国最早介绍测谎技术的文章,引起了公安科技人员的关注。后来,公安部一所的科技人员开始研究测谎技术,并且从美国进口了一台测谎仪。1991年,他们邀请美国密歇根州警察局的测谎室主任帕玛蒂尔来华讲课,还请我去做翻译。1991年,北京市公安局的科技人员研制出第一台国产测谎仪,正式名称为"多参数心理测试仪"。

当时,一些地方的公安机关对这项新技术很感兴趣,将其积极应用于犯罪侦查之中,并且取得了一些成功的案例。1992年1月14日,山东省昌邑县下营镇的党委书记被人杀害。侦查人员通过"摸底排队"确定了3名嫌疑人,但是经过5个多月的调查和审讯,始终不能定案。后来,他们请公安部一所的技术人员来对这3名嫌疑人进行测谎,结果表明这3个人都不是杀人凶手,予以排除。然后,他们又对原先排除的一些嫌疑人进行测谎,很快就查出了真正的凶手。破案之后,当地的公安人员说,如果早用测谎仪,何必费这么长时间,花费这么多的人力和物力!

然而,由于缺乏统一的法律规范和人员管理,测谎中也存在不少问题,测谎结论的证据效力也需要在法律层面予以明确。在司法实践中,测谎结论也出现过错误,甚至造成了冤案,例如云南杜培武冤案。于是,许多人对测谎结论的可靠性提出质疑,一些法学专家也反对把测谎结论采纳为证据。其实,这不仅是中国法律界面临的问题,也是世界各国司法界面临的共同问题。

研究测谎结论的证据效力,必须先了解测谎仪的工作原理,以便正确评价测谎技术的科学性和测谎结论的可靠性。测谎仪并不能直接告诉我们被测人是否在说谎,其功能只是记录被测人在相关问题的心理刺激下产生的生理参数变化,测谎人员再根据这些记录去分析被测人说的是真话还是假话。严格地说,测谎仪测的不是谎言,而是心理刺激所引起的生理参数的变化。因此,一些专家反对使用"测谎仪"的名称,主张称之为"心理测试仪"或"多参数心理测试仪"。

测谎原理的核心在于"心理刺激与生理反应的对应伴生关系",即只要有某种心理刺激,就会有相应的生理反应出现。实验和经验都可以证明,人在故意提供谎言时会有一定的生理反应,并表现为一定的生理征象和生理参数的变化,例如,呼吸速度与容量的异常;心跳加快、血压升高;体温微升、面红耳赤、前额和手掌等部位的汗液排泄增加;胃收缩、唾液分泌减少、口舌干燥;瞳孔放大、目光异常;肌肉微颤、声音颤抖、手指颤抖、脸部肌肉抽搐等。在上述征象和变化中,有些是比较明显的,是旁人可以直接用肉眼观察到或者以其他方式感知到的;有些则比较隐蔽或细微,只能借助于灵敏的电子仪器才能识别并记录下来。

自测谎技术问世以来,许多专家学者都进行过许多关于测谎结论准确率的研究。这些研究结果表明,由合格的受过专门培训的测谎专业人员进行的测谎,其结论的准确率在85%~98%。其中,美国学者进行的一项对1909起真实测谎案例的调查结果表明:检测结果认定被测人"说真话"的结论的准确率为97%;检测结果认定被测人"说假话"的结论的准确率为98%。中国学者也对测谎技术的使用情况进行过一些调查,其结果表明测谎结论的准确率在90%左右。

测谎结论确实有错误的,但是我们不能因此就否定测谎结论的证据价值。其实,任何一种证据都不是百分之百可靠的,都是有可能出现错误的。即使是笔迹鉴定、指纹鉴定、DNA 鉴定等科学证据,其结论也有可能出现误差。美国专家曾经做过一个实验,同时使用测谎、笔迹鉴定、指纹鉴定和目击证人证言对20个特意安排的"犯罪案件"的作案人进行识别。结果是:测谎结论正确的18个,错误的1个,未能给出结论的1个;笔迹鉴定结论正确的17个,错误的1个,未能给出结论的2个;指纹鉴定结论正确的4个,错误的没有,未能给出结论的16个;目击证人证言认定结论正确的7个,错误的4个,未能给出结论的9个。由此可见,测谎是一种效率很高的查明案件事实的方法,而且其可靠性并不是最低的。总之,我们应该客观地认识测谎结论的可靠性,既不能盲目崇拜,也不能简单否定。

刑事司法的发展是与人类社会的科技进步相一致的。科学技术的进步不断地为刑事司法提供新的查明案件事实的手段,提高了司法裁判的效率,促进了刑事司法的公正。我在20世纪末曾提出司法证明已经进入"科学证据时代"的观点。我写了一篇文章,《21世纪中国证据法学前瞻》,发表在1999年9月2日的《检察日报》。

在复杂纷繁的现代社会生活中,在日新月异的科学发展进程中,刑事司法的对象也在不断提高其科技含量,刑事司法的环境也在不断更新其科技内容,因此我们要实现司法公正,就必须依靠科学技术,就必须提高司法的科技水平。然而,许多科技成果都是双刃剑,既能造福于人类,也能给人类造成伤害,核能技术就是一个很好的例证。在电子信息和人工智能技术高速发展的今天,这是一个特别值得我们认真思考的问题。

21 世纪以来,电子计算机、互联网、区块链、大数据、大模型、人工智能等新型科学技术促进了刑事司法的创新。例如,自 2016 年以来,我国一些地方的刑事司法机关就创造了"智能辅助办案系统",针对某些种类的刑事案件,构建办案模型,统一证据标准。一些地方还创建了互联网法院,甚至使用了人工智能法官,以"全程在线"的方式受理案件、审查证据、作出裁判,促进了证据规则的标准化和审理模式智能化。然而,这是刑事司法的发展方向吗?刑事案件的审理可以使用互联网法院和人工智能法官吗?要回答这个问题,我们还要考察刑事司法制度的历史沿革,而这是我在下一讲要讨论的主题。

四、欺骗取证的小事

我在"导语"中讲了 1985 年的"物证技术暑期讲习班",还介绍了李昌钰博士。在这里,我还想讲一个与李昌钰博士有关,也与那次暑期班有关的小事。而且,这件小事还可以为这一讲提供讨论的素材。

1985 年的物证技术暑期讲习班期间,我不仅担任翻译,还协助安排外国专家的住宿和访问等事宜。在北京期间,李昌钰博士和戴弗雷斯特教授两家人住在离人民大学不远的友谊宾馆。一开始,两家都在 2 号楼。李昌钰夫妻和女儿住在一层的套房。戴弗雷斯特教授夫妻二人住在四层的标间。当时,友谊宾馆的客房都没有空调。入住的第二天,李夫人宋妙娟找我说,房间的窗户都没有纱窗,很麻烦。不开窗户吧,太热。打开吧,蚊子就都进来了。我连忙去找服务员。对方解释说,一层的纱窗统一拿去维修了,大概还得过几天才能按上。我就要求换房,还找了宾馆安保部的人帮忙。两天之后,宾馆终于在 4 号楼安排了一个套房。搬过去之后,李昌钰一家终于住进了有纱窗的房间,宋女士非常高兴。

常言道,外事无小事。在讲习班期间,我一直很紧张,生怕出问题。很多接待工作都是我负责结账,因此有时我的背包里会装几千块钱的现金。我从来没有拿过那么多钱,一直很紧张。在北京机场送走外国专家之后,我终于轻松了。没想到后来又出事了,还是钱的问题。

大概一周之后,人民大学外事办公室的陈主任找我,说出了"大麻烦"。

原来他去友谊宾馆结账的时候,宾馆的人说我们安排外国专家换房时没有退原来的住房,那套房一直为我们留着,没有安排客人,因此我们得付两份房费。他很严厉地批评我,说我给学校造成了很大损失,要负责任。

听了这话,我当时真有点儿傻眼了。要我赔钱吗?那可是好几千块钱哪!我一个月的助学金才三十多块钱!我仔细回忆了一下说,我们换房是宾馆服务员安排的,而且协调了两天才换到4号楼。我们是换房,宾馆怎么可能把2号楼那套房留给我们呢?再说,当时是暑期,北京宾馆的住房都很紧张,友谊宾馆怎么可能把房间空置呢?

陈主任也不相信友谊宾馆的房间会空置,但是人家说我们没办退房手续,我们也没办法。当时北京能接待外宾的酒店不多,属于"卖方市场",各个高校的外办都不敢得罪友谊宾馆。最后,陈主任让我去找友谊宾馆财务部门的人说明当时的情况,请求人家的谅解。

我不愿意去,但我是个学生,老师让去,我只好硬着头皮去。在去友谊宾馆的路上,我想自己应该怎么办。那个房间肯定有人住,但是我怎么去查证呢?让友谊宾馆财务部门的人去查,那肯定不行。我应该去找2号楼的服务员。但是我怎么说呢?实话实说?那他肯定不会帮我查。我想到了犯罪侦查学中的"侧面询问"方法,就是在不暴露真实意图的情况下进行询问。我曾经在北京市公安局刑侦处实习,跟随老侦查员走访询问,积累了一点经验。那么,我以什么名义去侧面询问呢?突然,一个想法浮上我的心头。

走进友谊宾馆的大院,我直接来到2号楼,找到了值班的服务员。我说自己是人民大学的,我们接待的美国专家上个月曾经住在这里。服务员说他还记得我。我说最近收到李昌钰夫人的来信。她对这里的生活很满意,但是她丢了一副眼镜,很可能是落在2号楼的房间里了,希望我们能帮她找到。我说了李昌钰一家住的房间号和搬出的日期,然后问服务员在收拾房间时有没有捡到一副眼镜。我说的也不全是瞎话,宋妙娟确实丢了一副眼镜,只不过她没说丢在宾馆里,也没说让我来找。

听了我的话,服务员有些紧张,连忙说他们从没捡到一副眼镜。他又补充说,如果捡到,他们都会立刻交给领导,而且会尽快与客人或接待单位联系。我说,我相信你们要是捡到了一定会跟我们联系的,但是,会不会是后面入住的客人捡到了呢?他想了想说,那就说不准了,但是也不会吧。我说,你能帮我查一查后面入住的是哪里的客人吗?我解释说,这样我就可以给李昌钰夫人回信了,告诉她宾馆服务员查找了,没有发现;再告诉她后面入住的是哪里的客人,说明我们很认真查找了,也就行了。服务员听后,觉得有道理,便立即带我到服务台,查阅客人住宿的"小票",然后让我看。我很兴奋地发现,在我们的专家搬走的第二天,就有一位日本客人入住;一周之后,又有一对德国夫妇入住。我仔细记下"小票"的内容,由衷地向服务员表示感谢,然后离开了2号楼。

我来到友谊宾馆财务处,见到一位女财务,说明来意,然后讲了我们给专家换房的经过,并强调说当时已经告诉服务员,我们不住2号楼的房子了。女财务坚持原来的说法——我们没办退房手续,那套房子就一直给我们空留着,因此人民大学必须支付房费。看着对方那不太友好的态度,我说,那套房子不可能一直空着吧。对方说,没错,就是一直空着。我说,李昌钰夫妇搬走的第二天,李夫人说她的眼镜找不到了,可能落在了2号楼。我就到那个房间去查找,那里已经住了一个日本人。我们还有一个美国专家住在2号楼,我每天都去接他,又看到过那个日本人。后来,我看见那个房间里又住了一对德国夫妇,美国专家还跟他们聊过天。我这是编假话,因为我不能出卖我的情报来源。

女财务愣了一下,然后态度有些缓和地说,她去查问一下,让我到外面等候。我在走廊里等了十几分钟,那个女财务终于出来了。她很客气地说,是他们的工作中出现了失误,那套房子确实有人住了,我们不用付费了,并且表示了歉意。我回学校告诉了外办的陈主任,简单地讲了事情经过。他当时半信半疑。但是后来他找到徐老师,把我夸奖了一番,还说:"你们侦查学的研究生真厉害!"

对于这个结果,我也很满意。不过,我的调查也有一点问题,因为我的调查方法带有一定的欺骗性质。

各位同学,这一讲的思考题是:我们应该如何在刑事司法中规制欺骗取证行为?

何老师留的
思考题

学生对谈

第二讲　刑事司法的制度模式

各位同学,大家好! 这节课我要讲刑事司法制度,包括刑事诉讼制度、法庭审判制度和司法证明制度。我们将考察世界各国的历史,探索这些制度产生、发展、变化的规律,以及背后的动力来源。

一、刑事诉讼制度:抗辩模式与纠问模式

在人类社会的早期,世界各国的诉讼制度大同小异,都属于控告式诉讼,英文是 Accusatorial Procedure。当时的刑事诉讼被视为私人之间的纠纷,而司法官员的基本态度是"不告不理"。这就是说,被害人或其亲友必须到司法机关去告状,否则,司法官员不会主动去查办案件。在这种制度下,司法官员扮演仲裁人的角色,主要任务是让社会成员相信其裁决是公正的,是具有权威性的。

大约从 11 世纪开始,欧洲大陆国家和英国的诉讼制度走上了不同的发展道路。欧陆国家形成了以司法职权为中心的纠问式诉讼,英文是 Inquisitorial Procedure。英国则形成了以当事人为主导的抗辩式诉讼,英文是 Adversarial Procedure。后来,这个差异也就成为大陆法系和英美法系的主要区别之一。

在大陆法系国家,刑事诉讼分为两个阶段:其一是预审;其二是审判。预审的任务是查明指控的犯罪事实;审判的任务是对被告人定罪量刑。虽然负责预审的人和负责审判的人都是法官,但是二者的职能已经有了明确

的分工。在预审阶段,法官调查案情的基本方式就是对被指控者的审讯,而且审讯是秘密进行的,刑讯逼供是家常便饭。预审法官获取的证据主要是书面的证言和口供。这些证据不仅是起诉的依据,而且是审判法官定罪量刑的依据。在法庭上,法官依据预审案卷材料,对被告人进行最后的审讯,然后作出判决。由此可见,法庭审判只是一种形式,法官对证据的审查也是徒有虚名。在这种制度下,预审是刑事诉讼的中心环节。

在英美法系国家的抗辩式诉讼制度下,控辩双方都可以调查收集证据,而且至少在理论上具有平等的地位和权利。在这种制度下,审判是刑事诉讼中最重要的环节,犯罪调查只是法庭审判的准备工作。在法庭上,控辩双方的律师通过举证和质证来主导诉讼的进程,法官是中立而且消极的裁判。双方律师对证人的询问是审判的主要内容,包括对本方证人的直接询问和对对方证人的交叉询问,而后者往往是体现律师水平并决定诉讼胜负的关键。法官一般都不会主动去询问证人,法官的主要职责是保证诉讼双方的询问都遵守法律规则,并且在有人"犯规"时及时作出裁判。当然,双方争讼的案件事实要由法官或陪审团来认定,或者说,法官要决定并宣布诉讼的胜负。

通过比较,我们可以看到这两种诉讼制度的差异。大陆法系国家的刑事诉讼具有"以侦查为中心"的传统,而且偏重司法官员的打击犯罪职权。在诉讼过程中,司法官员要主动去调查取证,去查明犯罪事实,从而实现刑事司法的打击犯罪功能。英美法系国家的刑事诉讼具有"以审判为中心"的传统,而且偏重当事人的权利保障和诉讼程序的公正。这种制度的要点是诉讼当事人从完全对立的角度提出证据和论点,并在此基础上查明案件事实。基于上述区别,大陆法系的纠问式诉讼制度又被称为"职权主义的诉讼制度"和"打击犯罪型司法制度",英美法系的抗辩式诉讼制度又被称为"当事人主义的诉讼制度"和"保障人权型司法制度"。

两大法系的诉讼制度都是其社会文化和历史发展的产物。严格地说,这世界上没有完美无缺的制度,各种制度都是既有优点也有缺点的。用英语来说,No system is perfect. Every system has its merits and demerits. 两大法系的诉讼制度也是各有优缺点的,因此在后来的历史发展中就呈现出互相借鉴和互相融合的趋势。

20 世纪以来,随着社会的发展和司法理念的变化,大陆法系国家的刑事诉讼中心逐渐由侦查转向审判。例如,法国的司法警察成为犯罪侦查的主要力量,预审法官的调查取证职能逐渐削弱,而审判法官在法庭上对证据的审查认定就越来越具有实质意义,司法公正和人权保障的观念也越来越受到重视,以审判为中心也成为大陆法系国家的基本诉讼模式。

与此同时,英美法系国家的审前程序也不断得到强化,警方的犯罪侦查逐渐成为查明案件事实的重要环节,而且形成了比较完备的逮捕审批、法官初审、预审听证、证据开示、审前动议等程序。在司法实践中,通过辩诉交易和简易判决来终结诉讼的案件数量越来越多。但是在重大复杂的刑事案件中,法庭审判仍然是刑事诉讼的中心环节,而且经常是旷日持久的。

顺便说,两大法系原本还有一个重要的差异:英美法系以判例法为主要的法律渊源,大陆法系以制定法为主要的法律渊源。近代以来,两大法系在这方面也呈现出相互借鉴与融合的发展趋势。一方面,英美法系国家纷纷由立法机关颁布制定法,推进判例法的法典化。另一方面,许多大陆法系国家也在不同程度上承认了判例的拘束力,接受了司法裁判要遵从先例的原则。总之,世界各国相互学习和借鉴应该是人类社会发展的大趋势。

二、法庭审判制度:陪审模式与参审模式

一说到陪审制度,人们首先就会想到英国,因为世界各国的陪审制度都在很大程度上受到了英国陪审团制度的影响。不过,英国的陪审制度并非土生土长,而是从欧洲大陆传入的。

(一)陪审制度的起源

古希腊是西方文明的发祥地,雅典城邦则被认为是西方民主的发祥地。2017 年 9 月,我应邀到希腊出席了第五届雅典民主论坛。9 月 15 日上午,我作为唯一来自中国的发言者走上讲台。这一节的主题是"在变化的世界中对民主的反思"。我从中文与英文中"民主"概念的差异谈起,讲述了中国民主制度的发展历程,并且在回答现场提问时就当前问题和制度改良谈了个人的观点。在谈到美国等西方国家的民主输出问题时,我提出了"民主可以进口,但是不能出口,更不能搞倾销"的观点。(Democracy can be imported, but cannot be exported, especially not by dumping.)我的这一观点得到了一些

与会者的赞同。在会议期间,我还登上了坐落于雅典市区的卫城遗址。虽经千年沧桑,帕特农神庙等古建筑的残垣断壁仍在用古老的方式讲述雅典民主制度的辉煌。

就司法制度来说,古希腊的许多城邦都采用过集体判决的模式。例如,斯巴达城邦采用贵族政体,司法审判权属于长老会议。长老会议由 28 人组成,成员从年满 60 岁的贵族中选举产生。当城邦中发生重大案件的时候,长老会议就要进行审判,听取当事人和有关证人的陈述,并集体作出判决。

雅典城邦采用民主政体,司法审判权属于全体自由民组成的民众大会。当城邦中发生重大案件的时候,民众大会就要集体审判。公元前 6 世纪,雅典著名的政治家梭伦领导了一系列改革,其中之一就是成立民众法院,又被翻译为"陪审法院"。法官从年满 30 岁的雅典公民中选举产生,然后按照一定顺序轮流参加案件的审判。每次参加审判的法官人数是法官总数的十分之一。审判结果由法官投票表决,方式是把石子投入两个箱子,一个是有罪,一个是无罪。这种集体审判模式反映了古代西方国家奴隶主民主制度的特点,而且蕴含了陪审制度的思想文化渊源。

我不是研究法制史的专家,但是根据我所阅读的史料,我感觉东西方的司法制度在早期就走上了不同的发展道路。在古代中国,以及古埃及、古巴比伦和古印度,司法裁判多具有"独断"的特点。这与古希腊的"民主司法"有很大区别。这大概也反映了古代东方国家的奴隶主专制制度和古代西方国家的奴隶主民主制度的差异。

我们再来看英国陪审制度的起源。需要说明,我在这里说的英国,主要是指英格兰和威尔士。本来生活在欧洲北部的诺曼人于公元 8 世纪开始不断南下,后来在法兰克王国的北部建立了诺曼底公国。诺曼人有民众陪审的习惯法,法官在审理案件时传唤 24 名了解案情的人协助审判。1066 年,诺曼底公爵威廉率兵征服英格兰,建立了英吉利王国。"征服者威廉"在决定用英国的法律统治英国人的同时,也把诺曼人在审判中设立陪审团的习惯带到英格兰。

1164 年,亨利二世在司法改革中颁布了具有历史意义的《克拉灵顿诏令》。该诏令规定,巡回法官在审理土地纠纷案件和重大刑事案件时应该找12 名了解案情的当地居民担任陪审员。这就是英国最早的陪审团。这时的陪审员都是了解案情的人,因此被称为"知情陪审团"。当时,这些人被招到法庭的目的不是审查当事人提交的证据并认定案件事实,而是根据他们所了解的案件情况协助法官判案。

知情陪审团适用于人口不多的村镇,因为那里的人们互相认识,而且了解当地发生的事情。但是随着村镇的城市化和人口的增加,这种陪审团就越来越难发挥作用了。一方面,知情陪审员越来越难找;另一方面,陪审员的"知情"越来越不够用。著名的"休果强奸案"就是很好的例证。

1303年,英格兰的一个名叫休果的人被指控犯有强奸罪。在陪审团开始审判之前,他声称自己不应该受到审判,因为他是牧师,享有神职人员的特权。法官听说,休果已经与一个寡妇结婚,因而不能再享受神职人员的特权。但是休果说,他的妻子不是寡妇。如何查明这个问题呢?该案的陪审团是了解强奸事实的人,但是他们不认识休果的妻子,不了解她的婚姻史。当然,法庭可以再召集12个了解休果妻子婚姻史的人组成陪审团,来认定这一事实,但是这太浪费时间和人力了。于是法官决定就让这个陪审团裁决此事。然而,那些陪审员显然不能根据自己的知识作出裁决,必须由别人了解有关情况。面对这一难题,法官破例传唤了解休果妻子婚姻情况的人到法庭来作证。陪审团根据这些证人的陈述认定休果的妻子是寡妇,然后认定休果犯有强奸罪。

由于在审判中需要别人向陪审团提供证言的情况越来越多,陪审员必须了解案情的要求在实践中变得无关紧要,越来越多的陪审员在参加审判时对案情几乎一无所知,完全根据证人在法庭上的证言进行判案。后来,为了保证陪审员在参加审判时没有任何事前的偏见,不了解案情又成为选任陪审员的基本要求。

1352年,爱德华三世颁布诏令,赋予被告人要求那些了解案情的陪审员回避的权利。于是,英国的陪审制度就完成了由"知情陪审团"向"不知情陪审团"的转变。同时,爱德华三世还决定设立专门负责起诉的陪审团,由12~23人组成。这个法令确立了起诉陪审团和审判陪审团相分离的制度。因为起诉陪审团的人数可以多至23人,而审判陪审团的人数固定为12人,所以前者又称为大陪审团,后者又称为小陪审团。对应的英文分别是grand jury和petty jury。

其实,把jury翻译成陪审团并不准确,因为这些人负责认定案件事实,是法庭上的主要裁判者。我国有学者就建议把jury翻译成"主审团"。顺便说一下,把common law翻译成普通法也不准确。在汉语中,普通法是与特别法相对而言的,但是 common law 并不是与特别法相对而言的。在英国早期,各地都有自己的法院,而且各地的习惯法并不相同。后来,王室法官在巡回审判过程中,通过一系列判例确立了统一适用的法律规则。这种统一各地习惯法的法律就是 common law,因此有学者认为这个词应该翻译成"共同法"。但是,翻译用语是约定俗成的,早期的译法已经被人们接受了,那就很难改变。就像 criminal justice,我最初翻译的刑事司法并不太准确,但是人们沿用了几十年,也就约定俗成了。因此,我们现在依然使用陪审团和普通法这两个翻译语。

(二)陪审制度的发展

当今世界,影响最大的陪审制度是美国的陪审团制度,而美国的陪审团制度直接移植自英国。在殖民地时期,北美各地法院就沿袭英国的做法,在审理刑事和民事案件时采用陪审团。美国独立之后,国会就把陪审团制度写进了于 1791 年生效的《权利法案》。其中,第六修正案规定严重刑事案件的被告人享有获得公正的陪审团审判的权利;第七修正案规定在诉讼标的超过 20 美元的民事案件中,当事人有权获得陪审团审判。在那以后,由 12 名陪审员参与审判的做法一直是美国各地法院采用的主要审判方式。①

把陪审团审判确定为公民的基本权利,这在一定程度上表达了经历过殖民统治的美国人对法官的不信任,因为法官或者是政治性选举产生的或者是政治性任命的,很容易受审判之外的政治因素的影响。从这个意义上讲,美国的陪审团可以监督并协助法官更好地解决司法审判中的社会公正问题,也可以帮助法官抵挡外界的干扰和批评。另外,市民参与审判活动也可以提高司法裁判的民主性。帕特里克·德富林在《陪审团审判》一书中说道:"每个陪审团都是一个小的国会。陪审团的观念就是国会的观念。我无法看到其中一个在灭亡而另一个在生长。白宫里任何暴君的第一个目标都会是让国会绝对听从他的意愿;其次就是抛弃或消除陪审团审判制度,因为没有一个暴君能够容忍把一个国民的自由权利掌握在其 12 个同胞的手中。因此,陪审团审判不仅是司法的工具,也不仅是宪法之车的一轮,它是照耀

---

① 在现代美国,超过 90%的刑事案件是通过辩诉交易了结的。辩诉交易要得到法官确认,但是无须经过法庭审判。因此,辩诉交易不是法院的审判方法。

着自由生命的灯塔。"①德富林的这段话似乎有些高抬陪审团了,但是它表达了司法民主的精神。

大陆法系国家在很长时期内都没有采用陪审团审判制度。在纠问式诉讼制度下,法官承担着主动查明案情并追究犯罪的职责,刑事审判具有独断的性质。在这种制度下,陪审团很难有生存的空间。1789 年,法国大革命不仅给政权组织带来巨大变化,也给刑事司法提供了改革的契机。法国的革命人士认为,英国的陪审制度符合法国大革命的精神。

1790 年,法国制宪会议决定建立陪审制度,包括负责起诉的大陪审团和负责审判的小陪审团。1791 年颁布的《刑法典草案》就规定,负责起诉的叫"控告陪审团",由 8 人组成;负责审判的叫"审判陪审团",由 12 人组成。然而,法国引进英国陪审制度的改革并未取得预期的效果,因为法国的社会土壤并不适宜英国式陪审制度的生长。越来越多的法国人丧失了对陪审制度的兴趣,要求废除控告陪审团制度的呼声日益高涨。1808 年通过的法国《刑事预审法典》决定废除控告陪审团,恢复原来的检察官公诉制度。审判陪审团虽然被保留下来,但是后来逐渐萎缩,演变成参审制,即由若干普通公民参与审判,与法官共同认定案件事实并适用法律的参审制度。

19 世纪后期,受法国的影响,德国的普鲁士和巴伐利亚等地区也建立了英国式陪审团制度。但是,陪审团制度与德国传统的诉讼制度也不和谐,在进入 20 世纪后便逐渐衰落,直至 1924 年的魏玛共和国时期被正式废止。第二次世界大战之后,德国建立了参审制,即由当地公民参与审判,与法官共同裁判。

我在研究欧洲大陆国家陪审制度的历史沿革时发现了一个值得关注的现象,就是独裁专制的统治者不喜欢陪审团。例如,法国的陪审团制度是在拿破仑掌权后被废弃的;德国的陪审团制度是在兴登堡统治期间废止的;意大利的陪审团制度是被墨索里尼废除的;西班牙的陪审团制度是被佛朗哥废除的。这大概也从反面证明陪审团制度具有司法民主的性质。

现在,我对以上讲的内容做一个小结。世界各国的陪审制度主要有两种模式,一种是以英国和美国为代表的"分工式陪审制度",即陪审团模式;一种是以法国和德国为代表的"无分工式陪审制度",即参审模式。为了叙

---

① Neil Vidmar: *World Jury System*, Oxford University Press, 2000, p. 8.

述的方便,我们可以统称为陪审制度,把参与审判的民众都称为陪审员。

这两种模式的基本区别在于前者的陪审员和法官之间有明确的职能分工,而后者的陪审员与法官之间没有明确的职能分工。另外,英美模式的陪审员是随机挑选,一案一选,而且人数较多,一般为12人一团;法德模式的陪审员是固定资格,明确任期,而且人数较少,一般为2人一案。

20世纪后期,一些大陆法系国家又在司法改革中借鉴了陪审团审判制度。例如,1991年,俄罗斯联邦进行司法改革的内容之一就是引入陪审团制度。1995年,西班牙颁布《陪审团法》,开始采用英国式的陪审团制度。与此同时,日本开始了"明治维新以来第三次大规模的司法改革",其主要目标就是加强司法民主,而具体做法就是建立日本式陪审制度,称为"国民裁判员"制度。在重大刑事案件中,法院从国民中随机抽选6名裁判员,与法官一起认定案件事实并作出判决。[①]

(三)法国的陪审制度改良

在大陆法系国家中,法国的陪审制度改革较有代表性。法国虽然保持了参审制,但是学习了陪审制的一些优点,例如,陪审员的当庭随机挑选,诉讼双方对候选参审员的否决权,陪审员人数的增加等。这种审判的法庭由12人组成,其中有3名法官,9名陪审员。此外,还有1名替补陪审员。这可以称为"法式陪审团"。不过,这种审判的案件数量很少,仅用于重罪法庭。

1998年5月,我作为中国-欧盟高等教育交流项目的学者,来到法国的艾克斯-马赛大学法学院。埃克斯是法国的历史名城,坐落在马赛北面的群山之中。那里有许多名胜古迹和自然景观,也是马赛大区重罪法院的所在地。我在访学期间就到重罪法院旁听了一个杀人案件的审判。

1995年9月13日凌晨,马赛市警察局的值班人员接到报案后派警员来到市区北面的一个居民区,在一栋小平房门外的台阶下发现一个趴在地上昏迷不醒的男子。警察立刻把男子送往医院,但是所有抢救措施都没能使受伤者清醒过来。受伤者临死前,口中喃喃地发出"贝……贝……贝……"的声音。尸体检验发现死者的头部中了一颗子弹,在他的衣袋里有一个催泪瓦斯瓶。

[①]　参见何家弘主编:《中国的陪审制度向何处去——以世界陪审制度的历史发展为背景》,北京,中国政法大学出版社,2006年。

　　警方很快就查明了死者的身份。他叫德莫里斯,37 岁,是当地一家商店的门卫,单身汉,没有前科。接受警方询问的人都说德莫里斯是一个善良、热情的老实人。然而,他却死在了一个他不该出现的地方。

　　侦探来到现场。那栋平房里没有人。通过询问邻居,侦探得知那栋房子里住着一个年轻人,名叫伯恩斯。邻居说昨天半夜曾听到有人喊叫的声音,后来还听到"砰"的一声,好像是枪声。现场勘查没有发现搏斗的痕迹,但是在门口的木台阶上发现了血迹。警方认为伯恩斯有重大嫌疑。

　　通过调查,侦探得知伯恩斯 19 岁,没有上学,也没有固定工作。他曾经在一家咖啡馆里打工,还给一家比萨饼店当过外卖员。他的父母早已离异。他父亲住在马赛,母亲住在布鲁塞尔。他住的那栋小平房是他母亲的财产。侦探找到伯恩斯的父亲,但是后者说他已经几个月没见到儿子了,而且他们的父子关系早就名存实亡。他告诉警察,伯恩斯有一个女友,名叫贝露亚,25 岁,在当地一家酒吧当招待。

　　第二天上午,侦探在酒吧找到贝露亚。这是一个有着西班牙血统的女子,身材不高,但是很有魅力,特别是当她微笑的时候。见到警察,贝露亚说她不知道伯恩斯在什么地方。

　　侦探没有相信贝露亚的话,就反复盘问。没过多久,贝露亚的心理防线崩溃了。她哭泣着对警察说:"12 日晚上,我把孩子交给妈妈照看,来到伯恩斯的住处。当时,我的心里也很矛盾。半夜,我被门铃声惊醒,看到伯恩斯披着衣服走出卧室。我没有跟出去。我听到开门的声音和说话的声音,然后是枪声。又过了一会儿,伯恩斯回来了。我问他怎么了。他说没事儿,那个'傻瓜'被他赶走了。然后,我们就又睡觉了。第二天早上,我们刚起床,就听见门前有警车声。伯恩斯到前面看了一眼,回来说麻烦了,就拉着我从厨房的后门溜了出去。后来,你们就知道了。"

　　侦探在贝露亚的住处抓到了伯恩斯。与此同时,警察搜查了伯恩斯的住处,在堆放杂物的储藏室内找到一支手枪。经过专家鉴定,那颗夺去德莫里斯生命的子弹就是从这支手枪里射出的。警方正式逮捕了伯恩斯。

　　面对证据,伯恩斯承认自己开枪打了德莫里斯,但声称那是正当防卫。他说,那天晚上他拿着手枪来到门口,打开门,看见台阶上站着德莫里斯。他认识这个男人,也很讨厌这个男人,便让其滚开。但是对方不仅没有离去,还把手伸进口袋里。他以为德莫里斯要掏枪,就先下手为强,胡乱地开了一枪。他见对方从台阶滚了下去,就赶紧关门回到卧室。他不知道自己有没有打中德莫里斯,他根本没想打死那个人。侦探问他手枪的来源。他说是从朋友那里买来的,花了一千法郎。

在埃克斯-马赛大学访学期间,我首先听刑事科学与犯罪学研究所所长博拉坎德教授讲到这个案件。他建议我去旁听这个案件的审判,并且做了相应的安排。随后,我在访问埃克斯地区警察分局时,又听詹泰特局长介绍了这个案件的情况。詹泰特局长以前在马赛警察分局工作,去年才调到埃克斯市。他知道德莫里斯被杀案的情况。他也认为我应该去旁听这个案件的审判。

1998 年 5 月的一天,我来到了位于埃克斯市老城中心的马赛地区法院。法院大楼的周围是一圈土黄色的围墙,看上去像个古老的城堡。女翻译告诉我,这里以前是一座关押重罪犯人的监狱。里面的法院大楼已经改建,完全是现代建筑的气派。

重罪法庭的审判采用大陪审制,因此法庭正面的法官席上共有 13 个座椅。审判开始前,身穿红袍的检察官和身穿黑袍的辩护律师以及在两名法警看押下的被告人都已就座,后面的旁听席上也坐满了人。这时,法庭左前角的小门打开,身穿红色法官袍的主审法官带着两名身穿黑色法官袍的助审法官走进法庭,于是全场起立。

红袍法官宣布开庭及法庭组成人员之后,便开始审判的第一道程序:挑选陪审员。候选人是从在法庭注册的当地居民中挑选的,共有 22 名。一位黑袍法官把写有候选人姓名的纸片放到一个木箱中,摇晃几下,然后从里面随机摸取。他拿出一张纸片便大声宣读上面的名字,被叫者便站起身来,走到前面去。如果无人反对,他们就按照先右后左的顺序坐在法官两侧的椅子上,成为本案的陪审员。

当被叫到名字的人从法庭中间走过的时候,检察官和律师都仔细观察他们的表情和举止,决定是否提出否决。他们的否决都很简短,不用说明理由。检察官否决了 3 个人;辩护律师否决了 2 个人。最后选出的陪审员共 9 人,还有一名替补。他们共同宣誓将公正地参与本案的审判。

在法庭调查阶段,红袍法官首先对被告人提问。伯恩斯是个仪表堂堂的年轻人。他站起身来,面向法官,脸上带着自信的微笑。法官核实了他的姓名和身份之后,把问题转向本案事实。

被告人伯恩斯被检察官指控犯有故意杀人罪。如果该指控成立,伯恩斯可能被判的最高刑罚是 30 年监禁,因为法国已经废除了死刑。然而,伯恩斯坚持说自己没想打死德莫里斯,他开枪是正当防卫。

接下来,一位黑袍法官传唤证人出庭。证人都是先由法官主问,然后由检察官和辩护律师补充提问。在各个证人中,最引人注目的当然是贝露亚。她站在法庭中间,低垂着头,用微微颤抖的声音跟随着法官的问题,讲述了她与本案被告人和被害人的关系。

贝露亚是在酒吧里认识的伯恩斯。一开始,她并没看上那个大男孩,尽管其相貌英俊。但是,伯恩斯被她吸引了,开始疯狂地追求。经过一段时间的抵抗,贝露亚被征服了。于是,他们开始同居,并且生了一个孩子。这种"未婚先育"的情况在当地并非罕见。事实上,她和他都没有结婚的打算,就想这样一起生活。然而,伯恩斯对贝露亚不像原来那么好了。虽然伯恩斯长得文质彬彬,但是性格暴躁。他经常为一点小事对贝露亚大打出手。贝露亚很苦恼,但是放不下对伯恩斯的感情,而且还有孩子。

这时,她在一个偶然的机会认识了德莫里斯。那是一个细雨蒙蒙的夜晚,她和伯恩斯打架之后跑出家门。她心中非常痛苦,觉得这种生活实在难以忍受。她漫无目的地在雨中行走,来到了马赛的老港区。她感到身心都很疲惫,便坐在水边的岩石上,望着夜幕下闪烁的灯光和船帆,任凭雨水混合着泪水冲刷她脸上的伤痕。突然,一把雨伞遮住了她头上的雨水。她回过头来,只见一个男人站在身后。她警惕地问:"你是谁?"那个男人说:"我叫德莫里斯,刚才你从我们店门口走过时,我看见你在哭泣,很伤心。我正好下班,就跟了过来。我绝没有恶意,只是担心你一时想不开。"贝露亚明白了。直觉告诉她,这是一个善良的男人。

沉默了一会儿,德莫里斯轻声问道:"你遇到了什么困难?我能帮助你吗?"当时,贝露亚的心情很苦闷,就情不自禁地向他倾诉自己的苦恼。她也不知自己为什么对这个陌生的男人这么坦率。男人一直默默地听着,然后说:"你看,我要不要去揍那个小子一顿?不过,你得先告诉我,你认为我打得过他吗?"贝露亚借着路灯的光线看着他那一脸认真的神态,禁不住破涕为笑了。那天晚上,他一直陪伴她到深夜,才送她回家。

从第二天起,德莫里斯几乎天天晚上都在贝露亚下班时在酒吧门外等候,然后送她回家。贝露亚觉得这个男人已经对她产生了爱情。她当然不会爱上这个男人,但是也不想拒绝这个男人的爱。德莫里斯并没有要求得到她,只是希望她幸福,甘心情愿做她的"保镖"。为此,他曾经去找过伯恩斯,警告那个大男孩必须善待贝露亚。当然,这又导致了伯恩斯对贝露亚的家暴。

贝露亚觉得德莫里斯是个难得的好男人。有时候,她觉得自己有些对不起他,甚至想主动用自己的身体去报答。但是面对她那不难理解的暗示,德莫里斯却回避了。她不知道这个男人是个"傻瓜",还是把爱情看得太神圣了。对此,她既感到幸福,又感到悲哀。

后来,德莫里斯又去找过伯恩斯。在数次争吵之后,他劝贝露亚离开伯恩斯,再去找一个更好的男人。然而,贝露亚下不了决心。她也考虑过与德莫里斯一起生活。她确信这是一个可以依赖的男人。在这一点上,伯恩斯是绝难与他相提并论的。不过,伯恩斯的相貌和气质则是德莫里斯所望尘莫及的。她的内心很矛盾。一方面,她愿意得到德莫里斯那无微不至的爱护;另一方面,她又无法抗拒伯恩斯那仪表举止的诱惑。她真希望能够把这两个男人的优点集中到一个人身上,就像中国古代故事中那个希望"东食西宿"的姑娘。她生活在两个男人中间,结果却发生了不幸的枪击事件。贝露亚说她非常后悔,是她害死了德莫里斯。她已经爱上了德莫里斯。这是她酿制的爱情苦果。她哭得很伤心,也很真诚。

在法庭辩论阶段,检察官首先发言。这是一位中年男子,看上去精明强干。他站在与法官席同等高度的公诉人席上,胸有成竹地讲了起来。他的发言持续了一个多小时。主要论点有三:第一,被害人并没有实施任何威胁被告人的行为;第二,被告人显然是瞄准被害人开的枪;第三,被告人主观上有置被害人于死地的愿望,因此他在开枪后没有采取任何抢救措施,也没有报警。根据被害人的伤势来看,如果抢救及时,他可能免于死亡。总之,被告人的行为不属于正当防卫,而属于故意杀人。

辩护律师是一位白发苍苍的老太太。由于辩护律师席位较低而且她身材矮小,所以她讲话时必须抬头看着高高在上的法官。她首先分析了案件发生时的情况,反驳了检察官的说法。她认为被告人在那种情况下只能是盲目开枪,而且在开枪后处于惊恐状态之下,不敢出去查看被害人的死活。此外,有证人证明被害人曾经在被告人住处前大喊大叫并威胁被告人,警察在被害人的衣袋里还发现了催泪瓦斯瓶。因此,被告人的开枪行为属于正当防卫。最后,她用母亲的口吻向法庭讲述了被告人生活中的不幸——

伯恩斯幼年时父母离异,他便开始了四处流浪的生活。他的父亲在马赛,母亲在布鲁塞尔,两人都不想承担照顾儿子的义务,因此他小小年纪就不得不经常在法国与比利时之间奔波,而且经常处于无人照看的处境。他无法正常上学,无法像其他孩子那样健康成长。生活欺骗了他,在他那幼小的心灵留下了深深的创伤。因此,她恳请法庭考虑被告人的人生经历。

然后,法官让被告人做最后陈述。伯恩斯站起身来,沉默片刻才说:"我愿意向被害人的家属表示歉意。但是,我确实没想杀死他。"

在整个庭审过程中,那些陪审员都没有发言。红袍法官宣布休庭,法官和陪审员一起进行评议。我随着人们走出法庭,站在走廊里,等待宣判。两个半小时之后,法警让人们重新进入法庭。

红袍法官宣布法庭评议结果:被告人伯恩斯的行为不属于正当防卫,已经构成故意杀人罪,但是考虑到被告人的人生经历和案件发生时的具体情况,法庭决定从轻判处被告人伯恩斯7年监禁。

然后,法官问被告人对判决有何意见。被告人表示没有意见。法官告知其上诉权利之后,宣布审判结束,法庭解散。我看了看检察官,他似乎对这结果很满意。我又看了看辩护律师,看来她也挺满意。总之,他们都完成了自己的工作,都很轻松。

(四)德国的陪审制度

在大陆法系国家中,德国保持了两名陪审员加一名法官的参审模式。这种典型的参审制度具有程序简单和效率较高的特点。但是,因为陪审员与法官共同负责庭审、一起进行评议并作出判决,所以陪审员在庭审调查和评议判决过程中往往缺乏独立性,比较容易受法官的影响乃至操纵。虽然法律规定陪审员和法官在评议和判决时享有同等权力,但是在实践中,陪审员随从法官意见的情况屡见不鲜。

在德国,陪审员的资格由法院进行审查,选任程序也比较简单。法院在确定具体案件的陪审员时也有一定的随机性。各个法院根据每年审理案件的数量和平均每个陪审员一年参审5个案件的标准,从当地选择一定数量的居民作为陪审员。陪审员的任期为5年。法院在每年的年底以随机的方式确定下一年陪审员的参审时间表。每个陪审员一年有几个审判日要到法院参审。陪审员轮上的那天有什么案件就审什么案件;如果没有案件,那就轮空。总之,每个陪审员一年也就只有几天需要到法院参与审判,工作量不大。

2010 年,我应德国马普刑法研究所的邀请到弗莱堡市访问讲学。我在马普所做了学术报告,并与该所的研究人员进行交流。此外,我还去弗莱堡的巴符州普通法院旁听审判。在德国的法院系统中,它属于中级法院,负责较为严重的刑事案件和较为重要的民事案件的一审和地方法院审理的一审案件的二审。它的二审既包括事实问题也包括法律问题,但是州高等法院的三审一般只进行法律审。

法庭的内部装饰简洁明亮,以木色为主调。正面是法官席,一排长桌的后面有三把座椅,右边顶头处有一个电脑桌,那是书记员的座位。法官席的左侧是检察官席;右侧是辩护席,包括辩护律师和被告人的座位。值得注意的是,检察官席的地面与法官席的地面处于同等高度,而辩护席的地面要略低一些,与法庭中间的证人席高度相同。这大概也表明了检察官与法官是平起平坐的。另外,法庭里没有法警。德国的普通法院注重亲民性,并非戒备森严。

我旁听的是一起诈骗案的二审。主审者是一个身穿黑色法袍的中年女法官,两边是一男一女身着便装的参审员。女法官宣布开庭之后,首先确认了诉讼双方的身份。该案的一审判决是被告人有罪,但是没有判处监禁,而是罚金。女法官按照一审判决书,快速地复述了一审法院认定的案件事实,然后分别询问被告人、辩护人和公诉人对一审判决的事实认定有无异议。三个人都表示没有异议。然后,法官让辩护方陈述上诉的主张和理由。辩护律师站起身来,讲了几分钟,主要意见是刑罚偏重,因为被告人生活困难,靠社保维持生活,要求法庭降低罚金的数额。再后来,法官让检察官发表意见。检察官也讲了几分钟,主要意见是量刑要遵循法律标准,不能因为被告人生活困难就降低标准。最后,法官又询问了被告人的意见,后者表示同意辩护律师的意见。整个过程都由法官主导,两位陪审员一言未发。法官宣布休庭,法庭要进行评议。

大约 20 分钟后,法庭再次开庭,法官宣布判决结果,维持原判。法官简要说明理由之后,询问双方的意见。双方都表示尊重法院的判决。法庭审判结束,一共只用了大约 40 分钟。

审判结束之后,我去拜访了女法官。她很客气地与我交谈。我简要地自我介绍之后,询问了她对陪审员参与审判的看法。她说,陪审员在审判中跟她有同样的权力,但是一般来说都会尊重法官的意见。她担任法官多年,还没有经历过陪审员不同意法官意见的情况。如果某个陪审员参与审判很多,有经验,在评议时会发表意见,一般的陪审员不会发表意见。她认为,陪审员在审判中的实质作用不大,但陪审员参与审判是宪法规定的,是司法民主的体现。这位法官的话,引发了我的思考,因为我当时正在研究中国陪审制度的改革问题。

新中国成立之后就建立了人民陪审制度。1951 年,《人民法院暂行组织条例》第 6 条规定:"为便于人民参加审判,人民法院应视案件性质,实行人民陪审制。"1954 年,《宪法》把人民陪审员参与案件审判规定为宪法原则。但是在过去的半个多世纪,中国的人民陪审制度走过了曲折的发展道路,而且至今仍在探索。对于这个问题,我在后面的课程中会专门讲述。

三、司法证明制度:自由模式与法定模式

司法证明有两种基本模式:其一是"自由证明"(free proof),即法律对证明活动没有作出具体的限制,法官可以自由地采纳和采信证据并认定案件事实;其二是"法定证明"(regulated proof),即法律对证明活动作出了具体明确的规定,法官在采纳和采信证据时必须遵守这些规定。在人类社会的历史发展过程中,不同国家的司法证明制度走过了各自的发展道路,其中既有共性的规律,也有个性的差异,但是都以证明模式为基线。以法国为代表的欧洲大陆国家的发展变化很有代表性。

13 世纪到 15 世纪,以法兰西王国为代表的欧陆国家的司法证明基本上属于自由证明的模式,法官在审判中享有审查认定证据的自由。如前所述,自由证明容易导致司法裁判的混乱,而当时欧洲大陆国家的不稳定政局更加重了这种混乱。在司法实践中,"同案不同判"的情况时有所见,而这就严重影响了人们对司法公正的认知。

英国的证据法学专家科恩教授说:"司法公正思想的核心就在于相同案件应得到相同对待的原则。司法公正就是要用法制来代替任意专断。而且这一原则不仅适用于实体法问题,也应该适用于程序法问题。如果一种法

律制度的目的应该是使司法公正制度化,那么它就应该使'一视同仁'原则成为其各项活动的准则。程序法中的任何随意性或自由,都会给不受规则约束的事实裁判者那无法预见的自由裁量权留下某些特定问题,而这在本质上就和给相似案件中的不同当事人以不同的实体法解释一样是不公正的。因此,解决纠纷所依据的所有规则最好都是法律上的明文规定,因为事实裁判者在法律明文规定的情况下往往会比在各显神通的情况下更容易采取统一而且可以预见的行动。毫无疑问,由于偏见、情绪、遗忘、疏忽或愚钝所造成的事故会更多地侵蚀在法律上毫无约束且无法上诉之裁定的合理性,而较少侵蚀在法律上有约束且可以上诉之裁定的合理性。"①

因此,欧陆国家在政权统一之后的首要任务之一就是统一司法,包括规范法官审查认定证据的活动。于是,司法证明又开始从自由证明走向法定证明,并在 16 世纪达到顶峰——建立了"法定证据"制度。

(一)法定证据制度的评说

法定证据制度是一种"明码标价"的法定证明模式,司法官员必须严格遵守法律就各种证据的证明力所制定的明确的规则。这些规则包括:(1)具有完整证明就必须作出判决,没有完整证明就不能作出判决;(2)最好的完整证明是两个可靠证人作出的内容一致而且能确定被告人有罪或无罪的结论性证言;(3)无论多么可靠,一个证人证言只能构成二分之一的证明;(4)其他可以构成二分之一证明的证据包括被告人的有罪供述和商人的财会文书等;(5)与案件有利害关系或个人信誉有瑕疵的证人证言是四分之一的证明,而受到对方有效质疑的证据的证明力减半;(6)两个二分之一的证明相加可以构成完整证明;两个四分之一的证明或者四个八分之一的证明相加可以构成半个证明。总之,只要法官把指控方的证据加在一起可以构成完整证明,就必须作出有罪判决,否则就必须作出无罪判决。②

法定证据制度具有一定的合理之处。第一,它提出了"完整证明"(full proof)的概念,为刑事案件的有罪判决规定了一个简单明确的证明标准。第二,它规定两个可靠证人的内容一致的证言就可以构成完整证明,这符合互相"印证"的两个证人证言可以采信的实践经验。第三,它规定一个可靠的

---

① 参见[英]乔纳森·科恩:《证明的自由》,何家弘译,载《外国法译评》,1997 年第 3 期。
② 陈一云主编:《证据学》,北京,中国人民大学出版社,1991 年,第 25—26 页。

证人证言不能构成完整证明,这也符合"孤证不能定罪"的经验法则。第四,它规定证言遭到有效质疑则证明力减半,虽然这一规定过于简单,但是对于统一证据评价还是颇有实效的。此外,法定证据制度通过列举的方式明确了刑事审判中可以使用的证据,包括证人证言、被告人供述、书证(商业财会文书)。在当时的司法实践中常用的证据确实只有这几种,而这也正是法定证据制度得以确立和施行的原因之一。

法定证据制度也存在一些缺陷。第一,关于审查评断证据证明力的规定过于死板,法官只能机械地按照预先的"明码标价"进行认证,然后通过证明力的加减来得出被告人是否有罪的结论。第二,它规定被告人口供可以构成二分之一的证明,而且没有对获取口供的方法作出限制,因此就等于为刑讯逼供开了"绿灯"。在实践中,当法官收到一个可靠证人的指控证言之后,就可以用刑讯来获得口供,也就"凑成"了一个完整的证明。

18世纪以后,在资产阶级革命和启蒙运动的影响下,崇尚自由权利的学者对以刑讯逼供为特征的法定证据制度进行了批判。意大利刑法学家贝卡里亚在《论犯罪与刑罚》一书中就指出,"……想让痛苦成为真相的试金石,似乎不幸者的筋骨和皮肉中蕴藏着检验真相的尺度。这种方法能保证使强壮的罪犯获得释放,并使软弱的无辜者被定罪处罚"。[1] 他还说道:"每一个人的本(体)质和感觉各不相同,刑讯的结局正体现着对个人体质和感觉状况的衡量和计算。因此,一位数学家大概会比一位法官把这个问题解决得更好:他根据一个无辜者筋骨的承受力和皮肉的敏感度,计算出会使他认罪的痛苦量。"[2]法国大革命爆发之后,人们对法定证据制度的批判达至高潮,并最终导致了司法证明模式的嬗变——从极端的法定证明转向极端的自由证明。

(二) 自由心证制度的评说

1790年12月,法国国会代表杜波尔在一项改革建议中指出,按照法定证据制度进行判决是荒谬的,对被告人和社会都是有危害的;只有在审判中给予法官自由判断证据的权力,才能保证法官尽最大可能去查明案件事实,从而作出正确的判决。1791年1月,法国的宪法会议通过了杜波尔提出的

---

① [意]切萨雷·贝卡里亚:《论犯罪与刑罚》,黄风译,北京,北京大学出版社,2008年,第37页。
② [意]切萨雷·贝卡里亚:《论犯罪与刑罚》,黄风译,北京,北京大学出版社,2008年,第40页。

议案,随后通过法令,确立自由心证制度。法律不再对证据的证明力"明码标价",而是让司法裁判人员自由地审查评断证据并认定事实。

1808 年,法国的《刑事诉讼法典》对自由心证制度作出了具体的说明。当时,法国从英国引进了陪审团审判制度。按照法律要求,法官在陪审团对案件事实进行评议之前应告知如下:法律并不要求"你们应当把多少证人所证明的每一个事实认定为真实的",也不要求"你们不要把那些未经某种口头证言、某种文件、某些证人或其他证据支持的证据视为充分的证明",法律只是向你们提出一个能包括你们全部义务的问题:"你们是内心确信了吗?"①因此,自由心证制度又被人称为"内心确信"(intimate conviction)的证据制度,其基本内涵就是要通过自由证明达到内心确信的程度。

与法定证据制度相比,自由心证制度更加灵活,更容易作出适合具体个案情况的裁判。案情是复杂的,证据是多样的,社会也是不断发展变化的,因此让司法裁判人员根据案件具体情况去审查认定证据,可以更好地保障司法公正在个案中的实现。然而,自由心证制度缺乏统一的审查认定证据的规则和标准,司法裁判就容易受个人因素的影响而导致"同案不同判"和个案的不公正,甚至给某些不良法官提供了恣意司法的可乘之机。由此可见,这种证明模式适用于那些以专业而且高尚的精英法官为主体的司法系统。

19 世纪,许多欧陆国家纷纷效仿法国确立了自由心证制度。例如,德国在 1877 年颁布的《刑事诉讼法》就规定:"法院应根据从全部法庭审理中所得出的内心确信,来确定调查证据的结果。"俄国 1892 年颁布的《刑事诉讼条例》则规定:"治安法官应根据建立在综合考虑法庭审理时所揭露的情况的基础上的内心确信,来裁定受审人有无罪过的问题。"②基于对法定证据制度的批判,欧陆国家的有关法律都不对证据的资格和证明力问题作出具体规定,而是一律由司法者自由评断。然而,这些国家的司法者并非都是法律精英,特别是在那些采用陪审制度的国家,"业余"法官的裁判很难保证质量。正如达马斯卡教授所言,未受过专业训练的普通民众担任独立、"自由"的事实裁判者,其所作出的判决并不一致,毫无规律可言,且与证据的证明

---

① 参见陈一云主编:《证据学》,北京,中国人民大学出版社,1991 年,第 32–33 页。
② 陈一云主编:《证据学》,北京,中国人民大学出版社,1991 年,第 32 页。

力相互矛盾。①

如果说从法定证据制度嬗变为自由心证制度是从司法证明模式的一个极端走向另外一个极端,而且体现了"物极必反"和"矫枉过正"的事物发展规律,那么欧陆国家司法证明制度的后续发展则展现了渐进折中的趋势。自 20 世纪中期以来,以法国和德国为代表的大陆法系国家在基本保持自由证明模式的同时,也逐渐加强法律对司法证明活动的规范,例如,对犯罪侦查人员提取证据的方法和程序作出了比较严格规定,确立了非法证据排除规则和传闻证据排除规则,确立了约束法官自由裁量权的"心证公开"规则等。至此,大陆法系国家的司法证明制度可以称为"准自由证明"模式。

(三)中国的司法证明模式

在几千年的历史中,中国的司法证明一直以自由证明为基本模式。司法官员根据个人的知识和经验对具体案件中的证据进行审查评断。但是,随着司法经验的积累,一些朝代的法律也对司法官员的自由裁量权加以限制。例如,唐代的法律中便有"据众证定罪"的规定。按照《唐律疏议》中的解释:"称众者,三人以上明证其实,始合定罪。"另外,在刑事审判中,被告人口供一直被视为最重要的定罪证据,到清朝时则在法律中明确规定了"断罪必取输服供词"。

"据众证定罪"与法定证据制度中两个可靠证人的证言可以构成完整证明的规则具有相似之处,而"断罪必取输服供词"则与法定证据制度中把被告人口供定为半个证明的规则具有异曲同工之处。但是,这些规定都是个别的和零散的,未能形成完整的规则体系。总之,中国古代的司法官员在审查评断证据时享有很大的自由裁量权,或者说,中国古代的司法证明基本上属于自由证明的模式。

在中华民国时期,受德国和日本等大陆法系国家法律制度的影响,刑事诉讼法和民事诉讼法都采用了自由心证的证据审查制度。例如,北洋政府于 1922 年颁布的《刑事诉讼条例》第 306 条就明确规定:"证据,由法院自由判断之。"南京国民政府于 1930 年颁布的《民事诉讼法》第 222 条则规定:

---

① See Mirjan Damaška, Free Proof and its Detractors, *The American Journal of Comparative Law*, Vol. 43, p. 344(1995).

"法院为判决时,应斟酌全辩论意旨及调查证据之结果,依自由心证,判断事实之真伪。"①虽然刑事诉讼法中也有关于禁止刑讯的规定和采信口供的标准,但是概括而言,中华民国时期的司法证明制度属于自由证明的范畴。

新中国成立之后,人民政府在废除国民党旧法统和总结革命根据地司法工作经验的基础上建立了新的证据制度,确立了实事求是、重视调查研究、重证据不轻信口供、严禁刑讯逼供、证据必须确实充分等原则。"文化大革命"结束之后,中国的司法制度逐步得到重建,立法机关也相继颁行了《刑事诉讼法》《行政诉讼法》和《民事诉讼法》。这些法律都对证据问题作出了规定,但主要是明确证据的概念和种类并强调证据的审查评断。就刑事诉讼而言,虽然法律中也有"严禁刑讯逼供"和"只有被告人口供不能定罪"等限制性规定,但是由于强调"实事求是"和"具体问题具体分析"的原则,而且法律中关于证据的规定非常抽象和空泛,所以司法人员在审查评断证据时享有很大的自由裁量权。

在一段时期内,有些学者就把我国的司法证明制度称为"实事求是证据制度"。然而,实事求是属于哲学范畴,对于司法审判具有指导意义,但是不能代替具体的证据规则,因此这种证据制度还属于自由证明的范畴,可以称为"准自由证明"模式。

作为司法证明的基本模式,法定证明与自由证明是各有利弊的,但是法定证明更符合司法活动的内在规律,也更适应中国司法实践发展的需要。自改革开放以来,我国的司法制度暴露出一些问题,如缺少权威、不够独立、人员素质参差不齐等。这些问题影响了司法公正的实现,也影响了社会的稳定发展。诚然,这些问题的存在有着广泛的社会原因,这些问题的解决也绝非证据制度所能完成之任务,但是面对这种现状,法定证明应该是比自由证明更好的选择。

法定证明以统一明确的规则为基础,司法人员在审查运用证据时只能"按规则做裁判",没有自由裁量权,也就没有"吹黑哨"的空间,因此,它可以提升司法的公信力,提高司法判决的权威性;它也可以帮助司法人员抵制外界的干扰,在一定程度上维护司法独立;它还可以弥补司法人员素质水平的不足,防止和减少司法腐败。在中国这样的"人情关系社会"中,倘若司法人

---

① 参见陈一云主编:《证据学》,北京,中国人民大学出版社,1991年,第78-79页。

员手中握有很大的自由裁量权,那么当事人就会千方百计去"找门路""托关系",甚至去送礼行贿,以使司法人员在自由裁量时向其倾斜。如果法律的规定都是非常具体、非常明确的,诉讼当事人就会减弱"托关系"和送礼行贿的心理动力。当然,要想把立法层面的法定证明转化为司法实践中的法定证明,还需要在司法系统中建立"按规则做裁判"的保障机制。

由此可见,法定证明与自由证明的关系在一定程度上反映了法治与人治的关系。诚然,我们这里讲的法治与人治并不涉及国家的政治制度,而是仅就司法活动而言,但是其道理确有相通之处。法治与人治是各有利弊的,前者死板,后者灵活。从这个意义上讲,法定证明体现了法治的原则;自由证明则符合人治的要求。其实,如果司法者都是品行高尚而且专业能力极强的人,那么自由证明就是比法定证明更好的司法证明模式。但是在现实中,有些司法者的品行和能力的确难如人意,因此我们只能选择法定证明。换言之,中国的司法证明活动应该坚持"法治之路",其要旨就在于尽量少给执掌权力者留下太多的自由裁量空间。当然,中国也不能走向极端的法定证明,因为证据规则的制定既要符合司法证明的规律,也要符合人类认识能力的发展水平。

各位同学,这一讲的思考题是:中国的刑事司法应该采取哪种证明模式?

何老师留的
思考题

学生对谈

第三讲　刑事司法的政策取向

各位同学,大家好! 这节课我要讲刑事司法的政策。这是一个宏观的问题,但是以微观的认识为基础。这就是说,政策具有一定的抽象性,但是政策的制定需要研究具体的事态,政策的落实需要具体的措施。刑事司法的政策是针对犯罪制定的,决策者必须对犯罪状况进行评估,因此我在这节课中还要讲解犯罪的评估方法。

一、刑事政策与刑事司法政策——以死刑政策为例

刑事政策是以打击、控制和预防犯罪为宗旨,指导国家刑事立法和刑事司法的策略、方针和原则。刑事政策的根本目的是维护社会稳定和实现社会正义。人类需要稳定的社会生活,而犯罪破坏了社会生活的稳定,因此国家的统治者和民众都需要控制和预防犯罪。犯罪是邪恶的,违反了社会的正义准则,因此要受到惩罚和打击。当然,随着人类社会的文明进步,正义的标准也在发生变化,例如,惩罚罪犯应该符合文明的要求,刑罚的严厉性应该与犯罪的严重性相适应,犯罪人也应该享有相应的人权。

刑事政策包括刑事立法政策和刑事司法政策。这就是说,刑事司法政策是刑事政策的下位概念,是指导刑事司法活动的方针和策略。一般来说,刑事司法政策都是刑事政策的贯彻和体现,但是可以发挥补充和平衡的作用。下面,我就以死刑问题为例进行说明。

死刑是人类历史上最古老的刑罚。作为剥夺人的生命权的刑罚,死刑

具有严厉的惩罚性、有效的遏止性和强大的威慑性。然而,死刑又是一种野蛮的刑罚,人类文明的发展趋势之一就是要加强对生命的尊重。因此,死刑政策是刑事政策的重要体现,既包括立法政策,也包括司法政策。例如,有些国家在法律上废除了死刑。这些法律规定就是这些国家的刑事立法政策的体现。有些国家虽然在法律上没有废除死刑,但是在司法实践中采取了不适用死刑的政策。这就是刑事司法政策的体现。

(一)外国的死刑政策

毋庸讳言,死刑是一种野蛮的刑罚,而走向文明是人类社会刑事司法的大势所趋。据统计,全世界已有一百多个国家和地区在法律上废除了死刑,包括对所有犯罪都不适用死刑,以及对普通犯罪废除死刑但保留对叛国罪适用死刑。

有人以为,废除死刑的国家就是欧美的西方国家。其实,很多废除死刑的国家并不是西方国家,而是亚非拉国家。例如,亚洲的阿塞拜疆、不丹、东帝汶、菲律宾、格鲁吉亚、吉尔吉斯斯坦、柬埔寨、蒙古、尼泊尔、塞浦路斯、土耳其、土库曼斯坦、亚美尼亚、乌兹别克斯坦、马来西亚;非洲的安哥拉、贝宁、布隆迪、多哥、佛得角、刚果共和国、吉布提、几内亚比绍、加蓬、科特迪瓦、卢旺达、马达加斯加、毛里求斯、莫桑比克、纳米比亚、南非、塞内加尔、塞舌尔、圣多美和普林西比;拉丁美洲的阿根廷、玻利维亚、哥伦比亚、厄瓜多尔、苏里南、委内瑞拉、乌拉圭、巴拿马、多米尼加、哥斯达黎加、海地、洪都拉斯、墨西哥、尼加拉瓜等国。

死刑存废是一个很有争议的问题。在讨论这个问题的时候,我需要做一些说明。有些人存在认识的误差,例如,把废除死刑说成是"杀人无罪"。废除死刑并不是要判这些罪犯无罪,而是要用无期徒刑等长期监禁刑代替死刑。杀人不用偿命,但是要在监狱里度过余生。其实,对于某些罪犯来说,终身监禁可能更为痛苦。我举一个例子来说明吧。

1995年4月19日,美国的俄克拉何马城发生大爆炸,一座联邦大楼的三分之一倒塌,碎石横飞,许多人血肉模糊,惨死在废墟之中。事后统计,这起爆炸共导致168人死亡,680多人受伤,86辆汽车损毁,324幢建筑物受损,直接经济损失高达6.52亿美元。

1997年6月,联邦地区法院判处爆炸案主犯麦克维死刑,麦克维提出上诉。2001 年 6 月,联邦上诉法院维持原判。随后,布什总统签署了死刑执行令。6 月 11 日,29 岁的麦克维被以注射方式执行死刑。执行过程通过电视进行直播,让世人见证了麦克维的死亡。但是,爆炸案的一些受伤者和死者家属认为,麦克维的死亡没有痛苦,他的脸上甚至还有安详入睡的表情。

爆炸案的另一名被告人尼科尔斯于 1997 年接受审判。1998 年 6 月,联邦法院判处他终身监禁且不得假释。俄克拉何马州的民众对此不满,要求把尼科尔斯判处死刑。2000 年,俄克拉何马州检察官把尼科尔斯起诉到俄州地方法院,指控他犯有 161 个一级谋杀罪,因为在该爆炸案的 168 个死难者中,有 160 人是该州居民,还有一个胎儿。2004 年 5 月 26 日,地方法院的陪审团作出裁定:指控的罪名成立,但是他们未能就死刑问题达成一致意见。在这种情况下,主审法官泰勒作出了颇为神奇的判决:判处尼科尔斯 161 个终身监禁,连续执行且不得假释。

面对这个判决,刚过 30 岁的尼科尔斯的脸上流露出恐惧的表情。有人分析,他对未来的监狱生活充满恐惧。这是可以理解的,因为他要跟那些恶魔一般的杀人犯和强奸犯一起度过漫长的余生。由此可见,终身监禁或无期徒刑也是非常严厉的刑罚。

诚然,对于某些罪犯来说,好死不如赖活,因为活着就有希望,包括减刑和假释的希望。但是司法机关可以打破他们的这种希望。就像泰勒法官所作的那样,明确规定不得假释,让罪犯丧失活着走出监狱的希望。总之,废除死刑并不等于对那些邪恶罪犯的放纵或宽恕。

刑罚的功能不仅是惩罚罪犯,还包括预防犯罪。有人认为,死刑是预防犯罪的最有效措施。这个观点也值得商榷,至少是尚无定论。换句话说,死刑并不一定能减少犯罪,并不一定能有效地预防犯罪。

当然,对于被判死刑的人来说,死刑的预防犯罪功能是明确的,因为他已经被剥夺了生命,不可能再去犯罪了。被判终身监禁的人依然存在犯罪的可能性,尽管这可能性很小。但是,我们讲刑罚的犯罪预防功能,不仅是这种特殊预防功能,还包括一般预防功能。后者的预防对象是社会上的一般人,更准确地说,是那些潜在的犯罪人。这也可以称为刑罚的威慑功能。

与其他刑罚相比,死刑对潜在犯罪人的威慑力应该是最大的,特别是那些残酷的死刑执行方法。例如,古代的五马分尸和千刀万剐,确实能让人心生恐惧。然而,刑罚威慑力的大小,不仅依赖于刑罚的严酷性,还依赖于刑罚的确定性,或者说,实施犯罪后被查获并判刑的可能性。对于预防犯罪来说,后者的效力可能还要大于前者。

早在两百多年前,意大利著名刑事司法学家贝卡里亚就在《犯罪与刑罚》中说道:"对于犯罪最强有力的约束力量不是刑罚的严酷性,而是刑罚的确定性,这种确定性要求司法官员谨守职责,法官铁面无私、严肃认真,而这一切只有在宽和法制的条件下才能成为有益的美德。即使刑罚是有节制的,它的确定性也比联系着一线不受处罚希望的可怕刑罚所造成的恐惧更令人印象深刻。因为,即便是最小的恶果,一旦成了确定的,就总会令人心悸。"①

贝卡里亚还举例说,这里有两个国家,第一个国家的最高刑罚是长期苦役,第二个国家的最高刑罚是轮刑。轮刑是一种残酷的死刑方法,具体做法是把犯人捆绑在车轮上,然后再将车轮固定在木柱上,让犯人在痛苦的状态中慢慢死去。贝卡里亚认为,只要这两种刑罚都具有现实的确定性,那么人们的畏惧程度就是相同的。贝卡里亚还提出一种耐人寻味的观点。他说,过于严酷的刑罚反而会导致无刑。刑罚太重,反而会导致没有刑罚。②

如何理解贝卡里亚的"酷刑无刑"的观点?我也举一个例子来说明吧。伊斯兰国家的刑罚以严酷著称,对于犯通奸罪的人可以用"石刑",即乱石砸死。现在,一些伊斯兰国家的法律仍然保留了这种"石刑",但是在司法实践中很少使用,原因之一就是法律对石刑规定了严格的证明标准。在通奸罪审判中,指控方必须提供4名男性证人,而且这4人的证言内容应基本一致。如果是指控方捉奸在床,那么就必须证明奸夫和淫妇的肉体达到了"密不可分"的程度。在现实中,要达到这么高的证明标准,并非易事,因此指控方因证据不足而放弃指控或法院因证据不足而判决无罪的情况比较多见。如果通奸罪的刑罚只是1年监禁,那么证明标准就不会这么严格,被判定通奸罪的人数也就会增加。这就佐证了贝卡里亚的观点。

在这些伊斯兰国家中,保留石刑是刑事立法政策,适用严格的证明标准是刑事司法政策,这也体现了刑事司法政策对刑事立法政策的补充与平衡。关于死刑的预防犯罪效果,我们还可以美国为例,进行分析。

美国在1967年废除了死刑,后来在1976年又恢复了死刑,而且现在各

---

① [意]切萨雷·贝卡里亚著:《论犯罪与刑罚》,黄风译,北京,北京大学出版社,2008年,第62页。
② [意]切萨雷·贝卡里亚著:《论犯罪与刑罚》,黄风译,北京,北京大学出版社,2008年,第63页。

州的死刑法律也不一样,有的州可以适用死刑,有的州则不能适用死刑。因此,美国为死刑问题研究提供了一个独特的样本,既废除过死刑,又恢复了死刑,而且各州不同。但是,现在没有证据表明死刑的废除或恢复与犯罪率之间存在因果关系。这就是说,废除死刑并没有导致犯罪率的上升,恢复死刑也没有导致犯罪率的下降。因此,死刑具有强大的犯罪预防功能的观点只是一种假说。

顺便说,美国近年来的杀人案件数量呈现持续上升的趋势。根据美国联邦调查局公布的数据,美国在 2020 年共发生了 24 500 件杀人案,比 2019 年增长了 28%。2021 年,美国三分之二的大城市的杀人案数量都在增加。其中,洛杉矶的杀人案数量比 2020 年增加 12%;费城和波特兰的杀人案数量都创下历史新高。

(二)中国的死刑政策

按照中国的传统文化,死刑是天经地义的,杀人者偿命嘛! 二十多年前,国内就有学者开始探讨废除死刑的问题。但那时绝大多数中国人都认为死刑不能废除,也包括本人。当时,我认为死刑具有正当性和必要性,而且代表民意。

2001 年 5 月 11 日,我在北京参加了"中国-欧盟人权对话",那次对话的主题之一就是死刑问题。我作为中方专家在会上发言,题目是"死刑与民意"。按照当时的一些调研报告,90%以上的中国人都不赞成废除死刑。为了准备那次发言,我在中国人民大学法学院的课堂上也进行了一次关于废除死刑的问卷调查。大学生的思想比较开放,但是不赞同废除死刑的学生占87%,赞同废除死刑的学生只有13%。根据这些数据,我就在发言中说,一个国家制定法律的时候应该考虑民意,而按照大多数中国人的民意,中国不能废除死刑。

后来,我的这个观点发生了变化,主要是受到了两个因素的影响。第一,我国从 2001 年开始讨论刑事证据立法和修改刑事诉讼法。那段时间,专家学者越来越重视司法文明和人权保障的问题。我认为,社会对待罪犯的态度可以反映刑事司法的文明程度。文明的要求是以礼待人,文明的底线就是要把人当人。衡量一个国家的文明发展水平,主要不是看这个国家如何对待好人,而是要看这个国家如何对待坏人,包括罪犯。中国的刑事司法要走向文明,就不仅要遏止刑讯逼供,而且要废除死刑。当然,中国现在还不能废除死刑,但是可以逐步推进。

第二个影响因素是关于刑事错案问题的研究。我在讲佘祥林案的时候说过,我们从 2006 年开始对刑事错案问题进行实证研究。我后来出版了一本专著,就是《亡者归来——刑事司法十大误区》。这些冤错案件令人震撼,特别是那些错杀的案件。其实,许多国家都有错杀无辜的案件。刑事司法系统不可能完全避免错判,包括错杀,因此要彻底避免错杀无辜,最有效的办法就是废除死刑。这实际上也是人们主张废除死刑的一个理由。

就中国的具体国情和历史传统而言,要在短期内废除死刑是不可能的,因此保留死刑就是一种相对合理的现实选择。但是,在保留死刑的前提下,我们要尽量少用和慎用死刑,而且要规范死刑的适用。这就是死刑的刑事司法政策。

这些年,我国通过修改刑法,已经把死刑罪名从 70 个减少到 46 个。1979 年,全国人大颁布的第一部《刑法》规定了 28 个死刑罪名。随后,伴随严厉打击刑事犯罪的需要,立法机关又多次通过单行法规增加死刑罪名。例如,1982 年 3 月,全国人大常委会通过的《关于严惩严重破坏经济的犯罪的决定》规定,对情节特别严重的盗窃罪,可以判处死刑。1983 年 9 月,全国人大常委会通过的《关于严惩严重危害社会治安的犯罪分子的决定》又把流氓罪的刑罚提高到死刑。据统计,1997 年之前,我国刑法规定的死刑罪名达到 70 个。1997 年,全国人大常委会决定修改《刑法》时,取消了流氓罪和投机倒把罪。于是,刑法规定可以判处死刑的罪名是 68 个。

进入 21 世纪之后,国人对待死刑问题的态度发生了一些变化,包括有些学者提出要废除死刑。我国的死刑政策也发生了变化,强调要严格控制死刑的适用,坚持"少杀慎杀,可杀可不杀就不杀"的原则。于是,减少死刑罪名就成为法学界的呼声。2011 年,全国人大常委会通过的《刑法修正案(八)》取消了 13 个死刑罪名。2014 年,全国人大常委会通过的《刑法修正案(九)》又取消了 9 个死刑罪名。我国《刑法》规定可以判处死刑的罪名就从 68 个减少到 46 个。

这些可以判处死刑的罪名包括大家熟知的故意杀人罪、故意伤害罪、强奸罪、绑架罪、拐卖妇女儿童罪、抢劫罪、贪污罪、生产销售假药罪、生产销售有毒有害食品罪。此外还有危害国家安全罪的 7 个罪名,危害公共安全罪的

15 个罪名,妨害社会管理秩序罪的 3 个罪名,危害国防利益罪的 2 个罪名,军人违反职责罪的 10 个罪名。

总之,保留死刑是我国的刑事政策,少杀慎杀是我国的刑事司法政策。二者相辅相成。不过,死刑存废依然是国人关注的热点问题,特别是在发生一些社会影响巨大的刑事案件的时候。

2016 年 2 月,福州市发生一起重大刑事案件,中学教师谢某某在家中被人杀死,现场非常惨烈。警方经过调查,认为被害人的儿子吴谢宇有重大嫌疑。吴谢宇当时是北京大学经济学院的学生。2019 年 4 月,福州市公安局宣布已经把吴谢宇抓获。一时间,北大学生弑母案成为社会关注的热点。2019 年 8 月 26 日,福州市中级人民法院作出判决:被告人吴谢宇犯故意杀人罪、诈骗罪、买卖身份证件罪,数罪并罚,决定执行死刑,剥夺政治权利终身,并处罚金人民币 103 000 元。

然后,吴谢宇提起上诉。因为吴谢宇在被捕后就如实供述了自己的罪行,而且在法庭上也公开表示认罪,所以他的上诉不是针对定罪问题,而是针对量刑问题。这就是说,吴谢宇认为死刑判决太重,希望二审法院能够改判死缓。那么,吴谢宇该不该被判死刑?

当时应网友的要求,我在网络平台的"何家弘说案"中就该案发表了自己的看法。我认为,按照我国的死刑政策,二审法官的主要任务就是要判断吴谢宇是必杀之人,还是可杀可不杀之人。换句话说,吴谢宇是不是一个非常邪恶的人。

毫无疑问,吴谢宇杀人行为的性质是非常恶劣的,因为他杀死了自己的亲生母亲。按照我国古代的法律,这属于大逆不道,应该凌迟处死。而且,他的杀人手段是极端残忍的,他并没有给母亲吃安眠药或毒药,而是用哑铃猛击母亲的头部致死。一想到那样的场景,我就感到脊背发凉! 从杀人行为来看,吴谢宇是一个非常邪恶的人。

然而,吴谢宇在一审时为自己的杀人行为辩解,声称他认为母亲有轻生之意,他因为"爱妈妈"而要帮其解脱。虽然这样的说辞很难让人相信,但是二审法官也要听取上诉方的理由,也要进行认真的考量。于是,在各种社会舆论的影响下,二审法院的审理持续了超长的时间。

2023 年 5 月 30 日,福建省高级法院对吴谢宇故意杀人、诈骗、买卖身份证件上诉一案,作出了二审裁定:驳回上诉,维持原判。二审宣判后,福建省高院把吴谢宇的死刑裁定报请最高人民法院核准。

2024 年 1 月,最高人民法院对被告人吴谢宇故意杀人、诈骗、买卖身份证件死刑复核一案作出裁定,核准了吴谢宇的死刑。福州市中级人民法院向吴谢宇送达了最高人民法院的刑事裁定书。1 月 31 日,福州市中级人民法院遵照最高人民法院下达的执行死刑命令,对吴谢宇执行了死刑。

吴谢宇案已经画上了句号,但是人们关于这个案件的思考并没有终止,人们关于死刑问题的讨论也没有结束。而且,该案大概会成为讲解死刑政策的重要案例。

二、刑事司法政策的要点——以贪腐犯罪为例

世界各国的政治文化传统不同,面临的犯罪状况也不同,因此刑事司法政策也会有所不同。有些国家强调打击犯罪和维护社会治安,就采取了严厉的刑事司法政策。有些国家强调保障人权和促进司法文明,就采取了宽柔的刑事司法政策。当代西方国家比较流行"轻轻重重"的刑事司法政策。也就是说,对于轻微的犯罪,就要从轻处罚;对于严重的犯罪,就要从重处罚。不过,西方国家的政策也有差异。例如,一些欧洲国家的政策是"轻轻重重,以轻为主",而美国的政策是"轻轻重重,以重为主"。总之,不同国家有不同的刑事司法政策,一个国家在不同的历史时期也可能采取不同的刑事司法政策,而刑事司法政策的要点就在于从宽还是从严。

中国在刑事司法活动中素有"杀一儆百"的做法。历史经验表明,通过严厉惩罚个别犯罪人,使其他人心生恐惧而不敢犯罪,以达到预防犯罪的效果,是一种行之有效的刑事司法政策。在打击贪腐犯罪的斗争中,这种政策就很有代表性。例如,在新中国成立之初,大贪官刘青山和张子善被判①处死刑,这一做法就在一段时期内起到了杀一儆百的作用。然而,这一政策并非总能收到预期的效果。

与世界上许多国家相比,中国法律规定的贪腐犯罪的刑罚是非常严厉的。按照《刑法》的规定,贪污罪和受贿罪都可以判处死刑。1997 年《刑法》第 383 条规定:"个人贪污数额在十万元以上的,处十年以上有期徒刑或者

---

① 刘青山在新中国成立初期担任中共天津地委书记,张子善担任天津地委副书记兼天津专区专员。1951 年 12 月,二人被开除党籍。1952 年 2 月,二人被判处死刑并被立即执行。

无期徒刑,可以并处没收财产;情节特别严重的,处死刑,并处没收财产。"第386 条规定:"对犯受贿罪的,根据受贿所得数额及情节,依照本法第三百八十三条的规定处罚。索贿的从重处罚。"在当时的中国,"万元户"就算是富人了,因此贪污受贿 10 万元是相当高的数额。后来,中国人的生活水平提高了,贪污受贿的金额也就高涨了,贪污受贿 10 万元就可以判死刑的规定就取消了。①

在过去 30 年的反腐败斗争中,中国确实对一些贪官判处了死刑,包括高级领导干部。2000 年,全国人大常委会原副委员长成克杰和江西省原副省长胡长清就都被执行了死刑。然而,严厉的刑罚并未能阻止腐败的蔓延。一方面,反腐败不屈不挠;另一方面,众贪官前腐后继。正如明朝皇帝朱元璋发出的感叹,"奈何朝杀而暮犯"。

在这里,我们又看到了刑罚严酷性与刑罚确定性的关系。当然,预防腐败主要靠制度,但是就刑罚的威慑力来说,刑罚的严酷性不如刑罚的确定性。对于那些意图实施杀人等暴力犯罪的人来说,刑罚的严厉性可能是考虑的主要因素,但是对于那些面临贪污受贿之诱惑的官员来说,考虑的主要因素则是刑罚的确定性,就是犯罪后被查办的可能性。贪腐犯罪与杀人犯罪不同,多为持续犯。杀人一般都是一次实施的犯罪,因此犯罪人在一开始就要考虑刑罚的严酷性。贪污受贿多为持续犯罪,如多次受贿,一步步从小贪走向大贪,因此在开始时一般都不会想到刑罚的问题。对于这些官员来说,"受贿判死刑"是遥远的警示,"伸手必被捉"才有现实的威慑力。一言以蔽之,通过刑罚威慑来预防腐败,杀一儆百不如有贪必肃。

反腐败第一要严查,第二要严惩。就犯罪预防而言,严查的效果要大于严惩。也就是说,对于那些潜在的腐败犯罪人来说,严查往往比严惩具有更大的威慑力。我套用贝卡里亚的举例说明,假设在两个国家中,第一个国家的反腐败政策是重视严查,贪官被查处的概率为 90%,但是最高刑罚仅为 10年监禁;第二个国家的反腐败政策是重视严惩,最高刑罚为死刑,但贪官被

---

①　2015 年 8 月 29 日第十二届全国人民代表大会常务委员会第十六次会议通过的《刑法修正案(九)》删去了对贪污受贿犯罪规定的具体数额,原则性规定数额较大或者情节较重、数额巨大或者情节严重、数额特别巨大或者情节特别严重三种情况,相应规定三档刑罚,并对数额特别巨大,并使国家和人民利益遭受特别重大损失的,保留适用死刑。同时,考虑到反腐斗争的实际需要,对犯贪污受贿罪,在提起公诉前如实供述自己罪行、真诚悔罪、积极退赃,避免、减少损害结果的发生,可以从轻处罚。

查处的概率仅为 10%。各位同学,你认为在哪个国家中会有较多的官员走上贪腐犯罪的道路呢?我以为,答案应该是第二个国家。严惩的威慑作用必须以严查为基础。没有严查,严惩就像个"稻草人",起不到威慑贪官的作用。因此,反腐败的刑事司法政策应该是严查腐败和有贪必肃。

刑事司法政策不能只强调从严,也要有从宽。其实,中国古代就有宽严相济的治国之道。其中,清王朝的"康乾盛世"就很有代表性。康熙皇帝治国以"宽"为本,坚守"宽则得众,信则民任"的理念,努力革除酷吏滥刑和枉法裁判等弊端。例如,康熙三十七年,安守荣、刘虎等聚众反叛,虽然官兵一到即降,还是被判安、刘枭首,194 人立斩,220 人缉拿。康熙帝获报后谕旨:皆免死,从者免缉。① 康熙王朝奉行的宽政在一定程度上促进了社会经济的发展,国民生活进入小康,但是后期也出现了官民不守法和政令不畅通等弊端。

雍正继位之后,因目睹了宽政的疏漏,便采取以"严"治乱的政策,但有些矫枉过正。他强调严格执法,要求百官"精思熟习法律","不得以意为轻重",而且命令各级官员去普法,"自通都大邑至僻壤穷乡……时为解说"法律,以使百姓"知畏法而重自爱"。② 虽然雍正王朝清除了社会中的诸多乱象,但是也产生了政令繁苛和民怨增生等问题。乾隆登基之后,在总结前辈经验的基础上提出了"宽严相济"的治国思路。他说,"宽严当得其中,若严而至于苛刻,宽而至于废弛,皆非宽严相济之道"。③ 乾隆王朝宽严相济的为政之道,稳定了社会秩序,也推动了经济发展,终于达到了"康乾盛世"的顶峰。

新中国在很长时期内都把"惩办与宽大相结合"作为一项基本的刑事司法政策,而且在面对人数较多的犯罪时会采取"严惩极少数,教育大多数"的对策。但是自 20 世纪 80 年代开始,我国的刑事政策实际上是以"严打"为基调,要从重从快打击那些严重的刑事犯罪,而且出现了一些刑讯逼供和滥用重刑的做法。进入 21 世纪之后,一些法律学者借鉴我国历史上"宽严相济"的治国理念,提出把"宽严相济"作为我国的刑事司法政策。

那么,我们应该如何理解宽严相济呢?所谓"宽",就包括宽松和宽恕。

---

① 参见张国华主编:《中国法律思想史》,北京,法律出版社,1982 年,第 395-396 页。
② 参见张晋藩主编:《中国法制史》,北京,群众出版社,1985 年,第 301 页。
③ 出自《清高宗实录》(卷八),雍正十三年(雍正帝于该年驾崩)十二月乙亥"上谕"。

前者主要对"事",即犯罪案件;后者主要对人,即犯罪分子。所谓"严"就包括严查和严惩,前者主要表现在对犯罪案件的侦查和起诉,后者主要表现在对犯罪分子的定罪和量刑。所谓"相济",就是互相补充和互相调节,以宽济严,以严济宽,相辅相成。

宽严相济的刑事司法政策是原则性与灵活性的结合,是严厉性与谦抑性的结合。推行宽严相济的刑事司法政策,既可以更加准确地打击犯罪,也可以更加有效地预防犯罪;既能够促进刑事司法的良性发展,也能够促进整个社会的和谐共生。要实现这些目标,刑事司法就要做到当宽则宽、当严则严,而要做到宽严适度,就必须对犯罪状况作出恰当的评估。这就是说,如果犯罪问题很严重,那就要强调从严;如果犯罪问题不太严重,那就可以选择从宽。这不仅是对整体犯罪状况的评估,而且包括对某些种类犯罪状况的评估。

对犯罪状况进行评估是制定刑事司法政策的依据。犯罪评估有两种基本方法:一种是客观评估法;一种是主观评估法。所谓客观评估法,就是通过发现并查处的犯罪案件数量来评估一个国家或地区的犯罪状况。所谓主观评估法,就是根据人们对犯罪情况的感觉来评估一个国家或地区的犯罪状况。这两种方法都可以在一定程度上反映犯罪的状况,但是也都存在一定的缺陷。

三、犯罪状况的客观评估法——以杀人案件为例

客观评估法以犯罪案件的统计为基础,通过案件数量来评估犯罪的状况和变化。毫无疑问,美国是世界上犯罪案件数量最多的国家之一。在各类犯罪中,最引人关注的就是杀人案件,特别是涉枪杀人案。根据美国联邦调查局公布的数据,美国在 2020 年共发生了 24 500 起杀人案,比 2019 年增长了 28%。在这些杀人案中,19 350 起属于枪杀案。2021 年,美国三分之二的大城市的杀人案数量都在增加。其中,洛杉矶的杀人案数量比 2020 年增加了 12%;费城和波特兰的杀人案数量都创下历史新高。芝加哥依然是美国杀人案最多的城市,2021 年共发生了 797 起杀人案。

多年来,芝加哥一直是美国暴力犯罪最严重的城市之一。20 世纪 90 年代初,我在美国西北大学法学院留学期间,曾经跟随库克县司法官警察

局的布莱克伯恩警官一起巡逻,成为第一个坐美国警车巡逻的中国人。他曾告诫我,芝加哥的一些地区很危险,"不要在错误的时间出现在错误的地点"。

经西北大学法学院教授的介绍,我还去拜访了芝加哥市警察局刑侦处的汤森德处长。他送给我一本《芝加哥市警察局 1989 年杀人案件分析报告》。根据该报告的记载,1989 年,芝加哥市的杀人案件为 742 起,杀人案破案率为 72.78%。在这 742 起杀人案中,使用枪支的 433 起。1989 年,与青少年有关的枪杀案呈上升趋势。这表现在两个方面:其一是未满 21 岁的被害人 189 人,比 1988 年增长了 92.86%。其二是未满 21 岁的凶手 219 人,比 1988 年增长了 67.18%。以上数据为评估美国的犯罪状况提供了客观的依据。

美国的暴力犯罪很严重,但美国并不是世界上杀人案最多的国家。一些拉美国家的杀人案数量就超过了美国。我曾有机会到拉美国家去访问。不过,关于暴力犯罪的状况,我只是有所耳闻,没有目睹。因为我是访客,所看到的都是比较美好的一面。

2015 年,我作为"中国作家拉美行"的主讲人,访问了巴西、古巴和墨西哥。在与当地的法律界、文学界、出版界人士的座谈交流之外,我还在墨西哥国立大学和奇瓦瓦大学做了讲座,主题是"法学与文学"。作为出行前的准备工作之一,我特意查看了关于这些国家犯罪状况的报道。

2012 年 3 月,美洲国家组织的司法当局公布了一份关于美洲犯罪情况的调查报告。该报告显示,美洲地区在 2010 年共发生了 154 836 起杀人案,平均每天发生 424 起。其中,巴西发生了 40 974 起;墨西哥发生了 20 583 起;美国发生了 14 159 起。考虑到美国的人口超过 3 亿,而巴西和墨西哥的人口都不到 2 亿,因此与巴西和墨西哥相比,美国的凶杀案数量还是比较少的。这就是用客观评估法比较不同国家的犯罪状况所得出的结论。

客观评估法还可以用来比较一个国家或地区在不同时间段发生的犯罪案件数量,以便评估其犯罪状况的变化。2014 年,巴西举办了世界杯男子足球赛。在比赛之前,国际足联告诫各国球员和球迷,巴西的犯罪率节节飙升,特别是在里约热内卢等大城市。根据里约市公共安全研究人员公布的调查报告,2014 年 3 月,里约州的犯罪率较去年同期上升了 23.6%;2014 年第一季度,里约市发生了 1 459 起杀人案,比 2013 年同期上升 22%,发生了

23 675 起抢劫案,比 2013 年同期上升了 46.2%。

客观评估法可以分析发案数,也可以分析发案率,例如特定国家或地区的杀人案数量与人口的比率。联合国毒品和犯罪问题办公室(The United Nations Office on Drugs and Crime,UNODC)在统计各国的犯罪数据时,就会采用每 10 万人口中平均的杀人案数量来比较各国的杀人案发案率。

根据 UNODC 于 2015 年公布的数据,杀人案发案率最高的国家是洪都拉斯,10 万人口的杀人案数是 90.4;其次是委内瑞拉,10 万人口的杀人案数是 53.7。在其他国家中,美国是 6.9,俄罗斯是 5.4;法国是 1.3;英国是 1.2;瑞典是 1.1;丹麦是 1.0;澳大利亚是 0.9;德国 0.8;新西兰是 0.7;瑞士是 0.6;中国是 0.5;日本是 0.3。拉丁美洲和加勒比海地区的人口占世界人口的 10%,但是发生的杀人案数量占全世界杀人案的 35%。

2017 年,中央政法委领导在报告中讲到,2016 年中国的杀人案发案率是每 10 万人口中 0.62 件。2023 年 8 月 22 日,公安部召开新闻发布会,通报全国公安机关打击整治涉枪和爆炸犯罪专项行动的成效。2022 年,全国涉枪和爆炸犯罪案件已降至历史最低,而 2023 年同比又下降 16%。由此可见,中国是世界上涉枪爆炸犯罪发案率最低的国家之一,也是世界上最安全的国家之一。

客观评估法可以让人们看到一个国家或地区的犯罪状况。采用这种方法评估犯罪状况的关键在于能否获得准确的犯罪数据。我在前面讲的这些评估结果都以官方统计数据为基础,但是这些官方统计数据并不一定能准确反映客观发生的犯罪数量。一般来说,世界各国都会有一定数量的犯罪案件没有被统计。这就是所谓的"犯罪黑数",又称为"刑事隐案"。

"犯罪黑数"是指那些已经发生但是没有被发现或查处的犯罪案件。各类刑事案件都有犯罪黑数,但是数量不同。某些种类犯罪的黑数比较小,譬如杀人罪。虽然有些杀人案件因被害人失踪而未被立案,或者被误认为自杀或病死而没有报案,但是这类案件的数量比较少。某些种类犯罪的黑数比较大,譬如盗窃罪和诈骗罪,因为这些案件发生后往往有相当数量的被害人因数额不大或其他原因而放弃报案。

20 世纪 80 年代,我国公安部成立课题组专门研究中国的犯罪状况,就是国家"七五"社科规划重点项目《中国现阶段犯罪问题研究》。该课题组对 15 个省市的三百多个派出所进行了为期三年的刑事隐案调查,结果显示我国犯罪黑数问题相当严重。从总体上说,犯罪明数最多只占实际发生案件数的三分之一。这就是说,犯罪黑数高达三分之二。其中,杀人、强奸、爆炸、涉枪等重大犯罪案件的黑数比较小,大概只有10%;而盗窃非机动车和扒窃等侵财犯罪的黑数很大,高达80%~90%。

当时,偷自行车和公共场所扒窃是多发案件,很多城市居民都有过这类遭遇,而且大多数人都没有去公安机关报案。我在1989年就被人偷走了自行车,我也没有去报案。现如今,这两类犯罪的数量已经大为减少,因此其黑数问题也就不太重要了。

近年来,随着科技的发展和手机的普及,电信诈骗非常猖獗,受害人很多,而且很多人被骗之后并没有去报案,因此有很大的犯罪黑数。不过,电信诈骗并不是黑数最大的犯罪。我认为,受贿才是黑数最大的犯罪。

2015年,我曾经到凤凰视频的《全民相对论》节目作嘉宾,就反腐败问题发表了一些个人观点。我在节目中说,贪腐案件查处有"三难"。

第一是发现难,因为贪腐犯罪的方法、过程和结果都有隐蔽性,所以很难被发现,特别是受贿案件。这是很好理解的。一般来说,受贿案件的知情人往往只有行贿人和受贿人,二者都从"权钱交易"中获益,自然不会去报案。例如,张三通过行贿让孩子上了好学校或有了好工作,他会去举报受贿人吗?李四通过行贿获得了商品订单或工程项目,他会去举报受贿人吗?总之,大量的行受贿行为都因为双方受益而成为"隐案"。

第二是查证难,因为贪腐案件的查证主要依赖人证,物证较少,而且犯罪人多具有高智商和高能力,所以很难取得确实充分的证据。受贿罪查证难的主要表现是"报案成案率"很低。杀人案件的报案一般都有非正常死亡的尸体,因此报案成案率很高。当然,最终能否破案,那是另外的问题。受贿罪的检举往往只有线索,没有充分证据,因此纪检监察机关要通过审查,确认"举报属实"之后才能立案。在凤凰视频做《全民相对论》的节目之前,我对有关情况进行了研究。根据中纪委在2014年1月公布的数据,全国各级纪检监察机关在2013年共接受信访举报195万多件(次),其中检举控告类122万多件(次),而审查后立案的是17万多件,报案成案率仅为14%。

第三是处罚难,因为许多贪官都有广泛的人脉,形成关系网和保护伞,所以处罚也很困难,一些已经获得充分证据的案件也很难对犯罪行为人进行实质性的处罚。在一些地方,许多贪官最终都被判处缓刑,就是例证。

根据受贿犯罪的发现难、查证难、处罚难,我们可以作出推断:在已经实施的受贿犯罪中大约有一半未被发现;在经检举揭发或偶然发现的受贿案件中大约有一半未能查证;在已经获得相关证据的受贿案件中大约有一半未能处罚。如果这三个推断比较靠谱,那么三个50%相乘的结果就是:受到处罚的受贿人大概只占实际受贿人的12.5%。换句话说,受贿犯罪的黑数可能高达87.5%。当然,这是主观推断,不能作为客观评估的依据。

关于行贿犯罪的黑数,我还可以讲一件亲身经历的小事。2012年5月底,我应邀到莫斯科去参加"第一届欧亚反腐败论坛",并且在"俄中圆桌论坛"作了主题发言。这是我第一次来莫斯科,会主办方安排我们去观光,陪同的翻译名叫保尔,是莫斯科大学的汉语教师。

6月1日上午,我们在观光时路过莫斯科大学,就想进去参观,但是坐在安检门边的警卫不让我们进。保尔没带教师工作证,解释半天也没用。我们不无遗憾地走出大门。保尔小声问我:"你有没有100卢布的钞票?"我说有,就掏出钱包。他取了两张,攥在手中,向站在门外的另一名警卫走去。他小声对警卫说了几句话,并把手中的钱塞进警卫的手中。那名警卫若无其事地看了我们一眼,转身向大门走去。我们跟着他来到安检门,只见他向那个坐着的警卫说了两句,就让我们进去了。

毫无疑问,我们的行为属于"行贿",而警卫的行为属于"受贿",但是我们没有报案,此事也就成为了"犯罪黑数"。由此可见,对于受贿类犯罪来说,客观评估法很难准确反映犯罪状况。为了弥补客观评估法的缺陷,人们又发明了主观评估法。

四、犯罪状况的主观评估法——以贪腐犯罪为例

我们在对犯罪状况进行评估时,可以把相关人员的主观感觉作为依据,例如通过问卷调查了解民众对犯罪严重程度的感觉,并在此基础上对犯罪进行评估。因为这种评估以调查对象的主观感觉为依据,所以称为"主观评估法"。

运用主观评估法对一个国家或地区的贪腐犯罪状况进行评估,可以生成量化的数据,用于横向或纵向的比较研究。在这一领域内,"透明国际"每

年公布的"腐败感指数"排行榜最具影响力。"透明国际"的英文是 Transparency International。腐败感指数的英文是 Corruption Perceptions Index,简称为 CPI。国内有人翻译为"清廉指数",但是并不准确。

透明国际从 1995 年开始发布腐败感指数排行榜。在 2011 年之前,他们一直采用 10 分制,得分高者较为清廉,得分低者较为腐败。2012 年,透明国际把腐败感指数改为百分制,过去的 1 分大致相当于现在的 10 分。

在 2022 年的腐败感指数排行榜上,丹麦名列第 1,得分 90;芬兰和新西兰并列第 2 名,得分 87;第 4 名是挪威,得分 84;新加坡和瑞典并列第 5 名,得分 83;中国大陆地区排名第 65,得分 45;最后一名是索马里,得分 12。

下表是中国大陆地区这些年的排名与得分情况。最后一栏的"国家和地区数"指的是那一年调查的国家和地区的总数。

中国大陆地区的 CPI 排名情况

年份	排名	得分	国家和地区数
2022	65	45	180
2021	66	45	180
2020	78	42	180
2019	80	41	180
2018	87	39	180
2017	77	41	180
2016	79	40	178
2015	83	37	168
2014	100	36	175
2013	80	40	177
2012	80	39	180
2011	75	3.6	183
2010	78	3.5	181
2009	79	3.6	180
2008	72	3.6	180

续表

年份	排名	得分	国家和地区数
2007	72	3.6	179
2006	70	3.3	163
2005	78	3.2	158
2004	71	3.4	146
2003	66	3.4	133
2002	59	3.5	102
2001	57	3.5	91
2000	63	3.1	90
1999	58	3.4	99
1998	52	3.5	85
1997	41	2.88	52
1996	50	2.43	54
1995	40	2.16	41

　　透明国际发布的腐败感指数排行榜在强化世人对腐败问题的重视和推进世界反腐败斗争上发挥了一定的作用。但是,腐败感指数毕竟是以调查对象的主观感觉为依据的,而且在评估中还有西方政治文化因素的影响,因此一定会存在偏差,只能作为参考。其实,作为主观的感觉,肯定有不太准确的地方,例如,我原来对香港的感觉就不太准确。

　　1996 年 10 月,我应邀到香港城市大学法学院访问讲学。那是我第一次来到香港。在那之前,我对香港的感觉主要依据影视作品。我以为,香港虽然有高楼大厦,但是社会秩序比较混乱,黑恶势力相当猖獗,官员腐败,警匪一家,百姓缺乏安全感。但是到达香港之后,我的感觉很不一样。

　　我就是那年在香港第一次看到透明国际的腐败感指数排行榜。1995年,在 41 个国家和地区的评估结果中,中国大陆地区得分 2.16,名列倒数第二;最后一名是印度尼西亚,得分 1.94;香港地区排第 17 位,得分 7.12。看到这些数据,我确实有些震惊。一方面,我没想到大陆地区会排名倒数第二。另一方面,我没想到香港地区的排名那么靠前。

后来我得知,香港政府的清廉度在过去 20 年有很大提升,而成立于 1974 年的廉政公署功不可没。于是,我专门去访问了廉政公署。那还是香港回归祖国之前,廉署对我的参访很重视,做了认真的安排,包括会见行动处的首长和参观训练学校,让我对廉署的历史和现状有了一定的了解。

20 世纪中期,香港的经济发展很快,但与此同时,贪腐犯罪也很严重,特别是在警队。很多警察都向管区内的商户和娱乐业收取"保护费",然后交给警队,大家集体分钱。这种"窝贪"的做法相当普遍,几乎达到了"查谁,谁都有问题"的程度。

1973 年,一个名叫葛柏(Godber)的英籍总警司涉嫌受贿之事被报纸披露,然后他逃回英国。香港市民非常愤怒,很多人上街游行,要求港府采取有力措施打击贪腐。1974 年 2 月,廉政公署应运而生。一年后,葛柏被引渡回香港接受审判,后来被判 4 年监禁。

随后,廉政公署开始全面调查警队中的腐败问题,但因涉案警员太多而引发警察的反抗。1977 年,数以千计的警员上街游行,一批警员还冲进廉政公署,爆发"警廉冲突"。另有警员到总督府前静坐示威,逼迫总督宣布"特赦"。经过研判,港督麦理浩于 1977 年 11 月 5 日深夜发布紧急特赦令,宣布除非涉及非常严重的罪行或已经调查的案件,警员 1977 年 1 月 1 日前所犯贪污罪行一律不予追究。

附条件地不再追查某类犯罪行为,这是一种特殊的刑事司法政策。客观地说,这个政策维护了香港社会稳定,也开启了香港地区廉政建设的新纪元。受其启发,我也曾提出"缓查贪官"的政策建议。

2006 年至 2008 年,我到最高人民检察院挂职担任渎职侵权检察厅的副厅长,对腐败犯罪有了更为深切的认知。我以为,反腐败,严惩不如严查,严查不如严防。世界上许多国家的经验表明,公开透明的官员财产申报制度是预防腐败的有效措施之一。然而,这样的制度在我国却是"千呼万唤不出来"。究其原因,大概是拥有"不宜申报之财产"的官员数量太多。于是,我就斗胆提出了"大赦贪官"的主张。

2008 年 1 月 27 日,我在《法制日报》上发表了题为《一个怪梦:大赦天下贪官》的文章,谈了自己关于中国反腐败路径的思考,引起强烈反响。后来,我又在《法制日报》上连续发表 6 篇文章,进一步阐释我的主张。

为了澄清我的观点并回应读者的质疑,我在 2009 年 4 月 22 日的《东方早报》上发表了《以缓查贪官换取官员财产申报制度》的文章,然后又接受了《南方周末》《凤凰周刊》《南方都市报》等记者关于"大赦贪官"的专访。2010 年 8 月,我又在香港出版的中英文双语期刊《中国法律》(2010 年第 4 期)上发表了《探索中国特色的反腐败之路》的论文。

各位同学,这一讲的思考题是:如何理解当下中国采取的"认罪认罚从宽"的刑事司法政策?

何老师留的　　　　　学生对谈
思考题

第四讲　刑事司法的基本功能

各位同学，大家好！我在导语中回答了这门课的一个基本问题：刑事司法是什么。在这节课，我要回答这门课的另一个基本问题：刑事司法做什么？或者说，作为一个社会功能系统，刑事司法的基本功能是什么？

在人类社会中，刑事司法因应犯罪而生，伴随犯罪而长。从宏观上说，刑事司法的基本功能就是打击犯罪和治理犯罪。然而，对于这个问题的回答不能停留在宏观层面，还要进入微观层面，还要说明具体的功能。为此，我首先要说明刑事司法与刑事立法的关系。

一、刑事司法与刑事立法的关系

我在导语中讲过，美国的科尔博教授认为："刑事司法系统是这样一种社会系统，它首先要确定哪些行为必须被刑法禁止，然后再通过最终导致犯罪者被处罚的程序来实施该禁止。每个公民都应该理解这个系统是如何运作的。犯罪影响到每一个美国人的生活质量，而刑事司法系统就是承担直接的犯罪控制职责的机构。"①按照他的观点，刑事司法包括刑法的制定，即包括刑事立法行为。如前所述，联合国《刑事司法准则》界定的刑事司法也包括国家机关制定刑事法律的行为。

在汉语中，司法是与立法并列的概念，不是相容概念，因此刑事司法与

---

① Hazel Kerper, *Introduction to the Criminal Justice System* (Second Edition), West Publishing Company, 1979, p. 1.

刑事立法是明确区分的。刑事立法要制定打击犯罪的法律。这体现了国家统治者或决策者的意志,包括治理犯罪的国家政策。刑事司法的功能不是制定法律,而是适用法律,就是要把已经制定的刑事法律适用到具体的案件之中。在这里,我们看到刑事立法与刑事司法的两个区别。第一,刑事立法面对普遍的社会行为,刑事司法面对具体的社会行为;第二,刑事立法面对未来的社会行为,刑事司法面对过去的社会行为。

然而,刑事司法与刑事立法的关系并非如此简单。立法与司法是法律调整机制中关系密切的一对范畴。二者是相互依存相辅相成的,而且是相互影响相互促进的。一方面,立法内容决定司法内容,而且会影响司法的方式和标准。另一方面,司法的经验会影响立法,甚至会成为立法的组成部分。

抽象而言,刑事立法和刑事司法的界限是明晰的。然而,当我们的分析进入具体的行为层面时,刑事立法与刑事司法的界线就变得模糊了。犹如海岸线,当我们在高空俯视的时候,海水与海岸的界线是清晰的,但是当我们临近观看时,这个界线就模糊了,因为海水可以多点且动态地漫入海岸。作为国家治理的功能系统,刑事司法也可以"漫入"刑事立法,主要形式如下。

(一)司法参与立法

在我国,司法机关参与立法活动是一种普遍现象。例如,在研究制定或修改《刑法》和《刑事诉讼法》的过程中,负责起草法律的全国人大法工委不仅会邀请法律学者参与,也会邀请最高法、最高检、公安部、司法部的专家参与。因为后者的意见代表相应的司法机关,所以其意见往往会产生较大的影响。如果某个法律主要涉及某个部门的工作,全国人大就会委托该部门起草法律。由于起草者主要考虑部门利益和工作需要,这种立法方式就受到一些学者的诟病,称为"部门立法"。

其实,这种"部门立法"有利有弊。一方面,相关部门的人熟悉立法事项,既有专业知识,也有实务经验,有利于保证立法的效率和质量。另一方面,立法事项与相关部门的工作有密切关系,直接涉及部门利益,因此在部门利益与国家或人民利益发生冲突的情况下,部门立法可能优先考虑部门利益或工作需要,影响立法的合理性与公正性。

我国关于人民陪审员的立法就属于部门立法。1999年,最高人民法院起草了《关于完善人民陪审员制度的决定草案》,并于2000年9月提请第九届全国人大常委会进行审议。由于该草案在诸如人民陪审员的职责定位、产生管理、经费保障等问题上的规定不够明确,许多委员要求修改,草案未能通过。最高人民法院根据委员们的意见和建议,进行了调研和讨论,然后对草案进行修改,并提交第十届全国人大常委会审议。2004年,全国人大常委会通过了《关于完善人民陪审员制度的决定》。

该《决定》实施后,人民陪审员制度得到各级法院的重视,陪审员的数量和质量都有明显提升,但"陪而不审""审而不判"等问题未能根本解决。因此,人们陪审员制度改革成为法院领导和法学专家关注的问题。一些地方的法院进行了颇具创新性的改革。2009年,河南省高级人民法院就创建了"人民陪审团"制度,由当地民众代表参与刑事审判,对案件裁判发表意见,供合议庭参考。[1] 2013年,我曾撰文建议增加参审陪审员的数量,在公众关注的重大刑事案件中试用"7人制合议庭审判"。[2]

2014年10月,中共十八届四中全会提出要"完善人民陪审员制度,保障公民陪审权利,扩大参审范围,完善随机抽选方式,提高人民陪审制度公信度。逐步实行人民陪审员不再审理法律适用问题,只参与审理事实认定问题"。[3] 2015年4月,最高人民法院和司法部联合印发《人民陪审员制度改革试点方案》。随后,最高人民法院根据试点方案和全国人大常委会的授权,在北京、河北等地选择50个法院进行1+4或2+5的大合议庭陪审模式的改革试点。这些情况表明,以大合议庭为基本模式的人民陪审制度改革路径是切实可行的。2018年4月,全国人大常委会审议通过《中华人民共和国人民陪审员法》。该法把陪审员参加审判的合议庭分为三人合议庭与七人合议庭两种,肯定了大合议庭的人民陪审模式。在这部法律的制定过程中,以最高人民法院发挥了重要作用。

---

① 张立勇:《民众与司法的有序对话——从人民观审团机制说起》,载《法学家茶座》,2014年第1期。

② 何家弘:《陪审制度改革之我见》,载《人民法院报》,2013年10月21日,第2版。

③ 《中共中央关于全面推进依法治国若干重大问题的决定》,载《深圳特区报》,2014年10月29日,第1版。

(二)司法解释立法

作为规范人们行为的准则,法律语言应该具有明确性。从这个意义上讲,法律语言的精确程度标志着立法技术的发展水平和法律制度的完善程度。然而,社会情况是复杂多样且不断变化的,法律规定要具有普遍的适用性和持续的生命力,其语言就不得不具有一定的模糊性。法律的行为规范功能要求语言的精确性,法律的普遍适用原则要求语言的模糊性,这就是矛盾。人们不能奢望立法者制定出包罗万象且尽善尽美的法律规则,因此只能由司法者进行解释。下面,笔者就以刑事诉讼中的非法证据排除规则为例进行说明。

2012年修订的《刑事诉讼法》第50条规定:"严禁刑讯逼供和以威胁、引诱、欺骗以及其他非法的方法收集证据,不得强迫任何人证实自己有罪。"第54条规定:"采用刑讯逼供等非法方法收集的犯罪嫌疑人、被告人供述和采用暴力、威胁等非法方法收集的证人证言、被害人陈述,应当予以排除。"

初看起来,这些法律规定是明确的,但是仔细考究,又会发现模糊之处。例如,什么是刑讯逼供? 什么是其他非法的方法? 由于法律没有对这些问题作出具体说明,司法人员在认定非法证据时就会出现标准不一的现象。为了解决这个问题,最高人民法院于2012年12月20日公布的《关于适用〈中华人民共和国刑事诉讼法〉的解释》第96条就作出说明:"使用肉刑或者变相肉刑,或者采用其他使被告人在肉体上或者精神上遭受剧烈疼痛或者痛苦的方法,迫使被告人违背意愿供述的,应当认定为刑事诉讼法第五十四条规定的'刑讯逼供等非法方法'。"这个司法解释的语言在一定程度上增加了非法证据排除规则的内容,因而也就带有了制定法律的属性。

(三)司法补充立法

法律是普遍适用的社会行为准则,其制定要以充分的社会经验为基础,因此立法具有滞后性。刑事证据制度是刑事司法制度的组成部分,但是我国的相关立法滞后于司法实践。从1979年颁布《刑事诉讼法》到20世纪末,我国与刑事证据有关的法律规定是粗线条的,法律条文稀少,规则内容粗疏。概括而言,这些规定在立法形式上缺乏统一性,在法律效力上缺乏权威性,在具体内容上缺乏可操作性,在规则体系上缺乏完整性,很难对刑事司法实践发挥应有的指导、调整、规范作用。①

21世纪伊始,全国人大法工委就组织专家学者针对刑事证据立法问题进行了调研和讨论。2001年1月,由全国人大法工委、最高人民法院、最高人民检察院、公安部、司法部的领导、专家和法律学者、律师共21人组成的代表团应邀考察了英国、西班牙、比利时、德国、法国等国家的刑事证据立法情况。我也是该代表团的成员。

2003年,第十届全国人大常委会决定以修改《刑事诉讼法》的方式推进刑事证据制度改革,并列入立法规划。由于公、检、法机关在一些重要问题上无法达成一致意见,这项立法任务未能按期完成。第十一届全国人大继受了这项立法任务,但是进展依然缓慢。

为了解决司法实践中对刑事证据规则的需要,最高人民法院自2002年就开始研究起草有关规定。在全国人大立法缓慢的情况下,中央政法委就要求最高法院起草刑事证据规则的草案,并送最高人民检察院、公安部、国安部和司法部审读会签。2010年,两院三部联合颁发《关于办理死刑案件审查判断证据若干问题的规定》和《关于办理刑事案件排除非法证据若干问题的规定》。这"两个证据规定"补充了刑事诉讼法的不足。2012年3月,第十一届全国人大通过的《刑事诉讼法修正案》吸收了"两个证据规定"中的有关内容。

2017年6月27日,最高人民法院、最高人民检察院、公安部、国安部、司法部又联合颁布了《关于办理刑事案件严格排除非法证据若干问题的规定》。该规定细化了非法证据的范围和认定标准,明确了刑事诉讼各个阶段排除非法证据的职责和程序。② 这些由司法机关制定的规则发挥了补充刑事立法的作用。

(四)司法判例造法

法律是由国家颁布的社会行为规范,因此具有"人造"的属性。但是,法律蕴涵社会治理的规律,因此不是纯粹的"人造物"。从这个意义上讲,造法

---

① 樊崇义等:《刑事证据前言问题研究》,载《证据学论坛》(第一卷),北京,中国检察出版社,2000年,第137-139页。

② 戴长林、刘静坤、朱晶晶:《〈关于办理刑事案件严格排除非法证据若干问题的规定〉的理解与适用》,载《人民司法》,2017年第22期。

是对法的客观规律的"发现"。立法者可以发现法的规律,司法者也可以发现法的规律。立法者可以一次性集中发现,司法者可以持续性渐进发现。立法者的发现具有统一、明确、普适等优点,但是也具有抽象、机械、僵化等缺陷。因此在立法能力不足的情况下,由司法者通过具体案件去发现法就是较佳的选择,而司法判例正是这一活动的载体。①

　　世界各国早期的司法判例制度大同小异,基本上都是通过判例来传承习惯法的规则。后来随着国家权力的增长和制定法的发展,判例的作用发生变化,不同国家的司法判例制度走上不同发展道路。在此过程中,制定法的发展与司法判例的发展具有互动关系。简言之,制定法强则司法判例弱;制定法弱则司法判例强。于是,英美法系国家和大陆法系国家就形成不同的司法判例制度。②

　　在英美法系国家,判例法是重要的法律渊源。在大陆法系国家,制定法是主要的法律渊源,但司法判例也是法律的组成部分。正如徐国栋教授所指出的,"就法国而论,20世纪法官的司法权已广泛地渗透于立法权之中……企求法典为处理各种案件提供无所不能的灵丹妙药的幻想,已经随着一个多世纪以来的审判立法的发展而日益破灭。众所周知,今天在法国生效的法规大部分来自判例汇编,而不是《拿破仑法典》"。③

　　在中国,制定法是基本的法律渊源,判例的地位和作用没有得到法学界和司法界主流观点的认同。然而,立法滞后于社会发展的现象时有所见,立法中存在漏洞或空白的情况在所难免。于是,加强司法判例的作用就成为法治国家建设的需要。由于我国的法律文化传统很难接受判例法,由最高司法机关发布带有指导性质的案例就是比较合适的路径。④

　　2010年7月29日,最高人民检察院颁布了《最高人民检察院关于案例指导工作的规定》。其中第3条规定:"人民检察院参照指导性案例办理案件,可以引述相关指导性案例作为释法说理根据,但不得代替法律或者司法解释作为案件处理决定的直接法律依据。"12月31日,最高人民检察院发布

---

① 何家弘:《论法官造法》,载《法学家》,2003年第5期。
② 何家弘主编:《外国司法判例制度》,北京,中国法制出版社,2014年,第13页。
③ 徐国栋:《民法基本原则解释》(增订本),北京,中国政法大学出版社,2001年,第335页。
④ 何家弘 刘品新主编:《法治国家建设中的司法判例制度研究》(教育部哲学社会科学研究重大课题攻关项目成果),北京,经济科学出版社,2017年,第286-287页。

了第一批 3 个指导性案例。至 2024 年 3 月,最高检察院一共发布 50 批、共 204 个指导性案例。

2010 年 11 月 26 日,最高人民法院颁布了《最高人民法院关于案例指导工作的规定》。其中第 7 条规定:"最高人民法院发布的指导性案例,各级人民法院审判类似案例时应当参照。"12 月 20 日,最高人民法院发布了第一批 4 个指导性案例。至 2024 年 3 月,最高法院已发布 39 批、共 224 个指导性案例。

在司法实践中,刑事司法人员经常检索并援引指导性案例,说明这些指导性案例已经具有了"准判例"的性质。虽然在案例的挑选标准和发布程序等方面还存在问题,但是指导性案例制度已经成为具有中国特色的司法判例制度。这也是司法人员通过判例造法的一种形式。

综上所述,刑事司法不同于刑事立法。刑事司法的主要功能不是制定法律,但是可以参与立法、解释立法、补充立法,并通过判例创造法律规则。明确这一点,可以让我们更好地理解刑事司法的基本功能。

二、刑事司法系统的原生功能

刑事司法因应犯罪而生,因此刑事司法的原生功能就是查办犯罪案件。查办犯罪案件有两项基本任务:其一是认定事实;其二是适用法律。就刑事诉讼而言,前者是刑事司法人员对原告方指控的犯罪事实作出判断和确认;后者是刑事司法人员把有关的法律规定适用到事实认定的过程和结果,并作出相应的判决。事实认定和法律适用也可以称为刑事司法的两种基本行为。

(一)事实认定与法律适用的关系

一般来说,刑事司法人员在每个案件中都要先认定事实,再适用法律并作出裁判。不仅法官要这样做,检察官和侦查员也要这样做。侦查员通过调查取证来认定案件事实,然后按照法律规定作出是否移送检察机关审查起诉的决定。检察官通过审查侦查员收集的证据来认定案件事实,然后按照法律规定作出是否起诉的决定。法官通过审查控辩双方提交的证据来认定案件事实,然后作出判决。

在证据充分的案件中,事实认定比较容易。在证据短缺的案件中,事实认定就很难。刑事司法人员在疑案中认定的案件事实未必等同于客观发生的案件事实,古今中外的冤错案件就是极好的证明。总之,事实认定是刑事司法人员查办案件的首要任务,也可以说是刑事司法的首要功能。

在刑事司法活动中,法律适用包括两种情况:第一种是刑事司法人员在认定案件事实的时候适用有关的法律规则。这主要是刑事程序法和刑事证据法的规则,例如非法证据排除规则。第二种是刑事司法人员把法律规则运用到已经认定的案件事实并作出相应的判决。这主要是适用刑事实体法的规则,进行定罪量刑。法律适用不是简单机械的归类性认识活动,司法人员必须对法律规则进行适当的解释,才能作出恰当的裁判。

在抽象的概念层面,事实认定和法律适用之间的界线是明晰的,但是在具体的实务层面,二者之间的界限又变得模糊了。一方面,司法人员在认定案件事实的时候也需要适用法律中规定的证据规则,于是,事实认定活动就包含了法律适用的内容。例如,被告人的供述能否作为认定案件事实的根据?这就要适用非法证据排除规则,而这个法律适用的结果就会影响到案件事实的认定。另一方面,推定规则也是法律规则,而推定规则的适用就可以直接得出事实认定的结论。例如,根据死亡推定规则,在失踪人已经 4 年或 7 年下落不明且音讯杳然的情况下,法官就可以推定该失踪人已经死亡。

由此可见,司法裁判中的事实认定与法律适用之间存在辩证关系。一方面,二者是可以互相区别的。一般来说,司法裁判首先要认定案件事实或者争议事实,然后再适用法律。另一方面,二者又是可以互相转化和包容的。认定事实可能包含法律适用的内容,适用法律也可能包含事实认定的内容。明确二者的辩证关系,对于证据法学来说,具有理论价值,对于司法裁判来说,具有现实意义。

然而,我国的一些司法人员习惯于整体判断和模糊认定,不愿意区分事实认定和法律适用。有人甚至认为,事实认定和法律适用是无法区分的,或者是很难区分的。他们的主要理由包括:第一,事实认定属于事实判断,法律适用属于价值判断,但事实判断和价值判断并非分属于两个截然不同的领域。第二,在诉讼中,认定事实必须遵循程序和实体的法律规范,适用法律也经常服务于认定事实,因此二者不能截然分开。

在刑事司法中,区分事实认定和法律适用是很重要的,因为这可以明确具体案件中司法裁判的要点,可以提高司法裁判的精细化水平,也可以防止把事实认定问题和法律适用问题混为一谈。由于我国的一些法官不做这种区分,司法裁判中依据被告人的前科劣迹来认定犯罪事实的做法就时有所见。如果明确区分了事实认定和法律适用,那么被告人的前科劣迹就不能用于认定犯罪事实。认定事实必须以证据为本,但是被告人的前科劣迹不具有定罪的证据资格,因为被告人以前干过的坏事与当下指控的犯罪事实没有证明的关联性。一个人以前偷过东西,并不能证明这次盗窃就是他干的;一个人曾经调戏妇女,并不能证明他就是这起案件的强奸犯。当然,对于已经定罪的被告人,法官在量刑时可以考虑被告人的前科劣迹。

在法官独审制和传统参审制审判中,区分事实认定和法律适用似乎没有太大的实用价值,因为这些认识活动都要由相同的人员完成。在英美法系国家的陪审团审判中,人们习惯地把司法裁判工作分为事实认定和法律适用。陪审团负责认定事实,法官负责适用法律,因此陪审员也被称为"事实认定者"(fact-finder)。在这种诉讼模式下,区分事实认定与法律适用就有现实意义。事实上,英美法系国家的许多程序规则和证据规则就是基于这种职能分工而设计的。

我国有人对此也提出了质疑。他们指出,美国的陪审团不仅要认定事实,而且要适用法律。例如,在杀人案件中,陪审团不仅要认定被告人有没有实施杀人行为,而且要认定被告人的行为是否构成了一级谋杀罪或二级谋杀罪。这一裁判显然就包含了法律适用的内容。这种说法不无道理,但是结论值得商榷。

美国的陪审制度来源于英国,但是美国的陪审制度与英国的陪审制度确实存在一定差异。在事实认定方面,美国陪审团享有大于英国陪审团的权力。仍以杀人案件为例,英国陪审团负责认定纯粹的事实,即被告人是否杀死了被害人,而美国陪审团要认定"法律事实",即被告人实施了什么犯罪。美国陪审制度与英国陪审制度的这种区别有其产生的历史渊源。

在北美殖民地时期,殖民地人民与宗主国统治者之间存在利益冲突。因为法官一般都代表殖民地政府的利益,所以在一些涉及利益冲突的案件中,由当地民众代表组成的陪审团就成为对抗法官的力量。

1735年,出版商彼得·曾格被指控诽谤政府,因为他出版了一本带有诽谤殖民地政府内容的书。按照英国的普通法传统,陪审团只负责认定纯粹的事实,就是曾格是否出版了那本带有诽谤内容的书。但是,辩护律师在法庭上提出,北美大陆的陪审团不仅要认定曾格是否出版了那本书,而且要认定那本书的内容是否构成诽谤罪。这实际上是当时一些殖民地法律精英的共同主张。在该案中,虽然法官极力引导陪审团作出有罪判决,但是陪审团最终裁定曾格的行为不构成诽谤罪。该案成为北美殖民地确认陪审团权限的重要判例。[①]

由于陪审团制度符合北美殖民地人民的价值观,美国独立之后就把它写进了联邦宪法。在司法审判中,陪审团不仅可以裁决事实问题,也可以裁决法律问题。18世纪后期,美国联邦最高法院和一些州的最高法院都确认了陪审团可以裁决法律问题的权力。虽然法官可以就法律问题给陪审团作出指示,但是陪审团才是司法裁判的决定者。因此,18世纪后期和19世纪前期被称为美国陪审制度的“黄金时代”。

19世纪后期,由于证据规则不够完善,陪审团在裁判时经常根据个人的经验甚至偏见,而且发生错误也不能改判。于是,一些学者就对这种陪审制度提出批判。例如,专门研究刑事司法历史的萨缪尔·沃克在评价19世纪前期美国的陪审制度时说:“陪审团直接反映社会的呼声,表达了民众的非理性和偏见。”[②]

随着陪审制度弊端的不断显露,陪审团的裁判权力逐渐受到限制,特别是就法律问题做出裁决的权力。1895年,在斯帕夫诉合众国一案中,联邦最高法院否定了陪审团裁决法律问题的权力。另外,随着诉讼规则和证据规则的发展完善,法官对陪审团的指示越来越具体明确,也就限缩了陪审团认定事实的权力。虽然现在的陪审团判决中还包含定罪的含义,但是已局限在事实认定的范畴。总之,美国的陪审团制度并不能否定事实认定与法律适用的划分。

在中国,有关法律规定实际上体现了事实认定与法律适用的划分,例如,刑事诉讼法规定的“以事实为根据,以法律为准绳”的原则就是一个佐证。近年来,划分事实认定和法律适用的观点越来越被人们所接受,包括立

---

① 参见何家弘主编:《中国的陪审制度向何处去——以世界陪审制度的历史发展为背景》,北京,中国政法大学出版社,2006年,第66页。

② Samuel Walker: *Popular Justice: A History of American Criminal Justice*, Oxford University Press, 1980, p.111.

法者和司法者。2018 年 4 月,全国人大常委会审议通过了《人民陪审员法》。该法把陪审员参加审判的合议庭分为三人合议庭与七人合议庭。该法第 22 条规定:"人民陪审员参加七人合议庭审判案件,对事实认定,独立发表意见,并与法官共同表决;对法律适用,可以发表意见,但不参加表决。"这一规定也明确了事实认定与法律适用的区别。

(二)如何认定案件事实

一般来说,司法人员在每个案件中都要先认定事实,然后再适用法律并作出裁判。不仅法官要这样做,检察官和侦查人员也要这样做。侦查人员通过调查取证来认定案件事实,然后按照法律规定作出是否移送检察机关审查起诉的决定。检察人员通过审查侦查机关收集的证据来认定案件事实,然后按照法律规定作出是否提起公诉的决定。法官通过审查辩诉双方提交的证据来认定案件事实,然后作出判决。根据诉讼职能的区别,我们可以说侦查人员要查明案件事实,检察人员要证明案件事实,审判人员要认定案件事实。

刑事案件都是发生在过去的事实。司法人员既不是神仙,也不是超人,无法亲历案件发生的过程,也无法穿越"时空隧道"去"回看"案件发生的过程,只能通过各种证据去认识案件事实。案件事实是客观存在的,但是司法人员只能通过证据去认知案件事实。这就是说,司法人员认定案件事实必须以证据为本,司法证明活动必须以证据为基石。这就是所谓的"证据裁判原则"。

案件事实对于司法人员来说犹如镜中之花。诚然,那"花"是客观存在的,但司法人员看到的是经过"镜子"反射或折射所形成的影像。而且,那"镜子"在案件发生的过程中已然破碎并散落,于是,司法人员要想认识案件事实,就必须把散落各处的"碎片"收集起来,拼凑成"镜子",再通过"镜子"去认识"花"。然而,在许多案件中,司法人员得到的"镜子碎片"是残缺的和磨损的,只能看到"花"的部分影像,有些还是模糊的甚至是扭曲的影像。这里所说的"镜子碎片"就是证据。这就是说,离开了证据,办案人员无法认知那些发生在过去的案件事实,而办案人员通过证据所认知的案件事实未必等同于客观发生的事实。

刑事案件中的"证据"有两种:第一种是案件发生时客观存在的"证据",

例如，一起杀人案的发生在尸体和周围环境中留下的痕迹物证以及在相关人员大脑中留下的印象。由于这种证据是潜藏在客观世界之中的，可能被办案人员发现，也可能不被办案人员发现，所以我们称之为"潜在证据"。第二种是办案人员或当事人收集和使用的"证据"，例如，在杀人案中，侦查人员收集的各种证据，包括嫌疑人的供述和血衣、凶器等物证。这种证据是办案人员已经发现和使用的，因此可以称为"现实证据"。对于刑事司法系统来说，现实证据才可以发挥证明的功能。

在刑事司法活动中，现实证据往往少于潜在证据，即侦查人员或当事人收集和使用的证据少于客观存在的证据。几乎在所有案件中，侦查人员或当事人都不可能发现并收集全部与案件有关的客观存在的证据。换言之，客观存在的证据是大量的，有一部分潜在证据没能转化为现实证据——无论是由于侦查人员或当事人没有发现还是发现后没有使用——是难以避免的事情。这就造成了司法裁判中证据资源的短缺。

在证据充分的案件中，事实比较容易认定。但是在证据短缺的案件中，事实就不那么容易认定了。我说过，案件事实犹如镜中之花。虽然那花是客观存在的东西，但是司法人员只能通过镜子的映射来认知它的存在，而且这镜子已经成为碎片，需要司法人员进行拼图复原。在证据短缺的刑事案件中，这项工作的难度很大。

下面，我就通过一个案例来讲解，这就是轰动一时的李昌钰博士涉嫌伪证案。此案的源头就发生在我们举办物证技术暑期讲习班的1985年，也就是李昌钰博士从北京回美国之后。当时他担任康涅狄格州警察局的法庭科学实验室主任。

1985年12月，康涅狄格州的新米尔福德市发生了一起杀人案。一个名叫卡尔的退休司机在家中被人用刀杀死。警方接到报案后赶到现场。死者身上有数十处刀伤，现场有很多血迹。警方还在现场提取到鞋印、毛发、指纹印等物证。

小城市的警察局缺少查办杀人案件的经验，便请康州警察局法庭科学实验室帮助。李昌钰博士就带领技术人员去现场勘验物证。经过检验，他们确认现场上的大量血迹都是被害人的，对于查证凶手没有太大的价值。他们还检验了浴室中的一条毛巾，认定毛巾上的污渍是人血，推断那是凶手擦洗身上的血迹时留下的。总之，现场勘验的收获很小。

警察在调查中得知，死者的一个邻居在那天晚上曾听到很大的汽车声，还看到一辆旧汽车停在路边。根据这个线索，警方抓到两个嫌疑人，18岁的伯奇和17岁的汉宁。这两人是流浪青年，开一辆老旧的汽车，噪声很大。

警方在二人的衣服上和汽车里都没有发现血迹，而杀人现场提取的鞋印、头发和指纹印也与二人的不符。但是，警方认为二人有重大嫌疑，就连续进行审讯。虽然二人坚决否认，但是警方在多次讯问中发现了一些破绽，例如，两个嫌疑人都说没见过被害人，但是汉宁却说出那人有文身，而且被害人身上确有文身；伯奇还指出现场照片上的一个过道是通向卫生间的。最终，警方认定二人原本以为家中无人，就入室盗窃，结果遇到卡尔，就在打斗中将其杀死。

在法庭上，检察官举出的证据包括现场勘察记录、警察的证言、被害人邻居的证言等。针对辩护律师提出的被告人身上没有血迹的问题，检察官请李昌钰博士出庭作证。李博士说，警方在被害人家的浴室中提取了一条毛巾，经检验，该毛巾上的污渍是人类的血迹。检察官以此为据，推断伯奇和汉宁用这条毛巾擦拭了身上的血迹，以便掩盖其罪行。

客观地说，该案的有罪证据并不充分，但是由当地民众组成的陪审团经过评议后裁定：检察官指控的犯罪事实能够成立，两名被告人有罪。然后，法官依据法律判处伯奇55年监禁，判处汉宁50年监禁。

伯奇和汉宁在监狱服刑期间不断提出申诉，声称他们是被冤枉的。后来，他们得到了当地"无辜者中心"（Innocence Center，又译为"洗冤中心"）的帮助。

从20世纪90年代中期开始，美国的很多州都建立了"无辜者中心"，对可能错判的案件进行复查。这些中心是民间机构，一般都建立在大学的法学院，其复查的主要手段是DNA检验。DNA技术从20世纪80年代就开始应用于司法实践，在不断推广使用的过程中，DNA检验技术的灵敏度和精确度也在不断提高。无辜者中心受理的案件主要是存有精斑或血痕等生物物证的强奸案或杀人案。

与此同时，各州的"无辜者中心"也在推动相关法律的制定，其中最为重要的就是《囚犯的DNA检验权法》。该法的主要内容是赋予那些在监狱服刑的罪犯获得DNA检验的权利，如果案件中存在血痕或精斑等生物物证的话。在纽约州和伊利诺伊州的带动下，美国的大多数州都通过了《囚犯的

DNA 检验权法》,包括康涅狄格州。

2006 年,伯奇和汉宁依据《囚犯的 DNA 检验权法》向康州高等法院提出申请,要求对该案的血痕物证进行 DNA 鉴定。2008 年,高等法院驳回了他们的申请,认为没有足够证据证明伯奇和汉宁可能是被冤枉的,因此无须进行鉴定。

2010 年,伯奇和汉宁又向康涅狄格州最高法院提出申诉。这一次,他们得到了康州"无辜者中心"的帮助。2012 年,康州最高法院裁定伯奇和汉宁有权获得 DNA 鉴定。然后,无辜者中心就代表伯奇和汉宁去警察机关查找当年的物证,并委托民间的法庭科学鉴定机构进行鉴定。这些工作耗时费工,因此拖延了数年。2015 年,DNA 鉴定终于有了结果:现场的所有血痕物证中都没有伯奇和汉宁的 DNA。更为重要的是,鉴定人员在被害人的身体上发现了另一个人的血迹。

经过在警方的 DNA 数据库中比对,这些血迹属于另一名男子。此人有暴力犯罪前科,而且吸毒。1985 年,该男子就住在新米尔福德市,但是在1986 年初搬走。经查,这个男子在 2004 年死于艾滋病。这些证据表明,伯奇和汉宁不是杀死卡尔的凶手。这是一个错判的案件。

2018 年和 2019 年,伯奇和汉宁先后被假释出狱。2020 年,康涅狄格州最高法院正式撤销原来的有罪判决,宣告伯奇和汉宁无罪。随后,伯奇和汉宁向联邦法院提起了民事侵权诉讼,要求当地政府和办案警察为他们的冤案承担赔偿责任,被告人包括李昌钰。

据报道,李昌钰得知这一消息后对记者说,"在我 57 年的职业生涯中,调查了 8 000 多起案件,从来没有被指控有任何不当行为,也没有被指控故意作伪证"。他说自己"没有动机也没有理由伪造证据"。在这里,我们又遇到一个事实认定的问题:李昌钰当年有没有提供伪证?查明这个事实问题的主要依据包括:当年警方在现场提取的毛巾物证,以及相应的检验记录和报告。

2023 年 7 月 21 日,联邦法官迈克尔·谢伊在正式审判之前就李昌钰伪造证据一事作出简易判决。法官说,除了李昌钰自己声称当年进行了血液反应检验以外,没有任何"书面文件或照片"能证明他进行了此类检验。而且,案件复查时有法庭科学专家对该毛巾再次进行检验,但是"并未检出血迹"。法官还说,因为李昌钰没有在规定时间内提出"豁免权抗辩",所以他不考虑免责问题,直接判决李昌钰应该为伯奇和汉宁的冤案承担民事赔偿责任。具体的赔偿金额,将由审理该案的陪审团决定。有人在看到这个报道之后问我:什么是简易判决?什么是豁免权抗辩?这是美国刑事司法的两个法律问题。

简易判决的英文是 summary judgment。这一般是在诉讼双方对案件事实没有争议的情况下,法院不经开庭审理就作出判决的简易诉讼方式。按照美国《联邦民事诉讼规则》的规定,在诉讼开始 20 天之后,如果经过双方明确诉讼主张并进行证据开示,认为依法可以胜诉的一方就可以要求法庭作出简易判决。这位联邦法官认为本案没有实质性事实争议,因此就认可了原告方的请求,作出了简易判决。

按照美国的法律规定,司法人员和执法人员的正常职务行为可以享受赔偿责任豁免,英文是 immunity from liability。这就是说,司法人员或执法人员在正常履行职务过程中给他人造成了损害,可以不承担民事赔偿责任。例如,法官错判被告人有罪,不承担民事赔偿责任。当然,如果法官在审判中有徇私枉法和贪赃枉法等行为,那可能要承担刑事责任。美国的民事侵权赔偿可以包括惩罚性赔偿,往往金额极高。如果法官要对错判承担民事赔偿责任,那么许多法官在面对疑难案件时大概就不敢判决有罪了。这项豁免权的规定就是为了解除司法人员和执法人员的后顾之忧。在民事诉讼中,豁免权需要当事人在审判前提出主张。在本案中,李昌钰没有提出这项主张,大概因为他认为自己根本没有过错。

李昌钰得知这个简易判决之后深表失望。对于法官指出的血迹检验问题,他解释说,当时他是康州警察局的法庭科学实验室主任,不负责案件侦查,只是带领技术人员去现场检验了物证。当年他们检验毛巾上的血迹时制作了幻灯片。30 年之后,那些幻灯片都褪色了,影像模糊不清,但这不能说明他们没做血迹检验,更不能证明他们伪造证据。他还说,那条毛巾在警察局的物证室保管,条件不好,上面黏附的血迹已经分解退化,因此后来没有检出血迹。这不能证明当年这条毛巾上没有血迹。他认为,这是美国的"白人攻击华人"的事件。

在这个伪证罪案件中,还有一个事实认定的证据问题:李昌钰关于毛巾血迹检验的证言与伯奇和汉宁被错判的关系。李昌钰的证言能证明那二人是杀人凶手吗?显然不能。从证明价值来看,这个专家证言是价值很低的间接证据。

首先,这是一个种类认定结论。检验结论只是人血,并不能把该血迹与特定人联系起来,既不能肯定该血迹是被害人的血,也不能肯定该血迹是被告人的血。这个结论对于证明杀人行为来说没有什么价值。这里有一个疑问,当时还不能做 DNA 鉴定,但是按照常规应该做血型鉴定。我记得,李昌钰在 1985 年暑期班讲课时专门介绍了血痕检验,不仅要做 ABO 血型,而且要做 PGM 酶型。但是,根据有关报道,李昌钰在这个案件中只认定是人血,没做血型鉴定,这确实有点奇怪。

其次,这是在被害人家中提取的毛巾,并不能把被告人与杀人行为联系起来。假如这个毛巾是在伯奇或汉宁的家中提取的,而且检验结果表明该血迹是被害人的血,那么该证据就可以把伯奇或汉宁与被害人联系起来,就有了证明杀人行为的价值。当然,那也是间接证据,必须与其他证据结合起来才能证明两个被告人的罪行。总之,当年的法官和陪审团不可能仅根据李昌钰这个证言就判定两名被告人杀死了卡尔,换句话说,李昌钰的证言不是该案定罪的主要证据。

在这个联邦法院的民事诉讼中,康涅狄格州的检察长办事处是被告方的法律代表。2023 年 9 月 19 日,康州检察长办公室代表被告方与原告方达成了赔偿 2 520 万美元的和解协议。根据该协议,伯奇和汉宁将各自获得 1 260 万美元得赔偿。这项协议要得到康州议会的批准,因为这笔赔偿将由康州政府支付。李昌钰和其他警察就都不用个人支付了。对于这个结果,诉讼双方都很满意。正如康州检察长和原告律师在发表联合声明时所说的,"我们很高兴达成协议。这样解决这些问题,符合各方的最佳利益"。

在这个案件中,刑事司法活动一直以事实认定为主线,包括当年认定伯奇和汉宁杀人的事实,也包括后来认定错判的事实,还包括认定李昌钰是否做了伪证的事实。这个案件充分展现了证据短缺与事实认定的难题。当年认定伯奇和汉宁实施杀人行为的证据是短缺的,结果导致错判。后来认定李昌钰伪证的证据也是短缺的,而且最终也没有明确的事实认定结论。当然,这个案件的审判中也有法律适用的问题,例如定罪和量刑,但是不太复杂,比较容易确定。下面,我再专门谈谈刑事司法的法律适用问题。

(三)如何适用法律规则

法律适用是司法者把有关的法律规则运用到已经认定的案件事实或争

议事实并作出相应的判决。司法人员适用法律,包括适用刑事实体法的规则、刑事程序法的规则、刑事证据法的规则。在审判中,法官适用法律的工作包括定罪和量刑,包括审判过程中对涉及法律争议问题的裁定,还包括在陪审团评议之前向陪审团解释相关的法律规则。

法律规则应该具有明确性、可操作性和可预测性等基本特征,但是受到概念的模糊性和语词的多义性以及社会语言的发展变化等因素的影响,法律规则往往具有一定的开放性,即主要含义的相对明晰与边缘含义的相对模糊,或者说,在抽象的层面上相对明晰而在具体的层面上相对模糊。因此,法律适用不是简单机械的归类性认识活动,司法人员必须对法律规则进行适当的解释,才能就认定的事实作出法律的裁判。下面,我再讲一个美国的案例。

2021 年 11 月 30 日,底特律市郊区的牛津中学发生枪击惨案,造成 4 人死亡,7 人受伤。警察赶到现场后,很快就抓获了凶手。他是该校的学生,15岁,名叫伊森·克伦布利。警察在现场查获了一支半自动手枪。

警察在学校的监控录像中找到记录伊森开枪杀人的视频,还在伊森的背包里找到一本日记,其中记述了他计划在校园开枪杀人的想法。据说,伊森曾经在学校遭到其他学生的霸凌。另外,警察在伊森的手机中也查到一些证据,包括他在 29 日录制的一段视频,其中讲到第二天要在学校枪杀同学的事情;还有他在社交媒体上发布的新枪照片,声称这是"今天刚得到的我的新美女"。

经过调查,警方得知那支手枪是伊森的父亲詹姆斯于 11 月 26 日在当地一家枪店购买的。按照密歇根州的法律规定,未满 18 岁的人不得购买或持有枪支,除非有持枪许可证和成年人的监督。购枪的第二天,伊森的母亲詹妮弗还用手机发了一条消息,声称她和儿子去靶场"试射了他的圣诞礼物"。

在枪击事件发生之前,学校的教师发现了一些不正常的迹象。11 月 21日,一名教师发现伊森在手机上查询弹药,就报告了学校管理人员,后者给詹妮弗发了手机短信,提请家长注意。詹妮弗没有回复学校的短信,而是给儿子发了短信:"哈哈,我没有生你的气,但是你必须学会不要被他们抓住。"

30 日早晨,一位教师发现伊森在纸上画了一支手枪、一颗子弹和一个流血的人影,旁边写着"到处都是血""我的生命毫无用处""思想不会停止——帮助我"。学校管理人员叫来伊森的父母,让他们在 48 小时内带伊森去接受心理咨询。父母答应了,但是没有立即采取行动。父母离开学校后,伊森被送回教室。然后,他带着枪去了卫生间。然后,悲剧就发生了。

12 月 1 日,伊森被指控多项犯罪,包括 4 项一级谋杀罪。当天,他在奥克兰县法院接受了视频初审。检察官给出了指控的理由,伊森当时表示不认罪。后来经过漫长的警方调查与控辩协商,伊森承认了检方指控的罪名。

密歇根州奥克兰县法院组织了听证会,听取了控辩双方的意见,也听取了专家关于伊森的精神状况的意见。专家认为,伊森有一些心理问题,但是精神正常。2023 年 12 月,法官作出量刑决定:判处伊森终身监禁,不得假释。

对伊森的审判和判决都在人们的预料之中,因此没有引起社会舆论的关注,而对其父母的审判却不断成为民众关注的热点。

伊森被指控杀人罪之后,警方通知伊森的父母于 12 月 3 日下午到法院接受询问,但是二人未能到庭。警方发现克伦布利夫妇从自助取款机中提取了 4 000 美元现金,担心二人潜逃,便进行搜捕。4 日凌晨,警察在底特律市东区的一座商业大楼内抓获二人。

随后,检察官对詹姆斯和詹妮弗提出了 involuntary manslaughter 的指控。这个刑法术语很难翻译,国内媒体翻译为"非自愿的过失杀人罪"。有人就问,过失杀人罪怎么划分自愿和非自愿? 对于这个问题,我得做一些名词解释。

按照普通法的规定,杀人罪(criminal homicide)可以分为 murder 和 manslaughter。前者一般翻译为谋杀罪或故意杀人罪,后者一般被翻译为过失杀人罪。其实,这个翻译不太准确。区分 murder 和 manslaughter 的关键是看行为人有没有 malice。Malice 的本意是恶意,在某些语境下有预谋的含义,但是 murder 不一定都是预谋杀人。试举一例:

2021 年 11 月 9 日,中国留学生郑少雄在芝加哥大学附近遭枪击身亡。案发后,当地警方接到一个手机店的报案,有人卖了一部手机,大约 100 美元。经查,那部手机就是郑少雄被抢走的手机。警方调取手机店外的监控录像,查到了一个黑人青年及其汽车。警方通过那辆汽车找到 18 岁的黑人奥尔顿·斯潘。奥尔顿被捕时身上有两支手枪。经警方专家检验,其中一支就是杀害郑少雄的手枪。随后,奥尔顿被检察官起诉一级谋杀、持武器抢劫和两项非法使用武器罪。在这个案件中,奥尔顿作案的主要目的是抢劫,很难说他是预谋杀人,但是他的行为属于 murder。

我说了,malice 是恶意,可以说是邪恶的故意。恶意包含故意,但故意不一定都是恶意。换句话说,murder 都是故意杀人,但是故意杀人并不都是 murder。例如,某丈夫回家发现妻子与人通奸,立即拿出枪来杀死了奸夫。这显然是故意杀人,因为这位丈夫故意打死了奸夫。但是按照普通法的判例,这不是 murder,而是 manslaughter,因为这位丈夫没有邪恶的故意。由此可见,把 murder 翻译为故意杀人罪也不准确,应该翻译为"恶意杀人罪"。与此相应,把 manslaughter 翻译为"过失杀人罪",也不准确,因为它包括故意杀人,应该翻译为"非恶意杀人罪"。

按照普通法的划分,manslaughter 有两种:一种是 voluntary manslaughter,另一种是 involuntary manslaughter。前者可以翻译为"自主性非恶意杀人罪",一般都是故意杀人,例如激情杀人。后者可以翻译为"非自主性非恶意杀人罪",一般都属于过失杀人,例如交通肇事致人死亡。这两个名词确实很绕嘴,但是可以帮助我们准确地理解这两个罪名。

顺便说,manslaughter 这个词很不好听,因为 slaughter 的本意是"屠宰",manslaughter 就有了"屠人"或"宰人"的含义。也许,古代英国人比较野蛮,并不认为这个罪名有啥不妥,但是现代人不好接受。据说,美国的一些陪审员在交通肇事致人死亡的案件中,就很难接受"屠人"的罪名,因而选择判被告人无罪。汉语中的"非恶意杀人罪"和"过失杀人罪"都没有反映出这个英文词的本意。也许,我们可以采用带有文学色彩的译法,按照把 murder 译为"凶杀罪"的思路,把 manslaughter 译为"蛮杀罪"。我这是信口开河,不能推广。

窃以为,英伦三岛的先民缺乏严谨的逻辑思维和语言表达能力。大概他们最初就把杀人罪称为 murder,其意为谋杀。但是后来发现一些杀人行为很难说有预谋,例如上文所说的丈夫杀奸夫,于是就创造了语义逻辑颇有些混乱的 manslaughter 这个罪名。正因为这两个古老的罪名比较难懂,容易导致混乱,所以美国一些州的法律就进行了修改,不再使用 murder 和 manslaughter 的罪名,而使用更容易区分的故意杀人罪(intentional homicide)和过失杀人罪(negligent homicide)的概念。

在牛津中学枪击惨案中,检察官对伊森父母的指控就是非自主性非恶意杀人罪,或者说是过失杀人罪。检察官认为,克伦布利夫妇为儿子买手枪作为圣诞礼物,却没有尽到监管责任,即使在接到学校管理人员警告的情况下也没有采取必要的行动。他们是枪支的拥有者,却放任一个未成年人随意使用枪支去杀人,这就等于他们间接地实施了杀人行为,尽管这杀人不是自主性的,也不是恶意的。总之,他们应该对杀人后果承担刑事责任。

由于珍妮弗·克伦布利和詹姆斯·克伦布利的行为不属于共同犯罪,而且二人的行为并非尽同,密歇根州奥克兰县法院决定对二人分别审判。

检察官指控珍妮弗的犯罪事实主要是她对儿子未能尽到母亲的教养和关照义务。除了上文讲到的她在接到学校通知后未能及时带伊森去接受心理咨询等事实外,检察官还举出了伊森的手机短信证据,表明伊森曾经给珍妮弗发短信说,他在家中看到了魔鬼。然后,他又给母亲发短信,要求珍妮弗至少回一个短信。(Can you at least text back?)然而,珍妮弗当时在骑马,一直没有回短信,直到一个半小时之后才给伊森打了电话,通话时间只有 19 秒钟。这表明珍妮弗在儿子遇到麻烦需要帮助时非常冷漠,大概她的骑马爱好比儿子更为重要。因此,她应该为儿子的杀人行为承担刑事责任。2024 年 2 月 6 日,奥克兰县法院的陪审团判定珍妮弗犯有非自主性非恶意杀人罪,即过失杀人罪。

检察官指控詹姆斯的主要犯罪事实就是给儿子购买手枪,而且没有尽到看管儿子和保管枪支的义务,也包括在接到学校通知后未能及时采取必要行动的过错,因此应该为儿子的杀人行为承担刑事责任。2024 年 3 月 14 日,奥克兰县法院的另一个陪审团判定詹姆斯犯有非自主性非恶意杀人罪,即过失杀人罪。

随后,法官要对珍妮弗和詹姆斯进行量刑,即作出刑罚决定。按照密歇根州的法律规定,非恶意杀人罪的最高刑期是 15 年监禁。4 月 9 日,法官分别判处克伦布利夫妇 15 年监禁,而且 10 年之内不得假释。这就是说,詹姆斯和詹妮弗至少要在监狱中服刑 10 年。这个案件反映了美国的枪支泛滥问题,也反映了子女管教的难题。其实,这也是世界各国的父母面临的共同难题。

这是美国历史上第一次判决父母为子女的犯罪行为承担刑事责任。按照美国媒体的说法,"这一判决将在这个国家的每个家庭中产生回响",也可以说给众多父母"敲响了警钟"。虽然这个判决不无争议,但还是被大多数美国人所接受,因为它符合社会公众的正义观。伊森的行为造成了 4 人死亡

7人受伤的严重恶果,给多个家庭造成了无法弥补的重大伤害,其父母应该承担刑事责任。然而,在这类案件中以过失杀人罪追究父母的刑事责任不太合适,因为那有"犯罪连坐"之嫌。也许,从父母失职的角度去追究刑责才是比较合理的。

父母是人类社会中最神圣的职务。为了物种延续的需要,大自然通过千万年的教化,让父母养成了爱护子女的天性,也就有管教子女的天职。绝大多数父母都是尽心尽职的,即使在艰辛的生活环境中,他们也会含辛茹苦地养育并管教儿女。然而,有些父母爱护子女有余,管教子女不足;有些父母只图自身安逸,不尽管教子女的天职。这应该属于玩忽职守的失职行为。如果他们的失职仅仅影响了自己孩子的成长,那就属于家庭私事。如果他们的失职造成了非常严重的社会恶果,譬如上述未成年人杀人案,那就应该追究他们的责任,包括刑事责任。

按照我国的《未成年人保护法》《预防未成年人犯罪法》以及《民法典》的有关规定,监护人未尽监护职责的,应该承担相应的责任。如果未成年人造成他人损害,监护人应该承担替代的侵权责任,就是要承担民事赔偿责任。如果监护人因为严重过失,造成未成年人严重伤害或者死亡,还会被追究刑事责任,一般适用过失致人死亡罪、过失致人重伤罪等罪名。但是,未成年人造成他人严重伤害或死亡的,法律并没有规定应如何让监护人承担刑事责任。有人认为,我们可以借鉴在宠物狗咬死他人的情况下让狗主人承担"过失致人死亡罪"责任的做法,但是把未成年人视为宠物狗的观点令人难以接受。这是一个难度较大的法律适用问题。

我建议立法机关在修改刑法时增加一条罪名,就是"监护人失职罪"。这一罪名的适用必须严格控制,其基本条件是子女属于未成年人并且造成了他人死亡等严重恶果,监护人确实有玩忽职守的行为而且其行为与危害恶果之间存在因果关系。换言之,这项罪名必须少用慎用。

设立监护人失职罪的主要目的不是惩罚监护人,而是警示监护人,让监护人在未成年人犯罪未然时采取必要的预防措施。先贤有言,养不教,父之过。父母是孩子的"第一任老师",家庭是人生的"第一个课堂"。父母等监护人应该最了解未成年人的成长情况,包括潜在的犯罪倾向。如果他们能尽心竭力地管教孩子,就有可能防患于未然,避免这些恶性犯罪事件的发生。从这个意义上讲,设立监护人失职罪也体现了刑事司法的重心要从惩罚犯罪转向预防犯罪的发展趋势。这是我在下面还要讨论的问题。

(四)刑事司法裁判的要务

在刑事司法领域,大多数案件的审判都以事实争议为焦点。因此,美国有学者认为,英语中"诉讼"一词容易产生误导。因为 lawsuit 的字面含义是"法律诉讼",所以人们就会以为诉讼的争议就是法律问题。其实,绝大多数诉讼的主要争议都不是法律问题,而是事实问题。因此,英语中的 lawsuit 应改为 fact-suit,即"事实诉讼"。这虽然是一家之言,但是也反映了事实认定在刑事司法中的重要地位。

在有些案件中,证据确凿,事实清楚,诉讼双方没有争议,于是,法律适用就成为司法裁判的主要问题。我再讲一个简单的案例。

1990 年 5 月,我访问了位于芝加哥第 26 大街和加利福尼亚大街路口西南角的库克县刑事法院。通过安检口,我进入刑事法院大楼,来到 11 层的检察官办事处,找到事先电话联系过的梅厄检察官。他首先带我拜见了卡莱克法官,然后安排我旁听审判。

这个重罪法庭不太大,但是设备很先进。法庭由一道防弹玻璃墙分隔成两部分,里面是审判室,外面是旁听席。据说因以前发生过"旁听者"开枪伤害法官的事件,所以这些重罪法庭都装上了防弹玻璃。在审判过程中,除法官和陪审员外,只有双方律师和被传唤出庭的证人可以进入审判室,其他人只能坐在旁听席内,包括受害人和等候出庭的证人。我坐在旁听席内。由于防弹墙具有隔音效果,我们只能通过麦克风听到审判室内的声音。

这是一起强奸案,被告人是个黑人青年。案件发生那天,受害人到她的一个女友家去串门。女友临时外出,让她在家等候。被告人当时正在那位女友家干活,便借机对受害人进行了猥亵和指奸。诉讼双方对这些事实没有争议,因此法庭调查很快就结束了。

在法庭辩论阶段,海厄检察官代表公诉方发言。他概括了起诉的理由和证据,声称被告人的行为已经构成了强奸罪。辩护律师在发言中,首先对被害人的品行进行了攻击,然后强调被告人的行为只是猥亵,不能构成强奸罪,因为他并没有把生殖器插入被害人的阴道。

这个问题涉及强奸罪的法律定义。卡莱克法官就把检察官和辩护律师请到法官席旁边,听取二人的意见。检察官和辩护律师都是有备而来,各自拿出法律汇编或判例汇编之类的大厚书,向法官阐述意见。法官在听取了双方的意见之后,宣布庭审结束,进入陪审团评议。卡莱克法官在对陪审团做"指示"时说明,根据伊利诺伊州的刑法和判例,强奸罪的构成要素是"强行插入阴道",而不在于插入的究竟是强奸行为人身体的哪个部件。这就是说,手指插入阴道也可以构成强奸罪。第二天,我没去法院旁听陪审团的评议结果。但是后来我给梅厄检察官打电话,他告诉我,公诉方胜诉了。我不知道卡莱克法官对强奸罪的解释是否属于美国司法界的通说。也许,法官的内心倾向影响了他对法律的适用。于是,我就联想到《水浒传》中的武松杀人案。

潘金莲与西门庆通奸,武大郎发现后却被西门庆踢伤。武大郎卧床不起,被潘金莲灌毒药汤身亡。武松回家后得知此事,心存疑惑,后来从殡葬师何九口中得知武大郎死于中毒。他到阳谷县衙报案,县令推诿,他决定自己报仇。他以给亡兄办"头七"的名义设宴,答谢众邻居。席间,他杀死潘金莲,然后又去杀死了西门庆。事后,他带领多位邻居证人一起到县衙自首。本案事实清楚,阳谷县令的主要任务是适用法律。

按照宋朝法律,杀人罪包括谋杀、故杀、劫杀、斗杀、误杀、戏杀、过失杀等七种,刑罚不一。中国古代的刑事立法是比较精致的。早在秦朝,法律规定的杀人罪就有贼杀、斩杀(斗杀)、故杀和擅杀四种。汉朝法律规定了贼杀、谋杀、斗杀、戏杀和过失杀五种。晋代法律规定了故杀、谋杀、斗杀、误杀、戏杀、过失杀六种。唐律增至七杀,沿袭至清朝。

在七杀中,谋杀一般是指二人以上合谋杀人,但在特殊情况下,一人所为也可以构成谋杀。谋杀罪一般都要判处死刑,而且要用绞刑或斩刑。故杀是指故意杀人,而且不是因为争斗而杀人,一般也要判处死刑。劫杀一般是指因劫夺囚犯而杀人,量刑很重,不分首从,一律处斩。斗杀是指在相互争斗中杀人,或者殴打人致死,亦称殴杀。斗杀的量刑幅度较大,可以判处死刑,也可以判处杖刑、徒刑、流放刑。误杀是指有杀人故意,但是杀错了人,量刑比故杀减轻一等,譬如流放刑。戏杀是指本无杀人故意,而以杀人作为游戏,结果致人死亡。戏杀的量刑比斗杀减轻二等,譬如徒刑。过失杀是指本无杀人故意,因过失而致人死亡,可以根据具体情况用一定数量的罚金赎罪。

阳谷县令考虑到武松是打虎英雄,而且杀死的是奸夫淫妇,民众多同情武松，因此决定轻判，定为斗杀。他上报知府，后来由知府判决，脊杖四十，刺配沧州。阳谷县令给武松适用的罪名很像"非恶意杀人罪"。

三、刑事司法系统的次生功能

刑事司法的原生功能就是查办犯罪案件，但是伴随着社会的发展，刑事司法的功能也在扩张，因为治理犯罪不能停留在查办案件的工作，还要努力减少和预防犯罪。于是，刑事司法就有了次生功能，其一是改造罪犯；其二是预防犯罪。正如美国的《刑事司法：一种公共政策路径》一书的作者所言，刑事司法是解决犯罪问题的方法和手段，是社会公共政策的实现路径。刑事司法政策包括威慑犯罪、罪犯改造以及把某些犯罪行为合法化等减少犯罪数量的措施。[①] 这些次生功能也促进了刑事司法方法的变化。

（一）惩罚性司法与康复性司法

人类社会治理犯罪的原始方法就是惩罚。这符合司法公正的朴素价值观，即恶有恶报和罪有应得。当然，司法者应根据犯罪的严重程度对犯罪人进行处罚，做到重罪重罚、轻罪轻罚。于是，古代各国都设计了多种刑罚，譬如中国古代的五刑。无论是先秦的"老五刑"（墨、劓、剕、宫、辟），还是隋唐的"新五刑"（笞、杖、徒、流、死），其主要功能都是惩罚罪犯。

随着社会文明的进步，人类的司法公正观也不断发生变化，人们对刑事司法的要求也在发生着变化。社会的健康发展不仅需要惩罚犯罪人，而且需要改造犯罪人，要让那些刑满释放的人能以健康的方式回归社会，特别是未成年罪犯。一般来说，未成年人还不能完全认知、理解、控制自己的行为，而且其犯罪原因是多方面的，既有个人原因，也有家庭原因，还有社会原因。另外，未成年人代表社会未来，国家应该给予更多的保护和关爱。因此，刑事司法应区别对待，不仅要惩罚，而且要改造。

19世纪后期，美国的一些法律学者提出要建立专门审理未成年人犯罪的少年司法系统。1899年4月21日，伊利诺伊州议会通过《少年法院法》，然后成立了世界上第一个少年法院。这种被称为"伊州模式"的少年司法还

---

① James Levine, Michael Musheno, and Dennis Palumbo, *Criminal Justice: a Public Policy Approach*, Harcourt Brace Jovanovich, Inc., 1980, p. 2.

开启了新的刑事司法模式,包括"康复模式"或"矫正模式"。[1]

20世纪70年代初期,加拿大的一位法官在对传统的青少年犯罪惩罚手段感到失望之后,决定用一种新的方法处罚两个多次犯有侵害他人财产罪且屡教不改的"坏孩子"。他让法警带着两个年少年挨家挨户去向他们曾经侵害过的家庭赔礼道歉,然后和受害人一起商讨赔偿的办法。结果,那两个少年就改邪归正了! 这种做法发展为刑事司法新潮流,即康复性司法(Restorative Justice)。[2]

所谓"康复性司法",就是通过刑事受害人和被告人之间的调解活动,重新修复被犯罪破坏的社会关系,也重新塑造那些步入犯罪歧途的未成年人。康复性司法主要应用在非暴力型侵财犯罪案件中。康复性司法的优点有三:第一,有利于保护受害人的权益;第二,有利于犯罪人的改造;第三,有利于减轻刑事司法系统的压力。

在中国,未成年人犯罪一直是引人关注的社会问题,刑事司法机关也很重视未成年犯罪人的改造。我国有专门教育改造犯罪青少年的机构,如少年犯管教所、劳动教养所、工读学校等,还有一些社会帮教组织。

中国的监狱管理坚持惩罚与改造相结合的原则。《监狱法》第3条规定:"监狱对罪犯实行惩罚和改造相结合、教育和劳动相结合的原则,将罪犯改造成为守法公民。"第4条规定:"监狱对罪犯应当依法监管,根据改造罪犯的需要,组织罪犯从事生产劳动,对罪犯进行思想教育、文化教育,技术教育。"总之,改造罪犯也是刑事司法系统的功能之一。

(二)回望型司法与前瞻型司法

预防犯罪是社会的系统工程,需要诸多机构和组织协同努力,当然包括刑事司法系统。其实,刑罚本身就具有犯罪预防功能。一方面,死刑或长期监禁刑可以预防那些罪犯继续犯罪。另一方面,刑罚对于社会上那些潜在的犯罪人具有威慑功能,譬如"杀一儆百"。然而,刑罚威慑力的大小,不仅依赖于刑罚的严酷性,还依赖于刑罚的确定性。对于预防犯罪来说,严查的效果可能大于严惩。例如,对于贪腐犯罪的官员来说,"受贿判死刑"是遥远

---

[1]　姚建龙:《超越刑事司法——美国少年司法史纲》,北京,法律出版社,2009年,第78-81页。

[2]　何家弘:《从通俗到深奥——法治文化杂论》,北京,中国法制出版社,2008年,第331-333页。

的警示,"伸手必被捉"具有现实威慑力。一言以蔽之,杀一儆百不如有贪必肃。

刑事司法的预防犯罪功能还表现在对犯罪的查办过程中,而这就促使刑事司法从回望型转向前瞻型。传统的刑事司法以查办已经发生的犯罪案件为主线,属于回望型司法活动。为了更有效地打击犯罪,把犯罪遏制在准备阶段,刑事司法可以采取前瞻型侦查措施。这些措施可以避免犯罪后果的发生,因此就具有预防犯罪的功效。

大数据和大模型等现代科学技术的发展,为刑事司法提供了前瞻型侦查的手段,譬如"大数据侦查"。[①] 在打击贪污贿赂犯罪和网络诈骗犯罪的过程中,侦查机关可以运用大数据技术,收集相关信息,分析犯罪规律,制作某个地区或某个行业的犯罪模型,并据此采取防范措施并查缉犯罪人。

其实,利用犯罪信息分析犯罪规律,从而采取防范性侦查措施,这是刑事司法的传统侦查手段。例如,美国的警察机关在查缉抢劫、强奸等街头暴力犯罪时就经常采用"侦查陷阱"和"侦查诱饵"。[②] 然而,这是颇有争议的侦查措施,主要问题是这种侦查行为是否会诱使普通人犯罪。因此,法律要对这种侦查行为进行规制,要禁止诱人犯罪的侦查"陷阱"或"诱饵"。

总之,刑事司法人员可以运用大数据等科技手段去分析犯罪规律并预测犯罪,然后通过设置陷阱等手段去阻止犯罪和抓捕罪犯,但是不能采取"诱惑""钓鱼"等手段去制造犯罪。这也是刑事司法功能的边界。

各位同学,这一讲的思考题是:如何理解和运用前瞻型司法功能?

何老师留的
思考题

学生对谈

---

① 王燃:《大数据侦查》,北京,清华大学出版社,2017年。

② 何家弘:《从观察到思考——外国要案评析》,北京,中国法制出版社,2008年,第191-192页。

第五讲　刑事司法的事实解析

各位同学,大家好! 在上一讲中,我说刑事司法的首要任务就是认定案件事实,而且分析了事实认定与法律适用的关系。在这些讲述中使用频率最高的一个关键词就是"事实"。这又是一个大家耳熟能详的语词,但是人们对这个语词的理解并不相同,或者说使用习惯并不相同。这节课,我们就来讨论这个貌似简单的问题:什么是事实? 我们应该如何理解和界定事实?

一、案件事实的构成要素

从刑事司法的角度来看,案件事实是由一些基本要素构成的,查办案件就要围绕这些要素展开。为了便于分析和掌握,我们把这些构成要素概括为"七何",就是何时、何地、何物、何事、何人、何情、何故。最后两个要素也可以称为如何与为何。在英语中,人们把这"七何"称为"seven Ws",即 When,Where,What thing,What matter,Who, How,and Why。这与中文的意思是基本一致的。

一般来说,每个刑事案件的事实都包含这七个要素,因此刑事司法人员在分析案件事实的时候就要从这七个要素入手。其中,有些要素是司法人员已知的,例如案件发生的时间和地点,即何时与何地,但有些要素是司法人员所不知晓的,例如案件发生的过程与原因,即如何与为何。司法人员的任务就是要通过已知的事实要素去查明未知的事实要素。

在这七个事实要素中,最主要的是何事与何人,因为刑事司法要查明的基本案件事实就是什么人干了什么事。在有些案件中,开始调查时已经知道是何事,主要任务就是查何人。在有些案件中,开始调查时已经知道了何人,主要任务就是查何事。根据这个区别,我们可以把犯罪调查的基本路径分为两类:第一类是从事到人的犯罪调查;第二类是从人到事的犯罪调查。

在从事到人的案件中,发生的事情已经明确,主要任务就是查找作案人。例如,我在第四讲中谈到的李昌钰涉嫌伪证的一起杀人案。警方在现场发现了卡尔的尸体,身上有几十处刀伤,显然是被人杀死的。因此,这是一起杀人案,这件事是明确的,但不知谁是凶手,侦查人员就要去查找凶手。

根据上面讲的"七何要素",完成"从事到人"的犯罪调查可以选择不同的路径:第一,从何故到何人,就是从案件发生的原因去查找作案人。例如,在卡尔被杀案中,警察首先要分析该案是情杀、仇杀或财杀,然后再根据被害人的情况去查找凶手。警方没有发现情杀或仇杀的线索,因此认为图财害命的可能性比较大,就在可能入室盗窃的人群中去查找凶手。第二,从何时到何人,因为何时往往与何地相联系,所以也可以说从何时何地到何人。在卡尔被杀案中,警察走访被害人的邻居,查问有无在案发前后看到现场附近的嫌疑人。第三,从何物到何人,就是通过在犯罪现场或附近发现的物品来查找作案人,也就是常说的"以物找人"。在卡尔被杀案中,警方得知死者的一个邻居在案发当晚听到很大的汽车声并看到一辆旧汽车,就根据这个线索抓到两个嫌疑人。不过,后来的证据表明,这个事实认定结论是错误的。

在从人到事的案件中,调查开始时已经有了相对明确的嫌疑人,调查的主要任务就是要查明指控或举报的犯罪事实。例如,在李昌钰涉嫌伪证案中,法官的事实调查就是从人到事。错案申诉方指控李昌钰伪造证据,法官调查的任务就是查明李昌钰有没有伪造证据的行为。虽然这个调查并没有明确的结论,但是该案通过控辩协商达成了赔偿协议。

从人到事的犯罪调查也可以通过不同的具体路径来完成。官员受贿案件多为从人到事的调查,其调查路径就包括以下几种。第一,从何时何地到何事,就是调查举报中所说的那个时间和地点去查明案件事实。例如,嫌疑人有没有在举报人所说的时间到过收受财物的地点。第二,从何情到何事,就是根据案件发生的具体情况来查明受贿事实。例如,举报者说他为了在工程投标中得到"特殊照顾"而通过该官员的情人向其行贿,那笔钱是他以该情人的名义存到银行的,那么通过查证这个情节就可以查明该官员有无受贿事实。第三,从何物到何事,就是通过案件涉及的有关物品去查明案件事实。例如,行贿人给官员送了名人字画,就可以根据这些特定的字画去查明受贿事实。

总之,无论是从事到人还是从人到事,刑事司法人员都要通过证据去查明这些基本的事实要素,并在此基础上作出事实认定的结论。由于这些案件都是发生在过去的事实,司法人员既不是神仙,也不是超人,无法亲历案件发生的过程,也无法穿越"时空隧道"去"回看"案件发生的过程,只能通过各种证据去认识案件事实。在许多案件中,这都是一项非常艰难的工作。下面,我就讲一个亲身参与论证的疑难案件。

二、扑朔迷离的案件事实

2018 年 7 月,最高法院的一位领导给我打电话,邀请我参加一个刑事案件的专家论证。我答应了。这是黑龙江的一起申诉案件。然后,黑龙江省高级法院的法官就给我送来了案卷材料,当事人的姓名已经被隐去了。法官还介绍了他们进行复查的情况。

这是一起发生在十年之前的强奸幼女案。案发地点是黑龙江省五大连池的农村。那个村子不大,只有六十多户人家。2008 年 10 月,该村一个 14 岁的女孩向警方报案,声称自己从 6 岁开始就被父亲等多人强奸和轮奸。这是一个从人到事的犯罪调查案件。

五大连池公安局非常重视此案,决定立案侦查。随后,警察在该村抓捕了十几名嫌疑人。经过调查取证,警方认定 11 人涉案,并且取得了嫌疑人的认罪口供。侦查终结之后,五大连池公安局把案件上报黑河市公安局,然后移送黑河市检察院审查起诉。

由于本案的时间跨度很长,涉案人员很多,案情相当复杂,嫌疑人的供述也出现了反复,检察院的审查工作难度很大。直到 2009 年 8 月,黑河市检察院才对这 11 人提起公诉,指控的罪名是强奸罪和强迫卖淫罪。9 月,黑河市中级人民法院以不公开的方式开庭审理此案。在庭审中,11 名被告人对检察院指控的犯罪事实都予以否认,声称他们是在刑讯逼供的情况下作出了有罪供述。12 月,黑河市检察院以事实证据发生变化为由,撤回起诉。

2010 年 6 月,黑河市检察院重新就该案向黑河市中级人民法院提起公诉。10 月,黑河中院分别以强奸罪、嫖宿幼女罪、强迫卖淫罪对 11 名被告作出判决:被害人的父亲被判处无期徒刑,其余 10 人分别被判处有期徒刑 5~15 年。判决后,被告人以遭受刑讯逼供为由提出上诉。2012 年 10 月 26 日,黑龙江省高级法院作出二审裁定:驳回上诉,维持原判。这是终审判决,立即生效。但是,这个案件并没有终结。

2016 年 11 月以后,该案有几名被告人相继刑满出狱,并开始上访,寻求翻案。后来,一些新闻记者介入,使该案引起广泛的关注。2018 年 1 月 30 日,《澎湃新闻》发表了《寻找汤兰兰:少女称遭亲友性侵,11 人入狱多年其人"失联"》。31 日,《新京报》又发表了《被全家"性侵"的女孩,不能就这么"失联"着》。于是,这个女孩就以"汤兰兰"的化名引起国人关注,该案也成为网络舆情的一个热点。

2018 年 2 月 7 日,黑龙江省高级法院通过官方微博对"汤兰兰案"作出回应,说明已经收到当事人的申诉,并且正在依法审查处理。随后,复查该案的法官听取了申诉人及其代理律师的意见,审查核实了有关证据材料,走访了许多知情人和证人。最后,他们还要听取法学专家的意见,就来到北京,组织专家论证会。

我认真查阅了案卷材料,主要审查了有关的证据。在这类长期多次强奸幼女的案件中,证据往往是短缺的,主要表现为证明性交行为的生物物证的缺失。在一般的强奸案中,被害人的下体和内裤上多留有精斑。但是在此类案件中,报案与案发的间隔时间很长,生物物证一般都没有保留下来。在汤兰兰案中就没有这类生物物证。不过,这个案件中的证据数量还是不少的。据说,案卷材料有十多本,而给我看的证据摘要也有一大本。因此,审查本案证据就是一件耗费时间的工作,而且相当烧脑。在此,我有必要先对证据概念做一些说明。

顾名思义,证据就是证明的根据。但是人们在司法活动中使用这个概念的时候,含义并不一致,或者说,人们用这个语词指代的事物并不同一。概况而言,人们所说的"证据"包括两个东西:第一是案件发生之后客观存在的"证据";第二是办案人员或当事人收集并提交审判的"证据"。

证据一是客观存在的东西,但未必是现实的证据,未必是司法人员可以使用的证据,因为在每个案件中都会有一些客观存在的证据没能被人们发现或提取，没能进入刑事司法活动。证据二是现实的证据，可以在刑事司法活动中作为证明案件事实的根据，也是司法人员所要审查的证据。证据一是潜在的证据，证据二是实在的证据。我们在司法活动中所说的证据，应该是证据二，不是证据一。

在讨论证据概念的问题时，我们必须回答一个基本问题，那就是证据的真实性问题。对于这个问题，我国的法律规定并不统一。这也反映了法学界流行的证据观的变化。

中共中央在 1955 年作出的关于肃清暗藏的反革命分子的指示中说道："不漏掉一个反革命分子和不冤枉一个好人，分别是非轻重，根本的办法是依靠证据。证据就是人证和物证。证据也有真假之分，所以要经过鉴定。"

1979 年《刑事诉讼法》第 31 条规定："证明案件真实情况的一切事实，都是证据。"1989 年《行政诉讼法》和 1991 年《民事诉讼法》，以及 1996 年修订的《刑事诉讼法》都沿袭了这一解释。根据这一法律规定，法学界的主流观点就是事实说：证据就是证明案件真实情况的事实。因此，证据必须属实，不属实者非证据。

然而，这样的法律规定并不合理。例如，1996 年《刑事诉讼法》第 42 条规定："证明案件真实情况的一切事实，都是证据。"在列举了物证、书证等七种证据之后，该条又明确规定，"以上证据必须经过查证属实，才能作为定案的根据。"如果按照"不属实者非证据"的观点界定证据的概念，那么这条法律规定就是自相矛盾的。既然证据都是"真实的"事实，那么还有什么必要去"查证属实"呢？

从司法实践的角度来看，"不属实者非证据"的观点也不能成立。因为司法人员在每个案件中收集和使用的证据都可能是有真有假的，即使在法官审查之后作为定案根据的证据中也可能存在不属实的内容。总之，把证据界定为"证明案件真实情况的事实"，不符合人们的语言习惯，而且容易陷入无法自圆其说的尴尬境地。

严格地说，1996 年《刑事诉讼法》第 42 条第 1 款的规定并不是证据的定义。从逻辑学的角度分析，"证明案件真实情况的一切事实，都是证据"，这是一个全称肯定判断，即"所有 S 是 P"。在这个判断中，主项 S 是周延的，但谓项 P 是不周延的。这就是说，所有 S 都是 P，但是并非所有 P 都是 S，因此这个判断中的主项和谓项是不能颠倒的。举例说明，所有中国人都是人，这个判断可以成立,但是我们不能倒过来说,所有人都是中国人。同理,所有"证明案件真实情况的事实"都是"证据",并不等于说所有"证据"都是"证明案件真实情况的事实"。由此可见,《刑事诉讼法》第 42 条第 1 款的规定不能作为证据的定义。

二十多年前,我曾经对这个问题进行研究,并且撰写了一篇论文,标题是《让证据走下人造的神坛——试析证据概念的误区》。[1]在这篇文章中,我批判了"证据就是证明案件真实情况的事实"的证据观,提出了证据有真有假且可能半真半假的观点。我认为,证据是现实的,不是潜在的,是司法人员或当事人收集并用于证明案件事实的根据,包括人证和物证。这些证据是有真有假的,而且可能是半真半假的,因此要强调对证据的审查评断,要努力完善审查认定证据的法律规则。

经过多年的研讨,我的这个观点终于被立法者采纳。2012 年再次修订的《刑事诉讼法》第 48 条规定:"可以用于证明案件事实的材料,都是证据。"按照这条规定,证据是证明案件事实存在与否的材料。无论这材料是真是假或半真半假,它都是证据。无论这材料是否被法庭采信,它都是证据。这个规定否定了"不属实者非证据"的证据观,是一个重要的进步。

然而,这个规定依然存在不够周延的逻辑问题。所有证据都可以称为"材料"吗？证人证言、被害人陈述、被告人供述与辩解都是证据的表现形式。这些"人证"显然不适宜称为"材料"。不过,2012 年《刑事诉讼法》第 48 条的文字表述也存在 1996 年《刑事诉讼法》第 42 条的逻辑问题。按照前面所说的判断中主项和谓项的关系,所有 S 都是 P,但并非所有 P 都是 S,因此所有材料都是证据,并不能说所有证据都是材料。不过,这不是证据概念的核心问题,不必深究。

作为证据观的核心内容是承认证据有真有假,因此要认真审查评断。在此基础上,我在第四讲中谈到了证据"镜片说"。对于司法人员来说,发生在过去的案件事实犹如镜中之花。那"花"是客观存在的,但司法人员看到的是经过"镜子"反射的影像。更为重要的是,"镜子"在案发时已然破碎并散落。司法人员就必须把散落各处的"碎片"收集起来,拼凑成"镜子",再通过"镜子"去认识"花"。在许多案件中,司法人员得到的"镜子碎片"是残缺

---

[1] 何家弘:《让证据走下人造的神坛——试析证据概念的误区》,载《法学研究》,1999 年第 5 期,第 102-111 页。

的和磨损的,因此只能看到"花"的部分影像,甚至是模糊、扭曲的影像。在证据短缺的情况下,认定案件事实就是一项非常困难的工作。汤兰兰案就是一个很好的例证。

三、不无分歧的证据评价

证据是司法人员认识案件事实的中介。没有证据,司法人员就无法认知案件事实。这就是刑事司法的"证据裁判原则"。司法人员在通过证据认定案件事实的时候,必须对证据进行审查评断,而审查评断证据的时候,首先就要区分直接证据和间接证据。这是司法实践中审查运用证据的要点,而且容易产生误解。因此在分析汤兰兰案的证据时,我们要明确区分这两个概念。

(一)直接证据与间接证据

所谓直接证据,就是以直接方式与案件主要事实相关联的证据,或者说,能够直接证明案件主要事实的证据。在这个案件中,被害人陈述和被告人供述就是直接证据。所谓间接证据,就是以间接方式与案件主要事实相关联的证据,也就是必须与其他证据连接起来,或者通过推理,才能证明案件主要事实的证据。这个案件中的间接证据包括:播放色情录像的影碟机和光碟,纪录汤兰兰与其表姑通电话的录音带,汤兰兰的体检 B 超单,证明相关事实的证人证言,以及汤兰兰报案后民警带她到当地妇幼保健站进行下体检查的报告单。

我们区分直接证据和间接证据的主要目的是明确二者的特点,以便更好地审查和运用。直接证据的第一个特点是能够直接证明案件主要事实,在本案中就是能够直接证明谁强奸了汤兰兰的事实,因此直接证据一经查证属实就可以作为定案的主要根据。直接证据的另一个特点是审查比较困难。直接证据大多表现为当事人的陈述。因为当事人与审判有利害关系,所以其陈述往往是有真有假或半真半假。在这个案件中,被害人是一个,但是被告人有 11 个,而且都有多份询问或讯问笔录,因此审查评断的难度很大。

间接证据的特点是只能证明案件事实的情节或片段,不能直接证明案件主要事实。间接证据对案件主要事实的证明依赖于其他证据,或者依赖于推理。因此,司法人员不仅要审查间接证据的真实性,而且要分析间接证据与案件主要事实的关联性。这就是说,即使是真实可靠的间接证据,也未必能充分地证明案件主要事实。当然,我们不能说直接证据的证明力一定大于间接证据,因为直接证据也可能是虚假的。

在绝大多数刑事案件中,法官都要综合运用直接证据和间接证据来认定案件事实。只有在极少数案件中,司法人员只能依据间接证据来认定案件事实。这就是所谓的"间接证据案件"。在间接证据案件中,认定犯罪事实确实很难。这需要间接证据构成完整的证明链条或证明体系,而且必须达到证据确实充分和"结论具有唯一性"的证明标准。对于这个问题,我将在第八讲中专门讨论。

总之,我们在具体案件中要全面分析所有证据,包括直接证据和间接证据,要对这些证据的真实性和证明力作出尽可能准确的评断。

(二)直接证据的审查评断

在汤兰兰案中,我首先分析了直接证据。我认为,被害人汤兰兰的陈述内容有真有假。司法实践经验表明,被害人是直接遭受犯罪行为侵害的人,与诉讼结果有直接的利害关系,因此其陈述往往容易受情感、情绪、诉求等主观因素的影响,带有较强的倾向性。有些被害人可能夸大犯罪行为的侵害程度或侵害后果,有些被害人还可能编造部分案件事实。

在本案的原审过程中,警察、检察官和法官对汤兰兰进行过多次询问。在复查过程中,法官又与汤兰兰长谈了三天半,因此有很多份被害人陈述。通过分析汤兰兰陈述内容的合理性、详细性和一致性,我认为她讲述的基本案件事实是可信的,即她在长达 7 年的时间内遭受了父亲等多人的多次性侵。首先,诬告的可能性很小。实际上,该案的被告人在翻供之后也都说他们与汤兰兰没有任何矛盾,说不清楚自己为什么被诬告。其此,编造的可能性也不大。汤兰兰在 2008 年报案时只有 14 岁。如果没有亲身经历,她很难讲出那些性侵的细节,因此其陈述具有基本内容的真实性。另外,侦查机关曾经委托精神病医生对汤兰兰进行了精神鉴定,结论是她精神正常。根据上述情况,我认为这个直接证据是基本可信的,能够作为定案的根据。

当然,由于时间跨度大,事件次数多,在汤兰兰的记忆中出现一些错误和偏差也是在所难免的。因此，她讲述的某些具体案件事实可能是不真实的，甚至有故意夸大或编造的成分。例如，她说，有时候"仨老爷们一块堆整她，前边的，后边的"。法官就认为，这种行为方式是不可能的。她还说，有一次姑父"在小仓房里整她"。那是冬天，气温大概是零下 20 摄氏度。这也是不合常理的。不过，这些虚假的内容并不能影响汤兰兰陈述的整体证明效力。

本案的直接证据还包括 11 名被告人的有罪供述。根据案卷中的讯问笔录，这些被告人最初都承认了强奸汤兰兰的事实，只是有些人认为那是嫖娼，因为他们事后给了钱。但是在法庭上，11 个被告人都声称曾遭受刑讯逼供，那些口供都是虚假的。因此，审查本案被告人供述的要点就是刑讯逼供问题。除了多名被告人关于刑讯逼供的陈述之外，辩护方还提供了一些佐证，包括汤爷爷在看守所中意外死亡的事实，汤爸爸有一颗被打掉的牙齿，汤妈妈在审讯过程中曾跳楼摔伤的事实等。

对于这些刑讯逼供的问题，法官进行了认真的调查。第一，汤爷爷的尸检报告记录，死者右枕部和右臂存在伤痕，但不是致命伤，其死亡原因是肺癌，即"肺组织低分化鳞状细胞癌伴坏死出血死亡"。第二，汤爸爸共有四颗牙齿脱落。经口腔科医生检查，这些脱落的牙齿都没有残根和骨折痕迹，不像是暴力打击导致的脱落。而且汤爸爸关于被打掉牙齿的陈述也有自相矛盾之处，包括被打掉了一颗牙还是两颗牙，以及被打掉牙齿的位置。第三，汤妈妈确实曾在看守所跳下二楼的楼梯，但是根据本人的陈述，她是在得知女儿不愿意当面与她对质之后跳的，并不是因为被刑讯逼供而跳的。另外，在法院审判期间，多名侦查人员提供了没有刑讯逼供的证言，看守所也出具了情况说明、值班记录和入监健康检查表，证明这些被告人当时并无外伤。

在查阅有关证据材料之后，我认为现有证据并不能完全排除刑讯逼供的可能性。主要理由是：第一，部分讯问笔录存在疑点；第二，侦查审讯的录像光盘丢失了，而看守所提审室的审讯录像也未能提取；第三，侦查人员关于没有刑讯逼供的证言的可信度不高，因为他们与这一事实的认定存在利害关系。不过，这些嫌疑人都是在第一次接受审讯时就承认了指控的罪行，而且其供述内容可以互相印证。因此，即使确有刑讯，强度应该也不大。实际上，被告人在法庭上讲述的刑讯逼供也就是拳击和掌掴。当然，这样的打人行为也属于刑讯逼供，也是违法的。按照 2012 年修订的《刑事诉讼法》和

2017 年"两高三部"《关于办理刑事案件严格排除非法证据若干问题的规定》,这样获取的口供也应该排除。但是,即使排除了部分被告人的认罪口供,也不影响对本案基本犯罪事实的认定。

(三)间接证据的审查评断

以上是我关于汤兰兰案中直接证据的分析。下面,我再讲一讲间接证据的问题。这个案件中有五个主要的间接证据,我就逐个进行分析。

第一个间接证据是播放色情录像的 501 型奇声牌影碟机和光盘。这是原案审判中公诉方提供的物证。警方还在汤家搜查到一张购买影碟机的发票,时间为 2004 年 1 月 15 日,地点为龙镇永兴家电城。侦查人员于 2009 年 10 月 24 日对永兴家电城经理的询问笔录表明,501 型奇声牌影碟机是 2003 年 12 月进货,一直卖到 2004 年 12 月。这个证据并不能直接证明强奸犯罪的事实,但是可以佐证被害人讲述的案件事实,即多名被告人曾经观看色情录像,然后模仿片中的动作对她实施性侵。数名被告人在供述中也承认曾一起观看色情录像的事实。

第二个间接证据是汤兰兰与其表姑通电话的录音带。这是辩护律师向法院提交的证据。在电话中,汤兰兰要求表姑给她 1 万块钱,然后她就可以不指控表姑夫强奸了。通话时间是 2008 年 10 月。当时,警方已经陆续抓走了多名村民。汤兰兰承认打过这个电话,说她就是想要三年的学费。我认为,这个间接证据的内容是真实的,但是,这个间接证据能证明什么?辩护律师认为,这个"敲诈电话"可以证明汤兰兰的强奸指控是虚假的。我认为,这个电话可以证明汤兰兰不是一个严格意义上的好孩子。其实,一个经历了那么多磨难的女孩子,做出这种事情不足为奇。但是,她以强奸指控要挟表姑,并不能证明她对表姑夫的强奸指控是虚假的,因为这也可以间接证明表姑父确有其事。总之,这个"敲诈电话"并不能推翻强奸的犯罪事实。

第三个间接证据是汤兰兰的体检 B 超单。汤兰兰到龙镇上中学,寄宿在她的干妈李某某家。根据警方 2008 年 10 月 28 日和 11 月 6 日对李某某的询问笔录,李某某在生活中感觉汤兰兰好像有性交经验,就拐弯抹角地询问。汤兰兰含含糊糊地承认在村里曾被人"整过"。李某某看到汤兰兰的肚子有点大,就在 2008 年 3 月 31 日带她去龙镇农场医院检查身体,还做了 B 超,结果表明汤兰兰没有怀孕。后来,李某某就把 B 超单交给汤兰兰的亲妈万某某。侦查人员在万某某家中提取到 B 超单。非常蹊跷的是,案卷中有两张 3 月 31 日的 B 超单,一张的结果是"未怀孕",一张的结果是"已怀孕",而且检验医师都是姚某某。根据检察官于 2009 年 3 月 20 日对姚某某的询问记录,姚某某认为"未怀孕"的 B 超单是她打印的,而"已怀孕"的 B 超单有疑点,应该是别人伪造的。另外,汤兰兰说她没有怀过孕。因为这个间接证据的真实性存在无法合理解释的疑点,法院在审判中没有采信。

第四个间接证据是一组证人证言。这些人都是 2008 年 11 月与本案嫌疑人关押在同一个看守所的人。他们的证言表明,本案的多名嫌疑人曾经谈到"与小姑娘发生关系的事",而且有"串供"之嫌。这些证言不能直接证明本案的强奸事实,但是可以证明本案的被告人曾就此事串供。这对于解释被告人在法庭上一起翻供的情况,具有一定的证明价值。

第五个间接证据是汤兰兰的体检报告。2008 年 10 月,五大连池公安局在接到汤兰兰的报案后,立即安排民警带她到当地的妇幼保健院进行了体检。检查结果表明,汤兰兰的处女膜已完全破裂,有陈旧性裂痕,还有宫颈糜烂。这些情况表明,汤兰兰在报案前已有多次性交史,而且持续时间比较长。根据生活经验,能够长期、多次与幼女发生性关系的人,一般都是与幼女有特殊关系的人,如家长、监护人或教师。在本案中,汤兰兰的父母关系不和,母亲在她 6 岁时离家到外地打工,长期不归。汤兰兰跟随父亲生活,因此其父很可能就是与她多次发生性关系的人。当然,这个间接证据不能直接证明强奸的事实,但是可以作为支持被害人陈述的佐证。

(四)综合评断意见

2018 年 7 月 22 日,黑龙江省高级法院在北京召开了专家论证会。应邀参会的专家一共六人,是刑法、刑诉法和证据法的专家。高院的领导和复查组的法官首先向我们介绍了有关情况,并且回答了我们的问题。然后,六名专家分别发表意见。我主要就该案的证据问题谈了自己的看法。我的基本意见如下。

第一,2008 年 10 月,五大连池公安局在接到汤兰兰的报案后,立即安排民警带她到当地的妇幼保健院进行了体检。检查结果表明,14 岁的汤兰兰已在较长时期内有多次性交史。这个证据应该是可信的。

第二,警察、检察官和法官对汤兰兰进行过多次询问。在多份被害人陈述中,汤兰兰说她遭受了父亲等多人的多次性侵。如果没有亲身经历,一个14岁的女孩子很难讲出那些性侵的细节,因此其陈述基本上是可信的。

第三,本案多名嫌疑人在被捕后的24小时之内就承认了性侵的事实,但是声称小姑娘是愿意的,而且他们给了钱。当时,他们大概认为警方行动的目的就是打击卖淫嫖娼,而这并不是什么严重问题。后来他们得知,尽管小姑娘愿意,那也是强奸罪。问题严重了,他们就开始翻供并串供。因此,这些嫌疑人承认性侵事实的供述应该是真实的。总之,该案判决所认定的强奸犯罪事实可以成立。

当然,这个案件中的证据确实存在瑕疵和疑点,而且很可能有刑讯逼供。但是,这个案件应该改判无罪吗?司法判决应该具有一定的稳定性。如果证据有问题,警察有打人,判决就要推翻,那么我国要改判无罪的案件恐怕就太多了,因为在一段时期内,某些地区的司法水平确实不高,警察打人的现象也比较多见。如果大量的刑事判决都因此而改判,那将是国家的灾难。总之,改判应该慎重,应该有比较严格的标准。

我国的《刑事诉讼法》没有明确规定改判无罪的标准,但是规定了启动再审的标准。第一,有新的证据证明原判决认定的事实确有错误;第二,原审定罪量刑的证据不确定、不充分或者主要证据存在矛盾;第三,原判决适用法律确有错误;第四,审判人员贪污受贿、徇私舞弊、枉法裁判。在司法实践中,一般都是在有新证据证明原审判决确有错误的情况下,法院才会启动再审。顺便说,启动再审一般也就意味着要改判。

根据上述分析,我认为原审法院的判决基本上是正确的,申诉人并没有提出能够证明原审判决确有错误的新证据,因此汤兰兰案并没有达到《刑事诉讼法》规定的应该重新审判的标准。

专家论证会的第二天,我接受了中央电视台新闻频道的"新闻直播间"记者的采访,就该案谈了个人的观点。

2018年7月27日,黑龙江省高级法院公开宣布,驳回"汤兰兰案"原审被告人的申诉。复查该案的法官认为,原审裁判认定各申诉人犯罪的事实清楚,证据确实、充分,定罪准确,量刑适当,审判程序合法。申诉人的各项申诉理由均不能成立,原判不存在《刑事诉讼法》第242条规定的应当重新审判的情形,予以驳回。然后,法院依法向各申诉人宣读并送达了《驳回申诉通知书》,详细说明了驳回的理由。

当天中午,中央电视台新闻频道的"新闻直播间"节目专门报道了黑龙江省高级法院复查"汤兰兰案"的结论。事有凑巧,那天上午我正好在河南省"驻马店市政法大讲堂"讲课,主题是"刑事错案与证据规则"。中午,我在宾馆休息时看到了这个电视节目。虽然我已经了解这个案件的情况,但是看到那些电视画面,我还是产生了很多感慨。

我认为法院的申诉裁定是正确的,法院的原审判决也是正确的,因为根据已知的证据,这是合理合法的事实认定结论。但是,我的心底仍然有一个很大的问号:这是真的吗? 这些人真的能干出这种灭绝人性、突破人伦底线的事情吗? 这是本案的真相吗? 法院的决定是合法的,但这并等于法院认定的案件事实就是真相。虽然我支持法院的决定,但是我也不敢说这就是真相。

我又联想到了汤兰兰。听法官介绍,该案审判之后,法院和公安局一起为这个小姑娘重新安排生活并提供资助,给她改了姓名和户籍,让她到哈尔滨学习,后来还上了一个专科学校。据说,她现在已经有了男朋友。她唯一的愿望就是能够安静的生活。她害怕被人找到,她害怕周围的人知道她就是那个"汤兰兰",她想把过去的一切都深深地埋藏在自己的心底。她能够做到吗? 她的愿望能够实现吗? 我不知道答案,我只能祝她安康!

三、刑事司法的事实观

在刑事司法活动中,人们经常说要查明真相。什么是真相? 事实等于真相吗? 在汤兰兰案中,司法机关对案件事实作出了认定结论,但是也还存在一些疑点。于是,我们就遇到了刑事司法的一个非常重要的理论问题,即如何解释事实与真相的关系。这涉及对案件事实的看法,可以称为刑事司法的"事实观"。

司法裁判应该以事实为根据,以法律为准绳。这是人们耳熟能详且普遍接受的原则。但是,什么是事实? 我们应该如何界定案件事实? 在我国的法学界,专家学者有不同的观点,多年来争论不休,莫衷一是。其中最有代表性的是"客观事实说""主观事实说"和"法律事实说"。

在很长时期内,我国法学界的主流观点都是客观事实说。按照这种观点,案件事实就是在客观世界中发生的事实,是不依赖于人们的主观认识活动而存在的事实。以汤兰兰案为例,虽然司法人员没能查清该案的事实真相,但那个事实是客观存在的。无论是轮奸抑或其他,这个事实都是客观存在的,是不以人的意志为转移的。而且,客观事实具有唯一性,就是人们常说的:真相只有一个。

从哲学的角度来说,这种观点符合唯物主义的事实观。例如,英国哲学家罗素说道:"事实不是由人们的思想或者信念创造出来的。"①他还说:"当我谈到一个'事实'时,我不是指世界上的一个简单的事物,而是指某物具有某种性质或某些事物有某种关系。因此,例如我不把拿破仑叫做事实,而把他有野心或他娶约瑟芬叫做事实。"②

在刑事司法中,案件事实指的是一种行为或活动,不是一个客观存在的事物。例如,汤兰兰案中的影碟机和光盘。这些实物是客观存在的,人们可以持续地进行感知。但是,刑事司法讲的案件事实是人的行为,是何人做了何事,例如,汤兰兰的父亲有没有组织村民观看黄色录像,那些村民有没有与汤兰兰发生性关系。这种行为意义上的案件事实都是在特定时空条件下发生的,不具有延续的客观存在性。该行为结束之后,人们就无法直接进行感知了。当然,影碟机和光盘可以成为案件事实的构成要素,也就是何物。

在刑事司法中,准确地查明客观发生的案件事实,这是非常重要的,或者说,是最为理想的。但是在很多案件中,客观事实都是很难发现的,或者说,是很难被完全发现的。

我曾经说过,案件事实都是发生在过去的,都是发生在刑事司法活动之前的,因此其客观存在属于过去时,而非现在时。刑事司法人员没有亲历案件事实发生的过程,也无法穿越"时空隧道"回看过去的案件事实,只能通过各种证据去间接地认识案件事实。由于案件中的证据可能是短缺的,也可能是模糊的甚至虚假的,刑事司法人员所认识的案件事实未必等同于客观发生的案件事实。在汤兰兰案中,法官认定的案件事实并不等同于客观事实。我们不得不承认,这个案件中的客观事实未能被完全认知,我们并不知道这个案件的全部真相。

正因为案件中的客观事实很难被认知,甚至是不可能被完全认知的,所

---

① ［英］伯特兰·罗素:《逻辑与知识》,苑莉均译,北京,商务印书馆,1996 年,第 219 页。
② ［英］伯特兰·罗素:《我们关于外间世界的知识》,陈启伟译,上海,上海译文出版社,2006 年,第 39 页。

以有些学者认为,客观事实是一个没有意义的概念,刑事司法中所说的案件事实应该是主观事实。所谓"主观事实",就是认知主体通过认知手段感知客观事实以后,用陈述或命题所建构出来的事实。

哲学界对此有一些经典的论述。德国哲学家哈贝马斯说:"物与事件是我们要处理或经历的'世界中的某些东西';它们是可能的经验对象或者以经验为依据的行为对象。相反,事实则是我们在陈述中所肯定地存在着的事态。"①简言之,客观存在的事物不是事实,人们对这些事物的认知才是事实。中国有些哲学家也认同这样的观点。金岳霖教授曾说道:"事实是接受了的或安排了的所与","事实是所与和意念的混合物"。② 这两位哲学家的话语都有些费解,陈伟教授则用更加直白的语言进行解说:"对哈贝马斯而言,事实并非传统意义上的'客观'事实,完全客观的对象世界的存在对于一个实际上由主体间交往形成的意义世界而言没有任何认知意义。"③在哈贝马斯看来,主观事实是通过主体间的交往行为所建构出来的一种经验性认识,而非存在于客观世界的东西。而在金岳霖看来,事实就是认知主体在客观事实的基础上所做的一种"认知建构"。

哲学家关于"主观事实"的论述对于刑事司法的事实观具有指导意义。在刑事诉讼过程中,诉讼主体所认识并主张的案件事实就属于主观事实。无论是侦查人员查明的案件事实,还是检察官要证明的案件事实,抑或法官所认定的案件事实,都是诉讼主体在主观上对客观事实进行的认知建构,并通过陈述或命题的形式表达出来的认识结果。这些都属于主观事实的范畴。在汤兰兰案中,司法人员认定的案件事实就属于主观事实。

虽然主观事实与客观事实的性质存在差异,但是二者之间也有密切联系。一方面,客观事实是主观事实的认识基础;另一方面,主观事实是客观事实的认知建构或主观再现。因此,主观事实的建构不能完全脱离客观事实。在刑事司法活动中,如果司法人员脱离客观事实来建构主观事实,那就可能得出错误的事实认定结论,甚至酿成冤假错案。

毋庸讳言,主观事实说属于唯心主义的认识论。一些学者忌讳唯心主义的说法,因此就提出了"法律事实"的概念。所谓法律事实,是指用法律

---

① ［德］尤尔根·哈贝马斯:《认识与兴趣》,郭官义、李黎译,上海,学林出版社,1999 年,第 316 页。

② 金岳霖:《知识论》,北京,商务印书馆,2017 年,第 770-772 页。

③ 参见陈伟:《哈贝马斯法哲学中的"事实性"与"有效性"》,载《南京社会科学》,2011 年第 3 期。

所许可的证据予以证明的,而且可以引发一定法律后果的事实。在刑事司法活动中,司法人员通过对证据的审查认定,对诉讼当事人所主张的案件事实进行"司法剪辑",然后对案件事实作出认定。这个结论就是法律事实。在汤兰兰案中,法官认定的案件事实就可以称为法律事实。

法律事实是经过"司法剪辑"的主观事实。美国的吉尔兹教授指出:"法律事实并不是自然生成的,而是人为造成的,一如人类学家所言,它们是根据证据法规则、法庭规则、判例汇编传统、辩护技巧、法庭雄辩能力以及法律教育等诸如此类的事物而构设出来的,总之是社会的产物。"①中国的江伟教授认为:"诉讼中所呈现的并最终为法院所认定的事实,乃是经过证据法、程序法和实体法调整过的、重塑了的新事实。这种新事实因为不可避免地渗透了人的主观意志,因此可以称之为主观事实;又由于它是在诉讼活动过程中形成并成立于诉讼法上、仅具有诉讼意义的事实,因此也可以称之为诉讼事实或法律事实。"②

法律事实应该以客观事实为基础,或者说,是由客观事实所决定的。但是,法律事实并不等同于客观事实。在任何案件中,在任何司法活动中,法律事实和客观事实都存在着质和量的差异。首先,法律事实在质上并不完全等于客观事实。因为法律事实是由证据证明的事实,而用证据证明是人类的行为,所以法律事实并不是纯粹的客观的东西,其中或多或少都会掺杂人的主观因素。其次,法律事实在量上也不等于客观事实。一般来说,案件中客观事实的体量都会大于法律事实的体量,因为并非所有与案件有关的客观存在或发生的事实都可以由证据证明,都可以转化为法律事实。由于各种各样的原因,案件中的一些客观事实会在司法证明的过程中遗失,甚至根本就没能获得进入司法证明过程的资格。

由于法律事实是司法人员对主观事实进行"司法剪辑"的结果,它就与前两种事实有了不同的属性。如果我们说客观事实是"过去时态",主观事实是"现在进行时态",那么法律事实就是"完成时态"。换言之,法律事实是结果意义上的案件事实。我们强调司法裁判要"以事实为根据,以法律为准绳"。这里所说的"事实"显然不是客观事实,而是经过司法证明程序所得出

---

① [美]克列福德·吉尔兹:《地方性知识:事实与法律的比较透视》,邓正来译,载梁治平主编:《法律的文化解释》,上海,上海三联书店,1994年,第80页。

② 江伟主编:《证据法学》,北京,法律出版社,1999年,第117页。

的结果意义上的事实。我们希望司法裁判所依据的法律事实能够高度近似于客观事实,但是不能保证所有司法裁判都能做到高度的"近似"。我们再回到汤兰兰案中,法院所认定的法律事实达到与客观事实的高度近似了吗?这就涉及刑事司法的真实观,我在后面的课程中还会专门讨论。

综上所述,客观事实、主观事实与法律事实的理论内涵有所不同,但共同构成了刑事司法的事实观。客观事实是本体论上的事实,是"过去时态"的事实,是独立于人类意志以外的事实,也是司法人员的认识对象。主观事实是认知建构的事实,是"现在进行时态"的事实,是有关人员对客观事实的主观描述。法律事实是司法剪辑的事实,是"完成时态"的事实,是司法裁判最终认定的案件事实。法律事实说为刑事诉讼的事实观提供了法律意义上的理论依据。

各位同学,这一讲的思考题是:客观事实说、主观事实说、法律事实说的价值取向有何差异?

何老师留的
思考题

学生对谈

第六讲　刑事司法的证明方法

各位同学,大家好! 我在前面讲过,刑事司法的首要任务就是查明或证明案件事实。在此,我们要区分查明与证明,因为这是一对很容易混淆的概念。简单地说,查明是让自己明白,证明是让别人明白。但是在某些语境下,证明也可以是让自己明白。例如,侦查人员在查办刑事案件的过程中要进行证明,而这就包含了让自己明白的意思。在证据法学中有一对专业术语,就是自向证明和他向证明。前者是让自己明白,后者是让他人明白。为了讲述的便利,我在这节课中讲的"证明方法",既包括自向证明的方法,也包括他向证明的方法。换句话说,我在这里讲的"证明"就包括了"查明"。

刑事司法的证明方法很多,而且可以从不同角度进行划分。根据证明的精度不同,可以分为同一证明法和同类证明法。根据证明的方式不同,可以分为直接证明法和间接证明法。根据证明的形式不同,可以分为演绎证明法和归纳证明法。根据证明的过程不同,可以分为要素证明法和系统证明法。下面,我就分别对这些方法进行说明。

一、同一证明法和同类证明法

(一)同一证明法的概念

同一证明法,又称为同一认定方法,是刑事司法的基本证明方法。在刑事案件中,司法证明的任务就是证明被告人是不是实施了被指控的犯罪行为的人,而这就是一个同一认定的问题。另外,在每一个案件的证明活动中往往还包含着许多具体的同一认定,例如,通过被害人辨认来确认某个嫌疑人是否为实施强奸的人;通过血迹鉴定来确认在嫌疑人家里查获的刀子是否为杀人凶器;通过笔迹鉴定来确认账本上的涂改字迹是否为被告人所写等。刑事司法人员在各个环节的工作中都经常要运用同一认定的方法来认识案件事实,因此,掌握它的基本理论和方法是非常重要的。

同一认定原本是犯罪侦查和物证技术的专门术语,指依据客体特征判断两次或多次出现的客体是否为同一个客体的认识活动。例如,某地发生一起入室盗窃案,侦查人员在现场发现了作案人留下的鞋印和撬门痕迹,后来在犯罪嫌疑人处提取到一双鞋和一根撬棍,经过检验和比对二者的特征,认定该嫌疑人的鞋和撬棍就是在盗窃现场留下鞋印和撬痕的鞋和撬棍。这就是同一认定。

作为一种理论,同一认定是在刑事司法实践中产生和发展起来的。[1] 但是作为人类认识客观事物的基本方法,同一认定则普遍地存在于人们的日常生活之中。例如,你要到飞机场去接朋友。在机场出口,你一眼就在那熙熙攘攘的人流中认出了你要接的人。在这一过程中,你的大脑及眼睛等器官进行了一系列复杂且迅速的同一认定活动。你的眼睛不断地把看到的人的形象输入大脑,大脑便迅速地把每一个输入的形象与储存在里面的你要接的人的形象进行比对,并在多次否定之后,终于认定了同一。于是,你的大脑再把这个同一认定结论输出,同时对嘴、手、脚等器官发出一系列指令。由于这一系列活动都是在瞬息间完成的,而且整个程序是高度自动化的,所以你自己并没有意识到其中的同一认定。在接人之后,你到停车场找到自己的汽车也是同一认定;开车找到自己的家门还是同一认定。总之,每个人在日常生活中都有许多同一认定。

同一认定既是人们认识客观事物的一种基本形式,也是人天生就具有的一种认识能力。当然,这种认识能力的形成是人类千万年进化的结果。从自然界的角度来说,离开了同一认定这种认识形式,人们便无法把握每一个特定客体的属性,便无法把某个客体从一定的客体种类中识别出来。从社会的角度来看,离开了这种认识形式,人们的交往对象便都成了没有个性

---

[1] 参见何家弘:《同一认定——犯罪侦查方法的奥秘》,北京,中国人民大学出版社,1989年,第90-107页。

的种类人,而没有个体性的社会交往当然是不可思议的。

日常生活中的这些同一认定是很容易被人们忽视的,因为它只是对人体识别器官的简单运用,既不需要专门的知识,也不需要特殊的工具。张三就是张三,我认识他,因此我可以从很多人中间把他识别出来。但是,犯罪侦查中的情况就大不相同了。虽然侦查中有时也要运用这种简单的同一认定,譬如辨认,但是在大多数情况下,侦查中的同一认定都是以专门知识和特殊工具为基础的。因此就成为一种专门的认识方法或证明方法。

理解同一认定的概念,首先要准确把握"同一"这两个字的含义。从哲学上讲,同一是表示事物或现象同其自身相等同的范畴。同一并不等于相似,但是同一和相似之间又有密切的联系,因为认识同一往往是从相似开始的,同一认定也必须以客体特征的相似性为基础。同时,客观事物的同一性与差异性也有密切关系。正如恩格斯在《自然辩证法》中所指出的,"同一性自身包含着差异性……与自身的同一,从一开始就必须有与一切别的东西的差异作为补充,这是不言而喻的"。① 由此可见,同一认定既要考虑事物自身的差异和变化,也要考虑此物与彼物的差异。

众所周知,客观世界的万事万物之间既存在着差异性,也存在着相似性。而且在不同客体之间,差异和相似的程度亦有所不同。例如,双胞胎之间的差异一般要小于其他人之间的差异;同类案件之间的相似程度要大于不同类案件之间的相似程度。但是,无论两个案件多么相似,依然是两个案件。一对孪生姊妹可以相似得让亲友难以分辨,但她们终有差异,终究不是同一个人。由此可见,同一的对象只能是客体自身,张三只能和张三同一,某杀人案件也只能和该杀人案件同一。诚然,任何事物的自身同一都不是僵死和丝毫不变的,而是包含有自身差异和变化的同一。

同一认定的客体必须在人们的认识过程中出现过两次或者两次以上。世界上的事物都具有自身同一性。这支枪就是这支枪,跟其他任何枪支都有差异;这个案件就是这个案件,跟其他案件都不能同一。但是,客观事物固有的同一性何必要我们去加以认定? 或者说,究竟在什么情况下才会产生判断客体是否为同一的问题? 对这个问题的回答是:客体必须在主体的认识过程中出现过两次或者两次以上。例如,某地发生一起盗窃案,该案的

---

① 《马克思恩格斯选集》,北京,人民出版社,1972 年,第 537-538 页。

作案人就是第一次出现的客体;后来侦查人员找到嫌疑人,这嫌疑人就是第二次出现的客体;同一认定就是要判定这两次出现的客体是否为同一个人。而且,客体第一次出现时必须留下可供人们识别的特征反映体,如手印、足迹、字迹、血痕、毛发等。这些特征反映体也就是案件中的证据。

如果某客体仅在人们的认识过程中出现一次,那就不会产生认定是否同一的问题。例如,侦查人员在一起入室盗窃案件的现场发现了一个工具撬压痕迹,这说明在他们的认识过程中已经出现了一个客体,即在现场留下撬压痕迹的工具。但是侦查人员一直没有找到嫌疑工具,也就是说那客体没有第二次出现,因此就不会产生同一认定的需要。又如,某地发生一起盗窃案,但是当事人没有报案,公安机关也没有发现,该案件根本没有进入司法程序,因此也就不会产生认定是否同一的问题。

在刑事司法活动中,同一认定的对象包括人、物、场所。例如,通过手印或足迹认定某嫌疑人就是曾经到过犯罪现场的人;通过交通事故现场的轮胎痕迹认定某轿车就是把人撞伤后逃逸的肇事车辆;通过当事人的辨认认定某场所就是其曾被绑架关押的地点等。

虽然刑事案件多种多样,但是司法证明所要解决的问题归根结底只有一个:被告人是不是实施了公诉方指控的犯罪行为的人。从这个意义上讲,刑事司法证明的核心任务就是作案人同一认定。无论这个证明过程多么漫长,多么复杂,其最终目标都是证明被告人是不是实施了特定犯罪行为的人。

(二)同类证明法的概念

同类证明法,又称为种类认定法或种属认定法,也是刑事司法证明的基本方法。种类认定是指依据客体特征对与案件有关的客体的种类所属或先后出现客体的种类是否相同问题所作出的判断。对于刑事司法来说,种类认定结论的价值虽然不像同一认定那么高,但是应用范围却更为广泛。

种类认定是与同一认定相对而言的。人们对某客体进行种类认定,实际上就是依据该客体的某些特征把它限定在一定的范围之内。种类认定所依据的特征数量与质量不同,它们所限定的范围大小也就有所不同。一般来说,所依据的特征数量越多、质量越高,所限定的客体范围就越小。所依据的特征数量越少、质量越低,所限定的客体范围就越大。例如,当我们对一本书进行认定时,如果我们只依据"该书是中文的"这样一个特征,那么只能把该书限定在一个很大的种类范围之内,即中文书的范围之内。如果我们在这一特征的基础上又加上了一个"内容是关于犯罪侦查学的"特征,那就使该书被限定的范围缩小了,即关于犯罪侦查学的中文书。如果我们再添加上一些特征,如"它是 1989 年由中国人民大学出版社出版的"等,那么又可以使该书的范围得到缩小。

我们可以把客体的种类范围看作一个没有上限的梯级,也就是说,任何一个种类都可以因特征的减少而融汇在一个更大的种类之内。不过,这个梯级是有下限的。当这个种类范围被缩小到一定程度时,该范围内只有一个客体,那么量变就引起了质变,种类认定就转化为同一认定。如果我们给那本"1989 年由中国人民大学出版社出版的中文犯罪侦查学的书"再增加一个特征:"在书的扉页上有作者于某年某月某日的签名",那么该书的范围之内就可能只有一个客体了。这样的话,这个种类认定就转化为同一认定。

在刑事司法中需要进行种类认定的情况主要有两种:一种是要求认定与案件有关的某个客体所属的种类。例如,要求鉴定某现场发现的金属粉末的物质成分;要求鉴别某案件中发现的一根羽毛是何种鸟的羽毛;要求辨识某无名尸体的衣物的产地等。另一种是要求认定先后出现的两个或多个客体是否种类相同。例如,要求鉴定从某杀人现场提取的血迹与嫌疑人的血是否血型相同;要求认定某罪证文书所用的纸张与嫌疑人家里发现的纸张是否种类相同;要求认定现场足迹中的泥土是否与某地区的泥土相同等。

在第一种情况下,只有被确定种属的那个客体与案件有联系,而作为确定种属之标准样本的那个客体则与案件没有联系。在第二种情况下,被认定种类是否相同的双方或多方都可能与案件有联系,其中多数情况下都是一方联系犯罪事实,而另一方联系嫌疑人;只有少数情况下,比较的各方均与犯罪事实相联系,而不与具体的嫌疑人相联系。

种类认定一般都是通过直接观察或检验客体本身来实现的,但有时也可以通过观察或检验客体的特征反映体来实现。例如,根据现场的汽车轮胎痕迹来确定犯罪分子所用汽车的种类;根据现场的工具痕迹来判断犯罪分子所用工具的种类等。

在有些情况下,那些我们通常可以对其进行同一认定的客体因特征反映体条件不佳而无法对其进行同一认定,于是,我们只能得出二者种类相同的结论。例如,某现场指印条件不好,只能分辨出基本纹型,经与嫌疑人指印相比较,虽然二者的基本纹型相同,但我们据此既不能肯定同一,也不能否定同一,只能认定二者种类相同。

在第四讲中,我介绍了李昌钰涉嫌伪证案。在该案中,李昌钰关于毛巾上血迹的检验结论就是种类认定,因为该结论只是认定了毛巾上的血迹属于人血,并不能把该血迹与特定人联系起来。2015 年,警方复查该杀人案时,在被害人的身体上发现了另一个人的血迹。然后经过 DNA 鉴定,确认那些血迹属于另一名男子,从而为伯奇和汉宁洗冤。这个 DNA 鉴定就是同一认定。

(三)同一证明和同类证明的依据

同一证明和同类证明的依据都是客体特征,主要有五大类,即客体的形象特征、物质成分特征、活动习惯特征、时空位置特征和气味特征。因为同一证明对客体特征的要求更高,更能体现刑事司法证明的需要,所以我在这里主要分析同一证明所依据的客体特征。为了便于讲述,我还是按照习惯使用"同一认定"的说法。

根据上述五类客体特征,我们可以把同一认定分为:依据形象特征的同一认定,如指纹同一认定、足迹同一认定、工具痕迹同一认定、枪弹痕迹同一认定、车辆痕迹同一认定;依据物质成分特征的同一认定,如依据遗传基因的成分结构对人的血液、精斑等进行的同一认定;依据活动习惯特征的同一认定,如笔迹同一认定和声纹同一认定;依据时空位置特征的同一认定,如物理场所的同一认定和虚拟空间的同一认定;依据气味特征的同一认定,如警犬辨认和电子仪器的气味识别。这些分类不是绝对的,因为在具体案件中同一认定所依据的可能同时包括上述两种甚至三种特征。

事物之间的个体差异是同一认定的认识论基础。如果没有个体差异,同一认定就无法进行。一般来说,同一认定所依据的不是客体的全部特征,只是一部分特征的组合。因此,我们在研究同一认定问题时,必须具体考察这些特征组合是否具备同一认定所要求的条件,包括特征组合的特定性、稳定性和反映性。

1. 特征组合的特定性

由于同一认定要对客体进行个体识别,要把某个客体与所有其他客体区分开来,所以其依据的特征组合只能出现在一个客体上。换言之,每个同一认定所依据的特征组合必须具有特定性。具体来说,特征组合的特定性由以下三个方面的因素所决定。

(1)特征的数量。

理论和实践都已证明,特征的数量越多,特征组合的特定性就越强,该特征组合出现重复的可能性也就越小。当特征达到一定数量时,该特征组合就不可能出现重复,于是该特征组合就具备了同一认定所要求的特定性。由此可以得出特定性的第一条定律:

特征的数量与该特征组合的特定性成正比,或者说,与该特征组合出现重复的可能性成反比。

在考察特征数量时,我们既要考察该类客体所具有的特征种类数量,也要考察具体特征反映体上出现的特征数量,例如,指纹一共有多少种特征,以及作为鉴定对象的手印上一共出现了多少个纹线特征。

(2)特征的质量。

任何特征都有一定的质的规定性。这种特殊的规定性正是一个特征得以区别于其他特征的依据。但是对不同特征来说,这种质的特殊性也有所不同,有的特殊性表现突出,有的则表现不太突出。这就形成了特征质量的高低不同。例如,同样是指纹特征,"小勾""小桥""小眼"等细节特征的质量就高于"起点"和"终点"等细节特征的质量。

对同一认定来说,不同质量的特征在特征组合中的特定性价值也有所不同。当特征组合的特定性表现为一个不变的定量时,该组合中每个特征的质量愈高,该组合所要求的特征数量就愈低。特征的特定性价值是由该种特征在客体上的出现率所决定的。一般来说,出现率越高,价值就越低;出现率越低,价值就越高。"物以稀为贵"的原则在这里也适用。例如,斗型纹在我国人口中的出现率约为50%,而弓型纹的出现率仅为2.5%。作为一个指纹特征来说,弓型纹的特定性价值就高于斗型纹。由此我们可以总结出特定性的第二条定律:

特征的质量与其特定性价值成正比;在特征组合的特定性不变的情况下,特征的质量与特定性所要求的特征数量成反比;特征的特定性价值是由其出现率决定的,而且与其出现率成反比。

(3)同类客体的数量。

所谓同类客体的数量,就是指该特征组合可能出现重复的客体范围。

例如,指纹特征组合可能出现重复的范围就是人类的总数;某种鞋底花纹特征组合可能出现重复的范围就是那种鞋的生产总量;某类案件特征组合可能重复的范围则是该类案件的发生数量。同一认定所要求的特定性与特征组合可能出现重复的范围大小有密切关系。一般来说,范围越大,同一认定对特定性的要求就越高,对特征的数量和质量的要求也就越高。换言之,同样的特征组合,在较大的客体范围内无法使客体特定化,但是在较小的范围内就可以使客体特定化。当然,从另一个角度来说,范围的缩小往往也就意味着特征的增加,只不过是该特征组合之外的特征而已。由此我们可以得出特定性的第三条定律:

特征组合出现重复的范围大小,与同一认定所要求的特征数量和质量成正比。

2. 客体特征的稳定性

辩证唯物主义认为,运动和物质是不可分割的,世界上既没有无物质的运动,也没有不运动的物质。不过,千变万化的物质世界中也存在着各种形式的静止状态,或者说,客观事物在其发展变化的过程中也具有一定的稳定性。当然,运动和变化是绝对的,静止和稳定是相对的。不同客体的稳定性有所不同,不同特征的稳定性也有所不同。

同一认定所要求的特征稳定性是指客体特征在进行同一认定的必要时间内保持基本不变的属性。同一认定的"必要时间"是由具体案件中被寻找客体留下特征反映体到证据调查人员发现嫌疑客体并进行鉴定的时间长短所决定的。例如,某犯罪分子在盗窃现场留下鞋印到侦查人员发现嫌疑人并提取其鞋或鞋印作为比对样本的时间,就是该同一认定所要求的"必要时间"。如果那只在现场留下鞋印的鞋的特征在这段时间内保持了基本不变,它就具备了同一认定所要求的稳定性;如果在这段时间内那只鞋上的特征因自然原因或人为原因而发生了质的变化,那它就不具备进行同一认定的条件了。由此可见,司法人员应该尽量缩短需要进行同一认定的"必要时间"。

同一认定所要求的特征"基本不变"有两层含义:第一,对一个特征组合来说,是指其中的主要特征都保持不变,换言之,虽然该组合中的个别特征发生了较大的变化,但是这种变化并没有改变整个特征组合的基本特性。例如,某当事人在书写了与案件有关的文书到后来需要对其进行笔迹鉴定这段时间内,因学习而改变了他原来对某个字的错别写法,但是从其字迹特征的整体来说,仍然保持了原有的基本特性,那么其字迹特征组合就是保持了"基本不变"。第二,对一个具体的特征来说,是指保持该特征的质基本不变,或者说,该特征虽然发生了一些变化,但是它得以区别于其他特征的那些特殊的规定性仍然保持未变。例如,某作案分子在现场留下鞋印之后,由于他继续穿用,该鞋底的花纹特征因磨损而发生了一定的变化,但是由于磨损的方式与原来相同,所以每个特征的变化并没有影响到使之区别于其他特征的质,因此它仍然保持了"基本不变"。当然,量变超过一定限度,就会引起质变。

3. 客体特征的反映性

客体特征的反映性是指客体的特征能够在其他客体上得到反映的一种属性。我们知道,物体在运动过程中经常会以某种方式与其他物体相接触,并且会在对方身上留下自己的"痕迹",或某种形式的"反映"。对于同一认定来说,重要的不是这种反映的可能性,而是这种反映的容易程度和清晰程度。

首先,同一认定要求客体特征比较容易在其他客体上得到反映。例如,人的指纹具有"触物留痕"的特点,所以指纹就具备了同一认定所要求的"反映性"。人的"眼纹"虽然也具有特定性和稳定性,但是很难在其他客体上留下"痕迹",所以不具备同一认定的条件。其次,同一认定要求客体特征的反映具有较高的清晰度。虽然指纹能"触物留痕",但是如果指纹留下的痕迹很模糊,那么它也不具备同一认定的条件。能够影响客体特征反映清晰度的因素包括客体特征本身的清晰度、反映客体特征的那个物体的性质和形成反映的方式和力量等情况。

客体特征的反映性与人类的认识能力和特征识别能力之间有着密切的关系。一般来说,客体特征的反映是客观存在的,但是这种反映能否在同一认定中加以利用则取决于人的认识能力和水平。例如,随着人类所掌握的科学技术的发展和认识能力的提高,人们在同一认定中不仅可以利用人体的外貌特征和骨骼结构特征,而且可以利用书写习惯特征、指纹特征、掌纹特征、足纹特征、牙齿特征、唇纹特征、声纹特征、遗传基因特征等。在这一发展过程中,客体特征本身并没有发生什么变化,并不是人体在不断地增生出一些新的特征来供人们识别,而是随着人类认识能力的提高,那些原来无法识别的特征不断转化为可以识别的了。毫无疑问,数千年以前的人也有声纹特征和 DNA 特征,只不过当时人类的认识能力还无法识别这些特征而已。从这个意义上讲,人的认识能力和水平也是同一认定的一个条件,即主观条件。

在刑事案件中,作案人的同一认定往往是由多个具体事项的同一认定和种类认定组成的。例如,在一起杀人案件中,侦查人员在现场上提取了足迹、弹壳、血痕、毛发、纤维等物证,刑事技术人员对现场足迹和嫌疑人的鞋进行了同一认定;对现场弹壳和嫌疑枪支进行了同一认定;对现场血痕、毛发和纤维进行了种类认定,即认定现场血痕与嫌疑人的血型相同,现场毛发与嫌疑人的毛发同类,现场纤维与嫌疑人所穿毛衣的纤维种类相同。此外,某证人在案件发生前曾在现场附近看到一辆汽车,经过辨认,他确认嫌疑人的汽车就是那辆汽车。这也是同一认定。根据这些具体的同一认定和种类认定的结论,司法人员最终得出该嫌疑人就是杀人凶手的同一认定结论。在电子证据广泛应用的今天,作案人的同一认定也有新的特点。下面,我就以网络犯罪为例进行说明。

(四)网络犯罪主体的同一认定

网络犯罪是指行为人运用计算机等电子技术对网络系统或其信息进行攻击、破坏,或者利用网络进行诈骗、盗窃等犯罪活动的总称。在网络犯罪案件中,侦查的基本任务是要查找作案人并收集证据,审判的基本任务是要判断被告人是否实施该网络犯罪的人。从这个意义上讲,对网络犯罪主体的同一认定就是此类案件中证明的要点。然而,这并非易事,因为这些犯罪行为都是通过电脑或手机实施的,而案件中的证据往往只能证明作案的电脑或手机。那么,刑事司法人员如何证明使用这些电脑或手机实施犯罪行为的人? 我举例说明。

2017 年,某互联网公司发生了一起网络入侵案,作案人采用 VPN 代理方式①冒用高管账户登录公司服务器并多次窃取商业秘密。接到报案之后,

---

① VPN 是虚拟专用网络(Virtual Private Network)的简称。在网络犯罪中,作案人为了达到掩盖真实身份的目的,往往通过 VPN 代理方式访问目标地址。在此方式下,作案人首先访问的是 VPN 服务器,然后由 VPN 服务代理转发真正的访问需求。由于网络犯罪中所使用的 VPN 服务器一般是非法设立或设立于境外,因而无法通过 VPN 服务器反查发起访问的真实网络用户。

侦查人员首先分析了作案时间,确认这一系列网络入侵行为集中在 2017 年 8 月 4 日至 9 月 30 日。通过对该公司服务器的安全日志与安全漏洞的排查,侦查人员判断这些入侵是通过公司内部网络登录实施的,因此就在公司内部查找作案人使用的电脑。

经过大量的数据分析,侦查人员发现员工甲的账户与该被冒用的高管账户之间存在连续时间内同机(IP 地址)登录公司服务器的情况,并由此认定上述入侵行为使用的就是员工甲的苹果牌电脑。这是对电脑的同一认定,但是这个同一认定还不能认定作案人,因为其他员工也可以使用该电脑,而且该电脑还可能被外人入侵为"黑客肉机"。

侦查人员得知,员工甲是被冒用账户高管的下属,而且在那一系列入侵行为发生后就辞职了。这增大了员工甲的嫌疑。于是,侦查人员有针对性地进行了全面的调查取证。第一,侦查人员在被入侵服务器的访问日志中收集信息,分析网络入侵的对象页面。第二,侦查人员在网络访问所途径的中间服务器上收集信息,分析非法访问的路由过程。第三,侦查人员分析了网页缓存文件和数据碎片,以收集与服务器端相印证的特征信息。第四,侦查人员在身份认证服务器上收集账户、IP 地址等信息,以确定非法访问的来源。第五,侦查人员在账户管理及域名服务器上查询账户、IP 地址等的分配使用情况。最后,根据被入侵网址的私密性和该苹果电脑系统的封闭性,以及入侵行为的时间特征、对象特征、手法特征、账户特征等情况,侦查人员认定员工甲就是实施上述网络入侵行为的人,完成了该案作案人的同一认定。①

我在前面讲过,同一认定所依据的客体特征包括形象特征、物质成分特征、运动习惯特征、时空位置特征和气味特征。在对网络犯罪主体的同一认定中,活动习惯特征和时空位置特征往往具有较高的证明价值。

活动习惯特征是指反映客体特殊活动规律的特征。就行为人而言,它包括生理活动习惯特征、心理活动习惯特征和技能活动习惯特征。人的说话习惯和走路习惯就属于生理活动习惯特征,可以作为声纹同一认定和步法同一认定的依据。心理活动习惯特征包括行为人的兴趣结构、能力结构、气质结构和性格结构等要素,也可以在行为人同一认定中加以利用。技能

---

① 　参见何家弘、谢君泽:《网络犯罪主体的同一认定》,载《人民检察》,2020(19)。

活动习惯特征是指因某种特殊需求而在生理机能与心理机能的基础上经过反复练习而形成的带有技能性的习惯特征,如书写习惯特征、使用电脑的习惯特征和使用手机的习惯特征等。

时空位置特征是指客体在一定时间内占有的空间和方位。时间和空间是物质存在的基本形式,因此任何客体都具有一定的时空位置特征。客体的时空位置特征有三个特点:第一是唯一性,即一个客体不能同时占据两个空间位置;第二是排他性,即两个客体不能同时占据一个空间位置;第三是变化性,即一个客体可以在不同时间占据不同的空间位置。

在网络信息环境下,作案人实施网络犯罪行为要借助电子设备,而电子设备进一步通过数据信息的变换与交换去实现具体的行为。电子设备是作案人实施犯罪行为时在传统时空环境下所使用的工具,数据信息则是电子设备表达具体行为时在网络信息环境下所使用的工具。作为行为的工具,电子设备和数据信息都可能保存了反映主体特征的痕迹。因此,侦查人员可以从电子设备、数据信息、行为痕迹这三条路径对网络犯罪主体进行同一认定。

以电子设备为中介的同一认定,是指通过收集电子设备的硬件系统(计算设备、网络设备、存储介质等)和以操作系统为代表的软件系统的特征信息来认定网络信息行为人的方法。虽然从技术上讲应用程序和代码指令也属于软件系统的组成部分,但是考虑到它们在行为上与数据信息的产生具有更直接的关系,因而将其归入以数据信息为中介的同一认定。以电子设备为中介的同一认定,主要有外观信息认定法、系统信息认定法和地址信息认定法。

以数据信息为中介的同一认定有可能摆脱对作案人电子设备的审查依赖。它是通过分析各种类型数据信息以及相关应用程序、代码指令等,以其中所含有的特征信息来认定网络信息行为人。这种认定方法所基于的数据信息不仅可以是来自作案人的电子设备,也可以是来自于网络服务器或行为对象的电子设备。根据特征信息的数据形式不同,这种同一认定方法又可以进一步区分为密码认定法与明文认定法。前者所依据的特征信息是包含密码变换算法的加密信息,后者则是人们可以直接识别的信息。密码认定法包括电子签名认定法、应用账户认定法、代码指令认定法等。明文认定法包括日志数据认定法、数据内容认定法以及碎片数据认定法等。

以行为痕迹为中介的同一认定,是指以行为本身的历史痕迹来认定网络信息行为人的方法。这些行为痕迹既可以来自于行为人电子设备也可以来自于网络服务器或对方电子设备。例如,通过涉案电子邮件的前后邮件来认定行为人、通过聊天记录的上下文来认定行为人。这是根据行为痕迹在时空上的特征来认定行为人。行为痕迹中还包含活动习惯特征,如打字习惯、命名习惯、编程习惯等。人的行为方式是多种多样的,任何一种行为方式都可能在网络信息环境中留下相应的痕迹,因此都可能作为对网络犯罪主体进行同一认定的依据。

二、直接证明法和间接证明法

在第五讲中,我讲了直接证据和间接证据。直接证据是以直接方式与案件主要事实相关联的证据,可以直接证明案件的主要事实。间接证据是以间接方式与案件主要事实相关联的证据,必须与其他证据连接起来或通过推理才能证明案件的主要事实。直接证明法和间接证明法不是以证据种类为基础的分类,不能等同于直接证据和间接证据的分类。

直接证明法是直接用证据的内容来证明某事实主张为真。这是刑事司法中广泛使用的证明方法。例如,在汤兰兰案中,直接证据包括被害人陈述和被告人供述;间接证据包括播放色情录像的影碟机和光碟,记录汤兰兰与其表姑通电话的录音带,证明相关事实的证人证言,以及汤兰兰报案后民警带她到当地妇幼保健站进行下体检查的报告单。这些证据的内容都可以证明公诉方的事实主张,即那些被告人多次与汤兰兰发生过性关系。

间接证明法不是用证据的内容来直接证明某事实主张,而是通过否定与之相反或相斥的事实主张来间接地证明该事实主张。间接证明法包括反证法和排除法。运用反证法证明案件事实,首先要假设一个与待证事实主张相反的假设事实主张,然后证明该假设事实主张为假,从而证明该待证事实主张为真。我在中央电视台《今日说法》的 2000 年元旦特别节目中曾经讲过一个案例——

乙经理在甲经理的办公室里中弹身亡。甲经理说他亲眼看见乙经理开枪自杀。甲经理的秘书说,她看见乙经理走进了甲经理的办公室,然后听见屋里一声枪响,等她和别人一起冲进屋去,看见乙倒在地上,头部有一个流血的伤口,手边有一支手枪,屋子里只有甲乙二人。

该案现场上还有不少物证,如死者手边的手枪、死者头部伤口内的子弹头和伤口周围的射击残留物等。经过检验,侦查人员发现那支手枪的枪把上留有乙的手印,而且导致乙死亡的那颗子弹就是从这支手枪里射出的。根据对伤口周围射击残留物分布形状的检验,枪弹检验专家推断枪口到伤口的射击距离在80厘米以上。另经查明,甲经理和乙经理之间有债务纠纷。

在这起案件中,侦查人员手中没有能够直接证明他杀的证据,于是先假设乙经理为自杀。但是,枪弹检验专家推断的射击距离在80厘米以上,而受胳膊长度的限制,一个人很难在这种射击距离下完成自杀的行为,因此否定了乙经理自杀的假设。通过证明乙经理开枪自杀的事实主张为假,侦查人员便证明了他人开枪打死乙经理的事实主张为真。这就是反证法的运用。

运用排除法证明案件事实,首先要提出关于该案件事实的全部可能性假设,而且这些假设都处于相互排斥的状态,然后逐个进行排除,直至剩下唯一的可能事实,从而证明其真实性。

在上述枪击案中,他杀的开枪人有两种可能性:甲经理和第三人。根据秘书的证言和现场环境情况,乙经理被子弹打死时现场只有甲经理一人,而且没有窗外开枪杀人的可能性。于是,侦查人员排除了第三人开枪的可能性,剩下的可能性就是甲经理开枪。于是,侦查人员就运用排除法证明甲经理是开枪打死乙经理的人。

关于排除法的运用,我再讲一个真实的案例。

1980年6月25日,在山西省大同县许堡公社浅井大队发生了一起耸人听闻的案件,一个一岁女婴在家中炕上被人用力踩踏头部致死。侦查人员询问案发时在肖家院子里干活的人得知,当时只有两人在现场屋内,一人为女婴之父肖某,一人为生产队长王某。肖、王二人素有不和,案件发生时正在争吵,事后二人又互告女婴被对方踩死。由于没有其他证据,侦查人员一时难以判定究竟谁是踩死女婴的凶手。不过,人们多以为罪在王某,因为根据该案的情况分析,绝无误伤的可能,而肖某故意踩死亲生女儿,似乎也不合情理。

为了寻找定案根据,侦查人员对女婴尸体进行了风干处理。之后,尸体脸上显现出边缘整齐且有点状特征的鞋底痕迹。于是,他们把王、肖二人的鞋拿来进行比较。王某的鞋是解放鞋,鞋底花纹呈波浪形,前掌中部和后跟右侧磨损严重,呈光面,与死者脸上的点状痕迹明显不同,可以排除。肖某的鞋是条绒面胶底布鞋,右脚鞋底表面胶皮已基本磨完,因而在前掌部露出线绳的横断面,呈点状排列,与死者脸上的痕迹相似。由于王某已经排除,遂认定肖某为踩死女婴的凶手。在证据面前,肖某不得不承认,他因不喜欢女孩儿,又想诬陷王某,就踩死了亲生女儿。肖某本想来个"一石二鸟",谁想到却搬起石头砸了自己的脚。①

这个案件还展示了同一认定与种类认定的关系。一般来说,像该女婴尸体脸上的这种鞋印是不能作为同一认定依据的,因为该鞋印中的反映特征不太清晰,无法把留下该鞋印的鞋与其他同类的鞋区分开来。换言之,依据该鞋印的特征组合只能对鞋进行种类认定,不能做到同一认定。但是在本案的特殊情况下,嫌疑客体的范围很小,而且对象明确,可以逐一进行特征比较,因此就可以用排除法进行同一认定。

运用排除法进行同一认定,结论的正确性主要依赖于所确定的客体范围的准确性。如果客体范围确定得不准确,那就会导致错误的同一认定结论。其实,这类同一认定所依据的特征组合就包括确定嫌疑客体范围的特征。在上述案例中,仅有鞋印特征不能使客体特定化,但是加上确定客体范围的时空位置特征就可以使客体特定化。换言之,该同一认定的依据有两组特征:其一,呈点状的鞋印特征;其二,案件发生时在现场的时空位置特征。正是这两组特征的结合实现了对客体的同一认定。

在一起杀人抛尸案中,侦查人员在抛尸现场附近的林间小路上发现了一辆汽车的轮胎痕迹。但是,那些痕迹不太清晰,只能确认是纵向花纹轮胎,而使用这种轮胎的汽车很多。侦查人员在调查访问中得知有人那天曾在该林间小路上看到一辆绿色的汽车,但是绿色的汽车也很多。总之,这两个特征无法对抛尸汽车进行同一认定。然而,那是林区,所有进入该地区的汽车都要通过林区检查站。于是,侦查人员到林区检查站查阅记录,得知那天共有八辆汽车驶进。根据记录的车牌号码,侦查人员找到这八辆汽车,发现其中只有一辆车同时具备纵向花纹轮胎和绿色两个特征,从而认定该车就是抛尸车辆。然后,警方顺藤摸瓜,查获了罪犯。由此可见,在客体范围小且明确的情况下,依据比较少的客体特征就可以运用排除法进行同一

---

① 参见何家弘:《从相似到同一——犯罪侦查研究》,北京,中国法制出版社,2008年,第216-217页。

认定。

我再讲一个更为复杂的案例。2023 年 12 月 22 日,北京某著名高校的学生朱令在北京去世,享年 50 岁。近 30 年来,朱令中毒案一直是国人关注的一个热点。谁是凶手? 真相何在? 网络上有各种猜测和传说,但是无有定论。

朱令是 1973 年出生的北京女孩,相貌秀丽,多才多艺。她于 1992 年考入这所大学化学系的物理化学和仪器分析专业。1994 年,朱令身体不适,到医院就诊,后来查明是铊中毒。经过医生的救治,朱令保住了生命,但是几乎成为植物人。

1995 年 5 月,北京市公安局接到这所大学保卫部的报案之后,迅速开展调查。根据有关情况,警方认定这是一起投毒案件,决定立案侦查,并且成立了专案组。铊是一种剧毒金属,其保管和使用都有严格的规范,一般人无法获取。在一年多的时间内,侦查人员走访了一百多名相关人员和一百多家经营使用铊盐的单位。侦查人员认为,外人作案的可能性极小,投毒者应该就在朱令的身边。

1997 年 4 月,警方把朱令的同宿舍同学孙某作为嫌疑人带走审查。在一段时间内,案件调查工作已经看到了曙光,用警方的说法是“就差一层窗户纸”了。然而,这一层“窗户纸”却一直未能捅破。

1998 年 8 月,警方宣布解除孙某的强制措施,理由是警方没有收集到证明孙某实施投毒行为的确凿证据,而对孙某的羁押已经超过法定期限。警方后来解释说,“因为从朱令出现中毒症状到公安机关接报案件,时间已近半年,相关场所没有监控设施,犯罪痕迹物证已经灭失,办案人员尽最大努力,采取了当时能够使用的各种刑事侦查措施,仍未获取认定犯罪嫌疑人的直接证据”。

虽然警方的这一决定并没有排除孙某的犯罪嫌疑,但是该案的侦查已经因证据不足而中止。直到朱令去世,该案都没有后续侦查的消息,成为一个悬而未决的疑案。

对于朱令案,我一直没有认真关注。我曾经说过,对于法院没有终审判决的案件,我一般都不会公开发表评论。最近,一些人问我对朱令案的看法,希望我能谈谈该案的证据问题。我想,这是三十年前的旧案,我可以谈谈。于是,我就做了一些认真的研究。我认为,这个案件值得评论,因为它是讲解犯罪侦查中同一认定方法的经典案例。

我没有看到公安机关的案卷材料,只能根据网络上传说的有关材料发表个人意见。我认为,就一般情况来说,本案现有的证据确实没有达到法院定罪的证明标准,换言之,已知证据不能确实充分地证明孙某实施了投毒行为。但是,本案的情况很特殊,侦查人员可以运用直接排除法对作案人进行同一认定。

根据网络上看到的材料,本案有两个可以确认的基础事实:第一,朱令是铊中毒;第二,朱令的中毒是有人投毒。本案中的已知证据可以证明:(1)孙某有拿到毒物铊的条件,她协助老师做实验使用铊溶液;(2)孙某有给朱令投毒的条件,她和朱令住在同一个宿舍;(3)孙某可能有作案动机,如嫉妒朱令;(4)孙某可能有销毁罪证的行为,如事后清除朱令的个人生活用品。

本案中没有证据能直接证明孙某实施了投毒行为,而这是要认定孙某有罪的一个重要的证明环节。因此,警方宣称本案缺少证明孙某有罪的“确凿证据”,也是无可厚非。然而,我们认定本案的投毒事实,还可以采取排除法。

在朱令中毒案中,侦查人员首先要根据已知案情对作案人进行“画像”,也就是要确定作案人的基本特征。根据前面介绍的材料,这个作案人的基本特征应该包括:第一,她或他是可以获得毒物铊的人;第二,她或他是可以经常接触朱令的生活用品的人;第三,她或他是仇恨或嫉恨朱令的人。针对个人的投毒一般都是有预谋的,不是偶然的激情行为,因此一定是有原因的。在这个“画像”的基础上,侦查人员就可以划定犯罪嫌疑人的范围。

根据已知的案情材料,朱令中毒期间,这所大学一共有七个人可以接触到毒物铊,包括两名教师、三名研究生和两名本科生。由于朱令中毒是多次投毒的结果,而且作案人很可能把毒物投放在朱令的日常生活用品上,如洗漱用品和饮水用品。因此,朱令的同宿舍同学都是嫌疑对象。案发时,朱令的宿舍共有四名女生。另外,侦查人员还通过调查工作排除了外人作案的可能性。

如果这个嫌疑人范围是可靠的,那么侦查人员就可以对这些人进行逐一的排查,依据就是我在前面讲到的那些作案人特征,包括可以拿到毒物铊,可以多次接触朱令的生活用品,可以在事后销毁罪证,对朱令有仇恨或嫉恨等。

我没有看到朱令案的侦查案卷材料,但是侦查人员在当年调查时应该对这些人都进行过调查询问,而且排除了除孙某外其他人的作案可能性。这就是说,在这些嫌疑人中间,只有孙某一人同时具备上述"特征"。她是参与毒物铊实验的两名本科生之一,与朱令住在同一个宿舍,而且她很可能对才华横溢的朱令有"羡慕嫉妒恨"。在排除了其他嫌疑人的作案可能性之后,侦查人员就可以得出本案的同一认定结论,即孙某就是投毒人。

讲到这里,我就想起福尔摩斯的一句名言:"把所有其他的可能性都排除掉,那么这最后一个可能性,不管它多么难以置信,就是不可辩驳的事实。"这就是运用排除法的作案人同一认定。

三、演绎证明法和归纳证明法

逻辑推理是刑事司法中常用的证明方法,也是人类思维和智慧的重要表现。推理是从已知的事实或判断出发,按照一定的逻辑规律和规则,推导出新的认识或判断。推理是与查明案件事实相联系的。在刑事案件的诉讼过程中,从侦查到批捕,从起诉到审判,有关办案人员会经常使用推理的方法来认识案件事实和证明案件事实。特别是在运用间接证据证明案件事实的时候,推理更是不可缺少的,堪称办案人员通过证据认定案件事实的桥梁。推理有两种基本形式,即演绎推理和归纳推理。前者是从一般到个别的思维方法;后者是从个别到一般的思维方法。

演绎证明法就是运用演绎的形式,从证据的真实性推导出事实主张的真实性。演绎证明通常要运用两种论据:一种是一般的原理或规律,即大前提;另一种是案件中的具体证据,即小前提。演绎证明就是通过把一般原理或规律适用于具体案件情况,从而证明某事实主张的真实性。在杀人案件中,法医在证明被害人的死亡时间这一案件事实时就可以运用演绎证明法。法医使用的大前提是法医学关于尸体在不同死亡时间内会呈现不同反应的一般原理;小前提是本案中尸温、尸僵、尸斑等具体的尸体现象;结论是死亡时间。

归纳证明法是运用归纳的形式,从证据的真实性推导出事实主张的真实性。这里所说的"归纳证明"不是严格的逻辑学意义上的"归纳推理"。例如,在我前面讲过的乙经理被杀案中,侦查人员根据现场的手枪和致命弹头上的射击痕迹、死者头部的枪伤和周围的射击残留物痕迹、有关的鉴定结论以及甲经理和乙经理之间有债务纠纷等证据，通过归纳与综合，最终证明甲经理就是杀害乙经理的凶手。

在柯南道尔的笔下，福尔摩斯是逻辑推理的大师。柯南道尔曾经借福尔摩斯之手写了一篇名为《生活宝鉴》的文章。文中说道："一个逻辑学家不需亲眼见到或者听说过大西洋或尼亚加拉瀑布，他能从一滴水上推测出它有可能存在。所以整个生活就是一条巨大的链条，只要见到其中的一环，整个链条的情况就可推想出来了。"福尔摩斯这种"窥一斑而知全豹"的本领实为常人所望尘莫及。福尔摩斯还宣称："从一个人瞬息之间的表情，肌肉的每一牵动以及眼睛的每一转动，都可以推测出他内心深处的想法来。"推理能力如此神奇，难怪被称为"魔鬼的把戏"！

柯南道尔在小说《血字的研究》中描写了一个"演绎法"的范例。华生和福尔摩斯看到一个在街上查看门牌号码的送信人，福尔摩斯就断言那人是退伍的海军陆战队军曹。后来，他解释自己的推理依据是：这个人是中年男子，留着络腮胡子，有军人气概，手臂上有"锚"的刺青，而且有发号施令的神态。柯南道尔说福尔摩斯的这个推理就是"演绎法"。但是后来有人撰文反对，认为柯南道尔犯了一个逻辑错误，这个推理应该属于"归纳法"。

我认为，柯南道尔的说法是正确的，福尔摩斯的这个推理属于演绎法，但是包含了归纳法的内容。准确地说，这个推理的大前提是通过归纳法得来的。福尔摩斯根据生活经验，归纳出一个规律性认识，即海军陆战队军曹一般都是中年男子，都留着络腮胡子，都有军人气概，手臂上都有"锚"的刺青，而且都有发号施令的神态。他看到的这个送信人具有上述特征，就推断这个人是退伍的海军陆战队军曹。用归纳法得出大前提，再用演绎法得出结论，这也是推理的一般思维模式。不过，福尔摩斯把送信人的多个特征归纳起来，得出推理结论，也可以称为归纳证明法。这大概也是那位批评柯南道尔的人的观点。

在刑事司法活动中，办案人员最常运用的推理是演绎推理，也就是人们所说的"三段论推理"。例如，某杀人案的侦查人员在犯罪现场发现了一枚血指纹印，经过指纹比对，确定是张三所留，因此得出结论：张三曾经到过犯罪现场并且有重大犯罪嫌疑。这个认识过程就包含演绎推理，其形式如下。

大前提:凡是在杀人现场留下血指纹印的人都是到过现场并且有重大犯罪嫌疑的人;

小前提:张三在杀人现场留下了血指纹印;

结论:张三曾经到过现场并且有重大犯罪嫌疑。

演绎推理一般由大前提、小前提和结论组成。演绎推理的结论是否正确,主要取决于两个方面的因素:其一是推理的前提是否真实;其二是推理的形式是否正确。所谓前提是否真实,就是作为推理前提的判断是否符合客观实际情况。这里所说的前提,既包括大前提,也包括小前提。所谓形式是否正确,就是说推理的形式是否符合逻辑推理的有关规则,如三段论推理中不能出现四个不同的概念,作为中项的概念在两个前提中使用时至少要周延一次,两个前提不能都是否定性判断,两个前提不能都是特称判断等。

在刑事司法实践中,演绎推理使用的大前提主要有两种情况:一种是必然真实的大前提;一种是或然真实的大前提。第一种前提是客观真理或者必然发生的事情,例如,一个人吃了超过致死量的毒药而且没有及时抢救的话,就会导致死亡。无论是什么人,只要符合上述条件,就必死无疑。这就是必然真实的大前提。第二种前提是可能发生的事情,或者是只在某些情况下才会发生的事情。例如,一个人在受到他人侵害之后会采取相应的报复行动。这就是或然真实的大前提,因为有人在受到他人侵害之后并不会采取报复行动。

大前提的真实性决定结论的可靠性。由于以必然真实性判断为大前提的结论比较可靠,所以司法证明中的推理最好使用必然真实的判断为大前提。但是在司法实践中,受各种条件的限制,人们有时只能使用或然真实的判断为大前提。然而,以或然真实性判断作为大前提的推理结论虽然不太可靠,但并不等于说这些结论都是错误的。它们可能是正确的,也可能是错误的。换言之,大前提是或然性的,结论也是或然性的。当然,这种结论并非没有价值。例如,一个男子被人杀死了,侦查人员通过调查得知该男子的妻子与他人通奸。于是他们作出如下推理:通奸的妻子往往会与奸夫合谋杀害亲夫;这个妻子与他人通奸;所以她很可能与奸夫合谋杀害亲夫。毫无疑问,这个大前提属于或然性判断,其推理结论也属于或然真实的认识,但是,侦查人员最终就是根据这个推理查获了罪犯。

显而易见,基于必然真实性前提的间接证据的证明力,要大于基于或然真实性前提的间接证据。例如,在上述那个乙经理被杀案中,侦查人员通过现场勘查掌握了两个间接证据。其一是死者手中握着那支射出致命子弹的手枪;其二是死者头上没有射击残留物的伤口。第一个证据倾向于证明此案为自杀,其推理的前提是:"枪击死者自握手枪的很可能是自杀。"第二个证据倾向于证明此案为他杀,其推理的前提是:"自握手枪自杀的必然是贴近射击或近距离射击,而这两种射击都必然在伤口周围留有射击残留物。"对于证明"自杀还是他杀"的事实主张来说,这两个证据都是间接证据。第一个证据的前提是或然真实性判断,第二个证据的前提是必然真实性判断,因此第二个证据的证明力大于第一个证据的证明力,结论是他杀。

在一起持枪抢劫储蓄所的案件中,一名路人在辨认中指认嫌疑人赵某就是抢劫犯,因为他在抢劫案发生之后看见赵某慌慌张张地从储蓄所跑了出来。这个证人证言属于间接证据。就这个证据而言,它要证明赵某就是抢劫犯,必须有一个设定的前提,即"抢劫案发生后从储蓄所慌慌张张地跑出来的人是抢劫犯"。我相信,很多同学都会对这个前提的真实性持怀疑态度,因为抢劫案发生后慌慌张张地从储蓄所跑出来的人不一定都是抢劫犯。

在以或然真实性判断为前提的间接证据中,前提为真的概率与证据的证明力成正比。这就是说,前提为真的概率越高,证据的证明力就越大;前提为真的概率越低,证据的证明力就越小。由于人们在分析证据时往往很难准确计算出某一前提为真的绝对概率,因此在实践中一般只能估算其相对概率,但这对于分析间接证据的证明力来说已经很有意义了。我们可以把前提为真的概率分为五级:很高、较高、一般、较低、很低。与此相应,我们也可以把这种间接证据的证明力分为五级:很大、较大、一般、较小、很小。这里的难题是如何估算某前提为真的概率?

或然真实性前提一般是在人们生活经验的基础上形成的,既包括直接经验,也包括间接经验。这些经验有意无意地积累在人们的大脑之中。在需要推理时,人们便自觉或不自觉地把它们提取出来作为连接证据与事实的中间环节。因此,人们往往会根据自己的生活经验来估算前提为真的概率,而且不同的人可能得出不同的结论。刑事司法人员不能仅考虑自己的生活经验,还要考虑人们共有的生活经验,即人们的共识或常识。一般来说,越容易被人们共同接受的前提,其为真的概率就越高。

刑事司法人员在使用这种前提进行推理时可能犯两种错误。第一种错误是过分依赖个人的片面性经验。第二种错误是过分重视人的一般行为特征而忽视具体情境对行为的影响。虽然分析间接证据的证明力只是评断证据的一部分工作，但是司法人员也应尽量避免在推理前提上出现错误，因为错误的分析往往会使刑事司法误入歧途。

四、元素证明法和系统证明法

元素证明法，又称为要素证明法，就是通过运用证据证明构成案件事实的每一项要素来证明全案事实的方法。由于其证明过程是从部分到整体，所以有人称之为"自下而上"的证明方法。系统证明法与之相反，它是先从整体上证明案件事实的基本结构，然后再证明具体的构成要素。由于其证明过程是从整体到部分，所以又被称为"自上而下"的证明方法。

虽然这两种方法的区别表现为证明的过程形态不同，但是其实质在于证明的重心不同。在有些情况下，证明了每一个要素就等于证明了整体事实；但是在有些情况下，证明每一个要素与证明整体事实并不能简单地等同起来；另外，在某些案件中，证明某个要素几乎是不可能的，但证明包括该要素在内的整体事实却是可能的。在第一种情况下，采用"自下而上"的证明方法还是采用"自上而下"的证明方法并无太大的差异；但是在后两种情况下，采用何种证明方法却有可能带来大相径庭的结果。由此可见，要素证明法和系统证明法应该适用于不同的案件情况。

这两种证明方法的区别并不局限在刑事司法之中。医生诊断病情也可以视为一种证明过程。一般来说，医生在诊断病情或者说"查明病情真相"时采用的是要素证明法。医生通过"望、闻、问、切"或使用各种检验技术，逐个查证病人的各种症状，如脉搏、舌象、体温、血压、血象等。随着已查明的症状数量的增加，整体病情的性质也就逐渐明确。或者说，随着已知"要素"的增加，病人可能得的病的种类数量就减少了，直到剩下最后一种可能性的时候，病就查清了，整个病情也就得到了证明。当然，有些医生也会采用系统证明法来查明病情。他们先凭直觉或第一印象推断病人得的是肺炎还是普通感冒，然后再根据这一病情的"系统"要求去查验症状。

历史学家在证明历史事件时往往采用系统证明法。他们一般先就某历史事件或历史进程设立一个符合历史规律和逻辑规律的事实主张，然后再到纷乱复杂的"历史材料"中去查找,用细节构建起该主张所需的系统,而且在构建过程中公开或含蓄地加入自己关于历史的哲理或解说。

要素证明法和系统证明法的适用对象有所不同。这表现在两个方面:其一,要查明的问题可否用简单的"是"或"不是"来回答;其二,要查明的问题可否用再现法检验。在医生诊断病情的过程中,要查明的问题往往是可以用"是"或"不是"来回答的,而且一般都可以用再现法检验。例如,病人的体温是否高于37℃;病人血液中的白血球数是否超过了1万。因此,医生诊断病情的活动比较适宜采用要素证明法。

然而,在历史学家的证明过程中,要查明的问题往往比较复杂,而且也不可能用再现法检验。例如,法国"巴黎公社"失败的原因是什么?华盛顿在美国独立战争中的作用是什么?即使我们把这两个问题改成"一般疑问句",恐怕历史学家也很难用"是"或"不是"来回答。例如,法国"巴黎公社"失败的原因是不是当时无产阶级的力量还不够强大?华盛顿在美国独立战争中是不是起了决定性作用?医生在诊断病情时可以用再现法检验,如反复检验体温及其与病症的关系。但是历史学家却不能用再现法去检验在无产阶级力量强大的情况下"巴黎公社"还会不会失败;也无法用再现法去检验没有华盛顿的美国独立战争还会不会胜利。

刑事司法的证明方法不等于医生的证明或历史学家的证明,但是确有相似之处,而且在不同的刑事案件中可采用不同的证明方法。例如,在朱令中毒案中,侦查人员就可以使用要素证明法。首先,该案的立案侦查就是基于铊中毒的要素证明,即医生根据朱令有呕吐、腹泻、腹痛、脱发等症状,以及毛发等生物检材的实验室检验结果,确认朱令是铊中毒。其次,侦查人员可以把作案人的基本特征作为案件事实要素,对犯罪嫌疑人进行审查。如前所述,这包括以下三个问题:第一,她或他是可以获得毒物铊的人吗?第二,她或他是可以经常接触朱令的生活用品的人吗?第三,她或他是仇恨或嫉恨朱令的人吗?正是通过这些要素问题的审查,侦查人员可以确认孙某是犯罪嫌疑人。

在刑事司法活动中,系统证明法有更为广泛的用途,因为司法人员在使用证据证明案件事实时,往往都有一定的事实主张。在这种情况下,运用系统证明法既可以加强证明的条理化,又可以简化复杂的证明过程。

系统证明法也比较符合人们在日常生活中形成的思维习惯,因为人们会自然而然地对生活中的认识活动进行条理化和简化处理。例如,一个人会记住自己昨天下午去了一趟商店,而不一定记住出门、锁门、下楼、掏钥匙、打开自行车锁、骑上车等一系列具体动作;当人们看到一辆汽车从身旁驶过时,会毫不犹豫地推定那汽车具有车身、轮胎、发动机、车灯等一系列构成要件,而不必一一核查这些要件之后才断定这是一辆汽车。诚然,证明案件事实绝不像上述事例那么简单,但其中的道理是相通的。在运用系统证明法证明案件事实的时候,最重要的是准确把握系统的结构并遵循系统证明的规则。

在前面讲述的那起持枪抢劫储蓄所案中,除了那个路人的辨认证言之外,侦查人员还收集到下列证据:(1)证人甲(储蓄所营业员)经辨认后认为"赵某很像那个持枪抢劫犯";(2)证人乙(枪贩)说他在案发两个月前曾卖给赵某一支五连发钢珠手枪;(3)侦查人员在赵某家中搜到一支手枪,证人乙辨认后肯定那就是他卖出的手枪,证人甲辨认后说"很像那个抢劫犯手中拿的枪";(4)该抢劫犯从银行抢走人民币3万余元,而赵某在案发的三天之后向一位朋友归还了2万元债款;(5)证人丙说赵某在案发数月前一次饮酒过程中曾谈到"想抢银行";(6)侦查人员能证明赵某在案发后不久即离开本市且去向不明,直至半年后才返回本市;(7)赵某在公安机关曾供认自己是抢劫犯,但是没有供述作案的细节情况。

在法庭审理过程中,被告人赵某推翻了自己在公安机关的供述,并作出如下辩解:(1)他买那支手枪是为护身之用;(2)他归还的2万元债款是他做生意赚的钱;(3)他说"想抢银行"不过是酒后吹牛;(4)他在案发后离开本市是到南方去做生意;(5)他在公安机关的供认是侦查人员刑讯逼供的结果。

在控方提交的证据中,证据(1)和证据(7)是直接证据,其他都是间接证据。由于证据(1)是个非确定性的结论,而证据(7)已经被赵某推翻,因此审判人员在本案中分析已知证据的证明力时要重点分析这些间接证据。

本案证明的中心任务是"何人",即赵某是不是那个持枪抢劫的人。那么,对这些间接证据的分析都要围绕"何人"来进行,即判断它们能在多大程度上证明赵某就是抢劫犯。为此,我们有必要明确每一个证据推理的前提,并分析其为真的概率。

如果单独分析这些间接证据,那么每个证据的推理前提就都是或然性的。例如,非法买枪的人不一定都去抢银行;在案发后用与赃款数额相近的现金还债者不一定都是抢劫犯;案发后突然离开本市且去向不明的人也不一定就是抢劫犯。但是,这些证据可以构成一个证明系统,证明被告人有抢银行的念头,曾非法购买枪支,可能实施了抢银行的行为,而且事后还债并逃离本市。这个证据组合可以证明被告人赵某就是抢劫储蓄所的人。这就是系统证明法的运用。

在只有间接证据的案件中,刑事司法人员要保证这些间接证据能够形成可靠且完整的证明系统。这要把握以下标准:第一,每个间接证据都必须查证属实;第二,每个间接证据必须与案件事实存在客观联系,对证明案件事实具有实质意义;第三,每个间接证据所证明的案件事实应该具有基本方向的一致性,不应存在无法合理解释的矛盾;第四,这些间接证据之间应该能够互相衔接或结合,应该能够形成完整的证明链条;第五,全部间接证据组成的证明系统所得出的结论应该具有唯一性或排他性。

刑事司法证明是一种主观对客观的认识活动。虽然这种认识活动不能脱离客观条件的制约,但是就认识活动本身来说,方法是决定的因素。因此,认真研究刑事司法的证明方法,对于保证刑事司法的公正性来说具有重要意义。

各位同学,这一讲的思考题是:电子科技的发展可能对刑事司法的证明方法产生什么影响?

何老师留的
思考题

学生对谈

第七讲　刑事司法的证明责任

各位同学,大家好! 这节课我要讲刑事司法的证明责任,而且要讲曾经轰动一时的"山东聊城辱母杀人案"。大家都知道这个案件,但是有些具体情况大家可能还不太清楚,我可以做一些补充说明。另外,关于这个案件的责任问题,我也有一些与众不同的观点,要与大家分享。

一、刑事诉讼中证明责任的分配规则

所谓证明责任,就是诉讼当事人在审判中向法庭提供证据证明其事实主张的责任。理解这一定义,我们首先要明确两个问题:第一,在诉讼活动中承担证明责任的主体只能是诉讼当事人,不包括法官。具体就刑事诉讼而言,承担证明责任的主体主要是代表国家提起公诉的检察官,当然在某些特殊情况下,也可以是被告人。第二,证明责任是以审判为中心的,主要表现在诉讼的审判阶段。在审判以前的诉讼活动中,不存在证明责任的问题。虽然审判以前的调查取证活动是为审判阶段的证明活动服务的,但是严格地说,那不是证明责任的履行。换言之,侦查人员不是在诉讼中承担证明责任的主体。

我们所说的证明责任应该包括三层含义:第一,提供证据的行为责任,就是诉讼当事人就其事实主张向法庭提供证据的责任;第二,说服事实裁判者的行为责任,就是诉讼当事人用符合法律要求的证据说服事实裁判者相信其事实主张的责任;第三,承担不利后果的责任,就是诉讼当事人在不能提供证据或者不能说服事实裁判者而且案件事实处于不清状态时承担不利诉讼后果的责任。这三层含义的证明责任是不能分割的,也就是说,任何一方承担的证明责任都应该包括行为责任、说服责任和后果责任。

在诉讼活动中,证明责任以事实主张为基础。没有事实主张,就没有证明责任,而且证明责任的内容也是由事实主张所决定的。在刑事诉讼中,公诉方提出事实主张的范围应当包括被告人犯了什么罪,犯的是一罪还是数罪,以及有无应当从重、从轻或减轻处罚的事实情节等。对于证明责任来说,这有两层含义:其一,因为事实主张是确定证明责任的基础,所以公诉方对上述事实主张承担证明责任;其二,因为被告人无罪不属于公诉方的事实主张范围,所以公诉方不承担证明被告人无罪的证明责任。

证明责任在诉讼活动中的确定与分配,既是一个重要的法学理论问题,也是一个重要的司法实务问题。证明责任的分配具有偏正性。这就是说,证明责任的分配总要偏向于一方,而且这种偏向应该符合司法的公平正义。如果同一个争议事实的证明责任由诉讼双方平等分担,那么证明责任就失去了存在的意义。一般来说,就同一个争议事实提出积极主张的一方应该承担证明责任,而提出消极主张的一方不承担证明责任。

(一)刑事诉讼中证明责任分配的一般规则

在刑事诉讼中,决定证明责任分配的首要原则是无罪推定或有罪推定。如果实行无罪推定,证明责任就在公诉方,因为公诉方必须向法庭证明被告人有罪,否则法庭就应宣判被告人无罪;如果实行有罪推定,证明责任自然就落到被告人身上,因为被告方不得不向法庭证明自己是无罪的,否则法庭就会认定其有罪。1996 年修订的《刑事诉讼法》第 12 条规定:"未经人民法院依法判决,对任何人都不得确定有罪。"尽管人们对这一规定的解释还存在不同的观点,但是这一规定体现了无罪推定原则的基本精神。2012 年修订的《刑事诉讼法》第 50 条又增加了"不得强迫任何人证实自己有罪"的规定。这也是无罪推定原则的体现。

无罪推定原则应包括三层含义:第一,任何人在被法院依法判定有罪之前,应该先被假定为无罪者;第二,在刑事案件的审判中,公诉方应该承担证明责任,被告方一般不承担证明责任,具体来说,被告人既没有证明自己有罪的责任,也没有证明自己无罪的责任;第三,在公诉方举出的证据未能达到法定证明标准的情况下,法院应该宣告被告人无罪,换言之,法院判决应该遵守"疑罪从无"的原则。无罪推定是基于一定价值取向而确立的刑事诉讼原则。无罪推定的目标是保护被告人的合法权利,是保障司法的公正,是把"无罪者被错判有罪"的可能性限制到最低水平。

1. 公诉案件由公诉方承担证明责任

《刑事诉讼法》第 49 条规定:"公诉案件中被告人有罪的证明责任由人民检察院承担,自诉案件中被告人有罪的证明责任由自诉人承担。"根据上述规定,公诉刑事案件中证明责任分配的一般规则是由公诉方承担证明责任,被告人不承担证明责任。在审判中,公诉方要向法庭提供充分的证据证明其指控的犯罪事实,而且其证明要达到法定的标准。被告人既没有义务向法庭证明自己有罪,也没有义务向法庭证明自己无罪。换言之,被告人可以不向法庭提供任何证据,仅对公诉方提出的证据进行质疑,就是完成了辩护的任务。被告人甚至可以不做任何辩护,法庭也不能因此就作出对被告人不利的判决。

如上所述,由公诉方承担证明责任是无罪推定原则的要求。此外,证明责任的这样分配还有操作层面上的理由。一方面,因为公诉方是刑事诉讼程序的启动者,是要求法院作出判决的人,所以公诉方应该向法庭提供证据支持其要求和主张。这也符合诉讼活动中分配证明责任的"谁主张,谁举证"原则。另一方面,公诉方既然做好了起诉的准备,自然也处于举证的便利位置,让其承担证明责任也是顺理成章的。被告人不承担证明责任的理由也有两个方面:其一,被告人在诉讼中处于被动防守的位置,不便于举证;其二,被告人的诉讼主张是否定公诉方指控的犯罪事实,而否定某事实的存在,往往难以举证。诚然,被告方可以在审判时举出证据来证明自己无罪或罪轻,但这属于被告人的辩护权利,而不是证明责任。被告人可以依法行使辩护权,也可以不行使辩护权,而且不能仅仅因为其不进行辩护就得到对其不利的事实认定或判决后果。

2. 自诉案件由自诉人承担证明责任

在自诉刑事案件中,自诉人即原告方承担证明责任,被告人不承担证明责任。这也是司法活动中"谁主张,谁举证"基本原则的体现。如果自诉人不能用充分证据证明其指控的犯罪事实,在开庭审判之前,法官应当说服自诉人撤诉，或者用裁定驳回其起诉；经开庭审理之后，法官则应当判决被告人无罪。总之，自诉人举证不能或举证不充分，就要承担败诉的后果。

(二)刑事诉讼中证明责任分配的特殊规则

1. 证明责任的转移

在刑事诉讼中，证明责任由公诉方或自诉人承担，这并不意味着被告人在任何情况下都不应承担任何证明责任。根据无罪推定原则确立的证明责任分配规则，只是明确了整个案件的证明责任应该由提出犯罪指控的公诉方或自诉人承担。至于案件中具体事实或情节的证明责任，则应当遵循"谁主张，谁举证"的原则进行分配。也就是说，在某些情况下，证明责任也会从公诉方或自诉人转移到被告人身上。

证明责任的转移并不是对无罪推定原则的否定。确立无罪推定原则的基础是刑事立法和司法的特定价值取向，即保护犯罪嫌疑人和被告人权利的需要。然而，法律规定证明责任的转移，主要是考虑诉讼活动中证明的需要和举证的便利，即由哪一方先行举证更有利于诉讼证明的推进。在这个意义上讲，证明责任的转移是以举证便利和诉讼效率为前提的。

例如，某杀人案件的被告人声称自己在案件发生的时候不在犯罪现场，而是在别的某个地方。对于这一事实主张，被告人就应该承担证明责任，即举出证据证明在案件发生时其不在犯罪现场，而是在另外一个地方。在这种情况下，证明责任就要由公诉方转移到被告方。这种转移是符合司法证明规律的。既然被告人提出一种具体的事实主张，他就应该提出相应的证据支持其主张，而且他显然处于举证的便利位置。如果被告人可以随便提出一种事实主张，然后就让公诉方去举证反驳，自己却不承担任何证明责任，那显然违反了司法公正的原则，也会极大地影响司法证明的效率。

不过，基于公诉方与被告方的力量对比和攻防位置，法律对被告方举证的要求可以低于对公诉方的举证要求。换言之，被告方的证明不必达到"证据确实充分"或者"排除合理怀疑"的标准，而只要能够证明其不在犯罪现场的可能性大于其在犯罪现场的可能性就算完成了举证的任务。这种标准相当于英美法系国家在民事诉讼中使用的"优势证明"标准。被告方完成举证之后，案件中的证明责任就又转移到公诉方。而且，公诉方应该用确实充分的证据证明其指控的全部犯罪事实，包括被告人在案件发生时就在犯罪现场的事实。

并非被告方对自己的所有辩护主张都要承担证明责任。如果被告方只是消极地否定公诉方的事实主张,如声称自己没有杀人,那么被告方对这种事实主张就不承担证明责任,或者说,这里就不能发生证明责任的转移。只有当被告方提出具有积极辩护意义的具体事实主张时,证明责任才转移到被告方。例如,被告人不仅说自己没有杀人,而且说该被害人是被另外某个人杀死的,以此证明自己不是杀人犯,那么被告人对这个具体的事实主张就要承担证明责任。

在司法实践中,常见的能够导致证明责任转移的辩护主张包括以下四类:(1)关于被告人责任能力的事实主张,例如,被告人有精神病或者在案件发生时处于精神不正常的状态;被告人在案件发生时没有达到法定的刑事责任年龄等。(2)关于被告人行为合法性或正当性的事实主张,例如,被告人的杀人或伤人行为属于正当防卫;被告人的破坏财物行为属于紧急避险等。(3)关于侦查人员或执法人员行为违法性的事实主张,例如,被告人之所以实施被指控的犯罪行为是因为公安人员的"侦查陷阱";被告人之所以承认自己有罪是因为审讯人员的刑讯逼供等。(4)关于被告人根本不可能实施指控犯罪行为的事实主张,例如,被告人根本不可能实施该抢劫行为,因为案件发生时他不在犯罪现场;被告人根本不可能实施该杀人行为,因为被害人是被另外一个人杀死的。在刑事诉讼中能否发生证明责任的转移,必须对被告人提出的事实主张进行具体的分析。

在自诉刑事案件中,证明责任的转移是一种更为常见的现象。当被告人提出具体的事实主张反驳自诉人的指控时,证明责任便转移到被告人一方。在被告人提供足够的证据证明其事实主张之后,证明责任又回归到自诉人身上。另外,按照法律规定,被告人可以在诉讼过程中对自诉人提出反诉。对于反诉的事实主张,被告人当然负有证明责任。

2. 证明责任的倒置

刑事案件的证明责任一般由公诉方或提出具体事实主张的一方承担,但是在某些情况下,法律也可以规定证明责任由被告方或者具体事实主张的相对方承担。这就是证明责任的倒置。证明责任倒置属于对证明责任的非常规性配置,一般都是由法律以推定的形式明确规定的。立法者决定在某种案件中适用证明责任倒置的理由包括司法证明的需要、各方举证的便利,以及反映一定价值取向的社会政策性考虑。巨额财产来源不明罪就是一个很好的例子。

我国《刑法》第 395 条规定:"国家工作人员的财产或者支出明显超出合法收入,差额巨大的,可以责令说明来源。本人不能说明其来源是合法的,差额部分以非法所得论。"这就是证明责任的倒置。在这类"巨额财产来源不明罪"案件中,立法者出于严厉打击贪污受贿犯罪的需要,规定由被告人承担证明责任。只要被告人不能用充分的证据证明其巨额财产有合法来源,法官就可以推定那些财产是非法所得。当然,这种规定也是考虑到举证的便利。在此类案件中,即使被告人的巨额财产确实是非法所得,让公诉方进行证明也比较困难。但是,如果这些财产确有合法来源,让被告人进行证明还是比较便利的。

在证明责任倒置的情况下,本应承担证明责任的公诉方也不是完全没有证明责任,而是仅承担初始推进性的证明责任。在巨额财产来源不明罪案件中,公诉方只要用证据证明被告人的财产或支出明显超出合法收入,差额巨大,就完成了证明责任。然后,案件中的证明责任便由被告人承担。如果被告方不能用确实充分的证据证明其事实主张,即那部分财产属于其合法收入,那就要承担不利的后果,即被判有罪。

巨额财产来源不明罪的证明责任倒置,属于整个案件或案件主要事实的证明责任倒置。在某些情况下,法律也可以规定对案件中的某种事实情节适用证明责任倒置。刑讯逼供就是一个很好的例子。一些国家的立法或司法判例规定在犯罪侦查过程中警察是否有刑讯逼供行为的问题上,适用证明责任倒置,即由警察承担证明责任,而不是由提出刑讯逼供"指控"的被告人承担证明责任。

刑讯逼供问题一般都是作为其他刑事案件中的一个事实或情节被提出来的。例如,一起刑事案件的被告人指控警察曾对其实施了刑讯逼供,因此他要求翻供。这首先是一个证明责任转移的问题。该被告人提出了一个为自己辩护的具体的事实主张,即警察曾经对他实施了刑讯逼供。按照前面讲过的证明责任转移规则,在这种情况下,证明责任就应该从公诉方转移到被告方,即由被告人承担证明警察确有刑讯逼供行为的责任。如果法律规定在这种情况下由公诉方或警察承担证明责任,那就属于在该具体事实情节上的证明责任倒置。

实行证明责任倒置,就是要由被指控有刑讯逼供行为的警察或执法人员承担证明责任。如果其不能用充分的证据证明自己没有刑讯逼供,就认定其有刑讯逼供并让其承担相应的法律责任或后果。当然,提出刑讯逼供指控的被告人也应当承担初始的推进性证明责任,即用合理陈述、伤痕、验伤报告、证人证言等证据证明很可能有刑讯逼供发生。然后,在是否确有刑讯逼供的问题上,整体的证明责任由被指控者承担,也就是由公诉方承担。我国 2012 年修订的《刑事诉讼法》就在一定程度上吸纳了这种"证明责任倒置"的合理内涵。

《刑事诉讼法》第 56 条规定:"当事人及其辩护人、诉讼代理人有权申请人民法院对以非法方法收集的证据依法予以排除。申请排除以非法方法收集的证据的,应当提供相关线索或者材料。"第 57 条规定:"在对证据收集的合法性进行法庭调查的过程中,人民检察院应当对证据收集的合法性加以证明。"第 58 条规定:"对于经过法庭审理,确认或者不能排除存在本法第五十四条规定的以非法方法收集证据情形的,对有关证据应当予以排除。"

我认为,这种证明责任的倒置符合司法证明的规律,因为刑讯逼供的被控方最了解当时的情况,处于举证的便利位置,让其承担证明责任有利于查明事实真相。另外,法律明确规定由执法人员对刑讯逼供的指控承担证明责任,可以对执法人员形成更为有力的行为约束力量。面对难以规避的刑罚,执法人员在讯问等执法活动中就必须小心谨慎,必须准备好没有刑讯逼供的证据。而要做到这一点,最好的办法就是严格依照法定的程序去收集证据。

在有些案件中,争议事实错综复杂,双方主张交叉缠绕,证明责任的分配就是一项困难的工作。例如,在正当防卫案中,如何确定诉讼双方的事实主张,如何分配证明责任,如何适用证明责任的转移或倒置,都是需要认真研究的问题。下面,我就通过案例来进行分析。

二、正当防卫案的实证分析

正当防卫是一类比较特殊的刑事案件,很容易引起社会民众的关注。正当防卫也是一个相当复杂的法律问题,因为其涉及多方的权益,需要法律作出恰当的平衡。我国《刑法》第 20 条规定:"为了使国家、公共利益、本人或者他人的人身、财产和其他权利免受正在进行的不法侵害,而采取的制止不法侵害的行为,对不法侵害人造成损害的,属于正当防卫,不负刑事责任。"

正当防卫行为在客观上对不法侵害人造成了一定的人身或财产损害,因此具有犯罪的外在形式。但是,正当防卫行为的目的是使国家、公共利益、本人或者他人的人身、财产等合法权利免受正在进行的不法侵害,因此具有行为的正当性。这是正当防卫行为与违法犯罪行为的本质区别。

正当防卫行为也要受到一定的限制。如果行为人有正当理由就可以无限度地造成他人的伤害,那也会影响社会秩序,造成社会的损害。因此,正当防卫应该有适用的条件。第一是不法侵害的强度。这是指不法侵害行为的性质、方式以及损害结果的轻重。一般来说,正当防卫行为的强度应该与不发侵害行为的强度相当或略高,且应该以有效制止不法侵害为限度。第二是不法侵害的紧迫性。一般来说,正当防卫应该针对正在进行的不法侵害,换言之,正当防卫是阻止不法侵害所必须立即采取的行为。正当防卫是有条件的,是有限度的。如果超越了必要的限度,那就会构成防卫过当。

在司法实践中,正当防卫往往混杂在故意伤害罪的案件中。我曾经指导研究生对正当防卫案件进行实证分析。我们以"正当防卫"为关键词进行全文检索,以"刑事案件"为案件类型,以"刑事案由"为案由,以 2013 年 1 月 1 日至 2019 年 12 月 31 日为审结期限,在中国裁判文书网上进行检索,共检索出 23 249 篇裁判文书。其中,故意伤害罪 14 291 篇,故意杀人罪 507 篇,过失致人死亡罪 63 篇,过失致人重伤罪 35 篇。

在上述判决书中,公诉方主张防卫过当的 107 篇;辩护方主张正当防卫的 11 489 篇,主张防卫过当的 3 197 篇,主张正当防卫或防卫过当的 210 篇。由此可见,在绝大多数案件中,正当防卫主张都是由辩护方提出的,而且辩护方往往只是依据公诉方的证据提出正当防卫或防卫过当的辩护意见。

在公诉方指控为故意伤害罪的 14 291 篇一审判决书中,一审法院判决无罪的 191 篇,占 1.3%。在公诉方指控为故意杀人罪的 507 篇文书中,一审法院判决无罪的 1 篇,占 0.2%。在公诉方指控为过失致人死亡罪的 63 篇文书中,一审法院都作出了有罪判决。在公诉方指控为过失致人重伤罪的 35

篇文书中,一审法院判决无罪的2篇,占5.7%。由此可见,在绝大多数案件中,虽然辩护方提出了正当防卫或防卫过当的辩护意见,但法院还是支持了公诉方的诉讼主张。

在公诉方指控故意伤害罪、故意杀人罪、过失致人死亡罪、过失致人重伤罪的14 896个案件中,法院认定成立正当防卫而判被告人无罪的42个,其中故意伤害罪38个,故意杀人罪1个,过失致人重伤罪3个。

在这些案例中,法官的裁判理由包括:(1)公诉机关指控的犯罪事实存在,但适用法律错误,应认定正当防卫,如山西大同的李全功故意伤害罪一审刑事判决书和云南大同李某故意伤害罪一审刑事判决书;(2)虽然公诉方和辩护方都没有提出正当防卫的主张,但法院依据公诉机关提供的证据认定被告人行为属于正当防卫,如湖北武汉的刘某、段某故意伤害罪一审刑事判决书;(3)辩护方提出了正当防卫的主张而且理由充分,法院予以采纳,认定正当防卫,如湖北武汉的郭永敏故意伤害罪一审刑事判决书;(4)法院虽未明确认定辩护方的正当防卫主张,但认为现有证据无法排除正当防卫的可能性,因此不支持公诉机关的指控,如广东深圳的曹某故意伤害罪一审刑事判决书。值得注意的是,在一些事实类似的案件中,不同的法院却作出了截然不同的判决,即所谓的"同案不同判"。试举两例。

1. 旋某某故意杀人案

2011年5月28日,18岁的外地打工女旋某某在广州火车站因无钱住宿而应57岁的火车站搬运工杨某某邀请,到其出租屋留宿。当晚,她用匕首将杨某某刺死后潜逃,后被警方抓捕归案。旋某某供称,杨某某提出发生性关系的要求,并且威胁说如有不从就要杀死她。杨某某进浴室洗澡时,她出于恐惧便找到一把匕首,拿在手中。杨某某裸体走出浴室后要与她发生性关系,她就捅了杨某某一刀。杨某某要夺刀,她非常害怕,就连捅几刀。杨某某倒在床上后,她继续用刀砍刺其头部,然后逃离现场。本案中没有证人,认定事实经过的主要证据就是被告人的供述。

在该案的审判中,诉讼双方争议的焦点是被告人的行为是故意杀人还是正当防卫,而事实认定的难点则在于被害人是否要强奸被告人。一审法官认为,尽管被告人的供述和辩解存在漏洞,但结合案发地为男方的出租屋,男女处于私密空间,男方被害时赤身裸体,加上女方年龄和男方悬殊等情况,可以认定被害人的强奸威胁存在。因此,法庭认定被告人旋某某捅伤杨某某的行为是反抗强奸,属于正当防卫,不负刑事责任。①

2. 田某某故意杀人案

2006 年 2 月,被告人田某某和妻子罗某到瑞安市某汽车装修服务部上班,入住员工宿舍,与同事张某同居一室。3 月 18 日夜,田某某回到宿舍时见房间内未开灯且房门关闭,便爬窗进入,发现张某正从罗某身上下来并提着裤子。罗某哭泣,称被张某强奸。田某某遂与张某争吵、扭打,后持菜刀砍中张某头部、颈部、上肢等部位,致张某当场死亡。田某某和罗某逃离现场。2014 年 2 月 20 日,田某某主动到公安机关投案自首。

在该案中,控辩双方的争议焦点是被告人田某某的行为是否构成正当防卫。公诉方认为,该案中是否存在张某强奸罗某的事实以及田某某与张某互相打斗的事实,只有田某某的供述及其妻子罗某的证言,没有其他证人和物证,无法认定,因此被告人的行为构成故意杀人罪。被告人田某某则声称其行为是对张某强奸行为和殴打行为的反制,属于正当防卫。9 月 25 日,温州市中级人民法院对该案作出判决,支持了公诉方的诉讼主张,判决田某某犯有故意杀人罪,判处无期徒刑。② 2015 年 6 月 15 日,《温州商报》刊登了一篇关于田某某故意杀人案的报道③,引发社会热议,一些学者也撰文发表意见。④ 随后,温州市中级人民法院发布"关于被告人田某某故意杀人案的情况说明",坚持了判决书中的观点。⑤

在上述两个判例中,作为正当防卫之前提的被害人不法侵害事实都存

① 参见魏徽徽、何小敏:《帮买票,老伯欲钓打工妹;拒性侵,少女成杀人凶手》,http://news. gd. sina. com. cn/news/20120509/1290341. html,访问日期:2020 年 3 月 8 日;柴会群、贾雪梅:《强奸存疑,何来"正当防卫"?》,http://blog. sina. com. cn/s/blog_49b3cb2c0101bcrr. html,访问日期:2020 年 3 月 8 日。

② 参见浙江省温州市中级人民法院(2014)浙温刑初字第 111 号,"田仁信故意杀人罪一审刑事判决书"。

③ 参见戚祥浩:《目睹妻子遭人强暴 丈夫砍死施暴者被判无期》,载《温州商报》,2015 年 6 月 15 日。

④ 参见萧辉:《一桩"故意杀人案"背后的法律争议》,载《新京报》,2015 年 6 月 26 日,第 A14 版;韩笑:《特定情境下无过当防卫的司法认定——兼评田仁信故意杀人案》,载《中国检察官》,2017 年第 20 期;王强:《"与其增以有罪,宁失过以有赦"——从疑点利益归于被告原则看温州田某故意杀人案》,http://www. 360doc. com/content/15/0706/23/22513831_483218419. shtml,访问日期:2020 年 3 月 8 日。

⑤ 参见温州市中级人民法院:《关于被告人田仁信故意杀人案的情况说明》,https://weibo. com/2202827050/Cn8Rj7AkG? type=comment#_rnd1583657004007,访问日期:2020 年 3 月 8 日。

在模糊之处,或者说,都处于证据短缺的状态,但是两个法院的裁判结果却有很大差异。在田某某故意杀人案中,法官以证据不足为理由而没有认定被害人强奸的事实,因此裁判被告人的行为不属于正当防卫。在旋某某故意杀人案中,虽然证据不足,但是法官根据具体情况认定了被害人的强奸威胁,因此判定被告人的行为属于正当防卫。这两个案件的法官都没有就正当防卫的证明责任问题作出正面的评论,但是他们对模糊事实的认定结论却反映出证明责任分配的差异。旋某某案的法官在证据不足的情况下让公诉方承担了不利的诉讼后果,而田某某案的法官在证据不足的情况下让被告方承担了不利的诉讼后果。由此可见,为了解决正当防卫案件中司法证明的难题并保证"同案同判",我们有必要在理论上阐明此类案件中证明责任分配的规则。

三、正当防卫案的证明责任

我在前面讲过,证明责任以事实主张为基础。在此,我们要区分当事人的诉讼主张和事实主张。例如,公诉人主张被告人犯有故意伤害罪,被告人主张自己没有犯罪。这是双方的诉讼主张。诉讼主张一般都以事实主张为基础,但是诉讼主张并不等于事实主张。因此,检察机关在向法院提起公诉的时候,不能仅提出被告人犯有某种罪行的诉讼主张,还必须提出支撑这一诉讼主张的事实主张。

在涉及正当防卫问题的案件中,公诉检察官经审查全案证据,对案件事实的认识可能达致以下几种情况:(1)犯罪嫌疑人的行为没有构成故意伤害或故意杀人等犯罪;(2)犯罪嫌疑人的行为构成了故意伤害或故意杀人等犯罪而且不属于正当防卫;(3)犯罪嫌疑人的伤害或杀人行为属于正当防卫而且并无过当;(4)犯罪嫌疑人的伤害或杀人行为属于正当防卫但是超过了必要限度。在第(1)种和第(3)种情况下,检察机关都应该作出不起诉的决定,因此就不存在诉讼主张的问题。在第(2)种和第(4)种情况下,检察机关都应该作出起诉的决定,并向法院提出相应的诉讼主张和事实主张。

在此,我们有必要对第(3)种情况进行说明。由于我国检察机关在刑事诉讼中具有客观查明案件事实的责任,因此,在审查起诉中不仅要考虑嫌疑人的行为是否构成故意伤害等犯罪,而且要考虑嫌疑人的行为是否属于正当防卫。我国《刑事诉讼法》第 52 条规定："审判人员、检察人员、侦查人员必须依照法定程序,收集能够证实犯罪嫌疑人、被告人有罪或者无罪、犯罪情节轻重的各种证据。"根据这条规定,检察机关应该收集或审查有关嫌疑人的伤害或杀人行为是否属于正当防卫的证据。如果嫌疑人的行为构成正当防卫且无过当,检察机关就应该作出不起诉的决定。

现在,检察机关在审查起诉中认定犯罪嫌疑人的行为属于正当防卫且无过当的,一般都会作出不起诉的决定。那么,在提起公诉的正当防卫案件中,检察机关的诉讼主张就只有两类:第一类是被告人犯有故意伤害或故意杀人等犯罪,应该承当刑事责任。与此相应,公诉方的事实主张包括被告人的行为构成了故意伤害或故意杀人等犯罪之构成要件的事实,以及该行为不属于正当防卫的事实。第二类是被告人的伤害行为虽然属于正当防卫,但是超过了必要的限度,因此应该承当相应的刑事责任。与此相应,公诉方的事实主张包括被告人的行为构成了故意伤害或故意杀人等犯罪之构成要件的事实、其行为属于正当防卫的事实以及构成防卫过当的事实。

针对公诉方的上述诉讼主张及相应的事实主张,被告方可以提出三种不同的诉讼主张:(1)被告人的行为不构成犯罪;(2)被告人的行为属于正当防卫;(3)被告人的行为不属于防卫过当。此外,被告人也可以对公诉方的指控采取认罪的态度,即承认其行为已经构成故意伤害或故意杀人等犯罪,或者已经构成防卫过当。上述第(1)种和第(3)种诉讼主张都是单纯的否定性主张,被告人无须提出相应的事实主张,也无须承担证明责任。被告人对于自己认罪的诉讼主张也无须提出事实主张,当然也无须承担证明责任。由此可见,被告方需要提出事实主张并承担一定证明责任的情况只有第(2)种诉讼主张,即被告人的行为属于正当防卫。

最高人民法院、最高人民检察院和公安部于 2020 年 9 月 3 日联合发布《关于依法适用正当防卫制度的指导意见》,从总体要求、具体适用和工作要求三个方面,对依法准确适用正当防卫制度作出全面系统的规定,并且配套发布了 7 个典型案例。① 该《指导意见》的出台,有助于司法人员更加准确地理解和把握正当防卫的法律规定和立法精神,有助于提升涉及正当防卫案件的裁判水平,有助于实现社会公众认可的公平正义。不过,在此类案件

---

① 参见孙航:《鼓励见义勇为,弘扬社会正气——两高一部发布关于依法适用正当防卫制度的指导意见》,载《人民法院报》,2020 年 9 月 4 日。

中,被告人的行为究竟属于故意伤害或故意杀人,还是正当防卫或防卫过当？这不仅是法律适用的问题,而且是并首先是事实认定的问题。面对错综复杂的案情和真假混杂的证据,正当防卫事实的证明往往成为这类案件中司法裁判的难点,而证明责任的不甚明晰更让裁判者面临两难的选择。然而,该《指导意见》并没有就正当防卫案中的证明责任分配问题作出说明,不能不说是一点缺憾。

除了无罪推定原则的要求之外,法律规定由公诉方承担证明责任还有诉讼便利的考量。第一,因为公诉方是刑事诉讼程序的启动者,是要求法院作出判决的人,所以公诉方应该向法庭提供证据以支持其要求和主张。第二,公诉方既然做好了起诉的准备,自然也处于举证的便利位置,让其承担证明责任是顺理成章的。与此相应,被告方不承担证明责任也有两个理由。第一,被告方在诉讼中处于被动防守的位置,而且被告人多处于被羁押的状态,不便于取证和举证。第二,被告人的诉讼主张一般都是否定性的,而否定某事实的存在往往难以举证。诚然,被告方可以在审判中举出证明自己无罪或罪轻的证据,但这是被告人的权利,不是责任。当然,这并不意味着被告人在任何情况下都不应承担证明责任。如上所述,当被告方为证明其无罪而提出正当防卫等积极的事实主张时,被告方就应该承担一定的证明责任。我再举一例说明。

家住河北省廊坊市的朱凤山之女朱某与齐某系夫妻,朱某于 2016 年 1 月提起离婚诉讼并与齐某分居,朱某带女儿与朱凤山夫妇同住。齐某不同意离婚,为此经常到朱凤山家吵闹,采取了砸玻璃、在大门口叫骂等方式。5 月 8 日 22 时许,齐某酒后驾车到朱凤山家,欲从小门进入院内,未得逞后在大门外叫骂。朱某不在家中,仅朱凤山夫妇带外孙女在家。朱凤山将情况告知齐某,齐某不肯罢休。朱凤山又分别给邻居和齐某的哥哥打电话,请他们将齐某劝离。在邻居的劝说下,齐某驾车离开。23 时许,齐某驾车返回,站在汽车引擎盖上攀爬院子大门,欲强行进入,朱凤山持铁叉阻拦后报警。齐某又爬上院墙,在墙上用瓦片掷砸朱凤山。朱凤山躲到一边,并从屋内拿出宰羊刀防备。随后齐某跳入院内徒手与朱凤山撕扯,朱凤山刺中齐某胸部一刀。朱凤山见齐某受伤便把大门打开,民警随后到达。齐某因主动脉、右心房及肺脏被刺破致急性大失血死亡。

河北省廊坊市人民检察院向廊坊市中级人民法院提起公诉,指控被告人朱凤山犯故意伤害罪。在该案的审判中,公诉方主张的故意伤害事实是清楚的,证据也是充分的,双方争议的焦点就是被告方主张的正当防卫问题。被告人朱凤山供称:齐某跳入他家院内后,拿起立在墙边的一根长约三米的角铁,后又将角铁扔在地上,手拿砖块向他跑来,他持刀向齐某跑去。齐某持砖往他身上扑,他右手持刀抵挡时扎到齐某上半身,齐某后退几步仰面倒在院南侧狗窝附近。被告人的这段供述对于认定其行为具有正当防卫性质是非常重要的,但是一审法官未予采信。法庭认为,朱凤山在齐某跳入其住宅之前已准备好作案用尖刀,并在齐某跳入后持刀刺扎齐某胸部,明显具有伤害的主观故意,并致齐某死亡,其行为构成故意伤害罪。对于辩护方提出的正当防卫主张,法庭认为从二人的关系及具体案情,齐某的违法行为尚未达到朱凤山必须通过持刀刺扎齐某进行防卫制止的程度,朱凤山的行为不具有防卫性质。"朱凤山所供齐某持砖头向其身上扑,无证据予以印证。"但是,法庭考虑到被害人齐某具有过错,而且被告人朱凤山具有自首情节,依法从轻处罚,判决被告人朱凤山犯有故意伤害罪,判处有期徒刑 15 年,剥夺政治权利 5 年。①

虽然一审法官在判决中没有就正当防卫的证明责任问题进行说明,但是该判决表明法庭实际上让被告方承担了证明该事实的责任。由于被告方未能举出充分证据证明正当防卫的事实,所以法庭做出了不利于被告方的事实认定。朱凤山不服该判决,提起上诉。河北省高级人民法院受理该上诉案后,公开开庭进行审理,最终认定朱凤山的行为属于防卫过当,构成故意伤害罪,改判有期徒刑 7 年。二审法官虽然未就"齐某持砖扑打朱凤山"的具体事实作出裁断,但是认定朱凤山的行为属于防卫过当。② 在本案情况下,被告方应该承担一定的证明责任。但是,在此应适用证明责任的转移还是证明责任的倒置? 这是一个值得我们认真讨论的问题。

在正当防卫案件中,被告方提出正当防卫的事实主张,但是其很难举出充分证据。在上文讨论的田某某故意杀人案和旋某某故意杀人案中,被告方举出的支持正当防卫主张的证据主要就是被告人的供述,而被告人的特殊身份使其供述很难对法官形成充分的证明力。因此,在此类案件中按照

---

① 参见河北省廊坊市中级人民法院(2016)冀 10 刑初第 80 号,"朱凤山故意伤害二审刑事判决书"。

② 参见最高人民检察院指导案例第 46 号,"朱凤山故意伤害(防卫过当)案"。

证明责任转移来让被告方承担正当防卫的证明责任,确实有些勉为其难,在客观上也不利于对正当防卫行为的保护和鼓励。

如前所述,辩护方提出正当防卫的主张,主要是针对公诉方的第一类诉讼主张,即被告人犯有故意伤害或故意杀人等犯罪,应该承当刑事责任,而这一诉讼主张的基础就是被告人的行为构成故意伤害或故意杀人等犯罪之构成要件的事实以及该行为不属于正当防卫的事实。一般来说,公诉方在审查起诉时已经对正当防卫问题进行过考量,对有关证据也进行过评断,可以从容应对法庭的举证要求。另外,公诉方在诉讼中处于强势地位,具有较多的取证资源和举证便利,因此让其承担证明责任是比较合理的。

综上,正当防卫的证明责任分配可以采用举证责任倒置。首先,被告方对于正当防卫的事实主张应该承担初始的证明责任,让法官相信被告人的行为可能是正当防卫。然后,公诉方要针对被告方的正当防卫主张承担反向证明责任,让法官相信被告人的行为不属于正当防卫。如果被告方或公诉方的证明没有能够达到让法官相信的程度,法官就要作出对其不利的事实认定。顺便说明,如果公诉方的事实主张是防卫过当,而被告方的辩护意见是防卫无过当,则公诉方也要对防卫过当的事实主张承担证明责任。如果公诉方不能用证据让法官相信该防卫已属过当,法官也要作出对其不利的事实认定。

四、于欢正当防卫案评析

我在前面分析了正当防卫案的证明责任分配问题,下面我就讲一讲"山东聊城辱母杀人案"。

2016年4月14日下午,由10多人组成的催债队来到苏银霞的源大公司,把苏银霞和儿子于欢,还有一名职工,带到公司接待室,威逼讨债。其间,催债人不断辱骂苏银霞,并把于欢的鞋子捂在他母亲嘴上,把烟灰弹到苏银霞的胸口。更为恶劣的是,带头催债的杜志浩脱下裤子,露出下体,当面侮辱苏银霞。室外的工人看到之后打电话报警。

接到报警后,一名警察和两名辅警开车来到源大公司。警察走进接待室,问了情况之后说,"要账可以,但是不能动手打人",随即走了出去。于欢看到警察走了,就要起身去追警察,被催债人员拦住。混乱中,于欢抓起一把水果刀乱捅,致使杜志浩等四名催债人受伤。其中,杜志浩因未及时就医导致失血性休克死亡,另有两人重伤、一人轻伤。

2016 年 12 月,聊城市中级人民法院作出一审判决,被告人于欢犯故意伤害罪,判处无期徒刑。判决公布之后,社会反响非常强烈。许多人认为,于欢在母亲遭受猥亵等人身侮辱的情况下奋起反抗,属于人的本性,而且具有正当性。虽然造成了他人伤亡,但是不该如此重判。一时间,"辱母杀人案"成为网络热词,成为舆情焦点。面对民众的呼声,最高人民检察院的领导决定对该案进行审查,立刻组成了专案组,到山东对于欢案进行调查。

2017 年 4 月 14 日,最高人民检察院在北京召开于欢案的专家论证会。参加论证的学者有十多人,包括本人。论证会进行了两天。第一天,最高检的领导首先向我们介绍了派专案组赴山东调查于欢案的情况,然后由专案组成员详细讲述了案件中的争议问题和相关证据,而且播放了案发当时现场警察的执法记录仪的录像。专家们提了一些问题,检察官都作出了回答。第二天,专家们对案件中的争议问题进行讨论。在这个案件中,主要问题是于欢的行为应该定性为正当防卫,还是故意伤害。参加论证的学者多为我国著名的刑法学和刑诉法学的专家,他们分别从实体法和程序法的角度发表了意见。因为我的专业是证据法学,所以我主要从事实认定和证据评断方面发表了意见。

在于欢案中,讨债人限制苏银霞母子的人身自由并且对苏银霞进行人身侮辱的事实是清楚的,于欢用刀刺伤杜志浩等四人的事实也是清楚的。对于能否认定正当防卫来说,关键的问题有两个:第一是于欢伤人的那把刀是哪里来的,他是否事前准备了伤人的刀具;第二是于欢用刀刺人时,讨债人的不法侵害行为是否还在进行中,这就是说,于欢的行为是防卫还是报复。

第一个问题比较容易查明。根据于欢的供述和源大公司员工马某某和张某某的证言,那把水果刀是公司内部切水果用的,原来放在二楼的会议室,当天下午切西瓜时拿到了接待室,放在了沙发旁边的桌子上。因此,那把刀不是于欢事先备用的,而是临时抓起来用的。

第二个问题比较复杂。已知证据可以证明,杜志浩等人于当晚 21 时 53 分起陆续进入源大公司的接待室,开始对苏银霞和于欢实施不法侵害;源大公司员工刘某某于 22 时 07 分打电话报警;当地派出所民警朱某某等三人于

22时18分到达现场,劝阻在场人员"都别打架",然后走出接待室,与派出所值班民警联系;苏银霞和于欢欲随民警离开接待室时被讨债人员阻拦,后者有推搡动作,双方发生争吵;22时25分,站在院内警车旁的民警听到接待室内的喊叫声,便走向接待室并打开执法记录仪,从窗外记录了室内的情况。很可惜,执法记录仪晚开了几秒钟,未能记录到于欢拿刀刺伤杜志浩的过程,只是记录到于欢随后连续刺伤严建军、郭彦刚和程学贺的过程。那么,于欢是何时及如何拿起那把水果刀并刺伤杜志浩的?这是认定正当防卫最关键的事实问题,但我们只能根据其他证据来认定。

我们还看到了另外一段执法记录仪的录像。接到民警朱某某的求援电话后,值班民警徐某某很快赶到现场。此时事件已经平息,他在接待室内向于欢询问了有关情况。徐某某的执法记录仪记录的录像表明,询问从22时42分开始,距伤人事件过去还不到20分钟。于欢说,"民警出去之后,他们就把我摁在那边,把俺妈摁在这边,要打俺妈,我当时忍不住了,把刀子拿了起来。我挥着刀子喊,别过来别过来,这时他们就全停下了对我的殴打。杜志浩看见我的刀子,就说:'你攮唉,你攮唉,你攮攮试试。你攮不死我,我治死你。'他上前打我的头,这样其他人就也围上来打我。我闭上眼捅了一刀。我就想我不能再让他们打我了,但是捅到他哪里我不知道。接下来我还是乱捅,谁离我近我就捅谁,因为我认为谁离我近谁就是打我最厉害的"。

苏银霞于4月15日在接受警察询问时说:"对方四五个人让我儿子坐那个沙发上,我儿子不坐,他们就打我儿子,我儿子从桌子上拿了一把水果刀把对方三四个人捅伤。"

源大公司员工刘某某于4月15日接受警察询问时说:"我跑到办公楼里,透过玻璃看见接待室里那伙要账的人围着于欢,有人拿椅子朝于欢杵,于欢一直往后退,退到一个桌子跟前,我发现于欢手里多了一个水果刀,朝围着他的那几个人挥舞,没看到舞着哪个人。"

当时在场的讨债人的证言都没有讲到于欢拿刀的动作,只是说看到于欢手里拿着刀子并捅了人。其中,张博说:"于欢捅人前,我看见杜三正往沙发上按于欢,于欢后来又起来,随后就发生了捅人的事。"

在此类多人参与的伤害案件中,由于现场情况相当混乱,有关人员对案件情况的感知和记忆都可能出现误差,而且他们与案件的利害关系也可能影响其陈述的真实性。经过综合分析上述证据的内容及其可信度,我认为可以得出以下几点结论:第一,杜志浩等人把于欢推逼到该沙发处并限制其行动的事实可以认定;第二,杜志浩在看到于欢拿起水果刀之后使用语言威逼的事实可以认定。

基于上述分析,我认为:虽然杜志浩等人对于欢母子的打骂、侮辱、猥亵等不法侵害行为因警察的到来而中止,但是在警察离开接待室之后,他们仍然限制于欢母子的人身自由,使于欢母子仍然处于不法侵害的威胁之下,因此,于欢在此情境下抓起身边的水果刀捅伤对方的行为属于防卫性质,而且具有正当性。这就是说,于欢的行为属于正当防卫。

但是,杜志浩等人的不法侵害所使用的暴力强度并不高,主要是推打和威胁。于欢在案发后接受民警徐某某询问时的录像表明,他的外观没有受到严重殴打的迹象。而于欢用水果刀连续捅伤讨债人,导致一人死亡、二人重伤、一人轻伤。如此重大的损害后果明显超过了正当防卫的必要限度。因此,于欢的行为应该属于防卫过当。

2017年5月31日,最高人民法院在北京的京西宾馆召开了"全国法院刑事审判工作总结表彰大会"。最高法的领导和各省级法院的领导都参加了会议。我作为"特邀专家学者"列席了会议。在会议休息期间,我见到了山东省高级法院的院长,问到了于欢案。他说快出结果了。他还说,感谢各位专家对山东法院工作的支持,他看到了我的书面意见,特别感谢。

2017年6月23日,山东省高级法院二审宣判,认定于欢的行为属于防卫过当,构成故意伤害罪,判处有期徒刑5年。2018年1月6日,于欢故意伤害案入选"2017年度人民法院十大刑事案件"。2018年6月20日,最高人民法院将"于欢故意伤害案"发布为认定正当防卫限度的第93号指导案例。

在此,我有必要介绍一下该案有关人员的后续情况。2018年11月,于欢的母亲苏银霞因非法吸收公众存款罪,被判有期徒刑3年。2018年11月,于欢的父亲于西明因非法吸收公众存款罪,被判有期徒刑4年,并处罚金15万元。该案背后的债权人吴学占等人涉嫌组织、领导、参加黑社会性质组织,非法拘禁,强迫交易,故意伤害,非法侵入住宅,故意损毁公私财物等犯罪,吴学占被判有期徒刑25年。该案的现场处置民警朱某某受到了党内严重警告和行政降级的处分。

2020年11月,于欢刑满出狱。一年之后,他在家乡开了一家小商店,起名"欢莱客优选店"。这家小店挺红火,成为了当地的网红打卡点。

多年以来,我国司法机关对正当防卫的认定都很谨慎。涉及正当防卫问题的案件,一般都按照故意伤害或故意伤害致死定罪,而且量刑也偏重。除于欢案在社会上产生热烈反响,"昆山龙哥案""涞源反杀案"等涉及正当防卫的案件也在社会上引起广泛关注。在那些案件中,受到不法侵害的人奋起反抗,导致不法侵害人的伤亡,然后被判处了比较重的刑罚。我们不能简单地把这类案件中的当事人划分为好人与坏人,但是法院的这些判决确实不利于弘扬社会正气,不利于在社会生活中惩恶扬善。

在这样的社会背景下,于欢案的改判具有重要意义。这不仅是一个法律问题,而且是一个道德问题,是维护社会正义的重大问题。当然,这只是一个案例,但是它对中国的刑事司法产生了很大的影响。

毋庸讳言,我国的司法机关在很长时期内对正当防卫问题的认识是偏于严格的,主要表现在已经造成重大人身伤亡后果的案件中很少认定正当防卫。因此,检察机关在审查起诉阶段认定正当防卫并作出不起诉决定的案件数量一直比较少。但是在"于欢案"发生之后,检察机关因正当防卫而作出不起诉决定的案件数量有了明显的提高。据统计,全国检察机关在2017年因正当防卫而作出不起诉决定的案件是36起,2018年是104起,2019年是215起。[①]

在这类案件的审判中,如何把握证明责任与证明标准的关系,也是困扰法官的一个问题。因此,在讨论正当防卫案件中的证明责任问题时,我们不能孤立地看待证明责任,也要明确证明标准。

各位同学,这一讲的思考题是:如何解释刑事司法中证明责任分配规则的价值取向?

何老师留的
思考题

学生对谈

---

① 参见何家弘、梁颖:《论正当防卫按的证明责任》,载《中国高校社会科学》,2021年第2期,第81页。

第八讲　刑事司法的证明标准

各位同学，大家好！这节课我要讲刑事司法的证明标准。刑事司法的主要任务是证明案件事实，因此，证明标准就是刑事司法人员在查办刑事案件时面临的一个现实问题。那么，刑事司法应该遵循什么样的证明标准？刑事司法可以制定统一的证明标准吗？这又是一个相当复杂的理论问题。千百年来，世界各国的刑事司法人员在努力探索，但是并未找到放之四海而皆准的答案。

一、证明标准的语言表述

刑事司法的证明标准，是指司法证明必须达到的程度和水平，适用于每个具体的案件，应该具有现实性和可操作性。不同国家在不同历史时期采用过不同的证明标准。

我在第一讲介绍的神明裁判和第二讲介绍的法定证据制度和自由心证制度，就都包含了证明标准。在各种不同的神明裁判中，裁判人员认定被告人有罪都必须遵循预定的标准，例如水审法的身体沉入水中、火审法的烧灼伤口溃烂等。在法定证据制度下，司法者定罪的证据必须达到完整的证明。在自由心证制度下，司法者定罪必须达致内心确信。这些都是证明标准。

在当今世界，不同国家的法律对证明标准使用了不同的表述，包括排除合理怀疑的证明、高度盖然性的证明、优势证据的证明等。美国有学者把证明标准分为 7 个级别，分别适用于不同的刑事司法措施或决定。

第一个级别是"无实质意义的证明"(no significant proof),即没有实质依据的猜疑,适用于不限制人身自由的侦查活动;第二个级别是"合理根据"(reasonable basis),即嫌疑人具有实施犯罪的可能性,适用于临时性限制人身自由的措施;第三个级别是"盖然性理由"(probable cause),即嫌疑人具有实施犯罪的实质可能性,适用于逮捕罪犯的决定;第四个级别是"优势证据"(preponderance of evidence),即基于全部已知证据,嫌疑人实施犯罪的可能性大于其没有实施犯罪的可能性,适用于交付预审等决定;第五个级别是"表见证据"(prima facie case),即仅根据公诉方的证据可以排除合理怀疑地相信被告人有罪,适用于提起公诉的决定;第六个级别是"排除合理怀疑的证明"(proof beyond a reasonable doubt),即根据所有证据可以排除合理怀疑地相信被告人有罪,适用于有罪判决的决定;第七个也是最高级别是"绝对有罪的证明"(absolute proof of guilt),即可以排除一切怀疑的证明。[①] 刑事诉讼一般不用达到这么高的证明标准,但是也有人认为,在判处死刑的案件中应该达到这个证明标准。

中国的诉讼法没有直接就证明标准问题作出正面的规定,但是根据有关条文的表述,人们一般认为诉讼证明标准都是"案件事实清楚,证据确实充分"。2012年修订的《刑事诉讼法》对"证据确实充分"作出了进一步的解释:"(一)定罪量刑的事实都有证据证明;(二)据以定案的证据均经法定程序查证属实;(三)综合全案证据,对所认定事实已排除合理怀疑。"这是客观加主观的表述。"证据确实充分"是证明标准在客观上的要求,"排除合理怀疑"是证明标准在主观上的要求。这种表述吸收了美国刑事诉讼证明标准的用语,可以让司法人员更好地把握这个标准。

在刑事诉讼中,不仅判决需要证明标准,在立案侦查、审批逮捕、移送起诉和提起公诉等阶段,也需要相应的证明标准。我国的《刑事诉讼法》规定,立案侦查的证明标准是"认为有犯罪事实需要追究刑事责任";逮捕的证明标准是"有证据证明有犯罪事实";侦查终结移送起诉和提起公诉的证明标准与有罪判决的证明标准相同,都是"证据确实充分"。由此可见,证明标准的实质内容有二:其一是证据是否确实;其二,证据是否充分。这也是刑事司法人员审查认定证据的两个方面。

---

① 参见何家弘编:《法律英语——美国法律制度》(第四版),北京,法律出版社,2008年,第301-302页。

诉讼证明标准与证据的审查认定标准具有密切的关系,因为审查认定证据是证明案件事实的基础。换言之,诉讼证明标准中包含了对作为定案根据的证据的要求。首先,作为定案根据的证据必须是确实的。这是对证据真实性的要求。其次,作为定案根据的证据必须是充分的。这是对证据证明力的要求,可以称为证据的"充分性"。因此,审查认定证据的标准还应包括证据的充分性。下面,我就分别从真实性与充分性考察刑事司法的证明标准。

真实性是刑事司法人员审查证据的主要内容。在获准采纳的证据中,如果经审查发现某个证据不具备真实性,那么法官就不能采信该证据,就不能把它作为定案的根据。

真实性既是审查证据的要点,也是审查证据的难点。证据的种类繁多,情况复杂,有真有假,半真半假,司法人员要准确认定其是否真实,确非易事。在司法实践中,案件事实的认定错误往往都因为对证据的真实性作出了错误的判断。一般来说,对证据真实性的审查主要包括两个方面,其一是证据来源的可靠性;其二是证据内容的可信度。所谓证据来源,即证据是如何形成的,或者是由谁提供的。分析证据来源的可靠性,就是要分析证据在形成过程中是否受到外界因素的影响及其影响的程度,就是要分析提供证据者有无影响证据内容可信度的因素,包括证据提供者的能力、知识、身份、动机等。所谓证据内容,即证据所反映的人、事、物的情况。司法人员在分析证据内容的可信度时应该考察证据内容的可能性、一致性、合理性、详细性等情况。

对于不同种类的证据,真实性审查的要点和方法也会有所不同。例如,对证人证言的真实性审查可以采用"五步法"。第一步是审查证人与当事人或案件结果有无利害关系;第二步是审查证人有无受到威胁或利诱的情况;第三步是审查证人感知案情时的主客观条件中有无造成误差的因素;第四步是审查证人品格中有无可能影响证言真实性的因素;第五步是审查证言内容是否符合常理与逻辑。这既是审查的要点,也可能是审查的突破口。

美国总统林肯当律师时有一个经典之作。在一起杀人案的审判中,被告人名叫阿姆斯特朗。检控方的一个证人在法庭上发誓说:"10 月 18 日晚上 11 点,我在草堆后面,亲眼看到他在大树旁边杀人。因为月光照在他的脸上,所以我看清了作案人就是阿姆斯特朗。"林肯作为辩护律师发言说:"证人说他在 10 月 18 日晚 11 点在月光下看清了被告人的脸。但那晚是上弦月,11 点时月亮已经下山,怎么会有月光?退一步讲,即便证人所说时间有误,当时月亮还在西天,那么其证言也不能成立。月光从西边照过来。证人在树东面的草堆后,脸朝大树,就是向西。如果当时凶手面向西,那么证人只能看到凶手的后脑勺。如果凶手当时面向东,那么证人看到的凶手脸上就没有月光。根据常识,这位证人的证言一定是虚假的。”法官采纳了林肯的意见,判决被告人无罪。最后查明,那个证人是收了别人的钱来做伪证的。这就是一个根据常识审查证言真实性的案例。

证据的充分性也是采信证据的标准。作为定案根据的证据,不仅要具有内容的真实性,还要具有证明的充分性;不仅要“证据确实”,而且要“证据充分”。所谓“证据充分”,即证据的证明力足以证明案件中的待证事实。从理论上讲,“证据充分”可以就单个证据而言,也可以就案件中的一组证据或全部证据而言。就案件中的某个事实或情节来说,一个证据或一组证据达到了“证据充分”的标准,就是说,这个证据或这组证据已具有足够的证明力来证明该事实或情节的存在或不存在。就整个案件来说,所谓“证据充分”,则是指案件中的全部证据已经具有足够的证明力来证明案件的真实情况。由此可见,审查证据是否充分,就是要对证据的证明力进行分析和评断。

二、证明标准的经典案例

证明标准的语言表述都带有一定的抽象性,因此在具体案件中的适用都具有一定的模糊性,需要通过具体案例进行说明。在讨论这个问题时,美国著名橄榄球明星辛普森涉嫌杀妻案就是很好的实例。

1994 年 6 月 12 日夜里,辛普森的前妻妮科尔在洛杉矶家中被人杀害,一同被杀害的还有她所谓的“男友”戈德曼。当时,很多美国人都认为辛普森是杀人凶手,但是该案的审判结果让人大跌眼镜。1995 年 10 月,洛杉矶地方法院的陪审团宣判辛普森无罪。

现如今,这场“世纪审判”已然是家喻户晓,我就不多讲了,只谈谈这个案件中的证据。在美国,法院判定被告人有罪的证明标准是排除合理怀疑。为什么检控方的证据没有达到这个法定的证明标准?另外,在随后的民事诉讼中,法院判决辛普森败诉。为什么民事诉讼与刑事诉讼有不同的证明标准?

在辛普森涉嫌杀妻案中,检控方没有收集到能够直接证明辛普森杀人的证据,既没有目击证人,也没有被告人口供。这是一个典型的依靠间接证据来证明事实的案件,可以称为"旁证案件"。公诉方的主要证据都是物证,包括在现场上提取的血迹、血足迹、纤维、一只血手套,以及在辛普森家提取的一只血手套和一只血袜子,还有在辛普森的汽车里提取的微量血迹等。通过 DNA 鉴定,专家认定手套、袜子、汽车里的血迹都是被害人妮科尔的血,而现场有一些滴落血迹是辛普森的血。专家对现场的血足迹和辛普森的运动鞋进行了比对,认定鞋的型号和鞋底花纹相同,但是只能得出种类相同的结论,不能得出同一认定的结论。

另外,检控方还收集到一些证人证言,例如,妮科尔的女友证明辛普森有很强的嫉妒心,不能容忍妮科尔与其他男人交往,而且曾经对妮科尔实施家暴;出租车司机和辛普森家邻居的女佣证明辛普森在案发当晚大约 11 点钟时开车回到家中;案发后最先询问辛普森的警察还证明辛普森的左手中指有伤等。

在上述证据中,对检控方来说最有价值的证据是那些现场滴落血迹的 DNA 鉴定结论和辛普森手指有伤的证言。但是,这些都是间接证据,不能直接证明辛普森实施了杀人行为。司法人员要据此认定辛普森是杀人凶手,就需要进行演绎推理,具体形式如下——

大前提:在杀人现场留下新鲜滴落血迹的人是凶手或帮凶;

小前提:辛普森在该案现场留下了新鲜滴落血迹;

结论:辛普森是该案的凶手或帮凶。

这个推理的大前提是或然真实的,因此其结论也具有或然性。但是,这个案件中还有其他证据,例如,证明辛普森有作案动机的证言,证明辛普森有暴力行为倾向的证言,证明辛普森有作案时间的证言,以及他的手套、袜子和汽车上都有被害人血迹的专家意见。这些间接证据可以构成一个证据链条,证明辛普森实施了杀人行为。当然,这个证明链条也有缺失,例如,警方没有找到杀人凶器。不过,这个缺失并不能否定证明链条的完整性。这就是说,如果上述证据都是真实可靠的,那么检控方的证据组合就已经达到了排除合理怀疑的证明标准。但是,辩护方在法庭上对公诉方的证据提出了有效的质疑。

　　首先,辩护方对那些至关重要的现场滴落血迹的检材包装方法提出了质疑。按照有关规定,那些滴落血迹是新鲜血迹,现场勘查技术员应该用一种专门的塑料袋来包装。但是,那位技术员的工作有疏忽,没有使用专门的塑料袋,而是用了一种包装干血迹的纸袋。用这种纸袋包装新鲜血迹的检材,就容易使检材受到污染,而检材受到污染,鉴定结论就不一定可靠了。

　　其次,辩护方对血袜子证据提出了质疑。在法庭上,辩方专家让陪审团看到,这支袜子的两侧都有血迹,并且这些不规则的血迹的形状完全一样。这说明当血染到袜子上的时候,袜子里面没有脚!辩方专家还指出,这支袜子上的血迹中有一种特殊的化学物质,名叫 EDTA,是防止血液凝固的化学药剂。一般来说,实验室保管人的血液样本时才会加入这种化学药剂,以防止血液凝固。这就说明,这些血液不是直接从被害人的身体流到袜子上的,而是有人把某个实验室保管的被害人的血液样本拿来倒在了袜子上。哪个实验室有被害人的血液样本呢?洛杉矶警察局实验室。辩护律师说,一定是有人把洛杉矶警察局实验室保管的被害人妮科尔的血液样本拿来倒在从辛普森家提取的本来没有血迹的袜子上。这显然是一个伪造的证据。那么是谁伪造的呢?辩护律师把矛头指向了白人侦探福尔曼。

　　白人侦探福尔曼出庭作证是该案审判的一个高潮。在法庭上,辩护律师先询问福尔曼对美国黑人的看法。检察官立即起身表示反对,说这个问题与本案无关。但是辩护律师坚持说这个问题与本案有关,因为被告人是黑人,两名被害人是白人,而这位侦探也是白人。法官支持了辩方的意见。福尔曼对这个问题的回答是冠冕堂皇,他说黑人也为美国社会作出了不少贡献。但是,辩护方随后请来一位女记者出庭作证。这个女记者为了撰写一篇介绍洛杉矶警察生活的文章而采访过一些警察,包括福尔曼。在法庭上,女记者播放了她当年采访福尔曼的录音带。在那随意的对话中,福尔曼多次称黑人为"黑鬼",而且还说了一段很有歧视色彩的话——"我最讨厌有钱的黑人,讨厌那些和白人姑娘在一起的黑人。我在路上值勤时看到黑人开着豪华轿车,旁边坐着白人姑娘,我就有气。不管他违不违章,先把他拿下,准能找出毛病来!"

　　辩护律师在对陪审团做最后陈述的时候,似乎很通情达理地说:侦探福尔曼也不一定是想陷害辛普森,但是他有歧视黑人的心理倾向,特别讨厌有钱的黑人和白人姑娘在一起。辛普森是有钱的黑人,辛普森的前妻是白人姑娘，所以他在办案时就先入为主地认为辛普森一定是杀人凶手。而当他认为本案中的证据不太充分的时候，他就会情不自禁地造出些证据，把证据给弄足了。所以，这个血袜子一定是福尔曼伪造的证据。辩护律师的话对陪审员产生了很大的影响。据说，一些陪审员就是因为警察的伪造证据行为才决定判辛普森无罪的。

顺便说，"世纪审判"结束之后，检察官对福尔曼提出了伪证罪的指控。对此，福尔曼在法庭上作出了"不争辩"的答辩，其意思相当于默认有罪。法官决定从轻处罚，只判了1年缓刑和200美元罚金。后来，福尔曼离开了洛杉矶警察局，凭借他的口才到华盛顿州的一个广播电台担任了犯罪节目的主持人。

大家都知道，辛普森案还有民事审判。该案的刑事审判结束之后，两名被害人的家属又提起了民事诉讼，要求法院判决辛普森为两名被害人的非正常死亡承担民事赔偿责任。1997年2月4日，陪审团判决辛普森败诉，要承担赔偿责任。正常计算的赔偿金额是850万美元，但是陪审团觉得还不够，又追加了2 500万美元的惩罚性赔偿，最后的赔偿金额是3 350万美元。

辛普森案的两个判决给我们提出了一个司法证明标准的难题。刑事判决是辛普森无罪，可以说辛普森不是杀人凶手；但民事判决是辛普森败诉，可以解读为辛普森是杀人凶手。为什么洛杉矶的法院可以作出两个相互矛盾的判决呢？对于这个问题，我在后面回答。

我要先谈谈间接证据案件的证明标准问题。辛普森涉嫌杀妻案是一个典型的间接证据案件。这个案件没有直接证据，既没有目击证人的证言，也没有被告人的认罪口供，总之，没有证据能直接证明辛普森实施了指控的杀人行为。如何在没有直接证据的案件中把握定罪的证明标准，这是司法实践中的一个难题。

三、间接证据案件的证明标准

如前所述，我国《刑事诉讼法》规定的证明标准可以简称为"证据确实充分+排除合理怀疑"。在只有间接证据的案件中，刑事司法人员在认定案件事实时容易出现意见分歧，因此就希望能有更为具体明确的标准。

为了解决这个问题，最高人民法院、最高人民检察院、公安部、国家安全部、司法部在 2010 年联合颁布的《关于办理死刑案件审查判断证据若干问题的规定》第 33 条就对死刑案件中依据间接证据定罪的证明标准作出规定:"没有直接证据证明犯罪行为系被告人实施,但同时符合下列条件的可以认定被告人有罪:(一)据以定案的间接证据已经查证属实;(二)据以定案的间接证据之间相互印证,不存在无法排除的矛盾和无法解释的疑问;(三)据以定案的间接证据已经形成完整的证明体系;(四)依据间接证据认定的案件事实,结论是唯一的,足以排除一切合理怀疑;(五)运用间接证据进行的推理符合逻辑和经验判断。"这一规定的要点是"结论是唯一的",因此被简称为"唯一性标准"。

2012 年《刑事诉讼法》修订之后,最高法颁布的《刑诉法解释》第 105 条沿用了《死刑案件证据规定》的间接证据定罪标准,只是把文字表述修改为"足以排除合理怀疑,结论具有唯一性"。这一修改在语义上弱化了证明标准的强度,以便将其适用范围从死刑案件扩大至全部刑事案件。2021 年 2 月,最高法院发布的《关于适用〈中华人民共和国刑事诉讼法〉的解释》对依据间接证据定罪的证明标准未作实质修改,只是在文字表述上更加简练。①

虽然新的《刑诉法解释》把"足以排除一切合理怀疑"改为"足以排除合理怀疑",但是司法人员的理解并未改变。例如,最高法院的法官在解读这一规定时就指出:"此项规定有以下涵义:其一,依据间接证据认定的案件事实,只能得出唯一结论;其二,依据间接证据得出的结论排除了其他一切合理怀疑。"②另外,法律学者对"唯一性标准"的看法也不一致,主要争议就在于"唯一性标准"与"证据确实充分+排除合理怀疑标准"的关系,即前者与后者是否相同,或者说,前者是否高于后者。

间接证据案件的证明方法和证据审查具有一定的特殊性。在有直接证据的案件中,司法证明的主要依据就是直接证据,司法人员审查直接证据的要点主要是真实性,而间接证据的主要作用也是印证或佐证直接证据的真

---

① 《刑诉法解释(2021)》第 140 条规定:"没有直接证据,但间接证据同时符合下列条件的,可以认定被告人有罪:(一)证据已经查证属实;(二)证据之间相互印证,不存在无法排除的矛盾和无法解释的疑问;(三)全案证据形成完整的证据链;(四)根据证据认定案件事实足以排除合理怀疑,结论具有唯一性;(五)运用证据进行的推理符合逻辑和经验。"由于条文首句已经明确案件类型的限定条件,该条文中的"证据"就等同于"间接证据"。

② 江必新主编:《最高人民法院刑事诉讼法司法解释理解与适用》,北京,人民法院出版社,2015 年,第 344 页。

实性。在这类案件中，只要能够确认直接证据内容的真实性，司法人员就可以根据这些内容认定案件事实，因此"结论具有唯一性"的要求并不具有太大的意义。但是在间接证据案件中，司法人员并不能直接根据证据的内容去认定案件事实，尽管这些间接证据是真实可靠的。司法人员往往要根据间接证据的组合并借助于逻辑推理，才能认定案件事实。在这种情况下，缺少证据证明的事实环节就要借助推理来填补，而推理结论往往具有一定的或然性，例如在辛普森涉嫌杀妻案中根据现场滴落血痕的推理。因此，把这类案件的定罪标准表述为"结论具有唯一性"是必要且合理的，有助于司法人员根据间接证据的特点去把握刑事诉讼的证明标准。

从学理上讲，"唯一性标准"并不是高于"排除合理怀疑"的证明标准，因为排除合理怀疑的证明就包含了证明结论具有唯一性的含义。如果司法人员认为根据所有证据得出的事实认定结论不具有唯一性，那就表明其内心还存在合理怀疑。以故意杀人案为例，如果司法人员认为根据现有证据不能得出被告人就是杀人凶手的唯一性结论，那就说明还存在其他合理的可能性，譬如另有真凶或另有死因，而这里所说的"其他合理的可能性"也就构成了司法人员的合理怀疑。总之，间接证据案件虽然具有一定的特殊性，但是也要适用刑事诉讼的证明标准。"唯一性标准"并未超越"证据确实充分+排除合理怀疑"的证明标准，只是为帮助司法人员审查运用间接证据提供一种更加明确的表达方式而已。

因为我国的刑事司法人员有偏重口供的传统，所以间接证据案件的数量一直不多。根据我们在"中国裁判文书网"等案例数据库的检索结果，我国在 2004 年 1 月至 2020 年 9 月共有 186 个间接证据案例。其中，2004 年至 2013 年共有 14 个，2014 年有 25 个，2015 年有 17 个，2016 年有 23 个，2017 年有 31 个，2018 年有 32 个，2019 年有 39 个，2020 年 1 月至 9 月有 5 个(可能受到了新冠疫情的影响)。[①]

在我国司法机关每年审理的大约 100 万刑事案件中，这些间接证据案件的数量显得微乎其微。诚然，司法实践中的间接证据案件不会这么少。一方面，我们检索到的案例未必完全；另一方面，由于侦查人员和检察人员的办案习惯和"口供情结"，一定数量的间接证据案件未能进入审判阶段。不

---

① 参见何家弘、马丽莎:《间接证据案件证明标准辨析》，载《国家检察官学院学报》，2021 年第 5 期。

过,我们在这 186 个案例中也能看到一种发展趋势,即间接证据案件在 2012年修订的《刑事诉讼法》颁行之后呈现出增加的态势。这从一个侧面表明我国刑事司法人员对口供的依赖程度开始下降。

在刑事司法活动中,间接证据的种类和数量很多。如果把案件中的证据比作大海上漂浮的冰山,那么直接证据就相当于露出水面的山尖部分,而间接证据则是藏在水下的巨大山体。这有两方面的原因:其一,案件事实的内容甚广,构成要素很多。许多证据虽然不能直接证明案件的主要事实,但是可以证明案件的相关事实,如案件发生的时间、地点,作案人使用的工具、手段,犯罪行为的前因、后果,作案人的目的、动机等。这些证据都属于间接证据。其二,案件中的证据多种多样。有些种类的证据可以直接甚至全面地证明案件的主要事实,但多数种类的证据都只能证明案件事实的部分或片段,如实物证据、电子数据、勘验笔录、鉴定意见等。科学技术的发展不断为司法证明提供新的证据种类,而这些新的证据也多为间接证据,如以计算机、互联网、手机等为载体的新型证据。总之,间接证据的种类和数量还会不断增加。

综上所述,随着司法文明的进步和科学技术的发展,间接证据在刑事司法中的运用会越来越多。因此,加强对间接证据的证明规律的研究,特别是对间接证据案件证明标准的研究,既有理论价值,也有实践意义。然而,这些道理是知易行难。在复杂的刑事案件中,准确把握证明标准,绝非易事。下面,我就再讲一个著名的大案。它的开头平淡无奇,但是结局令人感叹。

四、证明标准的现实困境

1996 年 12 月 2 日中午,安徽省蚌埠市公安局 110 报警指挥中心接到报案:家中被盗、妻子死亡。报案人名叫于英生,是蚌埠市东市区(现龙子湖区)的区长助理。公安局很重视,立即派人赶到现场。这是一栋普通的住宅楼,于英生家住在一层。

于英生对警察说,今天早饭后,他骑自行车送儿子上学,然后去单位上班。那时妻子韩某还没有去上班。中午他下班回家,听岳父讲家里进来小偷了,让他查看一下。他进卧室查看了一下,发现存折等贵重物品都在,就出来了。他见妻子还没有回来,就打电话给妻子的单位,对方说她今天没去单位。他觉得有些奇怪,就第二次进卧室去查看,发现床边地上有血,掀开被子才发现韩某趴在床上,已经死亡。

于英生的岳父对警察说,上午 11 时 40 分左右,他接外孙放学回家。当时外面的防盗铁门没锁,但是关上的,里面的木门是锁上的。他用钥匙把门打开,马上就闻到一股液化气味。进屋后,他发现液化气罐放在卧室内的床边,阀门开着,门边柜子上的烟灰缸里点着一支蜡烛。他连忙把蜡烛吹灭,把液化气阀门关闭,把窗户和门都打开通风。当时他没有发现女儿在床上。他看到屋子里的东西翻得乱七八糟的,就没有动。过了十几分钟,女婿下班回来了。他说家里出事了,让女婿去查看。女婿进卧室查看之后,又给女儿的单位打了电话,后来才发现女儿死在床上。他们立刻向公安局报警。

警察进行现查勘查之后,制作了"12·2 杀人案现场勘查笔录",主要内容如下:现场门窗无撬压痕迹。中心现场位于于某某家南卧室,被害人韩某尸体俯卧在双人床上,用棉被盖着。面部有血,有七条柱状血痕经耳前、耳后通向顶部和脑后,颈部有多次的锐器伤。尸体颈下和颈南 15cm 处有 55cm×70cm、12cm×8cm 血迹,床南侧面有一柱状血迹,地毯上有 12cm×12cm 滴落状血迹,床北侧枕头上放一电话机,电话线被割断。床北侧有一液化气瓶,呈关闭状。床对面低柜上放有一烟灰缸,内有 5.3cm×2.1cm 白色蜡烛黏附在底面,低柜内放一刃部有血的菜刀。梳妆台抽屉被撬。低柜及梳妆台、床头柜抽屉被拉开,物品散落在地上。立柜门、低柜台面、抽屉及电话机上留有指纹。现场提取手印 21 枚、电话机一部、被撬抽屉锁及面板、菜刀一把以及死者韩某的血样。

第二天,法医对尸体进行了解剖检验,确认韩某是因口鼻腔受暴力作用,致机械性窒息死亡。死者颈部的创口为死后形成。死者双手有被捆扎的痕迹。推断死亡时间应在餐后一小时左右。法医同时提取了死者穿的三角内裤和衬裤,还用三个拭子分别提取了阴道外段、中段和后段的体液。

当日,警察又对案件的中心现场和外围现场进行了勘查,在于英生家南面小院的西墙角提取到两个用过的避孕套,里面有精斑。为了与现场的指纹印进行比对,警察提取了于英生及其岳父和儿子的指纹样本。

与此同时,侦查人员了解了于英生夫妇的基本情况。这对夫妻堪称郎才女貌。于英生 34 岁,大学本科学历,1994 年 6 月担任蚌埠市委机要局副局长,1995 年 11 月到东市区挂职担任区长助理,属于市委的后备干部,很有前途。韩某虽已结婚生子,但是相貌俊美,身材保持得也很好,颇受男同事的追捧。

根据现场门窗没有撬痕和家中财物没有丢失等情况,侦查人员认为本案可能是情杀,而且被害人应该认识作案人。于是,侦查人员向于英生询问韩某的交友情况,有无嫌疑对象。于英生说,妻子为人热情,交往很广,但是想不出谁会干这种事情。他确实曾经怀疑妻子有了外遇,但是也不知道是谁。案件发生的前一天,他们一家三口去逛商场。妻子交给他 2 800 元现金,让他存到银行,但是不告诉他这笔钱的来源。晚上,他又询问妻子,但是妻子就是不说,两人还为此吵了一架。

12 月 3 日,警方向银行查询,得到的答复是:活期存折,户名于韩;12 月 1 日最后存款金额 2 800 元,存折余额 4 934.85 元。

侦查人员走访了韩某的同事和同学,但是没有获得有价值的线索。韩某为人正派,虽然喜欢与人说笑打闹,但是在与男人的交往中很能把握分寸。不过,侦查人员在调查过程中也了解到一些有价值的情况。

从表面上看,这个家庭幸福和美,但实际上已产生裂痕。据韩某的一个闺蜜说,于英生与别的女人有暧昧关系,因此两人曾闹过离婚。侦查人员根据那个闺蜜提供的线索,很快就查获了证据。于英生与某中学教师孙某某关系暧昧,女方是有夫之妇,承认曾与于英生发生过性关系;于英生与某幼儿园教师胡某某关系亲密,但是女方声称二人没有发生过性关系,且在 1995 年与他人结婚。

综合上述情况,侦查人员认为于英生有重大嫌疑。因为于英生是后备干部,警方不能轻举妄动。经过研究,他们决定先查明于英生在案发那天上午的活动情况。侦查人员再次询问于英生,声称按侦查工作要求,他们必须查明与案件有关人员在案发前后的活动情况。

于英生对此表示理解,详细讲述了 12 月 2 日上午的活动情况。那天早饭后,他大概在 7 点 25 分骑自行车送儿子上学,然后到单位上班。在区政府楼前车棚处看见某某村街道书记刘某某与区人武部某同志说话,上楼时碰见了朱某某,时间大概是 7 点 35 分。在办理了日常工作之后,他于 9 点 30 分骑车去市建委,在建委南三楼待了几分钟,在北六楼待了几分钟。然后,他又骑车去市政府,在二楼看到了卞秘书长,然后到秘书三室找苏秘书,一共用了七八分钟。因肚子不舒服,他在一楼上了厕所,用了几分钟。然后他骑车回单位,在 10 点钟左右回到区政府,放自行车时又碰到朱某某。回到办公室后不久,李某某给他打传呼,他就用办公室电话给李某某回了电话。11点 50 分下班回家,骑车大约 5 分钟。

12 月 4 日,侦查人员根据于英生讲述的路线,以正常速度骑自行车进行实验,结果如下:(1)由区政府到现场的时间为 2 分钟;(2)由现场到建委的时间为 1 分钟;(3)由建委到市政府的时间为 1 分 20 秒;(4)由现场到市政府的时间为 2 分 20 秒;(5)由区政府到建委的时间为 3 分钟;(6)由市政府到区政府的时间为 4 分 30 秒。

12 月 4 日至 6 日,侦查人员分别询问了刘某某、朱某某、卞秘书长和苏秘书等人。这些人的证言和于英生讲述的情况基本一致,只是朱某某讲述的时间有些差异。他说,于助理那天早上好像比平时来迟了一点,平时他在7 点 30 分左右就到了,那天好像是 7 点 50 分左右。后来,我又看见他在车棚放车子,他讲去建委送材料回来,那时间大概是 10 点 20 分。

根据上述情况,侦查人员认为于英生有两次回家作案的机会,一次是早上送儿子上学之后,一次是从市政府回区政府的路上,每次都有大约 20 分钟的时间。

12 月 8 日,蚌埠市公安局的刑事技术人员完成了指纹比对工作,出具了"12·2 杀人案现场手印检验报告",主要内容如下:烟灰缸上的 2 枚手印分别是于某(于英生之子)左拇指和韩某右手中指所留;电话机话筒上的 1 枚手印是于某右拇指所留;家具油漆面上的 23 枚手印中有 17 枚为于英生所留,其余为韩某所留。结论:"12·2 杀人案"现场提取的 26 枚手印都是于家人所留,没有他人手印。

与此同时,蚌埠市公安局的刑事技术人员也进行了精斑检验,因为受技术设备所限,只能做血型鉴定。经检验确认,被害人的内裤以及阴道外段和中段拭子上均有精子,精子血型为 B 型;在现场小院提取的一个避孕套内的精斑也是 B 型血;另一个避孕套送到公安部第二研究所检验,尚无结论。于英生的血型是 B 型。据此,侦查人员认为于英生就是杀人凶手。

12 月 10 日,侦查人员把于英生带到蚌埠市公安局刑警支队进行审讯,12 日决定刑事拘留,16 日送至看守所羁押。在案卷材料中,这段时间共有 5份讯问笔录。前两份笔录比较简短,于英生否认作案。第三份笔录最长,共有 52 页,是于英生的第一份有罪供述。在这份笔录中,于英生先后四次供述了不同的作案过程。这份笔录记录的起始时间是 1996 年 12 月 10 日,但是没有记录截止时间,而于英生在笔录结尾签字的时间是 1996 年 12 月 16 日。在此之后,于英生又推翻了自己的有罪供述。

在看守所内,侦查人员又多次进行讯问,最终获得于英生的供述如下。1996 年 12 月 1 日,于英生一家三口在逛商场时,韩某将 2 800 元现金交给于英生让其存入银行,但却不愿告诉他这笔钱的来源,引起于英生的不满。12 月 2 日上午 7 点 20 分,于英生送儿子去上学,回来后再次问韩某 2 800 元现金是哪来的。因韩某坚持不愿说明来源,引起其二人发生争吵厮打。在厮打中,于英生见韩某越吵声音越大,即恼羞成怒将其推倒在床上,然后从厨房拿了一根塑料绳,将韩某的双手拧到背后捆上。接着又用棉被盖着韩某的头面部并隔着棉被用双手紧捂其口鼻,将其捂昏迷后匆忙离开现场到单位上班。大约 9 点 50 分,于英生从市政府办事后返回家中,见韩某已经死亡,便解开捆绑韩某的塑料绳,先与其发生性行为,以伪造强奸杀人的假象,然后用菜刀对韩某的颈部割了数刀,并将尸体翻成俯卧状。他接着又将屋内家具的柜门、抽屉拉开,将物品翻乱。临走时,他将液化气打开并点燃一根蜡烛放在床头柜上的烟灰缸里,企图使液化气排放到一定程度,烛火引燃液化气,达到烧毁现场的目的。

12 月 19 日,公安机关宣告破案,然后整理案卷材料,移送检察院审查批捕。12 月 22 日,蚌埠市检察院批准逮捕于英生。不过,检察院要求公安局补充一些证据,包括精斑的 DNA 鉴定和现场蜡烛燃烧时间的认定。蚌埠市公安局把有关的生物物证送到安徽省公安厅刑事技术部门进行 DNA 鉴定。

侦查人员进行了"蜡烛燃烧试验"。根据实验记录,侦查人员使用与案发现场提取的同材料的 5 支不同长度蜡烛进行实验,每支均燃烧至现场蜡烛被吹灭时所剩的长度(5.3 cm)。实验结果:15 cm 长蜡烛燃烧时间为 3 小时 40 分;17 cm 长蜡烛燃烧时间为 4 小时 18 分;19 cm 长蜡烛燃烧时间为 5 小时 10 分;21 cm 长蜡烛燃烧时间为 5 小时 35 分;22 cm 长蜡烛燃烧时间为 6 小时 15 分。于英生使用的可能不是完整的蜡烛,因此这个实验结果表明于英生供认的点燃蜡烛时间是可以成立的。

与此同时,公安机关还采用"狱侦"手段,于 1997 年 1 月 10 日在看守所截获于英生写给家人的密信。于英生在信中说:"我已承认过失杀人,但检察院定我为故意杀人。现我讲的基本事实已符合,只是一些细节还对不上。

近日要岳父母写个不追究法律责任的函给检察院,抓紧找公安、检察院、法院的人,改定过失为好。"

1997 年 2 月 3 日,安徽省公安厅出具了"刑事技术鉴定书",主要内容如下:1997 年 1 月 31 日,蚌埠市公安局将死者韩某阴道擦拭纱布一块、三角内裤一条、于英生静脉抗凝血 5ml 及韩某肌肉一块送检进行 DNA 分析鉴定。鉴定结论为:死者韩某阴道擦拭纱布和内裤上均检出精子,二者四个基因位点的基因型均相同;阴道擦拭纱布及内裤上的精子不是于英生的精子。

这份鉴定结论使侦查工作陷入进退两难的境地。如果说于英生不是凶手,那么前面的侦查工作就都错了,警察的抓人和审讯是错误,检察的批捕也是错误。于英生可不是普通人,此事的后果将非常严重。如果说于英生是凶手,那么这 DNA 鉴定结论怎么解释? 侦查人员决定先查清这些精子的来源。他们查了公安机关的 DNA 档案库,没有发现匹配的 DNA 图谱。他们又查了一些韩某的关系人,也没有发现 DNA 吻合的人。

此时,侦查人员是骑虎难下。经过反复研究,他们决定继续往前走。他们认为,没有 DNA 鉴定结论,也可以认定于英生是杀人凶手,因为于英生有作案动机和作案时间,而且于英生已经作出了有罪供述。至于 DNA 鉴定结论,他们认为那些精斑与这起杀人案无关,因为那可能是韩某与他人通奸的遗留物。侦查人员再次审讯于英生,核实作案过程,澄清一些细节,包括否定了于英生在伪造现场时与妻子发生过性关系的说法。

侦查人员认真地整理了案卷材料,特别是于英生的供述。案卷中一共有于英生的问话笔录 9 份,讯问笔录 14 份,自己书写的材料 41 份,时间跨度为 1996 年 12 月 2 日至 1997 年 2 月 18 日。值得一提的是:于英生在供述中曾四次承认将妻子杀死后"在伪造现场时发生了性行为",但是在 1997 年 2 月 3 日之后的供述中便再也没有谈及性行为的情节。

侦查终结之后,公安机关把案卷移送检察院审查起诉。1997 年 12 月 24 日,蚌埠市检察院向该市中级人民法院提起公诉。1998 年 4 月 7 日,蚌埠市中级人民法院以故意杀人罪判处于英生死缓。于英生上诉。9 月 14 日,安徽省高级人民法院以原审判决认定于英生故意杀人的部分事实不清,证据不足,裁定撤销原判,发回重审。

中级人民法院把案件退回检察院,检察院要求公安机关补充侦查。1999 年 6 月 14 日,蚌埠市公安局东市区分局出具了"补查情况说明":(1)死者阴道内的精液何人所留,侦查预审阶段调查数百人均不能证实系何人所为,现无法查实;(2)电话线系割断,于英生交代是拽断,以现场勘查为依据;(3)捆手的绳子未找到;(4)于英生传呼机时间记录问题,已安排人调查,调查结果以及侦查人员模拟实验时间与于英生交代的作案时间没有矛盾。

1999 年 9 月 16 日,蚌埠市中级人民法院再次以故意杀人罪判处于英生死缓。于英生再次上诉。2000 年 5 月 15 日,安徽省高级人民法院再次认定本案事实不清,证据不足,裁定撤销原判,发回重审。10 月 25 日,蚌埠市中院以故意杀人罪判处于英生无期徒刑。于英生依然上诉。2002 年 7 月 1 日,安徽省高院裁定:驳回上诉,维持原判。

2002 年 7 月,安徽省高级法院驳回于英生的上诉之后,该案的审判程序就终结了,无期徒刑的判决也就生效了。但是,于英生依然不服。12 月 8 日,于英生按照审判监督程序向安徽省高院提出申诉,要求再审。经过一年多的复查,安徽省高院于 2004 年 8 月 9 日驳回了于英生的申诉。

于英生坚称自己是无罪的。在监狱服刑期间,他服从管教,但是不参加监狱给犯人安排的娱乐活动。他还不断地提出申诉。他的父亲和哥哥也相信他是无罪的,为他四处奔走,寻求帮助。经过于英生和亲人的执着努力,安徽省检察院控告申诉处终于决定受理该案。

经过认真复查和反复调查,安徽省检察院认为该案的证据确实存在严重缺欠,就向安徽省高级法院提出再审的建议。经过一年半的沟通协调,安徽省高级法院回复不予再审。

安徽省检察院又进行研究,考虑是否要按照审判监督程序提出抗诉。对于这个问题,检察院内部存在两种意见。第一种意见认为,被告人于英生归案后对杀人和伪造现场行为曾作过多次供述,而且其关于本案起因、作案时间和作案细节的供述都能得到其他证据的印证,因此其没有杀人的辩解是不能成立的,检察院不应抗诉。第二种意见认为,本案证据之间存在矛盾,作为定罪主要证据的被告人有罪供述不具有确定性,案件中存在的矛盾和疑点无法得到合理排除,事实认定不具有唯一性和排他性。总之,原审判决认定于英生故意杀人的事实不清,证据不足,检察院应当提出抗诉。在这种情况下,安徽省检察院把该案提交最高人民检察院申诉厅审查。

2013 年 5 月 8 日,最高人民检察院申诉厅邀请五位法学专家就一起拟抗诉案件进行论证,包括本人。我们听取了汇报并审阅了案件材料。出于保密的考虑,检察院没有给我们提供原始的案卷材料,而是经过整理的案件材料,隐去了案件发生的地点和当事人的姓名。

五位专家在认真研究案件材料并询问了解有关情况的基础上,分别从刑法、刑诉法和证据法的角度发表了意见。大家一致认为本案中证明被告人有罪的证据不足,不能排除其他人实施该杀人行为的可能性。该案中主要的证据问题如下。

第一,现场勘查人员在被害人的阴道内提取到了精液。根据现场情况分析,作案人很可能就是与被害人发生性关系的人。但是经过 DNA 检验,被害人阴道内提取的精子并不是于英生的精子,因此不能排除其他人作案的可能性。

第二,现场勘查人员在《12·2 杀人案现场手印检验报告》中称一共提取到 26 枚手印,都是于家人所留,没有外人留下的手印。但是在该案复查期间,检察人员在公安机关的侦查内卷中发现了一份"认定于英生作案证据不足的理由和根据"的材料,其中第 2 个问题是"抽屉上留有外来指纹,痕检认为是比较新鲜的,需查实指纹是何人留下的,是否是犯罪留下的指纹"。据有关人员回忆,侦查人员当时针对该指纹排查了于英生和韩某的亲戚、朋友、同学、同事等可能进入于家的人,均无同一的结果。后来,侦查人员又将那两枚指纹印送到省公安厅指纹库中比对,也无匹配的结果。因此,这两枚手印就被视为"无效手印",没有写入正式的现场手印检验报告。检察院在复查时发现案卷材料中没有外来指纹印的照片以及指纹排查和送省公安厅比对鉴定的材料,就要求公安机关查找,但是得到的答复"找不到"。总之,原审判决采信的"现场手印检验报告"不具有真实可靠性,依据该证据得出的"没有发现外人进入现场的痕迹"的结论与事实不符。

第三,原审判决认定于英生有罪的主要证据是被告人的有罪供述,但是于英生的供述并不稳定,存在诸多疑点。首先,于英生时供时翻,前后矛盾,而且有些细节与现场勘查笔录、尸检报告等证据存在矛盾。例如,于英生在前四次有罪供述中曾经承认自己在伪造现场时与妻子发生了性行为,但是在 1997 年 2 月 3 日的 DNA 检验报告出来之后,他的供述中就再也没有出现这一情节。其次,侦查机关存在连续审讯逼取口供的情况。例如,于英生第一次作出有罪供述的笔录开始时间是 12 月 10 日,而于英生签字的时间是 12 月 16 日;另外在笔录中于英生还说过"你们干工作很辛苦,几天几夜都没合眼"。这些表明了侦查人员存在疲劳审讯或变相刑讯的情况。

最后,五位专家一致认为最高人民检察院应该提出抗诉,要求最高人民法院决定再审该案。2013 年 5 月 24 日,最高人民检察院向最高人民法院提出再审检察建议。随后,最高人民法院把最高人民检察院的再审建议转给安徽省高级法院。

6 月 27 日,安徽省高级法院决定对该案进行再审。8 月 5 日,安徽高院不公开开庭审理了该案。8 月 13 日,安徽省高级法院宣告于英生无罪。

很巧,就在法院宣告于英生无罪的这一天,《法制日报》报道了中央政法委近日发布的《关于切实防止冤假错案的规定》。这个《规定》针对执法司法中存在的突出问题,重申了依法办案、律师辩护、证据裁判、疑罪从无等原则,而且提出要明确冤假错案的认定标准,明确纠错的启动主体和程序,建立健全冤假错案的责任追究机制。

于英生改判无罪之后,我接受了《文汇报》记者的采访,主要谈了无罪推定和疑罪从无的原则。在我国,一些司法人员在面对疑案的时候曾经习惯于"疑罪从有",认为放纵罪犯的后果是非常严重的。后来,司法人员倾向于采取"疑罪从轻"的态度,该判死刑的就判个死缓或无期,称为"留有余地"。但是,疑罪从轻依然属于有罪推定的范畴,坚持无罪推定原则就要疑罪从无。在于英生一案中,我们也看到了这样的变化。法院最初的判决是死缓,后来改为无期徒刑,这是"疑罪从轻"的体现,而最后改判无罪则是疑罪从无的体现。在此之前,我国已经纠正了一些错判,但一般都有比较确切的事实认定结论,包括"真凶再现"的案件,例如黑龙江的石东玉案,还有"亡者归来"的案件,例如湖北的余祥林案。2013 年 9 月 3 日,《文汇报》发表了记者的文章《17 年后的无罪判决》,同时发表了一篇专家访谈,《从疑罪从轻到疑罪从无》。我认为,在疑罪的情况下改判于英生无罪,这是我国刑事司法理念的进步。

毋庸讳言,这个错判已经造成了重大危害。它不仅毁掉了于英生的生活和前程,而且毁掉了这个家庭。于英生的父亲一直为儿子的申诉四处奔波,于 2009 年含恨辞世。于英生在无罪释放之后,立即到父亲的坟前祭拜,告知自己"回来了"。于英生对记者说,他在狱中曾经想到过死,是对妻子的感情支撑他活了下来,而且不屈不挠地进行申诉。他对记者说:"妻子比我还冤。我要是死了就对不起她,也让凶手逍遥法外。我给自己打气,必须活下去。"

毫无疑问,造成这个家庭悲剧的元凶是那个罪犯。于英生改判无罪之后,蚌埠市公安局启动了再侦程序。侦查人员根据当年被害人下体提取的精液的 DNA,对曾经与被害人有过交往的人进行排除,终于查到了一个人。此人名叫武钦元,是蚌埠市公安局交警支队的三级警督,"四小车辆"综合整治一大队的大队长。2013 年 11 月 27 日,武钦元在和朋友打网球时被警方带走,他没做任何反抗。在证据面前,他供认了 17 年前强奸杀害韩某的犯罪事实。

1996 年,27 岁的武钦元通过朋友认识了被害人韩某,并对韩某产生爱慕之情。他是当地的交警,时常与韩某见面,有时还开几句玩笑。12 月 2 日早晨,于英生上班之后,武钦元来到韩某家,敲门进入后,欲与韩某发生性关系,遭到拒绝。武钦元通过捆绑双手、捂压口鼻等暴力手段对韩某实施强奸,事后才发现韩某已窒息死亡。随后,武钦元找来菜刀切割韩某颈部,切断韩某家中电话线,翻乱抽屉,伪造犯罪现场,并将液化气罐打开搬至屋内,点燃蜡烛,意图制造爆炸,彻底毁灭犯罪现场。他逃离现场之后,一直在暗中关注此案。后来,于英生被抓走,被判刑,他才安心,把这一桩罪恶藏到心底。

蚌埠市交警支队的人说,武钦元精通交警执法业务,工作效率很高,是个挺好的警察,还受过市公安局的奖励。2013 年 10 月底,武钦元还上了电视新闻。那天,当地电视台播放了"蚌埠市交警支队'四小车辆'综合整治办展开执法检查"的新闻,身为综合整治一大队大队长的武钦元穿着制服接受了记者的采访。这条新闻还上了蚌埠市民论坛——珠城论坛。

2015 年 5 月,安徽省芜湖市中级人民法院不公开审理了武钦元强奸致人死亡案。公诉方指控被告人武钦元犯强奸罪,并致被害人死亡,性质严重、情节恶劣。被告人除了对被害人手腕处的环形捆绑痕迹表示"记不清了",对其他证据均无异议,并数次向被害人及被害人家属说"对不起"。于英生作为附带民事诉讼的原告人参与诉讼,提出了 147 万元刑事附带民事赔偿请求。

辩护律师称,被告人做交警期间一贯表现很好,曾经立功受奖。他犯罪的主观恶性不大,强奸是临时起意,造成被害人死亡的后果带有偶然性;而且他被捕后自愿认罪,如实供述,有悔罪表现,因此希望法庭能从轻处罚。

5月15日,芜湖市中级法院经审理认为,被告人武钦元违背妇女意志,采取暴力手段强行和被害人韩某发生性关系,并在实施强奸的过程中致被害人死亡,其犯罪手段极其残忍,犯罪后果极其严重,依法应予严惩。法院判处被告人武钦元死刑。

2016年6月,最高人民检察院公布了第七批指导性案例,其中就包括了于英生案。

于英生被改判无罪时,该案还是个疑案。现如今,水落石出,真凶伏法,这是对疑罪改判的肯定。而且,我的小说还一不留神,雷同了于英生案。

2016年底,知识产权出版社出版了我的《洪律师探案集》,共五部。有人看了第一部《血之罪》之后问我,这部小说的情节和于英生案有相似之处,特别是武钦元的罪行。于英生案是不是《血之罪》的创作原型?我回答说,不是。

在《血之罪》中,一个美丽的农场姑娘在家中被人强奸致死,她的一个男朋友被判死缓。10年之后,这个男朋友通过审判监督程序平反昭雪,真凶是当年在农场查办案件的一个警察。他在办案中爱上了那个姑娘,后来在性欲的驱使下实施强奸,并导致姑娘窒息死亡。不过,这个警察很能干,也很优秀,后来当上了县委书记。

《血之罪》的故事情节确实与武钦元的案件很相似,但这只是个巧合,因为我这部小说是1994年创作的。1995年,在于英生-武钦元案发生之前,这部小说就在《中国青年报》上连载,随后由群众出版社出书。2013年,在于英生被改判无罪并查获武钦元之前,这本书不仅在中国出版,而且已经被翻译成法文、英文、意大利文、西班牙文出版。因此,这不是我的小说复制了于英生-武钦元案,而是于英生-武钦元案复制了我的小说。这真是应了那句老话,如有雷同,纯属巧合。

在这个案件中,于英生是不是好人?武钦元是不是坏人?这不是能用是或不是来简单回答的问题。在《血之罪》中,我借当事人之口阐述了自己对这个问题的回答——

这世界上既没有绝对的好人,也没有绝对的坏人。既没有对谁都好的人,也没有对谁都坏的人。从人生的角度来看,好人与坏人之间并没有不可逾越的鸿沟。这就是说,好人是可以变坏的,一个奉公守法的人也可以走上犯罪的道路。有些人犯罪是一个缓慢的由量变到质变的过程,而有些人犯罪则是由某个偶发事件促成的。这就是一失足成千古恨,或者说是一念之差的罪恶! 明朝有一位伦理学家叫王守仁。他留下一句名言,"人之善恶由于一念之间"。此话不无道理。

五、证明标准的哲学原理

我在讲辛普森案时提出一个问题:刑事判决是辛普森无罪,可以解读为辛普森不是杀人凶手;但民事判决是辛普森败诉,可以解读为辛普森是杀人凶手。为什么洛杉矶的法院可以作出两个相互矛盾的判决呢? 要回答这个问题,我们就要讨论刑事司法的真实观,而且要从法学上升到哲学。

首先,我要说明无罪判决的准确含义。法院判决辛普森无罪,并不等于陪审团认为辛普森不是杀人凶手,而是说,陪审团认为辛普森不一定是杀人凶手。司法人员对案件事实的认识不是非黑即白,经常处于"灰色"地带。这就是说,根据已知的证据,司法人员既不能肯定被告人有罪,也不能肯定被告人无罪。按照无罪推定原则,法院就得判被告人无罪。

然而,当时很多中国人都很难理解辛普森案的判决。俗话说,真相只有一个。客观事实也只有一个。辛普森或者是杀人凶手,或者不是杀人凶手。法院不能在刑事审判中判他不是凶手,然后在民事审判中又判他是凶手。从这个意义上讲,辛普森案的判决促进了中国学者对司法判决真实性问题的思考,包括对证明标准的讨论。

在很长时期内,我国的法学界和司法界都在证明标准问题上秉持"客观真实说"。所谓客观真实,是说司法活动中人们对案件事实的认识完全符合客观的实际情况,即符合客观标准的真实。在特定历史时期的思想环境下,对"客观真实说"的质疑是不能容忍的,因为客观真实说的理论基础是辩证唯物主义的认识论。有学者指出:"辩证唯物主义认为,真理是客观事物及其规律在人们头脑中的正确反映,换言之,凡是主观符合客观的内容都是真理,因此,一切真理都有客观性,一切真理都是客观真理……因此,我们如果认为唯物主义认识论适用于诉讼,能指导诉讼证据理论和实践,就应当认同诉讼中的客观真实论。"[①]后来,随着思想解放,有些学者就对"客观真实

① 陈光中、陈海光、魏晓娜:《刑事证据制度与认识论——兼与误区论、法律真实论、相对真实论商榷》,载《中国法学》,2001年第1期,第41页。

说"进行反思,并且提出了挑战。

客观真实说体现了真理符合论的观点。按照这种观点,判断一个命题是否真实,就要看其是否与客观事实相符合。亚里士多德、罗素、维根斯坦等哲学家都持有这种观点。然而,真理符合论的基础是客观事实。当客观事实无法发现时,命题与客观事实的符合就成为一句空话,命题的真假也就无从判断了。就司法裁判来说,法官并不知道客观事实,怎么能判断其判决是否符合客观事实呢?有学者认为:"客观事实观在实践中不但无法实现,而且会带给我们一系列的严重后果,如任意司法、蔑视法律和法治等。"①

于是,有些学者就提出了主观真实的观点。所谓"主观真实",是指司法人员对案件事实的认识符合主观的真实标准。具体来说,司法人员认定案件事实所依据的证据应该构成一个完整的证明体系。在这个体系中,所有证据的证明作用是有机结合的,是方向同一而且没有矛盾的,是可以互相支撑或印证的。这样的证明体系可以让司法人员形成内心确信,或曰"心证"。

主观真实说反映了真理融贯论的观点。真理融贯论起源于唯心主义哲学的唯理论,笛卡尔和黑格尔是这一学派的代表人物。他们认为,人类无法脱离语言和思想来认识客观实在。人们所认识的世界都带有认识者的思想和意愿。因此,真理应该表现为判断之间、命题之间、信念之间的融贯性,一个命题之真在于该命题与其所从属之命题集合的融贯。

真理融贯论也存在理论缺陷,因为命题的融贯性并不能保证命题的真实性。严格地说,一个命题的体系融贯,只是这个命题为真的必要条件,而不是充分条件。一个虚构的故事也可以达到体系性融贯,但却不是真实的。在刑事诉讼中,一个完整且自洽的证据体系并不能保证这些证据所支撑的事实主张具有真实性。譬如,刑讯获得的被告人虚假供述也可以达成与其他证据的融贯,或曰"印证",但是这样的事实认定结论却可能是错误的。

出于对主观真实说的心理排斥,我国的学者又提出了法律真实的观点。所谓"法律真实",是指司法活动中人们对案件事实的认识符合法律所规定的真实标准,是法律意义上的真实。"法律真实说"的要点表现为一种人为设定的真实标准。既然是人为设定的,那么不同国家和不同时期的人就可以设定不同的标准。我前面讲过的"神明裁判"是一种法律真实的标准,"法

---

① 参见樊崇义等著:《刑事证据前沿问题研究》,载《证据学论坛》第1卷,北京,中国检察出版社,2000年,第206页。

定证据"是一种法律真实的标准,"自由心证"是一种法律真实的标准,我国诉讼法规定的证据确实充分也是一种法律真实的标准。

法律真实说的提出,在一定程度上反映了我国诉讼法学研究的思想解放,但是也受到了一些学者的批判,并引发了相当激烈的学术争论。本人也支持法律真实说的主张,并且撰写了一些论文。例如,我在2001年第6期《法学研究》上发表了《论司法证明的目的和标准——兼论司法证明的基本概念和范畴》的论文,提出了司法证明的目的是查明客观事实而司法证明的标准是法律事实的观点。后来,我又在2004年第6期《法学研究》上发表了一篇论文,标题是《司法证明标准与乌托邦——答刘金友兼与张卫平、王敏远商榷》。我在文章中写道——

"在2003年第4期《法学研究》中,有两篇文章使我特别感兴趣。其一是刘金友教授的《实践是检验司法证明真理性的唯一标准》;其二是张卫平教授的《证明标准建构的乌托邦》。另外,在2003年12月出版的《公法》第4卷中,也有一篇标题就非常吸引我眼球的文章,即王敏远教授的《一个谬误、两句废话、三种学说——对案件事实及证据的哲学、历史学分析》。刘金友教授是我尊敬的学长。虽然由于本人性好闲散,不喜热闹,连学术会议也尽量逃避,所以至今尚无缘与刘教授谋面,但是,我很早就拜读过他的大作,如他主编的《证据理论与实务》(1992年)和《证据法学》(2001年),可称文交已久。这次仔细拜读刘教授的文章,感受其深厚的理论功底,更觉受益匪浅。张卫平教授是我的同道学友,我们有多次合作的经历,如共同主编《外国证据法选译》,近日还并肩在政法大学同台论法。王敏远教授也是我的旧识,我们曾同游欧洲六国,并于2004年初在中央电视台的'央视论坛'上两度联手且配合默契,被女主持戏称为'哥俩'。刘教授的文章是标明与我商榷的,因此我理应写一篇文章作为应答,而张教授和王教授的文章恰好与我要讨论的问题相关,于是,我野心勃勃地决定'一箭三雕'。不过,我射出的绝非'射雕英雄'之箭,而是爱神丘比特之箭,希望它能使三位中箭者结合——当然,我指的是学术思想的结合。"

在回应刘金友教授的观点之后,我把"箭"转向张卫平教授和王敏远教授。他们"都对证明标准进行了彻底的否定。前者认为,要建构一种抽象的、又依赖于法官主观认识的证明标准其实不过是一种'乌托邦'式的空想。后者则声称,具有可操作性的证明标准并不存在,'法律真实说'与'客观真实说'根本不可能为这种不存在的证明标准提供正当性的基础。行文至此,我不禁联想到一段关于禅宗的传说故事。五祖弘忍的得意弟子神秀曾作了一首参悟佛法的诗:'身是菩提树,心如明镜台;时时勤拂拭,勿使惹尘埃。'神秀的师弟慧能听说之后,对了一首诗:'菩提本无树,明镜亦非台;本来无一物,何处惹尘埃?'慧能后来成为了禅宗六祖。拜读了张、王两位教授的大作,我觉得他们颇有慧能之风范。当学者们在面红耳赤地争论什么客观真实标准和法律真实标准时,当我和刘教授也在非常认真地探讨实践是不是检验司法证明之标准时,二位却在一旁说道:根本就没有什么标准,纯粹是乌托邦。那种超凡脱俗,堪与六祖齐肩。我情不自禁地替二位教授草拟一偈:'证明本无度,心证亦难量;本来无标准,何言主客观?'"我喜欢在学术论文中使用带有文学色彩的语言。

"客观真实说"与"法律真实说"的争论,在一定程度上反映了司法理想与司法现实之间的冲突。作为理想的标准,司法活动应该追求客观真实。但是面对现实,人们又不得不满足于法律真实。这就是说,承认法律真实可以使证明标准更有实用性。从这个意义上讲,法律真实说体现了真理实用论的观点。

在哲学上,真理实用论又被称为实用主义的真理论,其代表人物包括皮尔士、詹姆士、杜威等哲学家。真理实用论看重命题在实际生活中的效用,将命题是否有效用作为命题为真的条件,正如詹姆士所言:"'它是有用的,因为它是真的';或者说'它是真的,因为它是有用的',这两句话的意思是一样的。"[①]真理实用论所追求的不是僵硬的真实信念,而是要把真理视为一种经验的观念,而观念的功用和效果才是最为重要的。

在法律真实说的理论框架下,我们就可以接受辛普森案的两个判决了,因为刑事诉讼和民事诉讼可以采用不同的证明标准。刑事诉讼的证明标准是"排除合理怀疑",而民事诉讼的证明标准是"优势证据"。辛普森案件中的证据没有达到刑事诉讼的证明标准,因此陪审团判决辛普森无罪,但是达到了民事诉讼的证明标准,因此陪审团判决辛普森败诉。

顺便说明一下,美国的诉讼制度和我国的不太一样。我国采用的是刑事附带民事诉讼。在同一个案件中,民事诉讼的判决要取决于刑事诉的判

---

① [美]威廉·詹姆士:《实用主义》,陈羽伦、孙瑞禾译,北京,商务印书馆,1989 年,第104 页。

决。刑事判有罪,民事才赔偿。刑事判无罪,民事就没有赔偿。美国的刑事诉讼和民事诉讼是相互独立的,不管刑事诉讼的结果如何,民事诉讼都可以单独进行并作出判决。

那么,如何区分刑事诉讼和民事诉讼的证明标准呢? 我们可以从概率的角度进行解说。刑事诉讼中"排除合理怀疑"的证明标准的为真概率在90%以上,而民事诉讼证明标准的为真概率在51%以上。有人估算,辛普森是凶手的概率是80%。它没有达到刑事诉讼证明有罪的标准,但是达到了在民事诉讼中判原告方胜诉的标准,因此,这两个判决都是合法的。

多年来,很多学者在研究司法证明的概率问题,以便使司法证明更加精致,更加合理。英国牛津大学的祖克曼教授通过一个案例讲述了概率的运用。某人在一条公路上被汽车撞伤了,有关证据只能证明他是在那条公路上被一辆公交车撞的,但不知是哪一辆。经过调查得知,A 公交公司的车辆占该公路上运营车辆总数的80%,因此,A 公司所属车辆撞伤那个人的概率为80%。民事诉讼的证明标准是超过51%,法院应该判 A 公司承担赔偿责任。

针对这个案例,有人提出另一种裁判方案。假设在那条公路上运行的公交车中,80%属于 A 公司;15%属于 B 公司;5%属于 C 公司。法官可以让被害人把这三家公司列为共同被告,然后根据概率的比例,判决 A 公司承担赔偿金额的80%;B 公司承担15%;C 公司承担5%。[①]

实际上,有些国家的法院在审理劣质产品造成的人身伤害案件时就采取过这种概率裁判办法。例如,某人在长期食用某种药品之后出现器官损害,但是因为服药的时间很长,而且病人吃的是多家工厂生产的同一种药品,所以无法查明究竟是哪家工厂生产的药品造成的损害。在这种诉讼中,法官允许受害人把该种药品的所有生产厂家作为共同被告人起诉,然后按照这些厂家所占的市场份额决定各自承担的赔偿金额。另外,在高楼抛物砸伤人的案件中,有的法院也作出了让住在该楼的多家住户共同承担赔偿责任的判决。毫无疑问,这些判决所认定的不是客观事实,但是具有一定的合理性,有可能得到社会公众的认可。说到这里,我又该谈谈涉及司法证明标准的另一个理论问题了。

---

① Adrian A. S. Zuckerman: Law, Fact or Justice, *Boston University Law Review*, Vol. 66, p. 488.

六、证明标准的共识理论

就刑事司法而言,案件事实都是发生在过去的,是客观存在的既成事实。司法人员无法亲历案件发生的过程,也无法穿越"时空隧道"去"回看"案件发生的过程,因此只能通过各种证据去认识案件事实。换言之,案件的事实真相是客观存在的,但是司法人员只能通过证据去认知事实真相。在证据很充分的案件中,事实真相比较容易认知。在证据短缺的案件中,事实真相就很难认知。如果法院在判决时必须查明真相,那么许多案件就无法作出判决。但是在没有查明真相的案件中,法院应给如何判决?这既是一个实务问题,也是一个理论问题。

司法裁判既要考虑法律后果,也要考虑社会效果,因为最理想的法院判决应该能定分止争,并且得到社会民众的认同。为了解决这个难题,我国的一些学者就在借鉴哈贝马斯"真理共识论"的基础上,创立了刑事诉讼共识理论。不过,这些学者的观点并非尽同。其中,有的学者称之为"刑事程序共识论",主要从认识论的视角探讨刑事诉讼中共识的概念与构成,以及与证明标准的关系。① 还有的学者称之为"刑事裁判共识论",在讨论刑事诉讼的共识问题时兼顾了认识论和价值论的考量。②

刑事诉讼共识论的认识论理论源自哈贝马斯的真理共识论。哈贝马斯认为,最理想的认识活动应当是在平等主体之间的交往活动中展开的,并且,在交往的过程中,认识主体所获得的认识只有经过其他主体的检验,达成所谓的"理性共识"(rational consensus),认识活动才得以结束,而这种"理性共识"即为真理。因此,在哈贝马斯看来,追求主体间性的共识是认识活动中最为核心的环节。这些学者认为,真理共识论同样可以作为刑事诉讼的认识论原理,"共识理论与刑事裁判两者所涉及的问题起点的相似性、终点的一致性、观念的相通性、基本要求的一致性等方面表明,将共识理论引

---

① 参见李力、韩德明:《解释论、语用学和法律事实的合理性标准》,载《法学研究》,2002 年第 5 期;杨波:《由"真实"到"程序内的共识"——刑事诉讼事实认定标准理论的新展开》,载《法制与社会发展》,2010 年第 4 期;杨波:《刑事诉讼事实形成机理探究》,载《中国法学》,2022 年第 2 期。

② 参见彭海青:《刑事裁判共识论》,北京,法律出版社,2012 年;马琳娜:《刑事裁判公众认同的法理基础》,载《江苏师范大学学报》,2020 年第 4 期。

入刑事裁判问题是可行的。"①

　　刑事诉讼共识论并不追求主观认识与客观事实的相符,而着意于裁判结论的可接受性,这种可接受性的正当性基础便在于诉讼主体间的共识。例如,杨波教授指出:"多数案件中,再现案件客观事实其实已经沦为控辩双方之间形成共识的手段,即再现案件事实也仅仅是为了证明己方认识的正确性,而当人们已经就认识的正确性给出一个共同认可的标准——主体间达成的共识——的情况下,案件事实能否再现便无实际意义。"②刑事诉讼共识论的学者认为,只要诉讼主体之间在程序之内经过平等的商谈和论辩,并就案件事实形成了共识,不论证明结论是否正确反映了客观事实,司法证明的结论都可以被接受,也就达致了刑事诉讼的真实性标准。

　　在诉讼价值论方面,刑事诉讼共识论的学者认为,刑事裁判共识的价值主要表现在对公正裁判、统一法律适用以及解决社会冲突这三个价值层面上。③ 此外,建立追求共识的裁判机制还有助于"增强裁判结果的可接受性","克服机械司法的缺陷,发挥能动司法的优势","促进司法民主,激活民众参与司法的热情"以及"遏制司法腐败,防止行政权力对司法的不当干涉"。④

　　在如何实现诉讼主体间共识的问题上,刑事诉讼共识论的学者认为,诉讼主体间关于案件事实的共识是通过商谈和论辩的认识手段予以实现的。实际上,刑事司法证明的过程本身就可以表现为诉讼主体间就案件事实进行商谈和论辩,并最终形成诉讼主体间共识的认识过程。

　　司法裁判的基本社会功能有二:其一是维护社会正义;其二是解决社会纠纷。在很多案件中,后一个功能具有更为突出的现实意义。社会成员往往是因为遇到自己不能解决的纠纷才找到法院,而法院审判的基本任务就是定分止争。如果诉讼各方能够就案件事实达成共识,法院就比较容易做到"案结事了"。在刑事诉讼中,被告人认罪可以作为共识的依据。但是在许多案件中,被告人否认自己实施了公诉方指控的犯罪事实,于是,如何达

①　参见彭海青:《刑事裁判共识论》,北京,法律出版社,2012 年,第 45 页。
②　杨波:《由"真实"到"程序内的共识"——刑事诉讼事实认定标准理论的新展开》,载《法制与社会发展》,2010 年第 4 期,第 56 页。
③　参见彭海青:《刑事裁判共识论》,北京,法律出版社,2012 年,第 115 页以下。
④　闫斌:《哈贝马斯交往行动理论视域下的商议式司法》,载《法学论坛》,2015 年第 2 期,第 67-69 页。

成共识就成为刑事诉讼的难题。一般而言,检控方和审判者比较容易达成共识,因此这难题的实质就在于如何达成控辩双方的共识,或者说,控辩审三方的共识。在司法实践中,解决这一难题的路径有二:其一是寻求控辩共识;其二是寻求裁判共识。

美国的司法实践中广泛采用的辩诉交易就是寻求控辩共识的例证。所谓辩诉交易,就是公诉方和辩护方通过协商与谈判,就指控的犯罪事实和应受的刑罚达成协议。其表现形式一般为被告人承认指控的犯罪事实,而检控方承诺给与较轻的刑罚乃至免于刑罚。德国的认罪协商制度和中国的认罪认罚从宽制度也有相似的效果。

刑事和解程序也有助于达致控辩双方的共识。一般来说,启动刑事和解程序就意味着被告人承认了指控的犯罪事实,并通过积极赔偿来寻求被害人方面的谅解,从而获得刑罚上的从轻或减轻。在这些共识的达成过程中,对立双方都要作出一定的妥协,并且表现出一定程度的"合作"。因此,有些学者就把这两种共识称为"合作式诉讼模式"中的"实质共识"。①

在被告人坚称自己无罪的案件中,控辩双方无法就案件事实达成共识,因此就需要法官通过裁判来认定案件事实。在这种情况下,法官裁判的可接受性是至关重要的。诉讼当事人都接受法官的裁判,法院也就做到了定分止争。在社会关注的案件中,法官的裁判不仅要能够被当事人接受,而且要能够被社会公众所接受。于是,控辩审三方的共识就会转化为社会公众的共识,而这对于司法功能的实现具有更为重要的意义。

那么,司法裁判如何具有可接受性? 第一,通过司法机关或司法人员的权威性。如果法院或法官在社会中享有极高的权威和公信力,那么其裁判就会被接受。换句话说,因为民众都相信法官是公正的,所以法官的裁判就是公正的。第二,通过司法程序的公正性和终局性。例如,英美法系国家采用的陪审团审判就强调程序公正,而且陪审团的裁决具有终局性。在辛普森涉嫌杀妻案中,虽然很多美国人都认为辛普森是杀人凶手,但是他们都接受了陪审团的无罪判决。换言之,该案的审判做到了"案结事了"。

陪审团的评议过程也是寻求裁判共识的过程。在传统的陪审团审判中,陪审团的成员必须就指控事实达成一致的意见才能作出裁判。如果陪

---

① 参见彭海青:《刑事裁判共识引论》,载《现代法学》,2011 年第 1 期,第 128 页;杨波:《刑事诉讼事实形成机理探究》,载《中国法学》,2022 年第 2 期,第 180 页。

审团经过反复协商和讨论仍然无法达成一致意见,那么法官就要宣布该审判为"流审",即无效审判。于是,法官宣布解散该陪审团,并且在符合法律条件时再次组成陪审团,重新对该案进行审判。这就是说,陪审团的裁判必须基于全体陪审员的共识。后来,为了避免"流审"所造成的司法资源浪费,英美法系国家的陪审团裁判制度就从"全体共识"转向了"多数共识"。例如,美国一些州的法律就规定,三分之二以上陪审员的一致意见就可以构成有效的陪审团判决。①

我国的合议庭评议制度也体现了裁判共识的要求。当然,如何把合议庭的共识转化为社会公众的共识,这仍然是我国司法机关面临的一个难题。杨波教授认为:"只要据以作出裁判的事实结论是主体之间在程序保障下所达成的共识,那么,司法裁判就具有正当性和普遍的可接受性。"②因此,"刑事诉讼事实认定标准应由'真实'走向'程序内的共识'"。③

然而,程序共识论的真实观缺乏明确的司法证明标准。如前所述,法律真实是达致法律所设定之标准的真实,包括案件事实清楚、证据确实充分、排除合理怀疑、高度盖然性等。但是,程序共识论的真实观并没有给出具体的证明标准。如前所述,程序共识论者认为,"程序内的共识"就是真实,因此事实认定标准应当从真实走向程序内的共识。那么,程序内的共识是全面的共识还是部分的共识?是实质的共识还是形式的共识?是控辩双方的共识还是裁判主体的共识?作为认定事实的标准或证明标准,这些问题都是需要明确回答的。诚然,控辩审三方就案件事实达成的全面共识可以作为一个比较明确的证明标准,但是这个标准的适用范围有限,主要适用于"认罪认罚从宽"等非对抗性程序的案件之中。如前所述,陪审团或合议庭可以达成裁判共识,但是这种共识并不等于控辩审三方的共识。实际上,在大多数需要陪审团或合议庭审判的案件中,法庭所认定的案件事实都很难成为控辩双方(包括被害人)的共识。

由此可见,在控辩双方或诉讼当事人无法就争议事实达成共识的情况

---

① 参见何家弘主编:《中国的陪审制度向何处去——以世界陪审制度的历史发展为背景》,北京,中国政法大学出版社,2006 年,第 79—81 页。

② 杨波:《刑事诉讼事实形成机理探究》,载《中国法学》,2022 年第 2 期,第 177 页。

③ 杨波:《由"真实"到"程序内的共识"——刑事诉讼事实认定标准理论的新展开》,载《法制与社会发展》,2010 年第 4 期,第 50 页。

下,法官的居中裁判是解决争议的基本路径,而法官依据法定的证明标准认定案件事实就是裁判的基础。从这个角度来看,程序共识论的真实观并没有普遍的适用价值。

程序共识论的真实观很难发挥维护社会正义的司法功能。社会正义的实现,既需要程序公正,更需要实体公正,因为正义的价值在很大程度上依赖于事实真相的发现。按照哈贝马斯的观点,认知主体在参与商谈与论辩时不仅要遵循程序规则,而且要"表现出共同探求真理的真诚态度和愿望"。然而,刑事诉讼属于控辩双方进行对抗的活动。不同的利益诉求使控辩双方很难形成"共同探求真理的真诚态度和愿望",因此追求程序之内的共识也很难发挥查明事实真相的实效。司法实践经验表明,要求控辩双方都持有共同探求真相的愿望,那只是一个美好的愿望。共识不仅是一个认识论的问题,还是一个关于话语权的较量和斗争的问题。如果说刑事诉讼中控辩审三方可以在程序内达成共识,那往往也是话语权博弈的结果,是利益斗争与妥协的结果,并非探求真相的结果。①

美国著名的证据法学家达马斯卡曾经说道:"通过商谈,从多种观点中产生事实真相的赞誉似乎只有在以下意义上才能够成立,即通过商谈说服了某些参与者——这些参与者原来的观点导致了错误的事实主张,因而原本就应当抛弃。如果不存在这种对原有观点的背叛,那么,达成一致的决定所反映的就更有可能是为打破僵局而采取的折中方案,而不是有价值的事实真相。如果折中能够产生事实真相,那么,通过地心说与日心说之间的争论,所产生的正确结果就会是:地球与太阳在绕着它们等距的中轴运转。"②

实际上,在大多数有事实争议的案件中,法庭所认定的事实都很难成为控辩双方(包括被害人)的共识。例如,近两年在我国引起广泛关注的"错换人生案"就是无法达成共识的例证。

2020年2月,江西省九江市的姚策在治疗肝癌的过程中,因血型疑点而与家人做了DNA鉴定,结果表明他并非姚师兵和徐敏亲生。经过调查,

①　参见何家弘、周慕涵:《刑事诉讼事实观与真实观的学理重述》,载《清华法学》,2022年第6期。

②　[美]米尔吉安·R. 达马斯卡:《比较法视野中的证据制度》,吴宏耀、魏晓娜译,北京,中国人民公安大学出版社,2006年,第53页。

姚家找到了孩子的亲生父母郭希宽和杜新枝，也找到了他们的亲生儿子郭威，并且确认是 1992 年在河南省开封市的淮河医院生孩子时发生了"错抱"。

后来，姚家认为郭家有"偷换"孩子的嫌疑，就到开封市的公安机关举报，指控郭家的行为构成了拐骗儿童罪和遗弃罪。公安机关调查之后作出不予立案的决定。2022 年 1 月，姚师兵、徐敏和郭威把淮河医院起诉到法院，后来又追加杜新枝为共同被告人。4 月 28 日，法院一审判决：淮河医院赔偿许敏、姚师兵精神损害费、医疗费、营养费等各项费用 79 万余元；赔偿郭威精神损害费 20 万元；驳回了原告方关于杜新枝"偷换"孩子的诉讼请求。许敏、姚师兵不服判决，提出上诉。7 月 11 日，二审法院作出维持原判的裁定，再次说明现有证据不能证明存在"偷换"婴儿的事实。

该案的终审判决公布之后，中央电视台《今日说法》的记者就找到我，希望就"错换人生案"中的证据问题对我进行采访。我不愿意就热点案件接受采访，就婉言推辞，但是记者说他们追踪该案两年，收集了大量资料，而且该案已经终审。我对《今日说法》很有感情，因为该节目在二十多年前开播时我就曾担任嘉宾。于是，我就答应了。我看了记者发给我的案件材料，包括当地公安机关决定"不予立案"的调查报告。然后，我接受了记者的采访，主要分析了该案中能够证明"偷换"主张的证据。

因为该案中没有能够证明"偷换"的直接证据，我就重点分析了几个间接证据，包括杜新枝患有乙型肝炎的证据、郭家在孩子出生日期上造假的证据、郭家的同村人在淮河医院妇产科担任护士的证据、医院病例中存在涂改等情况的证据。我认为，这些间接证据具有一定的证明力，但是不能确实充分地证明郭家偷换婴儿的事实。

根据"谁主张谁举证"的原则，原告方未能就偷换的事实主张举出确实充分的证据，法院就不能认定偷换事实。两个孩子被错换是已知事实，不能认定偷换，那就只能认定为错抱，而作为被告方的医院也认可了这个事实主张并同意赔偿。总之，法院在本案中的判决是正确的。

2022 年 8 月，《今日说法》播出了"错位的人生"节目，其中选用了我在接受采访时说的几句话。然而，法院的这个终审判决未能成为"共识"。诉讼当事人不接受该判决，很多网民也不接受法院的结论。在网络上，"错抱派"和"偷换派"的激烈争论持续了很长时间。

由此可见,程序共识论的真实观是一种主观主义的真实观,也是容易偏离实体正义的真实观,而且在司法实践中很难达到预期的效果。这也表明,刑事诉讼共识理论只能为我们理解刑事司法的证明标准提供一种思路,并不能真正解决证明标准的实践难题。

七、证明标准的三层建构

通过以上的案例分析和理论探讨,同学们已经对证明标准问题有了基本的认知。我相信,你们也都形成了自己的观点。现在,我回到这一讲的主题,从理论上进行总结,也是对我的观点的概述。

所谓证明标准,是指司法证明必须达到的程度和水平,是衡量司法证明结果正确与否的依据和准则。证明标准有三个层次:第一层次是证明标准的性质,例如,证明标准属于客观真实还是法律真实;第二层次是证明标准的表述,例如,证据确实充分、排除合理怀疑、高度盖然性、优势证据等;第三层次是具体明确并具有可操作性的标准。

根据前面的介绍,我国已经基本上明确了前两个层次的证明标准,即属于法律真实的证据确实充分+排除合理怀疑。下面,我就重点谈一谈第三层次的证明标准,主要介绍自己的一些并不成熟的想法。我还是从张卫平教授和王敏远教授的观点谈起吧。

张卫平教授认为,第三层次的证明标准是不可能建构的。他说:"一种为我们所掌握、适用的,同时又是外在的、客观统一的、具体的证明尺度"是不存在的。他在介绍了英美法系国家的学者在事实认定中运用统计学和概率理论的努力之后指出:"诚然,以上概述并非对证明标准的具体方法的穷尽,但已经可以看出,人们对'高度盖然性'标准使用的两个路径:一是细化,试图使盖然性这一抽象化标准能够具体化;二是客观化,试图使证明度能够摆脱证明判断者的主观意识。但笔者认为这些努力都只能归于失败,证明标准化本身就是一个不可能完成的任务,这种企望只能是一种空想。"他在介绍了大陆法系国家的学者寻求对法官的"内心确信"进行制约的努力之后,又说道:"尽管人们在寻求确信的客观化方面作出了种种努力,但是这些努力同样是徒劳的。心证本身是判断者的主观活动,是无法加以外在化和具体化的。对于依靠主体认知形成的判断结果,我们无法寻求具体的、统一的外在标准。"①

王敏远教授也认为具体明确的证明标准是不可能建构的。他说:"另一类证明标准是真正意义上的证明标准,即我们可以据此作为区别不同证明的具有可操作性的证明标准……在神明裁判与法定证据消失之后,法律就不再可能对这类证明标准作出规定。从可操作性的证明标准来说,法律已经不再有自己的判断真实的标准了,而只能服从于科学或者常识的关于真实的判断标准。"②

诚然,再具体的证明标准也不可能完全取代法官认定案件事实的"心证",换言之,法官对证据的认定工作不可能完全由计算机代替。但是,现代法治原则要求司法证明活动法制化、规范化,特别是在法官队伍的道德修养和专业水平参差不齐的情况下。张卫平教授认为,"当一个素质低下的法官手持法槌时,再好的规则也无济于事"。③我以为不然。虽然好的规则不一定能提高法官的素质,但是可以约束法官的行为,可以提高法官的办案质量。法官的素质越低,就越需要好的规则。因此,建构统一规范的司法证明标准,在当下中国具有特别重要的意义。尽管我们不可能把司法证明标准规定得像"1+1＝2"那么简单明确,但是制定具有可操作性的具体证明标准绝非"乌托邦"式的空想。

我认为,具体的证明标准或第三层次的证明标准包括两层内容:其一是单种证据的采信标准;其二是全案证据的采信标准。在具体案件中,无论是单个证据的采信还是全部证据的采信,都必须从两个方面对证据进行考查,即证据的真实可靠性和证据的证明力。尽管我们还不能就所有证据采信问题都制定出具体明确的标准,但是分别或部分地建构第三层次的证明标准则不仅是可能的,而且是必要的。

司法证明中运用的证据有很多种类,如当事人陈述、证人证言、物证、书证等。对每一种证据如何进行审查评断,能否制定出具体的采信标准,这是我们首先要研究的问题。诚然,我们现在还难以制定出采信证人证言等人证的具体标准,但是制定各种实物证据的具体采信标准却是完全可能的。

---

①　张卫平:《证明标准建构的乌托邦》,载《法学研究》,2003 年第 4 期,第 66-68 页。

②　王敏远:《一个谬误、两句废话、三种学说》,载《公法》第 4 卷,北京,法律出版社,2003,第 268 页。

③　张卫平:《证明标准建构的乌托邦》,载《法学研究》,2003 年第 4 期,第 68 页。

过去,我们在这方面所做的努力是很不够的,其原因既有技术和能力层面的,也有观念和态度层面的。例如,在指纹证据的采信标准问题上,由于我们过去片面强调"具体问题具体分析"和"数量与质量并重"的原则,所以我们一直反对为指纹同一认定确定一个统一的细节特征符合数量的标准。但是,世界上很多国家对此都有明确的规定,如至少有 12 个细节特征相符,才能作出指纹同一认定的结论。其实,我国有关部门的专家和学者也在着手制定各种物证的检验鉴定标准,以及电子证据的采信标准。如果我们能够首先针对各种科学证据制定出具体明确的采信标准,就可以促进证据审查和运用的标准化,也就可以促进司法证明的标准化。

制定全案证据的采信标准,或者说司法证明的统一标准,大概是人类历史上众多司法官员和证据学者梦寐以求的事情。正如王敏远教授所言,人类历史上曾经出现过具体明确的司法证明标准,譬如"神明裁判"和"法定证据制度"。虽然这些证明标准缺乏科学性与合理性,但它们毕竟都确实存在过,并非"乌托邦"式的空想,而且它们从不同角度反映了人类社会对具体明确的司法证明标准的需要与追求。今天,我们当然不能重复"神明裁判"和"法定证据"的做法,但是运用信息理论、概率理论、信度理论①等现代科学理论和方法来研究证据的证明力,并在此基础上建构具体明确的司法证明标准,应该是刑事司法界关注证明理论问题的学者们的共同努力方向。

大约 20 年前,我为第十卷《证据学论坛》写了一篇"卷首白话",标题是"证据学中的哥德巴赫猜想"。②虽然这些文字在今天看来已无有新意,但是它们从一个侧面记录了我辈学人的求索。因此,我想用这篇小文章作为这一讲的结束语,也算是给这门课的第一单元画上一个句号。

1742 年 6 月 7 日,德国数学家哥德巴赫先生在写给瑞士数学家欧拉的信中,首次明确提出了一个命题:任何一个大于 6 的偶数都可以表示为两个素数之和。6 月 30 日,欧拉在回信中认为这个命题可能是正确的,但是他无法证明。确实,这个命题貌似简单——可以简称为"1+1",但要证明它却非常不易。在尔后的一百多年间,许多数理专家都试图进行证明,但是都没有取得实质性的进展。于是,这个命题就成为了数学领域的一个著名难题,后

---

① 信度理论是以概率原理为基础的研究证据对"内心确信"的影响程度的理论。参见何家弘主编《刑事审判认证指南》,北京,法律出版社,2002 年,第 99-100 页。

② 何家弘主编:《证据学论坛》(第十卷),北京,中国检察出版社,2005 年,第 3-6 页。

人称之为"哥德巴赫猜想"。20世纪以来,数学家们在这个问题的研究上开始有所突破。1924年德国数学家拉德马哈尔证明了"7+7";1932年德国数学家爱斯台尔曼证明了"6+6";1938年苏联数学家布赫斯塔勃证明了"5+5",两年后他又将证明推进到"4+4";1956年苏联数学家维诺格拉夫证明了"3+3";1958年中国数学家王元证明了"2+3";1962年中国数学家潘承洞证明了"1+5",随后又推进到"1+4"。1966年,中国年轻的数学家陈景润,在经过多年潜心研究之后,成功地证明了"1+2",即"任何一个大偶数都可以表示成一个素数与另一素因子不超过2个的数之和"。这是迄今为止在哥德巴赫猜想问题上的最佳研究成果,距摘取这颗"数学王冠上的明珠"仅有一步之遥。因此,陈景润的研究成果在世界数学界引起了轰动,"1+2"也被誉为"陈氏定理"。

20世纪70年代,正当中国结束了"文化大革命"并开始走向改革开放的时候,正当"科学就是生产力"的思想开始深入人心的时候,陈景润的成功在默默无闻了若干年之后终于在中国社会中产生了巨大的反响,而这在很大程度上应归功于徐迟先生在1978年发表的那篇在当时几乎家喻户晓的报告文学——"哥德巴赫猜想"。在那篇文章中,徐迟先生用极富感染力的语言描述道"……他向着目标,不屈不挠;继续前进,继续攀登。战胜了第一台阶的难以登上的峻峭;出现在难上加难的第二台阶绝壁之前。他只知攀登,在千仞深渊之上;他只管攀登,在无限风光之间。一张又一张运算的稿纸,像漫天大雪似地飞舞,铺满了大地。数字、符号、引理、公式、逻辑、推理,积在楼板上,有三尺深。忽然化为膝下群山,雪莲万千。他终于登上了攀登顶峰的必由之路,登上了(1+2)的台阶。"当时,我还年轻,我那颗曾经被"革命激情"燃烧过的心又一次被徐迟笔下的"陈景润精神"点燃了,我甚至也曾企图去证明一个什么猜想。

诚然,我没有能力去证明数学领域的猜想,因为在我的高考成绩单上,数学一项的成绩只有可怜的8分。我甚至都不知道如何去证明那非常简单的"勾股定理"!不过,我可以用"陈景润精神"去征服其他领域的"猜想"。其实,在人生的很多领域中都存在着各种各样的"猜想"。这么多年过去了,激情已经沉淀为思维和行为的惯性,但在我的心中依然留存着一个能够令我兴奋的猜想,那就是证据学中的"哥德巴赫猜想"。

在人类社会的司法证明活动中,或者说,在司法人员通过证据去认定案件事实的活动中,有没有可能制定出一套既统一规范,又具体明确,而且科学公正的证明标准或证据采信标准?有人认为这是根本不可能实现的"乌托邦",但我相信它是人类有能力破解的一道难题。我们不妨称之为证据学中的"哥德巴赫猜想"。其实,几千年来,古今中外的司法官员和证据学者一直在努力求解这道难题。

很多国家在早期都采用过的"神明裁判"方法就具有统一明确的采信证据和认定事实的标准。以古代日耳曼人采用的"水审法"为例。在严格的宗教仪式下,诉讼当事人的膝盖处被绑起来,再用一根绳子系在其腰部并根据其头发长度在绳子上打一个结,然后将其慢慢地放入水中。如果他的身体沉入水中的深度足以使那个绳结没入水中,则证明他是清白的;否则就证明他是有罪的。这显然是一种统一规范而且具体明确的证明标准,但是其缺乏科学性,是早期人类迷信和崇拜神灵的产物,因此只能以失败的方式来结束其实现证据学"哥德巴赫猜想"的努力。

欧洲大陆国家在15、16世纪确立的法定证据制度是人类在求解这道难题的道路上作出的又一次重要尝试。所谓"法定证据"制度,是指法律就诉讼活动中可以采用的各种证据的证明力以及案件证明所要求的证明总量都作出了明确的规定,法官在认定案件事实时必须严格遵守这些规则,没有自由裁量权。具体来说,法律首先规定认定案件事实所要求的证据证明力总量为"1",即"一个完整的证明";然后明确规定了每种证据的证明力,有的属于二分之一的证明,有的属于四分之一的证明,有的属于八分之一的证明。只要法官把起诉方提交的证据加在一起可以构成一个完整的证明,他就必须作出有罪判决;如果不能构成一个完整的证明,他就必须作出无罪判决。这种证明标准也是统一明确的,但是在科学公正性方面也存在着缺陷,因此后来也退出了司法证明的历史舞台。

20世纪以来,欧美的一些证据学家试图将逻辑学、统计学和概率论等原理引入司法证明活动,以便提升司法证明的科学性并实现司法证明标准的量化。例如,美国20世纪前期最有影响的证据法学家约翰·威格摩尔教授就非常重视司法证明科学的研究,并且在其专著《建立在逻辑学、心理学和一般经验基础之上的司法证明科学》中进行了有益的探讨;20世纪80年代,运用"贝叶斯定理"等概率论和统计学原理分析证据的证明力和证明标准成为美国证据法学界的热门课题;当代美国著名法学家理查德·波斯纳法官在其专著《证据法的经济分析》中也对这个问题上进行了相当深入的研究。另外，近年来，美国的一些执法机关和法庭科学专家也在联手研究并制定一套针对各种科学证据的具体明确的采信标准。我相信，这些都是求解证据学中的"哥德巴赫猜想"值得尝试的路径。那么，在人类的知识王国里是否还有求解这道难题的其他路径呢？诚然，"哥德巴赫猜想"不是"脑筋急转弯"，不可能仅靠一点聪明或灵感一蹴而就。换言之，建构统一规范、具体明确、科学公正的司法证明标准，是一项浩大、复杂、艰难的工作，需要具有深厚理论功底的专家学者的执着努力。不过，我由衷地希望中国能够出现解开这道难题的"陈景润"。为此，我虽然并不富有，但是愿意拿出一万元钱（人民币）来奖励那个能够证明这个"哥德巴赫猜想"的中国人。

绝非戏言！

各位同学，这一讲的思考题是：如何解释刑事司法的证明标准与证明模式的关系？

何老师留的
思考题

学生对谈

第二单元　转　　向

第九讲　从群众专政转向专业司法

各位同学,大家好! 这节课我开始讲"刑事司法通识课"的第二个单元,主题是我国刑事司法的转向。所谓转向,就是发展方向的重大调整。这些转向发生在20世纪后期,体现了中国刑事司法的进步,也为后来的发展奠定了基础。我要讲的第一个转向,就是从群众专政转向专业司法。

在过去四十多年,中国发生了巨大的变化。"改革开放"释放了中国人民积压多年的创造力和能量,带动了国民经济的高速发展,也推动了社会制度的改良。当代的年轻人看到了这些成果,但未必知晓这些成果的实现过程。我是幸运的,亲眼看到了中国的发展过程,而且能参与其中,贡献了一点微薄的力量,主要是在刑事司法的领域。在这个单元,我将从一个亲历者的视角,通过一些重大刑事案件,讲述中国刑事司法的发展历程。我希望能让现在和未来的年轻人更好地理解中国社会的进步过程。

一、阶级斗争与群众专政

新中国成立之后,"阶级"成为一个重要的政治概念,而且是大众化的政治概念。在这种政治思潮的影响下,犯罪分子被视为"阶级敌人",打击犯罪的工作被视为"阶级斗争"或"敌我斗争"。实际上,新中国初期确有许多"阶级敌人"的犯罪,或者称为"反革命犯罪"。

根据1950年的立案统计,全国共发生刑事犯罪案件50余万起。当时刑事犯罪活动突出的特点是,反革命分子与惯匪、惯盗、地痞、流氓等相互勾结,趁新中国刚刚建立不久之际,大肆进行各种刑事犯罪活动。① 按照当时的认知习惯,犯罪属于"敌我矛盾",犯罪分子属于"专政对象",打击犯罪就要疾风骤雨,就要像秋风扫落叶一般残酷无情。

通过严厉打击各类刑事犯罪,中国的社会治安状况很快就得到好转。1952 年,全国刑事犯罪的发案数比 1950 年下降了 50%。犯罪特点也发生了变化,反革命犯罪的数量减少,盗窃、诈骗、走私、贩毒等普通刑事犯罪的数量增加。② 于是,把犯罪一律定性为"敌我矛盾"的观点受到质疑。

1957 年,毛泽东主席发表了《关于正确处理人民内部矛盾的问题》的文章,③为正确认识和解决政治生活和社会生活中的"矛盾"问题提出了指导意见。随后,法学界开始对犯罪的"矛盾定性"问题展开讨论。当时主要有三种观点:第一,只要是构成犯罪并判刑的,就都是敌我矛盾,都是专政对象;第二,定罪判刑的,不一定都是敌我矛盾和专政对象,有些犯罪属于人民内部矛盾;第三,定罪判刑的都是专政对象,但不一定都是敌我矛盾。④ 这些理论探讨在一定程度上推动了司法观念的转变。

然而,"阶级斗争"在 20 世纪 60 年代开始成为中国社会生活的主旋律。国家的大事小情都可与阶级斗争相关联。当时,"革命群众的无产阶级专政"是一个非常响亮的口号,也是一种司空见惯的做法。许多地方的"革命群众"在"阶级仇恨"的驱动下,把一些有轻微违法行为或不当言行的人打成"现行反革命",作为"牛鬼蛇神"进行公开批斗,然后进行群众监督和劳动改造。按照当时流行的说法,这些都是"阶级斗争的新动向"。在"以阶级斗争为纲"的社会形势下,政法机关是无产阶级的专政机器,就要把犯罪分子视为"阶级敌人",就要进行坚决镇压和残酷打击。

新中国在很长时期内都没有刑法典。1951 年,我国颁布了《惩治反革命条例》,后来又颁布了《惩治贪污条例》和《妨害国家货币治罪暂行条例》。当时法院判案,如果被告人的罪行不属于这三个《条例》规定的罪名,就直接

---

① 参见于凤玲主编:《刑事侦察教程》,北京,中国人民公安大学出版社,1988 年,第 7 页。

② 参见于凤玲主编:《刑事侦察教程》,北京,中国人民公安大学出版社,1988 年,第 8 页。

③ 这是毛泽东主席在最高国务会议第十一次(扩大)会议上的讲话,发表于 1957 年 6 月 19 日《人民日报》第 1 版。

④ 参见邓平:《一切刑事犯罪是否都算作敌我矛盾? 是否都看作专政对象? 绝不可把人民中间的犯法分子都当作专政对象》,载《法学研究》1958 年第 3 期;王文升、杨一平、刘可元:《从两类社会矛盾看犯罪的矛盾性质》,载《法学》1958 年第 5 期。

按常识在判决书写上罪名,如杀人罪、强奸罪,然后按习惯确定刑罚,包括死刑,没有任何法律依据。

1967年1月,中共中央、国务院颁布了《关于无产阶级文化大革命中加强公安工作的若干规定》。因为这个规定一共有六条,所以被人们简称为"公安六条"。这个规定的内容包括:要依法惩办杀人、放火、放毒、抢劫,以及盗窃国家机密、进行破坏活动的现行反革命分子;要保护革命群众组织,保护左派,依法惩办那些打死人民群众的首犯、情节严重的打手以及幕后的操纵者;地富反坏右不准串联,不得混入革命群众组织,更不准自己建立组织;不得利用大民主或其他手段散布反动言论;党、政、军机关和公安机关人员,如果歪曲以上规定,捏造事实,对革命群众进行镇压,要依法查办。

其中第二条特别规定:"凡是投寄反革命匿名信,秘密或公开张贴、散发反革命传单,写反革命标语,喊反革命口号,以攻击污蔑伟大领袖毛主席和他的亲密战友林副主席的,都是现行反革命行为,应当依法惩办。"这是一条很有特色的规定,是特别时期的特别产物。由于"公安六条"还规定"革命群众协助和监督公安机关执行职务",就在实践中导致了扩大打击范围和滥用群众专政,甚至制造了许多冤假错案。

二、制度重建与群众路线

新中国在成立之后就开始修建法律制度,但速度是缓慢的,道路是曲折的。到1957年,全国已经建立了比较完整刑事司法系统,包括公安机关、检察机关和审判机关,还有数千名律师。然而,1957年的"反右"运动导致了中国法制建设的倒退,司法部被撤销了,律师制度也被废止了。

1966年到1976年的"文革"期间,中国的法制遭受了更大的破坏。1967年,在"砸烂公检法"的口号下,法院和检察院的工作都受到很大冲击,只有公安局还基本上保持正常工作状态。1968年,检察工作被迫停止,全国的检察机关陆续撤销,检察院的干部被另外分配了工作。最高人民检察院的干部先下放到湖北的"五七干校",后来也另行分配工作,只在北京设立"留守组"。1975年《宪法》第25条规定,"检察机关的职权由各级公安机关行使",正式宣告检察机关的"被死亡"。

1978年12月,中国共产党召开了具有里程碑意义的第十一届三中全会。会议《公报》强调:"为了保障人民民主,必须加强法制。必须使民主制度化、法律化,使这种制度和法律具有稳定性、连续性和极大的权威,做到有法可依,有法必依,执法必严,违法必究。"①十一届三中全会把党和国家的工作重心从阶级斗争转向经济建设,也开启了中国法制的重建之路。

在十一届三中全会的闭幕式上,邓小平同志说:现在的问题是法律很不完备,很多法律还没有制定出来。往往把领导人说的话当作"法",不赞成领导人说的话就叫做"违法",领导人说的话改变了,"法"也就跟着改变。因此,我们必须使民主制度化、法律化,使这种制度和法律不因领导人的改变而改变,不因领导人看法和注意力的改变而改变。②

三中全会之后,以彭真同志为主任的法制委员会日夜工作,在几个月的时间内就完成了七部法律的起草。1979 年 7 月 1 日,第五届全国人大第二次会议通过了这七部法律,即《刑法》《刑事诉讼法》《地方各级人民代表大会和地方各级人民政府组织法》《全国人民代表大会和地方各级人民代表大会选举法》《人民法院组织法》《人民检察院组织法》以及《中外合资经营企业法》。这就是中国现代法治发展历史上著名的"一日七法"。一夜之间,中国从无法可依,转向了有法可依。

其中,《刑法》和《刑事诉讼法》的颁布,结束了群众专政的乱抓乱捕,结束了无法可依的混乱局面。与此同时,中国也开始重建刑事司法系统。1978 年的《宪法》恢复了检察院的设置。到 1979 年底,全国各级检察机关基本上得到重建。1979 年 9 月,全国人大常委会决定恢复设立司法部。1979 年 12 月,司法部宣布恢复律师制度。我国的刑事司法系统逐渐进入正常运转的状态。

1979 年,我在爱情的推动下考上大学。因为我考试成绩不高,就很随意地选择了中国人民大学一分校的法学专业。当时,我对法学几乎是一无所知。在这里,我顺便对新中国的法学教育史做一个简要的介绍。

中国人民大学法律系是新中国的第一个法学教育机构,成立于 1950 年。1952 年,中央统一规划,经过院系调整,组建了"五院四系"的法学教育体制,包括北京政法学院(即中国政法大学的前身)、西南政法学院、华东政法学

---

① 参见卓泽渊:《中国的法治之路》,北京,外文出版社,2018 年,第 70 页。

② 参见刘俊杰:《当代中国权力制衡结构研究》,北京,中共中央党校出版社,2012 年,第 165 页。

院、中南政法学院、西北政法学院和中国人民大学法律系、北京大学法律系、吉林大学法律系、武汉大学法律系。50 年代后期，由于各种原因，政法院校陆续被停办、撤销或解散。到"文化大革命"期间，全国只有北京大学和吉林大学保留了法学专业。1977 年恢复高考，北京大学、吉林大学和湖北财经学院恢复招收法学专业的本科生，全国共招收 189 人。那年的高考在 12 月，入学在次年 3 月，因此 1977 级大学生实际上是 1978 年春天入学的。1978 年，中国人民大学和西南政法学院等高校也恢复招收法学专业的学生。那一年，全国高校招收了 729 个法学本科生，其中西南政法学院招了 364 人。1979 年，全国有几十所高校开始招收法学专业本科生。顺便说，中国现在有 639 所高校招收法学专业的学生，2022 年的毕业生总数达到 20 万人。也难怪有人说，法学已经成为毕业生最难找到工作的专业之一。

作为 1979 级的学生，我很幸运地成为新中国"有法可依"之后的第一批法学专业的大学生。我记得，在第一学期就有老师对我们说，你们赶上好时候了，现在中国有《刑法》和《刑事诉讼法》了。不过，也有老师说，有了刑法和刑诉法等法律，但是能否发挥它们在重建法律秩序和社会秩序中应有的作用，还是一个很大的问题。这也是党中央当时关注的一个问题。

1979 年 9 月 9 日，中共中央发布了《关于坚决保证刑法、刑事诉讼法切实实施的指示》。该《指示》说，刑法和刑事诉讼法的颁布，对加强社会主义法制具有特别重要的意义。它们能否严格执行，是衡量中国是否实行社会主义法治的重要标志。在我们党内，由于新中国成立以来对建立和健全社会主义法制长期没有重视，否定法律、轻视法律；以党代政、以言代法、有法不依，在很多同志身上已经成为习惯；认为法律可有可无，法律束手束脚，政策就是法律，有了政策可以不要法律等思想，在党员干部中相当流行。该《指示》要求各级党委要保证法律的切实实施，充分发挥司法机关的作用，切实保证人民检察院独立行使检察权，人民法院独立行使审判权，使之不受其他行政机关、团体和个人的干涉。这个《指示》具有重大的历史意义，而且在今天仍有指导意义。

"文革"期间，受"红卫兵"和"造反派"的"武斗"和"打砸抢"的影响，社会治安急剧恶化。青少年的"打群架"和"抢东西"已然司空见惯，许多地方的市民都失去了安全感。我当时是初中生，比较老实，不参与打架，但是也曾经被人用刀扎伤腰部，还被人抢走一顶帽子。

20 世纪 70 年代后期,社会治安未见好转,盗窃抢劫等侵犯财产权利的案件数量很多,强奸杀人等侵犯人身权利的案件数量也在增加。在这种形势下,司法机关必须加强对犯罪的打击力度,必须提高司法人员的专业化水平。但是受主客观条件的限制,公检法的专业化建设都很缓慢,而且当时还强调"群众路线"。

1978 年,公安部制定的《刑事侦察工作细则》中明确规定刑侦工作方针是"依靠群众、抓住战机、积极侦察、及时破案"。1979 年颁布的《刑事诉讼法》也明确规定,侦查审判机关"进行刑事诉讼,必须依靠群众"。在实践中,犯罪案件发生之后,侦查人员就去发动群众,在城市依靠居委会,在农村依靠生产队。由于当时的犯罪水平很低,而且老百姓参与破案的积极性很高,所以那种侦查方法确实也破获了许多案件。

1979 年 2 月 17 日,中共中央宣布撤销《关于无产阶级文化大革命中加强公安工作的若干规定》,特殊时期的"公安六条"终于退出了历史舞台。

三、改革开放与专业司法

20 世纪 80 年代的"改革开放"以来,中国社会发生了很大变化。一方面,公民的道德水准和政府的公信力一同下跌。在犯罪侦查中,老百姓不愿意协助公安破案,知情人不愿意向警方提供线索。另一方面,随着社会的发展和科技的进步,犯罪方式不断"推陈出新",作案手法也不断"鸟枪换炮"。

面对这些变化,公安机关习惯的依靠群众的侦查破案方法已然落伍,就开始走上侦查专业化的发展道路,加强刑侦专业人员的工作。于是,"群众路线"的口号就被"专群结合"的口号代替了。所谓"专群结合",就是说,犯罪侦查工作要坚持专门机关与人民群众相结合,加强专业人员的工作要与依靠群众办案相结合,公安机关的专案调查要与发动群众相结合。这体现了刑事司法专业化的进步。

20 世纪 80 年代,法律学者一般都不再把犯罪定性为敌我矛盾,也不再把打击犯罪定性为阶级斗争。当时,我们在大学学习刑法的时候就讨论过犯罪的定性问题。在老师的引导下,大多数同学都认为,绝大多数犯罪都属于人民内部矛盾,不属于敌我矛盾。犯罪是违反刑法规定、具有社会危害性并应当受到刑罚的行为。从法律角度来讲,这属于是非问题。从道德层面来说,这属于善恶问题。总之,我们不应把犯罪视为阶级斗争的表象。不过,当时在一些学者的论述中还可以看到阶级斗争的痕迹。

有的学者在分析犯罪原因时说道:"我国现阶段出现的一些严重的刑事犯罪和经济犯罪,是当前在新的历史条件下阶级斗争的一种表现。我们首先应当正视这个现实,而不能认为在社会主义制度下就不存在产生犯罪的原因和条件。同时,也应当认识到阶级斗争已不是我国的主要矛盾,犯罪也并非都是阶级斗争的表现。比如一些由于人民内部矛盾激化而引起的一般刑事犯罪,就不属于阶级斗争的性质。"①

然而,当时的刑事司法还带有"群众专政"的色彩,最典型的就是"公审公判大会"。公审公判大会由公检法机关联合举办,一般都在体育场或广场举行,可以容纳上万群众围观。在大会上,检察院公开起诉,法院公开审判,被告可以是一人,也可以是多人。现场气氛相当热烈,在社会中起到了震慑犯罪的作用,但是也给刑事司法带来一些负面的影响。

下面,我就给大家讲一个真实的案例。那是我在中国人民大学法律系学习期间听老师讲过的最有意思的案例。当时老师讲得很简单,但是我后来又在公安机关的刊物中看到了该案得报道。那绝对是个令人震惊的大案,是可以改编成侦探小说的大案。

1982 年 10 月 5 日,河南省安阳市公安局接到报警电话,豫北纱厂职工医院的一名女护士失踪,人们担心她被杀害了。公安局领导很重视,立刻派刑警大队长带人去调查。经过询问护士长等人,刑警们得知失踪的女护士叫小晁,昨天下班后没有回家。今天早晨,小晁的母亲来医院查问,大家找遍了医院也没有找到,其他护士也不知道小晁的去向,于是就报了警。

刑警们在医院档案里看到小晁的照片,那是个非常漂亮的年轻姑娘。于是,刑警们按照情杀的思路在医院调查访问,查找嫌疑线索。刑警们分别询问了医院的干部、医生、护士,但是没有发现任何嫌疑人。小晁没有男朋友,医院的男性职工都很正派,没有发现可疑的人。

就在这时,公安局又接到报告,安阳市郊区的农民在田地里发现一捆带有血迹的女护士服。刑警立刻赶到现场。他们在护士服的衣兜里发现了豫北纱厂职工医院的饭票。然后经医院护士辨认,这套护士服就是小晁的。

---

① 于凤玲主编:《刑事侦察教程》,北京,中国人民公安大学出版社,1988 年,第 6 页。

至此,刑警们相信小晁已经遇害。他们在附近的田地进行搜索,但是没有找到尸体,也没有发现任何可疑的痕迹物品。

刑警们在调查中还得知,纱厂医院的太平间曾经丢失了一具女尸。那是个因病去世的青年女子,存放在太平间,但是家人要去火化时发现尸体不见了。医院的保卫人员多方调查,既没有找到尸体,也没有发现任何嫌疑线索。家人很难接受,但也无可奈何。现如今,医院又发生了活人失踪的事情,很多职工都很恐惧,而且有多种惊悚的传言,包括太平间里藏有恶鬼的说法。

刑警们在分析案情的基础上,坚持走群众路线。他们扩大了调查访问的对象范围,不仅让医院职工提供嫌疑线索,也让住院病人提供嫌疑线索,特别是那些老病号。这一次,他们确有收获。

一个住院病人说,10月4日夜里,他起来上厕所,路过医疗室的时候,听到里面传出摔打的声音。后来他回到病房,还隐约听到了喊叫的声音。他当时迷迷糊糊的,就没有在意。

刑警立刻到住院部的医疗室去查看,但是那里已经清扫过了,没有发现任何可疑的迹象。不过,他们根据这个线索,调查询问那个病房区的病人,终于发现了一个可疑的人。此人名叫刘国胜,是豫北纱厂的工人,当时在职工医院住院。这个人有犯罪前科,曾经因流氓行为被处罚。刑警查阅了住院档案,发现太平间丢失一具女尸那段时间,刘国胜也在住院。

刑警分别询问了刘国胜同病房的病人,了解他的情况。有病人说,刘国胜曾经在小晁护士送药时用话语调戏小晁,但是被小晁骂了一顿。刑警认为,刘国胜很可能是杀人凶手。就在此时,刘国胜向医生提出要提前出院。刑警告诉医生,暂缓办理出院手续。

刑警大队长在集体讨论的基础上,制定了"引蛇出洞"的行动方案。他让医院领导宣布,要对医院进行彻底的卫生大扫除,欢迎住院病人参加。与此同时,一名刑警假扮成实习医生,在住院部监视刘国胜。

刘国胜果然有反常举动。他听到大扫除的消息后,有些坐立不安,然后又找到住院部领导,要求参加大扫除,以便在出院之前用实际行动表达他对医院的感谢。医院同意了他的请求,他又要求去打扫最肮脏的公共厕所。刑警在暗中观察刘国胜清扫厕所的举动,终于发现了疑点。

刘国胜把一些清扫出来的脏土倒进了一块水泥地板周围的缝隙。刘国胜走后,刑警搬开了那块水泥地板,发现了一具无头女尸。经法医鉴定,这具尸体就是失踪的女护士小晃。

刑警把刘国胜押回公安局审讯。一开始,刘国胜拒不认罪。后来,刑警出示了小晃的护士服,并且说,我们在这衣服上发现了你的指纹印。这是一个审讯圈套。听了这话,刘国胜沉默片刻,突然站起身来,冲向窗口,试图跳楼自杀,但是被刑警抱住了。

刘国胜被刑警制服之后,心理防线崩溃,就坦白交代了自己的罪行。他讲述了强奸杀害护士小晃的经过,还承认了从太平间偷走女尸并奸尸的罪行。拿下口供之后,安阳市公安局召开庆功会,表彰了办案刑警。

这起刑事案件在安阳市产生很大的影响。于是,安阳市领导决定在城市中心广场上举行万人公审大会,让十恶不赦的刘国胜接受人民的审判。这样的公审大会可以安慰被害人的家属,可以震慑犯罪,也可以教育民众。

一个月之后,刘国胜被押到了中心广场的审判台上。台下的民众不断高喊口号。安阳市的检察长宣读了简短的起诉书,然后法院院长当众宣判:刘国胜犯强奸杀人罪,依法判处死刑,立即执行枪决。面对台下的一片杀声,刘国胜竟然对法官说:"别废话了,要杀你就赶紧杀!"

负责执行死刑的解放军战士手持步枪,走到台前,拉开枪栓,子弹上膛,对准跪在地上的刘国胜的脑袋,只听"砰"的一声枪响,刘国胜应声倒地。现场观众沉静了片刻,然后爆发出热烈的掌声和欢呼声。这个场景让我们又看到了"群众专政"的影子。

通过这个案例,我们可以看到,公安机关的专业化侦查还是达到了一定的水平,可以说是"专群结合"的体现。这主要因为公安机关在各个历史时期基本上都保持运转,保存了比较多的警务专业人员。相比之下,检察院和法院的专业化发展则比较缓慢,特别是检察机关。检察机关1978年开始恢复重建,需要大量法律专业人员。虽然一些原来的检察人员归队了,但是数量太少,因此各地的检察机关都接收了大量的复转军人。这些人没有接受过正规的法学教育,到检察院工作之后才开始自学法律。

顺便说一下,20世纪80年代,面对社会需求,各种成人教育机构如雨后春笋般出现,包括电视大学、业余大学、函授学校、夜校、自学高考等。其中,最为火爆的就是中央电大,在全国各地都有辅导班。当时,很多法官和检察官都通过"中央电大"获得了法学的大专学历,甚至是本科学历。这在一定程度上提升了刑事司法人员的专业化水平。

随着人类社会的发展,业余的人让位给专业的人,"通才"让位给"专才",这是一种必然的趋势,因为复杂多样的社会职能要求专业化人才来承担。就刑事司法而言,社会对专业化人才的需要表现在两个方面。一方面,法律制度的完善提升了刑事司法工作的标准,因此,只有专业化人员才能承担各种刑事司法工作。另一方面,犯罪活动的复杂化和多样化也增加了刑事司法工作的难度,特别是侦查破案的难度,只有专业化人员才能在刑事司法的各个环节保证办案的质量,实现刑事司法的目标。总之,刑事司法专业化是社会发展的客观需要,是历史发展的必然趋势。

各位同学,这一讲的思考题是:中国现在应如何提升刑事司法的专业化水平?

何老师留的
思考题

学生对谈

第十讲　从运动执法转向常规司法

各位同学,大家好! 这节课我要讲中国刑事司法转向的第二个专题:从运动执法转向常规司法。这是一个我最不想讲的话题,但也是我不得不讲的话题,因为它涉及刑事司法的重大理论,也涉及司法人员的重要理念。同时,我要讲两个大案,都是在中国产生重大影响的刑事案件。

一、震惊中国的"二王案"

20 世纪 80 年代以前,中国的整体犯罪水平是比较低的。一方面是犯罪数量不多,特别是农村地区,包括我在上节课讲到的"知青犯罪"。另一方面是犯罪水平不高,多数都属于人类原生态的犯罪,例如出于"食色本能"的盗窃和强奸。有些国家的犯罪水平很高,包括那些高智商的盗窃案、高科技的诈骗案、精心策划的抢劫案或谋杀案。但是在当时的中国,这样的案件几乎是闻所未闻。

改革开放之后,中国的社会发生了很大的变化,伴随经济的发展,犯罪也有很大增长,包括数量和质量。20 世纪 70 年代,中国每年的犯罪案件数在 40 万~50 万。80 年代初就有了明显的增长,1980 年是 75 万件,1981 年是 89 万件。在各类犯罪中,盗窃、抢夺、抢劫、诈骗等侵财犯罪数量最多,而强奸、伤害、杀人等暴力犯罪的数量也有增长。另外,大城市中的青少年犯罪和流氓团伙犯罪也时有所见。总之,犯罪形势不断恶化,严重影响到民众的安全感。就在这时,辽宁沈阳发生了一起震惊中国的大案。

1983 年 2 月 12 日是大年除夕,沈阳空军 463 医院发生了一起盗窃案。当时,医院职工都在小礼堂看电影,有人撬开了医院的小卖部,盗走一些财物。一个职工从礼堂回宿舍,看到一个形迹可疑的人,立即叫人来将其抓住。此人身材不高,身上有许多赃物。职工们就把他带到医院警卫室查问。小个子一直大喊大叫。就在这时,一个大个子拿着手枪闯入警卫室,开枪打死 4 人、打伤 1 人,然后二人逃离医院。

公安机关接到报案后,立刻派人赶到医院。在现场附近,民警发现了一个工作证,证主是沈阳 724 机械厂的王宗玮。警方立刻赶到该机械厂调查。工厂放假,警察从值班人员那里查到王宗玮的地址,就赶到其家中。王宗玮不在家,他的哥哥王宗坊也不在家,其父母都说不知道两个儿子现在何处。

这是一起 4 死 1 伤的大案,而且罪犯手中还有枪,因此沈阳市领导非常重视,要求公安机关全力以赴,迅速抓捕案犯。经过调查,警方得知,王宗玮 26 岁,曾经在空军服役 4 年,目前是 724 机械厂第六车间的材料员;王宗坊 30 岁,原本是沈阳市大东区辽沈卫生院的药剂员,1979 年因盗窃罪被判刑 3 年,于 1982 年刑满释放。王宗玮身材瘦小,王宗坊身材瘦高,二人与 463 医院人员描述的两个作案人的外貌一致。

第二天,警察再次询问"二王"的父亲。经过一番劝说,王父终于承认,两个儿子昨天匆忙回家,收拾行装,然后就走了,应该是坐火车去了南方。王家在美国有亲戚,因此"二王"很可能坐火车到广东,想办法偷渡出国。

多年以来,中国很少发生用枪杀人案。这一次,"二王"枪杀四人,而且还成功逃脱,在社会上产生了巨大的影响。一时间,各种传闻不胫而走,"东北二王"成为春节聚会的热门话题。有人说,"二王"都当过兵,都是神枪手。有人说,"二王"已经进了山海关,很可能借春节时机,到北京作案。当时正是学校的寒假,人们就都很少出门。

正在这时又传来消息,"二王"坐火车到了湖南。2 月 15 日,第 47 次列车的乘警在检查乘客物品时意外地发现王宗坊的提包内有手枪,就要求他出示持枪证。坐在旁边的王宗玮突然掏出手枪,开枪打伤乘警,并迫使列车紧急停车。然后,"二王"跳下火车,窜入衡阳市区。

2 月 17 日,"二王"潜入衡阳冶金机械厂,躲在大楼内休息。工厂的一个干部看到二人,感觉形迹可疑,就下楼叫人。"二王"也下了楼,抢夺一辆自行车逃跑,而且向追赶的工人开枪,打死 1 人,打伤 3 人。衡阳市公安局接到报案后,立刻派人围追堵截,但是没有发现"二王"的踪影。

3月3日,武汉市公安局接到报案,第四医院的一个实习医生到理疗室取东西,发现里面有两个男人,刚要查问就被打昏了。根据医生的描述,警方认为这两个人很可能就是"二王"。于是,武汉警方加强了对外来人员的检查。

3月25日,"二王"一前一后经过武汉岱山检查站。执勤民警和民兵在路边检查王宗坊时认为他有问题,就带到检查站内进行查问。站长让人搜身,发现王宗坊身上有手枪,就掏出自己的手枪,逼住王宗坊,让人缴枪并将其捆绑。就在这时,后来的王宗玮突然闯入检查站,连开10枪,打死了两名警察和两个民兵,还抢走了站长的手枪。在逃窜过程中,"二王"又与听到枪声后赶来的岱山派出所民警发生枪战。然后,他们开枪打死一个骑车经过的工人,夺走自行车,逃离现场。武汉警方立刻进行搜捕,但是没有抓到"二王"。

这连续发生的枪案进一步加剧了民众的恐慌,很多地方都出现了关于"二王"的传说。据说,西安市的一个民警在工作中手枪意外走火,听到枪声的人就以为是"二王"来了。于是,很多人都传说"二王"已经流窜到了西安。

5月,公安部发布了全国通缉令,而且悬赏2 000元。这应该是新中国发布的第一个"悬赏通缉令"。于是,配有"二王"照片的通缉令贴在了全国各地的火车站等重要场所。各地公安机关也加强了街头巡逻和对流动人员的检查。然而,"二王"却消失了踪迹。

8月29日,江苏省江阴市公安局接到报案,两个人持枪抢劫了当地的百货公司,抢走营业款2万余元。根据当事人描述的相貌特征和说话口音,警方判断这两个人就是"二王"。但是,江阴市公安局未能抓到这两个人。

公安部收到这个报告之后,立刻组织了跨省抓捕行动,在江苏省以及江西、湖北、湖南、河南等省联合查缉"二王"。同时,公安机关通过各种新闻媒体进行宣传,要求广大群众注意发现可疑人,及时报告公安机关。这一群众路线的做法,果然收到了成效。

9月13日上午,江西省广昌县的一个民政局干部在机关门口,看到对面的向阳杂货店外有一个戴着墨镜和旧草帽的男人跨在自行车上。过了一会,一个矮个子男人从杂货店走出来。两人骑车往前走,停在一个香烟摊前买烟。这个干部走过去,听见两人说话是外地口音。然后,那两个人又去了一家食品店。这个干部立刻跑到当地的派出所报告。派出所迅速派出警察去追捕。在县城外大约 3 公里处,警察追上了那两个人。对方立刻开枪,并弃车逃进山林。警察在对方丢弃的自行车后架上的塑料包中发现了两支五四式手枪。广昌县公安局把此事报告了公安部。经过核对枪号,公安部认定那两支手枪之一就是武汉岱山检查站站长的手枪,因此可以确认这两个人就是"二王"。

广昌位于江西和福建的交界处,东邻武夷山,周围有很多崇山峻岭。20 世纪 30 年代,国民党第五次"围剿"中共红军,这里就是决战之地。公安部决定要全力以赴,抓捕"二王"。于是,公安部在广昌县设立了"围剿'二王'指挥部",调集了民警、民兵和新组建的武警,还有解放军,一共约 3 万人。公安人员携带了警犬,解放军还带来了榴弹炮。这应该是新中国为抓捕罪犯而动用兵力最多的一次。

指挥部把兵力分成 4 组,形成 4 个包围圈,沿公路设置岗哨,军警民混合编组,进行大规模的拉网式搜索。但是四天过去了,"人海战术"未见成效。

9 月 18 日,在广昌的南坑山附近有农民看到了可疑人。于是,指挥部立刻调集了几千人,围山搜索。后来,在警犬的引领下,几名武警终于在一个半山腰的草丛里发现了"二王"。经过一番枪战,王宗坊和王宗玮先后被击毙。这个消息很快传遍中国,全国人民都松了口气!

此案终结之后,很多人提出一个问题:"二王"的手枪是从哪里弄来的?中国的枪支管理非常严格。"二王"使用的不是自制手枪,而是军工厂生产的五四式手枪。后来查明,沈阳市一所监狱的值班室于 1976 年被盗,丢失了 3 把五四式手枪。当时曾立案侦查,但是未能破案。根据枪号的比对,"二王"使用的手枪就是该监狱被窃的手枪。由此可见,"二王"早有犯罪的准备。

不过,根据该监狱管理人员讲述,值班室的那些手枪中没有子弹,因为手枪和子弹是分开保管的。"二王"是从什么地方弄到子弹的呢?子弹无法溯源,人们只能推断。王宗玮于 1976 年参军,在内蒙古地区服役四年。作为军人,他应该能够找到收藏子弹的机会。

其实在 20 世纪 70 年代,我国的很多单位都有枪支子弹。例如,我下乡在黑龙江生产建设兵团。当时为了防范苏联的入侵,我们都要备战,也要学习打枪。我们连有几十只步枪,也配备了一定数量的子弹。人们在练习打靶时,可以偷藏几颗子弹,也可以跟管理枪弹的干部私要几颗子弹。1975年,我担任连队的司务长。我想给知青改善伙食,就借出一支七九式半自动步枪,带了5颗子弹,一个人走进小兴安岭,希望能打到一只狍子。但是我跑了一天,不仅没有打到猎物,还差点迷了路,困在大山深处。当然,此事与"二王案"无关!

二、应运而生的"严打办"

我在前面说过,20世纪80年代初期,我国的犯罪有明显增长,治安形势严重恶化。"二王案"更增加了民众的不安全感。于是,党中央就决定要加大对犯罪的打击力度。1983年7月19日,中共中央军委主席邓小平指示公安部:"对于当前的各种严重刑事犯罪要严厉打击、判决和执行,要从重、从快;严打就是要加强党的专政力量,这就是专政。"

8月25日,中共中央政治局作出《关于严厉打击刑事犯罪活动的决定》,提出了"从重从快严厉打击刑事犯罪活动"的要求。9月2日,全国人大常委会颁布了《关于严惩严重危害社会治安的犯罪分子的决定》和《关于迅速审判严重危害社会治安的犯罪分子的程序的决定》。上述决定说,对严重危害社会治安的犯罪,"可以在刑法规定的最高刑以上处刑,直至判处死刑";对严重犯罪要迅速及时审判,上诉期限也由刑事诉讼法规定的10天缩短为3天;"严打运动强调在党委的统一领导下,党、政、军等有关部门齐动手,把判处死刑的权限交到县区一级的法院,同级的党委领导可以直接决定判处死刑"。于是,带有政治运动和军事斗争色彩的"严打"就此拉开序幕。

新中国成立以后,我党的领导干部经常通过群众运动来解决社会问题,而且习惯用军事斗争的思维方式来指导工作。于是,我国就有了"土改运动""三反运动""五反运动""整风运动""互助合作运动""'大跃进'运动""除四害运动"等。而且很多社会语言都带有军事色彩,如农业战线、教育战线、卫生战线、文艺战线、炼钢大会战、石油大会战、水利大会战、秋收大会战、春耕第一战役、抗旱第二战役等。"严打运动"也是这种思维习惯的产物。实际上,严打就像一场大会战,而且也确实划分为第一战役和第二战役。

这种模仿军事斗争的运动执法在短期内可以取得比较明显的打击犯罪

的效果。例如,在 1983 年"严打"开始之后的 3 个月内,全国就抓捕了一百多万名罪犯,当时还造成了羁押场所的人满为患。然而,运动是有时限的,不可能一直进行下去,因此很难取得长期的成效。运动过后,公检法人员会出现松懈,而犯罪则会出现反弹。总之,运动执法不应成为司法的常态。

更为重要的是,运动执法还会带来一些负面的后果,会危害法律的权威,破坏国家的法制。因为强调要从重从快严惩罪犯,所以就导致了办案质量下降和过度使用重刑。于是,违法办案和违法处罚的情况屡见不鲜,还给社会留下不少"后遗症"。几十年过去了,我们仍然可以在不同方面看到"严打"的影响。

刑事司法是维护国家法治的执法活动,但是维护国家法治的活动也要遵守法律规范。刑事司法是一把双刃剑:一方面,它可以打击犯罪;另一方面,它也会侵犯公民的合法权利。以恶治恶,以违法治违法,是对法治的双重破坏。因此,刑事司法必须坚持依法办案。目的的正当性不能代替程序和手段的正当性。

刑事司法活动不同于政治斗争和军事斗争,不能搞"你死我活",必须以公正为宗旨,以规范为准则。"严打"期间,我正在中国人民大学法律系攻读研究生。当时我们都认为,"严打"是必要的,也是有效的。不过,有的老师在肯定"严打"的同时,也提出了一些问题和建议,特别强调中国要加强法制建设。我在学习法理学课程中受到老师的启发,就写了一篇论文,标题是《在运动中把握法制的协调发展》,发表于 1984 年第 10 期上海政法学院的《法学》期刊。那是我发表的第一篇法学论文。

在运动执法中,"限期破案"是一个流行的说法。一般来说,某地发生重大刑事案件之后,公安机关的领导就会要求侦查人员"限期破案"。如果案件引起社会的广泛关注,省市领导也会指示公安机关"限期破案",而且这些指示一般都会见诸报端。对于重大刑事案件,无论是公安机关,还是普通百姓,都希望早日破案,严惩凶手。"限期破案"的要求反映了这种心愿,可以在一定程度上安抚民心。另外,它表明了领导的重视,不仅可以调动侦查人员的积极性,而且可以集中人力、物力、财力,投入到该案的侦查活动中。

毫无疑问,与奖惩和晋升相联系的"限期破案"可以激励侦查人员的主观积极性。如果没有激励机制,侦查人员也会偷懒耍滑,也会消极怠工。因此,"限期破案"对于提高犯罪侦查效率具有一定作用。但是,"限期破案"也会产生一些负面效果。如果侦查人员都是老实敬业的人，这种负面效果还不太明显。虽然上级领导"限期破案"，但是侦查工作还要脚踏实地。能在期限内破案，皆大欢喜；不能在期限内破案，也要实事求是。如果侦查人员不是老实敬业的人，这种要求的负面效果就会突显出来。有些侦查人员会只要速度，不管质量，急于求成，以次充好；有些侦查人员甚至会刑讯逼供，暴力取证，弄虚作假，以假当真。于是，"限期破案"就会使侦查人员步入刑事司法的误区，造成冤假错案。

另外，破案率一直是公安机关考评犯罪侦查工作的重要指标，特别是重大刑事案件的破案率。于是，一些地方的公安机关不仅要"限期破案"，而且提出了"命案必破"的口号，要求故意杀人等重大犯罪案件的破案率达到或接近百分之百。假如这个口号只是主观意愿的表达，即"希望"所有的"命案"都能够侦破，那也无可厚非。但是，一些地区的公安机关把它作为犯罪侦查工作的要求，甚至命令公安局长递交"命案军令状"，这就值得商榷了。诚然，在"限期破案"和"命案必破"的压力下，一些地区重大刑事案件的破案率确实有所上升，但是也出现了弄虚作假的情况，甚至出现了用精神病人顶替杀人犯的冤错案件。

在"严打"期间，一些地方政府专门成立了"严打办"，领导公检法的工作，还给各个部门设定指标，如破案指标、批捕指标、起诉指标、定罪指标、重刑指标等。一些地方的领导还层层加码，采取越严越好的态度，片面追求严打成绩，甚至攀比死刑数量。当时流行一种"严打"的说法，可抓可不抓的，抓；可判可不判的，判；可杀可不杀的，杀。

按照全国人大常委会的决定，判处死刑的权限交到了县区一级的法院，而且同级的党委领导可以直接决定判处死刑。当时，有的县委书记不懂法律，就从政绩考虑死刑的适用。他听说别的县都有判死刑的，就说咱们县也得杀两个。在这种领导的指示下，一些地方的法院就一律从重量刑，甚至把原来判处有期徒刑的罪犯又改判为死刑。例如，安徽省蚌埠市有一个姓李的青年，在嫖娼后不给钱，被小姐一怒之下报警，声称她被李某强奸。一审法院原来判李某5年有期徒刑，在"严打"文件下发之后，法院就把刑期改为15年。李某不服，提出上诉，但是二审法院竟然改判为死刑。这个案件还被当作"严打"的典型，在大街小巷张贴布告，一时间闹得满城风雨。有人说，上边给了死刑的指标，李某就被拉去充数了。这个判决明显违反了"罪刑相适应"的司法原则。

由于那段时间全国的死刑数量激增,最高法、最高检和公安部就在 1983 年底联合发出通知,要求公检法机关按照《刑事诉讼法》第 14 条和第 15 条的规定,严格执行刑事案件的级别管辖,判处无期徒刑、死刑的普通刑事案件由中级法院管辖。这就终止了县级法院可以判处死刑的做法。然而,这个规定未能有效地改变过度使用重刑乃至死刑的做法。下面,我就再讲一个堪称司法奇葩的案件。

三、滥用刑罚的"口袋罪"

改革开放初期,受外来文化的影响,中国的年轻人开始接受新的生活方式,包括文化娱乐方式。当时,很多大城市的年轻人都开始学习交谊舞。当时我在上大学,大学生也要学习交谊舞。当时的法律专业大学生中,女生很少,大概只有四分之一,因此我们男生就很难找到舞伴。不过,我妻子工作的建筑公司也在学习交谊舞,而且还专门请了舞蹈老师。我妻子在小时候学过芭蕾舞,学跳舞的进步很快,而且可以回家给我当老师。于是,我也学会了一些基本的舞步,包括华尔兹、布鲁斯、伦巴和探戈。我要讲的这个案件就与交谊舞有关。

那些年,中国人的思想刚刚解放,对于男女关系持保守的态度,心里有想法,但是不敢做。跳交谊舞给男女青年提供了正当的近距离接触的机会,因此就有一种特别的吸引力,容易诱发身体的化学反应。在跳舞过程中产生爱情关系的情况,绝非罕见。有些人还借组织交谊舞会的机会乱搞两性关系。

西安市有一个中年女子名叫马燕秦。虽然年过四旬,但是她身材高挑、皮肤白皙、相貌姣好,而且性格开朗。她与丈夫离婚多年,没有正式工作,独力抚养两个女儿,生活相当艰难。后来,她跟朋友去参加了交谊舞会,就产生了浓厚的兴趣。她的身材条件很好,而且很聪明,很快就成为舞场上男人青睐的舞伴,甚至成为小有名气的"舞花"。有时,男舞伴在跳舞之后邀请她去吃夜宵,甚至提出非分的要求,她也是半推半就,因为她也有强烈的身体需求。另外,她也可以得到一些经济收入。

后来,马燕秦感觉经常到舞厅去跳舞不太方便,而且她已经结识了一批男女舞友,就决定在自家举办舞会。她家有一间十几平方米的客厅,她就改装成简易的舞池,在家里举办舞会,而且舞友越来越多。于是乎,她举办的家庭舞会还要预约,甚至限制人数。她的舞会都在夜晚,难免扰民。她很担心左邻右舍会去举报,因此经常向邻居表示歉意。

在马燕秦的舞友中有一个青年男子,名叫惠利民。他热爱摄影,就辞去工作,开了一家照相馆,生意还不错。惠利民还喜欢音乐,经常与朋友凑到一起,拉手风琴唱歌,号称"文艺汇演"。在一次汇演上,惠利民结识了一个名叫韩涛的男青年。韩涛说他有个朋友在家搞舞会,问他有没有兴趣。于是,惠利民就认识了马燕秦。他认为马燕秦的生活方式很新潮,很感兴趣,而且出于对孤儿寡母的同情,也在生活上给予关照。在舞会之后,他曾经在马燕秦家过夜。有时,他们把马燕秦的双人床当成大通铺,惠利民、韩涛、马燕秦以及她的一个女儿就横躺着睡在一个床上。然而,这种新潮的生活方式给他们带来了无法预见的灾难。

1983 年 9 月 9 日凌晨,惠利民在家中被警察拘捕,押到了看守所。那个房间里关押了 30 多人,大家都面面相觑。后来,惠利民在看守所遇到韩涛,两人都觉得这次被抓的许多人都曾在马燕秦的家庭舞会上见过,因此猜想此事可能与马燕秦有关。

咱们长话短说,公安机关在调查之后认定,马燕秦多次组织家庭舞会,参加者多达 300 人,她还与其中的 70 多个男子乱搞两性关系。后来,马燕秦主动承认,与她发生过关系的男人大约有 130 人。于是,公安机关把马燕秦组织的家庭舞会定性为"拥有百余名成员的流氓犯罪团伙"。

1985 年初,西安市中级人民法院判处马燕秦、韩涛等被告人死刑,判处惠利民等被告人无期徒刑,其他被告人被判处了年限不等的有期徒刑。该案成为在当地轰动一时的特大流氓案。据说,韩涛在得知判决之后曾向惠利民表达歉意,说自己不该带他去认识马燕秦。惠利民苦笑一声说,我比你强一点,至少我还有个活命。

1985 年 4 月 15 日,马燕秦等人被押送到西安市体育场接受公审公判。法官宣读判决书之后,这些犯人被押上囚车,游街示众。随后,警方把马燕秦等死刑犯押到北郊刑场,执行死刑。据说,马燕秦挨了两枪,当场毙命,时年 44 岁。

毫无疑问,按照一般的社会道德标准,马燕秦不是一个好女人。人们可以说她作风不好,甚至说她道德败坏,但是能说她罪大恶极吗?她应该被判死刑吗?另外,韩涛应该被判死刑吗?惠利民应该被判无期徒刑吗?各位同学,对于这些判决,你们有何评论?

马燕秦等人被判刑的主要罪名都是流氓罪。"流氓"本是一个内涵和外延都不太明晰的概念,一般指调戏妇女的男人,也包括行为不端、道德败坏、打架斗殴的人。在"文革"期间,"打砸抢"的问题很严重,许多城市都形成了一些流氓团伙,严重威胁社会治安。因此,1979 年颁布的《刑法》把流氓行为规定为一种犯罪。该法第 160 条规定:"聚众斗殴,寻衅滋事,侮辱妇女或者进行其他流氓活动,破坏公共秩序,情节恶劣的,处七年以下有期徒刑、拘役或者管制。流氓集团的首要分子,处七年以上有期徒刑。"

1983 年 9 月,全国人大常委会通过的两项《决定》把流氓罪的判刑提升到死刑。该《决定》规定,"流氓犯罪集团的首要分子或者携带凶器进行流氓犯罪活动,情节严重的,或者进行流氓犯罪活动危害特别严重的,可以在刑法规定的最高刑以上处刑,直至判处死刑"。这一规定在一定程度上导致了严打期间对死刑的滥用。

按照学界流行的说法,流氓罪属于"口袋罪",特别是第 160 条中"其他流氓活动"的表述。这就是说,一些无法归入其他罪名的违法犯罪行为都可以装到流氓罪的"口袋"里,都可以按"其他流氓活动"而定罪量刑。后来,为了规范各地司法机关对这个罪名的适用,最高人民法院和最高人民检察院在 1984 年 11 月 2 日发布了《关于当前办理流氓案件中具体应用法律的若干问题的解答》。关于"其他流氓活动"可以定罪的,两高的解答作出了一些比较具体的规定。例如,"以玩弄女性为目的,采取诱骗等手段奸淫妇女多人的;或者虽奸淫妇女人数较少,但造成严重后果的"。如果按照这一规定,我在第九讲中谈到的那些"迫害女知识青年"的行为就都可以定位为流氓罪了。另外,两高的解答还包括"勾引男性青少年多人,或者勾引外国人,与之搞两性关系,在社会上影响很坏或造成严重后果的"。这就是说,流氓不是男性专有的罪名,女性也可以构成流氓罪。西安市中级法院就是依据上述规定判处了马燕秦死刑。

由于流氓罪的适用存在滥用的问题,全国人大在 1997 年修订《刑法》的时候就取消了流氓罪的罪名,把有关的犯罪行为分别规定为强制猥亵罪、猥亵儿童罪、聚众淫乱罪、聚众斗殴罪、寻衅滋事罪等。现在,有些学者又提出了寻衅滋事罪的"口袋罪"问题，但这已经是后话的后话，我在此就不做评论了。

四、规范司法的"双刃剑"

历时两年的第一次"严打"运动结束之后，我国开始把加强法制建设作为社会发展的主要任务之一。1985 年 11 月 22 日，第六届全国人大常委会第四次会议通过了《关于在公民中基本普及法律常识的决议》，制定了"五年普法规划"。通过法制宣传教育，要求公民学法守法，也要求国家干部依法办事，依照法定职权和法定程序行使权力。在这种形势下，我国的刑事司法开始从运动转向常规。所谓常规司法，就是常态化和规范化的司法，就是要"依法办案"的司法。

后来，随着犯罪情势的恶化，我国又开展了几次"严打"运动。例如，1996 年 4 月，中央作出了"关于开展严厉打击刑事犯罪的决定"。这次"严打"的重点是严重暴力犯罪、流氓团伙犯罪和涉枪犯罪。同一年，我国出台了《枪支管理法》，集中清理散落在民间的枪械，开始严禁民用枪支。"严打"期间，全国公安机关共收缴各种枪械近 100 万支。值得注意的是，这次"严打"加强了法律规制，提出了"依法严打"的口号。这反映了转向常规司法的进步。

1997 年召开的中共十五大明确提出了"依法治国"口号，把"依法治国"确立为治国基本方略，将"建设社会主义法治国家"确定为社会主义现代化的重要目标，并提出了建设中国特色社会主义法律体系的重大任务。1999 年，全国人大在修改《宪法》时把"中华人民共和国实行依法治国，建设社会主义法治国家"写入了宪法。于是，"依法办案"就成为公检法机关的工作原则，而运动执法也就逐渐向强调法治的常态司法转化。

刑事司法是打击犯罪的活动，是为维护社会秩序服务的，因此便具有了实施的正当性，不仅国家统治者需要，社会公众一般也给予支持。在古代社会，由于法律主要是"治民"的，所以对代表国家打击犯罪的"官方"的刑事司法活动约束较少，而且即使这样的法律约束也时常被司法者违犯。然而，在现代法治国家中，具有正当性的活动也需要法律的规范，服务于公众利益的活动也不可随意实施。因此，刑事司法活动必须严格按照法律的规定进行，刑事司法必然走向法治化。

实现刑事司法活动法治化,就要通过立法的形式完善有关刑事司法活动的法律制度,制定出公正合理的、符合人民利益的、符合法治精神的法律,使司法人员真正做到"有良法可依"。

我在前面说过,刑事司法是一把双刃剑,既可以打击犯罪,也会侵犯公民权利。与此相应,规范刑事司法活动的法律也具有"双刃性":一方面,它授予刑事司法人员进行特定活动和采取强制措施的权力,具有授权的功能;另一方面,它限制刑事司法人员对这些权力的行使,具有限权的作用。

实现刑事司法的法治化,就要坚持"依法办案"的原则。换言之,刑事司法活动必须以法律为准绳。这里所说的"准绳"有两层含义:其一是衡量司法对象之行为的标准;其二是衡量司法者自身行为的标准。前者考察的主要是司法活动的结果或决定;后者考察的主要是司法活动的过程或程序。结果合法固然重要,但过程合法也很重要。因此,刑事司法人员在办理刑事案件的过程中必须严格遵守法律的有关规定,特别是有关刑事司法程序的规定。从这个意义上讲,"依法办案"之要旨就在于依照法定的程序办案。

各位同学,这一讲的思考题是:中国现在还有哪些运动司法的残留习惯?

何老师留的
思考题

学生对谈

第十一讲　从人证为主转向物证为重

各位同学,大家好! 这节课我要讲中国刑事司法的第三个转向:从人证为主转向物证为重。而且,我要讲三个亲身参与侦破的刑事案件,都是相当有趣也相当"烧脑"的刑案。

一、人证调查的方法

我在第一讲中介绍了刑事司法的历史。在很长时期内,司法人员查明案件事实的主要依据就是人证,包括诉讼当事人的陈述和证人证言。因此,查明案件事实的主要方法就是审讯问案。当然,古代的司法人员也会使用物证,主要是与案件有关的物品和痕迹,例如《秦简·封诊式》中记载的现场勘验记录中就有关于手印、膝印、鞋印和工具痕迹的描述。大宋提刑官宋慈在查办案件中重证据,重调查,重检验。当时,司法人员已经在物证检验方面积累了许多经验。

物证检验的科学技术是以人类社会中科学技术的发展为基础的。20世纪以来,为刑事司法服务的科学技术高速发展。继笔迹鉴定法、人体测量法和指纹鉴别法之后,足迹鉴定、牙痕鉴定、声纹鉴定、唇纹鉴定等技术不断地扩充司法证明的"工具库"。20世纪80年代,新兴的DNA遗传基因技术更带来了司法证明方法的飞跃,其本身成为新一代"证据之王"。

虽然物证是客观存在的,但是物证并不能自己到法庭上直接证明案件事实,它必须借助于人的力量,必须由人来解读物证所反映的案件情况。而解读物证往往需要一定的科学知识,因此我们也把物证称为"科学证据"。

新中国成立之后,公安机关很重视刑事科学技术。但是受我国整体发展水平的影响,刑事司法中运用物证的科学技术的发展比较缓慢。到了20世纪80年代,我国的刑事司法还是以人证为主要证明手段。在犯罪侦查中,讯问嫌疑人、被告人和询问证人、被害人是查明案情的主要方法,也是侦查人员的基本功。我在第一讲中专门讲述了讯问的方法,因此在这里主要讲询问的方法。

询问是人们通过谈话或问话的方式了解情况的一种活动,存在于社会生活的各个领域。在刑事司法活动中,询问是办案人员通过与案件有关人员进行谈话,了解案件情况的专门活动,询问对象主要是案件中的证人和被害人。在实践中,询问不仅可以为查明案件事实提供证人证言和当事人陈述等证据,而且可以为收集其他证据提供线索和依据。

刑事司法中的询问有多种分类。第一,询问可以分为正式询问和非正式询问。正式询问,是指询问人员依照法律规定所进行的具有法律效力的询问。正式询问一般都应该制作笔录,其笔录可以作为诉讼中的证据。非正式询问,是指询问人员为了解案情而与有关人员进行的一般性谈话,它不具有法律效力,一般也不宜制作笔录。

第二,询问可以分为走访询问和传唤询问。走访询问,是指询问人员前往被询问者的家中或工作单位等地进行的询问。它既可以是正式询问,也可以是非正式询问。传唤询问,是指询问人员根据法律规定,依照法定程序把被询问者传唤到特定地点进行的询问。它属于正式询问,一般由有权传唤的司法或执法机关进行。

第三,询问可以分为公开询问和秘密询问。公开询问,又称正面询问,是指询问者以调查人员的身份出现,公开就某些与案件有关的问题进行询问。它既可以是正式询问,也可以是非正式询问。我们这里讲的秘密询问,不是把人关起来,在一个秘密的场所进行询问,而是指询问者不以调查人员的身份出现,在不暴露其真实意图的情况下,就某些与案件有关的问题进行询问,也可以称为侧面询问,它只能是非正式询问。我曾经讲过自己去友谊宾馆找服务员谈话的故事,那就属于秘密询问。

作为一项专业工作,侦查询问是很有讲究的。侦查人员要根据调查事项和询问对象的具体情况,采用正确的方式和方法。一般来说,侦查人员要注意以下问题：第一，正确选择询问的时间和地点，一般应该以方便询问对象陈述为原则；第二，正确选择询问的开始方式，尽量不要使询问对象产生反感或抵触心理；第三，正确选择谈话的语言和气氛，努力营造自然平和的谈话氛围；第四，注意分析询问对象的心理变化，努力捕捉恰当的问话时机；第五，注意进行自我心理的调节，努力排解烦躁、气愤等不良心理因素；第六，防止出现谈话的僵局，及时调整或者改变谈话的主题；第七，尽量让询问对象自由陈述，特别是在其陈述案件事实的时候，一般不要干扰和打断；第八，科学合理地进行质询，只要不是查明案件事实必须澄清的问题，就不必究问；第九，控制询问进程，合理掌握询问的整体时间。下面，我就通过一个案例来讲讲个人的体会。

二、窃贼无视的钱包

1983 年，我考上了中国人民大学法律系的犯罪侦查学专业的硕士研究生。1984 年，我到北京市公安局刑侦处的大案要案队实习。大案队的队长名叫王殿栋，是个智商极高、口才很好的警察。他很尊敬我的导师徐立根教授，因此对我也很关照，还给我配备了一辆"专车"——自行车。有一次，我从人大骑车路过虎坊桥的路口，还享受了一次"专车的特权"……

当时，我是到虎坊桥南边的中国芭蕾舞剧院，跟随刑警去见习办案。那是发生在宿舍楼里的一起入室盗窃伤害案。被害人是一个年轻的女演员，当时就小有名气。她在自己的宿舍里被人用刀捅到了心脏下边，幸亏没有伤到心脏。据医生说，刀口再高一寸，她就没命了。现场是一间单身宿舍，在走廊的一头，空间狭小，而且案情重大，公安局的很多领导都来了，我和办案的刑警就在走廊看了看现场，没有进去。

现场勘验结束之后，大案队召开现场分析会，技术人员向我们简要介绍了现场的情况。作案人从走廊撕开了那间宿舍门上面的纱窗，从窗户钻进室内；窗框上有蹬蹭的痕迹，室内门边的桌子上有个鞋印；室内的抽屉和柜子有翻过的痕迹；但是床上放着事主的一个钱包，里面有一百多元现金，还有一个活期存折，作案人并没有拿走。

另外，现场外围勘查的刑警在宿舍楼后面的花坛里找到一个挎包，里面有一把刀，上面有血迹；有一台小录音机，当时录音机是贵重物品；里面还有一个装着一百多元现金和一些粮票的信封;还有两条穿过的女士内裤,其中一条还有些潮湿。刑警推断,大概作案人在离开现场时遇到行人,就把挎包扔到了花坛里,或者是藏到了花坛里。

被害人在病房里对刑警说,她那天中午出去买东西,回来大概两点多钟。剧团的人晚上要演出,所以中午都睡午觉,宿舍楼里非常安静。她回到房间门口,发现门没锁,就推门进去,但是里面有人捅了她一刀,然后就跑了。走廊里光线很暗,她没看清那个人的相貌,只知道是个男人。那个挎包不是她的,但是里面的录音机和那些现金粮票都是她的。那个床上的钱包也是她的,因为她出去买东西不想带太多现金,就在出门前把钱包扔到了床上。两条内裤也是她的,是洗完晾在屋里的。

根据上述情况,侦查人员认为这不是简单的盗窃,作案人很可能与被害人有感情纠纷。主要理由是,明摆着放在床上的钱包,作案人没有拿走,这不像是小偷干的事情,而且他还拿走了被害人穿过的内裤。于是,会议决定把"因情感纠纷伤人或杀人"作为主要的侦查方向。

侦查人员分成几个组,分片对宿舍楼里的居民进行调查访问。我跟随一个老刑警去走访。他姓赵,四十多岁,长相很一般,像个建筑工人,但是他能说会道,见多识广。我俩询问的主要对象是被害人的舞蹈老师及其丈夫,另外还有几个剧院工作人员。当然,主要是他询问,我就跟在后面旁听。这些人在见面后往往都表现得非常冷淡,不愿意谈论剧院里发生的事情。老赵就根据询问对象的职业和爱好寻找话题。例如,他跟舞蹈老师谈论芭蕾舞剧《红色娘子军》,他竟然知道这位舞蹈老师是该剧的演员。他的话获得了舞蹈老师的好感,后者就谈了被害人的一些情况。舞蹈老师在言谈话语间流露出对被害人的厌恶。她说,这个女孩子跳舞很好,但是人品不好。

在与其他询问对象谈话的过程中,老赵的丰富知识令我非常敬佩。他不仅能谈做家具和养花草,还能谈论贝多芬的第九交响曲。我想,这就是人证调查的经验与能力。我们的调查都属于非正式询问,不能记录,主要是了解相关情况和发现破案线索。我们的调查询问也确有收获。被害人有一个男友,也是芭蕾舞剧院的演员。但是,被害人与舞蹈老师的丈夫也有暧昧关系,而且在剧院中有传闻。综合分析,这个男演员很有作案嫌疑。

第二天,王大队安排两组刑警去进行定向调查。大概因为这是很专业的调查询问,就没有让我跟着去。后来我听说,通过调查核实,那个男演员没有作案时间,舞蹈老师的丈夫也没有作案时间。这个原本很有价值的嫌疑线索被否定了,侦查工作陷入僵局。

大案队再次召开案情分析会。在会上,刑警分队长提出了一种不同的观点。他说,他又去仔细查看了现场,发现一个问题,就是技术员讲的明摆在床上的钱包,其实不太容易看到。当时被害人还在医院,现场依然封存,他就带我们去看了现场。

这个房间不大,10 平方米左右;靠西边有一个窗户,窗户边有一个衣柜,把窗户给挡住了一半,衣柜后面放着一个脸盆架,旁边是床。虽然案发在白天,床上的光线却很暗。另外,那个钱包是紫红色的,那个床单上也有紫红色的大花,所以钱包放在床单上,并不容易被看见。根据这一情况,分队长认为,应该按照盗窃去查找嫌疑人。而且,这个人拿走了被害人的内裤,很可能有恋物癖。

于是,宣武分局刑警队就动用特情,查找线索。警方的特情一般都是有前科劣迹并得到宽大处理的人。他们向警方提供社会上的犯罪情报,也可以帮助警方查找犯罪嫌疑人。在这个案件中,宣武分局刑警队很快就根据特情提供的线索抓到了嫌疑人。这个人跟那个女演员没有任何关系,但是熟悉文艺团体的作息时间,主要目的是盗窃。他确实有恋物癖。

这个案件的侦破让我对现场勘查制度进行了认真的研究。我发现,在现场勘查实践中,侦查员主要负责现场访问,而实地勘验则由技术员负责。在县级公安局,实地勘验主要由刑警队的技术员负责,其他侦查员有时也参加。省市级公安机关一般都有独立的刑事技术部门,有的是在刑侦处下设技术科,有的则成立了与刑侦处平行的技术处,所以实地勘验工作就完全由技术员进行,侦查员只是在现场勘查结束后听技术员介绍实地勘验的情况。有时因案情紧迫或受现场条件限制,那些具体负责案件侦破工作的侦查员就没有去过现场,就像这个芭蕾舞剧院的案件。

总之,侦查员不参加实地勘验是侦查工作中普遍存在的一个问题。后来,我根据这个案件写了一篇论文,标题是《从一起杀人案的侦破谈起——论侦查员应该参加实地勘验》,发表在 1987 年第 3 期《侦查》杂志上。为避免麻烦,我没有写明案件发生的地点,而且把案情改为了杀人案。

严格地说,这个案件的侦破还是以人证为主,只不过物证在确定侦查方向的问题上发挥了重要作用。这也反映了当时我国犯罪侦查的状况。物证检验需要财力支持,有些仪器设备还很昂贵。当时我们国家还很穷,公安机关的经费很少。像北京这样的大城市,公安科技水平还比较高。在一些偏远地区,一个县公安局只有一辆吉普车,根本没钱买那些物证检验的仪器设备。

当时在中国,照相机也没有普及,很多人都没有用过照相机。20 世纪 80 年代我在人民大学法律系讲犯罪侦查学的课程,大学生们最感兴趣的就是侦查实验课,特别是照相课,因为那是他们第一次使用照相机,而且还可以自己冲洗照片。

当时,公安机关在犯罪侦查中也开始重视物证,也开始加强刑事技术工作。在全国的公安机关中,北京市公安局的刑事技术还是比较先进的,主要是法医和手足工枪的四大痕迹,就是指印、足迹、工具痕迹和枪弹痕迹。下面,我就再讲一个物证技术含量更高的案件。那也是我在北京市公安局实习期间参与的案件,而且我还在现场做了一个非常精彩但无人喝彩的推理。

三、无人喝彩的推理

1984 年秋天,在北京木樨地西南的一个机关院内发生了一起入室盗窃案。因为作案人撬开了两个保险柜,所以列为北京的大要案,由市局二处的一大队负责侦破。那天,我跟着王殿栋大队长来到了犯罪现场。

现场位于办公楼二层中间的财务室。室内的窗户朝南开,门在北边通走廊,窗前有两个写字台和两把椅子,靠西墙放着个木制文件柜,靠东墙放着一个大保险柜,靠北墙的门后边还放着一个小保险柜。

痕迹检验技术员已经勘查了现场,就向王大队长汇报有关情况。财务室的门与门框之间有较大的缝隙,暗锁旁边的门框上有明显的撬压痕迹。两个写字台的抽屉和文件柜都被人翻过了。现场最重要的东西当然是那两个保险柜。

大保险柜立在原地,柜门打开了,柜里的东西被翻得很乱。小保险柜被人放倒在地上,柜门在侧边,也被打开了。小保险柜的底下垫着两个椅垫,显然是为了减小保险柜倒地时的声响。两个保险柜的门外面都没有撬或钻的痕迹,门锁也完好无损,但是锁舌不管用了。不用钥匙,只要用手一扳把手就能把柜门打开。

技术员解释说,这种保险柜不太好,柜门的金属板里面的护板不是水泥的,而是石膏的,强度不大。在柜门锁好的情况下,有人用力扳柜门上的把手,就能使柜门里面固定锁体的带钢向内弯曲,造成石膏护板的破裂,从而使锁舌失去卡销的功能,整个门锁就不起作用了。我在一旁说:"这个人的劲儿可够大的!"技术员说:"这确实需要很大的力量。不过,作案人也可能借助了某种工具,例如套管。"我又问:"作案人为什么要把小保险柜放倒呢?这可是挺费力气的事儿啊!"技术员看了我一眼,没有回答。

技术员向王大队汇报情况,我却一直延续着关于小保险柜的思维。我认为,作案人绝不会随意放倒小保险柜,因为保险柜很沉,不好放倒,而且落地时会发出挺大的声响。作案人的这个行为一定是很有意义的,甚至是他必须做的。那么,他为什么要这样做呢?这确实是一个非常烧脑的问题。

经过反复查看和思考,我终于找到一个答案,而且非常勇敢地在案情分析会上讲出了自己的看法。其实,我当时也挺犹豫,想说又不敢说。我认为自己的推理很精彩,但是担心自己会露怯。后来,王大队长点名让我说,还说要听听人大研究生的高见。我一咬牙,就讲了自己的推断。

我说,作案人把小保险柜放倒,这是一个很不正常的行为,因为盗窃分子在作案过程中一般都害怕发出大的声响。作案人这样做,说明他一定遇到了不能克服的障碍。这是什么呢?对撬保险柜来说,这一定是打开柜门时遇到的障碍。但是他在打开大保险柜时为什么没有遇到障碍呢?于是,我仔细研究了两个保险柜柜的差异。我发现其结构完全一样,只是尺寸不同。两个柜门都是从左向右开的;门把手都在其左侧中间偏下的位置;而且把手都是垂直向下的。只不过大保险柜高1.2米,小保险柜高1米,因此大保险柜的把手也比小保险柜的把手高一些。

刚才听痕迹专家解释了作案人撬开保险柜门的方法,而且他可能使用了套管等工具。这对我很有启发。作案人在用套管撬开大保险柜的柜门时没有遇到障碍,但是在撬开小保险柜的柜门时遇到了障碍,那一定是因为套管太长,顶在了地面上。他没有办法把套管插到门把手的下端,只好放倒保险柜,改变门把手的方向,才把套管插上并撬开保险柜。我想,这就是他放倒小保险柜的原因。根据这一推断,我们还可以推算出作案工具的长度。我刚才量了一下,大保险柜门把手下端到地面的距离是43厘米;小保险柜门把手下端到地面的距离是31厘米。因此,作案人使用的那根套管的长度应该在 30 厘米至 45 厘米。

我认为自己的推理很精彩,肯定能得到一篇掌声,但是刑警队的人都没有说话。过了一会,王大队才笑着说,人大研究生确实很厉害。那位痕迹专家有些不以为然地说,这只是一种可能吧。我意识到,自己的表现过度了,甚至有点班门弄斧了。

在案情分析会之后,王大队长没有再让我参加那个案件的调查,我的心里有些遗憾。不过,我确实不太适宜参加那个案件的调查,因为那个案件的嫌疑人不好找,范围也不好确定。实际上,到我结束实习的时候,那个案件还没有侦破。而我则获得了参与了另一个大案侦破的机会。

四、顺手牵羊的物证

1984 年的秋天,海淀区连续发生了多起"绊马索"抢劫案。案发地点都在颐和园和圆明园周边,包括香山路、玉泉山路和肖家河路等偏僻路段。根据报案的被害人讲,案件发生都是在夜晚。那边的道路不太宽,路灯也不太亮,路两边都有高大的杨树。抢劫犯把一根绳子系到一边的树上,他们拉着绳子,躲在路的另一边。过汽车的时候,绳子搭在地上。过自行车的时候,他们把绳子拉起来,正好拦在骑车人的胸前,把人兜下来。然后,两个抢劫犯跑出来,为首的那个人手里拿着一把片刀,让被害人爬过去,交出身上的财物,再把人放走。因为天色昏暗,被害人都没有看清抢劫犯的相貌,但是几个被害人都说,那两个人身材高大,身高在 1 米 75 到 1 米 80,说话是本地口音,大概都是年轻人。被害人都详细讲述了他们被抢走的财物。

此事在市民中流传,引起了群众的恐慌。虽然抢劫的金额不大,但是这种拦路抢劫的方法在北京还是第一次出现,因此公安局的领导非常重视,列为北京市的重大刑事案件,要求大案要案队去主持侦破工作。

王大队长让我到海淀公安分局参加了案情分析会。海淀刑警队长介绍了案件的情况,然后王大队长布置任务。当时采取的策略是不要打草惊蛇。一方面派便衣警察去周围的村庄摸底排队,一方面派警员到可能发生劫案的地段去蹲守。我也参加了一次蹲守,而且差一点抓住罪犯。我们蹲了一晚上,第二天凌晨撤岗,结果天还没亮,那里又发生了拦路抢劫。我们怀疑,犯罪分子可能在暗中监视了我们行动。

公安局决定加强对那些路段的巡逻。有一天晚上,巡逻警察发现了可疑的人影,但是没抓到人,只是在路边的水沟里发现了一根大绳子,很可能就是犯罪分子拦截用的绳子。我没去现场,但是向刑警询问了现场的情况,特别问到了足迹,因为我们上课时刚刚学习了用石膏制作立体足迹模型的方法。刑警说,水沟里有一些足迹,但是很杂乱,也不太清晰,就没有提取。制作石膏模型,确实挺麻烦的,有些技术员也不爱做。

公安局领导认为,犯罪分子已经警觉,不会再出来作案了,因此决定公开进行调查访问。刑警分成多组,到周围的村庄进行调查,包括蓝旗营、红旗营、白旗营、肖家河等村庄。刑警先找村干部,了解村里那些有劣迹的青年,然后依据被害人提供的情况进行排查。对于可疑的人,刑警要逐一入户调查。

我跟着一个海淀的刑警去调查。他姓张,跟我的年龄差不多,但是已经当了10年警察。领导让我俩调查的嫌疑人中有一个石某某。村干部说,这个人脾气暴躁,爱打架,经常和外村的人来往,一起练武术,还偷东西。但是,这个人的身高只有1米65,不符合被害人讲的作案人情况。小张说,领导让查,咱们就走一趟吧。

那是一个平房院,院子不大,北面是砖房,两边还盖了小土房。石某某不在家。他姐姐说,他经常去跟朋友干活,很少回家。小张随便地问了一些关于石某某的情况,就起身告辞了。我一直没有说话,跟着小张走出去。我看到小张从小土房边走过时,顺手从窗台上拿了一个东西,放到衣兜里。

离开石家之后,我就问他拿了什么。他不无得意地从兜里掏出一个不大的金属把手。我不知道那是干什么用的。他说,这是公共汽车的窗玻璃摇把。那时的车窗玻璃不是电动升降的,是用手摇把操控的。公共汽车上只有一个摇把,在司机手中。他每天开车前把车窗玻璃摇下来,晚上下班之前再把车窗玻璃都摇上去。我想起来了,一个被害人说,他是公共汽车司机,被抢走的背包里有饭盒、水杯、香烟等物,还有一个车窗的摇把。我明白了,不禁对小张肃然起敬。

我们骑车回到海淀分局,小张说他要去向领导汇报,就让我回学校。说老实话,骑车跑了一天,确实挺累的,我就回人大了。第二天上午,我又来到海淀分局,看到刑警队里很热闹。小张对我说,你昨晚要在这儿就好了,就能看到破案的精彩一幕了。

昨天,刑警队领导听了小张的汇报之后,立刻派人找到那个公共汽车司机,让他辨认那个摇把。司机看了之后,非常肯定地说那个摇把就是他的,还说出摇把头上有一个小豁口。然后,侦查人员连夜抓捕石某某。经过突击审讯,石某某供认了全部罪行,还供出了同案犯。至此,这起"绊马索"大案成功告破。

我问小张,那个摇把怎么办?那可是偷偷"顺回来"的,没有经过搜查程序,不符合法律规定。小张说,这事儿简单。今天办个搜查证,再去一趟他们家,先把摇把放回去,然后正式提取,让他的家人签字,就行了。这叫"秘搜秘取"证据的合法化。这种做法,在当时的犯罪侦查中屡见不鲜。

我又问小张,这个石某某的身高是1米65,可是被害人都说那俩劫匪身材高大。这怎么解释?小张说,这事儿也简单。那些被害人突然摔倒在地上,非常害怕,在昏暗的路灯下趴在地上,看到持刀站立的劫匪,很容易感觉对方很高大。我认为小张说得有理。这是一个很好的被害人感知误差的案例。

1986年,我参加北京市刑侦学会的研讨会,见到了王殿栋大队长,我问了那个撬盗保险柜的案件。他说已经破获了,作案人是个撬盗保险柜的老手。他还说,我的推理是正确的,那个人的作案工具就是一个套管。对此,我非常高兴。

在那次研讨会上,市公安局的领导还谈到了"绊马索"大案。他说,这个案件告诉我们,刑侦工作一定要重视物证。人证是不可靠的,很容易出现误差。物证是客观的,有物证就能定案。他还介绍了北京市公安机关的刑事技术工作,强调要重视科学,不能按照老习惯办案,就靠调查访问,就靠一张嘴和一支笔。现在办案要"三头挂帅",就是镜头、指头和狗头。要重视现查照相,要注意发现和提取指纹,必要时还要使用警犬。他还说,各分局刑警队要培养刑事技术专家,特别是痕检专家,手足工枪,四大痕迹,都要有人研究。根据统计,这两年各区侦破的案件中,西城区的指纹利用率比较高,朝阳区的足迹利用率比较高,就是因为西城刑警队有人专门研究指纹,而朝阳刑警队有人专门研究足迹。我们要在犯罪侦查中全面提高发现和使用各种物证的能力,这是发展方向。

1985年夏天,中国人民大学法律系和公安部第二研究所联合举办了"物证技术暑期讲习班",对于我国物证技术的发展起了重要的推广作用。那是我国第一个关于物证技术的讲习班,共有一百多名学员,都是国内公检法机关的专家和大学教师。美国教授的讲学开拓了国人的视野,让国内专家了解到世界法庭科学发展的前沿状况,有助于我国刑事科学技术的进步,也有利于我国刑事司法的科学化。

从野蛮到文明,从愚昧到科学,这是刑事司法的历史发展方向。如果说,野蛮的刑讯方法是司法愚昧的产物,那么,司法文明则是推动侦查方法科学化的重要力量。诚然,刑事司法的科学化必须以人类社会中科学技术的发展为基础,但是,没有司法文明的促动,那些科学技术向刑事司法的转化往往是随机的和缓慢的。今天,人类所能掌握的科学技术已经相当发达,但是那些野蛮的查证方法仍然存在于很多国家的刑事司法过程之中。归根结底,科学技术不仅要由人发明创造,而且要由人来运用。如果刑事司法人员不知道、不愿意或者不能够运用,那些先进的科学技术也只能闲置。由此可见,在刑事司法的科学化进程中,司法人员是最重要的元素。

1990年初,我在美国西北大学法学院做访问学者期间,在图书馆里看到一本书名和内容都很吸引人的著作。书名是 *The Evidence Never Lies——The Casebook of a Modern Sherlock Holmes*,直译成中文是《物证从不说谎——一位当代福尔摩斯的案例》。该书作者刘易斯用文学的语言讲述了著名法庭科学家麦克唐奈办理的案例,使我产生了浓厚的兴趣。回国后,我把那本书翻译成中文,由群众出版社于1991年出版,书名改为《血痕弹道指纹探奇》。后来,我又精选了该书的部分内容,收入《何家弘作品集·法道纪实系列》的《犯罪的密码——科学探案纪实》,由中国人民公安大学出版社于2009年出版。下面,我就引用麦克唐奈的一段名言——

你可以引导陪审团走向事实,但是你不能保证让他们相信这些事实。物证不怕恫吓。物证不会遗忘。物证不会像人那样受外界影响而情绪激动。物证总是耐心地等待着真正识货的人去发现和提取,然后再接受内行人的检验与评断。这就是物证的性格。在审判过程中,被告人会说谎,证人会说谎,辩护律师和检察官会说谎,甚至法官也会说谎。唯有物证不会说谎。

各位同学,这一讲的思考题是:如何评价"物证不会说谎"的观点?

何老师留的
思考题

学生对谈

第十二讲　从有罪推定转向无罪推定

各位同学,大家好! 这节课我要讲中国刑事司法的第四个转向:从有罪推定转向无罪推定。我还要介绍中国第一个公开报道的刑事错案。

一、无罪推定的缘起

在封建专制国家中,司法官员多奉行有罪推定的刑事司法原则,尽管那时还没有这个概念。一个人被治安官员抓起来,送到法院审判,法官就会认为他是有罪的,让他供认罪行。如果被告人不认罪,法官就会让他证明自己无罪。如果他不能证明自己无罪,法官就会判他有罪。在许多情况下,法官还会采用刑讯的方法逼迫被告人承认自己有罪。这就是有罪推定。

无罪推定是在欧洲启蒙运动中,资产阶级学者为反对封建专制的司法制度而提出的一项主张。意大利法学家贝卡里亚在 1764 年撰写的《论犯罪与刑罚》中首次提出了无罪推定的构想。他在抨击有罪推定和刑讯逼供时说道:"在法官判决之前,一个人是不能被称为罪犯的。"[①]

1789 年,法国的《人权宣言》明确提出了无罪推定原则。后来,许多国家都把无罪推定作为刑事诉讼的一项基本原则。虽然各国法律的表述并不尽同,但基本含义都是强调被告人在被法院判定有罪之前应该被推定为或视为无罪者。1976 年生效的联合国《公民权利和政治权利国际公约》也就无罪

---

① ［意］切萨雷·贝卡里亚:《论犯罪与刑罚》,黄风译,北京,北京大学出版社,2008 年,第 37 页。

推定原则作出了明确的规定。

受政治斗争思潮的影响，我国在很长时期内都没有接受无罪推定原则。20 世纪 80 年代，我国法学界的主流观点认为，无罪推定是资产阶级国家的刑事诉讼原则，我们不能采纳。有人说，被告人有罪就是有罪，无罪就是无罪，为何要推定他无罪？还有人说：我们既不搞有罪推定，也不搞无罪推定，我们的原则是实事求是。这些观点貌似有理，但是建立在望文生义的基础之上，因为这些人并未真正理解无罪推定的含义。

后来，我国的一些诉讼法学者对无罪推定原则进行了客观的介绍，并且论证了它作为刑事诉讼原则合理性。在涉及犯罪嫌疑人、被告人的合法权利以及刑事诉讼的证明责任分配等问题上，有罪推定和无罪推定是不可回避的问题，不是无罪推定，就是有罪推定。实际上，我国的立法和司法中都存在有罪推定的问题。例如，1979 年《刑事诉讼法》第 39 条和第 40 条都把逮捕的对象称为"人犯"，而公检法人员在办案中也经常把嫌疑人称为"案犯"或"嫌犯"。这些用语都带有明显的有罪推定的色彩。

20 世纪 90 年代中期，一些学者就无罪推定问题展开理论研究，提出了我国刑事诉讼法应该确立无罪推定原则的建议。当时，全国人大正在研究修改刑事诉讼法的问题，无罪推定就成为讨论的焦点之一。就在这时，一个刑事错案引起了人们的关注。

二、有罪推定的案例

1989 年 4 月 5 日深夜，黑龙江省伊春市友谊林场发生了一起凶杀案。护林防火员关传生在林场办公室北面通向住宅区的土路边上被人连刺多刀后死亡。现场勘查发现，被害人大衣后面正中有刀口一处，尸体相应部位的创口有棱角，侦查人员推测是军用刺刀所致。尸体其他部位的伤口可能为单刃刀具所致。死亡时间大约为晚上 12 点。经过调查，侦查人员得知被害人 11 点多钟离开林场办公室回家，当时林场刚刚停电。

侦查人员发现家住死者隔壁的石家大儿子石东玉刚从部队转业回家 9 天，而且案发当晚去向不明，便将其列为嫌疑人。

4 月 6 日下午，侦查人员得知石东玉回到家中，遂把他带走进行查问。石东玉说，5 日下午，山里的一个朋友打到一只狍子，请他去喝酒。晚上 8 点多钟回来后他先到未婚妻家谈论结婚事宜,然后回家拿了些钱,10点多钟到锅炉房喝水、抽烟、聊天;11点多钟去林区小火车站,坐凌晨2点的火车下山;6日上午在镇政府办理各种转业手续,下午回到林场。

侦查人员立即对石东玉的陈述进行调查核实,确认上述喝酒、谈话、喝水等活动都有人能够证明。根据承包锅炉房的人证明,石东玉离开锅炉房的时间在停电之后。侦查人员通过实地察看,得知锅炉房位于办公室与住宅区之间的路边,距离案发现场也不远。因此,侦查人员认为石东玉应该与被害人在同一个时间段走过同一条道路。另外,侦查人员经过实验证明从林场步行到该火车站一般只需要20分钟的时间。综上,侦查人员认为石东玉有作案时间。

4月6日晚上,侦查人员对石东玉家进行搜查,提取到一件带血的军衣和一把黑塑料把的单刃水果刀。军衣的前衣襟被撕裂,掉了三个纽扣,但纽扣都在衣兜里。法医检验后确认,衣服上有O型血和A型血,而死者关传生的血型为A型。水果刀上没有检出血迹,但是刀刃与死者伤口吻合。于是,侦查人员突击审讯石东玉。开始时,石东玉坚持说自己没有杀人,并解释说他衣服上的血迹是4日下午与弟弟打架时沾上的父亲和弟弟的血。审讯持续30多个小时之后,石东玉终于承认了杀害关传生的罪行。

1989年4月18日,伊春市人民检察院批准逮捕石东玉,后来以杀人罪提起公诉。在法庭上,石东玉推翻了自己的认罪口供,坚持说自己没有杀人。1991年4月5日,伊春市中级人民法院以杀人罪判处石东玉死刑,立即执行。石东玉以自己没有杀人为理由提出上诉。5月13日,黑龙江省高级人民法院审理后认为,原审判决认定石东玉杀人罪的部分事实情节不清,证据不足,裁定撤销原判,发回重审,并列出了一些需要进一步调查核实的疑点,如杀人凶器与尸体创口不完全吻合的问题,衣服上有两种血型的问题,纽扣为何在衣兜里的问题等。

1991年9月19日,伊春市中级人民法院重新开庭审理石东玉涉嫌杀人案。虽然公诉方并没有能够提供更多的有罪证据,但是法院认为,该案的证据包括被告人有作案时间的证言、杀人凶器、刑事技术鉴定书、现场勘查笔录等,已经达到了"两个基本"——案件事实基本清楚,证据基本上确实充分——的证明标准。12月2日,法院判处石东玉死刑,缓期2年执行。

石东玉接到判决书后,先在宣判笔录上写了"不服,上诉",但后来又改为"不上诉"。1992 年 1 月 7 日,伊春市中级人民法院将此案移送省高级人民法院复核;2 月 26 日,省高院核准。同年 8 月 31 日,石东玉被送进北安监狱服刑。这个判决给该案画上了句号,但是后来又出现了新的情况。

1994 年 4 月,伊春市公安局破获一起蒙面入室抢劫案,抓获了犯罪嫌疑人马云杰。马云杰在接受审讯过程中说:"我要立功活命! 1989 年 4 月 5 日的杀人案不是石东玉干的,真凶是梁宝友!"

伊春市公安局领导得知这个令人震惊的消息之后,立刻责成友好区公安分局复查石东玉案。分局就成立了"89.4.5"案件复查专案组。

专案组首先提审了马云杰。马云杰说,他和梁宝友是小学同学,后来又都在林业局当工人,成为好友。1989 年 4 月 6 日凌晨 5 点多钟,马云杰早起到山边练功夫,看到沿火车道走下山来的梁宝友,还满身血迹,就问他怎么回事。梁宝友说,昨天帮人杀猪了。第二天下午,梁宝友请马云杰喝酒。酒过三巡,梁宝友说,我昨天身上有血的事,你千万不要跟别人讲。我告诉你,沟里那事儿是我干的。马云杰已经听说了关传生被杀的事情,大吃一惊。梁宝友继续说,夏宝喜那个老家伙欺负我们家,这口气不出,我心里不痛快。前天晚上我上山了,带了家伙,准备收拾老夏。我在办公室外面等他,后来停电了,有个人披着大衣出来。我以为是老夏,就跟着他,用扎枪捅了他的后腰。他转身拽住扎枪喊了一声,这时我才发现他不是老夏。他也认出我了,我只能将错就错,又掏出一把刀,在他身上捅了十几刀。后来,我就跑到火车站外,扒上森林小火车下山了。我听说,公安把石东玉给弄进去了。

专案组认为,马云杰讲得很具体,不像是编的假话,就立刻报告了领导。伊春市政法委书记兼公安局长听了报告之后,要求专案组尽快找到梁宝友,查明事实真相。于是,专案组就赶到友好区,查找梁宝友。但是,他们很快就查明,梁宝友已经于 1990 年 10 月 27 日在外地与人斗殴时被刺身亡。专案组又查找梁宝友的家人,得知他的妻子已经改嫁,但是找到了梁宝友的母亲王丙芹。

经过专案组人员的耐心劝说,王丙芹终于讲出了那段不堪回首的往事。1988 年春天,林场巡视员夏宝喜发现王丙芹私自锯倒活树,砍成木柴,就报告了林场场长,以盗伐活树的名义罚款 300 元。后来,办事认真的老夏又把这个情况反映到区政府和林业局。公安局调查之后,认定王丙芹的行为已经构成犯罪。1988年7月3日,友好区法院判处王丙芹有期徒刑一年,缓期一年执行。梁宝友当时在镇里工作,听说后曾回家拿着菜刀去找老夏算账,但是老夏不甘示弱,用铁锹把梁宝友打跑了。梁宝友怀恨在心,一直想去报仇。关传生遇害之后,梁宝友曾回到母亲家。王丙芹感觉儿子心中有事,就几次盘问。后来,梁宝友终于告诉母亲:"我把人杀错了!我原本打算杀老夏,结果把关传生给弄死了!"王丙芹大吃一惊,骂了儿子一顿。后来,梁宝友出走他乡,死在了外面。王丙芹一家也离开了友好林场。

王丙芹的证言印证了马云杰的陈述,但是仅有这些证言还不足以推翻原来的判决,还得有客观的物证。于是,专案组就想去查找梁宝友杀人的凶器。根据马云杰的陈述,当年梁宝友下山的时候并没有带任何刀具,那么扎枪和刀就应该扔在了他去火车站的路上。专案组人员使用金属探测器沿着当年梁宝友逃跑的路线进行搜索。5年的时间过去了,当年的铁路已经改建成公路。专案组人员搜索了20多天,但是一无所获。

没有找到凶器,专案组就想到了原案中的物证。他们查阅了案卷材料,又从公安局的证物库中找出石东玉当年的军衣。他们发现那3枚扯下的纽扣还像案卷描述的那样装在上衣口袋里。石东玉在当年的认罪口供里交代,杀人后,他把掉在地上的纽扣捡起来,装在口袋里。专案组认为这不可能,因为那是黑夜,而且现场周围是土路和荒草,很难找到掉在地上的纽扣。为此,专案组还专门做了模拟实验。但是,这只能证明石东玉当年的供述有问题,还不能作为翻案的铁证。

经过分析,专案组认为军衣上的血迹鉴定可能为翻案提供客观证据。当年的血迹鉴定表明,石东玉的军衣上有O型血和A型血,死者关传生是A型血,嫌疑人石东玉是A型血,石东玉的父亲也是A型血,石东玉的弟弟是O型血。当年认定石东玉的军衣上有被害人关传生的血,根据不足。如果现在能作DNA鉴定,那就可以确定石东玉的衣服上究竟有没有关传生的血了。但是,DNA鉴定需要比对样本,哪里有关传生的DNA样本呢?专案组提出了开棺验尸的想法。

开棺验尸必须征得死者家人的同意,但这在当地来说是很难做到的。然而,专案组别无选择,只好去做关传生家属的工作。关传生的遗孀听说公安局要开棺验尸,死活不同意,哭喊道:"俺家老关已经被人害死了,你们还要挖他的坟,要挖得先把我埋了!"后来,专案组对她慢慢解释,并请石东玉的父母来做说服工作。石父跪在地上说："大妹子,我求求你了,现在只有老关能证明我儿子的清白了,你看我们二老都这么大岁数了,总不能背个杀人犯父母的名声进棺材吧,我求求你了!"终于,关传生的遗孀答应了。专案组请示民政局等有关部门之后,决定开棺验尸。

1994 年 10 月 10 日,公安局依法对关传生坟墓开棺,提取了他的骨头和毛发。10 月 25 日,专案组带着这些检材和血衣,以及石东玉的父亲和兄弟的血液样本来到北京。他们首先来到中国人民大学物证技术鉴定中心,咨询对陈旧血痕和人骨进行 DNA 鉴定的可能性。当时,我陪同导师徐立根教授,听取了他们介绍的案件情况,并且回答了他们的问题。因为我们的物证技术鉴定中心不具备 DNA 鉴定的条件,所以就把他们介绍到北京市公安局进行鉴定。

后来,北京市公安局的刑事技术鉴定部门根据当时的检材条件,并未使用 DNA 方法,还是对检材的血型进行了重复鉴定。血型鉴定结论表明:被害人关传生的血型为 AB 型,被告人石东玉衣服上的血型有 AMN 型和 OMN 型,被告人父亲和弟弟的血型分别为 AMN 型和 OMN 型。因此,被告人石东玉衣服上根本没有被害人关传生的血!这表明,当年法医的血型鉴定结论错了!

1995 年 4 月 2 日,黑龙江省高级法院启动再审程序,重新审理石东玉故意杀人案。4 月 12 日,黑龙江省高级法院郑重宣告石东玉无罪。4 月 22 日,石东玉被无罪释放,走出了北安监狱。

经过协商,伊春市友好区政府决定:给石东玉恢复党籍,恢复名誉,安排到区森调队工作;给付石东玉国家赔偿款和补偿费等共计 6 万元;在区内分配一套二室一厅的住宅。然而,这起错案给石东玉及其家人造成的损害却是巨大的,而且是无法挽回的,甚至也是无法补偿的。例如,石东玉失去了 5 年多的人身自由;他的未婚妻离他而去;他的姐姐在去看守所探望他的途中被火车撞死;他的妹妹离家出走,下落不明;他的父母四处上访,颠沛流离。

这起案件引起了法律界人士的关注。当时我国的新闻媒体还不太开放,很少报道司法错案,但是《法制日报》于 1995 年 7 月 21 日发表了一篇文章,报道了石东玉错案,标题是《我没有杀人》。这应该是第一起由官方媒体正式报道的当代中国的刑事错案。

三、无罪推定的解读

我在第八讲讨论刑事司法的证明标准时介绍了美国著名橄榄球明星辛普森涉嫌杀妻案。当年,这个案件的审判也引起了中国人的广泛关注。1995年10月3日,洛杉矶法院的陪审团判决辛普森无罪。随后,中央电视台的《体育沙龙》节目邀请我担任嘉宾,介绍该案的情况和美国的刑事司法制度,包括无罪推定原则。严格地说,陪审团作出无罪裁决并不意味着那些陪审员都肯定辛普森无罪,而是认为辛普森不一定有罪。这就是无罪推定原则的要求。

1995年10月,我到武汉大学参加了中美法学教育交流委员会举办的第三次访美回国人员学术研讨会。我在会上做了关于"加强执法行为调控"的发言。我从石东玉案和辛普森案谈起,从"一枉一纵"的角度讨论了犯罪侦查行为的问题。我认为,中国应该在刑事诉讼法中确立无罪推定原则。当时,这还是一个众说纷纭、莫衷一是的理论问题。但是学者的讨论对立法者产生了一定的影响。

1996年3月,第八届全国人大第四次会议通过了《修改刑事诉讼法的决定》。新修订的刑诉法在一定程度上吸收了无罪推定的精神。这表现在几个方面。首先,第12条规定,"未经人民法院依法判决,对任何人都不得确定有罪"。这不是无罪推定的典型表述,但是也表达了类似的含义,即被告人在法院判决有罪之前是无罪的。其次,第162条第3款规定,"证据不足,不能认定被告人有罪的,应当作出证据不足、指控的犯罪不能成立的无罪判决"。这条规定体现了疑罪从无的精神。最后,第59条和第60条在规定逮捕问题时,用"犯罪嫌疑人"代替了"人犯"。这改变了有罪推定的语词习惯。

由于刑诉法没有使用标准的无罪推定的表述,人们对上述规定的理解并不相同。有人认为刑诉法已经确立了无罪推定原则,有人认为还没有。全国人大法工委的领导就说,第12条的规定不是无罪推定,只是强调了人民法院的定罪权。实际上,这是刑诉法修订后一段时期内我国法学界的主流观点。

另外,有些学者还对无罪推定的概念提出质疑,认为它不符合推定的原理。推定是一个外来的法律术语,英文是presumption。按照一般的理解,推定是依据基础事实和推定事实之间的伴生关系或常态联系而作出的判定或认定。例如，很多国家的法律都规定了死亡推定。例如，一个人已经失踪了7年，下落不明而且音讯杳然，法院就可以推定那个人已经死亡。这个推定是以人们的生活经验为基础的，即失踪多年的人一般就是死亡了。但是，无罪推定的依据是什么？或者说，无罪推定的基础事实是什么？当侦查机关抓捕了犯罪嫌疑人的时候，或者检察机关把被告人起诉到法院的时候，能说现有证据证明被告人更可能是无罪的吗？或者说，被指控的人一般都是无罪的吗？这个问题涉及了语词的翻译。

无罪推定的英文是 presumption of innocence。死亡推定的英文是 presumption of death。从字面看，这两个"推定"是一个词，presumption，但是这两个 presumption 的含义并不完全相同。在英文中，presumption 的本义是 pre-assumption，就是"预先的假定"。无罪推定的概念产生于 18 世纪，使用的就是 presumption 的本义，因此无罪推定的含义就是"预先假定被指控者无罪"。19 世纪以后，法律学者把 presumption 用到证据法学之中，创造了"证据推定"（evidentiary presumption）的概念，即根据事实推断而作出的认定，如死亡推定。无罪推定和死亡推定中的"推定"并非等同，前者是"预先假定"，后者是"推断认定"。这是英语词义本身的演变。

由此可见，我们把 presumption of innocence 翻译为"无罪假定"更为合适。其实，中国学者也曾经在翻译介绍"无罪推定"时使用"假定"一词，例如，群众出版社于 1983 年出版的《证据学》，就把法国 1789 年《人权宣言》中的表述翻译为"任何人在其未被宣告为犯罪以前，应当被假定为无罪"；把1976 年生效的联合国《公民权利和政治权利公约》第 14 条的规定翻译为"被告人未经依法确定有罪以前，应假定其无罪"。[①] 翻译语言是约定俗成的，因此我不想改变国人使用"无罪推定"的语言习惯，但是我们应该了解presumption 的语义变化，要了解推定与假定的差异。

在中文中，推定和假定是两个既有联系又有区别的概念。一方面，推定和假定具有相似之处，它们都不是严格意义上的事实认定。推定的事实和假定的事实都不一定是客观发生或存在的事实，都具有"可假性"。另一方面，推定和假定又有明显区别，前者属于证明方法的范畴，后者不属于证明

---

① 参见巫宇甦主编：《证据学》，北京，群众出版社，1983 年，第 98 页。

方法的范畴;前者可以成为论证的结论,后者只能作为论证的前提;前者必须以一定事实为基础,后者则不一定以事实为基础;前者必须考虑结论的真实性,后者则不一定考虑,有时甚至可以故意违背客观事实。例如,我们可以说,假定人类能活到500岁,那我们自己就有机会在数百年之后更加客观全面地评价中国今天的政策;假定人类的奔跑速度能够达到每小时500公里,那我们就不需要汽车等交通工具,就可以更好地保护环境。就客观规律或常识而言,这两个假定显然是不真实的,甚至是荒唐的,但是为了说明某个问题或者某种观点,人们可以设立这样的假定,而且无须说明设立的基础或根据。但是,我们不能推定人类能活到500岁,也不能推定人类奔跑时速能达到500公里,因为没有事实根据。在刑事司法活动中,法官可以根据推定来认定案件事实,但是不能根据假定来认定案件事实。

无罪推定不是"证据推定",不是基于证据或事实来推断被告人无罪,而是基于一定价值取向的假定。这个假定的基本功能就是决定刑事诉讼中证明责任的分配。因为法律事先假定被告人无罪,所以要推翻这个假定的指控者就要承担证明责任。在刑事诉讼中,公诉方就要承担证明责任,被告方不承担证明责任。如果公诉方不能用确实充分的证据让法官相信被告人实施了指控的犯罪行为,法官就要判被告人无罪。

如果采用有罪推定,法律就事先假定被告人是有罪的,那么被告人就要承担证明责任。如果被告方不能用确实充分的证据让法官相信其无罪,法官就要判其有罪。实践经验表明,无罪者往往很难证明自己的清白。人在实施某个行为的时候都会留下证据,人没有实施某个行为就不会留下关于这个行为的证据。例如,一个人实施了入室盗窃的行为,就会在盗窃现场留下足迹、指纹印、工具撬压痕迹等。一个人没有实施入室盗窃行为,他怎么提供证据呢?当然,他可以提供自己在盗窃发生时不在犯罪现场的证据,还可以提供他人实施了该盗窃行为的证据,但是并非所有被告人都能有机会找到这样的证据。于是在许多案件中,被告人就会陷入无法自证清白的处境。在有罪推定的原则下,法官判决被告人有罪就可能不是因为公诉方证明了被告人有罪,而是因为被告人不能证明自己无罪。这显然会增大无辜者被判有罪的风险,而且很容易导致司法权的滥用。这正是确立无罪推定原则的价值考量。

1996年修改的《刑事诉讼法》代表了中国的刑事司法从有罪推定转向无

罪推定。然而,这只是转向的开始,并不是转向的完成,并不代表我国的刑事诉讼已经确立了无罪推定原则。即使是在法学界,我们也用了大约 10 年的时间才基本达成共识,承认刑诉法中的上述规定体现了无罪推定原则的精神。换句话说,我国的刑事诉讼法已经采纳了无罪推定原则。但是在司法实践中全面落实无罪推定原则,我们还有很长的路要走。在具体案件中贯彻无罪推定原则,我们还会遇到许多难题或障碍,包括司法制度的问题,也包括司法理念的问题。对此,我在以后的课程中还会继续讨论。为了更好地理解无罪推定是一种假定,我现在要讲一讲证据推定。

四、证据推定的规则

推定是证据法学中一个非常复杂、非常深奥的问题。美国著名的证据法学家威格摩尔教授有一句名言:"推定可以被看作法律之蝙蝠,在晨曦暮霭中飞翔,但消失在真切事实的阳光之中。"①美国另一位著名的证据法学家摩根教授也有一句名言:"每个具有足够智慧来评价研究主题之难度的作者,都是带着一种无望的预感走近推定问题并带着绝望的感觉离去。"②无论是"法律之蝙蝠",还是"无望而来绝望而去",都足以说明推定问题的难度。

然而,我的导师华尔兹教授在《刑事证据大全》中却仅用了短短一节来讨论推定问题,这让我有些不解。我曾经请教华尔兹教授。他的回答不无幽默:"法学教授的一项基本能力就是把简单的问题复杂化。其实,推定问题并没有那么复杂,特别是在刑事诉讼中。"我接受了导师的观点,于是在论述推定问题时采取了"把复杂的问题简单化"的态度。

我以为,推定就是基于推理而作出事实认定的法律规则。推定是以推理为基础的,是根据推理而作出的判定或认定。这里所说的"理"一般是指两个事实之间的伴生关系或常态联系,因此当一个事实存在的时候,就可以

---

① Wigmore: Presumptions may be looked on as the bats of the law, flitting in the twilight, but disappearing in the sunshine of actual facts. 转引自:P K Waight and C R Williams: *Evidence*, *Commentary and Materials*(Fifth Edition). The Law Book Company Limited (Australia), 1998, p. 109.

② Morgan: Every writer of sufficient intelligence to appreciate the difficulties of the subject matter has approached the topic of presumption with a sense of hopelessness and has left it with a feeling of despair. 转引自:P k Waight and C R Williams: *Evidence*, *Commentary and Materials* (Fifth Edition). The Law Book Company Limited (Australia), 1998, p. 109.

认定另外一个事实的存在。换句话说,因为事实 A 与事实 B 之间具有伴生关系或常态联系,所以只要事实 A 存在,就可以认定事实 B 存在。死亡推定就是一个很好的例子。

丈夫外出经商,多年未归,音信全无。妻子认为丈夫已经死了,就结交了新的男友。那么,她可不可以再婚?这是个很现实的问题。当然,妻子不再婚也可以有新欢,但那是通奸行为。在很多国家,通奸是犯罪,至少是不道德的行为。因此,妻子要名正言顺地享受新欢,就去法院要求法官宣布她的丈夫已经死亡。如果她能够提供丈夫死亡的证据,例如一同外出经商的朋友的证言,那么法官就可以根据证据宣告死亡。但是她没有任何证据,法官就只能作出推断。法官根据生活经验,一般都认为多年未归且音信全无的人应该已经死亡。但是几年才能认定呢?有的法官认为,5 年未归就可以认定死亡。有的法官认为,10 年未归才能认定死亡。后来总结经验,一些国家的法律就明确规定,7 年未归且音信全无,就可以推定死亡。

我国《民法典》第 46 条规定:"自然人有下列情形之一的,利害关系人可以向人民法院申请宣告该自然人死亡:(一)下落不明满四年;(二)因意外事件,下落不明满二年。"这条法律规定就包含了死亡推定。我国民法规定下落不明的年限比较短,主要是考虑中国人口的流动性比较小,4 年下落不明就足以证明其死亡了。现在中国人口的流动性大大提高了,因此这 4 年的期限就显得有点短。不过,我国需要宣告死亡的诉讼纠纷并不多,因此这条法律规定似乎还没有修改的紧迫性。

在死亡推定中,丈夫是否死亡属于未知事实,也是没有证据能够直接证明的事实,而已知的事实就是丈夫多年未归且音信全无。这个推定的基础是演绎推理。

大前提:7 年未归且音信全无的人已经死亡;

小前提:这个丈夫 7 年未归且音讯全无;

结论:这个丈夫已经死亡。

在这个推定中,推理的大前提属于或然真实性判断。这就是说,失踪 7 年的人不一定都死了,现实生活中也确实有失踪 10 年后生还的案例。这个推定的事实不一定是客观事实,法院依法推定的死亡不一定是真实的死亡。因此,推定是可以反驳的,诉讼的相对方可以举出证据来证明推定的事实不能成立。由于死亡推定的结果不仅是妻子可以再婚,还涉及财产继承问题,丈夫的父母就可以举出证据来证明儿子没有死亡,例如,他们在儿子外出 4 年后还收到过儿子的家信,有人在儿子失踪 3 年后还在南美洲见过他。在这种情况下,法官就要审查这些反驳证据的真实性,然后作出裁断。

总之,推定是以推理为基础的推断,而推理的依据是事实之间的伴生关系或常态联系,因此推定具有合理性。但是,推定属于法律规则,法官在认定案件事实时运用推理作出的推断并不一定都能转化为推定,或者说,推断并不都能上升为推定规则。我再举例说明。

在普通法中有一个推定规则,就是"持有最近被窃财物的推定"。例如,某地发生一起入室盗窃案,警察在现场附近抓获一个嫌疑人,这个人的背包里有该案的赃物。虽然检控方没有收集到能证明这个人实施该入室盗窃行为的证据,但是法官根据这个人持有刚刚失窃的财物,就可以推定他是盗窃人或同伙。

我在美国留学时曾经和教授讨论过这个问题。我说,如果我在街上看到一个人从房子里慌慌张张地跑出来,像个小偷,就见义勇为,大喊一声,追了过去。结果那个人扔掉背包就逃走了。我捡起了背包,正想去寻找失主的时候,警察来了,发现我持有最近被窃财物。警察能推定我是窃贼或同伙吗?教授说,第一,这个推定是可以反驳的。如果警察相信你是诚实的人,就不会适用这个推定。第二,如果你真遇到这样的事情,我不建议你去追赶小偷!我认为,教授的话很有道理,特别是第二!

1999 年,我应邀到湖南省高级法院讲授刑事证据法。在课间休息的时候,一位法官向我请教问题。因为我在讲课中介绍了美国的持有最近被窃财物的推定规则,所以他问我,能否根据被告人持有最近被杀女子的尸体而推定他是杀人者?这是一个非常奇怪的问题。他给我讲了一个案例。

1998 年的一天夜里,长沙市的警察在街上巡逻时发现一个骑自行车的青年男子形迹可疑,便进行盘查,结果在其自行车后架上的麻袋里发现一具裸体女尸。根据尸温判断,死亡的时间不长。该男子解释说,他在一个垃圾堆上捡东西,看见这个麻袋,以为里面有什么值钱的东西,就想驮回家去看看。关于女尸,他一无所知。警察不相信他的"鬼话",便带回公安局讯问,但是他坚持自己的说法。

警察通过调查,得知这个男子是外地人,在城里租住一间小屋,没有固定工作,有时也捡废品去卖。警察未能查到他与女人交往的情况,也无法查明死者的身份。法医对女尸进行了检验，确认是因扼颈而导致的窒息死亡，但是没有在下体检出精斑。经过分析，警察认为他一定是杀人凶手，就连续审讯，并采用了一些"特殊手段"。后来，该男子终于供认了强奸杀人的事实，但是没有说明死者的身份，只说是在街上偶然相识的。警察去搜查他租住的小屋，但是房东已经把小屋租给别人，彻底清扫过了，因此搜查没有收获。至此，警方认为侦查工作已经终结，案件事实已经查清，就把案件移送检察院。检察院审查之后，决定提起公诉。

在这个案件中，公诉方的主要证据就是警察半夜盘查时发现被告人骑车驮着一具女尸的情况说明和被告人认罪的讯问笔录。虽然公诉方提供了法医的尸体检验报告和自行车、麻袋等物证照片，但是这些证据并不能证明被告人实施了强奸杀人的行为。在法庭上，被告人翻供，声称自己受到了刑讯逼供。法官认为，虽然被告人可能受到了刑讯逼供，但是被告人原来的有罪供述是可信的，因为从垃圾堆里捡到女尸的说法实在是非常荒唐，不和常理。法官考虑到公诉方证据有些缺陷，一审判处被告人无期徒刑。

高院的法官负责二审。他也认为应该判被告人有罪，但是感觉证据不够充分。如果没有被告人的认罪口供，那么公诉方的证据并不能确实充分地证明被告人就是强奸杀人的凶手。持有最近被窃财物的推定规则对法官很有启发，因此他向我提出了这个问题。我说，根据这个案件的具体情况，法官的推理是可以成立的。按照经验法则，一个青年男子在半夜骑自行车驮着一个死亡不久的裸体女尸，他应该是去抛尸。在垃圾堆捡到女尸的说法令人难以置信，因此法官可以推断他就是杀人凶手。但是，我国没有这样的推定规则，而且法律也没有必要把这个推断上升为推定规则。

在法律上设立推定规则是司法人员认定案件事实的便捷方法，但是并非所有事项都具备设立推定规则的必要性和可能性。设立推定规则的事项应该具备以下条件：第一，该事项无法通过证据来直接证明。第二，该事项经常在司法裁判中出现，而且司法人员容易作出不同的认定结论。持有最近被杀女子的尸体不是常见的事态，因此无须设立推定规则，在个案中推断即可。

推定是以推理为基础的认识活动，而且其基本功能是规范司法人员的事实认定活动，因此，只有在推理具有一定的模糊性或不确定性的情况下才需要设立推定规则。如果认定某事项的推理很明确，无论哪个法官都会得出同样的结论,那就无须设立推定规则。例如,虽然没有直接证据证明被告人有杀人故意,但是有证据证明被告人在近距离向被害人的头部开枪,而且这不是开玩笑走火,法官一般都会认定被告人具有杀人故意,因此没有必要设立推定故意的规则。

我国《刑法》第 395 条规定了"巨额财产来源不明罪"。按照这条法律规定,国家工作人员的财产或者支出明显超过合法收入,差额巨大的,可以责令其说明来源。本人不能说明其来源是合法的,差额部分以非法所得论。在此,我要说明两点。

第一,这条法律规定是证明责任的倒置。在这类案件中,立法者出于严厉打击贪污受贿犯罪的需要,规定由被告人承担证明责任。公诉方指控被告人的巨额财产是非法所得,但是要求被告人证明那些财产不是非法所得。

第二,这条法律规定包含了推定规则。只要被告人不能用充分的证据证明其巨额财产有合法来源,法官就可以推定那些财产是非法所得。因此,巨额财产来源不明罪又被称为"推定的犯罪"。

各位同学,这一讲的思考题是:如何理解巨额财产来源不明罪的推定规则与无罪推定原则的关系?

何老师留的
思考题

学生对谈

第十三讲　从纠问诉讼转向抗辩诉讼

各位同学,大家好! 这节课我要讲中国刑事司法的第五个转向,从纠问诉讼转向抗辩诉讼。同时,我要讲一个曾经轰动中国的大案,而且这个案件与我以前讲过的案件都不一样。

一、中国刑事诉讼的传统模式

在第二讲中,我简要介绍了世界上两种主要的诉讼制度,一种是大陆法系国家的纠问式诉讼制度;一种是英美法系国家的抗辩式诉讼制度。这两种诉讼制度的主要区别就在于法官在审判中扮演不同的角色。在纠问式诉讼制度下,法官在审判中扮演积极的角色,他们审问被告人、询问证人和受害人,而且主动收集证据,因此又称为"职权主义的诉讼模式"。在抗辩式诉讼制度下,法官在审判中扮演消极的角色,犹如体育比赛中的裁判,其主要职责就是保证比赛按规则进行,至于谁胜谁负,则取决于双方运动员的表现。因此,抗辩式诉讼制度又称为"当事人主义的诉讼模式"。

中国的刑事司法具有纠问式诉讼的传统。在古代中国,审讯问案是司法审判的基本内容,也是司法官查明案件事实的主要方法。例如,包公审理案件,一定要依职权主动查明案件事实,包括明察暗访,在公堂上也会把审问被告人当作主要方法,把刑讯逼供当作"看家手段",宣称"不用大刑,焉得实供"。

新中国的刑事司法制度继承了纠问式诉讼的传统,强调司法人员主动查明案件事实的职权和责任。1979年颁布的《刑事诉讼法》就是职权主义诉讼模式的体现,其中最有代表性的是关于法官调查职能的规定。在刑事诉讼中,法官不是消极中立的裁判者,而是积极主动的办案人。这表现在以下几个方面。

第一,法官在庭审之前就要对检察官移送的案卷和证据材料进行实质性审查,而且在必要时可以主动去收集证据和调查核实证据。第二,在法庭审判中,法官主导法庭调查活动,而且以审问被告人作为证据调查的基础。第三,法庭审判明确分为法庭调查与法庭辩论两个阶段,法官在证据的提出和审查过程中扮演主导角色。第四,诉讼当事人在证据调查中发挥的作用比较小,一般只有在法庭调查结束之后才能在辩论中发表意见,而辩护律师的作用微乎其微,被告人的权利难以得到有效的保障。

我国的刑事诉讼以职权为基础,因此有关部门的职权分工是重要问题。刑事诉讼程序分为三个阶段:侦查、起诉、审判,分别由公安局、检察院和法院负责。职权主义的诉讼模式也体现在公检法三机关的关系之中。有人说,我国的刑事诉讼具有"流水线"作业的特点。公检法三家各管一段,案卷是这条流水线上的材料,判决是这条流水线的产品。因此,公检法要互相配合,共同把好案件的"质量关",保证刑事司法系统生产出合格的"社会产品",完成打击犯罪和保护人民的任务。因此,有人说我国的刑事诉讼是"超职权主义"的模式。

在这种诉讼模式下,第一道工序是最为重要的,是保证案件质量的关键。换言之,公安机关的侦查工作是最为重要的诉讼环节。刑事案件发生之后,公安机关就要侦查破案,而公安机关破案所认定的案件事实就为后续环节确定了基调,检察官的起诉和法官的审判都是没有太大意义的复核程序。在许多案件中,检察官把公安机关侦查终结时制作的起诉意见书稍加修改,就作为提交法院的起诉书,而法官在开庭之前就审查了检察院的起诉案卷,并且形成判决意见,这就是所谓的"未审先判"。因此,法庭审判缺乏实质意义,甚至就是简单的"走过场"。

有人说,公检法三家都是掌握"刀把子"的,但是三家拿的刀可不一样。公安局拿的是"杀猪刀";检察院拿的是"刮毛刀";法院拿的是"剁肉刀"。换言之,公安局是"杀猪的";检察院是"刮毛的";法院是"卖肉的"。其中,公安局那把"刀"最厉害,因为那"猪"死不死,或者说,案件能不能侦破,关键得看公安局那一刀！检察院的工作就是在公安局把"猪"杀死之后，把"猪毛"刮干净，送到法院去卖，也就是公安局破案后，检察院起诉到法院。而法院的工作就像"卖肉的"，砍一砍，剁一剁，然后卖出去，就是按照犯罪的种类作出判决。这话虽然粗俗，但是反映了我国刑事诉讼模式的特点。

在这种超级职权主义的纠问式诉讼中，律师辩护很难发挥实质性作用。因此，我国在很长时期内废除了律师制度。没有辩护律师，这条刑事诉讼的"流水线"仍然可以正常运转，甚至更加顺畅。诚然，被告人可以自行辩护，但是，被告人是追诉的对象，一般都处于被羁押状态，很难有效行使辩护权。于是，刑事诉讼就成为单边纠问的活动，没有任何抗辩。

1979年，中国开始重建律师制度。1979年颁布的《刑事诉讼法》第26条规定："被告人除自己行使辩护权以外，还可以委托下列的人辩护：（一）律师；（二）人民团体或者被告人所在单位推荐的，或者经人民法院许可的公民；（三）被告人的近亲属、监护人。"法律并没有规定辩护人必须由律师承担，这是可以理解的，因为当时中国的律师数量很少。

1979年恢复律师制度时，全国只有几百名律师。1980年8月，全国人大常委会颁布了《律师暂行条例》之后，律师数量在一年内增长了10倍，一些省市自治区还成立了律师协会。但是对于一年数十万刑事案件的现实来说，这数千名律师还是太少！因此，绝大多数刑事案件都没有律师辩护。即使有律师，也就是审判中的陪衬而已。这就是我国20世纪80年代的刑事诉讼模式，而且国人都对此习以为常。后来，改革开放政策让国人大开眼界，我们这些法律人也才看到了不同的刑事诉讼模式。

二、英美的抗辩式诉讼模式

在反映英美诉讼场景的电影或电视剧中，人们经常看到这样的场面：检察官和辩护律师在法庭上唇枪舌剑，或者对证人和被告人百般盘问，或者对陪审团高谈阔论；而法官则高高在上袖手旁观，偶尔才给出一两句简短的裁定。这就是英美法系国家抗辩式诉讼程序的写照。

抗辩式诉讼制度有两个构成要素：其一是由诉讼双方提出各自的最佳证据和论述；其二是由中立的法官和陪审团依据双方的证据和论述来认定事实和适用法律。美国人认为，抗辩式诉讼程序是解决法律纠纷的最佳途径,因为只有通过双方当事人从完全对立的角度提出的论据,裁判人员才能在最大限度内查明案件真实情况并公正地适用法律。诚然,任何诉讼模式都有自己的优点和缺点,但是对于我们这些熟悉职权主义的纠问式诉讼模式的人来说,美国的诉讼模式确实很新奇,特别是在改革开放初期看到这些更会有如此感受。

1990 年初,我到美国的西北大学法学院访学。为了研究美国的刑事司法制度,我数次到芝加哥地区的法院旁听审判。其中有一次,我是以"助理-助理检察官"的身份进入法庭,因此给我留下深刻的印象。在 1995 年出版的《毒树之果——美国刑事司法随笔》中,我用专章讲述了那次参加审判的经历。下面,我就简要介绍一下那个案件的审判情况。

1990 年 5 月的一天早晨,我来到库克县第二城区法院。在库克县检察署派驻该法院的分部,我见到了助理检察官克拉普曼先生。他年近 50 岁,身材不高,秃顶,说话的声音非常洪亮。他是西北大学法学院海达德教授的朋友,我们已经在电话中交谈过了。他很热情地向我简要介绍了他的工作内容和程序,然后建议我给他当一天"助理"。我欣然同意了。他把几份案卷放在一个犹如宾馆小餐车的四轮金属车上,然后我们一起向法庭走去。

这是一间挺大的法庭,正面法官席后面挂着美国国旗和伊丽诺伊州州旗;法官席前面有证人陈述席、陪审团席、双方律师席和当事人席,此外还有能坐五六十人的旁听席。此时,旁听席上已经坐了不少人。我们从旁听席中间的通道走过去,来到律师席。

律师席在法庭的左侧,对面是陪审团席。律师席分为两部分,靠近法官席一侧的是公诉律师(即检察官)的座位;靠近当事人席一侧的是辩护律师的座位。两边都有前后两排桌椅,分别能坐六人。当我们走进来时,公诉律师这一边坐着一位女检察官,辩护律师那边坐着三名男子。克拉普曼和他们打着招呼,并把我介绍给他们。

在审判开始之前有一个由法官主持的双方律师协商会。克拉普曼先去向法官"请示"了一下,然后才带着我穿过法官席后面的一个小门,到一间专门的会议室参加律师协商会。

主持该案审判的是一位女法官,名叫琼·科博伊。克拉普曼告诉我,科博伊法官的父亲是美国最著名也最富有的律师之一。科博伊法官是西北大学法学院的毕业生,因此对我这位来自中国的"校友"格外热情。她已经毕业十多年了,便向我询问法学院一些教授的近况,并毫无顾忌地评论着那些德高望重的学者。

协商会开得很随便。大概双方律师都很熟悉,所以在讨论过程中不时地相互开着玩笑。我觉得这协商会有点走过场。辩护律师轻描淡写地指出公诉方证据不足,要求公诉方撤销起诉。公诉律师则仅仅三言两语地反驳了对方的观点,并坚持起诉。随后,法官就宣布协商会结束了。后来我才明白,这协商会并非真正的"战场",所以双方都没有动"真刀真枪"!

这是一起抢劫杂货店未遂案,就发生在离我住家不远的小镇上。虽然该案本身并不重大,但是由于受害人是南美移民,被告人是黑人青年,而且在那个地区存在"种族纠纷"的传统,所以引起社会关注。据说,当地的南美移民社团和黑人社团都在介入该案的诉讼,因此新闻媒体也都很关注。

那家杂货店不太大,属于那种面向本地居民的"便民店"。它出售各种食品和日用品。据店主讲,案件发生那天早上开门后不久,店里先后进来三名黑人青年。由于当时是营业的"淡季",所以只有店主一人在收款台处照看。三名黑人青年中有一人在门口翻看报纸,另外两人则在货架间走来走去,似乎是在挑选商品。过了一会儿,一名黑人青年走到收款台前,递过来一小盒口香糖和一张20美元的钞票。那口香糖的价格还不到一美元。店主不想在这种情况下打开自动收款机下的现金抽屉,因为以前曾发生过黑人青年借此机会抓起现金抽屉中的钱就跑的事情。于是他推托说"找不开"。那个黑人青年突然从身上掏出一支手枪,对着店主的脑袋,逼他打开现金抽屉。店主假装掏钥匙,却猛然趴到柜台后面并踩响了报警器。三名黑人青年便都仓皇地跑了出去。店主并未受伤。后来,警方根据店主和两名过路人的陈述抓到三名嫌疑人,并把他们送上法庭。

上午9时,身穿黑色长袍的科博伊法官走出来坐到宽大的法官席后面。她并没有庄严地宣布开庭,而是面带微笑地对律师们说:"今天请各位的举止都放规矩一些,因为我们有一位中国的同行在场。"法庭里的人都把目光向我投来,三位辩护律师也微笑着冲我点了点头。

科博伊法官宣布了要审理的案件及当事人姓名之后,首先由公诉律师提出指控。克拉普曼简要介绍了案情,并提出了指控的罪名——持枪抢劫。他的讲话不慌不忙,一副胸有成竹的样子。三名辩护律师简单地就其委托人的情况陈述了辩护意见。大概他们都在为后面的法庭调查和辩论阶段养精蓄锐,所以一上午的审判活动非常平淡。我发现旁听席上的很多人都在闭目养神。

中午休庭时,我和克拉普曼在大楼一层的餐厅里共进午餐。我问他对本案审判前景的看法,他回答说有80%的把握胜诉。他认为,检方掌握的证据还是比较有力的,但关键要看其证人在法庭上的表现。他说,法庭上的斗争瞬间万变,不到最后公布判决,谁也不敢说稳操胜券。最后他让我在下午的审判中注意那名为持枪被告人辩护的律师,他说那是个很难对付的人,并让我记住那个人的名字——图伊特。

法庭原定下午1点继续审判,但是图伊特律师迟迟未到,而科博伊法官似乎也不着急。她坐在宽大的法官桌上,悠闲地和律师们聊着天,还不时地向我询问一些中国的情况。

1点25分,图伊特律师匆匆走进法庭。他先向法官和诸位律师致歉,然后解释说自己因急事回了一趟芝加哥。科博伊法官让他向大家支付等待时间的赔偿费,他连声称是。我想起克拉普曼在午饭时说的话,便仔细打量了一番这位颇有名气的辩护律师。此人50岁左右,身材细长,棕黑色的头发梳得整整齐齐;他的嘴角上挂着和善的微笑;他的眼睛里流露出狡黠的目光。

下午的审判主要是由双方律师向包括受害人在内的公诉方证人提问。一个个证人被传上法庭,检察官先进行直接询问,然后再由辩护律师进行交叉询问。按照美国的法律程序,证人一般只能通过回答律师提问的方式向法庭提供证言。在整个下午的审判过程中,法官犹如旁观者。只有当双方律师就所提问题或提问方式发生争议时,法官才用简洁的语言作出裁决。双方律师是审判的主要角色,他们轮流登场,极力发挥其口才和表演技能。其中,图伊特律师的两段交叉询问给我留下了极其深刻的印象。

第一位接受他交叉询问的证人叫史蒂夫,是个中年男子。当克拉普曼对他的问话结束之后,图伊特不慌不忙地走上前去,问道:"史蒂夫先生,刚才在直接询问中,你作证说看见被告人托马斯从那家杂货店里跑出来,而且他的帽子戴得很低,对吗?"

史蒂夫说:"那是我的证言,对。"

"你曾经就本案的情况对别的律师做过陈述吗?"

"我不记得了。"

"你不记得一位名叫汤姆森的年轻律师在大约一个月以前到你家去问

及此案的事情？"

"呵，好像是有这么回事。"

"你和汤姆森谈话了吗？"

"谈了吧。"

图伊特转身走回自己的桌子旁，拿出一张纸，走到法院书记员面前说："你能把这页纸标上'被告方第 1 号物证'吗？"书记员按他的要求标上之后，他说了声"谢谢"，然后走到史蒂夫面前，说："我把'被告方第 1 号物证'递给你，并请你看看它。"按照伊利诺伊州的法律规定，律师必须在让证人看过其以前的书面陈述之后才能向其提问。

史蒂夫说："我正在看。"

"在这张纸上有你的签名吗？"

"有，在底下。"

"你是在那日期所表示的那一天签的名吗？"

"是。"

"被告方第 1 号物证的内容和形式与签名时一样吗？"

"看上去是一样的。"

"你看该陈述有任何改动或变化吗？"

"好像没有。"

"那么这陈述中说：'这个从杂货店里跑出来的男子穿一条牛仔裤，一件黑色的上衣；头上没戴帽子。'这是你的陈述，对吗？"

"可是我现在想起来他戴着帽子了。"

"你向汤姆森律师陈述是在本案发生之后不久，而且你当时肯定地说他头上没戴帽子。不是吗？"

"是的，可我现在想起那帽子了。"

"你是不是那种记忆会随着时间的过去而变得越来越清楚的特殊人呢？"

"啊，不能这么说。"

"你的记忆在向汤姆森律师提供陈述时大概更为清楚和准确，难道不是么？"

"这……这很难说。"

"谢谢你，就这些。"

第二位接受图伊特交叉询问的证人是个青年女子,名叫史密斯。图伊特走到证人面前,微笑着端详了好一会才彬彬有礼的地问道:"史密斯小姐,你刚才在接受直接询问时详细描述了你在本案发生时看到的从该杂货店里跑出来的青年。你不仅描述了他衣服的颜色,还描述了他帽子上的标志。对吧?"

史密斯想了想才说,"对。"

"史密斯小姐,你能告诉我你当时在干什么吗?"

"我当时刚从汽车里走出来。"

"你的汽车停在什么地方?"

"停在那家杂货店斜对面的停车场上。"

"非常感谢,史密斯小姐。"图伊特说完便转身向自己的座位走去。但刚走几步又停下来,回身问道:"史密斯小姐,顺便问一句,你平常戴眼镜吗?"

"不戴。"

"从来也没戴过?"

"从来没有!"

图伊特又走回证人面前,态度和蔼地问:"这么说,案件发生那天你没戴眼镜?"

"没有。"

"那么让我来问你另一个问题——有没有一名眼科医生曾在视力检查之后建议你配戴近视眼镜呢?"

"没有,先生。"

"在去年3月,曾有一位眼科医生极力督促你配戴近视眼镜,这不是事实吗?"

"我不记得了。"

图伊特转向法官说:"目前没有问题了,法官阁下。"

由于时间关系,我没能再去旁听那起杂货店抢劫案的审判。不过我后来听说被告方胜诉了,主要原因就在于图伊特律师成功地给两位公诉方证人的可信性打上了很大的问号。图伊特请来一位眼科医生作证说史密斯小姐的视力只有0.5,因此她站在停车场上根本不可能看清那个从杂货店里跑出来的黑人青年帽子上的标志。法官认为,公诉方的证据不足以构成"排除合理怀疑的证明",因此判被告人无罪。这次审判让我对英美的抗辩式诉讼有了直观的认知。

如果我们把美国的审判比作一种对抗式的体育比赛,譬如足球赛,那么法官是裁判员,其职责是保证"比赛"按规则进行,并随时裁处"犯规"行为和最后宣布"比赛结果";律师则是教练兼队员,既要决定己方参加比赛的战术并确定出场队员(证人)名单,也要临场指挥队员比赛并在关键时刻亲自登场。由此可见,法官在审判中扮演的是消极的角色,而律师扮演的是积极的角色。虽然裁判在比赛场上有极大的权威,但决定比赛胜负的是双方队员而不是裁判。因此,有人说在美国的抗辩式审判中,律师比法官更为重要。这也正是那些有钱的当事人不惜重金去聘请"名律师"的主要原因。

从理论上讲,抗辩式诉讼模式的优点可以概括为"兼听则明",因为法官要让诉讼双方从对立的角度提出主张和证据并进行充分论争,然后才能认定事实并适用法律。英美学者认为,从两个相互对立的极端出发比从中间出发更容易接近事实真相。另外,抗辩式诉讼模式加强了庭审在整个诉讼过程的地位,减少了法官先入为主和偏听偏信的可能性,保障了控审职能的分离和审判职能的公正。不过,这有一个前提,那就是控辩双方有"同等机会和能力"去进行平等的对抗。为此,抗辩式诉讼还需要一个保障性制度,那就是双轨制证据调查。

三、单轨制与双轨制的证据调查

刑事司法中的证据调查有两种模式,一种是单轨制证据调查,是指证据调查活动基本上由诉讼一方的证据调查人员单独进行,即由公诉方的侦查人员进行;另一种是双轨制证据调查,是指证据调查活动由诉讼双方的证据调查人员分别进行,官方的证据调查服务于公诉方,私人或民间的证据调查服务于辩护方。换言之,在单轨制下,查明案情和收集证据是以检察官和警察为代表的"官方"活动;而在双轨制下,查明案情和收集证据则是控辩双方的活动。证据调查模式与刑事诉讼模式有对应关系。单轨制证据调查一般附属于纠问式刑事诉讼,双轨制证据调查一般附属于抗辩式刑事诉讼。

常言道,世界上没有完美无缺的制度,每个制度都有优点也有缺点。单轨制证据调查和双轨制证据调查都是在一定社会历史条件下产生的,二者各有自己适宜的社会环境和司法环境,因此不能简单地比较二者的优劣。换言之,有些国家适用单轨制证据调查模式,有些国家适用双轨制证据调查模式,这是正常现象。不过,客观地认知二者的优点和缺点,还是很有裨益的。

单轨制证据调查模式的主要优点是有利于提高犯罪侦查和打击犯罪的效率。犯罪是一种反社会行为,政府是社会的代表,因此由检察官和警察单独负责刑事案件的证据调查工作并排除辩护方的介入和干扰,有利于减少犯罪侦查的障碍并提高查明犯罪的效率,从而有利于打击犯罪和保护公共利益。此外,单轨制证据调查还可以减少经费开支和缩短诉讼时间,从而为社会节约人力和财力。但是,单轨制证据调查模式过度依赖于官方调查人员的道德修养和专业素质,过度依赖于官方调查机构的自我约束和监督,缺少司法公正的制度性和制约性保障。如果一个国家的警察、检察官和法官都是称职而且敬业的,那么单轨制证据调查就是较好的选择。如果一个国家的警察、检察官和法官中存在着相当数量的不称职或不敬业的人,那么单轨制证据调查就变得非常危险,因为缺少体制外的监督制约机制,这种证据调查就容易酿制错案。

双轨制证据调查模式的主要优点是有利于保障犯罪嫌疑人、被告人的合法权利和审判结果的客观公正。辩护方和公诉方的利益有所不同,他们在调查取证时的立场和角度也有所不同,因此这两方面的证据调查可以相互补充,相互促进,相辅相成。这对于防止单方、片面地收集证据和保证调查结论的客观公正是很有好处的。此外,双轨制证据调查打破了官方调查人员在刑事案件调查中的"一统天下"的格局,为其树立了竞争对手,因而也可以在一定程度上促进官方调查人员改进自己的工作态度和工作方法,提高证据调查能力,提高工作质量,并进而提高刑事诉讼中证据调查的整体水平和文明程度。但是,双轨制证据调查模式确实会影响犯罪侦查和打击犯罪的效率,特别是为某些"有能力"的犯罪人提供了阻碍犯罪侦查的便利和逃避刑事处罚的机会。另外,辩护方证据调查的成效在很大程度上依赖于辩护律师、私人侦探和民间法庭科学专家的能力和水平,因此,那些有钱有势的诉讼当事人和那些大案要案的当事人就可以获得更多更好的证据调查资源,而贫穷且不受关注的诉讼当事人却无法获得同等的待遇。于是,名义上的当事人机会平等就会变成现实中的机会不平等,个别案件中的司法公正就会变成社会整体意义上的司法不公正。这也是不应忽视的问题。①

---

① 何家弘:《刑事诉讼中证据调查的实证研究》,载《中外法学》,2012(1)。

美国在刑事诉讼中的证据调查是典型的双轨制模式。除了抗辩式诉讼制度这一前提条件外,它还有几个条件:第一是法律保证律师可以比较早就接触犯罪嫌疑人并接受委托,从而有开展证据调查的时机;第二是各执法机构之间相互独立,也有可能为辩护律师的证据调查提供方便;第三是社会中存在大量的私人侦探机构和民间法庭科学专家,可以满足辩护方的调查需求。

在美国的刑事诉讼中,辩护律师的调查取证是很常见的。在上面讲的杂货店抢劫案中,辩护律师在审判之前就对公诉方的证人进行了询问,并且提取了书面证言。在我前面讲过的辛普森涉嫌杀妻案中,辩护律师聘请的法庭科学专家就包括李昌钰博士。虽然李博士担任康涅狄格州警察局法庭科学实验室的主任,但是他可以到加州的法院去担任辩方的专家,检验物证并出庭作证。另外,为了对抗警方的调查,辩护律师也可以请私人侦探去调查取证,这就提高了辩方的证据调查能力。下面,我就从自己的认识来谈一谈私人侦探的问题。

四、私人侦探的产生与发展

1986 年 7 月,我获得法学硕士学位,开始在人民大学法律系从事教学工作。我讲授犯罪侦查学,重点研究外国犯罪侦查制度。当时,国内学者对外国的犯罪侦查制度所知甚少,资料也很少。经徐立根教授介绍,我参加了群众出版社组织的"世界警察史丛书"的翻译工作。我和同事共同翻译了一本介绍英国警察制度历史的专著。这本译著由群众出版社于 1989 年出版,书名是《英国警察》。

在翻译这本书的过程中,私人侦探引起了我的兴趣。我在上大学时就看过《福尔摩斯探案集》。当时我以为私人侦探是柯南·道尔凭空想象的。然而,根据这部英国警察历史的学术专著的介绍,英国确实有私人侦探。实际上,福尔摩斯的探案故事在一定程度上反映了 19 世纪后期英国的犯罪侦查状况。

作为一种社会传统,英国人在很长的历史时期内都把维持治安和追诉犯罪视为公民的私事。大约在 17 世纪的时候,随着英国社会中犯罪数量的增长,在一些大城市中便出现了职业性"告密人"或"捕盗人"。这些人或者向法庭提供有关犯罪或罪犯的信息，或者亲自去抓捕罪犯并交付法庭审判，然后从事主或法院领取酬金。开始时，这些人只是偶尔为之，后来逐渐以此为业，便成为早期的私人侦探。

18世纪初期，伦敦地区有一个著名的捕盗人，名叫乔纳森·怀尔德。他自封为"大不列颠及北爱尔兰的捕盗人总头目"。其实，他本来是伦敦犯罪集团的首领，手下有大批强盗、小偷和诈骗犯。但他同时给警察局当"耳目"。根据他的告密，警察局曾经把一百多名罪犯送上法庭，并处以绞刑。怀尔德有时还引诱一些年轻人犯罪，然后再将其送上法庭；他也使用这种手段来清除犯罪群体中的异己分子。他当了15年的这种"两面人"，后来于1725年5月25日因抢劫罪在伦敦的泰伯恩广场被当众绞死。

《英国警察》一书还介绍了一些英国殖民地的犯罪侦查制度，包括北美地区的私人侦探。如果说英国的怀尔德还算不上西方私人侦探业的开山者，那么美国的平克顿则肯定是私人侦探业的创始人。

阿伦·平克顿出生在苏格兰，1842年移居美国，曾在芝加哥地区担任警察。1850年，平克顿辞去了芝加哥警察局中的职务，创建了美国第一家私人侦探机构——平克顿侦探公司。当时，美国"西部"的犯罪问题很严重，杀人越货、明火执仗、袭击火车、抢劫银行等犯罪案件时有发生。面对这大量的犯罪，地方警察机构显得力不从心。于是，人们便把人身安全和财产安危托付给平克顿。实际上，平克顿侦探公司已成为当时唯一可以跨越州界的保安队伍，其侦探们以大胆机智的行动博得了公众的赞誉，也引发了违法者的恐惧。他的名字甚至飞出了国界，并且出现在柯南·道尔笔下的侦探小说之中。

在《恐怖谷》中，柯南·道尔就描写了平克顿的侦探化装调查死酷党人案件的惊险故事。据说，柯南·道尔本人通过撰写福尔摩斯探案故事，也学习和积累了不少犯罪侦查的知识，并且曾经以"私人侦探"的身份帮助法庭查明了一些疑难案件。例如，在1903年发生在伯明翰的乔治·埃达治案件中，柯南·道尔就根据泥土种类的科学鉴定结论成功地在法庭上证明了乔治无罪，使那个无辜的青年免受牢狱之灾。

于是，我到图书馆查阅并复印了一些介绍私人侦探的英文书籍和文章，包括托马斯·布莱克维尔的《私人侦探》和阿瑟·贝莱克的《私人保安业》。1988年，我在华东政法学院的《刑侦研究》杂志上发表了一篇文章，题目是

"平克顿侦探公司与私人保安"。然后，我组织编译了《私人侦探与私人保安》一书，由中国人民大学出版社于 1990 年出版。那是我国第一本系统介绍西方私人侦探和私人保安的著作。

世界上许多国家都有私人侦探或保安机构。无论是在西方国家还是在东方国家，无论是在发达国家还是在发展中国家，人们都可以在社会生活中看到私人侦探的身影。在一些国家，私人侦探已经成为社会中的"成熟"行业，执业人员的资格要求和行为规范都已比较健全，从业人员的数量也相当可观。例如，在美国从事私人保安的人员已多达百万，其中有相当数量的私人侦探。

中国也有私人侦探。19 世纪后期至 20 世纪初期，上海、天津、广州等沿海城市受到外来文化的影响很大，特别是在那些外国租界地区，于是，社会中便出现了一些效仿西方模式的私人侦探。新中国成立之后，在以公有制为基本模式的社会制度下，私人侦探自然没有生存的空间。在相当长的一段时期内，私人侦探对于中国人来说属于"外国货"，是离现实生活很遥远的东西，似乎只能存在于文学作品之中。

20 世纪 80 年代的改革开放给中国社会发展带来了很大的动力，也带来了很大的冲击，使中国社会在飞速发展的同时也出现了一些颇为重要的变化。而这些变化也为私人侦探的产生提供了条件和契机。

首先，经济体制改革和市场经济的发展为私人侦探业的兴起提供了条件和契机。这主要表现在两个方面：第一，经济的多元化发展促进了社会供求关系的多样化，从而使私人侦探业有了服务的市场；第二，民营经济也为私人侦探的发展提供了模式和经验。与此同时，一部分人在经济发展中率先富裕起来，其鼓满的钱包也为私人侦探市场提供了资金的支持。

其次，中国法制建设的发展和司法制度的改革也为私人侦探业的发展提供了条件和契机。随着中国法制建设的进步，国人的法律意识逐渐提升，在面对纠纷和解决纠纷时的证据意识也有很大提高。于是，以发现证据和收集证据为主要业务的私人侦探就有了用武之地。

20 世纪 90 年代初期，在广东等经济比较发达的地区就出现了一些民间的调查机构，主要在涉及婚外情或包二奶的诉讼纠纷中为当事人收集证据。这些机构的名称不是侦探社或侦探公司，而是商务调查公司或咨询公司。由于我出版了《私人侦探与私人保安》一书，当时就有朋友建议我去成立一家私人侦探公司。我不会去做,因为我要当个纯粹的学者,不做法律实务,否则我早就去做律师了。

1992 年,上海成立了我国第一家私人侦探事务所。随后,其他一些城市也出现了类似的侦探机构,其中影响最大的就是"辽宁克顿调查事务所"。该所创办人名叫孟广刚,原本是沈阳市的警察,当过派出所所长。1992 年,他辞去警察职务,向工商局提出成立调查事务所的申请,次年 7 月获批,注册名称就借用了美国私人侦探的鼻祖阿伦·平克顿的名字。

1993 年 9 月,公安部颁布了"关于禁止开设'私人探所'性质的民间机构的通知"。严格地说,这只是公安部的内部通知,不是法律。因此,这个规定未能完全遏止私人侦探业在中国的发展。

90 年代中期以来,沈阳、北京、重庆等地又出现了不少私人侦探性质的民间证据调查机构,而且具有日益壮大的趋势。虽然这些机构一般都采用"咨询服务"和"社会调查"的招牌,但是他们实际的业务范围都属于私人侦探的性质,如婚姻家庭纠纷、经济债务纠纷、计算机软件的著作权纠纷等类案件中的调查取证等。2002 年 12 月,全国各地的一些民间证据调查机构还在重庆市召开了所谓的"私人侦探峰会"。一时间,百姓关注,媒体炒作,在社会中掀起了一阵不小的"私人侦探热",而孟广刚则被称为"中国第一私人侦探"。

2004 年 6 月,孟广刚发起筹建"中国私人侦探协会(筹委会)",试图让私人侦探行业从地下走上地面,但是成立大会没有开成,筹委会也被有关部门取缔了。不过,孟广刚继续从事私人调查业务,而且写了一本书,书名是《我的侦探路》。2005 年春天,他带着书稿来到我家,希望我能为该书作序。我答应了。2006 年,该书由北京的同心出版社出版。

中国的私人侦探与美国的私人侦探不可同日而语。美国的私人侦探可以参与刑事诉讼,可能是公开参与,也可能是暗中参与,而且一般都是为辩护方提供调查取证的服务,因此被视为抗辩式诉讼的一个条件。下面我就讲一个有私人侦探参与调查取证的案件,主人公还是大名鼎鼎的辛普森。

五、辛普森涉嫌抢劫案

2006 年,在"世纪审判"11 年之后,辛普森要出版"虚拟杀妻自传小说",

书名是《假如我干了》(*If I Did It*)，出版商是波士顿的波弗特书局。该书的署名作者是辛普森，但真正的"写手"是巴勃罗。为了宣传这本新书，辛普森专门到电视台接受了采访。他在节目中还作出了如下"自白"——1994年6月12日夜晚，我的新朋友查理来到我家，告诉我说妮科尔的个人生活出了问题，必须加以阻止。我们驱车赶到她家。我总在车上放一把刀子，为的是防备那些"疯子"。我下车了，查理留在车内。我走到妮科尔家门口时，戈德曼也来了。我们两人吵了起来。妮科尔从门里走了出来，我们三个人一起争吵。结果，她倒在了地上，戈德曼做空手道状，欲攻击我。这时查理出现了，手里拿着那把刀。我从查理手中抓过刀——然后，我的记忆突然一片空白，下一个记忆就是自己满身是血……

节目之后，辛普森对记者说，这是他编出来的故事。假如他是凶手，这就是事情的经过，但这不是真实发生的事情。然而，该书的出版商和电视台的主持人都说，他们是要给辛普森一个向世人坦白的机会。

辛普森要出书一事遭到了美国民众的反对。有人说，辛普森杀人脱罪，还要写书赚钱，天理何在？有人说，绝不能让辛普森"得了便宜还卖乖"。于是，有人起诉到波弗特书局所在地的波士顿法院，要求法官禁止该书出版。波弗特书局坚决反对，声称要维护自己的出版自由权。双方的律师在法庭上唇枪舌剑，缠斗了将近一年。

2007年9月13日，波士顿法院终于作出判决：波弗特书局可以出版该书，但是该书的版税收益不能交给辛普森，而应该交给被害人妮科尔和戈德曼的家人，因为辛普森还拖欠着民事判决的赔偿金。不过，就在这一天，辛普森在拉斯维加斯被警察逮捕。

2007年9月13日，辛普森带着五个人闯入拉斯维加斯一家赌场的宾馆客房，向两名体育纪念品商贩索要财物，随后被警察逮捕。

辛普森声称自己原本是到拉斯维加斯出席一个朋友的婚礼。后来他听说有两个人要私下出售本来属于他的纪念品，包括他的"名人堂"荣誉证书、与前联邦调查局局长胡佛的合影、第一次婚礼的录像以及一些他亲笔签名的橄榄球和奖牌等，就去从那两个商贩手中要回属于他的东西。辛普森坚持说，他没有看到任何人携带了枪支。但是，警方说他们是持枪抢劫。

9月19日，辛普森被提审到法院。法官询问有关情况之后，同意让辛普森保释，保释金是12.5万美元。该案引起了广泛的关注，因此检察官谨慎行事,花费了一年的时间准备起诉。

2008 年 9 月 15 日,内华达州克拉克县地区法院开庭审判辛普森案。检察官对辛普森和斯迪瓦特贝提出了持枪抢劫、绑架等 12 项罪名的指控。

公诉方的主要证据是一盘录音带,上面记录了案发时那个房间里的声音:一个人在喊叫:"别让任何人走出这房间……你们以为可以偷走我的东西,然后再卖给别人?"根据声纹鉴定专家的证言,这个气势汹汹、语带威胁的说话人就是辛普森。另外,录音带上还有辛普森和同伙咆哮、谩骂以及敲砸物品的声音。

检控方一共有 24 名证人出庭作证,其中包括本案的关键人物、环球珍品拍卖行的经纪人托马斯·里西奥。他得知有人要出售一些与辛普森有关的体育纪念品,就把人约到自己租住的旅馆房间,同时通知了辛普森,而且为预防出现"状况"而准备了录音。在辩护律师交叉询问时,他承认自己录音的做法"欠思考",也承认自己通过向新闻媒体出售该录音带而得到了约 20 万美元的报酬。

两名抢劫、绑架的"受害人"商贩贝阿尔茨雷和福龙蒙在法庭上讲述了案件发生的过程。前者在辩护律师交叉询问时承认"辛普森没做错事情",都是"老鼠里西奥搞的鬼"。

4 名和辛普森一起去旅馆索要物品的人接受了检察官的辩诉交易,转化为"污点证人",因而没有被起诉。其中,瓦尔特·亚历山大和迈克尔·麦克林顿承认自己带了枪,而后者还作证说,是辛普森让他"带家伙"去的。

辩护方的主要证据也是两盘录音带。第一盘录音带记录了公诉方证人瓦尔特与辛普森朋友的"语音邮件"(voicemail)。后者要求瓦尔特提供对辛普森有利的证言,瓦尔特便开价 5 万美元。此事未能成交,但是表明瓦尔特愿意为获得报酬而提供证言,因此其证言极不可信。第二盘录音带记录了办案警察在旅馆房间休息时的谈话。其中有人嘲笑洛杉矶警察在 1994 年的"杀妻案"中没能"搞定"辛普森,而他们这次一定能"搞定"辛普森。这表明警察在调查此案的过程中带有明显的事前偏见。这是辩护律师请私人侦探录制的。能够偷录警察的私下对话,这说明私人侦探确实很有本领。

在法庭的最后辩论阶段,检察官欧文斯婉转地提到了辛普森涉嫌杀妻案。他说:"辛普森的抢劫动机就是不想让那些财产转给格德曼的家人。"在法庭调查阶段,检察官曾经要传唤格德曼家的律师出庭作证,但是在辩护律师反对之后,法官作出了其证言与本案无关的裁定。

辩护律师贾兰特则强调检控方没有提供充分的证据,检控方的证明很牵强,根本没有达到排除合理怀疑的程度。他最后说:"在本案中,根本就没有人要查明事实真相。这个案子就因为涉及辛普森先生便有了生命力。你们知道,我也知道,在这个事件中,每个人都签了出书合同,每个人都得到了钱,但是警察和检察官所关心的只有一个:给辛普森先生定罪!"

2008年10月3日,由9女3男组成的陪审团经过13个小时的评议,作出裁决,认定指控辛普森和斯迪瓦特贝的12项罪名全部成立,判定二人有罪。12月5日,法官作出量刑决定,判处辛普森33年监禁,而且在9年之内不得假释。

辩护律师提出上诉,主要理由包括:第一,陪审员有事前的偏见,因为有五人曾明确表示不能赞同"洛杉矶杀妻案"中的无罪判决;第二,检察官在最后辩述时关于格德曼的说法会导致陪审团的偏见;第三,法官没有允许辩护律师就公诉方重要证人瓦尔特就其职业撒谎一事进行举证,瓦尔特说自己是房地产经纪人,但是辩护方有证人能证明他实际上是卖淫团伙的经纪人。总之,辛普森在本案中没有得到公正的审判。

内华达州的上诉法院很快就作出了驳回上诉的裁定。于是判决生效,辛普森被送到内华达州洛夫洛克县的惩教中心服刑。据媒体报道,辛普森在判决后曾经向法官鞠躬表示歉意。当然,他并未承认自己有罪,只是说自己给司法机关制造了许多麻烦。也许,这确实是年过花甲的辛普森的心态。

客观地说,在这起入室抢劫案的审判中,检控方的证据确实不够充分,辩护方的质证和辩护却相当给力,但是13年前的洛杉矶杀人案若隐若现地笼罩在内华达法院的上空,于是就导致了有罪判决。而且,判决的日期也是巧合——1995年10月3日,辛普森在洛杉矶的法院被判决无罪;2008年10月3日,辛普森在拉斯维加斯的法院被判有罪。这似乎是要显示冥冥之中的正义,但是也暴露了美国抗辩式诉讼制度的缺陷。

辛普森案的审判已然成为历史,但是辛普森的故事已然引人关注。2016年,由伊斯拉·埃德尔曼执导,由辛普森、卡戴珊、亚瑟等人参演的纪录片《辛普森:美国制造》播出。该片共有5集,以档案新闻画面的形式复述了"O. J. Simpson"的完整生涯。2017年2月26日,《辛普森:美国制造》获得了第89届奥斯卡"最佳纪录片"奖。

2017 年 10 月 1 日,辛普森获假释出狱。据说,他在监狱中表现很好,是个"模范囚徒"。出狱后,他定居在拉斯维加斯。

2019 年,年过古稀的辛普森在接受记者采访时说,自己非常健康快乐,他的生活已经进入一个"毫无负面影响"的阶段。

2024 年 4 月 10 日,辛普森因患癌症病逝,享年 76 岁。

六、中国刑事诉讼的转向

20 世纪 90 年代,受英美法系国家抗辩式诉讼制度的影响,我国的诉讼法学者开始探讨诉讼模式问题,提出了从纠问式诉讼转向抗辩式诉讼的建议,或者说,从职权主义的诉讼模式转向当事人主义的诉讼模式。经过几年的研究和讨论,我国的立法者在 1996 年修订《刑事诉讼法》时在一定程度上吸纳了学者的主张。

首先,刑诉法修正案延长了辩护人在审判之前的调查时间。按照 1979 年《刑事诉讼法》的规定,被告人在开庭审判前 7 天才能委托辩护人,因此辩护人的调查时间很短。1996 年《刑事诉讼法》第 33 条规定,公诉案件自案件移送审查起诉之日起,犯罪嫌疑人有权委托辩护人。人民检察院自收到移送审查起诉的案件材料之日起三日以内,应当告知犯罪嫌疑人有权委托辩护人。一般来说,检察院的审查起诉时间为一个月,因此辩护律师就有了较多的证据调查时间。另外,刑诉法还就辩护律师查阅案卷、会见犯罪嫌疑人或被告人、向有关人员调查取证等,作出了比较具体的规定。

其次,刑诉法修正案要加强法院庭审的实质作用,以防法官未审先判。这是刑事诉讼从纠问式转向抗辩式的重要标志。1996 年《刑事诉讼法》第 150 条规定,检察机关在提起公诉时不用向法院提交全部案卷材料,只需提交证据目录、证人名单和主要证据的复印件或者照片。这就把法院的庭前证据审查由实质性审查改为程序性审查,以便提高庭审中抗辩的实质作用。新修订的刑诉法还规定,公诉人在法庭上宣读起诉书后,被告人、被害人可以就起诉书指控的犯罪进行陈述,公诉人可以讯问被告人,被害人和辩护人可以向被告人发问,审判人员也可以讯问被告人。这就是要改变以法官为主讯问被告人的做法。另外,在庭审中询问证人、鉴定人,出示物证书证等活动也主要由控辩双方进行,而且控辩双方在法庭调查阶段也可以对证据和案件情况发表意见并互相辩论。这些规定都体现了抗辩式诉讼的特点。当然,法律的修改并不能立刻变成现实,司法人员需要逐渐适应的过程。在这一过程中,一个重大案件的审判发挥了示范作用。

1999 年 1 月 4 日,当一队武警士兵列队走过重庆市綦江县彩虹桥的时候,那座全长 140 米的钢管混凝土大桥竟然整体垮塌,多人落水,造成 40 人死亡、14 人受伤,直接经济损失 631 万元。这个事故立刻成为国人关注的焦点。

这是作为綦江县"第一号形象工程"建设的新桥,1998 年才投入使用,其垮塌令人震惊,也令人对桥梁的建设质量产生了疑问。一开始,当地政府还有人试图推卸责任,声称桥梁垮塌的原因是武警士兵的列队训练产生了强大的"共振"。几十个人在桥上齐步走,就能让一座大桥垮塌,这种说法实在让人无语。不过,事故调查专家组很快就给出了结论:彩虹桥整体垮塌是一起人为责任事故,其建设过程中存在违法设计、无证施工、管理混乱、未经验收等问题。简言之,这是一座"豆腐渣桥"。

当时我写了一篇文章,标题是《关系桥的垮塌》,发表在 1999 年 3 月 31 日的《北京晚报》。按理说,建桥工程从招标到验收有层层把关,那"豆腐渣"桥很难通过。但是,那时的招标制度很不健全,透露标底,暗箱操作,中标的往往都是关系户。于是,一些建筑单位不在工程技术和质量管理上下功夫,而是千方百计拉关系。有的还专门设立了负责投招标的办公室,简称"标办",据说就是"标明了拿钱找你办事"的意思。平时请客送礼,事成之后更有数目惊人的"回扣"或"中介费"。然而,一项工程的资金是有限的,钱花在拉关系上,建筑就得偷工减料。发包的、承包的、转包的、分包的,再加上拉线的和捧场的,大家都出了力,自然都得有钱赚。结果,一座钢管混凝土大桥就被建成了"豆腐渣桥",其背后存在多种犯罪行为。

这个案件震惊中国。重庆市检察机关迅速查办。1999 年 1 月 9 日,重庆市检察院决定对綦江县委原副书记林世元和县建委原副主任孙立,以涉嫌受贿罪和玩忽职守罪立案侦查。然后,检察院又相继对綦江县建委原主任张基碧和綦江县人大常委会原副主任贺际慎立案侦查。与此同时,重庆市公安局对彩虹桥工程承包方、设计方和施工方的有关责任人段浩、费上利、李孟泽等人立案侦查并刑事拘留。

1999 年 3 月,重庆市第一中级法院开庭审理此案。这个案件的审判非常引人注目,特别是吸引了法律界人士的高度关注。一方面,这个案件是重大责任事故,如何追究政府官员的渎职犯罪问题,引人关注。另一方面,这也是刑诉法修订之后公开审判的重大案件,如何体现抗辩式诉讼的精神,也引人关注。当时,中央电视台就这个案件的审判做了专题节目,收视率很高。

在这个案件的审判中,13名被告人都有自己的辩护律师。在法庭调查阶段,法官让控辩双方进行了自主的举证和质证,体现了当事人的主导作用。在法庭辩论阶段,法官让检察官和各位辩护律师充分发表意见,很有抗辩的色彩。总之,这个案件的审判体现了从纠问式诉讼向抗辩式诉讼的转变。

1999年4月3日,中级法院作出判决,对林世元以受贿罪和玩忽职守罪判处死刑;对张基碧、孙立、贺际慎以玩忽职守罪分别判处有期徒刑3年至6年;对包工头费上利以工程重大安全事故罪判处有期徒刑10年;对段浩、李孟泽、夏福林、阎珂、赵祥忠以工程重大安全事故罪分别被判处有期徒刑5年至10年;对刘泽均以生产销售不符合安全标准产品罪判处有期徒刑13年;对王远凯、胡开明以生产不符合安全标准产品罪判处有期徒刑10年和8年。

一审判决后,林世元、张基碧等10名被告人不服,分别提起上诉。重庆市高级法院在审理之后,于1999年12月12日作出终审判决。重庆高院认为,林世元犯罪情节特别严重,论罪应当判处死刑,但是因其在二审期间有重大立功表现,依法可从轻处罚,因此改判为死刑缓期二年执行。同时,高院驳回了张基碧等9人的上诉,维持原判。

林世元有何立功表现?他检举揭发了綦江县委原书记张开科的受贿罪,而且他提供的线索经查证属实。1999年7月6日,重庆市第一中级法院开庭审理了张开科受贿、玩忽职守案。12月23日,法院以受贿罪判处张开科无期徒刑,并处没收财产10万元;以玩忽职守罪判处其有期徒刑5年。数罪并罚,法院决定执行无期徒刑,剥夺政治权利终身。

这个案件的审判对于抗辩式诉讼起到了一定的推介作用,但是也带来一些疑问:这是真正的抗辩式诉讼吗?抗辩式诉讼符合中国的国情吗?

七、中国的刑事诉讼向何处去?

世纪之交,中国的刑事诉讼从纠问式诉讼转向抗辩式诉讼,但是在司法实践中遇到一些水土不服的问题。首先,在我国的刑事诉讼中并没有真正的控辩平等。1996 年刑诉法开始实施的时候,法学界曾经讨论过法庭设置的问题,例如,控辩双方的座位是否应平等设置;法官开庭时检察官应否起立等。在这些形式上的平等问题背后还有实质上的控辩不平等。其次,在我国的刑事诉讼中没有真正实行直接言辞原则,证人出庭率很低,案卷中的各种笔录依然是法庭认定案件事实的主要依据。再次,被告人的主体地位没有得到实质性确立,在司法实践中更没有得到充分而有效的保障。最后,法庭上的举证和质证都是公诉方主导,辩护方的交叉询问和直接质证极为罕见。总之,中国的刑事诉讼中缺少抗辩式诉讼模式得以扎根生长的土壤。

改革开放以来,中国法学的发展以学习借鉴外国经验为主要途径。20 世纪 90 年代中期以前,我国学习借鉴的主要对象是以美国为代表的英美法系国家。原因有三:第一,英语是当时学者掌握的主要外语工具;第二,英美法系的法律制度与我的差异较大,让人们耳目一新;第三,法律学者出国访学的首选国家就是美国。另外还有一个客观的条件,那就是当时中国的大学和学者都很穷,出国访学需要外国资助。成立于 20 世纪 80 年代中期的"美中法学教育交流委员会"为中国学者赴美访学提供资助。当时我国很多法律学者都曾获得该委员会的"奖学金",赴美留学。我的导师徐立根教授就是第一批接受该委员会资助的人,于 1984 年赴美访学。我于 1990 年到美国西北大学作访问学者,也是获得了该委员会的"奖学金"。当时,中国的法学研究有很多空白,这两代法律学人自然就带回了美国的法学研究成果。

20 世纪 90 年代中期,欧盟在中国设立"高等教育交流合作办公室",开始资助中国学者到欧洲国家访学,而中国学者中掌握法、德、西等欧陆语言的人数也在增加。于是,中国的法律学者拓宽了研究的视野,对欧陆国家的法律制度和法学理论有了更多的了解。1998 年,我就接受了该办公室的资助,到法国的艾克斯-马赛大学法学院作访问访学。2001 年,我又参加了该办公室资助的中国刑事证据立法考察团,访问了欧盟六国。2004 年,我得到"中国-欧盟法律与司法合作项目"的资助,带领一些青年学者到荷兰、瑞典等国考察欧盟国家刑事司法一体化的情况。回国后我们写了一本书,书名是《刑事司法大趋势——以欧盟刑事司法一体化为视角》。[①]

---

① 何家弘主编:《刑事司法大趋势——以欧盟刑事司法一体化为视角》,北京,中国检察出版社,2005 年。

受学术交流的影响,中国的法学研究和法制建设就呈现出转向大陆法系的态势。于是,一些诉讼法学者提出,英美法系的抗辩式诉讼模式不适合中国的国情,我们应该回归大陆法系的纠问式诉讼模式,或者说,要探索符合中国国情的刑事诉讼模式,譬如纠问式与抗辩式的混合诉讼模式。

2012年修订的《刑事诉讼法》在一定程度上体现了这种混合模式的主张。一方面,《刑事诉讼法》第33条又提前了犯罪嫌疑人委托辩护人的时间。1996年《刑事诉讼法》规定:"公诉案件自案件移送审查起诉之日起,犯罪嫌疑人有权委托辩护人。"2012年《刑事诉讼法》修改为:"犯罪嫌疑人自被侦查机关第一次讯问或者采取强制措施之日起,有权委托辩护人;在侦查期间,只能委托律师作为辩护人。被告人有权随时委托辩护人。"这一修改加强了刑事诉讼中的辩护权,可以视为朝向抗辩式诉讼的改变。

另一方面,2012年《刑事诉讼法》改变了要求检察机关在提起公诉时只提交证据目录、证人名单和主要证据复印件或者照片的做法,恢复了提交案卷材料的做法。1996年《刑事诉讼法》中相关的条文包括:第141条规定,"人民检察院认为犯罪嫌疑人的犯罪事实已经查清,证据确实、充分,依法应当追究刑事责任的,应当作出起诉决定,按照审判管辖的规定,向人民法院提起公诉";第150条规定,"人民法院对提起公诉的案件进行审查后,对于起诉书中有明确的指控犯罪事实并且附有证据目录、证人名单和主要证据复印件或者照片的,应当决定开庭审判"。在2012年《刑事诉讼法》中,对应1996年《刑事诉讼法》第141条的第172条规定,"人民检察院认为犯罪嫌疑人的犯罪事实已经查清,证据确实、充分,依法应当追究刑事责任的,应当作出起诉决定,按照审判管辖的规定,向人民法院提起公诉,并将案卷材料、证据移送人民法院";对应1996年《刑事诉讼法》第150条的第181条规定,"人民法院对提起公诉的案件进行审查后,对于起诉书中有明确的指控犯罪事实的,应当决定开庭审判"。这应该是朝向纠问式诉讼的改变。

由此可见,当下中国还没有确定的刑事诉讼模式,而且会在相当长的一段时间内处于变化、转型与过渡之间。至于未来的发展方向,诉讼法学界主要有三种观点:第一种是当事人主义学派,提倡中国的刑事诉讼走向抗辩式诉讼,建立控辩双方平等而裁判方居中的"等腰三角形"模式;第二种是职权主义学派,主张依据中国的传统司法文化并借鉴大陆法系国家的诉讼模式,完善纠问式诉讼制度;第三种是混合主义学派,主张吸收当事人主义与职权主义诉讼制度的优点,建构符合中国国情的混合型诉讼制度。

虽然学者们关于诉讼模式的选择有所不同,但是都表达了对当下中国刑事司法现状的批判,而且都强调在改革中要坚持司法公正与保障人权。这两个问题也正是我在下面两讲要讨论的主题。

各位同学,这一讲的思考题是:中国刑事诉讼的发展应该朝向纠问式还是抗辩式?

何老师留的
思考题

学生对谈

第十四讲　从实体公正转向程序公正

各位同学,大家好! 这节课我要讲中国刑事司法的第六个转向,从实体公正转向程序公正。同时,我要讲几个特别的案件。

一、司法公正的内涵和标准

公正是司法的精神,是司法的灵魂,也是人类在社会生活中长期追求的目标之一。中文中"法"字的本意就包含着公正。在古汉语中,"灋"字的左边"从水",意思是"平之如水";右边包含了独角兽"去不平"的含义。司法是实现法律公正的最后一道关卡,也是社会正义的重要保障。从这个意义上讲,司法就是公正的代名词。英语中的 justice,既可以翻译为司法,也可以翻译为公正。

司法公正的内在要求是公平、平等、正当、正义,是法律面前人人平等和司法面前人人平等。那么,究竟什么是司法的公平、平等、正当、正义呢? 这些抽象的概念有没有亘古不变、放之四海而皆准的绝对衡量标准呢? 我认为回答应该是否定的,因为司法公正的衡量标准总是以一定的社会道德观念和价值观念为基础的。在不同的社会历史时期,人类有不同的司法公正观;在不同的社会群体中,人们也有不同的司法公正观;在不同的具体案件情况下,人们还有不同的司法公正观。

就刑事案件而言,司法公正的内涵之一是犯罪者应该得到相应的惩罚。这里包含着朴素的"恶有恶报"和"罪有应得"的社会价值观念。对此,司法公正的要求是根据犯罪的严重程度对犯罪人进行相应的处罚。重罪重罚，轻罪轻罚，这就是所谓的"罪刑相称原则"。

然而，什么是罪刑相称的标准，如何确定罪刑是否相称，人类在不同的历史时期，也有不同的答案。例如，古代的很多国家都曾经对犯罪人采用过以眼还眼、以牙还牙等"同态复仇"的惩罚方法；很多国家都采用过对某些犯罪人执行肉体刑和羞辱刑的做法；很多国家都采用过砍、烧、绞乃至"马裂"或"车裂"等残忍的死刑执行方法。毫无疑问，按照我国古代的社会价值观念，在犯罪人脸上刺字的墨刑、砍掉犯罪人下肢的刖刑、去掉犯罪人生殖器官的宫刑等刑罚，都是公正的。按照古代伊斯兰国家的社会价值观念，剁掉小偷的手和将通奸者乱石砸死的做法也是公正的。按照中世纪西方国家的社会价值观念，在某些罪犯的身上烙印和将某些罪犯活活烧死的做法也是公正的。但是，随着人类社会文明的发展，人们的刑罚公正观念发生了变化。人们渐渐认识到"同态复仇"是野蛮的做法，肉体刑和羞辱刑是不人道的刑罚，因此社会对这些做法必须加以限制乃至禁止。于是，盗窃者不必再被砍掉手，强奸犯也不必再被割去生殖器，取而代之的是一定时间的监禁和劳动改造。

在同一个历史时期中，在同一个社会中，不同社会群体的司法公正观念也是有所差异的。在奴隶社会和封建社会中，这种差异显而易见，因为奴隶和奴隶主的司法公正观念是截然不同的，农民和地主的司法公正观念也是截然不同的。在现代社会中，虽然平等的观念越来越深入人心，但是不同社会群体的司法公正观念仍然难以尽同。例如，美国的不同社会群体就有不同的司法公正观。特别是在那些涉及白人与黑人之间冲突的审判中，美国的黑人和白人往往对司法公正有着截然不同的理解。

司法公正包括整体公正与个体公正。这有两层含义：第一，司法公正应该是对社会成员整体的公正，还是对社会成员个体的公正；第二，司法公正应该是在司法活动整体意义上的公正，即普遍公正，还是在司法活动个体意义上的公正，即个案公正。在选择或者趋向整体公正或个体公正的时候，人们实际上表达了司法公正的价值定位和取向。

司法公正面临的首要问题就是如何确定公正的标准。如前所述，不同的社会，不同的群体，不同的时代，人们可能有不同的司法公正观念。那么，这种观念是如何确定的呢？在此，人们不可避免地要面对不同的利益冲突，如社会整体利益和社会成员个人利益之间的冲突，以及不同社会成员的个人利益之间的冲突等。如何平衡这些利益就成了摆在司法公正面前的一道难题。

个人利益包括经济收益、生活安全、权利地位、名誉声望等。社会整体的利益包括经济发展、文明进步、社会安宁、公共秩序等。在有些情况下，个人利益与社会整体利益是可以一致的；但是在有些情况下，个人利益和社会整体利益则是对立冲突的。例如，个人的经济利益不可能完全脱离社会整体的经济利益。社会经济发展了，个人才能富裕。一个人不可能完全脱离社会去发财致富。俗话说，集体的锅里有了肉，个人的碗里才能有肉。大河有水小河满，大河没水小河干。但是，当社会全体成员不可能以"齐步走"的方式共同富裕的情况下，一个人的经济利益就不可避免地和其他人乃至社会整体的经济利益发生冲突。

在司法活动中，由于当事人往往具有特殊的地位，所以其个人利益便经常与社会其他成员的利益和社会整体的利益发生冲突。在如何协调这种矛盾冲突的问题上，不同国家在建立司法制度时采取了不同的态度。有些国家在司法活动中强调要优先保护社会整体的利益；有些国家则在司法活动中强调要把个人利益的保护放在首位。

东西方文化传统的差异之一就表现在群体利益与个人利益的价值定位上。东方国家具有群体利益高于个人利益的价值取向传统，因此一个人为了国家利益、社团利益或者家庭利益而牺牲个人利益是理所当然的事情，是值得鼓励和倡导的行为。西方国家在这一问题上多采用向个人利益倾斜的价值定位，而美国无疑是其中最有代表性的国家。

美国人在建立其司法制度的时候采取了强调个人利益的态度。他们认为，个人是社会的基本单位；个人利益是社会利益的具体体现；离开了个人利益，社会利益就不复存在；因此司法系统必须首先保护个人利益，必须强调保护个人利益。具体到刑事诉讼中，他们认为被告是个人利益的主要代表，检察官则是社会利益的主要代表。由于被告方在法庭上往往处于弱势和不利地位，所以在刑事诉讼过程中必须特别强调保护被告人的权益，否则就不能保持这两种利益冲突中的平衡。

就整体公正和个体公正的第二层含义而言，笔者认为立法公正主要追求的是整体公正，即法律的普遍公正；而司法公正主要追求的是个体公正，即法律的个案公正。司法活动都是围绕具体案件进行的,因此我们追求司法公正必须从一个个具体案件做起。

在不同的案件中,由于具体情况不同,司法公正的标准也会有所不同,人们对司法公正的理解也会有所不同。例如,按照罪刑相称原则,刑罚的轻重应该与罪刑的轻重相适应。但是在不同案件的具体情况下,人们对这一原则也会有不同的理解。英国19世纪有一个著名的杀人案判例。

一艘轮船失事之后,四个人逃上了一只救生船。由于出事地点距离海岸有1 600英里,他们只能怀着微弱的遇救希望在海上漂泊。在连续8天没有食物和6天没有淡水的情况下,其中三个男子用刀割断了另一个人的喉咙。那个被害人是个17岁的男孩子,当时他已经病得奄奄一息了。在四天内,活着的三个人靠吃那个男孩子的尸体活了下来,并且最终被一只路过的轮船救起。

回到英国之后,那三个幸存者被以恶意杀人罪送上法庭。在起诉中,控诉方承认在那种恶劣的生存环境下,如果不吃掉那个男孩子,所有四个人都会饿死,但是无论如何,那仍然是一种非法的故意剥夺他人生命的行为。法庭根据法律判处被告人犯有恶意杀人罪。按照当时英国的量刑标准,这种罪行是应该判处死刑或长期监禁的,但是英国女王最后特许将被告人的刑期减为6个月监禁,而且这一判决得到了人们普遍的认同。

在这个案件的具体情况下,对被告人的怜悯心和同情心显然影响了人们对司法公正的评价。人们可以理解那些犯罪者当时的心理状态,他们是出于求生的欲念才剥夺了那个男孩子的生命。而且,人们会问自己,如果处于相同的情况下,我们会抗拒死亡的威胁和生存的欲念吗?诚然,那种情况并不能构成法律上的免罪理由,但是人们认为减轻对被告人的处罚是符合司法公正精神的。在这里,人们在评价司法公正时实际上考虑了被告人的犯罪动机因素。

然而,如果我们仔细分析其他案件中犯罪人的内心世界和犯罪动机的形成过程,往往也会发现一些相似的因素。罪犯不是天生的,他们的犯罪心理都是在某种外界因素的影响下形成的。其中有些人显然也可以视为某种恶劣的社会环境或"生存条件"的产物,甚至可以视为被迫走上犯罪道路的人。例如,一个在幼年因失去双亲而流落街头并饱受生活折磨的男孩子后来成为了江洋大盗;一个在偶然情况下被人"教"会吸毒的守法公民后来"被迫"去抢劫杀人,等等。他们的不幸遭遇和"原始"犯罪动机可以作为免除他们部分罪责的理由吗?面对这样的问题,我们的司法公正观念开始犹豫不决了。尽管人们可以在很大程度上原谅那三个人在面临死亡威胁时采取的杀人行为,却不能同样地原谅那些因为外界因素而一步步走上犯罪道路的人的普通犯罪行为。在此,我们不得不承认,司法公正只是一种相对的公正。

二、司法公正与社会舆论

1998 年 3 月,我作为国家检察官学院代表团的成员,到加拿大进行了为期 10 天的考察访问。我们在温哥华地区访问了法院、检察机关、警察机关以及法学教育培训机构。虽然是走马观花,但是也有不少深刻的印象。

不列颠哥伦比亚省最高法院是一栋造型独特的建筑,它的南面宛如一层层梯田,而且都是玻璃的顶棚,显得很明亮,大厅里有一个高大的蒙着眼睛手持天平和宝剑的女神像。同行者问我,那天平和宝剑的意思很好理解,但是那蒙眼布是什么意思?难道是说法官都瞎判?虽然我曾在美国留学,但是也不知道答案,就向引导我们参观的加拿大人请教。答案很简单:法官不应看清审判的对象,判决不能因人而异。当时,我们确实孤陋寡闻,竟然不知道那是古希腊的正义女神像!

正义女神手中的天平表示公平,宝剑表示正义。这与中国古代的"灋"字的意象相似。更为重要的是,正义女神要用黑布蒙住眼睛,以便做到司法面前人人平等。在现实中,许多司法不公的原因就是法官看清了审判的对象。例如,有些国家的法官在面对白人和黑人时,手中的天平就会发生倾斜;有些国家的法官在面对高官或贵族时,手中的宝剑也会变得疲软。不过,还有另外一种情况,那就是被告人的官员身份对司法产生了反向作用。于是,我就想起了 1997 年轰动中国的交通肇事案。

1997 年 8 月 24 日晚上,在郑州市街头发生了惊心动魄的一幕。一辆白色皇冠牌轿车在街上逆行撞上了并行骑车的父子俩。那个男孩被当场撞飞,将轿车的挡风玻璃撞出一个破碎的大窝;那个父亲和两辆自行车则被卡在汽车左侧的前后轮之间。然而,那辆白色轿车并没有停下来,而是拖着人和自行车继续狂奔。行人见状,一路追喊,还有武警车辆和出租车围追堵截。最后,那辆白色轿车在逃跑大约 1 500 米之后终于被人们逼停。开车人被武警拉了出来,是个肥头大耳的中年男子。

警察和救护人员很快赶到现场。两位遍体鳞伤的被撞人立即被送往医院。那个父亲名叫苏东海,那个孩子名叫苏磊。苏东海体无完肤,多处骨折,而 11 岁的苏磊则抢救无效而死亡。肇事司机被警察带离了现场。

这起恶行交通事故引起了当地民众和媒体的关注。8 月 25 日,《大河文化报》在头版刊发了一条新闻:昨晚郑州发生一起恶性交通事故,白色皇冠拖着被撞伤者狂逃,众出租车司机怀着满腔义愤猛追。随后,全国各地的很多报纸都进行了转载。此时,人们都在追问:如此疯狂的肇事者究竟是什么人? 两天之后,当地媒体终于给出了答案。开车人是郑州市高新技术产业开发区公安分局政委张金柱,而且他是酒后驾车。

当时具有广泛影响的《南方周末》对该案进行了专门的报道,中央电视台的《焦点访谈》节目也播出了该案的调查报告。一时间,该案成为国人关注的热点,而张金柱则成为民众发泄愤怒情绪的焦点。

河南省和郑州市的领导都非常重视该案,公检法机关立即采取行动。首先,郑州市公安局长连夜召开会议,发布命令,迅速查明案情。然后,郑州市检察院很快走完审查批捕和审查起诉的程序,以交通肇事罪和故意伤害罪把张金柱起诉到法院。

1997 年 12 月 3 日,郑州市中级人民法院公开审理张金柱案。当天,法庭内座无虚席,法庭外也聚集了很多市民,有人还支起音箱,"直播"庭审情况。1998 年 1 月 12 日,法院公开宣判:被告人张金柱犯交通肇事罪和故意伤害罪,被判处死刑。

消息传出,群情振奋,民心大快。有人在法院门外打出了"诛杀公安败类张金柱为民除害"的横幅,许多人还唱起了电视连续剧《包青天》的主题曲。

张金柱不服判决,提起上诉。他的主要理由是量刑过重,因为他当时喝醉了,脑子里一片空白,并没有伤害他人的故意。他还说,一审法院受到社会舆论的影响,使他未能得到公正的审判。

2 月 16 日,河南省高级人民法院作出二审裁定,维持原判,并且核准了死刑。2 月 26 日,张金柱被执行了死刑。在被处死之前,张金柱说,"我是被记者杀死的"。

在当时的社会舆论环境下,法院的判决无可厚非。然而,许多人在事后对该案进行了反思。那毕竟是一起交通肇事案。当然,那是一起性质非常恶劣的交通肇事案。但是,如果没有那些宣传报道,如果没有老百姓对官员腐败的深恶痛绝,如果没有激愤的民情,张金柱会被押赴刑场吗?历史是不能假设的。历史也是不能重演的。但是,那个死刑判决迎合了民众的情绪,未能坚守罪刑相应的司法原则。

据报道,张金柱于1963年参军,转业后分配到郑州市公安系统,历任侦查员、刑侦科长、分局局长和政委等职。就一般情况而言,他能够不断晋升,说明他还是有工作成绩的。诚然,案件发生后有些新闻报道称他为"地方恶霸",但是并没有列举出他以往的"恶霸行径"。也许,在一些人的心目中,他在1997年8月24日晚上开车撞人后拖着受害人和自行车继续"狂奔"达1 500米的行为以及他事后为自己掩盖罪责的行为就足以证明他是"地方恶霸"了。但是这种推论有些武断。

我们在评价一个人的时候很容易形而上学。如果一个人成了英雄,我们就说他一贯如何如何好,并且总要在他那或长或短的人生旅途中找出许多灿烂辉煌的例证。如果一个人成了坏蛋,我们就说他一贯如何如何坏,比如上学时就不是个好学生,当兵时也不是个好战士,即使他偶尔干过几件好事也纯属居心不良,是坏人企图蒙蔽好人的伎俩,等等。总之,好人就是好人,坏人就是坏人。好人与坏人似乎都是天生确定的,而且是一定终身。其实,这世界上既没有绝对的好人,也没有绝对的坏人。而且从人生的角度来看,好人与坏人之间并没有不可逾越的鸿沟。

常言道,人非圣贤,孰能无过。问题是有人在犯了过错之后能够勇敢地面对过错和承担责任,并能进一步采取措施改正之;而有人在犯了过错之后首先考虑的不是如何纠正,而是如何掩盖,于是就由小错发展到大错乃至特错。从行为角度来分析,人在犯了错误之后所实施的掩盖和逃避罪责的行为其实是一种本能的自我防卫行为,而勇敢地承认自己的过错并主动承担责任却是一种道德约束下的行为,是一种相当高尚的行为。假如张金柱在发生交通事故之后能够立即停车,勇敢地面对自己的过错,那他就不会造成那么严重的恶果,也不会被判死刑。

张金柱案的审判体现了新闻监督和舆论监督的力量,这在中国是很珍贵的。但是,这种监督影响了法院的独立审判,影响了个案的司法公正,那就违背了监督的初衷。张金柱案的审判让一些法律学者认真研究司法公正的问题,包括司法审判与新闻监督的关系。当时,我也写了一篇论文,标题就是《司法公正论》。①

新闻传播和司法审判是两种不同性质的活动,各有自己的标准和规则。我以为,新闻传播遵循"接受美学"的原则,喜欢按照社会关注的热点并利用"受众"蕴涵的激情去创造轰动效应;司法审判遵循"距离美学"的原则,宁愿与公众保持一定距离并经过独立冷静的理性思考来体现公正的精神。

新闻舆论对司法审判的关注是有利有弊的。一方面,它可以提高审判过程的透明度,从而减少司法腐败的机会;可以提高司法人员的敬业精神,从而提高审判工作的效率和质量。另一方面,它可能干扰司法人员的独立审判,使司法人员更注重审判的形式问题而不是案件的实质问题;使司法人员受舆论的左右而不是依法裁判;使本应理性化的法律思维变成大众情绪的附庸。

毋庸讳言,目前我国司法人员的独立审判意识和抗干扰能力是比较弱的。因此,当他们面对所谓"民愤极大"的社会舆论时,当他们面对带有"明显倾向"的观众呼声时,司法的天平也就会在不知不觉中发生倾斜。虽然这样的判决会得到传媒的赞许,甚至会博得民众的喝彩,但是司法人员在"谢幕"之后也会有内心的苦涩与无奈,因为司法公正的标准遭遇了委曲。

在这里,我还要就社会舆论对司法公正的影响做一点补充说明。虽然社会舆论在张金柱案件中对司法公正产生了一些负面的影响,但是在有些情况下也会产生正向的影响。例如,我在第七讲中介绍了于欢正当防卫案。在该案的改判过程中,社会舆论就发挥了积极的推进作用。

多年以来,我国司法机关对正当防卫的认定都很谨慎。涉及正当防卫问题的案件,一般都按照故意伤害或故意伤害致死定罪,而且量刑偏重,以至于人们说《刑法》第 20 条的规定②处于"休眠"状态。正是由于于欢等涉及正当防卫的案件在社会上产生热烈反响,形成强大的社会舆论,才"激活"

---

① 参见何家弘:《司法公正论》,载《中国法学》,1999 年第 2 期。
② 《刑法》第 20 条规定:"为了使国家、公共利益、本人或者他人的人身、财产和其他权利免受正在进行的不法侵害,而采取的制止不法侵害的行为,对不法侵害人造成损害韵,属于正当防卫,不负刑事责任。正当防卫明显超过必要限度造成重大损害的,应当负刑事责任,但是应当减轻或者免除处罚。对正在进行行凶、杀人、抢劫、强奸、绑架以及其他严重危及人身安全的暴力犯罪,采取防卫行为,造成不法侵害人伤亡的,不属于防卫过当,不负刑事责任。"

了刑法中的正当防卫条款。这不仅是法律问题，而且是社会道德问题，是维护公平正义的问题。总之，这样的社会舆论有利于弘扬社会正气，维护司法公正。

三、司法公正与社情民意

从本质上讲，犯罪是反国家、反社会、反人民的，因此打击犯罪就代表了人民的利益，就是民意的诉求。在那些有直接被害人的犯罪案件中，被害人及其家人的利益似乎就是人民利益的集中体现，而被害人或其家人也就成为了社情民意的代表。于是，公检法机关在查办刑事案件的过程中，往往要经受社情民意的压力。

情节恶劣的犯罪行为往往会引发民众的道德谴责，进而在一定范围内形成强大的"民愤"。即使在互联网尚未发达的时代，民愤也会经由新闻报道和街谈巷议的方式传播和积蓄，形成能量巨大的舆论场，影响甚至扭曲司法人员的认知和裁判。民愤的出发点往往是朴素的是非善恶观。民愤的形成往往具有非理性和从众性的特点。司法机关在民意面前本应挺直腰板，坚守法治原则，秉持法律精神，依法办案，公正裁判。但是在司法公信力偏低的情况下，领导者往往要强调司法裁判的社会效果，于是，一些司法人员在面对偏激的社情民意时，就无法保持中立和公正，甚至放弃司法的原则，在裁判时屈从民意。河南李怀亮案就是一个典型的例证。

2001 年 8 月 2 日傍晚，河南省叶县的 13 岁女孩郭某到沙河边捉蝉，很久未归。家人四处寻找，未见踪影，当晚报警。第二天，警方派人查找，在沙河下游发现女孩的尸体。法医检验报告，尸体下身赤裸，颈部有扼压痕迹，属于死后入水。警方随后到女孩失踪的地点进行现场勘查。现场位于沙河南堤与水域之间的花生地。勘查人员发现，花生地中有一片倒伏区，东西长 2.4m，南北长 2.3m，区内有踩踏痕迹，还有一处血迹，面积为 40cm×21cm；在倒伏区向北偏西 27m 至沙河水域有一趟拖拉痕迹，方向为从倒伏区至河边。勘查人员在河边找到一个白色发卡，在花生地里找到一双浅色女式拖鞋和一个裤衩。经被害人的母亲辨认，这些都是死者的物品。

警方随即在当地调查访问。有几个村民说，他们那天傍晚在河边看见了郭某，还看见了当地村民李怀亮。警方认为李怀亮有重大犯罪嫌疑，就对其进行讯问。李怀亮承认自己当晚曾去河边捉蝉,但否认强奸杀人。警方通过连续两天的审讯,终于获得了李怀亮的有罪供述。但是,没有收集到其他能证明李怀亮强奸杀人的证据,包括生物物证。不过,警方后来拿到了与李怀亮在看守所同室关押的杨某和白某的证言。二人声称曾听李怀亮说,他强奸并淹死了一个女孩。

10 月,叶县公安局决定侦查终结,把李怀亮涉嫌故意杀人案移送检察院审查起诉。11 月,平顶山市检察院以证据不足、事实不清为由,把该案退回公安局补充侦查。公安局未能收集到新的有罪证据,但再次把案件移送检察院。

2002 年 2 月,平顶山市检察院决定提起公诉。但是,平顶山市中级法院在审查之后决定"不予受理",主要理由是事实不清,证据不足。检察院再次将案件退回公安机关补充侦查,然后在 10 月第二次向法院提起公诉。2003年 1 月,法院再次决定不予受理,理由是没有新证据。

在此过程中,该案被害人的父母要求追究李怀亮刑事责任的诉求十分强烈,多次到郑州、北京上访,被害人的母亲还扬言要"自杀"。在这种压力下,当地政法委出面协调,最终决定把案件"降格"处理,由叶县的司法机关负责公诉和审判。

2003 年 8 月,李怀亮涉嫌故意杀人案在叶县法院开庭。在法庭上,检察官指控李怀亮强奸杀人。被告人李怀亮承认案发当晚在河边见过那个小女孩,但是没有强奸杀人,并声称他在公安局因遭受刑讯才承认有罪。辩护律师指出,本案除被告人供述外,没有其他证据证明其犯罪,要求法庭宣告被告人无罪。

9 月 19 日,叶县法院依据李怀亮的有罪供述与现场情形相吻合、村民看到李怀亮曾到过案发地,以及李怀亮的两名狱友听他说他曾杀过人为依据,以故意杀人罪判处李怀亮有期徒刑 15 年,剥夺政治权利 5 年,赔偿丧葬费3 000 元。判决之后,被告人李怀亮以原判证据不足为由提出上诉,被害人的父母也以原判量刑轻和民事赔偿少为由提出上诉。

12 月 2 日,平顶山市中级法院作出二审裁定,以"事实不清,证据不足"为由,撤销原判,发回重审。

2004 年 2 月,叶县法院再次对该案进行审理,但是未作判决,而是把案件退回检察院。检察院要求公安机关继续补充侦查,但是公安局也无能为力,于是该案就被搁置了。但是,被害人的家人仍然在四处上访,而且得到了村民的同情和支持,形成了不容忽视的民意。

2004 年 7 月,平顶山市中级法院突然决定提审本案。7 月 8 日,平顶山市检察院提起公诉。8 月,平顶山市中级法院以不公开的方式开庭审理此案。8 月 31 日,法院作出判决,认定李怀亮故意杀人罪成立,判处死刑,剥夺政治权利终身,赔偿附带民事诉讼原告丧葬费 3 000 元。宣判后,李怀亮以"没有杀人"为由,提出上诉,被害人的父母也以"赔偿少"为由提出上诉。

2005 年 1 月 22 日,河南省高级法院经过审理,以李怀亮犯故意杀人罪"事实不清、证据不足"为由作出裁定:撤销原判,发回重审。8 月 25 日,平顶山市中级法院另行组成合议庭,再次审理该案。2006 年 4 月 11 日,法院作出判决:李怀亮犯故意杀人罪,判处其死刑、缓期两年执行,同时赔偿原告丧葬费 6 057 元、死亡赔偿金 51 070 元。此次判决后,李怀亮也没有提出上诉,但被害人父母仍然表示不服,以"民事部分赔偿数额少,对被告人李怀亮量刑不当,应判死刑,立即执行"为由,再次提出上诉。

2006 年 9 月 27 日,河南省高级法院再次以"事实不清、证据不足"为由作出裁定:"撤销平顶山中院(2005)平刑初字第 77 号刑事附带民事判决,发回重审。"2007 年 5 月 22 日,平顶山市中级法院再次把案卷退回检察院,后者则将案件退回公安局补充侦查。收到退补的案卷后,平顶山市两级公安机关成立专案组,于 2008 年 1 月完成补充侦查,但是没有收集到新的有罪证据。由于平顶山市中级法院一直没有确定启动再审的时间,该案就长期滞留在公安机关,李怀亮也一直以犯罪嫌疑人身份被羁押在看守所。6 年之后,该案突然出现转机,并且披露了该案的一个秘密。

2012 年 2 月 21 日,一位昵称为"新闻 805"的网友发布了一条微博,标题为"世上罕见的'死刑'保证书——为了不让上访,法院竟然承诺判人死刑"。微博的内容是:"2001 年 8 月,河南叶县邓李乡一女孩被害,公安机关抓获的犯罪嫌疑人因证据不足而难以定罪。为了维护社会稳定,平顶山市中级法院竟然与被害人亲属达成协议,只要不上访,就判犯罪嫌疑人李怀亮死刑。"

这份被称为"死刑保证书"的文件,是用"河南省平顶山市中级法院"办公用纸书写的,签署时间是 2004 年 5 月 17 日。这也回答了平顶山市中级法院为何在 2004 年 7 月突然决定提审该案的疑问。

该微博发布之后,平顶山市中级法院很快作出回应,声称那"死刑保证书"只是被害人亲属的诉求,不是法院与当事人签署的协议。然而,这份奇特的"死刑保证书"引起了新闻媒体的关注。2012 年 6 月的《半月谈内部版》发表了记者的文章,《"死刑保证书"保证了什么？——河南新版"赵作海案"考问维稳之惑》。这篇文章被大量转载,使李怀亮案成为社会公众的热点,而"死刑保证书案"也就成为李怀亮案的代称。

与此同时,刑诉法的修订也是社会关注的热点。按照《刑事诉讼法修正案》的规定,不能在法定期限内办结案件的,应立即释放被告人。2013 年 1 月,新刑诉法开始实施,北京的律师就前往河南看守所看望李怀亮,代理他向平顶山市中级法院和公安机关提出申请,要求释放李怀亮。

李怀亮的律师强调,该案没有能证明李怀亮杀人的证据,而且列举了可以证明李怀亮无罪的证据。第一,据公安机关现场勘查笔录记载,在案发现场附近有一处范围面积 40cm×21cm 的血迹,但根据法医的尸检报告和案发后对李怀亮的人身检查,被害人和李怀亮身上均无出血伤口。而且案卷材料显示,被害人是 A 型血,李怀亮也是 A 型血,而现场发现的血迹是 O 型血。这是谁的血？第二,叶县公安局曾在现场勘查时测量了现场嫌疑足迹并制作石膏模型。那是 38 号凉鞋的鞋印,而李怀亮穿的是 44 码的平底拖鞋。第三,案发后,警方曾提取被害人的下体体液送检,但是一直未提供检验结果,因此可以推断那结果不能证明被害人体内的精液是李怀亮的。这应该是强奸案件中的重要证据。

2013 年 4 月 25 日,平顶山市中级法院再次以不公开方式开庭审理李怀亮案。法院在调查后宣判:公诉机关指控李怀亮犯故意杀人罪的证据不足,根据"疑罪从无"的刑事诉讼理念,依法宣判被告人李怀亮无罪,不承担民事赔偿责任,当庭释放。判决之后,被害人亲属曾多次要求检察院抗诉,但是平顶山市检察院最终决定,尊重法院的判决,不提出抗诉,给这起案件的刑事诉讼画上了句号。

李怀亮案给人们留下了一些值得认真思考的问题。例如,司法机关应该如何看待"民意"？在这类案件中,以被害人家属的诉求为代表的"民意"似乎成为了办案人员的指挥棒。另举一例。

1998 年 8 月 6 日,安徽省亳州市的一个小村庄发生了一起强奸杀人案。侦查人员根据现场遗留的衣物认定同村人赵新建为嫌疑人。虽然侦查人员拿到了赵新建的有罪供述,但是缺乏其他能够证明赵新建作案的证据,因此检察院没有批准逮捕,赵新建被释放。被害人的家人得知后非常愤怒,四处上访告状,甚至以"到法院上吊"相威胁。司法机关顶不住压力,只好起诉、审判。2001 年,法院一审判处赵新建死刑,后被二审法院发回重审。2004年,亳州市中院改判死缓。2006 年,因另案发现真凶,赵新建被无罪释放。事后,审理该案的一位法官说:"面对被害人家属的压力,司法机关不敢随意放掉自己最初抓获的犯罪嫌疑人,哪怕是证据不足的犯罪嫌疑人。而且,一次次发回重审,当事人家人三天两头来闹,你说怎么办,只能哪边闹得凶往哪边靠一点。"①此话很有代表性。

司法机关在审理刑事案件的过程中,可以听取民意,也应该尊重民意,但是为了片面地追求裁判的社会效果而遵从甚至迎合民意,就可能步入生成冤案的误区。司法裁判必须遵循自身的原则,包括证据裁判原则、无罪推定原则、依法取证原则等。如果司法人员在所谓的"民意"压力下,放弃这些原则,那就会与司法公正背道而驰。

另外,李怀亮案也促使人们重新思考司法公正的含义与价值定位。客观地说,李怀亮案属于"疑案"。根据现有证据,他可能无辜的,也可能是有罪的。从检察机关的角度来看,李怀亮仍然是有犯罪嫌疑的人,只是因为证据不足,法院"疑罪从无",才判决李怀亮无罪。这个判决是合法的,但是这个判决并不能完全排除李怀亮作案的可能性。有人就问:这个案件的判决体现了司法公正吗? 那么,什么是司法公正? 于是,法学界就展开了实体公正与程序公正的讨论。

四、实体公正与程序公正

在很长时期内,我们习惯于把司法公正理解为实体公正。老百姓关注的是司法审判的结果。有罪者受到惩罚,就是司法公正。司法人员也认为,只要案件最终的判决是正确的,那就是维护了司法公正。至于查办案件的过程有没有违反法律,有没有侵犯人权,那是无关紧要的。但是,在张金柱、李怀亮等案件发生之后,学者开始反思我们的司法公正观,特别是实体公正与程序公正的关系。

---

① 参见李光明:《奇案令人反思,关口为何失守》,载《检察日报》,2006 年 11 月 6 日;陈磊:《一起奸杀案的若干"真相"》,《南方人物周刊》,2006 年第 29 期。

所谓实体公正,就是要求司法机关在审判的结果中体现公平正义的精神,其要旨在于司法裁判结果的正确性。例如,张三实施了诈骗犯罪,那就应该受到相应的惩罚。这有一个前提,那就是张三确实犯罪了。如果张三本来没有犯罪,法院却判处张三刑罚,那就是司法不公。由此可见,追求实体公正的首要任务是准确认定案件事实。事实认定有误,实体公正就成了一句空话。

案件事实都是发生在过去的事件。司法人员对过去事件的认识活动属于逆向思维,即从现在去认识过去,从结果去认识原因。另外,司法人员对发生在过去的案件事实的认识还不是直接实现的,而是间接地通过各种证据来实现的。案件中各种证据的情况是错综复杂的,人们对证据的收集和使用是要受时间、空间等有关条件限制的,因此人们对案件事实的认识便不可避免地带有一定的局限性和模糊性。在这种情况下,司法人员依据证据对案件事实所作出的判断就可能出现误差,例如前面讲到的赵新建案。另外,在证据短缺的情况下,司法人员对案件事实的认知具有一定的模糊性,无法得出被告人有罪或无罪的肯定结论,只能根据无罪推定原则判决被告人无罪,譬如李怀亮案。这些案例都表明了实体公正的局限性。

所谓程序公正,就是要求司法机关在诉讼过程中坚持正当平等的原则,其要旨在于司法裁判过程的正当性。就刑事诉讼而言,程序公正具有两个基本功能:其一是保护诉讼参与者的平等权利和正当权利;其二是保障在诉讼中实现实体公正。程序公正的第一个功能是非常重要的,也是显而易见的。所谓正当程序的原则,就是要保护诉讼当事人的合法权利不受侵犯,同时要限制政府官员的权力,防止他们滥用手中的职权。程序公正的第二个功能主要表现为正当的程序可以保证法院正确认定案件事实和正确适用法律。这就是说,按照诉讼活动的一般规律,程序公正可以导致实体公正。与实体公正相比,程序公正具有较强的确定性和可操作性,因此通过程序公正来保障实体公正是一条可行之路。

由此可见,司法的实体公正与程序公正是两个既有联系又有区别的概念。一方面,二者统一于司法公正,是相辅相成的;另一方面,二者又有着相互区别的价值标准。虽然坚持程序公正在一般情况下就能够保证实体公正,但是程序公正毕竟不等于实体公正,而且坚持程序公正并不必然导致实体公正,程序公正也不是实现实体公正的唯一途径。在有些情况下,实体公正和程序公正甚至是相互对立、相互冲突的,过度追求实体公正就可能伤害程序公正,而片面追求程序公正又可能牺牲实体公正。

世界各国在确立其刑事司法制度时不得不就实体公正与程序公正的关系作出或明示或默示的界定和取舍。当然,各国的作法并不相同,有时甚至大相径庭。一种极端的做法是片面追求实体公正,忽视程序公正。一言以蔽之,无论程序如何,无论手段如何,只要结论是公正的,就是司法公正。我国的刑事司法就曾经受到这种思想的影响。例如,我在第十一讲中介绍了北京的"绊马索"抢劫案。在该案的侦破过程中,刑警在嫌疑人家中发现的汽车窗户摇把是重要物证。虽然刑警原本是"偷拿"的,但是这非法取证并没有影响该摇把作为定案的证据。

另一种极端的做法是片面强调程序公正,甚至以牺牲实体公正为代价也在所不惜。这是在普通法系国家重视程序规则的司法传统基础上发展起来的,美国的刑事司法堪称代表。美国有一个证据规则,叫作"毒树之果"。按照这一规则,只要是通过非法手段收集来的证据,就不能在审判中采用。例如,侦查人员的刑讯逼供行为是"有毒的树",那么用这种方法得到的被告人供述就是"有毒的树结的果实"。因为树有毒,果实也有毒,所以不能食用。尽管这个口供所讲的很可能是案件事实,尽管这个口供很可能有证据价值,但是它有"毒",必须扔掉,不能在审判中用做证据。有人认为这是对证据的"浪费"。但是为了禁止刑讯逼供,禁止用非法手段收集证据,这种对证据的"浪费"还是很有必要的。换言之,为了保证程序公正,人们不得不付出一些实体公正的代价。不过,美国的司法界对此也有不同的态度,而且有追求价值平衡的趋势。试举一例。

1998 年,密歇根州警察在查办一起贩卖毒品案件中,持搜查证到赫德森家搜查。按照当地法律的有关规定,警察在入室搜查时应该在按门铃或敲门之后等待房主开门,如果房主在一定时间内没有开门,警察才可以强行入室搜查。在该案中,警察在敲门后并未等待合理时间,只喊了"警察,搜查"即强行入室。警察在赫德森家中确实搜查到了毒品和枪支。在审判中,辩护律师提出警察的行为违反了搜查规则,因此获得的证据属于非法证据,法庭应该排除。

密歇根州的法院支持了辩护方的主张。于是,该案被检控方一直上诉到联邦最高法院。2006年6月15日,联邦最高法院以5比4的票数作出裁定:虽然警察的搜查有违法之处,但是所获得的证据可以采纳。法院多数派认为,警察有搜查证,有权搜查;查到了毒品和枪支,枪膛内有子弹。如果警察有失误就将证据排除,那就会很容易让犯罪分子逃避惩罚。该裁定的执笔人安东宁·斯卡利亚大法官说:"这样一来,犯罪嫌疑人的诉讼成本就很低,就像买彩票那点钱,但中奖就是头彩;在许多情况下,排除了证据,就等于给嫌疑人发放了免费出狱卡。"

由此可见就,实体公正和程序公正是不可偏废的。单纯追求实体公正不仅会导致漠视甚至践踏诉讼当事人的正当权利,也会导致司法公正观念的扭曲。当然,片面追求程序公正也是一种误区。虽然这样做在外人或者社会公众看来是公正的,因而具有一定的社会稳定功能,但是也有不容忽视的弊端,因为牺牲了实体公正必然会使司法公正失去其本来的意义。总之,刑事司法不仅要考虑实体公正的要求,也要考虑程序公正的要求,并力求二者的统一。

大概因为我国具有重视实体公正的传统,所以学者们在讨论这个问题的时候就特别强调程序公正。有人还提出了在刑事诉讼中应坚持"程序公正优先"的观点。虽然这种观点有矫枉过正之嫌,但确实促进了刑事司法人员对程序公正的重视。一些司法机关也明确提出,依法办案的要点就在于依照法定程序办案,或者说,要坚持程序法定的原则。

五、程序法定与程序公正

程序法定原则是法治精神在刑事司法活动中的具体体现。程序法定原则适用于所有参与刑事司法活动的人,包括刑事诉讼的当事人及其律师,但是其最主要的约束对象是在刑事司法过程中行使国家职权的官员,包括法官、检察官和侦查员。这些官员在办理刑事案件的过程中必须严格遵守法律的有关规定,必须严格地"依法办案",而依法办案的要旨就在于依照法定程序办案。正是在这个意义上,我说中国的刑事司法开始从实体公正转向程序公正,而这个转向首先就体现在刑事司法程序的规范化。

20世纪80年代,我国的刑事司法是极不规范的。一方面,相关的法律规定还不健全,存在许多漏洞和缺陷,刑事司法活动具有很大的自由度和随意性。另一方面,刑事司法人员没有养成依法办案的行为习惯,在侦查、起诉和审判过程中就以各种理由违反法律规定,或者钻法律的"空子"。于是,各种各样的不规范行为就时有所见,甚至成为"常态"。例如,在1983年至1985年的"严打"期间,随意抓人、暴力取证、公审公判、滥用重刑等违反法律规定的作法就屡见不鲜。在总结教训的基础上,我国的刑事司法开始走向规范,一方面是完善相关的法律制度,另一方面是不断地强调依法办案。在过去40年,我国刑事司法的规范化水平有了持续的提升,其中表现最为突出的就是侦查讯问的规范化和强制措施的规范化。

从运用证据证明案件事实的角度来说,刑事司法活动包括取证、举证、质证和认证。虽然举证、质证和认证的方法都需要规范化,但是取证方法的规范化具有特别重要的意义。常用的取证方法包括询问、讯问、勘验、检查、搜查、扣押等。如前所述,我国的犯罪侦查具有偏重口供的传统,因此最典型的不规范取证方法就是刑讯逼供,而遏止刑讯逼供也就成为刑事司法改革的主要任务之一。

21世纪以来,我国在不断加强对审讯活动的法律规制,努力提升侦查讯问的规范化水平。2008年,公安机关开始推行大规模的执法规范化建设。2010年,公安部颁布了《公安机关执法办案场所设置规范》,通过建立专门化的审讯场所,对审讯场所实施统一管理,对侦查人员的审讯行为进行全程监控,有效加强了审讯的规范化。在此基础上,公安机关逐步推行讯问犯罪嫌疑人的全程录音录像。2012年修订的《刑事诉讼法》也就讯问的录音录像问题作出原则性规定。① 这些规范化措施形成了对侦查讯问行为的约束,有助于遏止刑讯逼供,有助于强化依照法定程序办案的意识。

超期羁押与刑讯逼供曾被并列为中国刑事司法的两大"顽疾"。所谓超期羁押,是指依法被刑事拘留、逮捕的犯罪嫌疑人、被告人在侦查、审查起诉、审判阶段的羁押时间超过《刑事诉讼法》规定的羁押时限的一种违法行为。超期羁押包括形式上的超期羁押和实质上的超期羁押。前者指法定羁押期限届满后没有办理任何继续羁押的法律手续而继续羁押犯罪嫌疑人或被告人。后者指在形式上办理了继续羁押的手续,但实质上是超期羁押,譬

---

① 《刑事诉讼法》第121条规定:"侦查人员在讯问犯罪嫌疑人的时候,可以对讯问过程进行录音或者录像;对于可能判处无期徒刑、死刑的案件或者其他重大犯罪案件,应当对讯问过程进行录音或者录像。录音或者录像应当全程进行,保持完整性。"

如多次发回重审和反复补充侦查。

根据《刑事诉讼法》的规定,刑事拘留的时间一般是 3 天,特殊情况可延长至 7 天,对于流窜作案、多次作案、结伙作案的重大嫌疑分子可以延长至 30 天,再加上审查批捕的 7 天,犯罪嫌疑人在批准逮捕之前的羁押期限最多是 37 天。在 1996 年修改《刑事诉讼法》之前,公安机关经常采用期限更加宽泛的"收容审查"来代替刑事拘留,变相延长了犯罪嫌疑人在批捕之前的羁押时间。对于这个问题,我在第十七讲中还会具体讨论。

对于逮捕之后的羁押期限,《刑事诉讼法》也作出了明确的规定。1996 年修订的《刑事诉讼法》第 124 条规定:"对犯罪嫌疑人逮捕后的侦查羁押期限不得超过两个月。案情复杂、期限届满不能终结的案件,可以经上一级人民检察院批准延长一个月。"第 126 条规定:"下列案件在本法第一百二十四条规定的期限届满不能侦查终结的,经省、自治区、直辖市人民检察院批准或者决定,可以再延长二个月:(一)交通十分不便的边远地区的重大复杂案;(二)重人的犯罪集团案件;(二)流窜作案的重大复杂案件;(四)犯罪涉及面广,取证困难的重大复杂案件。"第 127 条规定:"对犯罪嫌疑人可能判处十年有期徒刑以上刑罚依照本法第一百二十六规定延长期限届满,仍不能侦查终结的,经省、市、自治区人民检察院批准或者决定,还可再延长二个月。"按照上述规定,从逮捕嫌疑人至侦查终结的期限最长可以达到七个月。

此外,1996 年《刑事诉讼法》第 138 条规定,审查起诉的期限一般为一个月,可以延长半个月;第 168 条规定,一审的期限一般为二个月,可以延长一个月;第 196 条规定,二审的期限一般为二个月,可以延长二个月。按照上述规定,犯罪嫌疑人(被告人)在逮捕后至判决生效的羁押期限一般应该在一年左右。但是,由于发回重审和补充侦查都要重新计算期限,所以完全按照法律规定"操作",犯罪嫌疑人(被告人)被羁押的期限也可以达致一年半以上。即便规定如此,超期羁押的情况依然屡见不鲜。在前述李怀亮案中,李怀亮从 2001 年 8 月 7 日被抓捕到 2013 年 4 月 25 日被无罪释放,一直处于未决羁押状态,时间长达 11 年 8 个月。

超期羁押的危害是显而易见的。一方面,它侵害了犯罪嫌疑人、被告人的合法权利。另一方面,它破坏了国家的法治环境和法律尊严。20 世纪末,我国超期羁押的现象达到非常严重的程度。根据权威部门的统计,1993 年至 1999 年全国政法机关每年超期羁押人数在 5 万至 8 万人。①

　　为了解决这个"老大难"问题,中央政法委于 1999 年 7 月 23 日发布了《关于严格依法办案坚决纠正超期羁押问题的通知》。随后,最高人民法院、最高人民检察院和公安部也相继发布了关于纠正和防止超期羁押的文件。例如,最高人民检察院在 2001 年 1 月发布了《关于进一步清理和纠正案件超期羁押问题的通知》,要求对超期羁押问题进行全面清理。通过这些法律文件的发布和实施,超期羁押的状况得到了改善。

　　如前所述,司法公正是以一定的社会价值观念为基础的,因此不同国家基于不同文化传统所确定的司法公正必然要反映这种价值观念上的定位和取向。毫无疑问,在任何一个国家实现司法公正都需要全社会的共同关心和努力。具体到刑事司法来说,我们既要确立正当程序等保证司法公正的制度,也要提高法官等司法人员的专业素质和办案能力。总之,司法公正是我们共同追求的目标。

　　各位同学,这一讲的思考题是:你是否认同程序公正应该优先于实体公正的观点?

何老师留的
思考题

学生对谈

---

　　① 参见《阳光行动,路有多远——政法机关清理超期羁押透视》,载《检察日报》,2003 年 11 月 11 日第 2 版。

第十五讲　从打击犯罪转向保障人权

各位同学,大家好! 这节课我要讲中国刑事司法的第七个转向:从打击犯罪转向保障人权,而且我要讲一个发生在警察中间的刑事大案。

一、初识沉默权

在任何一个国家中,刑事司法都处于多种利益或需要的冲突之中,例如,个人利于与社会利益的冲突,被告人利益与被害人利益的冲突,打击犯罪与保护人权的冲突,等等。这些冲突是客观存在的。任何一个国家的刑事司法制度都不得不在这错综复杂的冲突关系中寻找自己的定位,而且随着社会的发展,这种价值定位也会发生变化。

从社会分工的角度看,刑事司法的功能就是打击犯罪,因此,世界各国在相当长的历史时期内都把打击犯罪作为刑事司法制度的基本价值定位。然而,随着社会的发展和人类文明的进步,保护人权的观念越来越受到各国的重视,并相继在一些国家被确立为刑事司法制度的基本价值目标。

在很长时期内,我国的刑事司法一直把打击犯罪作为基本的价值取向和功能定位,而且避而不谈人权保障问题。在世纪之交,我国的刑事司法学界出现了一个转向,即从片面强调打击犯罪,转向对犯罪嫌疑人和被告人权利的保障。当时,最受法律学者关注的话题之一就是沉默权。

其实,早在1993年底从美国留学回来之后,我就在给人民大学法律系学生讲课时介绍过美国的沉默权制度,就是"米兰达告知"规则。美国警察在抓到犯罪嫌疑人之后要先告知：你有权保持沉默；你所说的话会在审判中用作不利于你的证据；你有权会见律师；如果你没钱请律师，政府可以为你提供免费律师。当时，很多大学生都认为这是在"开玩笑"。

1999年，法学界开始公开讨论沉默权问题。有的学者主张，中国应该确立像"米兰达规则"那样的沉默权制度；有的学者认为，沉默权制度根本不适合中国。我属于"中庸派"。我认为，中国应该确立沉默权制度，但不是美国那种沉默权制度。我发表了一些小文章。例如，我在1999年11月3日的《北京晚报》上发表了《沉默权——看上去很美》，又于2000年1月19日至2月3日在《人民公安报》上连续发表了四篇评析沉默权制度的文章。就在这讨论过程中，我国的云南省发生了一起影响很大的案件。

二、警车中的血案

1998年4月22日清晨，昆明的街头行人稀少。早起跑步的老张路过圆通北路时看到一辆警用昌河牌微型面包车停在人行道上，旁边没有人。他有些好奇，就走过去查看，结果把他吓出一身冷汗。他透过车窗，看见一男一女两个人歪躺在座椅上，身上满是血迹。他愣了片刻，马上转身，跑到附近的派出所去报案。

派出所的值班警察听说在一辆警车里发现两具尸体，立即向领导报告。派出所所长一边上报公安分局，一边带人驱车赶往现场。警察初步查看了那辆面包车的情况，然后在周围拉起了警戒线。大约过了半个小时，昆明市公安局刑侦支队的刑警和技术员相继赶到了现场。

警察首先对这辆汽车进行了勘查。这是一辆警车，牌照为"云OA0455"。两个死者身穿便装，一男一女，三十多岁，歪倒在中排座椅上。死者身上和前排座椅上都有很多血迹，但是方向盘、仪表盘和车门上都有擦拭过的痕迹。两名死者的胸部都有枪伤，头部还有钝器打击伤。死者身上没有证件，也没有手机和寻呼机。不过，警方根据车牌等线索，很快就查明了死者的身份。

男性死者是昆明市所辖的路南县（现为石林县）公安局副局长王俊波，女性死者是昆明市公安局通讯处的王晓湘。根据路南县公安局提供的情况，王俊波应该有一支"七·七"式手枪，但是警察在现场没有找到手枪。法医检验尸体时推断,打死二人的凶器很可能就是"七·七"式手枪。警察在汽车周围没有发现任何有价值的痕迹物证,因此不能肯定这里是杀人的第一现场,换言之,不能排除凶手杀人后开车至此的可能性。

昆明市公安局的领导得知两名警察深夜在警车里被人枪杀,非常重视,立即召开紧急会议,成立专案组,调集警力,要不惜一切代价迅速破案。专案组在分析案情和确定侦查路径时出现了意见分歧。

有的刑警主张,昆明这两年的抢劫犯罪很猖獗,这起案件一定是抢劫犯罪团伙所为。侦查工作应该重点排查当地那些有前科或劣迹的人,寻找嫌疑线索,特别要注意查找本案中的物证,包括王俊波的手枪和手机、王晓湘的寻呼机及两个人的工作证等。

有的刑警认为,两名被害人都是警察,而且开的是 O 牌警车,一般人肯定不敢抢劫。这两名被害人不是同事,在工作中也没有直接关系,但二人是云南省公安学校的同学,王俊波比王晓湘高一个年级。据说,这两人最近私交甚密,深夜一同外出,很可能有不正当关系。王晓湘的丈夫名叫杜培武,是昆明市公安局戒毒所的干部,与王俊波是云南省公安学校的同班同学。作为丈夫,他很可能知道了妻子的外遇,而出轨的对象又是他的同学。这种刺激产生的愤怒和羞辱很可能让他失去理智,走上犯罪的道路。因此,杜培武有重大嫌疑。

还有人补充说,王俊波是有经验的警察,而且警务技能很强。他曾经在昆明市公安局的警务技能比赛中获得第二名。在路南县公安局,他也被认为是枪法最好、拔枪最快的警察。因此,一般的劫匪肯定不是他的对手。杜培武是警察,受过警务训练,而且与两名被害人有特殊关系,完全有可能拿到王俊波的手枪,完成杀人行为。

经过讨论,专案组决定双管齐下,但是以后者为主。首先,一组刑警了解杜培武的行动情况,采取适当方式将其抓捕,进行正面审查并搜集证据。其次,另一组刑警到当地的社区和单位去调查访问,查找嫌疑线索,并通过各种渠道去收集情报,也可以使用特情。案情分析会之后,几十名刑警就开始分头工作。

三、戒毒所的警察

杜培武家住昆明市公安局的宿舍,在戒毒所上班,两地相距 20 多公里,每天坐班车上下班。他工作认真，积极上进，已经有了大专文凭，还要参加中央党校的法律本科考试。为了晚上能有更多的复习时间，他有时就住在戒毒所的宿舍。4月21日晚上，他一直在宿舍里看书。晚上九点多钟，他感觉肚子饿了，就到食堂去吃了些食物，还与同事闲聊了几句。

回宿舍时，他到戒毒所大门口，用警卫室的电话机给家里打电话。接电话的是保姆，说王晓湘还没有回家，孩子已经睡觉了。杜培武给妻子打了传呼，然后等了一会儿，见没有回音，就回到宿舍。他又用手机给妻子打了传呼，等了半天，也没有回音，他觉得有些奇怪。妻子没有手机，但是他每次传呼，她都会很快找到座机，打回电话。杜培武猜想妻子可能有了什么急事，或者有朋友聚会，就上床睡觉了。

第二天早上，杜培武仍然没有接到妻子的电话。他给家里打电话，保姆说王晓湘昨晚没有回家。他的心中很有些不安。上班后，他立即打电话到市局通讯处，问王晓湘有没有上班。对方说王晓湘没来上班，也没请假。王晓湘工作很认真，平时都按时上班，偶尔家里有事，也都会提前给领导打招呼。

此时，一种不祥之兆从杜培武的心底油然升起。他向戒毒所领导请假后，立即乘车赶回家中，见到了保姆和3岁的儿子。保姆说王晓湘一直没有给家中打过电话。杜培武担心妻子出了车祸，就打电话到交警队查询有无交通事故，但是没有结果。杜培武预感妻子出事了，就拨打了"110"报警电话，说妻子王晓湘失踪了。

22日下午，杜培武在家中坐立不安。戒毒所的一位领导到他家中看望，然后叫他一起出去吃饭。杜培武本不想去吃饭，但是不好意思拒绝，就一起下楼，上了汽车。领导开车，杜培武坐在副驾驶的座椅上，目光呆滞，想着心事。

汽车开到云南省交通警察培训中心大门口时停了下来。这时从旁边过来几个人，拉开车门，把杜培武拉下车，按到地上。杜培武懵了，以为遇到抢劫，一面反抗，一面喊道："你们是什么人？你们干什么？我们是警察。"按住他的人没有说话，开始搜身。他强抬起头，看着请他吃饭的领导，大声问道："他们是不是抢人的？"领导没有说话，叹息着摇了摇头。杜培武的头落到了地上。很快，他被戴上手铐，塞到另一辆汽车里。

汽车开了几分钟后，拐进昆明市公安局的大院。那几个人把他带到四楼的一间大办公室,让杜培武坐在椅子上。杜培武缓过神来,对那几个人大声说:"你们一定是弄错了。我是警察,赶紧把我放了。"那几个人一言不发,默默地看着他,不许他走动。

这时,一个领导走进来,对杜培武说:"我们是刑警队的,按照局领导的命令查办你的案子。你也是警察,知道我们的政策是坦白从宽,抗拒从严。你赶紧老实交代问题,争取一个好的态度吧。"

杜培武莫名其妙地问:"交代什么?"

"别装傻!你老婆是怎么死的?"

听到妻子遇害的消息,杜培武眼前一黑,感觉五雷轰顶,一下子从椅子上瘫坐到地上。几名刑警吓了一跳,互相看了看,表情有些诧异。他们不知道杜培武这是真情,还是演戏。杜培武在地上坐了大约一刻钟,才勉强起身,坐到椅子上。

领导走后,两名刑警开始对杜培武进行讯问,让他讲述4月21日的活动情况。此时,杜培武清醒了,知道了自己的处境,就仔细地回忆并讲述了那天他去过的地方和做过的事情,并且提供了能够证明的人的姓名。刑警追问了一些细节,杜培武也都认真地做了回答。

与此同时,刑警分别对杜培武的住宅和宿舍进行了搜查,但是没有找到手枪,也没有找到其他可能与案件有关的证据。刑警也询问了杜培武的同事,包括杜培武提供的证明人。调查结果表明,杜培武昨天确实一直在戒毒所,没有外出,他自己讲述的活动情况也基本属实。

刑警的审讯工作没有成果,但是也不能把杜培武一直关在刑警支队的办公室。经过市局领导的协调,专案组人员把杜培武押送到戒毒所,单独关在一间宿舍里,继续审查和讯问。

另一组刑警按照抢劫杀人的思路展开调查。由于在本案的现场勘查中没有获得关于作案人的证据信息,仅凭抢劫、枪杀和被害人的情况在茫茫人海中查找,确实非常困难。刑警们走访了数百人,查证了上万条线索,并且对当地的一些嫌疑对象进行了重点排查,但是都没有成果。这条侦查路径走不通,专案组就只能把破案的希望寄托在杜培武的身上。

从4月22日到5月2日,杜培武被隔离审查了10天。在此期间,他从办案人员口中得知了王晓湘和王俊波被人枪杀的情况。他一次又一次地向刑警讲述自己和妻子的婚姻以及与王俊波的关系,坚持说自己既没有作案时间,也没有杀人动机。刑警每天都来让他交代问题,但是从不认真听他的辩解。他向刑警索要扣押的法律手续,刑警就给他看了一张《传唤证》。杜培武也是警察,知晓法律规定,就提出质疑:"一张传唤证最多只能留置我 12 个小时,你们却关了我 10 个昼夜,又拿不出其他法律手续,凭什么还要扣押我?"刑警没有理会他的抗议。

办案人员一边继续审讯杜培武,一边走访杜培武的亲友和同事,但是一直没有搜集到能够证明杜培武杀人的证据。两个月的时间过去了,侦查工作毫无进展。此时,有些刑警也认为杜培武可能不是杀人犯,甚至提出了释放杜培武的建议。但是,警方手中没有其他犯罪嫌疑人。如果释放杜培武,那么侦查工作就又回到了一无所有的原点。

四、测谎的功能

两名警察被人枪杀的事件已经在昆明引起轰动,民众对该案非常关注,而且流传出各种猜测。公安机关的领导也很重视,一再下令,尽快破案。专案组承受着巨大的压力,不敢放走唯一的嫌疑人。但是,杜培武是警察干部,而且坚决不认罪,警方也不能采用太强硬的审讯手段。总之,侦查工作陷入僵局。在一次专案组的工作会议上,有人就提议对杜培武进行"测谎"。

当时,昆明市公安局还没有测谎仪,但是昆明市中级法院有一台,而且在一些民事案件的审判中采用过测谎结论。于是,专案组立即与昆明市中院联系,请求协助。6 月 30 日上午,几名刑警把杜培武从戒毒所带到了中级法院。

杜培武被带进中级法院的测谎室,两名测谎员把测谎仪的几个触头固定在杜培武的身上。一个女测谎员很和蔼地给他讲解了测谎的程序和要求,告诉他对所有问题都只要回答是或不是,但是一定要如实回答。杜培武仔细地看了测谎仪,然后很认真地点了点头。

测试正式开始。测谎员先问了一些与案件无关的问题,例如,你是不是叫杜培武;你的工作单位是不是戒毒所。然后,测谎员穿插着问了一些与案件有关的问题,例如,4 月 21 日晚上你有没有离开戒毒所;是不是你上车开枪把他们杀死的;王俊波是不是被枪杀死的;是不是你用王俊波的枪把他俩杀死的。由于杜培武的配合,测谎很快就结束了。测谎员从测谎仪上取下打印的图谱,带着专案组人员走了出去。大约半小时之后,刑警回到测谎室。杜培武询问测谎结果,刑警没有回答,匆匆地把他带回戒毒所。

刑警向专案组领导汇报了测谎的情况。测谎员认为,测谎仪记录的图谱表明杜培武对一些相关问题的回答具有说谎的征象,因此他"应该是知情人或参与作案的人"。听到这个结果之后,专案组领导认为这是证明杜培武杀人的科学证据,因此,接下来的任务就是要拿下杜培武的认罪口供。

杜培武被戴上了脚镣,然后被带到了刑警队的审讯室。当天晚上,刑警再次对他进行审讯,采取了非常严厉的态度,喝令他交代杀害被害人的犯罪事实。杜培武仍然不承认,刑警就采用了"高强度"的审讯手段。在接下来的几天里,杜培武经受了各种各样的折磨。

后来,杜培武终于供认了"杀人的罪行":在知晓妻子与王俊波的婚外情之后,他就怀恨在心。4月21日晚上,他与妻子约王俊波开车外出。见面后,他把王俊波的枪骗到手,然后在车内开枪杀死了两人。

刑警追问那支手枪的下落,杜培武说扔到了路边的树丛里。刑警立即押着他去寻找,但是没有找到,警察就继续对他"施压"。杜培武改口说,他"把枪拆散,扔到滇池里了"。有了这段供述,刑警满意了,宣布"案件告破"。

7月2日,杜培武被正式刑事拘留。7月19日,杜培武被送到了看守所。专案组的人告诫他不许翻供,他目光呆滞地点了点头,步履蹒跚地走进监室。

入所几天之后,杜培武的身体和精神都渐渐好转。看守所民警的态度比较好,行为很规范,他就要来纸笔,写了一份《刑讯逼供控告书》,让民警转交给驻所检察官。检察官很重视,亲自找他询问有关情况,还查看了他身上的伤。7月29日,这位检察官当着上百名在押嫌犯和民警的面,为杜培武拍下了4张伤情照片,附在他的《刑讯逼供控告书》后面。

与此同时,公安机关补充收集了一些能够证明杜培武实施杀人行为的证据。其一,刑警提取了杜培武鞋底的泥土,送到刑事技术部门,与那辆昌河微型车的离合器踏板、刹车踏板和油门踏板上的泥土进行比对检验,结果是成分相同。其二,刑警把杜培武的长袖警服衬衣送到刑事技术部门检验,结果是衬衣的袖子上有射击残留物。其三,刑警把杜培武的鞋袜送到警犬队,与那辆昌河微型车内的嗅源进行气味识别,结果是一条警犬肯定杜培武到过那辆车内,一条警犬作出了否定的反应。公安机关侦查终结之后,把案卷移送检察院审查起诉。

1998 年 10 月 20 日,昆明市人民检察院向昆明市中级人民法院提起公诉,指控杜培武犯有"故意杀人罪"。起诉书称:被告人杜培武因怀疑其妻王晓湘与王俊波有不正当两性关系,而对二人怀恨在心,1998 年 4 月 20 日晚 8 时许,被告人杜培武与王晓湘、王俊波相约见面后,杜培武骗得王俊波随身携带的"七·七"式手枪,用此枪先后将王俊波、王晓湘枪杀于王俊波从路南(现为石林彝族自治县)驾驶到昆明的牌照为云 OA0455 的昌河微型车中排座位上。作案后,杜培武将微型车及两被害人尸体抛置于本市园通北路四十号一公司门外人行道上,并将作案时使用的手枪及二人随身携带的移动电话、传呼机等物品丢弃。以上犯罪事实,有现场勘验笔录、尸检报告、枪弹痕迹检验鉴定书、查获的杜培武所穿长袖警服衬衣、衬衣手袖射击残留物和附着泥土、作案车上泥土的鉴定和分析报告、有关的技术鉴定结论和证人证言等证据为证,被告人亦有供述在卷。

五、留有余地的判决

1998 年 12 月 17 日,昆明市中级法院开庭审理杜培武故意杀人案。公诉方做了充分的准备,特别是证明杜培武杀人的科学证据,不仅提供了测谎结论,还有 11 名刑侦技术人员出庭作证,通过检验和鉴定结论,证明杜培武曾经驾驶过那辆微型车并开枪杀人。

两位辩护律师为杜培武作了无罪辩护。针对公诉方的证据,律师提出了以下辩护意见:第一,指控被告人杜培武犯有故意杀人罪的取证程序严重违法,杜培武在侦查阶段受到了刑讯逼供。第二,"现场勘查笔录"仅记载昌河微型车的离合器踏板上附有足迹遗留泥土,没有记载刹车踏板和油门踏板上也有足迹泥土,因此泥土鉴定的检材来源存在疑点。第三,警犬的气味识别结果不具有证明力,因为两条警犬的反应并不一致,而且警方没有让警犬对被害人王晓湘的气味进行鉴别。第四,在长达 8 个月的关押期间,杜培武一共接受了几十次讯问,但是公诉方只向法庭提供了其中的四次讯问笔录,而且这四份有罪供述中也存在内容不一致甚至互相矛盾的情况,因此法庭不能采信。第五,杜培武既没有杀人动机,也没有作案时间。辩方请法庭传唤了几位证人出庭作证,有人证明了杜培武在案发当晚的活动情况;有人证明了杜培武的夫妻关系很好,而且杜培武并不知道妻子的"婚外情"。

在法庭上,杜培武推翻了自己的认罪口供,声称那些供述都是在刑讯逼供下被迫作出的。他展示了身上的伤痕,并且要求公诉方出示驻所检察官拍摄的伤情照片。公诉人说,他不知道有这些伤情照片。庭审陷入僵局,法官便宣布休庭,让公诉方补充证据。

1999 年 1 月 15 日,昆明市中级法院第二次开庭审理杜培武故意杀人案。在法庭上,公诉方提交了一份《补充现场勘验笔录》,补充了在那辆昌河微型车的刹车踏板和油门踏板上提取泥土的记录。对此,辩护律师指出,"控方所进行的补充和说明,不仅没有说明其取证的合法,反而更进一步证明了取证违法的事实存在。其所举证据系违法所得,依法不能采信,而且应依法追究违法取证的法律责任"。

对于刑讯逼供问题,公诉人说驻所检察官确实拍过伤情照片,但是那些照片找不到了。对此,杜培武早有准备,把一件遭受刑讯时穿的血衣藏在了腰间。他对审判长说:"我还有他们刑讯逼供的证据!"然后,他解开外衣,从裤子里扯出一件血迹斑斑的衣服。他大声说:"这就是我当时穿在身上被他们打烂的衣服!"审判长让法警收起血衣,然后就匆匆地结束了庭审。

2 月 5 日,昆明市中级法院作出一审判决:以故意杀人罪判处杜培武死刑,剥夺政治权利终身。3 月 1 日,审判长到看守所向杜培武宣布判决时说:"你现在把枪交出来,我改判你死缓。"杜培武接过判决书,泪水模糊了双眼。第二天,杜培武以"没有杀人,公安刑讯逼供,事实不清,证据不足"为理由,向云南省高级人民法院提出上诉。

高级法院的法官在审理该案之后认为,证明杜培武实施杀人行为的主要证据是确实的,但是侦查人员在调查取证中确实存在一些问题,在杜培武的作案时间和作案动机方面也还存在一些疑点,因此判决应该"留有余地"。11 月 12 日,高级法院把判决改为:判处杜培武死刑,缓期二年执行。

12 月 8 日,杜培武被押送到云南省第一监狱服刑。杜培武在给家人的信中写道:"我的家庭是被真正的犯罪分子毁掉的。我的冤情只有等真正的犯罪分子落网以后才能洗清。"杜培武是不幸的,但也是幸运的,因为他的预言很快就变成了现实。

六、另案发现真凶

2000年4月23日,昆明市公安局接到报案,一个名叫王所的人和他乘坐的汽车失踪了。报案人还提供了被害人丢失的手机号码。警方立案侦查,一方面查找那辆汽车,另一方面监控那个手机号。6月14日,那部关机一个多月的手机终于开机了。警方根据信号判断出手机的位置,迅速派人赶到现场,抓到了正要典当那部手机的柴国利和女友张卫华。

把嫌疑人带回公安局后,刑警立刻进行突击审讯,并且很快就拿到了令人震惊的口供——柴国利供出了一个特大抢劫杀人团伙。这个团伙的首犯是昆明铁路公安分局东站派出所的民警杨天勇。1997年4月至2000年5月,这个团伙一共抢劫机动车20辆,一共杀害了19人,包括警察、联防队员和现役军人。

昆明市公安局立即成立指挥部,调集了300多名警察,分组进行抓捕,杨天勇、肖力、杨明才、滕典东等人先后落网。在审讯过程中,杨天勇的态度非常嚣张。审讯人员训斥他,身为警察,知法犯法。杨天勇就反唇相讥,你们比我还坏,为了破案还拿自己人下手。审讯人员听出话里有话,立即追问。自知难逃死罪的杨天勇思考片刻,就说出了自己当年和同伙枪杀王俊波、王晓湘的犯罪事实。

1998年4月的一天晚上8时左右,杨天勇、杨明才、滕典东携带一支"五·四"式手枪和两副手铐,由滕东驾驶一辆白色长安微型车到海埂路民族村旁,准备以抓卖淫嫖娼敲诈钱财。他们从一条岔路进去,看见一块大空场中央有一辆昌河微型车停在那里,3人就将车停在路边步行过去。走到车旁,身穿警服的杨天勇敲敲车门,车内的人就打开了玻璃窗。杨天勇掏出"五·四"式手枪说:"我们是缉毒队的,请你们出示证件,接受检查。"

车门打开后,3人用手电照见车内有一男一女。男子拿出证件给杨天勇看,杨天勇叫滕典东把男子的左手铐在车门上方的扶手,杨明才把女子的双手铐在一起。杨天勇问男的是否带有武器,男子回答说带着。杨天勇叫其交出,男的从后腰上取出一支"七·七"式手枪交给杨天勇。杨天勇接过后把子弹上了膛,并把自己带的"五·四"式手枪交给杨明才。女子提出要看杨天勇的证件,杨天勇拿出工作证给她看。女子看后问道:"你是派出所的?

你叫杨天勇?"

杨天勇二话不说,用刚抢劫的"七·七"式手枪先后朝二人的心脏部位各开了一枪,二人当即中弹身亡。然后,杨天勇叫杨明才搜身,搜到手机两部、传呼机两台,以及工作证、驾驶证、市公安局出入证等物品。从证件上他们得知,男的叫王俊波,是原路南县公安局副局长;女的叫王晓湘,市公安局通讯处民警。搜完物品后,杨天勇怕二人不死,又叫杨明才用扳手对二人的面部进行猛击。确信二人已死亡后,杨天勇开昌河车,拉着二人的尸体,杨明才坐在副驾驶位,滕典东驾长安车尾随,沿滇池路经环城西路到圆西路将昌河车开上人行道。然后,他们用抹布将车内玻璃、物品等擦拭后,开长安车离开现场。

根据犯罪嫌疑人的交代,公安机关在杨天勇的住处搜出"七·七"式手枪一支,弹匣2个。经鉴定,该枪就是王俊波所配的手枪,也是枪杀"二王"的枪支。此外,警方还查获了一台微型录音机。经查证,这台录音机上的号码与王俊波的购物发票上记载的号码一致。至此,公安机关确认杀害王俊波和王晓湘的凶手是杨天勇、杨明才和滕典东。

得知这一消息之后,云南省高级法院立刻启动了审判监督程序,对杜培武故意杀人案进行再审。2000年7月11日,高级法院发布再审判决,宣告杜培武无罪。同一天,昆明市公安局以昆公监发(2000)12号文件恢复杜培武于2000年3月7日被开除的公职,同时恢复了杜培武的党籍和工资福利等待遇。后来,云南省高级法院根据相关规定,决定赔偿杜培武工资、律师费、交通费和资料费等共计91 141元。

被宣判无罪的时候,杜培武并没有很激动,只是默默地流泪。后来,他在接受记者采访的时候说:"爸爸曾在法庭上告诉我,要相信法律。事实上,我自始至终对法律都是相信的。但是,对于执行法律的某些腐败分子,也就是那些用暴力制造冤案的人,我无法相信。"有时,杜培武会拿出妻子生前的照片,默默地端详。记者曾问他:"你恨她吗?"杜培武说:"恨不起来。"杜培武曾经独自到王晓湘的坟墓前,给她讲讲孩子的事情,告诉她凶手已经抓到了。"我想,她能听到的……"

2000年10月25日,昆明市中级人民法院依法对杨天勇抢劫杀人团伙案作出判决:分别以故意杀人罪、抢劫罪、抢劫枪支弹药罪、盗窃罪,数罪并罚依法判处被告人杨天勇、肖林、杨明才、滕典东、肖力、左曙光、柴国利死刑,剥夺政治权利终身,没收个人全部财产。

2001 年 8 月 3 日,昆明市五华区人民法院以刑讯逼供罪,一审分别判处昆明市公安局刑侦支队原政委秦伯联有期徒刑 1 年缓刑 1 年,队长宁兴华有期徒刑 1 年零 6 个月缓刑 2 年。

七、错判还是错放

1992 年 4 月,公安部第一研究所在贵州举办了"测谎技术培训班",邀请美国的测谎专家约翰·帕玛蒂尔讲课,请我去做翻译。昆明市中级法院的一位女测谎员参加了那个培训班。杜培武冤案平反之后,那位测谎员曾经给我写信,讲述了当时测谎的情况。她说,杜培武在回答测谎问题时的反应并不一致。虽然他确有说谎的体征,但是在回答某些相关问题时也表现出如实回答的体征。她在测谎结论中说明了这一点,但是没有引起该案侦查人员的重视,因为侦查人员想要的就是杜培武说谎的结论。杜培武的冤案披露之后,她感觉很委屈,也感受到了巨大的压力。

在杜培武冤案中,测谎结论绝不是致错的首位原因,但是对错案的生成起到了一定的作用。办案人员或许并不具备客观评价这类科学证据的能力,但是他们显然愿意接受能够支持其看法的科学证据。有了这些证据,他们认为定案就有了"科学保障"。殊不知,这些科学证据也可能是不科学的!

刑事案件都是发生在过去的事实,司法人员不可能直接去感知,只能通过各种证据去间接地认识。由于多种因素的影响和限制,司法人员的这种认识很难保证百分之百的准确。因此,无论是侦查人员还是预审人员,无论是检察人员还是审判人员,他们就案件事实所作的决定都难免出现误差。这是理论和实践都已经证明了的事情。

从办案的客观结果来看,这误差有两种情况:一种情况是把有罪者当成了无罪者。于是,该抓的没抓;该关的没关;该起诉的没起诉;该判刑的没判刑。总之是放纵了坏人。另一种情况是把无罪者当成了有罪者,结果是不该抓的抓了;不该关的关了;不该起诉的起诉了;不该判刑的判了刑。总之是冤枉了好人。为了简便,我们可以把前者统称为"错放",把后者统称为"错判"。

在证据短缺的情况下,案件事实就会具有一定的模糊性。这就是说,被告人可能是有罪的,也可能是无罪的。那么,应该怎么办呢？这确乎是一种两难的境地。放吧,可能放纵了坏人;判吧,可能冤枉了好人。当然,有人会说,继续调查嘛,何时查清何时算。但是受人力、物力、时间等客观条件的限制,继续调查可能只是一句空谈,或者只是一厢情愿。为了说明问题,咱们不妨把条件定得苛刻一点儿:办案人员在此没有绝对安全的中间道路可走,必须在"错放"的风险与"错判"的风险之间进行选择。毫无疑问,不同的人会有不同的选择,而这选择的结果在很大程度上反映了人们的司法公正观念。

我们的民族传统是宁愿"错判"也不要"错放"的。诚然,我们无论在法理上还是在道义上都坚决反对"宁可错杀三千也不放走一个"的口号,但是让我们接受西方那种"宁可错放十个也不错判一个"的观点亦有一定困难。我们在心理上极不愿意让有罪者逃脱处罚逍遥法外,何况那罪犯还有可能继续危害社会呢！至于无罪者受到了错误的追究或处罚,我们接受起来倒比较坦然。当然,我们会对其表示歉意和同情,甚至会在必要时给其一定的赔偿。

有人认为,让有罪者逃脱处罚是使社会利益受到了损害,而让无罪者错受处罚是使个人利益受到了损害。两相比较,自然后者的损害轻于前者。换言之,如果一定会有错误的话,那么这错误的恶果当然最好由个人承担而不要由社会承担。社会利益高于个人利益嘛！还有人认为,被"错判"有罪的人肯定有自身的问题。既然公安局抓了你,检察院起诉了你,法院又判了你,那么你肯定有"碴儿"。苍蝇还不叮无缝的蛋呢！就算这个案子不是你干的,你也肯定有别的"事儿"。于是,有人便断言"刑事案件无错案"。

我并不反对集体利益优先的观点,但是人们在比较"错放"与"错判"的危害时犯了一个"计算上的错误"。实际上,"错放"只是一个错误;而"错判"很可能是两个错误。"错放"只是把一个有罪者错误地放到了社会上去;而"错判"则在错误地处罚一个无罪者的同时还可能放纵了一个真正的罪犯。杜培武案就是一个很好的例证。当杜培武被判死刑的时候,杨天勇犯罪团伙不仅逍遥法外,而且继续抢劫杀人,危害社会。从这个意义上讲,云南省法院对杜培武的判决就同时犯了两个错误,既是"错判",也是"错放"。由此可见,"错判"的危害大于"错放"的危害。因此在面对疑案时,办案人员的选择应该是宁可错放,也不要错判！

杜培武冤案的披露,引起了国人对刑讯逼供问题的关注,也提升了确立沉默权制度的呼声。2001年1月,由全国人大法工委、最高人民法院、最高人民检察院、公安部、司法部的领导、专家和法律学者、律师共21人组成的代表团应邀考察了英国、西班牙、比利时、德国、法国等国家的刑事证据立法情况。我也是该代表团的成员。随后,全国人大法工委就组织专家学者研究讨论我国的刑事证据立法问题,沉默权是讨论的热点问题之一。

八、沉默权的前世今生

讨论沉默权问题,一定要了解它的来龙去脉。毋庸讳言,世界上影响最大的沉默权制度就是美国的米兰达规则,而这个规则是通过判例确立的。下面,我就讲一讲这个判例。

1963年3月初的一天,亚利桑那州凤凰城的一名白人姑娘在公共汽车站等车时,一个带有西班牙语口音的年轻人开车停在她的身边。那个人先是下车问路,而后却突然掏出一支手枪,将女青年推进车内,将其劫持到郊外进行强奸。事后,那名男子对她说了一句"为我祈祷吧",就开车走了。女青年回到城市后,立即向警察局报案。

通过一段时间的调查,警察发现了一名嫌疑人。此人名叫厄尼斯多·米兰达,出生于墨西哥移民家庭,有犯罪前科,当年23岁。3月13日,警察来到米兰达家中,将其逮捕,随后带到警察局,由那位受害人进行辨认。后者没有任何困难就在混杂辨认对象中指认米兰达是那个作案人。然后,警察将米兰达带到审讯室,由两名警察进行讯问。

警察没有告知米兰达依法享有的沉默权和会见律师权。在两个多小时的审讯时间内,两名警察使用一切"合法"的手段迫使米兰达供认罪行,包括"一人唱红脸一人唱白脸"的审讯策略,并最终获得了有米兰达签名的书面供词。在那份供词的上方有一段事先统一打印好的文字:"本口供是我自愿作出的,没有威胁也没有豁免的承诺,我完全知晓我的法律权利,明白我所做的任何陈述都可能用来反对我。"

在审判中,辩护律师对这份口供提出异议,主要理由是米兰达在接受警察审讯的时候不知道自己有权保持沉默,也不知道自己有权会见律师,因此警察应该事先告诉米兰达依据《宪法第五修正案》所享有的权利。但是公诉方认为,米兰达有过多次违法经历,而且被判过刑,应该知道自己依法享有保持沉默的权利和获得律师帮助的权利,警察没有必要在审讯前进行告知。

法官在听取了双方意见之后裁定,该口供可以采纳为证据。那两名负责讯问的警察还出庭作证,说明了审讯的经过和米兰达供述的情况。经过评议,陪审团认定米兰达犯有绑架罪和强奸罪。随后,法官宣判米兰达的刑罚为 20 年至 30 年的监禁。米兰达不服判决,提出上诉。经过审理,上诉法院维持原判。米兰达继续上诉,亚利桑那州最高法院认为,米兰达的宪法权利没有受到警察审讯行为的侵犯,再次维持原判。米兰达在其律师的鼓动下继续上诉。1966 年初,联邦最高法院终于受理该案。

1966 年 3 月 1 日,联邦最高法院就米兰达诉亚利桑那州案(Miranda V. Arizona)举行了听证。一并听证的还有三起同类案件,即威哥尼拉诉纽约州案(Vignera v. New York)、韦斯特欧沃诉合众国案(Westover v. United States)和加州诉斯特沃特案(California v. Stewart)。在这四起案件中,被告人都是在完全与外界隔离的房间内接受了警察的讯问,而且都没有被告知其依法应该享有的权利,然后都作出了口头供述,其中三个被告人在书面供述上签了名。在审判中,这四个被告人的口供都被法庭采纳为证据,而且他们都被法庭判定有罪。最高法院对米兰达等四起案件一并进行了评议。1966 年 6 月 13 日,最高法院的 9 名大法官以 5 比 4 的表决结果作出一项裁定,其主要内容如下。

1. 公诉方只有在证明已经使用了有效保证《宪法第五修正案》规定的反对强迫性自证其罪之权利的情况下,才能够使用执法人员在将一个人关押或以其他方式剥夺其行为自由之后获得的陈述作为证据。(1)当时的审讯环境和氛围具有内在的威吓性并且会侵犯反对自证其罪的特免权。除非采用恰当的防范措施来消除这关押环境中的强迫性,否则从被告人获得的陈述都不会真正是其自由选择的产物。(2)已有悠久且广泛之历史发展的反对强迫性自证其罪特免权是我国抗辩式制度的主要基础,也是个人享有沉默权的依据。(3)在没有其他有效措施的情况下,下列程序保障必须遵守:被关押者在接受讯问之前必须被明确告知:他有权保持沉默,而且他所说的一切都有可能在审判中被用作反对他的证据;他有权咨询律师和在接受讯问时让律师在场,而且如果他没钱请律师,可以为他任命免费的律师。(4)如果被审讯的人在审讯之前或之中表明他要保持沉默,则审讯必须停止;如果他表明要会见律师,审讯也必须停止,直至律师到场。(5)如果审讯是在没有律师在场的情况下进行并且提取了陈述,那么公诉方就必须承担证明被告人在知晓且明智的情况下放弃了咨询律师权的责任。(6)当一个人在接受审讯时没有放弃其特免权但回答了一些问题之后,他仍然有权行使沉默权。(7)在没有其他完全有效的相应措施情况下,所要求的告知和所需要的弃权是被告人陈述之可采性的前提条件。

2. 为保护个人宪法权利所要求的审讯程序性限制不能导致对正当执法制度(如联邦调查局的程序规章和其他司法管辖区要求的保障规定)的不恰当干扰。

3. 在这四起案件中,在具体情况下获得的陈述都没能满足保护反对强迫性自证其罪特免权的宪法标准。因此,本法院裁定推翻原审判决。① 米兰达规则就这样诞生了。不过,美国法律界人士对这个规则的看法并不一致。

30年前,我到西北大学法学院攻读博士学位,曾经听英博教授讲过米兰达规则。英博教授是美国刑事司法界的泰斗,我还组织学者把他的《审讯与供述》一书翻译成中文。

英博教授反对米兰达规则。他认为,这个规则可以遏止刑讯逼供,有助于保障犯罪嫌疑人的权利,但是会影响犯罪侦查的效率。他举例说,现在公路上的恶性交通事故很多,主要原因是车速太快。那么,我们是否可以要求汽车生产厂给所有汽车都安装一个限速器,最高时速20英里? 如果这样做,恶性交通事故一定会大大减少,但是我们同时失去了交通的效率。米兰达规则就是这样的限速器。他的话不无道理。

米兰达规则在美国的司法界也受到了批评,包括来自最高法院内部的反对。在米兰达四案投票表决时持反对意见的克拉克大法官认为,这一裁定彻底"改变了羁押、讯问的传统规则。而最高法院长期以来一直认可那些规则是平衡个人权利和社会权利的合法与恰当的工具"。另一位持异议的哈伦大法官则指出:"几乎无可置疑,最高法院的新规则将明显减少供述的数量。告知嫌疑人可以保持沉默并提醒他供述可能被法庭利用,因此而造成的障碍尚且相对次要,而要求嫌疑人表示弃权并且一旦他表示异议就终

---

① 在美国联邦最高法院撤销原判决之后,亚利桑那州法院又对该案进行了重新审判,并且在没有采用被告人供述的情况下,于1969年再次判米兰达犯有强奸罪和绑架罪,并被关进监狱。米兰达于1972年获得假释,后在酒吧中与人斗殴,被刺身亡。

止讯问,这必将严重阻碍审讯。"后来,最高法院在一些新的判例中也表达了对米兰达规则的反制。

1980年9月11日,纽约市的两名巡警克拉夫特和斯卡尔英正在昆斯区的街上巡逻。这时,一个年轻女子向警车跑来。她说,她刚刚被一个黑人强奸,那个黑人身高6英尺左右,穿一件黑夹克,后背上印有黄色的"大本"字样。她说,那个黑人跑进了附近的一家"A&P"超级市场,身上有枪。两名警察立即带着该女子开车来到该超级市场。克拉夫特下车走进市场,而斯卡尔英则与该女子留在车内并通过警用无线电向总部求援。

克拉夫特走进市场之后,很快就看到一个与该女子描述相似的黑人青年正走向收款台。该青年看到警察之后,立即转身向市场后面跑去。克拉夫特拔出手枪,追了过去。在一个货架的尽头,该黑人跑出了克拉夫特的视线,但是克拉夫特很快又找到了他,并命令他站住,把双手放在头上。克拉夫特对该黑人进行拍身搜查,发现他身上有一个空枪套,便问:"枪在哪?"黑人用头指向墙角的一堆空纸箱说:"在那里。"随后,克拉夫特在一个空纸箱内找到了一支子弹上膛的左轮手枪。

这时,又有三名警察赶到了现场。克拉夫特宣布正式逮捕该黑人青年,并向其宣读了"米兰达告知"的权利内容,后者表示愿意放弃那些权利并回答警察的问题。克拉夫特问:"这把手枪是不是你的?"他回答:"是。"警察又问:"枪是在哪里买的?"他回答说:"是在佛罗里达州的迈阿密买的。"这个黑人青年名叫本杰明·夸尔利斯。

在该案的审判中,辩护律师向法庭提出了两项排除证据的请求。第一,要求法庭排除被告人所说的"在那里"的陈述及那支手枪作为证据,理由是警察没有按照米兰达规则告知夸尔利斯有权保持沉默;第二,要求法庭排除被告人后来关于该枪支所有权和购买地点的陈述,理由是该证据已经受到警察前面违反米兰达规则行为的"污染",属于"毒树之果"。主持该案审判的法官作出了支持辩护方请求的裁定。

公诉方不服该裁定,上诉到纽约州最高法院上诉庭,该上诉庭于1981年以不陈述理由的方式维持了审判法官的裁定。公诉方继续上诉到纽约州上诉法院,上诉法院于1982年作出裁定,再次维持了审判法官的裁定。其主要理由是,克拉夫特的行为属于"讯问",而且夸尔利斯当时确已处于警察的"羁押"之下,因此,本案的情况完全符合米兰达规则中所规定的情况,警察应该在讯问前进行告知,而没有告知的后果就应该是排除所获得的证据。

由于该裁定涉及美国《宪法第五修正案》中规定的权利,所以公诉方希望联邦最高法院调审该案。1983 年,最高法院发出调卷令,决定对该裁定进行审查。1984 年 1 月 18 日,最高法院就该案举行听证,并于 6 月 12 日以 6 比 3 的决议作出裁定,推翻了纽约州上诉法院的裁定。伦奎斯特大法官代表最高法院起草了裁定意见。其要点如下。

纽约州上诉法院以警察没有在查到枪支之前向被告人宣读米兰达告知为理由排除了被告人的陈述及枪支的裁定是错误的,以"毒树之果"为理由排除被告人后来的陈述也是错误的。在本案情况下,"公共安全"应该是优先考虑的因素。如果警察被要求在问及枪在何处之前必须先背诵米兰达告知,那么嫌疑人就很可能保持沉默。这样一来,警察可能就找不到那支枪,而那支枪就很可能构成对公众的威胁。在公共安全受到威胁的情况下,要求嫌疑人回答问题的需要显然超过了遵循米兰达规则的需要。

于是,最高法院通过夸尔利斯判例确立了关于米兰达规则的"公共安全"例外。换言之,在公共安全受到威胁的情况下,警察可以不按照米兰达规则的程序进行讯问,而警察因此获得的供述等证据也可以在审判中采纳为证据。这是美国司法系统在确立米兰达规则之后对该规则作出的一个重要限制,以便减少该规则对刑事司法活动和犯罪侦查效率的负面影响。就沉默权制度在美国的发展轨迹而言,这表明最高法院的大法官们认识到他们在保护犯罪嫌疑人和被告人权利的道路上走得太远,因此又向回走了一步。下面,我再讲一个更有意思的案例。

1981 年 12 月,俄勒冈州的萨勒姆镇发生一起入室盗窃案,事主名叫格罗斯,丢失了一些艺术品。警方在调查中得知,该镇一个名叫艾尔斯达德的青年可能与此案有关。两名警察来到艾尔斯达德的家,采用非常平和的方式对他进行询问。警察问:"你知道我们为什么来找你?"艾尔斯达德说:"不知道。"警察问:"你认识格罗斯吗?"艾尔斯达德说:"认识。我听说他家被盗了。"警察盯着年轻人的眼睛说:"我知道这事和你有关。"艾尔斯达德的目光垂落地面,轻声说:"是的,我在那儿。"警察说:"那好,你跟我们去警察局说吧。"

到警察局后,警察向艾尔斯达德宣读了米兰达告知,并问其是否愿意回答问题。由于艾尔斯达德已经承认了,就表示愿意回答。然后,他讲述了协助朋友盗窃的过程。

在该案的审判中,辩护律师要求法庭排除被告人的两次供述,因为第一次供述是警察违反米兰达规则取得的;而第二次供述则属于"毒树之果"。法官听取双方意见后裁定:第一个口供,即"我在那儿"的陈述应该排除,因为警察没有遵守米兰达规则;但是第二个口供可以采纳,因为那是被告人在警察宣读了米兰达告知后自愿作出的供述。最后,法庭判艾尔斯达德犯有入室盗窃罪,处以 5 年监禁并赔偿 1.8 万美元。

艾尔斯达德上诉到俄勒冈州上诉法院。审理之后,上诉法院推翻了审判法院的判决,裁定第二次供述也不能被采纳。检察官上诉到俄勒冈州最高法院,但是被驳回。检察官又上诉到联邦最高法院。

1984 年,联邦最高法院调审该案。1985 年 3 月,最高法院以 6 比 3 的投票结果作出裁定,警察第二次讯问获得的供述可以采纳,主要理由是这种情况不能适用"毒树之果"规则。最高法院的裁定等于认可了警察发明的规避米兰达告知规则的做法。

显而易见,俄勒冈州警察发明的"两次审讯法"就是要规避米兰达规则,而最高法院在艾尔斯达德诉俄勒冈州案中的裁定则认可了这种规避行为。这也表明,1985 年的最高法院不同于 1966 年的最高法院,伦奎斯特首席大法官重视打击犯罪和社会安全,而沃伦首席大法官则崇尚社会平等与个人自由。美国联邦最高法院的判决似乎也在打击犯罪和保障人权之间寻求一种平衡。

九、尊重和保障人权

21 世纪以来,我国的立法机关越来越重视保障人权的问题。2004 年修订的《宪法》第 33 条明确规定了"国家尊重和保障人权"。2012 年修订的《刑事诉讼法》第 2 条明确地把"尊重和保障人权"规定为刑事诉讼法的任务之一。

2012 年《刑事诉讼法》第 50 条还规定:"严禁刑讯逼供和以威胁、引诱、欺骗以及其他非法的方法收集证据,不得强迫任何人证实自己有罪。"新增加的"不得强迫任何人证实自己有罪"是这次修改刑诉法取得的一个标志性进步,反映了学者们关于沉默权问题意见。不过,人们对这个规定的看法并不一致。有人认为，这一规定并不是沉默权制度，只是强调了执法人员不能强迫嫌疑人自证其罪。持这种观点的人大概是把美国的米兰达规则当成了确立沉默权制度的标准。

以米兰达规则为代表的美国式沉默权制度既不是沉默权制度的唯一模式，也未必是最佳模式。中国应该努力在保障人权和打击犯罪的价值冲突中选取适当的定位。我认为，2012年修订的《刑事诉讼法》第50条的规定，属于就默示的沉默权制度。

所谓"默示的沉默权制度"，就是说，相关的法律规定没有明确使用沉默权的字样，但是从法律的有关规定中可以推断出犯罪嫌疑人和被告人应该享有沉默权，例如"反对强迫性自证其罪"的规定。所谓"明示的沉默权制度"，就是说，相关的法律规定明确使用了沉默权的字眼，而且要求司法和执法人员必须事前告知犯罪嫌疑人和被告人依法享有沉默权，例如美国的米兰达告知规则。中国在法律上确立默示的沉默权制度，体现了中国刑事司法的进步。

尊重和保障人权是人类社会文明进步的标志，也是刑事司法文明进步的标志。在刑事司法活动中，人权保障的重点当然是犯罪嫌疑人和被告人，因为他们是刑事司法的打击对象，其人权很容易成为打击犯罪的牺牲品。但是被害人的权利保护也不应被置于"被遗忘的角落"。在有些情况下，保护被害人的权利与打击犯罪的社会目标是一致的，或者说被害人的利益可以包含在打击犯罪的社会整体利益之中，但是在有些情况下，二者也会出现分歧，因为在具体案件中，被害人的追求未必等同于社会的需要。因此，刑事司法在保障人权的问题上也需要价值的平衡。

我在前面讲了2001年初去欧盟六国考察刑事证据立法的事情。在英国考察时，英国专家介绍了一个很特别的案例。那是英国最高法院刚刚作出裁定的案件，在英国有很大影响。

1997年1月23日，英国伦敦发生了一起入室盗窃强奸案。受害人是66岁的老妇人。因当时光线昏暗，她只知道作案人是黑人，讲不出相貌特征。警方技术员在受害人阴部提取到强奸犯留下的精斑，但是一直没有找到嫌疑人。

1998年1月4日，一个黑人青年因另外一起入室盗窃案被警方逮捕。在法庭上，法官认为检控方的证据不足，判决被告人无罪。办案警察认为这个黑人就是盗窃犯，但是必须遵从法官的无罪判决。

警方在抓捕这个黑人之后曾提取他的 DNA 样本。按照法律规定,被告人被判决无罪之后,警方就要在系统中清除其 DNA 图谱,不得继续存留和使用。在清除之前,警察想起了 1997 年的强奸老妇案,就把该案精斑的 DNA 图谱调取出来,进行比对,结果是二者同一。警察喜出望外,立即报告检察官。

后来,检察官把那个黑人青年起诉到法院。在法庭上,辩护律师指出,警察的行为违反了 DNA 样本使用规则,因此那个同一认定结论属于非法证据,要求法庭排除。法官支持了辩护方的主张,排除了那个非法证据,判决被告人无罪。检察官就该裁定提出上诉,上诉法院维持原判。检察官又上诉到最高法院。

2000 年 12 月 4 日,英国最高法院作出裁定:该案的 DNA 比对结果可以作为审判的证据,推翻原审法院排除非法证据的决定。最高法院在裁定中指出:"人们必须记住,被告人的权利不是要追求的唯一价值。刑事司法的目标是让每一个人在日常生活中免除对犯罪侵害的恐惧。严重犯罪应该受到有效的调查和起诉。司法对各方都必须是公平的。在刑事案件中,它要求法官考虑三角形利益关系,包括被告人、被害人及其家庭以及公众的利益。"

关于刑事司法的价值取向,法学界以前流行的观点是"两极对立说",即社会公共利益和刑事被告人利益的对立。英国专家介绍的案例和观点,对我很有启发。回国后,我就写了一篇论文,标题是《沉默权制度及刑事司法的价值取向》,发表在 2000 年第 4 期《国家检察官学院学报》。

打击犯罪和保障人权都是刑事司法的价值目标。在以片面强调打击犯罪为传统的情况下,刑事司法就要转向人权保障,但是也不能从一个极端走向另外一个极端,而应该在制定规则和适用规则的时候努力寻求价值的平衡。而且,这不是两极价值的平衡,而是三角利益的平衡,即社会利益、犯罪嫌疑人和被告人的利益、被害人及其家属的利益。刑事司法的发展方向就要在这种三角形利益关系中寻求平衡,实现打击犯罪和保障人权的双重目标。

各位同学,这一讲的思考题是:中国现在应该在刑事司法的哪些环节加强人权保障?

何老师留的
思考题

学生对谈

第十六讲　从侦查中心转向审判中心

各位同学,大家好! 这节课我要讲中国刑事司法的第八个转向:从侦查中心转向审判中心。同时,我要讲一个产生巨大影响的错案。

一、刑事诉讼的三阶段

现代刑事诉讼程序可以分为三个阶段:侦查、起诉和审判。于是,刑事司法的专业分工就产生一个问题:哪个诉讼阶段最为重要? 或者说,哪个阶段是刑事诉讼的中心? 因为起诉只是中间过渡环节,所以这个问题的实质就表现为刑事诉讼程序应该以侦查为中心还是以审判为中心。

我国的刑事诉讼具有"流水线作业"的特征。公安局负责侦查,检察院负责起诉,法院负责审判。三机关既有分工又有配合,共同目标是把好案件的"质量关",保证刑事司法系统生产出合格的"社会产品"。在这种体制下,作为第一道"工序"的侦查就是刑事诉讼的中心环节,起诉和审判只是对"上游产品"的检验或复核。在实践中,检察官往往在侦查机关的起诉意见书上进行一些修改就作为起诉书,而法官又在起诉书上进行一些修改就作为判决书。于是,法院的判决书与侦查机关的起诉意见书在主要内容上大同小异的状况就屡见不鲜。

有人把刑事诉讼的三个阶段比喻为做饭、卖饭和吃饭。那么,侦查人员是做饭的,检察人员是卖饭的,审判人员是吃饭的。一起刑事案件发生之后,侦查人员运用各种方法去收集证据,认定事实,就好像准备了饭菜。不过,这"饭菜"不是为自己准备的,做好之后还要交给检察官,由后者"卖"给法官。在这个市场上,"消费者"是法官。

市场有两种情况:一种是"卖方市场",一种是"买方市场"。在"卖方市场"中,主导交易的是卖方;而在"买方市场"中,主导交易的是买方。换句话说,"卖方市场"的特点是"做饭"的指挥"卖饭"的,"卖饭"的引导"吃饭"的。"买方市场"的特点是"吃饭"的指挥"卖饭"的,"卖饭"的引导"做饭"的。一言以蔽之,前者是"做饭"的说了算;后者是"吃饭"的说了算。

按照上述特点,刑事诉讼制度也可以分成两种:一种是"卖方市场"的刑事诉讼制度,另一种是"买方市场"的刑事诉讼制度。在前一种制度下,侦查是刑事诉讼的中心环节。在后一种制度下,审判是刑事诉讼的中心环节。我国的刑事诉讼应该属于"卖方市场"。

《刑事诉讼法》第 7 条规定:"人民法院、人民检察院和公安机关进行刑事诉讼,应当分工负责,互相配合,互相制约,以保证准确有效地执行法律。"但是在"以侦查为中心的流水线"诉讼模式下,公检法之间的关系主要是互相配合,互相制约往往就徒有虚名。于是,即使公安机关侦查终结的案件中存在严重的证据缺陷,检法两家也要配合公安工作,照样起诉和判决。下面,我就通过一个案例进行说明。

二、无名女尸的身份

2003 年 5 月 19 日上午,杭州市公安局西湖区分局接到报案,有人在西湖区留下镇留泗路边的水沟里发现了一具女尸。公安人员马上赶到现场,进行勘查检验。留泗路位于杭州西部群山之中,是一条并不宽阔的老路。现在,它北接西溪国家湿地公园,南接之江国家旅游度假区,东临西湖风景区,西靠西山风景区,周围的风景非常优美。但是在 2003 年,西溪国家湿地公园和西山风景区都没有开发,那里比较偏僻,过往的行人和车辆都不多,特别是在灯光昏暗的夜晚。

死者是一个年轻女子,衣裙不整,下体裸露。法医进行了尸表检验,发现死者颈部有多处瘀血,其余部位没有明显的损伤;死者的处女膜在钟表 9 点处有破裂,旁边有血迹。现场勘查人员在尸体北侧大约四米远的水沟里发现一条毛巾,在大约 6 米远的水沟里找到一个黑色胸罩。现场有一些杂乱的脚印,但是都比较模糊,没有鉴定的价值。

根据现场的环境情况,侦查人员认为这里不是强奸杀人的第一现场,而是凶手抛尸的现场。侦查人员扩大了搜索的范围,但是在周边没有发现可疑的场所,因此推断凶手可能是用汽车等交通工具把尸体拉到这里抛弃的。根据法医的尸检报告,死者系遭掐颈致机械性窒息死亡,死亡时间在 5 月 19 日凌晨 1 点半左右。由于死者身上没有任何证件,公安机关无法确定其身份,就在当地的电视台发布了一个简短的认尸公告。

20 日上午,西湖区老东岳村的一个居民来到公安局。他看到了电视上的公告,就来报告自己发现的情况。19 日早晨 5 点钟左右,他在西溪路南边的草丛里捡到一个紫红色的双肩背包,背包里有女皮鞋和化妆盒等物品,还有一个身份证。身份证上的姓名是王婷,安徽省歙县人。

西溪路是一条老路,通向杭州市区,与天目山路平行,连接杭州绕城公路的西线。西溪路边的老东岳村离杭州汽车西站很近,大约半公里。村民捡到背包的地点与发现尸体的地点相距大约 7.5 公里。

当天上午又有两个年轻人到警察局查询。女青年自称是王婷的姐姐,男青年是她的朋友。二人也是看到公安局的公告之后赶来的。警方让他们辨认尸体,姐姐确认死者就是王婷。她对警察说,昨天晚上,歙县的家人告诉她,王婷搭乘当地人开的一辆大货车从歙县到杭州来找她。那个大货车的司机也是歙县人,名叫张高平。因为她要上夜班,所以事先说好让朋友王勇去接王婷。

王勇对警察说,昨天晚上他和几个朋友一起吃饭,然后又一起打牌。半夜 12 点左右,他接到了王婷的电话,是在浙江省临安市昌化镇用公用电话打的。他答应到杭州汽车西站去接王婷。凌晨 1 点半左右,他又接到了王婷的电话,是用手机打的,说她已经到了西站。当时打牌正在兴头,朋友都不让他走,他只好让王婷自己坐出租车到钱江三桥后再与他联系。他们打牌到 2 点钟左右才结束。他没有接到王婷的电话,就去钱江三桥一带寻找,没有找到。对于此事,王勇后悔万分,痛哭流涕。

三、不好对付的嫌疑人

警方很快查明:张高平是安徽省黄山市歙县徽城镇七川村人,38 岁,做货运生意多年。他去年买了一辆价值 20 万元的解放牌大货车,主要给当地一个电缆厂运货,往返于歙县与上海之间。由于一个人跑长途很辛苦,他就带上侄子张辉。张辉 25 岁,曾经因寻衅滋事罪被判刑,出狱后没有工作,就考了驾照,跟叔叔一起开车跑运输。这两个人在当地的名声都不太好。张高平走南闯北,为人有些霸道。张辉比较粗野,经常打架斗殴。总之,在当地人眼中,这俩人都不是"好鸟"。

在案情分析会上,侦查人员认为"二张"有重大犯罪嫌疑。第一,被害人是坐"二张"的货车到杭州的。第二,警方已经查明,王婷于 1 点半给王勇打电话所用的手机就是张高平的,这说明王婷被害前与"二张"在一起。第三,根据抛尸的情况和背包与尸体相距 7.5 公里等情况,凶手应该有汽车之类的交通工具,而"二张"开着大货车。第四,"二张"都不是"好人",张辉还有前科。有人还说,这俩安徽人太坏,跑到我们杭州来杀人,增加了我们的命案数! 于是,公安机关决定抓捕"二张"。

5 月 23 日,侦查人员根据高速公路收费站提供的皖 J—11260 解放牌货车的通行情况,在上海回安徽途中抓捕了张辉和张高平,随后就以涉嫌强奸杀人罪办理了刑事拘留。在看守所的审讯室,侦查人员分别对张辉和张高平进行讯问。二人都坚决否认强奸杀人,而且二人讲述的事情经过基本相同——

5 月 18 日晚上,张高平和张辉驾驶大货车从歙县送货去上海。当时是"非典"时期。他们在晚上 9 点钟左右经过歙县竹铺镇的"非典"检查站,一个当地的熟人让张高平帮忙搭载一个女孩到杭州。张高平说:"我们去上海,到杭州都半夜了,不方便也不安全。"对方说:"没事,有人接,到地方把人放下就行了。"就这样,女孩上了大货车。这个女孩是歙县杞梓里镇杞梓里村人,名叫王婷。她要去杭州找姐姐,而且约好了接她的人。

当晚 12 时左右,货车到达浙江省临安市昌化镇,叔侄二人停车吃了夜宵。王婷则到街边小店用公用电话打给杭州的朋友王勇,告诉他自己已到了临安昌化镇,并约好到杭州汽车西站接她。打完电话,她在小店买了一包豆腐干,回到车上吃。

张高平叔侄开车到上海一般走绕城高速,到杭州汽车西站并不顺路,因为得下高速。但是既然答应了人家,他们就决定把她安全送到目的地。19 日凌晨 1 点半左右,货车开到汽车西站。王婷下车后没找到王勇,就借张高平的手机又给王勇打电话,告诉他自己已经到了西站。但是王勇说他现在出不来,让王婷自己坐出租车到钱江三桥后再与他联系。由于西站到钱江三桥路远,打车比较贵,而且张氏叔侄开车从钱江二桥上高速去上海,要经过离钱江三桥较近的艮秋立交桥。于是,张高平再次拉上王婷,开到艮秋立交桥附近,让王婷下车去坐出租车。张高平还把自己的手机号码留给了王婷。至于后来的事情,他们就一概不知了。

侦查人员没有相信张高平和张辉的陈述。根据他们的办案经验,犯罪嫌疑人不会轻易交代自己的犯罪事实,特别是这种命案。他们感觉,张辉很有对付审讯的经验,张高平也很狡猾,而且二人的陈述一模一样,显然有串供的嫌疑。另外,他们认为"二张"的陈述中有明显不合情理之处。如果他们说把王婷送到西站之后就开车走了,那么后来在西站附近发现了王婷的尸体,也算合乎情理。但是他们说把王婷送到了艮秋立交桥。那么,王婷的尸体怎么又回到了西站附近呢? 这显然是二张编造的谎言。

侦查人员推断,张辉在西站附近见没人来接王婷,就产生了邪念,然后在张高平的帮助下强奸了王婷,并且在遭遇反抗时把王婷掐死了。侦查人员知道"二张"不好对服,就制订了"持久战"的审讯计划,多人轮番上阵,软硬兼施,高强度审讯。同时,他们还使用了狱侦耳目,在监室内配合审讯工作。几天之后,张辉和张高平先后承认了强奸杀人的罪行。

"二张"分别供述,那天半夜到达杭州汽车西站之后,王婷没有找到接她的人,张辉就产生了强奸的想法。后来,在货车驾驶座上,张高平帮助他按住王婷的腿,张辉对王婷实施了强奸,并且采用掐颈等暴力手段致王婷机械性窒息死亡。然后他们把尸体扔到了路边的水沟里。开车走了一段路之后,他们又把王婷的背包扔到了路边的草丛里。

拿下口供之后,侦查人员非常高兴。他们知道法医已经提取了被害人的下体体液,就提取了二张的唾液,送到刑事技术部门进行比对。他们相信,只要拿到 DNA 鉴定结论,就可以侦查终结,大功告成了。然而,刑事技术部门的鉴定却迟迟没有结论。

四、没有精液的强奸案

法医在尸体检验的时候,按照常规提取了被害人下体的体液。杭州市公安局的刑事技术部门对检材进行了 DNA 检验，但是那体液中只有被害人的 DNA，没有他人的 DNA，也没有检出精子。然后，他们又送到上级鉴定部门进行检验，做了几次，都没有检出精液。侦查人员也感觉很奇怪。根据尸体检验报告，被害人肯定遭到了强奸，但是体内没有精液。这是怎么回事？

侦查人员分析，这可能有两个原因：第一，强奸犯戴着避孕套作案，但是这种情况十分罕见，特别是在临时起意的强奸案中。第二，法医提取的检材有问题，但是可能性也不大，因为提取下体体液并不是难度很大的技术工作。当然，现在无法重新提取了，因为是在"非典"期间，外地人的尸体要尽快处理，所以在被害人家属同意之后，王婷的尸体就被火化了。

侦查人员原本认为这是一起很容易证明的案件。口供加精斑的 DNA 同一认定，肯定可以达到强奸案的定罪证明标准。但是现在没有精斑，这个案件的证明就出现了难题，侦查工作也就陷入了进退两难的处境。不过，侦查人员坚信"二张"就是罪犯。既然缺少定案的精斑，他们只能想办法从其他方面补充证据。

第一，侦查人员补充了犯罪现场的指认笔录。6 月 19 日下午 2 时至 5 时 30 分，侦查人员带着张高平，指认了从汽车西站到抛尸地点以及逃离的路线，包括丢弃王婷背包的地点。第二，侦查人员针对嫌疑人关于强奸过程的口供，进行了侦查实验。大货车的驾驶室内前排有三个座位，后排为一张卧铺。驾驶室内宽 2.05 米，高 1.46 米，座椅靠背到挡风玻璃距离 1.1 米，座椅坐垫到车顶高为 1.05 米，座椅坐垫前沿到驾驶台距离为 0.3 米，方向盘右外沿到右车门距离为 1.75 米。经过现场测量和模拟实验，张氏叔侄可以在驾驶室内的前排座位完成整个犯罪过程。第三，侦查人员通过实验，证明张氏叔侄驾驶那辆大货车，可以在天目山路与紫金花路的路口掉头，也可以在留泗路与瑞华香料厂小路的路口调头，从而能在高速路收费站记录的时间上高速，并且在凌晨 5 时左右到达上海。这证明"二张"有作案时间。第四，在看守所与张辉关押在同一个监室的犯人袁成才提供了书面证言，证明张辉在看守所关押期间曾经说过，他从老家搭一个女子到杭州，在留泗路上强奸，他不是故意杀死被害人的，而是因为女子呼救，他卡脖子时不小心把女子掐死了。

与此同时，刑事技术人员找到了对强奸犯进行同一认定的另外一条路径。法医在实验室检验尸体的时候，曾经在被害人的指甲缝里提取到一些微量的人体组织。一开始,这些检材并没有太受重视,因为大家关注的是精斑鉴定。现在没有精斑,这些检材就成为最重要的物证,因为被害人指甲缝中的微量人体组织很可能是她在反抗、抓挠作案人时留下的。更为重要的是,侦查人员在审讯中还发现张辉的左眼下方有抓破的伤痕。

鉴定人员首先制作了微量人体组织的 DNA 图谱,然后分别与张辉和张高平的唾液 DNA 进行比对,但结果都是否定同一。法医的 DNA 鉴定报告称,在王婷的 8 个指甲末端检出混合的 DNA 谱带,由死者与一名男性的 DNA 谱带混合形成,但排除由死者和犯罪嫌疑人张辉或张高平的 DNA 谱带混合形成。这就是说,这些微量人体组织既不是张辉的,也不是张高平的。

对于这个鉴定结论,侦查人员再次感到失望,但是他们仍然坚持二张强奸杀人的侦查结论。当时按照公安部的指示精神,各地公安机关都把命案侦破摆在非常重要的位置,全力以赴侦破命案。一些地方的公安机关还提出了"命案必破"的口号。在这个大背景下,侦查人员认为此案没有回头路,只能继续往前走。于是,杭州市公安局决定侦查终结,把案件提交杭州市检察院审查起诉。

在检察院,张辉和张高平都推翻了原来的有罪供述,声称在审讯中遭受了刑讯逼供。对此,检察官并没有重视,因为在检察机关审查的案件中,犯罪嫌疑人声称刑讯逼供的情况屡见不鲜。不过,检察官认为本案中的证据不够充分,主要是缺少能够证明张辉实施了强奸行为的物证,就把案件退回公安局,要求补充侦查,特别提出要查明被害人指甲缝中微量人体组织的来源。

根据检察院的要求,公安局进行了补充侦查。他们扩大侦查范围,寻找那些微量人体组织的主人。他们在杭州和安徽歙县排查了大约 500 个嫌疑人,但是没有找到 DNA 图谱吻合的人。警方得知,王婷在去杭州之前在歙县的一家美发店当洗头工,因此不能排除那些微量人体组织来自某个理发顾客的可能性。最后,侦查人员以这个结论终止了微量人体组织的来源调查。另外,杭州市西湖区公安分局刑侦大队还出具了一份"情况说明",声称在该案的审讯中严格依法办案,不存在刑讯逼供和诱供等非法获取口供的行为。

虽然公安局未能按照检察院的要求补足证据,但是声称已经完成了补充侦查,而且强调说,这些证据已经达到了"基本事实清楚、基本证据充分"的证明标准,可以证明张氏叔侄的强奸杀人行为。检察院与公安局又进行了一些协商,最后还是同意提起公诉。

五、证据不足的判决

2004 年 2 月,杭州市检察院就张氏叔侄强奸杀人案向杭州市中级法院提起公诉。检察院的起诉书说:案发当日凌晨 1 时许,张辉将车开至杭州汽车西站后,见无人来接被害人王婷,遂起歹念,与张高平合谋在驾驶室内对王婷实施强奸,张高平帮助张辉按住了王婷的腿,最终王婷因张辉用手掐住其脖颈,导致机械性窒息死亡。

4 月 11 日,杭州市中级法院开庭审理张氏叔侄强奸杀人案。在庭审中,张辉和张高平都否认实施了强奸杀人的犯罪,并提出有罪供述系因受到刑讯和诱供所致,请求宣告无罪。两名被告人的辩护律师都做了无罪辩护,并且就公诉方证据提出了一些疑点,包括张辉的供述与张高平的供述在前往作案现场的行车路线以及强奸、抛尸、返回等细节上的互相矛盾指出,提出了嫌疑人遭受刑讯逼供和诱供的问题。辩护律师还要求公诉方出示那份对被告人有利的关于微量人体组织的法医鉴定结论。

针对张辉的无罪辩解,公诉方出示了张辉同监室犯人袁成才的证人证言,称张辉在看守所关押期间曾向他讲述了强奸搭车女同乡,并不小心将其掐死的经过。关于那份法医鉴定结论,法庭没有支持辩护律师的要求,理由是:因手指为相对开放部位,不排除被害人因生前与他人接触而在手指甲中留下 DNA 的可能性,即使张辉左眼下方的抓痕系被害人所抓,被害人的指甲内也未必一定留下张辉的 DNA 物质,故无法得出王婷指甲内检出的 DNA 物质是张辉所留的科学结论。总之,这些微量人体组织与本案指控的犯罪无关。

由于本案案情重大且复杂,合议庭在庭审结束后就把该案提交法院的审判委员会讨论决定。审委会在讨论该案时注意到一些证据存在疑点和瑕疵,但还是决定要作出有罪判决。4 月 21 日,杭州市中院以张辉犯强奸罪,并且系累犯(曾因寻衅滋事罪被判处 1 年 6 个月有期徒刑),判处死刑;张高平犯强奸罪,判处无期徒刑。

张辉和张高平都不服一审判决,向浙江省高级法院提起上诉。浙江省高院在被告人上诉后,选择了书面审理,没有开庭。两名上诉人的代理律师都提出了书面的辩护意见,指出了定罪证据中的问题。但是,二审法院没有采纳律师的意见。

法官认为,"虽然有些作案细节方面的供述不尽一致,但对主要犯罪情节的供述基本一致,其中部分供述有录像固定,可基本排除不当审讯的可能……有罪供述可以作为定案证据……本案中的 DNA 鉴定结论与本案犯罪事实并无关联,不能作为排除两被告人作案的反证"。

考虑到定罪证据存在一些瑕疵,浙江省高级法院采取了"疑罪从轻"的做法,改判张辉死刑缓期二年执行,改判张高平 15 年有期徒刑,给出的理由是:"鉴于本案的具体情况,张辉尚不属必须立即执行死刑的罪犯。张高平帮助他人强奸,系从犯,依法可以从轻处罚。"

我国实行两审终审制,二审判决立即生效。虽然张氏叔侄并不认罪,但是法院的终审判决必须执行,于是二张被押送到监狱去服刑。张辉被关押在新疆的库尔勒监狱,张高平被关押在新疆的石河子监狱。由于后者的服刑经历对该案的后续演变产生了主要的影响,因此我重点介绍。

六、监狱里的检察官

2005 年,张高平被押送到新疆石河子监狱服刑。石河子市位于古尔班通古特大沙漠南端,是茫茫戈壁滩上的一片绿洲,被誉为"戈壁明珠"。石河子监狱就坐落在这个城市的西南部。这里关押的大多是刑期较长的罪犯,80%来自外省。在这里,张高平遇到了一个对他的命运产生重大影响的人——张飚。

当时,张飚是石河子市检察院驻监所的检察官。在石河子监狱定期召开的狱情分析会上,监管干部说,张高平不认罪、不服从管理、不断地申诉,逢人便喊冤。在众多的监狱服刑人员中,张高平非常特殊,他参加劳动改造,但是不要减刑分。他对监管干部说:"我不是犯人,我没犯罪,减什么刑?"他给自己设定了三条路:要么拿到无罪判决书回家;要么死在监狱里;要么 15 年牢坐满,自己去北京申诉。他不断地写申诉材料,不断地重复一个相同的故事。监管干部希望张飚检察官能够帮他们做通这名重点改造对象的思想工作。

2007 年夏天,张飚检察官在服刑人员劳动改造的沙漠引水工程工地现场,与张高平进行了一次长谈,他认真听取了张高平的陈述,感觉这起杭州叔侄"强奸杀人案"中确有疑点。于是,他调取了张氏叔侄案的案卷,在认真查阅证据材料之后发现了三个疑点:第一,与张高平叔侄同时关押在浙江省杭州市看守所的关键证人袁成才的证言,并不能直接证明张高平叔侄作案;第二,警方在死者的 8 个指甲缝内检出了一名陌生男性的 DNA,但不是张高平叔侄的;第三,据张高平供述,女孩下车后他们驾驶的货车就出了杭州,进出都有收费站记录,但公安机关并未调取。

根据《刑事诉讼法》第 264 条的规定:"监狱和其他执行机关在刑罚执行中,如果认为判决有错误或者罪犯提出申诉,应当转请人民检察院或者原判人民法院处理。"据此,张飚检察官把张高平的申诉信转给了浙江省高级人民法院和浙江省人民检察院,但是没有收到回复。

2008 年,张高平在《民主与法制》第 13 期上看到一篇纠正刑事错案的文章,标题是《被疑"灭门杀手"终判无罪释放》。这篇文章讲述了河南省一起杀人案的被告人马廷新被平凡昭雪的过程。张高平非常认真地阅读了这篇文章,特别是那段关于"狱侦"的文字——

马廷新在法庭上表示受到了警方的刑讯逼供,并在"号长"袁成才的逼迫下,才被迫作了有罪供述,而且是"在袁成才的'提示'下,经过数次修改,终于写了一份达到警方满意的自首材料。然后,袁成才让马廷新背熟,并且抄了一遍"。最后,袁成才摇身一变,成为马廷新案中指证马廷新实施杀人犯罪行为的重要证人。

张高平认为,这与张辉的"认罪"经历十分相似。张辉向侦查人员"认罪"之后,被关到杭州市拱墅区看守所,由于口供有反复,同监室的犯人就威逼他抄写"认罪"材料。法院在一审判决书中列举的证据就有这个犯人的证人证言。虽然这个证人并未出庭作证,但是张高平记得判决书上写了这个人的名字,就是"袁成才"。因为那是本案中证明张氏叔侄强奸杀人的唯一证人,所以张高平记在了心里。马廷新案中的"袁成才"与他们案件中的"袁成才"是不是同一个人呢?张高平把这个情况报告了张飚检察官。

张飚检察官认为这个情况很重要,就进行了认真的调查。他通过当地的公安系统检索人口登记信息。在全国的登记人口中,符合"浙江省杭州籍""男性""有犯罪记录"的"袁成才"只有一人。于是,他写信给杭州市人民检察院,得到了袁成才的判决书和减刑裁定书。杭州市中级法院 2004 年

8月25日作出的一份刑事裁定书表明,因贩卖淫秽物品被判刑6年的罪犯袁成才,曾多次调派"外地"协助公安机关"工作",完成任务,成绩显著,准予减刑10个月。这表明袁成才是一名"狱侦耳目"。

狱侦耳目是看守所内警方特情,一般为余刑一年以上的罪犯。狱侦耳目的身份要由看守所上报上级公安、检察部门审批,并对狱侦耳目建立专门的管理档案。狱侦耳目经常被用于深挖余罪和获取证据,立功者可以获得减刑。狱侦耳目的使用方法可以分为两种:一种是防守法,主要用于稳定嫌疑人的口供。特情耳目监视嫌疑人在监室内的日常活动,通过与其聊天、谈心等方法随时掌握嫌疑人的心理状态,并通过一定的思想工作使嫌疑人放弃翻供的念头。另一种是进攻法,主要用于获取嫌疑人的口供。狱侦耳目通过交谈,促使嫌疑人交代犯罪事实,达到获取认罪口供的目的。狱侦耳目的具体做法如下:第一是教育引谈法。耳目与嫌疑人同处一个监室,容易形成同病相怜的感觉。因此,耳目通过对嫌疑人做思想工作,引导其正确认识自己的过错,坦白交代问题。第二是权威促谈法。主要利用耳目在监室内的威望,促使嫌疑人交代自己的犯罪事实。第三是亲情感谈法。耳目给予嫌疑人一些生活上的照顾,让嫌疑人产生感激之情。耳目再利用这种心理,通过思想工作,促使其交代罪行。

在本案中,张飚检察官为了确定两个"袁成才"是同一个狱侦耳目,就把浙江袁成才的照片与他人照片混在一起,寄给河南省的检察院,请求他们根据新疆石河子市检察院发出的协查函,让马廷新进行照片辨认。马廷新在混杂的照片中一眼就认出了袁成才的照片。这证明了两个案件中的"袁成才"正是同一个人,是一名跨省调动的狱侦耳目。由于张飚检察官所能做的事情有限,他就建议张高平去北京请个律师。

在此期间,张高平的哥哥张高安,也就是张辉的父亲,一直奔波于安徽、浙江、北京等地,不断申诉和上访,寻找翻案的机会。2010年11月,他找到了北京的朱律师。这位曾经帮助马廷新翻案的律师决定代理张氏叔侄案的申诉。他到监狱分别会见了张高平和张辉,查阅了案卷材料。然后,他向上海《东方早报》的记者介绍了该案的情况,引起了报社记者的很大兴趣。

2011年11月,上海《东方早报》的记者和朱律师的助手来到新疆,找张飚检察官了解张氏叔侄案的有关情况。回去之后,记者很快就写成了两篇文章。11月21日,《东方早报》刊发了《跨省作证的神秘囚犯》和《一桩没有物证和人证的奸杀案》两篇记者报道。前者披露了狱侦耳目"袁成才"的真实身份。后者指出了浙江张氏叔侄案在侦查、起诉和审判中的众多疑点。

七、错案的复查与纠正

这两篇文章发表之后,很快就在社会上产生了广泛的影响。一时间,浙江张氏叔侄冤案成为舆论关注的热点,自然也就引起了浙江省有关部门领导的重视。浙江省政法委立刻成立了专案复查组。然而,错判的认定会产生一系列严重后果,复查组必须格外谨慎,而且要寻找新的证据。

复查组成员首先前往新疆的库尔勒监狱和石河子监狱,分别提审了张辉和张高平;然后去了河南鹤壁中级法院,了解马廷新翻案的情况,以及该案重要证人袁成才的情况,然后又去了安徽歙县,找到张高平的哥哥张高安,了解家人申诉的有关情况。

与此同时,杭州市公安局的刑事技术人员调出当年从被害人王婷的指甲缝中提取的微量人体组织的 DNA 检验材料,把其中分离出来的男性 DNA 图谱输入警方的数据库进行比对,很快就得到了令人震惊的结果:该 DNA 图谱与已决犯勾海锋的 DNA 图谱高度吻合。杭州市公安局的领导对这一结果还不放心,立刻把有关材料送到公安部物证鉴定中心进行复核鉴定。2011年 12 月 6 日,该中心出具了《物证鉴定查询比对报告》:经查询比对,从王婷指甲缝中提取的 DNA 检出的混合 STR 分型中包含勾海锋的 STR 分型,"上述鉴定意见具有科学依据,符合客观性要求"。这就表明,勾海峰很可能是该案的真凶。那么,这个勾海峰是什么人呢?

根据案卷材料查明,勾海锋是吉林省汪清县人,2002 年 12 月 4 日开始在杭州从事出租汽车司机工作。2005 年 1 月 9 日晚 22 时许,杭州市拱墅区公安分局上塘派出所接到报案:浙江大学城市学院的女生吴晶于 1 月 8 日晚在回家途中与家人失联。次日,杭州多家新闻媒体对该女大学生失联事件进行了报道,引起社会关注。杭州市公安局刑侦大队立案侦查,很快就锁定了犯罪嫌疑人勾海锋。

1 月 16 日,侦查人员抓获勾海锋,在其身上搜出了吴晶的爱国者优盘。经过审讯,勾海锋交代了犯罪事实:1 月 8 日晚,他与吴晶因车费问题发生争吵,他在出租车后座上掐死了吴晶,然后拿走了吴晶的财物并抛尸。1 月 16

日晚,侦查人员根据勾海锋的供述,在下沙开发区 5 号公路延伸段的一个下水道内找到了吴晶的尸体和衣物,然后又在勾海锋弟弟的住处查获了吴晶的康柏笔记本电脑、爱国者优盘、三星手机等赃物。由于该案影响巨大,司法机关加快审理速度,在三个月内就完成了侦查起诉和审判工作。勾海锋被判处死刑,并于 4 月 27 日被执行死刑。当时,有的媒体称之为"杭州速度"。

根据张氏叔侄案中微量人体组织的 DNA 鉴定结论,勾海峰应该是杀死王婷的真凶,而"二张"的有罪判决就是错案。2012 年 2 月 27 日,浙江省高级法院决定对张氏叔侄案立案复查,并组成复查合议庭调阅案卷、查看讯问时的录音录像,认真调查核实有关证据。合议庭法官在 7 月专程前往安徽歙县进行调查,8 月前往新疆的监狱分别提审张辉和张高平,然后作出了该案原审事实不清、证据不足的审查意见。与此同时,浙江省检察院也作出了相同的案件复查意见。

2013 年 1 月,张辉和张高平被从新疆换押到杭州的监狱。2 月 6 日,浙江省高级法院审判委员会研究认为,该案符合《刑事诉讼法》第 242 条和第 243 条第 1 款的规定,有新的证据证明原审判决确有错误,决定进行再审。

3 月 20 日,浙江省高级法院在全国在押犯规模最大的监狱——浙江省乔司监狱,把一间教室布置成临时法庭,开庭审理张辉、张高平一案。因为该案涉及个人隐私,所以法庭决定不公开审理。浙江省人民检察院指派检察员出庭,张辉、张高平及其委托的辩护律师和法律援助律师到庭参加诉讼。庭审中,合议庭依法组织控辩双方进行了举证、质证,经过了法庭调查和法庭辩论两个阶段。

3 月 26 日,浙江省高级法院公开宣判:原一审、二审判决认定原审被告人张辉、张高平强奸并致被害人王婷死亡的证据不实,原判定罪、适用法律错误,依法应予改判。依照《刑事诉讼法》的有关规定,撤销原审判决,宣告张辉、张高平无罪。

宣读完判决书,高院的一名副院长代表法院向张辉、张高平表达了歉意,并向二人发放了每人 5 000 元的慰问金。在宣判过程中,张高平的情绪比较好,宣判结束后他还与法院的工作人员进行了交谈,但是张辉却没有表现出高兴的样子,一直保持沉默。然后,换上新衣的张辉和张高平手持无罪判决书和释放证明走出了浙江省乔司监狱。历经 10 年,这起冤案终于平反昭雪。

5月2日,张辉、张高平分别以再审改判无罪为由向浙江省高级人民法院申请国家赔偿,赔偿金额266万元。浙江省高级法院听取了张辉、张高平的意见,依法进行审查后决定:根据《国家赔偿法》的有关规定,分别支付张辉、张高平国家赔偿金110多万元,二人共计约221万元。

张高平和张辉在乡亲的爆竹声中回到家乡,努力开启新的生活。经过一段时间的喧器,叔侄两家的生活逐渐回归平静。张高平的老房子已被拆除,建起了一栋四层的新楼房,门外停了一辆红色宝马。张高平表示:"我买红色宝马不是图喜庆,主要是想今后给女儿开。这么多年,两个女儿都受了不少委屈。买这个车,也算是对女儿的一个补偿吧。"张辉也建起了一栋三层的新楼房,门外停了一辆白色宝马。张辉还有了女朋友,脸上终于露出了笑容。

浙江张氏叔侄冤案改判之后,社会公众追问错案的原因和责任,有关部门也进行了调查和追责。2013年3月28日,浙江省公安厅在官方微博"浙江公安"上表态说:"这起错案的发生,公安机关的侦查工作作为刑事诉讼活动中的一个环节,是有责任的,我们深感痛心,对当事人及家属深表歉意。浙江省公安厅已要求杭州市公安局配合有关部门,认真做好相关执法问题的调查,做到有错必纠,有责必查,绝不掩盖、绝不袒护。"4月13日至16日,《浙江日报》连续4天在头版刊发了浙江省政法委以及公检法机关负责人的"答记者问"。公检法机关的负责人都承认各自对错案形成的相应环节负有责任。

八、冤错案件的教训

毫无疑问,犯罪侦查作为刑事诉讼的第一个环节,是错案发生的首要原因。根据我在上集中讲述的情况,本案的侦查人员犯的主要错误是先入为主和片面取证。我不认为本案的侦查人员要故意制造冤案,但是他们根据初步调查获得的情况,就认为张氏叔侄有重大犯罪嫌疑,然后就按照这个思路去调查取证,包括采用刑讯方法去获取嫌疑人的有罪供述。在得知被害人指甲缝中的微量人体组织与二张无关的鉴定结论之后,侦查人员本应调整侦查方向,但是却固执己见,继续收集有罪证据。当时,侦查人员也是骑虎难下了,特别是在已经刑讯逼供的情况下。人已经抓了,也打了,只能继续往前走。

犯罪侦查应该保持开放性思维,绝不能一条道走到黑。本案的侦查人员就是犯了这样的错误。其实,侦查人员在对二张进行调查的同时,还应该考虑到另外一条侦查思路,那就是出租车司机作案的可能刑。根据有关人员讲述的情况,被害人很可能要乘坐出租车去钱江三桥找接她的朋友,因此她被出租车司机杀害的可能性也很大。当然,到杭州市数量众多的出租车司机中去查找嫌疑人,并不是一件容易的工作,不如审查已经到手的嫌疑人来得方便。但是,如果当年的侦查人员保持开放性思维,特别是在得知 DNA 的鉴定结论之后及时调整侦查路线,那就有可能查到勾海峰,就能够避免冤案的发生。

顺便说,勾海峰在 2005 年因杀害吴晶被抓获之后,杭州市警方在拿下勾海峰的认罪口供之后,本应继续扩大战果,挤清余罪。这就说,审讯人员应该让他供述其他的犯罪行为。因为勾海峰杀害吴晶已然是死罪,所以他可能不会抗拒交代另一起杀人罪行。如果当年的侦查人员没有追求"杭州速度",没有急匆匆地侦查终结,那就有可能在 2005 年发现并纠正张氏叔侄的冤案。其实,在吴晶被害案和王婷被害案之间确实存在相似之处。

这两起案件的被害人都是半夜单独乘坐出租车的年轻女子,发现的尸体都是下身赤裸,因此都可能是被强奸杀害的。但是,警方都没有在被害人的下体提取到精液物质。勾海峰当年供认杀人时不承认有强奸行为,但警方认为不能完全排除强奸的可能性。那么,勾海峰有没有强奸王婷?这已成为该案的一个不解之谜。

在张氏叔侄案的再审法庭上,张高平说:2005 年,勾海锋被抓捕判刑时,他在监狱里看到了电视报道。他当时就怀疑勾海峰也是杀害王婷的凶手,因为两案的情节和作案手法很相似。他当时还关押在杭州,就向警方报告了自己的怀疑,并要求将勾海锋的 DNA 与王婷指甲内的 DNA 进行比对。但是,他的报告并没有引起警方的重视。听他报告的警察还说,那可是"中了彩票也没这么巧的事情"。

张氏叔侄冤案纠正之后,浙江省政法委组成联合调查组,对原案办理过程中公、检、法各环节存在的问题进行了全面调查,分别对有关责任人作出了免职、警告、通报批评等处分。当年担任杭州市公安局刑侦支队预审大队的聂大队长成为了舆论关注的焦点。据媒体披露,聂大队长既是张氏叔侄案的预审负责人,也是勾海峰案的预审负责人,于是,一些人就对她进行人身攻击,甚至把她妖魔化。

其实,聂大队长原本是一名优秀警察。从警二十多年,她一直工作在预审办案第一线。因工作表现出色,多次立功受奖,还获得了全国"三八红旗手"的光荣称号。2006年,中央电视台播出了"浙江神探"系列节目,其中就报道了聂大队长的事迹。报道说,这位号称"杭州政法界三大女杀手之一"的"女神探","近五年来牵头主办的重特大案件达350余起,准确率达到100%……各项办案指标年年在省、市名列前茅,经她审核把关的重特大恶性案件,移送起诉后无一起冤假错案"。

张氏叔侄冤案纠正之后,许多人还对法院的工作提出了质疑和批评。法院应该是维护社会正义和保障司法公正的最后一道关口,但是杭州市中院却给错案开了绿灯。有些人还说这些法官不负责任、玩忽职守,甚至使用了"徇私枉法"和"草菅人命"之类的激烈语言。在某些人看来,冤假错案的发生,就是因为警察、检察官和法官都是坏蛋。一帮坏蛋办案,因此就发生了错案! 我以为,这种说法是错误的。

根据我们这些年所做的刑事错案实证研究,那些制造了冤错案件的警察、检察官和法官并不是邪恶的坏蛋,而是挺好的工作人员,至少是不好不坏的普通人。古人说,人非圣贤,孰能无过。我们每个人都会犯错误、做错事,警察、检察官和法官当然也会犯错误,而他们所犯的错误往往会带来非常严重的后果。

九、从庭审虚化到审判中心

张氏叔侄冤案披露了我国刑事司法的弊端,特别是公检法之间配合有余、制约不足的问题。刑诉法规定由不同机关分掌刑事司法的侦查权、起诉权、审判权,就是为了通过互相制约来防止权力的滥用,保障司法公正。毫无疑问,张氏叔侄冤案的生成,根源在于侦查环节的错误,但是这些"事实不清证据不足"的案件通过了检察机关和审判机关把守的关口,最后成为刑事司法系统制造出来的"伪劣产品"。这也说明,法庭审判不是刑事诉讼的"中心"环节。

我在前面讲过,我国的刑事诉讼是以侦查为中心的"流水线"模式。在这种诉讼模式下,检察官和法官审查案件是"以案卷为中心"的,因为在这个"流水线"上传送的就是包括各种证据材料的案卷。侦查机关制作的案卷既是检察官提起公诉的主要依据,也是法官作出判决的主要依据。冤错案件的生成往往根源于侦查环节的错误,但是这些"事实不清证据不足"的案件又都通过了检察机关和审判机关把守的关口,顺利通过了"流水线"上的层层审查,最后成为刑事司法系统制造出来的"伪劣产品"。当侦查是刑事诉讼的中心环节时,起诉和审判在认定案件事实上的作用就容易被虚化,成为仅对"上游工序"的检验或复核。这反映出我国刑事司法制度的一个缺陷,即公检法三机关"配合有余而制约不足"。

刑事诉讼应该以审判为中心,刑事庭审应该是刑事诉讼的决定性环节,但是被虚化到可有可无的境地。这既危害司法的程序公正,也危害司法的实体公正。在许多冤假错案的背后都可以看到庭审虚化的阴影。虽然错案的发生不能完全归咎于庭审虚化,但是庭审虚化具有不可推卸的责任。只有让庭审真正成为刑事诉讼的中心环节,让案件审理者成为真正的裁判者,我国刑事司法制度预防错案的能力才会增强。

张氏叔侄冤案被发现之后,中央领导加强了对错案问题的重视,推动了相关制度的完善。2013 年 8 月,中央政法委发布《关于切实防止冤假错案的指导意见》。9 月,最高人民检察院发布《关于切实履行检察职能防止和纠正冤假错案的若干意见》。10 月,最高人民法院发布《关于建立健全防范刑事冤假错案工作机制的意见》。

2014 年 10 月召开的第十八届四中全会通过的《中共中央关于全面推进依法治国若干重大问题的决定》提出,要推进以审判为中心的诉讼制度改革。该《决定》还明确提出要优化司法职权配置,"健全公安机关、检察机关、审判机关、司法行政机关各司其职,侦查权、检察权、审判权、执行权相互配合、相互制约的体制机制"。

我国的一些诉讼法学者早已关注到刑事诉讼模式的问题,并且呼吁我国刑事诉讼要从"侦查中心"转向"审判中心"。我也曾提出这样的主张,而且在给警官和检察官讲课的时候特别强调要从侦查中心的诉讼观转向审判中心的诉讼观。我还写过一篇文章,《如何构建以审判为中心的刑事诉讼制度》,由教育部作为《高校智库专刊》报送中央。①

对于我国的刑事司法和法治建设来说,从侦查中心转向审判中心具有深远的意义。但是,这个转向不可能一蹴而就,需要逐步推进,而且需要一系列相应的制度改良。对此,我在第三单元的讲课中还要继续讨论。

各位同学,这一讲的思考题是:中国应该如何推进以审判为中心的刑事诉讼制度改革?

何老师留的　　　学生对谈
思考题

---

① 参见何家弘:《从侦查中心转向审判中心——中国刑事诉讼制度的改良》,载《中国高校社会科学》,2015 年第 2 期。

第三单元　改　　良

第十七讲　刑事调查制度的改良

各位同学,大家好！从这节课开始,我要讲刑事司法通识课的第三个单元,中国刑事司法的改良,主要是制度改良。我在前面讲过,刑事司法制度包括刑事调查制度、刑事检察制度、刑事辩护制度、刑事审判制度、刑事执行制度等。我就先讲刑事调查制度的改良。

刑事调查制度又称为犯罪侦查制度。它是一个国家中有关刑事调查活动的组织、程序、人员等方面的规则体系的总称。它包括组织制度、程序制度和人事制度。刑事调查的组织制度是指刑事调查机构的设置、职权分工、内部结构等方面的规则体系。刑事调查的程序制度是指规范刑事调查的方法、措施和活动的规则体系。刑事调查的人事制度是指有关刑事调查人员的资格、选拔、分工、晋升等方面的规则体系。

一、刑事调查程序制度的改良

我在前面讲过,刑事司法是一种国家权力。它就像一把双刃剑,一面可以打击犯罪,一面可能侵犯人权。如果缺少有效的制约,它在查办犯罪案件的过程中也可能侵害公民的权利,甚至制造出冤假错案。因此,法律要规范刑事司法权力的行使。就刑事调查活动来说,法律既要授权,又要限权。例如,法律允许侦查机关采取拘留和逮捕等强制措施,剥夺犯罪嫌疑人的人身自由,但同时又要限制这些强制措施的使用,必须遵守适用的条件和期限。这些规定主要体现在刑事诉讼法之中。

我国于 1979 年颁布的《刑事诉讼法》就对强制措施作出了明确规定,包括拘传、拘留、逮捕、取保候审、监视居住等。这些强制措施的适用都有明确的条件和期限,例如,拘留的对象是现行犯或者重大嫌疑分子。公安机关对于被拘留的人,应当在 24 小时内进行讯问。拘留后,除有碍侦查或者无法通知的情形以外,应当把拘留的原因和羁押的处所,在 24 小时以内,通知被拘留人的家属或者他的所在单位。公安机关对被拘留的人,认为需要逮捕的,应当在拘留后的 3 日以内,提请人民检察院审查批准。在特殊情况下,提请审查批准的时间可以延长 1 日至 4 日。人民检察院应当在接到公安机关提请批准逮捕书后的 3 日以内,作出批准逮捕或者不批准逮捕的决定。人民检察院不批准逮捕的,公安机关应当在接到通知后立即释放,发给释放证明。这就是说,刑事拘留的最长期限是 10 天。这些规定就是要防止公安机关滥用手中的权力。

公安人员在查办刑事案件的时候,不太喜欢这些法律规定。在复杂的案件中,他们往往需要更长的限制嫌疑人自由的时间,以便收集证据和获取口供。于是,他们就会想方设法延长羁押期限,包括利用法律规定的缺欠而造成各种各样的超期羁押。20 世纪 80 年代,公安机关使用最多的方法就是利用收容审查制度来延长羁押期限。

"收容审查"是公安机关在"文革"期间为打击流窜犯罪而采用的一种行政强制措施。1975 年,国务院发布文件认可了这种做法,规定地市级公安机关可以设置收容审查场所。1980 年,为了规范收容审查的适用,国务院又发布了《关于将强制劳动和收容审查两项措施统一于劳动教养的通知》。该《通知》规定:"对于有轻微违法犯罪行为又不讲真实姓名、住址、来历不明的人,或者有轻微违法犯罪行为又有流窜作案,多次作案,结伙作案嫌疑需收容查清罪行的人,送劳动教养场所专门编队进行审查。"

根据国务院的通知,公安部发布了《关于收容审查的若干问题的规定》,明确收容审查的对象是:(1)有轻微违法犯罪行为又不讲真实姓名、住址,来历不明的人;(2)有轻微违法犯罪行为,又有流窜作案、多次作案、结伙作案嫌疑需收容查清罪行的人。经收容审查证明已构成犯罪的,应移请人民检察院审查批捕和审查起诉,经审查符合劳动教养条件的,应经劳动教养管理委员会批准,送劳动教养;经审查证明既不构成犯罪又不符合劳动教养条件的,应解除收容审查或移送有关部门作其他处理。收容审查的对象如被定罪判刑或者被劳动教养,其收容审查的时间,可折抵刑期或劳动教养期限。

收容审查由公安机关自己决定,条件比较宽松,关押期限可长达 3 个月。而刑事拘留必须严格按照《刑事诉讼法》的规定执行,虽然也由公安机关决定,但一般不超过 7 天,重大案件也不得超过 10 天。因此,许多地方的公安机关都在案件调查初期用收容审查替代刑事拘留,包括对那些身份明确的嫌疑人。另外,虽然公安部要求全国地市级公安机关建立专门的收容审查所,但是很多地方的公安机关还是把收容审查人员放到看守所去关押。

为了解决滥用收容审查措施的问题,公安部于 1985 年发布了《关于严格控制使用收容审查手段的通知》。各地公安机关按照公安部的要求,健全审批制度,加强管理,并不断进行检查、整顿,收到一定的成效。但是,许多地方收容审查工作中存在的问题仍然十分严重,其中最突出的是不依照规定办事,收审面太宽,收审时间过长。例如,有的以收审代替拘留、代替侦察,或者代替处罚;有的为其他司法、行政机关收审违法人员;有的把过失犯罪、交通肇事、重婚甚至通奸、非法同居、违反计划生育、无证驾驶等行为人收审,对患有严重疾病的人、孕妇、精神病人也有收审。由于收审质量不高,不够刑事处罚的人占收审总人数的 60%～70%。有不少人被收审的时间长达几个月甚至一年以上。另外,审批、管理制度不健全,对被收审人员刑讯逼供,将收审人员与在押人犯混关混押,收审人员逃跑、死亡等事故也比较多发。

1990 年,公安部发布了《对收容审查的审批依据和复议问题的具体规定》。1991 年,公安部又发布了《关于进一步控制使用收容审查手段的通知》。该通知强调,收容审查对象应控制在:有轻微违法犯罪行为又不讲真实姓名、住址、来历不明的人,或者有轻微违法犯罪行为又有流窜作案、多次作案、结伙作案嫌疑需收容查清罪行的人,不得任意扩大收审范围。

但是在一些地方的犯罪侦查中,扩大使用收容审查的情况仍然很多,有关的指控和举报也不少,于是,新闻媒体时有报道,法学专家不断批判,各地人大代表也把收容审查作为执法检查的重点。后来在讨论修改刑事诉讼法的时候,废止收容审查制度就成为主流意见。

人们一般都说 1996 年修订的《刑事诉讼法》废止了收容审查。这种说法不够严谨,因为收容审查属于行政强制措施,是由行政规章规定的,1979年刑诉法中并没有收容审查的规定,因此在修订刑诉法时不能直接废止收容审查,只能采用替代性规定。

经过研究,全国人大法工委决定以弥补法律漏洞的方式表达废止收容审查的意思。1979 年《刑事诉讼法》第 41 条规定,公安机关可以先行拘留的情况包括:(六)身份不明有流窜作案重大嫌疑的。1996 年《刑事诉讼法》第 61 条将其修改为:(六)不讲真实姓名、住址,身份不明的;(七)有流窜作案、多次作案、结伙作案重大嫌疑的,而且把公安机关先行拘留的期限延长至 30 日。这一新的规定就发挥了取代收容审查的作用。

1996 年 6 月,公安部根据刑诉法的精神,下发通知要求各地公安机关抓紧做好取消收容审查的各项工作。按照新刑诉法的规定,只要是可以采用刑事拘留措施的,就不要再用收容审查。对现有被收容审查人员要进行全面清理,对已超过 3 个月的在押收容审查人员,该逮捕的逮捕,该劳动教养的送劳动教养,对证据不足的犯罪嫌疑人该放的放,该作其他处理的作其他处理,坚决纠正超期羁押的现象。该《通知》规定,"7 月份以后原则上不再办理批准收容审查的延期手段。从 10 月份开始,将收容审查人员的羁押期限控制在 1 个月以内,收容审查的对象按照新的逮捕、拘留条件执行。进入 12 月份,要提前做好收容审查人员的转拘留和转逮捕的准备,不能转拘留、逮捕的,月底前要全部处理完毕。"

不过,这个《通知》在执行过程中也遇到了一些问题。一些地方的公安机关还在利用其他方式进行变相的收容审查。其中问题较多的就是收容遣送。严格地说,收容遣送制度与刑事司法无关,不能用于打击犯罪和控制犯罪。但是,收容遣送工作主要由公安机关负责,收容所也受公安机关管辖,因此一些地方的基层公安机关就会把那些有犯罪嫌疑且身份不明的人收容起来。

收容遣送制度起源于新中国成立初期,最初是对游民的收容,后来发展到对外流灾民、流浪乞讨人员的救助、安置和遣返。1982 年,国务院发布《城市流浪乞讨人员收容遣送办法》,主要是为了救济、教育和安置城市中的流浪者。1992 年,国务院发布了《关于收容遣送工作改革问题的意见》,把收容对象扩大到"三无人员",就是无合法证件、无固定住所、无稳定收入的流动人员。当时,一些大城市要求居住 3 天以上的非本地户口公民办理暂住证,否则就视为非法居留,就要被收容遣送。于是,收容遣送制度就脱离了社会救助的原意,演变为限制外来人口流动,而且带有惩罚性质的强制措施。在实践中，一些地方的收容站以生活费、遣送费、城市增容费等名目乱收费，甚至出现了非法拘禁、强制劳动等情况。后来，一个案件震惊中国，也推动了制度改良。

二、令人扼腕的孙志刚案

这个案件的主人公名叫孙志刚，是一名服装设计师。2001 年在武汉科技学院本科毕业后，他到深圳一家公司工作。2003 年 2 月，他应聘到广州达奇服装公司担任设计师，试用期的月薪是 2 000 元。

3 月 17 日晚 10 点，喜欢上网的孙志刚离开与朋友合租的住房，去附近的一家网吧。因为刚来广州，他还没办暂住证，出门时也没带身份证。走到天河区黄村大街时，他被警察拦查，因为没有身份证件，他被带到黄村街派出所。

当时，广州市公安机关正在开展"严打"的统一清查行动，"三无"人员是重点清查对象。那天晚上，黄村街派出所清查了一百多人，其中有三十多人被决定收容，包括孙志刚。

晚上 11 点左右，孙志刚的朋友舒某某接到孙志刚的电话，说他因没有暂住证而被带到黄村街派出所，让舒某某带着身份证和钱去保释他。舒某某就和一个同事赶到派出所，要求保释孙志刚，但是被警察告知"这个人不行"，大概是因为孙志刚在接受警方盘查时态度不好。

3 月 18 日凌晨，孙志刚被送到天河公安分局收容待遣所。该所值班民警询问之后，决定按"三无"人员把孙志刚转送到广州市收容遣送中转站。18 日上午，孙志刚向中转站护士报告自己有心脏病，因为紧张而心慌、失眠，要求放他出去或住院治疗。中转站遂以"心动过速待查"为由，将孙志刚送到广州市收容人员救治站。

当天，孙志刚的另一个朋友接到孙的求助电话，就通知孙志刚所在公司的老板去收容站保人。孙志刚的一个同事赶到收容站，但被告知保人手续不全，只好返回公司。开好各种证明以后，公司老板亲自赶到广州市收容遣送中转站，但收容站那时要下班，保人得等到第二天。3 月 19 日，孙志刚的朋友打电话询问收容站，得知孙志刚已经被送到广州收容人员救治站。

广州市收容人员救治站位于远郊，距市中心一个多小时车程。这里本来属于广州市精神病院,后来改称广州市脑科医院江村住院部。2002 年 8 月 1 日,这个大院的一角被划为特殊病区,由广州市民政局和广州市公安局批准,指定为收容人员救治站,专门为收容人员中的病患者提供基本治疗。救治站场地拥挤、设施简陋,工作人员素质低下,管理混乱,经常发生打架斗殴事件,甚至有人被打身亡。

孙志刚于 3 月 18 日夜里被送到救治站。在那里,他多次遭受护工和其他被收容人员的殴打。20 日上午 9 时 50 分,护士查房时发现孙志刚趴在水泥床上一动不动,呼吸微弱,脸色发紫,赶忙把他送到救治室。值班医生做了常规抢救,10 分钟后宣布孙志刚死亡。救治站给出的死亡原因是“脑血管破裂,心脏病猝死”,并且声称孙志刚身上没有明显伤痕。

20 日中午,孙志刚的朋友再次给救治站打电话询问,得到的回答是“孙志刚已经死亡”。孙志刚的朋友认为此事非常蹊跷,就到公安局报案。

广州市公安局很重视此案,首先让刑事技术人员对孙志刚的尸体进行检验。法医鉴定书对孙志刚的伤痕描述是:身体有多处表皮擦伤和表皮脱落,背部有大片皮下出血,其中在左侧背中部可见四处条形皮内出血。尸体解剖还查明,孙双肺表面瘀黑,胃内有褐色水样物。法医检验的结论是:被害人孙志刚因背部遭受钝性暴力反复打击,造成背部大面积软组织损伤致创伤性休克死亡。

得知尸体检验结果之后,广州市政法委迅速成立联合调查组,很快就查明案情,并抓捕了李海婴等 8 名涉嫌殴打孙志刚的人,以及涉嫌指使殴打孙志刚的广州收容人员救治站护工乔燕琴等 5 人。同时,广州市检察院对涉嫌渎职犯罪的公安、民政、卫生工作人员立案侦查。

4 月 25 日,《南方都市报》发表了《被收容者孙志刚之死》一文,引起强烈反响。随后,很多新闻媒体都报道了这一事件,引起全国人民的关注。广东省的司法机关加快该案的审判工作。

2003 年 6 月 27 日,广东省高级法院对该案作出终审判决:以故意伤害罪,判处救治站护工乔燕琴死刑;判处被收容人员李海婴死缓;判处被收容人员钟辽国无期徒刑,其他 9 名被告人分别被判处了有期徒刑。另外,公安系统、卫生系统、民政系统的 20 名责任人员分别被判刑,或者受到了党纪政纪的处罚。

孙志刚不是流浪汉,而是有正当工作的大学毕业生。他的死亡事件暴露了收容遣送制度的弊端。于是,社会各界人士纷纷呼吁废止收容遣送制度,一些法律学者还上书全国人大,要求对收容遣送制度进行违宪审查。

2003年6月22日,国务院公布了《城市生活无着的流浪乞讨人员救助管理办法》,于2003年8月1日起施行。1982年5月12日国务院发布的《城市流浪乞讨人员收容遣送办法》同时废止。

收容遣送制度和收容审查制度一样,都不是刑事诉讼制度,但是变相地用于对犯罪的调查和防控。执法人员根据这项制度的法律授权,可以剥夺公民的人身自由,但是法律却未能有效地限制执法人员行使这项公权力。孙志刚在正常的社会活动中遭遇盘查和收容,在3天时间内经历了人生炼狱的磨难,最终悲惨离世,年仅27岁。他的人生悲剧展现了收容遣送制度之恶。从这个意义上讲,收容审查制度和收容遣送制度的废止,记录了中国法治的进步。

2003年12月18日,孙志刚的葬礼在湖北省黄冈市陶店乡幸福村举行。他的墓碑上刻下了这样一句话——

以生命为代价推动中国法治进程,值得纪念的人———孙志刚。

三、刑事调查组织制度的改良

世界各国的刑事调查组织制度可以分为集中型和分散型。在有些国家,刑事调查的组织是单一的系统,例如,所有刑事调查工作都由警察机构负责。在有些国家中,刑事调查的组织是多元的系统,例如,刑事调查工作分别由警察机构、检察机构、私人侦探机构等负责。在有些国家,全国的刑事调查机构统一由中央政府部门领导。在有些国家,各地区的刑事调查机构不受中央政府部门的领导,相互独立,没有上下级隶属关系。

我国的刑事调查工作主要由公安机关负责,而我国的公安机关是集中型体制,全国各地的公安厅局都在公安部的统一领导之下。但是,公安机关并不是我国唯一的刑事调查机构,其他国家机关也承担着不同种类犯罪的调查职能,例如,检察机关、国家安全机关、军队保卫部、中国海警局、海关走私犯罪侦查局等。因此,我国的刑事调查组织也有分散型的特点,而且某些种类犯罪案件的调查还存在"多元主体"的问题。下面,我就以贪腐犯罪为例,进行说明。

我国的贪腐犯罪调查组织属于"混合职能"模式。调查主体既包括检察机关和公安机关,也包括纪检监察机关。

1978 年,中国的检察机关恢复重建。1979 年,最高人民检察院设立经济检察厅和法纪检察厅,地方各级检察院也陆续设置了经济检察部门和法纪检察部门,前者负责对贪污贿赂以及偷税抗税、假冒商标等经济犯罪的调查,后者负责玩忽职守等渎职犯罪案件的调查。1982 年,法纪检察厅与经济检察厅合并,设置法纪经济检察厅,检察机关的职务犯罪侦查工作全部由该厅负责。

1988 年,全国人大常委会通过了《关于惩治贪污罪贿赂罪的补充规定》,首次在刑法中将贪污贿赂犯罪规定为一类犯罪。最高检根据中央关于反腐败的精神,进一步调整了工作部署,把打击贪污贿赂犯罪列为工作重点。1988 年,最高检决定将法纪和经济检察厅分设。1989 年,最高检把经济检察厅改名为贪污贿赂检察厅。随后,广东等地的检察机关相继成立反贪污贿赂局。1995 年,最高检成立反贪污贿赂总局。2000 年,"法纪检察厅"改名为"渎职侵权检察厅"。地方检察机关的法纪检察部门也同时更名。2005 年,最高检发出通知,地方各级检察院的渎职侵权检察部门改名为反渎职侵权局。于是,检察系统的反贪局和反渎局就成为查办贪腐犯罪案件的主要机构。

虽然国家工作人员滥用职权、玩忽职守、侵犯公民权利等行为不属于狭义的贪腐犯罪,但是这类行为也是官员腐败的表现形式,而且往往与贪污受贿行为相关联,因此反渎也属于贪腐犯罪的调查主体。在实践中,那些渎职侵权官员同时实施了贪污受贿行为的案件,一般就由反渎职侵权部门一并查办。

中国共产党纪律检查委员会的基本职责是依据《党章》对党的组织机构和党员进行监督检查,包括查处违反党纪的党员干部。各级监察机关属于政府部门,依据《行政监察法》对政府机构和政府系统的公职人员进行监督和检查,包括受理对监察对象违反行政纪律行为的控告、检举,调查处理监察对象违反行政纪律的行为。1993 年,为提高党政监督的整体效能,纪检机关和监察机关实行合署办公,一套人马,两块牌子,同时履行纪检监察两种职能。在实践中,纪检监察机关的办案部门就承担着对党员干部的贪污受贿行为进行调查的职责。

　　根据公安机关和检察机关之间犯罪侦查职能的分工,各级公安机关的经济犯罪侦查部门负责 89 种经济犯罪案件的侦查,包括民众关注的生产销售伪劣商品类犯罪、走私类犯罪、破坏金融管理秩序类犯罪、金融诈骗类犯罪、危害税收征管类犯罪、侵犯知识产权类犯罪等,也包括一些腐败犯罪案件,如《刑法》第 163 条规定的非国家工作人员受贿罪和第 164 条规定的对非国家工作人员行贿罪。因此,公安机关也是贪腐犯罪的调查主体。

　　综上所述,中国的贪腐犯罪调查体制属于多元主体。在这种"多龙治水"的体制下,查办贪腐案件的力量是分散的。纪检监察机关要查办,检察机关要查办,公安机关也要查办。虽然三者之间有职能分工,但是在查办贪腐案件时难免有所重叠。例如,在医疗腐败案件中,医药企业的行贿对象既包括公立医院的领导等国家工作人员,也包括普通医生等非国家工作人员,因此公安机关和检察机关都有权进行调查。又如,党员领导干部的贪腐行为既违反党纪也违犯国法,纪检机关和检察机关都有权查办。诚然,检察机关、纪检机关、公安机关都在党中央的统一领导之下,而且反腐败的目标是一致的,但是不同机关有不同的人员组织和工作任务,有时还会形成一定的竞争关系,因此在查办贪腐案件中难以形成真正的合力,也难以做到信息资源的共建共享。

　　作为最主要的贪腐犯罪调查主体的检察系统内部也存在办案力量分散的问题。一方面是横向的力量分散,另一方面是纵向的力量分散。检察机关设有反贪污贿赂和反渎职侵权两个部门,此外还有与之关的职务犯罪预防部门和检察技术信息部门,这些部门的分立会在一定程度上影响贪腐犯罪调查的整体效率。另外,从中央到基层,各级检察机关都设置侦查部门。最高人民检察院设有反贪污贿赂总局和渎职侵权检察厅;省级检察院、分州市检察院和区县基层检察院分别设有反贪污贿赂局和反渎职侵权局。这种分散型犯罪侦查体制很难在查贪腐犯罪案件时形成上下合力。

　　为了加强职务犯罪侦查工作的集中领导,提高职务犯罪侦查工作的效率,检察机关推行了职务犯罪侦查的"一体化"建设。2002 年 1 月 1 日,经最高检批准,重庆市检察院率先在全国成立了职务犯罪侦查局,统一负责贪污贿赂和渎职侵权犯罪案件的侦查工作。但是在现有体制下,统一指挥和统一行动的"一体化"目标很难实现。总之,无论是从横向还是纵向来看,检察系统都未能实现侦查人力物力资源的最佳配置。

新中国成立之初,检察系统曾经实行过垂直领导原则。例如,1954 年《宪法》第 81 条规定:"地方各级人民检察院和专门人民检察院在上级人民坚持领导下,并且一律在最高人民检察院的统一领导下,进行工作。"第 83 条更明确规定:"地方各级人民检察院独立行使职权,不受地方国家机关的干涉。"

但是在 1978 年重建检察机关时,检察系统就改为双重领导原则:一方面,检察机关要接受同级党委和人大的领导;另一方面,地方检察机关又要接受上级检察机关的领导。实行双重领导体制的目的是充分发挥中央和地方两个方面的积极性,但是在实践中却严重影响了检察机关依法独立行使检察权。

由于地方各级检察机关的人财物几乎完全掌控在地方权力机关,地方利益和地方上的人际关系对检察权行驶的干预和干扰,使上级检察院的领导在许多情况下形同虚设,检察机关很难独立行使检察权。在各项检察工作中,受地方干扰最多的恐怕就是职务犯罪侦查,因为这些侦查的对象都是当地的党政领导干部。有些地方的基层检察院可能一年也办不了几起职务犯罪案件,并非因为当地的官员都是清正廉明恪尽职守的好官,而是因为当地的主要领导不让查办。在这种体制下,如果地方党政领导不支持,查办贪腐犯罪的工作就很难开展。如果地方党政领导也腐败,譬如"一把手"腐败,那么反腐败就徒有虚名了。

2006 年至 2008 年,我在最高人民检察院挂职担任渎职侵权检察厅的副厅长,对我国职务犯罪的情况有了比较多的了解,对案件查办中的困难也有了更多的认知。我到一些地方的检察机关调研时,曾听到主管反贪和反渎工作的副检察长倾诉查办案件之难。在一个小城市或一个县城,检察官和查办对象都认识,有些还是同僚,严格查办确实不易。最重要的是大领导的态度。让你查,你才能查。不让你查,你就不能查。大领导也未必都是要保护贪官,但是他要考虑大局。如果今年已经查办了几个中层干部,那就不能再查了。查出来的贪官太多,显然会影响到他的政绩。另外,他信任重用的官员,那当然就不能查了。那段时间,我就听说了一个很有代表性的案例。

四、发人深省的贪腐小案

2004 年,陕西省榆林市靖边县新城乡的农民到县委、县政府和检察院等机关去举报乡党委书记高玉川,说他贪污了政府发放给当地农民的扶贫款8万余元。接到举报之后,检察机关立案调查。高玉川被免去了新城乡党委书记的职务,但是很快就被任命为县林业局局长,后来还当上了县人大代表。

当地农民不服,继续到县林业局讨要扶贫款,并多次到县委、县政府和榆林市检察院反映问题,但一直没有结果。后来,一些林业局干部又举报高玉川,说他动用了上千万元植被恢复款,大兴土木建房,还毁林为其亲属办沙场。榆林市检察院很重视此案,就立案侦查,但是在当地的阻力很大。在有关领导的关照下,高玉川不仅继续担任县林业局局长和人大代表,而且对检察机关的传唤置之不理。

在将近3年的时间内,高玉川凭借自己的人大代表身份和特殊关系,拒不接受检察机关的调查,而检察机关也无能为力。2007年初,陕西省检察院督办此案,当地检察机关才收集到有关证据。7月,靖边县检察院终于以贪污罪把高玉川起诉到靖边县法院。8月,高玉川被免除了县林业局局长的职务,并且被终止了县人大代表的资格。9月,靖边县法院作出判决,检察机关指控的贪污罪名成立,但是决定对被告人高玉川"免予刑事处罚"。检察机关不服判决,提出抗诉。榆林市中级法院二审改判,最终以贪污罪判处高玉川有期徒刑6年。

在我国查办的贪腐案件中,这确实是一个小案子。高玉川的官职大概就是科级干部,他贪污的金额也只有8万多元。但是这个案件真实地反映出贪腐案件的查办难。我不知道什么人是高玉川的保护伞,也许其中有错综复杂的人脉关系。诚然,高玉川只是一只"小苍蝇",其贪腐的危害与那些"大老虎"相差甚远。但是,"老虎"与民众的距离较远,而"苍蝇"就出没在百姓身边。因此,尽管民众对打"老虎"拍手称快,但是更关注打"苍蝇"的成效。另外,"老虎"属于"稀有动物",数量有限,而"苍蝇"的生命力极强,如不及时打灭,很容易泛滥成灾。因此,中国反腐败,既要打"老虎",又要打"苍蝇",而且就严查腐败而言,后者更为重要。

由此可见,中国的贪腐犯罪调查制度需要改良,调查体制应该从"分散型"走向"集中型"。这包括两个方面:第一是要加强垂直领导;第二是要合并调查职能。

2013年,中共第十八届三中全会决定要加强反腐败体制机制创新,强化上级纪委对下级纪委的领导。2014年,《中共中央关于全面深化改革若干重大问题的决定》规定,查办腐败案件以上级纪委领导为主,线索处置和案件查办在向同级党委报告的同时必须向上级纪委报告。与此同时,检察机关也在加强职务犯罪侦查工作的垂直领导,推行职务犯罪侦查工作的一体化建设。

2013年1月10日,我作为最高检的专家咨询委员列席了全国检察长会议,并且在与最高检主要领导的座谈会上发言,就职务犯罪侦查体制改革提出了两点建议。第一,检察机关要进行横向整合,就是要把各级检察机关的反贪污贿赂部门、反渎职侵权部门、职务犯罪预防部门以及服务于侦查的检察技术信息部门整合为一个大部。第二,检察机关要进行纵向整合,就是要集中人力物力,加强上下级检察机关职务犯罪侦查部门的垂直领导。在目前这种体制下,由于地方权力的干扰和各种关系的阻挠,基层检察机关的职务犯罪侦查工作很难发挥应有的效用。于是,我们就看到一种人力资源配置的怪现状:一方面,全国的反贪和反渎工作都在整体上面临人力不足的问题;另一方面,一些基层检察院又存在人员闲置和编制被地方政府挪用的情况。因此,我建议撤销基层检察机关现有的反贪局、反渎局和职务犯罪预防科,把相关的人员编制"上提",构建由最高人民检察院的职务犯罪侦查总局、省级人民检察院的职务犯罪侦查局和分州市人民检察院的职务犯罪侦查分局所组成的高度集中的"三级一体化"职务犯罪侦查体制。

2014年11月2日,最高人民检察院副检察长邱学强在接受媒体采访时透露,中央已正式批准最高检党组提出的改革方案,将成立新的反贪污贿赂总局。这一消息立即引起了社会的广泛关注。11月28日,最高人民检察院召开专家咨询委员座谈会,听取专家学者对检察改革意见和建议。我在座谈会上就职务犯罪侦查机构的整合提出了自己的看法。

我认为,新组建的"大反贪总局"不应采取把现有的反贪总局、渎职侵权检察厅和职务犯罪预防厅简单合并的做法,而应该通过这次整合加强直接办案的力量。反贪总局下面可以按地区设置机构,如东北地区反贪分局、西北地区反贪分局、华东地区反贪分局等。然后,各省级检察院也按照最高检的模式进行反贪部门的整合,按地区设立分局。为了克服查办腐败案件的地方阻力并提高查办的威慑力,我建议明确规定,最高检的各地区反贪分局直接负责侦查该地区内各省市的厅局级以上领导干部的腐败犯罪案件;各省级检察院的反贪部门负责侦查县处级领导干部的腐败犯罪案件;分州市检察院的反贪部门负责侦查一般干部的腐败犯罪案件;而基层检察院就不要再设了反贪局了。

2014 年 10 月,中央批准了最高人民检察院党组提出的改革方案,调整职务犯罪侦查预防机构,整合组建新的"反贪污贿赂总局",作为一个副部级单位。这就是说,新的反贪总局的局长要升格,成为副部级干部。对于检察机关来说,这是一件好事。但是,新任局长却遭遇了"难产"。虽然传说有几位候选人,但是最高检迟迟未能决定。于是,在一年多的时间内,反贪总局都没有新任局长。直到 2016 年,最高检才任命了新的反贪总局局长,就是副部级二级大检察官卢希。这一状况大概也让中央领导决定采取另外的加强反腐败体制的方案。

2016 年 10 月,中共十八届六中全会决定要成立"国家监察委员会"。随后,中共中央办公厅印发《关于在北京市、山西省、浙江省开展国家监察体制改革试点方案》。2017 年 10 月,党的十九大明确提出要构建集中统一、权威高效的国家监察体系。这表明,中央决定采用以监察机关为主体的反腐败调查模式。2018 年 3 月,全国人大通过了《监察法》。随后,中共中央印发《深化党和国家机构改革方案》,把组建国家监察委员会列在首位。

2018 年 2 月,为配合国家监察体制改革工作,检察机关反贪部门的全体检察官"转隶"到新成立的国家监察委员会,不再隶属最高人民检察院。2018 年 12 月,中央和各省的监察体制改革已基本完成。这就是我国现行的贪腐犯罪调查体制,当然也还需要进一步完善。

各位同学,这一讲的思考题是:中国应该如何加强贪腐犯罪的调查工作?

何老师留的
思考题

学生对谈

第十八讲　刑事检察制度的改良

各位同学,大家好!这节课我要讲中国刑事司法改良的第二个专题:刑事检察制度的改良。按照法律规定,中国的检察机关是法律监督机关,不像有些国家那样,只是公诉机关。因此,我国检察机关的职能比较多,包括刑事案件的侦查、批捕和起诉,还包括对诉讼活动的监督,以及对监狱、看守所等刑事执行工作的监督。当然,检察机关最主要的职能还是刑事检察工作,就是刑事案件的批捕和起诉。

一、口供证据制度的改良

我国在 1979 年重建检察机关之后,各级检察院的主要职能部门就是批捕、起诉、经济、法纪。经济检察部门和法纪检察部门主要负责职务犯罪侦查,我在上节课已经讲过了,因此这节课主要讲批捕和起诉。

1983 年春天,我上大学本科的最后一个学期,按照学校的安排,我到北京市西城区检察院的批捕科实习。当时,批捕科有三个检察员。科长是中年男子,另有两位女士,其中的年长者身体不好,经常休病假,因此办公室里一般就只有科长和那个年轻的转业军人。批捕科的工作不多,主要就是审查公安分局送来的《提请批准逮捕书》和案卷材料,而且一般都没有不同意见,于是就填写"批准逮捕决定书",报检察长批准,然后签发"逮捕证"。

作为实习学生,科长对我们的要求很宽松。我们每天早上到办公室后,就去打开水,搞卫生,然后就自己看书学习。科长有时会让我们看看案卷材料,还会给我们讲解一些实务问题,主要是审查"讯问笔录"的要点和注意事项,这也是检察机关审查批捕的重点。

按照《刑事诉讼法》的有关规定,检察机关在审查批捕的时候,可以讯问犯罪嫌疑人,当时称为"人犯"。在 3 个月的实习期间,我只看到一次提审人犯。那是我第一次直接参与查办案件,印象非常深刻。现如今,40 年过去了,当时的一些场景,我还记忆犹新。

那是一起流氓团伙案。我们提审的是这个团伙的一个小兄弟。他承认参与过团伙的打群架和抢东西,但是不承认参与了聚众淫乱活动。根据该团伙其他成员的供述,有一天晚上,团伙的大哥带来了一个女子,据说是返城知青,没有工作,外号"花大姐"。大哥请他们一起下饭馆,吃了一顿包子,还喝了啤酒。然后他们三男一女来到大哥的住所。大哥先带花大姐进了里屋,出来之后让两个兄弟也先后进里屋去"玩玩儿"。大哥和另外一个兄弟都在口供中承认与花大姐发生了关系,但是这个小兄弟不承认。他说进里屋后就跟花大姐聊了一会天,没干别的事情。警察也询问了花大姐,花大姐说跟这三个男人都发生了关系。

看了案卷材料之后,科长说刑警办案太粗糙。聚众淫乱是这个团伙的重要犯罪事实,必须拿到每个人犯的口供。他给公安局打了电话。对方解释说,因为刑事拘留的期限到了,他们人手不够,干不过来。他们认为,没有这小子的口供,这事儿也能定。科长说不行,让他们把这个人犯送过来,他要当面讯问,核实有关的事实情况。

那天下午,警察把人犯押送到检察院。讯问就在批捕科的办公室进行。科长主问,女检察员记录,我旁观。科长是个老检察,平时讲话慢条斯理。在审讯中,科长一开始的态度很平和,让那个小伙子讲述参与团伙活动的情况,然后问到那天晚上的事情,问得很具体。小伙子还是原来的说法,一起吃了喝了,大哥他们也干了,但是他进里屋后没干那个事情。科长问他和花大姐谈话的细节,抓住一个漏洞,突然拍案而起,大声训斥,然后用一连串的问题,把那个小伙子问的前言不搭后语,最后只好承认与花大姐发生了关系。

拿下口供之后,科长让他在讯问笔录上签字按手印。办完有关手续之后,科长让警察把人犯带回公安局。科长悠闲地抽着香烟。我看得出来,他很有些得意。当时,我也认为科长很厉害。但是在多年之后,我对这个问题有了一点不同的看法。

20世纪后期,我国的刑事司法从片面强调打击犯罪转向重视人权保障。当然,我们的基本价值定位是既要重视打击犯罪,也要重视保障人权;既要重视保障犯罪嫌疑人、被告人的权利,也要重视维护被害人及其家人的权益。那段时间,法学界有很多关于刑讯逼供问题的讨论,一些刑讯逼供案件也引起了社会的广泛关注,其中影响最大的就是云南杜培武冤案。

我在前面讲过杜培武案,也谈到侦查人员在审讯中使用了"高强度"的审讯手段。该案平反之后,杜培武向记者讲述了自己遭受刑讯的情况。在被连续审讯的20天时间内,杜培武的肉体和精神都受到巨大的折磨。那段时间,杜培武基本没有睡过觉,跪在地上回答问题就是最好的休息,也只有这个时候他才能缓一缓,补充自己的体力。

他说,审讯人员用手铐铐住我的双手,使整个人呈"大"字形,悬空吊在铁门上。吊一段时间后,在脚下塞进一个凳子,逼我老实交代。我不断地说自己是冤枉的。审讯人员认为我是负隅顽抗,就猛地抽掉凳子,让我突然悬空。如此反复多次,我仍然没有交代。审讯人员又用高压电棍逐一电击我的脚趾和手指。有的审讯人员认识我,在刑讯时还冷冷地对我说:"这么大的案子,你不认,我们怎么交代?对不起了!"经过20天的折磨,身为警察、体壮如牛的杜培武已经变得目光呆滞、步履蹒跚。他的手腕和脚踝都被手铐、脚镣吊烂,化脓,手背乌黑,肿得像戴着拳击手套。最后,他只好按照警方的要求供述了杀人的经过。

杜培武遭受刑讯逼供的情况,令人震惊,令人愤慨,也让人不断地追问:警察为什么要打人?警察打警察,为啥这么狠?我以为,司法人员的"口供情结"是一个重要的原因。

司法人员对口供的偏爱有深远的历史渊源。当人类掌握的司法证明手段还不够发达的时候,办案人员自然认为被告人的口供最有证明价值。世界上很多国家都曾经把被告人口供作为定案的首要证据。例如,中世纪欧洲国家的法律就明文规定被告人口供是"最完整的证据",是"证据之王"。中国古代也有"断罪必取输服供词"和"无供不录案"的断案规则。

以口供为"证据之王"的诉讼制度必然导致刑讯逼供的泛滥。且不说贪官污吏常假借刑讯来草菅人命,就连包公等"青天大老爷"也把刑讯视为"看家手段",动不动就"大刑伺候",声称"不用大刑,焉得实供"。即使到了现代文明社会,刑讯逼供仍然屡禁不止,无论是在中国还是在外国。

虽然我国刑事诉讼法明确规定司法人员不应轻信口供,但是在司法实践中,办案人员往往依赖口供。侦查人员没有口供不结案,检察人员没有口供不批捕或不起诉,审判人员没有口供不定案,这种情况屡见不鲜。讲道理的时候,大家都知道口供不可靠,办案时过分依赖口供很容易出现错案,很容易侵犯人权,但是一到现实中,又都千方百计去要口供。似乎只要手中没拿到口供,心里就觉得不踏实。这就是"口供情结"。因此,要遏止刑讯逼供,就要消除司法人员的"口供情结"。

世纪之交,中华大地兴起改革之风。在上级领导的倡导和鼓励下,各地的检察机关都在探索改革的新路,堪称"八仙过海,各显其能"。2000 年 10 月,辽宁省抚顺市顺城区检察院推出一项创新改革措施,制定了《主诉检察官办案零口供规则》。按照该规则,当侦查机关将包括犯罪嫌疑人有罪供述在内的证据呈送检察院提请批捕或起诉的时候,检察官应该视口供为零,然后根据案件中其他证据,分析判断嫌疑人是否确有犯罪事实,是否应该批捕或起诉。

一时间,"零口供"成为许多新闻媒体的热门话题,也引起了社会公众的关注和讨论。有人说,这是"中国刑诉的司法观念彻底转变",是从"有罪推定"到"无罪推定"的进步。有人说,这是在中国首次把"沉默权"写进了法律规章,"沉默权"终于在中国"浮出了水面"。新闻界对"零口供"的厚爱,令法律人感动,但是面对一片喝彩的声音,法律人又有些忧虑,因为这"厚爱"中包含了"错爱"。

毫无疑问,"零口供"规则有助于检察人员更新办案观念,有助于消除司法人员的"口供情结"。但是,"零口供"的做法很极端,因为被告人供述是我国法律规定的一种证据,完全无视其存在,彻底否定其价值,既有背于法律规定的精神,也有悖于司法证明的规律。

另外,"零口供"也不等于"沉默权",尽管这两个概念在深层理念上确有相通之处。沉默权的内涵在于被告人面对犯罪指控时不应承担证明自己有罪的责任,因而可以拒绝回答司法或执法人员的讯问,可以保持沉默。零口供的内涵则是要求检察官在审查案件时无视口供的作用,不要考虑被告人在侦查机关作出的有罪供述。总之,零口供与沉默权之间并不能画上等号。

对于遏止刑讯逼供来说,零口供规则具有积极意义,或者说,零口供精神值得宣扬。但是,"零口供"不宜作为普遍适用的法律规则。在这个问题上,我们还要区分查案与定案,还要区分侦查与审判。定案时可以不要口供,查案时则不能不要口供;审判阶段可以"藐视"口供,侦查阶段还得"重视"口供。换句话说,法官可以"零口供",侦查人员还不能"零口供"。在很多案件中,口供的价值对侦查人员来说并不仅是口供,还意味着许多破案的线索和收集其他证据的机会。在这里,我们又遇到一个重要的司法理论问题,就是批捕权的定位。

二、审查批捕制度的改良

按照我国的法律规定,批捕权是检察机关法律监督权的组成部分,是检察机关对侦查活动进行监督的主要手段。为了强调批捕的监督属性,最高人民检察院于 2000 年把原来的审查批捕部门改名为侦查监督部门。按照最高检的说法,侦查监督部门有三项基本职责,第一是审查逮捕;第二是刑事立案监督;第三是侦查活动监督。

为了更好地行使侦查监督职责,最高人民检察院又提出了"提前介入,引导侦查"的主张。2000 年 9 月,最高检召开了全国检察机关侦查监督会议,提出了侦查监督部门要实行从刑事立案到侦查终结的全过程监督,而且工作重点要放在引导侦查取证和保证侦查活动的依法进行。

在最高检的倡导下,一些地方的检察机关开始探索侦查监督的新路径和新模式。2001 年,河南省周口市人民检察院和公安局联合开启了"检察指导侦查取证"的探索。这一做法经媒体报道,引发法学理论界和司法实务界的广泛关注,并且被称为"周口模式"。

2002 年 3 月,最高人民检察院在工作报告中提出,要深化侦查监督和公诉改革,建立适时介入侦查、引导侦查取证、强化侦查监督的工作机制。2002 年 5 月,最高人民检察院在全国刑事检察工作会议上提出,要坚持、巩固和完善"适时介入侦查、引导侦查取证、强化侦查监督"的工作机制。

侦查监督不是检察机关自己的事情,"检察引导侦查"也不能是检察机关的一家之言。这个问题涉及了检察机关和公安机关的关系定位。从世界范围看,检警关系大体有两种模式,一种是"检警一体",另一种是"检警分离"。在前一种模式下,检察官是警察的领导,检察官可以领导指挥警方的侦查。在后一种模式下,检察机关和警察机关是分立的,检察官不能领导指挥警方的侦查。当然,警方的侦查是为检方的公诉服务的,因此检察官也可以给侦查人员提供指导意见。

中国属于"检警分离"模式,而且公安机关在刑事诉讼中处于主导地位。对于这个问题,我在第十六讲中做了专门的解说。虽然我国的刑事诉讼逐渐从侦查中心转向审判中心,但是检警关系的转变并不容易。因此,检察机关提出的"检察引导侦查"工作机制,必须得到公安机关的同意。

后来,最高检研究起草了一个"检察引导侦查工作机制"的意见,还召开了专家研讨会,我也应邀参加了。在会上,最高检的领导介绍了有关情况,并且说已经征求了公安部有关领导的意见,对方不仅表示认同,甚至说可以改为"检察领导侦查"。但是,最高检把那个意见正式送交公安部审议之后,很久没有下文。我听说,公安部就此征求各地公安机关的意见,得到的反馈是"强烈反对"。于是,这个检警工作机制在很多年都停留在协商之中。

2014年,党的十八届四中全会提出要推进以审判为中心的刑事诉讼制度改革。于是,最高检又提出"检察引导侦查"的议题。经过一段时间的协商和研讨,最高人民检察院和公安部于2017年12月联合发布了《最高人民检察院公安部关于公安机关办理经济犯罪案件的若干规定》,自2018年1月1日起施行。这个《规定》在一定程度上体现了"检察引导侦查"的精神。

在讨论检警关系问题的同时,一些法律学者还提出了批捕权的归属问题,因为这也是司法改革的一个议题。有学者认为,批捕权是国家司法权的重要组成部分,应该由承担审判职能的法院行使,不应该由承担控诉职能的检察院行使,因此主张在司法改革中把批捕权划归法院。有的学者还特别指出,检察机关还承担职务犯罪侦查职能。在这类案件中,检察机关自己侦查,自己批捕,极大地削弱了批捕程序对犯罪侦查的监督制约功能。

检察机关不愿意放弃批捕权,但是必须对这种改革意见作出回应。2009年9月,最高检印发了《关于省级以下人民检察院立案侦查的案件由上一级人民检察院审查决定逮捕的规定(试行)》,明确规定省级以下(不含省级)检察院立案侦查的案件,需要逮捕犯罪嫌疑人的,应当报请上一级检察院审查决定。

2010年,一些地方的检察机关开始试行这项自侦案件上提一级批捕的改革。到2011年底,全国各地的检察机关基本上完成了职务犯罪案件审查逮捕上提一级的改革。这项改革增加了上级检察机关的工作量和工作难度。例如，在地市级检察院负责侦查的职务犯罪案件中，犯罪嫌疑人的批捕以前由本院的侦查监督部门负责，现在则要报请省级检察院的侦查监督部门批准。我曾经听一位省检察院的侦查监督检察官说，她经常要开几个小时的汽车，去下级检察院讯问嫌疑人。特别是对于新疆、西藏、内蒙古等地区来说，这项改革的人力物力投入是很大的。然而，这是刑事司法改革的需要。

三、审查起诉制度的改良

人们常说，检察院的工作是中间环节，连接公安的侦查和法院的审判。这种说法不够严谨，因为检察院也负责犯罪侦查。更准确地说，刑事检察工作是刑事调查工作和刑事审判工作的中间环节。在刑事诉讼中，审查批捕主要体现刑事检察与刑事调查的关系，审查起诉则主要体现刑事检察与刑事审判的关系。在讨论这个问题的时候，还得先从审讯谈起。

20世纪，我国公安局和检察院的审讯室里，都在显著位置写有一个大标语："坦白从宽，抗拒从严"。这是我国长期使用的一个刑事政策，也是审讯犯罪嫌疑人时经常使用的一个口号。在世纪之交，受刑讯逼供的影响，"坦白从宽，抗拒从严"的口号也受到了批判，有人甚至把它说成是刑讯逼供的主要原因。于是，一些地方的审讯室就相继拿掉了这个口号。

其实，"坦白从宽，抗拒从严"是一个很有价值的刑事政策，曾经在我国的司法实践中发挥了积极的作用。但是，这个政策在执行中出现了偏差，最主要的问题是侦查人员缺乏诚信。有些侦查人员把"坦白从宽"作为诱供的方法，嫌疑人坦白之后，从宽的政策却不能兑现。有些侦查人员把"抗拒从严"作为逼供的手段，而且武断地认为只要嫌疑人拒绝回答问题，就是抗拒，就要从严。

于是，一些犯罪分子也总结出相应的对策，还凑成一副对联：上联是"坦白从宽，牢底坐穿"；下联是"抗拒从严，回家过年"；横批是"打死我也不说"。他们对抗审讯的格言是："只要不开口，神仙难下手。"

毫无疑问，这些问题是客观存在的，但是这些问题并不能说明坦白从宽的政策是错误的。如果说"抗拒从严"的说法不太合适，那么"坦白从宽"的说法还是正当合理的,甚至可以说具有普适性价值。很多国家在刑事司法中都有类似的规定。

例如,按照英国法律的规定,警察在讯问之前要告知犯罪嫌疑人:"你不必说任何话,但是如果你在接受讯问时不说,而日后在审判中辩解,这会损害你自己的辩护。"这种告知的含义是:你有权保持沉默,但是法院可能针对你保持沉默的态度作出于你不利的裁判。假设某种犯罪按照英国法律的规定可以判3年到6年的监禁,那么在被告人坦白认罪的情况下,法官可以判3年;而在被告人不承认或保持沉默的情况下,法官则可以判6年。当然,法官从严处罚的前提是检控方提供充分证据证明了被告人有罪。英国的这种法律规定与我国的"坦白从宽"政策有异曲同工之处。

由此可见,"坦白从宽"并没有错,关键是司法人员要说话算数。具体来说,如果被告人坦白了,司法机关就一定要从宽处理。为了鼓励犯罪者走"坦白从宽"的道路,我们应该把"坦白从宽"制度化,最好能在法律中作出明确的从轻处罚规定。顺便说明,2011年出台的《刑法修正案(八)》就明确规定,"如实供述自己罪行"属于"可以从轻处罚"的法定情节。

说到这里,我就要讲一讲美国的"辩诉交易"制度,因为它与我国的"坦白从宽"政策有相通之处。30年前在美国西北大学法学院留学时,我的法学博士学位论文的主题是"中美检察制度比较研究"。在撰写论文的过程中,我认真研习美国的检察制度,增长了知识,开阔了眼界,也学习了一些新概念,包括Plea Bargaining。

一开始看到这个名词的时候,我看不懂,一头雾水。Plea的含义是刑事被告人对犯罪指控的答辩,主要有两种,就是有罪答辩和无罪答辩,前者是plea of guilty,后者是plea of not guilty。Bargaining的含义是购物时讨价还价,或者说是一笔很划算的交易。被告人在法庭上就犯罪指控作出答辩的时候,怎么能讨价还价呢?被告人能跟谁做交易呢?

通过阅读文献和请教老师,我终于明白了。在美国的刑事诉讼中,被告人确实可以跟检察官讨价还价,然后双方达成协议。协议的基本内容就是被告人做有罪答辩,检察官保证从轻处罚,或者降低指控的罪名,或者要求法官作出较轻的刑罚,甚至放弃指控。

例如,检察官原本指控被告人犯有故意杀人罪,刑罚应该是终身监禁或死刑。如果被告人同意认罪,检察官就可以把指控改为过失杀人罪,而且会要求法官判刑 15 年。被告人确实可以讨价。他可以说,15 年太长,如果就判 5 年,我就认罪。检察官还可以还价,那不行,判 5 年太轻,我没法向公众交代。这样吧,一口价,10 年! 行就行,不行咱们就法庭上见。被告人考虑之后,点头同意,双方就达成了判刑 10 年的认罪协议。

根据有关文献中的解释,第二次世界大战之后,美国的社会问题很多,许多城市的犯罪率都很高,刑事司法系统不堪重负。为了减轻办案压力,纽约、芝加哥等大城市的检察官就开始采用从轻处罚的承诺,换取被告人的有罪答辩。在被告人认罪的案件中,法官的审判就非常简单。只要确认被告人是自愿认罪,法官就直接作出判决,而且法官一般都会认可检察官所作出的量刑承诺。这种做法大大减轻了刑事司法系统的办案压力,因此就得到了推广。1970 年,美国联邦最高法院在布朗迪诉合众国(Brady V. U. S)案的判决中,正式确认了这种交易的合法性。1974 年修订的《联邦刑事诉讼规则》也作出了相应的规定。

虽然这种交易是被告人和检察官达成的协议,但它并不是被告人权利,而是检察官的权力。诚然,被告人可以拒绝接受检察官提出的交易,但是他无权要求交易。是否进行交易,和哪个被告人进行交易,这只能由检察官决定。检察官进行交易的理由主要有两个:第一是指控犯罪的证据不足,为了避免在法庭审判中败诉,检察官选择通过交易来获得有罪判决。第二是为了在对其他罪犯的起诉中获得被告人的合作,就是要通过交易来获得"污点证人"。

在共同犯罪案件中,检察官可以根据自己的意愿来决定同某个被告人进行交易,而这种交易的条件往往是该被告人同意做检控方的污点证人。这就等于检察官可以决定共同犯罪人的不同命运。更为重要的是,检察官的这一决定不受司法审查的制约。只要被告人的认罪是自愿的,而且他已明言放弃陪审团审判的权利,那么法官就不再进行正式的庭审,而直接根据检察官的起诉判刑。如果检察官的决定是不起诉,那么法官即使有不同意见,也只能耸耸肩膀!

美国也有人反对这种交易制度。有人认为,检察官和被告人的交易损害了司法公正。重罪轻判和有罪不罚显然都违反了司法公正的原则。对于社会公众和受害人及其家人来说,检察官和被告人的交易是难以接受的,通过讨价还价来决定被告人的刑罚是极不公正的。1973 年,阿拉斯加州的检察长曾要求全州的检察官停止这种交易活动。"全国刑事审判标准及目标咨询委员会"也曾经呼吁废止这种交易制度。然而,这种交易实用有效,因此在美国的司法实践中应用非常广泛。虽然没有准确的统计数字,但一般的估计都认为,大约90%的刑事案件是通过检察官和被告人的这种交易结案的。

美国产生辩诉交易制度的主要原因是犯罪案件太多,刑事司法系统的压力太大,因此需要寻找一种简易快捷的结案方式。另外,美国法律对被告人的权利有较多的保护措施,譬如明示沉默权的米兰达告知规则,而对刑事调查有较多的限制措施,譬如毒树之果的非法证据排除规则,因此检察官很难获得充分的有罪证据,需要通过辩诉交易来保证有罪判决。总之,辩诉交易制度是美国的社会环境和诉讼理念的产物。

1993年底留学回国之后,我开始撰写一些小文章介绍美国的刑事司法制度。当时,《中国青年报》有一个副刊,名称是《青年参考》,主编邀请我写一些杂文随笔。我在写文章的过程中遇到一些法律术语的翻译问题,包括Plea Bargaining。我查阅了国内的教材和文章,但是没有找到相对应的中文词。根据相关的知识,我认为这个名词可以翻译为"辩诉交易"或"认罪协议",最后选择了更有美国特色的"辩诉交易"。我在1995年出版的《毒树之果——美国刑事司法随笔》一书中专门评价了辩诉交易制度。当时,这是一个新概念,引起诉讼法学界学者和司法实务界人士的兴趣。

世纪之交,中国的司法机关在进行改革的探索,也面临一些新的问题。1999年,最高人民检察院要求各级检察人员在刑事案件调查过程中讯问犯罪嫌疑人或被告人的时候,必须首先告知对方依法所享有的各项权利,包括得到法律援助的权利,聘请律师的权利,以及拒绝回答与本案无关问题的权利。

我们知道,美国的米兰达告知规则赋予犯罪嫌疑人三项权利,就是沉默权、会见律师权和法律援助权。诚然,最高检的这项规定与米兰达告知规则有重要区别,那就是犯罪嫌疑人或被告人并不享有真正的沉默权,因为犯罪嫌疑人或被告人只能拒绝回答与本案无关的问题,与本案有关的问题,还得如实回答。但是,这项规定体现了对侦查讯问的限制,也要转变司法人员对口供的依赖习惯。

我在前面讲过的辽宁省抚顺市顺城区检察院推出的《零口供规则》,就是根据最高检的这项要求而作出的改革探索。与此同时,一些地方的检察机关也在探索其他改革路径,包括辩诉交易。其中,黑龙江省牡丹江铁路检察院堪称"第一个吃螃蟹的人"。关于这个问题,我还要从一个具体案件谈起。

2000年12月18日夜晚,牡丹江火车站附近发生一起群殴案件。孟广虎因开汽车争抢道路而与王玉杰等人发生争吵。孟广虎感觉自己势单力薄,就打电话叫来几个朋友,最后发生互殴,导致王玉杰小腿骨折和脾脏破裂,法医鉴定为重伤。

案发后,公安机关很快就抓到了孟广虎。孟广虎承认是他叫人来打伤了王玉杰,但是现场很乱也很黑暗,他没看清是谁打的。孟广虎的那几个朋友在事发后都逃往外地,公安机关在一年多的时间里也没有抓到他们。侦查人员认为,追逃那些人需要大量人力、物力,而且本案是多人互殴造成的后果,即便把人都抓回来,也很难查清造成重伤害的行为人。这是一起共同犯罪案件,主要原因是孟广虎找人打架,导致被害人重伤。对此后果,孟广虎应该承担全部责任。于是,公安局决定侦查终结,把案件移送检察院审查起诉。

牡丹江铁路检察院在审查起诉期间,与法官进行了沟通,也听取了孟广虎的辩护律师的意见。辩护律师认为,尽管是孟广虎找来的人对被害人实施殴打并造成重伤的后果,但是本案的其他嫌疑人在逃,无法确定被害人的重伤是何人所为,因此不能判孟广虎犯有故意伤害罪。法官也认为,本案事实不清,证据不足,要求检察院补充侦查。

牡丹江铁路检察院在研究案情之后,决定采用当地司法机关正在进行试点改革的辩诉交易。检察官向辩护律师提出了辩诉交易的建议。辩护律师征得被告人孟广虎的同意之后,向检察机关反馈了辩方意见。于是,控辩双方经过协商达成协议:被告人同意认罪,并自愿承担民事赔偿责任;公诉方同意向法院提出对被告人适用缓刑的从轻处罚建议。

牡丹江铁路运输法院收到检察院的辩诉交易申请之后,对辩诉交易的程序进行了认真的审查,然后作出开庭审判的决定。开庭前,法官组织被告人和被害人就附带民事赔偿问题进行调解,双方达成赔偿人民币4万元的协议。

2002年4月11日,牡丹江铁路运输法院开庭审理此案。首先,公诉人向法庭陈述了与辩方进行辩诉交易的过程及主要内容。然后,法官询问被告人是否委托其辩护人就刑罚问题与控方进行交易,对辩诉交易内容是否清楚,是否明了法庭一旦确认该诉辩交易其将面临的刑罚后果等问题。被告人孟广虎都作出了肯定的回答。法官又询问了被害人对本案刑事处罚和民事赔偿的意见。法庭休庭合议后当庭宣判:孟广虎犯故意伤害罪,判处有期徒刑 3 年缓刑 3 年。该案的法庭审判仅用了 25 分钟。

这个案例经新闻媒体报道之后,引起法学界人士对"辩诉交易"问题的关注和讨论。有的学者认为,辩诉交易的实行极大提高了诉讼效率,降低了诉讼成本,充分尊重了当事人的意见,有利于实现司法公正,也有利于解决刑讯逼供和超期羁押等问题。有的学者认为,辩诉交易符合我国长期实行的"坦白从宽"政策,有利于促使犯罪嫌疑人认罪和悔罪,而且可以使"坦白从宽"制度化。有的学者认为,目前在我国实行辩诉交易没有法律依据,有悖于严格执法原则,而且我国现在不具备辩诉交易的社会环境,总之,辩诉交易不符合我国国情。还有的学者认为,在当下中国,司法腐败也是一个现实问题,而辩诉交易很容易滋生腐败,演变为权钱交易。也有学者主张,现在我国还不具备实行辩诉交易的条件,可以先进行探索,等待条件成熟之后在实施。

这些观点基本上代表了国人对辩诉交易问题的看法。另外,很多民众不能接受"辩诉交易"的说法,认为司法人员不应该与犯罪人进行交易。于是,有些学者提出了"控辩协商"和"认罪协议"的说法,并且介绍了德国的认罪协商制度。总之,法学界对这个问题是众说纷纭,莫衷一是。

然而,我国的刑事案件数量增长很快,检察院和法院的工作压力很大,积累的案件也很多,因此,推动刑事案件的繁简分流,优化司法资源配置,提升刑事诉讼效率,就是客观的需要。多年来,我国的立法机关和司法机关一直在探索解决这个问题的路径。

1996 年修订的《刑事诉讼法》首次将刑事诉讼程序分为普通程序和简易程序,为刑事案件审理的繁简分流提供了法律基础。2003 年,最高人民法院、最高人民检察院和公安部联合发布了《关于适用普通程序审理"被告人认罪案件"的若干意见(试行)》,规定了被告人认罪的普通程序案件可以简化审。2011 年出台的《刑法修正案(八)》将"如实供述自己罪行"作为"可以从轻处罚"的法定情节,为被告人认罪案件的从宽处罚提供了法律依据。

2012 年修订的《刑事诉讼法》增加了当事人和解的公诉案件诉讼程序,为认罪协议提供了路径。2014 年,最高人民法院、最高人民检察院、公安部、司法部联合发布了《关于在全国部分地区开展刑事案件速裁程序试点工作的办法》。速裁程序的改革试点,为刑事诉讼法规定的简易程序提供了"快车道"。2015 年,最高人民法院、最高人民检察院,司法部联合发布了《有关适用普通程序来审理"被告人认罪"案件的若干意见》和《有关适用简易程序审理公诉案件的若干意见》。这些规定都在探索符合中国国情的"辩诉交易"制度。

2016 年 9 月,全国人大常委会通过《关于授权最高人民法院、最高人民检察院在部分地区开展刑事案件认罪认罚从宽制度试点工作的决定》。然后,"两院三部"制定了《关于在部分地区开展刑事案件认罪认罚从宽制度试点工作的办法》,于 2016 年 11 月印发实施。经过两年多的试点经验总结,全国人大常委会于 2018 年 10 月通过修改《刑事诉讼法》的决定,把认罪认罚从宽制度规定为刑事诉讼的一项基本原则。2019 年,"两院三部"共同发布了《关于适用认罪认罚从宽制度的指导意见》。

近年来,我国的犯罪状况发生了很大变化,表现之一就是重罪案件的数量减少,轻罪案件的数量增加。1999 年,我国重罪案件的占比是 19.6%,2019 年下降到 2.7%。2018 年,判处 3 年有期徒刑以下刑罚的人数占比是 54.6%,2019 年上升到 78.7%。与此同时,认罪认罚从宽的案件数量稳步上升。2020 年,全国法院审结认罪认罚从宽案件达 79.5 万件,占同期结案全部刑事案件的 71.3%。据说,这一数字现在已经高达 90%,与美国的辩诉交易适用率相当。因此,有人把认罪认罚从宽制度称为"中国版的辩诉交易制度"。

认罪认罚从宽制度已成为一项广泛应用的刑事诉讼制度,取得了很好的成效。不过,也有人提出质疑,主要是担心认罪认罚的自愿性和从宽处罚的公正性。另外还有人说,现在的刑事诉讼既不是以侦查为中心,也不是以审判为中心,而是以公诉为中心,或者说,以检察为中心。此说不无道理。

刑事检察工作应该以提起公诉为主要内容。多年来,检察机关也在探索提高公诉工作质量的方法和路径。1999 年 5 月,最高人民检察院决定在北京、天津、上海、重庆等 10 个大城市进行"主诉检察官"的试点工作。2000 年 1 月,最高检决定在全国各级检察机关全面推行主诉检察官办案责任制。

这项制度对于提升检察机关的公诉水平发挥了积极的作用。与此同时,检察机关也在努力提升主诉检察官的业务能力和水平,包括举办培训班和辩论赛。

2011年,最高检、司法部、全国律协联合举办了"首届公诉人辩护人电视论辩大赛",总决赛于11月在中央电视台举行,主持人是撒贝宁和王小丫。我应邀担任了总决赛的评委,并且代表评委进行点评。在点评中,我还谈到了自己练习"拜德明顿功"的心得。我说,这种功法非常好,长期坚持就可以达到"强身健体,修身养性,合作博弈,天地人和"的境界,而且对检察工作很有帮助。这种功法是从英国传进的,英文叫badminton,音译为"拜德明顿"。不过,它还有另外一种译法,就是"羽毛球"。

我打羽毛球,一开始主要是跟我的爱人和女儿打,还跟自己的学生打,她们的水平都不高,我就打得很爽,经常是一个人打两个人,还觉得游刃有余。后来我参加了北京市业余羽毛球比赛,结果是打一场输一场,而且经常被别人打得满场跑,非常狼狈。后来,体育馆的工作人员对我说,何教授,您不能老跟家里人打,得去跟高手打,水平才能提高。

现在,我们有些公诉人不喜欢跟高水平的律师对阵,总希望自己在法庭上的对手是业余水平。这样下去,我们公诉人的水平也很难提高。假如有一天,律师都不愿意去做辩护人了,那我估计公诉这活儿也就不需要检察官了。因此,中国刑事司法水平的提高,既需要强大的公诉人,也需要强大的辩护人。对于这个问题,我在下一讲中还会继续讨论。

各位同学,这一讲的思考题是:中国应如何继续推进刑事检察制度改革?

何老师留的
思考题

学生对谈

第十九讲　刑事辩护制度的改良

各位同学，大家好！这节课我要讲中国刑事司法改良的第三个专题，刑事辩护制度的改良。我要讲两个曾经在中国产生很大影响的案件，而且都是涉黑大案。

一、刑事辩护制度的重建

在世界上许多国家，刑事辩护都是律师的专业工作，或者说，刑事辩护的主体都是律师。但是在我国，刑事辩护的主体不限于律师。1979年《刑事诉讼法》第26条规定："被告人除自己行使辩护权以外，还可以委托下列的人辩护：（一）律师；（二）人民团体或者被告人所在单位推荐的，或者经人民法院许可的公民；（三）被告人的近亲属、监护人。"1996年《刑事诉讼法》做了两点修改。其一是取消了"经人民法院许可的公民"；其二是把"近亲属"改为"亲友"。这在一定程度上扩大了犯罪嫌疑人或被告人委托辩护人的范围。法律这样规定，主要是考虑中国的国情，特别是律师职业的发展状况。

我国在1954年开始建立律师制度。1957年3月颁布《律师暂行条例》时，北京、天津、上海等城市都成立了律师事务所或法律顾问处，19个省市自治区成立了律师协会，全国已有近三千名律师。但是1957年下半年开始的"反右"政治运动导致了新中国律师制度的夭折。

1979年，我国开始重建律师制度。当时全国只有几百名律师。1980年8月，全国人大常委会颁布了《律师暂行条例》，律师数量在一年内增长了10

倍,一些省、市、自治区还成立了律师协会。但是对于一年数十万刑事案件的中国来说,这数千名律师还是太少! 因此,绝大多数刑事案件都没有律师辩护。即使有律师,也就是审判中的陪衬而已。那些年,律师对大多数中国人来说都是一个陌生的概念。这时,一个重大案件的审判让国人认识了辩护律师。这就是举世瞩目的"四人帮"案件。

1980 年 11 月 20 日至 1981 年 1 月 25 日,最高人民法院特别法庭依法对林彪、江青反革命集团的 10 名主犯进行了公开审判,刚刚结束 15 年劳改生活的张思之律师出任了"两案"的辩护小组组长。虽然辩护律师在那场"世纪审判"中并没有发挥实质性作用,但是让中国人认识了辩护律师,也宣告了新中国律师制度的重建。

1980 年的《律师暂行条例》第 1 条规定:"律师是国家的法律工作者。"因此,当时的律师都是国家工作人员,一般都在司法局下设的法律顾问处工作。1985 年在人民大学读研期间,我和一个同学到北京市朝阳区的法律顾问处做过兼职律师。那时还没有律师资格考试,法律专业的研究生也很少,因此法律顾问处很高兴我们去做兼职律师。当时没有律师证,顾问处就给我们办了"法律工作者"的临时证件。

当时,一般的中国人都没有个人电话,只能使用办公室的电话或公用电话,通讯很不方便。我们就每个月去两次顾问处,看看有没有聘请律师的案件。我们代理诉讼的第一个案件是抢劫案。被告人的母亲到法律顾问处请了律师。

我们接手案件时,距离法院开庭只有 5 天时间。顾问处给我们开了去法院阅卷和去看守所会见被告人的介绍信,告诉我们办案的基本程序,特别嘱咐我们到法院和看守所的时候要注意态度,不要影响人家的工作。

第二天早上,我从人民大学坐公交车到朝阳区法院。我把阅卷的介绍信交给法院的接待人员,对方让我在外面等待。过了半个多小时,接待人员告诉我,负责那个案件的审判长在开庭,现在联系不上,让我下午再来。下午,我再次来到法院。接待人员告诉我,案卷在审判员手中,今天没法安排阅卷,让我明天再来。对于律师阅卷难,我有所耳闻。我的一个大学同学在朝阳法院工作,我就找他帮忙。他答应去给说说,让我明天早上再来。

第三天上午,我终于拿到了案卷,但是只有一个小时的阅卷时间。那是我第一次看到刑事诉讼的案卷。案卷不厚,我很快浏览了前面的法律文书,包括"拘留证""拘留通知书""提请逮捕书""批准逮捕决定书""逮捕证"等。然后,我仔细看了侦查人员写的"破案经过",以及询问被害人和讯问被告人的笔录,还有"侦查终结报告"和"移送审查起诉意见书"等。根据学过的知识,我感觉这个案卷很规范,内容很完整,找不出什么问题。最后,我就摘抄了案件基本情况和一些被告人为自己辩解的话。

第四天上午,我和同学坐了一个多小时的公交车,又走了半个小时的路,才找到清河的公安局看守所。我们递上了会见被告人的介绍信之后,被告知上午无法安排。下午,我们终于走进了看守所。警察说没有会见室,就让我们在院子里会见。过了一会儿,警察带来一个二十多岁的小伙子,他的眼睛里流露出猜疑的目光。我们说明来意,让他说说案件发生的经过。他沉默了片刻,很不友好地说了一句:"你们跟公安是一伙的吧?"我们解释了辩护律师的职责,然后问他希望我们如何为他辩护。他说:"说我无罪,你们敢吗?"我们都沉默了一阵子,会见就这样结束了。

按照当时法学界流行的说法,律师是国家的法律工作者,代表国家独立行使辩护权,不受被告人意见的约束。这就是说,被告人认罪的,律师可以作无罪辩护。被告人不认罪的,律师可以作有罪辩护。在这个案件中,我们找不到证明被告人无罪的证据,也没有在公诉证据中找到漏洞或缺陷。因此,我们在法庭上没能提出无罪的意见,只能说被告人是初犯,希望法庭从轻处罚。

那是我第一次参加法庭审判。在法庭上发言时,我很紧张。审判结束之后,我感觉如释重负,但是没有成就感,因为我知道自己没有提出任何有价值的辩护意见。当然,我们的辩护是有报酬的。当时,法律顾问处的收费标准是一个案件50元。顾问处给我们每人10元。对于每月32元助学金的研究生来说,这也是一笔可观的收入了。用同学的话说,我们就是来挣一点"外快"。

后来,我又参与了一个案件的辩护,也是走过场。那是一起强奸案,委托我们辩护的被告人在家组织朋友看黄色录像。其间,一男一女发生了关系。后来,该女子指控那个男子强奸,被告人则被指控为强奸的帮助犯。公诉方的证据就是被害人陈述和被告人供述。当时,我认为应该去询问那些共同看黄色录像的人,很可能找到有利于该被告人的证据。但是我们没有去查找和询问那些证人的时间和条件,只能根据公诉方提供的证据进行辩护。那时候我感觉,辩护律师在刑事诉讼中无法发挥实质性作用。

1986 年初,我要集中精力撰写硕士学位论文,就辞去了法律顾问处的兼职工作。那一年,司法部举办了中国第一次律师资格考试。许多研究生同学都参加了,但是我没有参加,因为我认为自己不适合做律师。我主要研究方向是犯罪侦查,不是刑事辩护,而且我要留校当教师,专门从事理论研究和教学工作。

1987 年 7 月,全国第一次律师代表大会在北京召开,成立了中华全国律师协会。此时,全国已有律师事务所和法律顾问处三千多个,专职律师和兼职律师两万多人。

当时,律师的职业定位是一个颇有争议的问题。我们上大学的时候就曾经争论过一个问题:被告人坚持说自己无罪,辩护律师根据有关证据认为被告人有罪,他是否可以做有罪辩护? 当时的主流观点是"可以",因为律师是国家的法律工作者。换句话说,律师是为国家工作的,不是为被告人工作的,律师的辩护不受被告人意见的约束。后来,法学界对这个问题展开讨论,一些学者提出了"律师是社会的法律工作者"的观点。律师不同于法官、检察官和警察。律师不是为国家工作的,是为社会提供法律服务的。后来,这种观点逐渐被人们所接受。

二、律师制度的改革

律师制度开始重建的时候,隶属于司法行政机关的法律顾问处是律师执业的唯一形式。1983 年 7 月,广东省深圳市作为经济改革特区,成立了中国第一家律师事务所,就是"深圳蛇口律师事务所"。没过多久,深圳市法律顾问处也改名为深圳市律师事务所。然后,全国许多地方的法律顾问处都纷纷改名为律师事务所。不过,无论是法律顾问处,还是律师事务所,都是国家所有制,律师享有国家工作人员编制,并且领取国家工资。

1988 年,北京市开始推行律师体制改革试点,成立了第一家集体所有制的律师事务所,就是北京市经纬律师事务所。这个所的主要创办人是我的大学同学王以岭。1983 年大学毕业后,他被分配到北京市司法局工作,后来到北京市第一律师事务所担任律师。1988 年,经北京市司法局批准,他带领我们班的几个大学同学,成立了北京市经纬律师事务所。这是我国第一家合作制律师事务所。后来,他们还集资在北京市东城区的和平里改建了一座律师楼,产生了挺大的影响。1993 年底,我从美国留学回来之后,曾经到他们的律师楼去看望老同学。我感觉,他们干得挺火。

1993 年 6 月,国务院批准了司法部《关于进一步深化律师工作改革的方案》,对律师体制进行重大改革。律师不再是国家行政干部,成为社会提供法律服务的执业人员;律师事务所不再是国家行政机关,成为社会主义市场经济条件下的法律服务机构。于是,许多城市都出现了集体所有制的合作制律师事务所和个人所有制的合伙制律师事务所,有的地方还出现了个人律师事务所。我国的律师事务所就有了四种形式:国资所、合作所、合伙所、个人所。

1996 年 5 月,全国人大常委会通过了新中国第一部律师法典,就是《中华人民共和国律师法》,从 1997 年 1 月 1 日起施行。《律师法》第 2 条规定,律师是"为社会提供法律服务的执业人员"。这就是说,律师不再是国家工作人员,不再需要国家编制,不再拿国家工资。这个变化反映了我国律师制度的进步,也反映了我国律师事务所的体制改革。于是,最符合律师职业特点的合伙制,就逐渐成为律师事务所的主要形式。

2000 年,司法部根据国务院有关中介机构必须与挂靠单位脱钩的规定,下达了《律师事务所、社会法律咨询机构脱钩改制实施方案》。按照该文件规定,所有挂靠国家机关、企业事业单位和社会团体的律师事务所,一律要在 2000 年 10 月 1 日以前全部改制脱钩,实行自由组合,改制为合作制的律师事务所或者合伙制的律师事务所。例如,中国人民大学法学院于 1985 年成立了律师事务所。这是由司法部批准成立的首批律师事务所之一,取名为"北京市第十律师事务所"。后来,这家律师事务所与人大法学院脱钩,改名为"北京市地石律师事务所"。在 2000 年改制之后,中国基本上没有了国家出资的律师事务所。此时,中国的律师事务所已将近 9 000 家,执业律师大约 10 万人。

与此同时,律师协会的管理体制也发生了相应的变化。中华全国律师协会在 1987 年成立时直接受司法部领导,第一届全国律师协会的会长就由司法部长邹瑜兼任。后来,伴随律师职业定位的变化,律师界对律师协会的性质展开了讨论。从司法行政机关的角度来看,律师协会是一个"治理性组织"。从律师行业的角度来看,律师协会应该是一个"代表性组织"。

1991 年,第二届全国律师代表大会的一些代表就提出了"律协领导人要有专业律师"的主张。实际上,司法部领导已经决定不再担任全国律协的领导,著名国际法专家任继圣当选为第二届全国律协的会长。1995 年,任继圣连任全国律协的会长,而且第三届全国律协的副会长也都由专职律师担任。当然,律协还要接受司法行政机关的指导。我国的律师制度从单一的司法行政管理体制转变为司法行政机关的行政管理与律师协会的行业管理相结合的管理体制。

在我国的律师管理中,"黑律师"是一个不容忽视的问题。早在 1950年,新中国政府就发布了《关于取缔黑律师及讼棍事件的通报》。不过,当时所说的"黑律师"并不是后来的含义,而是指旧中国遗留下来的律师。于是,政府解散了所有律师组织,停止了所有律师活动。1978 年重建律师制度之后所说的"黑律师",是指不具备律师执业资格而代理诉讼的人,包括那些有律师资格证但是没有律师执业证的人。

中国的律师实行"双证"制度,一个是律师资格证,一个是律师执业证。通过律师资格考试的人就可以获得律师资格证书,然后按照要求到律师事务所实习一年,才可以获得律师执业证书。具有律师资格的人短时间内可以不从事律师职业并保留律师资格。我国采取的是律师资格与律师执业相分离的制度。因此,仅有律师资格证书的人去有偿代理诉讼,也属于"黑律师"。

我在前面讲过,我国刑诉法规定刑事辩护的主体不限于律师,人民团体或者被告人所在单位推荐的人,被告人的监护人或亲友,也可以担任辩护人。很多黑律师就钻法律空子,以被告人亲友的身份代理诉讼,并且私下收费。单位代表或被告人亲友可以担任辩护人,但是不能收费,只有律师可以收费。因此,没有律师执业证的人代理诉讼并收费,就是"黑律师"。

20 世纪 90 年代之前,中国律师的主要业务都是诉讼代理,而且刑民不分,以刑事诉讼为主。换句话说,当时的律师大都是通才,什么业务都可以做,反正收费都不高。90 年代初期,中国律师开始了专业化分工,主要是一些律师开始专门做非诉业务,特别是新兴的证券市场的法律服务。同时,随着民事诉讼和经济纠纷的数量增加,一些律师也不再代理挣钱不多的刑事诉讼。于是,"黑律师"就乘虚而入,代理诉讼。有些"黑律师"还使用"打捞队"的旗号,声称能通过私人关系把被告人从看守所"捞出来",或者能够把被告人的死刑改为死缓或无期徒刑。这些"黑律师"的活动扰乱了法律服务市场,也败坏了律师的声誉。

1988 年和 1993 年,司法部曾经两次集中治理"黑律师"问题,在全国范围内清理整顿法律服务市场,取缔了一批非法设立的法律服务机构,也查处了一些"黑律师"。同时,司法部也采取措施,加强律师职业道德和诚信教育,加强对律师行为的规范,特别是律师与法官的交往。经过司法行政机关和律师行业的共同努力,刑事辩护逐渐进入健康发展的轨道,中国也出现了一些优秀的刑辩律师。

顺便说,我在 1994 年重温"文学梦",开始撰写侦探推理小说。我把小说的主人公设定为一个优秀而且高尚的刑辩律师,其中就包含了我对中国律师的认识和期望。在 5 年期间,我一共创作了 5 部以"洪律师"为主人公的小说,就是后来被再版的《洪律师探案集》。我的创作属于现实主义的社会派侦探推理小说。我尽量以现实生活中的案例为基础,努力展现当时我国刑事司法的真实面貌。当时,我国刑事司法的水平不太高,犯罪的水平也不太高,缺少精彩的刑事大案。不过,就在我停止文学创作之后不久,中国就发生了一个引人注目的刑事大案,而且该案的刑事辩护让国人对律师刮目相看。

三、刑事辩护的大案

2000 年 7 月 4 日,沈阳市的多家报纸都在头版刊登了一则警方通缉令,大意是重金悬赏,通缉"涉嫌重大犯罪"的嘉阳集团董事长刘涌和另外 4 名犯罪嫌疑人。这条消息让很多沈阳市民大吃一惊。作为沈阳知名企业的董事长,刘涌经常出现在当地的电视和报纸上。刘涌被警方通缉的消息立刻成为沈阳市民的热门话题,而他的各种"故事"也在当地不胫而走。

刘涌于 1960 年出生在沈阳,只有初中文化。据说,他在一次水灾中救下一中年男人,那个人后来把女儿嫁给刘涌,并且帮助他发家致富。刘涌靠开超市起家,后来又介入地产开发。1995 年,他创办嘉阳集团,从事商贸、服装、餐饮、娱乐、房地产等生意,下属公司 26 家,员工 2 500 人,资产 7 亿元人民币。该集团连续被沈阳市有关部门评为明星企业、巨人企业、AAA 企业。刘涌曾担任沈阳市人大代表,中国致公党沈阳直属支部主委、沈阳市和平区政协委员、沈阳私营企业家协会常务副会长,并且曾获得沈阳市和平区劳动模范、优秀企业家、扶贫先进个人等荣誉称号。

据说,刘涌与沈阳市政要的关系都很好,因此他在当地非常霸道,不可一世。他竟然敢在街头开枪打警察,还敢把一位副市长的儿子打成残废,而且都能顺利脱身。关于刘涌的霸道,还有一个广为流传的故事——

2000年初,刘涌邀请香港一位著名歌星去沈阳举办"嘉阳之夜"演唱会,双方谈好的演出费是300万元。但是刘涌对这位歌星的演出不满意,只给了150万元。歌星前去讨要,二人发生争执,刘涌竟然打了歌星一耳光,还不让其离开沈阳。后来,歌星在多位朋友的帮助下,才拿到全部演出费,并平安返回香港。

在警方发布通缉令的时候,刘涌在妻子的掩护下,与同伙刘野等人逃到黑河市,企图逃往俄罗斯。7月10日下午,刘涌三人在黑河市边检站被边检人员发现,但是刘涌很快逃走。黑河警方布网堵截,于11日晚在一辆出租车里把刘涌及同伙高伟抓获。当时刘涌已吞下安眠药企图自杀,警方把他送到医院抢救,脱险之后押回沈阳。

与此同时,沈阳警方已经把刘涌犯罪团伙的19名成员抓捕归案,其中包括3名警察。警方还缴获了军用手枪2支,猎枪5支,小口径手枪2支,各种砍刀、匕首、军刺20余把。警方查明,刘涌团伙是有黑社会性质的犯罪团伙。该团伙自20世纪80年代以来,为非作歹,称霸一方,非法敛财,纠集一批有劣迹人员充当打手,购买、私藏枪支弹药,猖狂作案30多起,致死致伤数十人。

2002年4月17日,辽宁省铁岭市中级人民法院对刘涌等人犯罪团伙案公开宣判,被告人刘涌犯故意伤害罪、组织领导黑社会性质组织罪、非法经营罪、行贿罪等,判处死刑,立即执行,并处罚金人民币1500万元。然而,这个案件的审判并未结束,后来又发生了引人瞩目的反转。

刘涌是沈阳的知名企业家,又是当地的恶霸,该案的审判自然引人瞩目。该案还有一个看点,那就是辩护律师的阵容非常强大。在14名辩护律师中,名气最大的当数京都律师事务所主任田文昌。田文昌是中华全国律师协会刑事辩护工作委员会的主任,被誉为"中国第一刑辩律师"。他是我国最早的刑法学硕士研究生,1983年毕业于西北政法学院,后来在中国政法大学任教,曾担任法律系副主任,因此他在法学界和司法界都有广泛的人脉。

2001年,法律出版社出版了一部很有影响的著作,书名是《刑事诉讼:控辩审三人谈》。三位主谈人分别是最高人民法院刑一庭庭长张军、最高人民检察院公诉厅厅长姜伟、北京市京都律师事务所主任田文昌。我应邀出席了该书的首发式，并且获得了一本由三人签名的书，很有收藏价值。

在刘涌案的审判过程中，田文昌大律师还有一个创举，就是在北京钓鱼台国宾馆举办了专家论证会，邀请刑事诉讼法学和刑法学的著名教授参加，包括中国政法大学的陈光中教授和北京大学法学院的陈兴良教授等。刘涌等被告人的辩护律师提出了警方在侦查讯问中的刑讯逼供问题，指出案卷的讯问笔录中存在"多人的口供高度一致"，而且被告人在法庭上集体翻供，说明该案有逼供诱供的问题。与会专家认为刘涌案中的证据存在严重问题，联署出具了"沈阳刘涌涉黑案的专家意见书"。这种在当时尚属罕见的专家意见书对该案的二审产生了一定的影响。

2003 年 8 月 15 日，辽宁省高级人民法院对刘涌等被告人组织、领导、参加黑社会性质组织、故意伤害等案二审宣判，改判刘涌死刑，缓期二年执行，剥夺政治权利终身，并处罚金人民币 1 500 万元。高院法官说，被告人刘涌系犯罪集团的首要分子，应该按照其犯罪集团所犯的全部罪行处罚，论罪应当判处死刑。但是，鉴于不能从根本上排除公安机关在侦查过程中存在刑讯逼供的情况，及其犯罪的事实、犯罪的性质、情节和对于社会的危害程度以及本案的具体情况，作出上述改判。

刘涌案的二审改判之后，社会民众的反应非常强烈。有人说，刘涌明明干了那么多坏事，不知道整死多少人，竟然还能活着？有人说，作为首要分子的刘涌，应该对犯罪集团所有罪行承担刑事责任。他手下的人被判了死刑，他却留了活命，这让人很难理解。还有人说，如果罪孽深重的刘涌都可以不死，那么，死刑留给谁用？辽宁高院的判决开了一个危险的先例。

迫于舆论压力，最高人民法院决定通过审判监督程序再审刘涌案。2003 年 12 月 18 日，最高人民法院合议庭在辽宁省锦州市中级人民法院开庭再审刘涌一案。12 月 22 日，最高法院合议庭在锦州中院再审宣判：撤销辽宁省高级法院二审判决中对再审被告人刘涌的量刑及决定执行的刑罚部分，改判刘涌死刑，立即执行。

法庭宣判之后，刘涌先与家人短暂告别，然后在死刑判决书上签名。负责执行死刑的铁岭市中级法院工作人员问刘涌要不要换身衣服，刘涌说："不用了，就这样吧！"据说，他在行刑前提出了两个请求：第一是喝一口白酒;第二是在他的脚镣里放一块钱。喝酒是为自己上路壮胆,放钱是作为黄泉路上的"买路钱"。刘涌被押到锦州市殡仪馆。法警把他从押解车里带出来,抬进一辆白色的死刑执行车,执行注射死刑,终年43岁。

刘涌案的审判引人注目,刘涌案的辩护律师也引人关注。这个案件让国人看到了高级的刑辩律师和高档的刑事辩护服务。不过,很多民众对辩护律师的工作提出质疑。有人说,刘涌绝对是个坏人,律师这么努力去为坏人辩护,那对社会有什么好处?还有人说,千方百计替坏人辩护的人,肯定也不是好人。一时间,刘涌的辩护律师受到了来自社会舆论的压力。

四、刑事辩护制度的保障

我们必须正确认识刑辩律师的工作。刑事辩护是刑事司法系统的重要组成部分。它是维护司法公正的需要,也是推行法治的需要。在这里,我要说明几点:第一,刑事诉讼的被告人不一定都是坏人,被指控犯罪的人不一定都是真正的犯罪人。这些年我国发现并纠正的冤假错案就是很好的证明。第二,即便真是有罪的人,被告人的合法权利也要得到保障。在现代法治国家中,接受审判的"坏人"也有获得辩护的权利。第三,刑事辩护是对公检法机关行使国家权力的制约,是遏止刑讯逼供和滥用职权的有效措施。正因为如此,一些公检法人员就很不喜欢辩护律师,甚至会采取一些不正当的打压手段。下面,我就再讲一个涉及刑事辩护的大案,也是涉黑案件。

2009年夏天,重庆市发动了"打黑除恶"专项斗争。截至2010年春天,重庆市警方共抓获"涉黑涉恶"犯罪嫌疑人4 000多人,包括60多名黑恶团伙的首犯和骨干。其中,原重庆银钢集团销售公司总经理龚刚模就是一个涉黑团伙的主犯。他于2009年6月因涉嫌组织、领导黑社会性质组织和故意杀人等罪名被逮捕。不过,他的案子当时并没有引起外界的广泛关注。他之所以出名是因为他的辩护律师李庄。

李庄是北京康达律师事务所的律师。2009年11月,他受聘担任龚刚模的辩护人,并于11月24日、26日和12月4日到重庆市看守所会见龚刚模。然而,12月10日,龚刚模向警方检举,称李庄教唆他编造"被刑讯逼供"的虚假口供。于是,辩护律师变成了犯罪嫌疑人。

12月12日,重庆警方在北京抓捕李庄,押回重庆。该案的办理速度极快。12月14日,李庄因涉嫌"辩护人伪造证据、妨害作证罪"被检察院批准逮捕。17日,公安局把李庄案移送重庆市江北区检察院审查起诉。18日,检察院把李庄起诉到重庆市江北区法院。

12月30日,李庄涉嫌伪造证据、妨害作证罪一案在重庆市江北区法院开庭审理。2010年1月8日,法庭宣判李庄有罪,判处有期徒刑2年6个月。李庄不服,提出上诉。

2月3日,李庄案二审在重庆市第一中级人民法院开庭审理。在法庭上,李庄突然宣布撤回上诉,表示认罪。2月9日,法院公开宣判,维持有罪判决,但改判为有期徒刑1年6个月。听到这个判决后,李庄在法庭上情绪激动,指责重庆检方不守信用,声称他此前的认罪是虚假的。

重庆市大规模的"打黑风暴"和辩护律师被判有罪,这些都是能够引起社会广泛关注的元素。一时间,李庄成为中国家喻户晓的人物。

我在前面说过,律师应该在推进法治进步中发挥积极的作用,因此在李庄案的审判过程中,我一直给予关注。虽然我并不认为李庄是一个令人喜爱的律师,但是他的命运关系到中国刑事辩护律师的命运,甚至关系到中国法治的命运。我能做些什么呢?大概因为我既是法学家又是小说家,所以我就会产生一些奇怪的想法,于是我就想在互联网上组织一次李庄案的虚拟审判。

当时,我在隶属于最高人民检察院的正义网上开了博客,经常撰写博文。经过一番思考,我决定在法律博客上以"做游戏"的名义组织"李庄案的虚拟陪审团审判"。我这样做还有一个理由,那就是要借助这个案件推动中国陪审制度的改革,让更多中国人了解陪审团审判。

2010年3月21日,我在博客上发表了"虚拟审判公告",主要内容如下:第一,这就是一个游戏,没有其他目的。第二,这是虚拟世界中的审判,不能用来评价现实世界中的审判。第三,本人将自我任命为独审法官。第四,本游戏分为十步:第一步,挑选公诉人和辩护人;第二步,挑选陪审员;第三步,开庭陈述;第四步,公诉方举证与辩护方质证;第五步,辩护方举证与公诉方质证;第六步,双方提出反驳证据并质证;第七步,最后辩论;第八步,法官对陪审团的指示;第九步,陪审团评议;第十步,陪审团宣布裁判结果。第五,参与者必须"按规则做游戏"。本法庭将在每步程序之前公布相关的游戏规则。

　　我在正义网上发布了组织李庄案虚拟审判的博文之后,许多网友留言表示支持,但也有网友认为这个审判意义不大,还有网友告诫我不要"引火烧身"。其实我事前已经征求了正义网领导的意见,他们知道此事有风险,但仍表示要给我"开绿灯"。顺便说,虽然我的博客有网名,但是我发表博文都使用真名,网友们都知道我的真实身份。

　　这次虚拟审判的主要内容是陪审团审判。我在这里讲的主题是刑事辩护制度,因此就不多讲了。我将在后面讲述人民陪审制度改良时再做具体介绍。

　　根据正义网提供的数据,这次虚拟审判一共持续了 42 天,共有上千位博友参与留言,相关博文的点击率超过 10 万。这次虚拟审判成为很多法律界人士关注和讨论的话题。需要说明,法律界人士关注这个案件还有一个特别的理由,那就是该案涉及中国刑辩律师的执业风险,涉及《刑法》中颇有争议的"律师伪证罪"。

　　《刑法》第 306 条规定:"在刑事诉讼中,辩护人、诉讼代理人毁灭,伪造证据,帮助当事人毁灭、伪造证据,威胁,引诱证人违背事实改变证言或者作伪证的,处 3 年以下有期徒刑或者拘役;情节严重的,处 3 年以上 7 年以下有期徒刑。"一些法律界人士认为,《刑法》中已经有了关于伪证罪的一般规定,因此再将律师单独作为伪证罪的主体来规定是不合适的。在现实中,警察和检察官也可能威胁、引诱证人改变证言或者作伪证,但《刑法》中并没有相应的规定。律师伪证罪是对律师的职业歧视,而且会对中国律师职业的发展产生负面影响。

　　那些年,刑事案件的辩护率在持续下降,从事刑事辩护的律师数量也在减少。律师界流传这样的说法:"如果你要做法律工作,千万别当律师;如果你要当律师,千万别办刑事案件;如果你要办刑事案件,千万别取证;如果你要取证,千万别取证人证言。如果这一切你都做不到,那你就自己去看守所吧。"李庄案使这一问题再次成为舆论关注的焦点。

　　许多法律学者撰文,分析律师伪证罪的弊端,呼吁修改刑法,取消律师伪证罪的规定。有学者指出,律师伪证罪的规定,破坏了刑事诉讼中控辩双方的平衡,打击了律师刑辩的积极性,也就变相地剥夺了犯罪嫌疑人、被告人的辩护权。还有的学者指出,律师伪证罪是制约律师制度发展的障碍,而且给公安机关打击报复刑辩律师开了方便之门。还有学者指出,律师伪证罪是对人权的侵犯,也是对法治文明的破坏。

全国人大开会期间,律师界的代表曾提议取消《刑法》中的"律师伪证罪",但是未能成案。还有人在网上发起万名律师签名运动,要求最高法院对《刑法》第306条作出司法解释,但是也没有得到回应。不过,这些努力引起了社会的关注,也间接地影响了有关部门的决策。

我国的《律师法》是1996年颁布的,在2001年、2007年、2012年、2017年进行了修正。《律师法》第36条规定:"律师担任诉讼代理人或者辩护人的,其辩论或者辩护的权利依法受到保障。"第37条规定:"律师在执业活动中的人身权利不受侵犯。律师在法庭上发表的代理、辩护意见不受法律追究。但是,发表危害国家安全、恶意诽谤他人、严重扰乱法庭秩序的言论除外。"

党的十八大以来,我国的律师制度改革持续深化。中央出台了《关于深化律师制度改革的意见》;司法部修订了《律师执业管理办法》和《律师事务所管理办法》;全国律协完善了维权工作机制和违规违纪行为惩戒制度。这一系列举措推动了律师事业的健康发展。

有关部门也加强了对刑辩律师的执业保障。2015年9月,最高人民法院、最高人民检察院、公安部、司法部、国安部联合印发了《关于依法保障律师执业权利的规定》,明确要求执法司法人员要尊重律师,在各自职责范围内依法保障律师各项执业权利,不得侵害律师合法权利。2023年3月,最高人民检察院、司法部、中华全国律师协会联合印发了《关于依法保障律师执业权利的十条意见》,要求从加强接待律师平台建设等方面依法保障律师的执业权利。总之,我国的刑事辩护制度改良仍在行进之中。

各位同学,这一讲的思考题是:中国的刑事辩护制度应如何进一步改良?

何老师留的
思考题

学生对谈

第二十讲　刑事证据制度的改良

各位同学,大家好! 这节课我要讲中国刑事司法改良的第四个专题:刑事证据制度的改良。同时,我要讲一个对刑事证据制度改良产生重大影响的错案。

一、刑事证据概念的修正

一个国家的刑事证据制度是刑事司法制度的组成部分,是以有关的法律规定为基础的,因此,刑事证据制度改良的首要任务就是刑事证据立法的完善。

新中国成立以后,随着人民司法制度的建立,证据问题也逐渐受到的重视。例如,中共中央在1955年作出的关于肃清暗藏的反革命分子的指示中说道:"不漏掉一个反革命分子和不冤枉一个好人,分别是非轻重,根本的办法是依靠证据。证据就是人证和物证。证据也有真假之分,所以要经过鉴定。"这段话对于我们后来研究证据的概念和属性等问题,具有参考的价值。

1979年《刑事诉讼法》中有关刑事证据的规定是粗略简约的。这些规定在立法形式上缺乏统一性,在法律效力上缺乏权威性,在具体内容上缺乏可操作性,在规则体系上缺乏完整性,很难对刑事司法实践发挥应有的指导、调整、规范作用。而且,法律规定中还有自相矛盾之处,例如证据的概念。

《刑事诉讼法》第31条规定:"证明案件真实情况的一切事实,都是证据。"这是我国法律首次对证据一词作出的明确解释,于是诉讼法学者就把它作为证据概念的法律依据,得出"证据就是证明案件真实情况的事实"的定义。根据这个定义,刑事诉讼中的证据必须是真实的,或者说,不属实者非证据。

但是,第 31 条在列举了物证、书证等 6 种证据之后,又强调说,"以上证据必须经过查证属实,才能作为定案的根据"。如果按照"不属实者非证据"的观点界定证据的概念,那么这条法律规定就是自相矛盾的。既然证据都是真实的事实,既然不属实的东西都不是证据,那还有什么必要去"查证属实"呢?但是,司法实践经验告诉我们,证据必须查证属实。

20 世纪 80 年代,我国诉讼法学讨论的热点问题之一就是证据属性。当时的主流观点是"两性说",即证据的基本属性就是客观性和关联性。前者强调"证据是客观存在的事实";后者强调"证据是与案情有联系的事实"。有些学者根据《刑事诉讼法》第 32 条关于"依法收集证据"的规定,提出了证据还应该具有合法性的观点,于是就引发了众多学者参与的"两性说"与"三性说"的论争,并形成阵线分明的两大学派。此外,有的学者对证据的客观性提出质疑,认为证据也具有主观性。

当时,我也曾经撰文探讨证据属性问题,试图用"证据材料""证据""定案根据"等不同层次的概念来解释证据的客观性和主观性问题。我的文章标题是《刑事诉讼证据属性新辩》,发表在 1988 年第 6 期《法律学习与研究》。后来,我又对传统的证据概念进行反思:证据都是事实吗?证据都是真实的吗?

司法实践经验告诉我们,现实中的证据既有真实的,也有虚假的,还有半真半假的。当事人提交的证据有真有假,侦查员收集的证据有真有假,检察院提交法院的证据有真有假,法院审查认定的证据依然有真有假。于是乎,人们在诉讼活动中所说的"证据"就都不能界定为证据了,证据就没有了现实性,只能供奉在"人造的神坛"之上。我又写了一篇论文,标题是《让证据走下人造的神坛——试析证据概念的误区》,发表在 1999 年第 5 期《法学研究》。

语言是约定俗成的,但是人们对语词的理解和使用习惯却可能不同。就诉讼活动而言,人们所说的"证据"可以指代三个东西。

第一,任何一个案件或事件在发生时都会在客观环境中留下一些能够证明该案件或事件的东西。它可以是留在物质环境中的痕迹和物品,也可以是留在有关人的大脑中的印象。无论是否被诉讼当事人或司法执法机关的办案人员发现和使用,这些东西都是客观存在的,而这些客观存在的东西就是证据。为了便于讨论,我们称之为"证据一"。

第二,诉讼当事人或办案人员提交法庭以证明其事实主张的东西,包括人证、物证等。我们称之为"证据二"。"证据二"不等于"证据一"。一方面,当事人或办案人员收集到并提交法庭的证据少于客观存在的证据。这可能是由于办案人员或当事人没有发现某些潜在的证据,也可能是他们虽然发现却不愿意提交给法庭。另一方面,当事人或办案人员有意或无意地把一些本来不是本案证据的东西当作证据收集来并提交法庭。由此可见,"证据二"和"证据一"属于交叉概念。"证据二"中既包含"证据一"的内容,也包含不属于"证据一"的内容。

第三,司法人员对诉讼当事人或办案人员提交的"证据二"进行审查之后用作认定案件事实之根据的东西,即一般所说的"定案根据"。我们可以称之为"证据三"。虽然司法人员对证据的审查认定要"去伪存真",但是"证据三"也不能等同于"证据一",因为"证据三"中也可能包含不属实的证据。

我认为,学者们关于证据属性的争论并没有实质意义,甚至可以说是"伪命题"之争。例如,有人就小麦的颜色展开争论。张三说,小麦是绿色的。李四说,小麦是黄色的。王五说,小麦是白色的。三人各执己见,而且都举出了证据。张三以记者报道为证,"百亩麦田,一片绿色,长势良好"。李四也以记者报道为证,"金黄色的麦浪传递着丰收的喜讯"。王五则以众所周知的常识为证,"中国人都知道小麦做的馒头是白色的"。大家一看就知道,这个争论毫无意义。虽然三个人都使用了"小麦"这个相同的语词,但是其指代的对象并不相同。张三说的是初生的麦苗,李四说的是成熟的麦穗,王五说的是小麦磨制的面粉。

证据属性之争也是这样的"伪命题"之争。从表面上看,学者们使用的语词都是"证据",但是他们所说的"证据"并不是"同一个东西"。

主张客观性是证据根本属性的学者认为,作为证据的事实,是不依赖于司法人员的主观意志而客观存在的,不论司法人员是否发现或是否收集,它们都客观地存在着。这一派学者所说的"证据"属于"证据一"。

主张证据具有主观性的学者认为:证据不是纯客观的。法律上所规定的各种证据,例如当事人陈述、证人证言、鉴定结论、勘验笔录等,都是有关人员主观上对案件事实认识的结果,是客观事实在人们主观认识中的反映。而这些"反映",有可能完全符合客观事实,也可能部分符合客观事实,还有可能不完全符合客观事实。这一派学者所说的"证据"属于"证据二"。

主张证据具有合法性的学者认为,合法性是指证据只能由审判人员、检察人员、侦查人员依照法律规定的诉讼程序,进行收集、固定、保全和审查认定,证据必须具有合法形式,证据必须经法定程序查证属实。这一派学者所说的"证据"属于"证据三",即作为定案根据的证据。

由此可见,学者们在讨论证据属性问题时使用的并不是同一个概念,因此其争论貌似激烈对抗,实为各说各话。因此,我在论文中套摹了一首古诗——君在黄河头,我在黄河尾;君说河水清,我说河水浊;日日争论无结果,此水非彼水。换言之,如果人们不能明确讨论的对象究竟是"麦苗"还是"麦穗"抑或"麦粉",那么这样的理论争议就是"伪命题"。

我们讨论证据概念时,应该以具有现实意义的证据为对象,就是"证据二"。经过多年的学术讨论,立法者终于接受了我们的主张。2012 年修订的《刑事诉讼法》第 48 条规定:"可以用于证明案件事实的材料,都是证据。"这一规定否定了"客观事实说",也等于把"证据二"作为界定证据概念的对象。这是我国刑事证据法的一个进步。与此同时,我国证据法学的理论研究也从证据的概念和属性,转向了证据规则。

从 2001 年开始,全国人大法工委就组织专家学者就中国刑事证据立法问题进行调研和讨论。2003 年,全国人大法工委按照立法规划,组织专家学者讨论刑事诉讼法的修改,而刑事证据规则是讨论的重点。由于各部门对一些重点问题的观点很难统一,第十届全国人大未能完成这项立法任务。2008 年,《刑事诉讼法》的修改又成为第十一届全国人大的立法任务之一。

与此同时,最高人民法院开始研究制定刑事证据规则,并且起草了有关规定。按照中央政法委的决定,这些刑事证据规定应该由最高人民法院、最高人民检察院、公安部、国家安全部和司法部联合发布,最高人民法院就把草案送交其他部门审阅。因为几个部门在一些具体问题上很难达成一致意见,所以这个证据规则迟迟未能发布。就在这时,一个重大刑事错案轰动全国。

二、河南无头腐尸案

1999 年 5 月 8 日,河南省商丘平原上的一个村庄发生了一个耸人听闻的案件。村民在清理一口废弃的机井时,发现一具高度腐败的尸体,而且无头无脚。尸体上还压着几个挺大的石块,包括一个场院用的石磙子。

当地的公安机关接到报案之后,立即派法医和刑警来到现场。现查勘查只发现了一个包尸体的破旧化肥袋子,没有发现其他有价值的证据和线索。法医勘验尸体后,只能确认死者是中年男性,死亡时间可能在一年以上。不过,刑警在对村民进行的询问中了解到一些很有价值的情况。

村民都认为死者是失踪一年多的本村人赵振晌。赵振晌四十多岁,没有结婚。而且很多人都认为杀人凶手也是本村人,名叫赵作海。此人走南闯北,挺有本事,曾经带着村民外出打工。村里有一个风流女子,人称“一品梅”。她丈夫长年在外打工,她带着三个孩子。虽然是半老徐娘,但是风韵犹存,而且不甘寂寞。据说,赵作海和赵振晌都是她的情人。1997 年 10 月,两个男人争风吃醋,大打出手。后来,赵振晌就失踪了。他的侄子还曾经到当地派出所报案。

根据派出所的记录,1998 年 2 月 15 日,赵振晌的侄子到派出所报案说,他的叔父自 1997 年 10 月 30 日离家后,一直没有音信,怀疑被同村的赵作海杀死了。派出所的民警到该村调查后得知,赵作海 46 岁,已婚,有四个孩子。1997 年 10 月的一天,赵作海到一品梅家过夜,半夜时赵振晌也来了,两人打得头破血流。第二天,赵振晌就失踪了。

警察把赵作海带到派出所进行审查。他承认自己和一品梅“有一腿”,但是不承认和赵振晌打架。警察发现赵作海的脸上和身上有伤,就问他是怎么弄的。他说是帮邻居盖房时碰伤的。经过调查访问,警察得知赵作海帮人盖房时并没有受伤,而且他头部的伤挺重,曾经医生包扎处理,但是他并没有在本地卫生院看伤。

另外,警方还了解到,赵作海和赵振晌的关系不好,因为赵振晌曾经跟赵作海到延安打工,声称赵作海欠他 1 800 元的工钱。赵振晌多次找赵作海要钱,赵作海一直不给。警方认为赵作海有重大犯罪嫌疑,但是没有证据,而且也没有找到赵振晌的尸体,因此在关押二十多天之后,警方只好把他释放了。

1999 年 5 月 9 日，就是发现无头尸体的第二天，县公安局专门就该案召开会议。主管刑侦工作的丁副局长在听取有关情况之后，决定把侦查工作的重点放在赵作海身上，并且对审讯作出了具体的部署。当天晚上，警察抓捕了赵作海，然后以涉嫌故意杀人罪将其刑事拘留。

县公安局刑侦大队把审讯人员分为三组，分别由三名副大队长担任审讯组组长，轮番审讯赵作海。一开始，赵作海不承认杀人，后来就一点一点地供认了。从 5 月 10 日到 6 月 18 日，赵作海一共做出 9 次有罪供述。综合这些供述，赵作海讲述的作案过程如下——

我与本村村民一品梅有不正当关系。1997 年 10 月 30 日晚上，我又到她家中，发生关系后已经熄灯，并没有入睡。到夜里十一点左右，我听见堂门被人推开了。那人走到床前，划着火柴。我看见是赵振晌，手里拿着一把刀，向我连砍几刀。我用手挡着，我的头上、胳膊上都被砍伤了。他砍我后，就跑出堂屋门。我赶紧起身穿上衣服，出去后追上他，就与其撕打。在厮打过程中，我用随身带的刀子刺中他的腹部或者是胸部，将其杀死。我当时浑身是血，回到家后，我爱人看到我身上都是血，问我咋回事。我说："你别问了，对不住你，丢人！"我爱人也没再问，想让我去医院，我说没事。我身上都是血，就没有睡床上。院内有一个烟叶炕，我就拿着被子睡在烟叶炕上。当夜，我把赵振晌拉到院子里，想把他的尸体解开，扔出去。我就用刀子把他头部、胳膊、大腿割开，我找到我爱人用盛化肥的袋子缝制的一个装粮食的大袋子，把他的身子装进去，用我家的架子车拉到村子外边扔到机井里。我怕别人将来发现，又在村外找到打场用的石磙子，推到架子车上，投到机井里。回来后又把他的四肢和头烧掉。因为院内有血，我又用土把它盖好。第二天，我让爱人到村诊所拿点药。我把赵振晌的衣服放到了烟叶炕里，烧掉了。

与此同时，刑警询问了一品梅和赵作海的妻子，还收集了一些村民的证言。一品梅对警察说，她与赵作海和赵振晌都有那种关系。那天晚上，赵作海在她家中，发生关系后，熄灯休息，还没睡着。大约十一二点，她听见堂屋门被踹开，有人进来。那个人走到床前划着火柴，她看到是赵振晌，拿着刀，往赵作海头上砍，砍后就跑了。赵作海穿上衣服出去撵。以后发生的事，她就不知道了。后来的几天，她没见过赵作海，也没问过。从那天起，她再也没见过赵振晌,并且也没问过他为什么不见了。

赵作海的妻子对警察说,1997 年冬天的一天晚上,大约十一二点,她都睡下了。赵作海回家后,满身是血,她就问是怎么回事。赵作海不说原因,只是说你别问了,丢人。当天晚上他就自己睡烟叶炕里边了。第二天,我到村诊所给他拿的药,他自己包扎的。后来,我发现家里我缝的装粮食用的化肥袋子不见了。那几天,赵振晌不知道为什么也不见了。

赵作海的哥哥和多位村民都证明,赵作海在案发后身上多处有伤,并曾到诊所治伤。村诊所的医生证明赵作海的妻子去拿过药。多位村民还证明,村里人都知道赵作海、赵振晌与一品梅有不正当关系。

另外,刑警让赵作海的妻子对包尸体的化肥袋子进行辨认。后者认定这个袋子就是她家的,而且是她缝制的,其中的针脚是她用黑线缝的。

侦查人员认为,这些证据可以证明赵作海就是杀人凶手。他们整理了案卷材料,包括现查勘查笔录和法医检验报告,然后撰写了侦查终结报告,移交预审部门审查。预审部门审查之后,就把案卷移送检察院审查起诉。

三、久拖不决的疑案

商丘市柘城县公安局把赵作海杀人案移送柘城县检察院之后,后者按照审判管辖的规定,把该案上交给商丘市检察院。商丘市检察院收到案卷之后,公诉处的检察官认真审查了案件中的证据材料。他们认为,现有证据不能确实充分地证明赵作海是杀人凶手。主要理由如下。

第一,赵作海的有罪供述存在疑点。首先,赵作海供述的杀人过程中存在不合情理之处。例如,他说赵振晌把他砍伤之后就跑了,然后他穿上衣服、出门追上赵振晌,在厮打中用刀杀死了赵振晌。当时天气已冷,赵作海穿上衣服需要一定时间。赵作海人高马大,赵振晌瘦弱矮小,赵振晌砍人后一定会尽快逃跑,赵作海怎么能追得上? 其次,赵作海的供述中存在前后不一致的情况,而且一些案情细节是逐渐与本案其他证据相吻合的,因此不能排除审讯人员逼供诱供的可能性。最后,赵作海在被刑事拘留后,并没有被送到看守所羁押,而是在刑侦大队的办案点关押和审讯,不能排除刑讯逼供的可能性。检察官在提审赵作海时,赵作海全面推翻了其在公安机关所做的有罪供述。

第二,赵作海的杀人刀具没有找到,而且存在疑点。在有罪供述中,赵作海一开始说他夺过赵振响的刀子把他杀死,后来又说是用自己随身携带的刀子把他杀死。赵作海去与情人约会,还需要携带凶器吗?另外,那具无头尸体的腿骨被砍断了,而赵作海供认的刀具很难砍断腿骨。最为重要的时,侦查人员未能找到杀人凶器。

第三,被害人的头颅和四肢去向不明。按理说,赵作海已经供认了杀人事实,就没有必要再隐瞒头颅和下肢的去向。在有罪供述中,赵作海一开始说他把头颅和下肢扔到河中,后来又供述埋到了地里,最后又供述给烧掉了。这样的供述令人生疑。

第四,赵作海在受伤的情况下,能把那么重的石磙子推到架子车上再投入井中吗?那三个石磙子大小不一样,最大的重三四百斤,赵作海一个人能搬动吗?

第五,被害人的身份尚无确证。虽然村民都认为那个找到的无头尸体就是赵振响,但是没有确实的证据证明这一点。既没有尸体辨认结论,也没有 DNA 鉴定结论。这也是本案中最重要的证据短缺。

另外,本案中还有一个令人困惑不解的情况。赵振响的侄子在 1998 年 2 月到派出所报案时说,案发的第二天早上,他看到赵振响家的房门没关,进去一看,发现屋里的东西很乱,好像被小偷翻过了。但是,赵振响孤身一人,家中没有什么值钱的东西。后来,他见叔叔一直没回家,估计叔叔出事了,才去派出所报了案。赵作海说他没有去过赵振响家,而且他杀人后也没有必要到赵振响家去。那么,这是谁干的呢?会不会是小偷夜晚去赵振响家行窃,被赵发现后打死了赵呢?总之,这是一个还没有答案的问题。

根据以上的分析,商丘市检察院决定把此案退回公安机关补充侦查。公安机关进行了一些补充侦查,但是未能找到新的证据,就提供了一些补充说明,包括没有刑讯逼供的情况说明。检察院在收到补充侦查的案卷之后,认为证据还不充分,再次把案件退回公安机关,而且明确提出"要查明尸源"的要求。

那具尸体已经高度腐烂,而且残缺不全,无法组织辨认。公安机关只能通过 DNA 鉴定来确认死者身份。但是,赵振响的父母已去世多年,他也没有儿女,怎么办?后来,公安机关只好将他母亲的墓挖开,提取了几块尸骨,然后和无名尸体的组织样本一起送到公安部的物证鉴定中心,进行 DNA 鉴定。

然而,受检材条件的限制,鉴定人员未能给出明确的鉴定结论。总之,公安机关未能证明那个死者就是赵振响。

公安机关坚持认为现有证据能够证明赵作海就是杀人凶手,但是检察机关认为没有确认死者身份的证据,他们不能起诉。于是,这个案件就在两个机关之间推来推去,成为久拖不决的疑案。

四、清理积案的判决

2001 年 1 月,最高人民检察院下发了《关于进一步清理和纠正案件超期羁押问题的通知》。在清理超期羁押案件的"运动"中,商丘市柘城县公安局把赵作海案提交政法委讨论。7 月,政法委召开公检法"三长"联席会议,讨论赵作海案,但是未能达成共识,该案继续搁置。2002 年 5 月 31 日,在全国检察机关纠正超期羁押经验交流会上,最高检领导要求全国各级检察机关要切实加强对超期羁押案件的督办力度,检察环节存在的超期羁押案件要在 2002 年 6 月底前全部纠正。

与此同时,河南省高级法院、河南省检察院和省公安厅等部门,为了解决超期羁押这个"老大难"问题,联合下发了《河南省刑事诉讼超期羁押责任追究办法》,要求严格执行刑事诉讼法规定的办案期限。文件细化了案件在各个诉讼环节中的时限和责任划分,包括检察院要及时向办案单位发出《纠正违法通知书》。

根据我国《刑事诉讼法》的有关规定:对犯罪嫌疑人逮捕后的侦查羁押期限不得超过 2 个月。案情复杂、期限届满不能终结的案件,可以经上一级人民检察院批准延长 1 个月。对于以下四类案件,在期限届满时不能侦查终结的,经省级人民检察院批准或决定,可以再延长 2 个月:(1)交通十分不便的边远地区的重大复杂案件;(2)重大的犯罪集团案件;(3)流窜作案的重大复杂案件;(4)犯罪涉及面广,取证困难的重大复杂案件。对犯罪嫌疑人可能判处 10 年有期徒刑以上刑罚的,此期限届满仍不能侦查终结的,经省级人民检察院批准或决定,还可再延长 2 个月。这就是说,在这种故意杀人的重大复杂案件中,省级检察院最多可以批准的羁押时间是 7 个月,但是赵作海已经在柘城县看守所羁押了三年多的时间。

于是,赵作海故意杀人案被列入河南省清理超期羁押的重点案件名单。

8 月和 9 月,商丘市政法委数次召开该案的专题会议。最后经过集体研究决定,该案已经具备起诉条件,要求检察机关在"20 天内提起公诉"。

2002 年 10 月 22 日,商丘市检察院根据政法委的决定,就赵作海故意杀人案提起公诉。11 月 11 日,商丘市中级法院在柘城县法院开庭审理赵作海故意杀人案。庭审没有向社会公开,只有被害人赵振晌和被告人赵作海的家属旁听了审判。

审判长宣布开庭后,赵作海被法警带上法庭。在询问被告人的基本情况并告知基本权利之后,审判长宣布进行法庭调查。首先,检察官宣读了起诉书。然后,审判长让赵作海陈述犯罪经过。赵作海向法庭诉说了自己的冤屈和刑讯逼供的事实,但是拿不出证明自己无罪的证据。在法庭辩论阶段,赵作海的辩护律师是法院指定的,是尚未拿到律师执业证的实习律师。他为赵作海做了无罪辩护,指出了公诉证据的不足,包括尸源没有确认,赵作海的有罪供述存在许多矛盾等。然后,检察官对辩护人的意见进行了回应。他认为虽然没有 DNA 鉴定结论,但是本案证据可以证明死者就是赵振晌,而赵作海的供述能够与本案中的物证、证人证言和现查勘查笔录相互印证,共同构成了完整的证据链条。总之,本案的事实清楚,证据确实充分,应当追究赵作海故意杀人的刑事责任。鉴于双方没有其他争议,审判长就让被告人作最后陈述。赵作海说:"我真的没有杀人,我的供述都是在被刑讯逼供的情形下作出的,希望法庭能还我一个清白。"审判长说,合议庭会认真考虑控辩双方的意见,然后便宣布休庭,将择日宣判。整个庭审持续了半个多小时。

2002 年 12 月 5 日,商丘市中级法院作出《(2002)商刑初字第 84 号刑事判决》,以故意杀人罪判处赵作海死刑,缓期两年执行,剥夺政治权利终身。2003 年 2 月 13 日,河南省高级法院作出《(2003)豫法刑一复字第 13 号刑事裁定》,核准了一审法院的死缓判决。

法院判决后,赵作海便被送到监狱服刑。在狱中,赵作海服从监狱管教,积极参加劳动改造,努力获得减刑的"积分"。按照有关规定,服刑人员的表现良好,就可以获得减刑分,一个月的满分是 6 分,如有不良行为就会扣分。当一个人的积分达到 120 分时,他就可以从死缓减为无期;当他再积累 120 分时,他就可以从无期徒刑减为有期徒刑。赵作海是个很识时务的人,因此他很"听话",也很努力,从来没被扣过减刑分。于是,他先后获得了两次减刑,第一次减为无期徒刑,第二次减为有期徒刑 20 年。然而,就在他服刑到第 11 年的时候,他的命运突然出现了戏剧性的转折。

五、亡者归来的错案

2010 年 5 月 2 日,已经被"杀死"11 年的赵振响回到了赵楼村。村民看到之后都大吃一惊,纷纷问他:"你不是死了吗,咋又活了?"赵振响也觉得很奇怪。得知赵作海杀人案之后,他向村民讲述了自己的故事。

1997 年 10 月,赵振响察觉到赵作海与一品梅也有不正当关系,就怀恨在心。10 月 30 日的深夜,他发现赵作海睡在一品梅家,便拿着菜刀进屋,砍了赵作海的脑袋。跑回家之后,他担心自己杀死了赵作海,害怕公安机关来抓他。于是,他收拾了东西,连夜骑自行车逃走了。这些年,赵振响去过安徽、陕西、湖南等地,但大部分时间还在河南。他四处流浪,主要以捡拾废品为生。他一直没有回家,也没有更换二代身份证。他的一代身份证曾用过两次。一次是 1999 年住旅店时被派出所查过,另一次是 2003 年"非典"期间,他作为流动人口被派出所查验身份。但是,那两家派出所的警察都没有发现他是一个已经"死亡"的人。去年,他得了偏瘫,行走不便,而且无钱医治,于是他决定回村。他估计,那件事已经过去了。

赵楼村的村支书得知赵振响没死,活着回来了,立刻报告了当地派出所。由于此事人命关天,县公安局的领导得知后,立刻安排对"亡者归来"的赵振响进行身份鉴定。DNA 鉴定的结果表明,归来的这个人就是被"杀死"多年的赵振响。

河南省高级法院收到报告之后,连夜召开紧急会议,决定立刻启动审判监督程序,纠正错案。5 月 5 日,高院做出了再审赵作海故意杀人案的决定。5 月 7 日,商丘中院递交了赵振响身份确认的证据材料。5 月 8 日,省高院召开审委会,确认赵作海故意杀人案是错案。审委会决定:(一)撤销省高级法院(2003)豫法刑一复字第 13 号刑事裁定和商丘市中级法院(2002)商刑初字第 84 号刑事判决,宣告赵作海无罪;(二)省高院制作法律文书,派员立即送达判决书,并和监狱管理机关联系放人;(三)安排好赵作海出狱后的生活,并启动国家赔偿程序。

赵作海被捕时 47 岁,身强力壮,出狱时 58 岁,满头白发。该案被称为

"河南版佘祥林案",引起了广泛关注,各地记者纷纷到赵楼村来采访。一时间,赵作海成为了家喻户晓的名人。在来访者中,有些人自称也有冤屈,向赵作海讲述自己的遭遇,也希望得到赵作海的帮助。其中还有自愿与赵作海共度余生的女人。此为后话。

与此同时,河南省高级法院决定启动国家赔偿程序。商丘市中级法院的领导到赵楼村去慰问了刚出狱的赵作海,送去了生活必需品和慰问金,并向赵作海详细介绍了国家赔偿法的有关规定。5 月 12 日,商丘中院做出商法赔字第 1 号赔偿决定书,赔偿赵作海国家赔偿金及生活困难补助费等共计 65 万元。

根据国家赔偿法规定:"侵犯公民人身自由的,每日的赔偿金按照国家上年度职工日平均工资计算。"商丘中院在赔偿决定书中说,鉴于 2009 年度职工日平均工资没有公布,遂以 2008 年度每天 111.99 元为基准,参照 2008 年比 2007 年递增的比例,估算出 2009 年的职工日平均工资。这样,赵作海在狱中度过了 11 个年头,被羁押共计 4 019 天,最终确定对其国家赔偿金额为 50 万元。法院同时考虑到,这 11 年的牢狱之灾,使得赵作海家破人散,妻子改嫁;多年的监狱生活更使赵作海不堪回首,精神方面受到了很大的伤害,因而他有权要求获得精神损害赔偿。但由于精神损害赔偿的法律条文尚未实施,法院最终决定给予赵作海生活困难补助金 15 万元。

2010 年 5 月 13 日上午,河南省高级人民法院与商丘市中级人民法院联合召开新闻发布会,对外公布了给予赵作海国家赔偿及生活困难补助的情况。赵作海对法院开展的积极工作和诚恳态度表示满意,同意依法请求国家赔偿,不再提出超出《国家赔偿法》范围以外的赔偿请求。当天上午,在签字领取商丘市中级人民法院支付的 65 万元支票后,赵作海申请国家赔偿案终告结束。后来,当地政府同意再增加 12 万,为赵作海建新房。

我在这里要做一些补充说明。当年赵作海被捕之后,他的妻子也被警方关押在乡里的一个酒厂,遭受了长达一个月折磨。一开始,她说自己不知道赵作海杀人的事情。后来,她说自己知道赵作海杀人,提供了证言,才被放了出来。赵作海被判死刑后,她无法在赵楼村继续生活,就带着女儿和小儿子改嫁到外村。多年来,她没有回过赵楼村,也没有去监狱看望过赵作海。得知赵作海被无罪释放之后,她对记者说,她不愿意再回去了。另外,赵作海的大儿子和二儿子留在了赵楼村,由本家亲戚照顾。

六、查获真凶的后事

赵作海被改判无罪之后,河南省公安厅决定对那个"无头尸体案"重新立案侦查。商丘市公安局成立了"1999·5·8"杀人碎尸案专案组,组织精兵强将展开调查,省公安厅也抽调了刑侦、技术和审讯专家到一线指导破案。根据原案中的死者 DNA 检材和公安机关的失踪人档案,专案组很快就确认死者为 1998 年 9 月 12 日失踪的商丘市包公庙乡村民高宗志。侦查人员顺藤摸瓜,很快锁定了嫌疑人李海金、杨明福和张祥良,并得知三人在赵作海获释后已潜逃外地。

警方立即派人分头追捕。在有关地方公安机关的配合下,警方于 5 月 14 日在商丘市区抓获了犯罪嫌疑人杨明福,5 月 22 日在天津市抓获了犯罪嫌疑人李海金,5 月 24 日在辽宁省沈阳市抓获了犯罪嫌疑人张祥良。侦查人员分别对三名嫌疑人进行审讯,而且按照法律的规定对审讯过程进行了全程录音录像。

在审讯中,三名犯罪嫌疑人分别供述了杀害高宗志的事实。李海金因与高宗志在山东菏泽做月饼生意期间产生矛盾,便怀恨在心,预谋将其杀死。1998 年 9 月 12 日晚,李海金和张祥良把高宗志约至离李海金家不远的村西地边,与事先在那里等候的杨明福一起把高杀死、肢解并抛尸。为掩盖尸体,他们在作案后又把三个石磙子推入扔放尸体躯干的机井。

获得认罪口供之后,侦查人员于 5 月 26 日押解 3 名犯罪嫌疑人依次对作案、抛尸、埋尸的地点进行了现场指认,同时录音录像。5 月 27 日,侦查人员在三名犯罪嫌疑人指认的掩埋被害人头颅的地点进行挖掘,找到了一个人头骨。5 月 29 日,公安部物证鉴定中心的 DNA 鉴定结果表明,该人头骨是被害人高宗志的头颅。6 月 2 日,商丘市公安局宣布,当年导致赵作海被判刑的"1999·5·8"杀人碎尸案成功告破。后来,商丘市中级法院以故意杀人罪判处被告人李海金死刑、以故意杀人罪判处被告人张祥良、杨明福无期徒刑。三名被告人不服判决,提出上诉。河南省高级法院驳回上诉,维持原判。

与此同时,河南省政法委也成立调查组,查办该案的有关责任人员。当年负责审理赵作海杀人案的三名中级法院法官和一名高级法院法官被停职处分。当年负责查办赵作海杀人案的六名警察被以刑讯逼供罪追究刑事责任。2012年6月,开封市龙亭区法院做出一审判决,分别以刑讯逼供罪判处王某、郭某有期徒刑各2年,判处丁某、罗某有期徒刑各1年零6个月,判处司某有期徒刑1年,决定对周某免予刑事处罚。六名被告人不服判决,提出上诉。2012年9月,开封市中级法院二审驳回上诉,维持原判。

赵作海出狱后,他家的房屋已经破败,院子里长满了荒草。当地政府很快就出资为他建起了一栋二层住宅楼。迁入新居之后,赵作海开始了新的生活。此时,他有名有钱,于是就有女人慕名前来。其中有一个中年妇女名叫李素兰。她自称也有冤情,希望赵大哥帮忙。后来,她就成为了赵作海的伴侣。

赵作海的大儿子不太聪明,一直找不到媳妇。赵作海就拿出6万元做彩礼,给儿子找了个对象,还办了一场挺风光的婚礼。不过,他与本村亲戚的关系不断疏远,说起来,都是那笔钱惹的祸。赵作海出狱后,家里盖房,他就借住在妹夫家。后来,妹夫开口要2万元还贷款。赵作海不舍得那么多钱,就给了5 000元。妹夫觉得大舅哥太抠门,就不再与他来往。另外,赵作海的叔叔在赵振晌回村后曾去报警,自认为有功,就开口要5万酬劳,赵作海只给了3千元。叔叔认为赵作海"忘恩负义",也不再与他来往。别的亲友也来跟赵作海借钱,他自然不愿意。他认为,这65万是自己坐11年牢换来的,不能随便借出去。于是,亲戚朋友都骂他是"铁公鸡""小气鬼"。后来,赵作海就与李素兰搬到商丘市区居住。

2011年,李素兰对赵作海说,她认识"西部大开发"的投资人,如果去合作投资,就能获得丰厚的回报。于是,夫妻二人去宁夏了解具体情况,投入了18万元。结果,那个"西部大开发"项目是传销骗局,那18万投资血本无归。赵作海为此还大哭一场,悔恨自己"无知"。不过,他后来又听信了李素兰的话,投资一家理财公司的业务,结果是30万元又"打了水漂"。几年过去,赵作海那65万赔偿金所剩无几,生活都有困难。商丘市法院的人得知赵作海的遭遇之后,给他找了一份抄水表的工作,每月收入1 800元,足以维持生计。

赵作海的人生际遇令我感慨颇多。毫无疑问,赵作海是不幸的人,因为他蒙受了不白之冤,遭受了刑讯之苦和牢狱之灾。然而,赵作海又是幸运的人,因为赵振晌的"亡者归来"使他能平反昭雪。假如赵振晌终生不归,客死他乡,那么赵作海的冤案也就无从发现,无从昭雪。

七、非法证据排除规则的完善

赵作海冤案的披露在一定程度上推动了我国刑事证据立法的进程。最高人民法院自 2003 年就开始研究制定刑事证据规则,并且起草了有关规定。按照中央政法委的决定,这些刑事证据规定应该由最高人民法院、最高人民检察院、公安部、国家安全部和司法部联合发布,高法就把草案送交其他部门审阅。因为几个部门在一些具体问题上很难达成一致意见,所以这个草案迟迟未能发布。

赵作海冤案引起了社会的广泛关注,从而推动了我国刑事证据立法的进程。中央政法委就要求两院三部进行协调,求同存异,尽快发布刑事证据规则。2010 年 5 月 30 日,最高人民法院、最高人民检察院、公安部、国家安全部和司法部联合颁布了《关于办理死刑案件审查判断证据的若干规定》和《关于办理刑事案件排除非法证据若干问题的规定》。

这是我国第一次颁布的刑事证据规则,以非法证据排除和证据审查认定为主要内容。2012 年 3 月,第十一届全国人大通过了《刑事诉讼法修正案》,吸收了"两个证据规定"中的有关内容。这标志着我国刑事证据制度的重大进步,重点就是非法证据排除规则。

制定非法证据排除规则,就要明确非法证据的概念。非法证据是违反法律规定获取的证据,主要有两种情况。第一,使用法律明确禁止的方法获取的证据。例如,2012 年《刑事诉讼法》第 50 条规定:"严禁刑讯逼供和以威胁、引诱、欺骗以及其他非法的方法收集证据,不得强迫任何人证实自己有罪。"违反这条规定获取的证据就属于非法证据。第二,没有按照法律规定或要求收集的证据,包括收集证据的主体、程序、方法以及证据的形式不合法的证据。例如,《刑事诉讼法》第 116 条规定:"讯问犯罪嫌疑人必须由人民检察院或者公安机关的侦查人员负责进行。讯问的时候,侦查人员不得少于 2 人。"如果讯问不是由侦查人员进行的,或者讯问时只有 1 名侦查人员的,所获得的口供就属于非法证据。

不过,上述规定还有模糊之处。例如,什么是刑讯逼供? 什么是威胁、引诱、欺骗? 什么是其他非法的方法? 例如,在赵作海冤案中,侦查人员昼夜连续审讯，而且在赵作海昏昏欲睡时在其头顶放鞭炮。这种方法是否属于刑讯逼供？侦查人员在审讯时对赵作海说，如果你不老实交代，我就开车拉你出去，在车门一脚把你踩下去，给你一枪，就说你逃跑。这是不是威胁？侦查人员对赵作海说，我们已经掌握了充分的证据，现在就看你的认罪态度。这是不是欺骗？

制定非法证据排除规则，还要明确对非法证据的处分。这就是说，非法证据是否一律排除。如果单纯考虑打击犯罪和查明事实的需要，那么非法证据的排除是越少越好。如果单纯考虑保障犯罪嫌疑人和被告人权利的需要，那么非法证据的排除就是越多越好。不同国家的立法者必须在打击犯罪和保障人权等多重价值取向中寻求平衡。

世界各国一般都对非法证据采取区别对待的处分方式。这有几种情况：第一，区别对待不同种类的非法证据，例如，非法取得的言词证据必须排除，非法取得的实物证据不必排除；第二，区别对待不同程度的非法取证，例如，严重违法或严重侵犯人权所获得的非法证据必须排除，轻微违法或轻微侵犯人权所获得的非法证据不必排除；第三，区别对待不同种类案件中的非法证据，例如，一般犯罪案件中的非法证据必须排除，恐怖、暴力等严重犯罪案件中的非法证据则可以不排除。

中国制定非法证据排除规则的基本思路也是区别对待。例如，《刑事诉讼法》第 54 条规定："采用刑讯逼供等非法方法收集的犯罪嫌疑人、被告人供述和采用暴力、威胁等非法方法收集的证人证言、被害人陈述，应当予以排除。收集物证、书证不符合法定程序，可能严重影响司法公正的，应当予以补正或者作出合理解释；不能补正或者作出合理解释的，对该证据应当予以排除。"从立法的角度来看，非法证据排除规则的这种灵活性可能是必要的，但是从司法实践的角度来看，这就会使规则的适用遇到阻碍。实际上，2012 年修改刑诉法之后，刑事审判中排除非法证据的情况并不多见。例如，根据我们对广州市某法院刑事审判法官的问卷调查结果，在辩护方提出排除刑讯获得口供的案件中，法官裁定排除的案件只占 5%；在物证、书证的收集不符合法律规定的案件中，大约 80% 的物证、书证都得到了"补正或合理解释"并作为定案根据。

2017 年 2 月，最高人民法院为贯彻中共十八届四中全会通过的《中共中央关于全面推进依法治国若干重大问题的决定》印发的《关于全面推进以审判为中心的诉讼制度改革的实施意见》,其第四部分的主题就是"完善证据认定规则,切实防范冤假错案"。6月27日,最高人民法院、最高人民检察院、公安部、国家安全部、司法部又联合颁布了《关于办理刑事案件严格排除非法证据若干问题的规定》(以下简称为《严排规定》)。该规定细化了非法证据的范围和认定标准,明确了刑事诉讼各个阶段排除非法证据的职责和程序。其主要内容如下。

首先,《严排规定》采用列举的方式把非法证据分为三类。第一类是绝对排除的非法证据,包括采取殴打、违法使用戒具等暴力方法或者变相肉刑的恶劣手段,使犯罪嫌疑人、被告人遭受难以忍受的痛苦而违背意愿作出的供述(第2条);采用以暴力或者严重损害本人及其近亲属合法权益等进行威胁的方法,使犯罪嫌疑人、被告人遭受难以忍受的痛苦而违背意愿作出的供述(第3条);采用非法拘禁等非法限制人身自由的方法收集的犯罪嫌疑人、被告人供述(第4条);采用暴力、威胁以及非法限制人身自由等非法方法收集的证人证言、被害人陈述(第6条)。第二类是排除加例外的非法证据,主要是第5条规定的重复性供述:"采用刑讯逼供方法使犯罪嫌疑人、被告人作出供述,之后犯罪嫌疑人、被告人受该刑讯逼供行为影响而作出的与该供述相同的重复性供述,应当一并排除,但下列情形除外:(一)侦查期间,根据控告、举报或者自己发现等,侦查机关确认或者不能排除以非法方法收集证据而更换侦查人员,其他侦查人员再次讯问时告知诉讼权利和认罪的法律后果,犯罪嫌疑人自愿供述的;(二)审查逮捕、审查起诉和审判期间,检察人员、审判人员讯问时告知诉讼权利和认罪的法律后果,犯罪嫌疑人、被告人自愿供述的。"第三类是相对排除或者可以补正、解释的非法证据,包括违反法定程序收集而且可能严重影响司法公正的物证、书证(第7条);侦查机关因客观原因在看守所讯问室以外的场所讯问已经拘留、逮捕的犯罪嫌疑人所获取的供述(第9条);以及违反第10条至第13条中关于讯问时录音录像、讯问笔录、提讯登记等规定获取的证据。

其次,《严排规定》对侦查、起诉、审判环节排除非法证据作出了程序性规定。例如,第14条就侦查期间申请排除非法证据及其调查核实等问题作出了规定;第17条就审查逮捕、审查起诉期间申请排除非法证据及其调查核实的问题作出了规定;第25条和第26条就开庭前排除非法证据的申请和调查作出了规定;第29条就法庭审理过程中申请排除非法证据及其调查等问题作出了规定;第30条还明确规定法庭在庭审期间决定对证据收集的合法性进行调查的,应当先行当庭调查;第33条则规定法庭对证据收集的合法性进行调查后,应当当庭作出是否排除有关证据的决定。

最后,《严排规定》对排除非法证据的证明责任和标准作出了比较明确的规定。第20条规定:"犯罪嫌疑人、被告人及其辩护人申请排除非法证据,应当提供涉嫌非法取证的人员、时间、地点、方式、内容等相关线索或者材料。"第31条规定:"公诉人对证据收集的合法性加以证明,可以出示讯问笔录、提讯登记、体检记录、采取强制措施或者侦查措施的法律文书、侦查终结前对讯问合法性的核查材料等证据材料,有针对性地播放讯问录音录像,提请法庭通知侦查人员或者其他人员出庭说明情况。被告人及其辩护人可以出示相关线索或者材料,并申请法庭播放特定时段的讯问录音录像。侦查人员或者其他人员出庭,应当向法庭说明证据收集过程,并就相关情况接受发问。对发问方式不当或者内容与证据收集的合法性无关的,法庭应当制止。公诉人、被告人及其辩护人可以对证据收集的合法性进行质证、辩论。"第34条规定:"经法庭审理,确认存在本规定所规定的以非法方法收集证据情形的,对有关证据应当予以排除。法庭根据相关线索或者材料对证据收集的合法性有疑问,而人民检察院未提供证据或者提供的证据不能证明证据收集的合法性,不能排除存在本规定所规定的以非法方法收集证据情形的,对有关证据应当予以排除。对依法予以排除的证据,不得宣读、质证,不得作为判决的根据。"第36条规定:"人民法院对证据收集合法性的审查、调查结论,应当在裁判文书中写明,并说明理由。"

总之,侦查人员是否有刑讯逼供等非法取证行为的问题,要在认定被告人是否有罪等实体问题之前先行审查,不能等到庭审之后一并审查,因为这属于证据的采纳问题,不是采信问题。对于是否存在非法取证的事实争议,被告方应承担初步举证责任,达到使法官对证据的合法性产生疑问的程度,可以理解为"构成合理怀疑"的证明标准。然后,公诉方应承担证据合法性的证明责任,达到确实充分或"排除合理怀疑"的证明标准。就刑讯逼供的证明而言,辩护方主张其有,公诉方主张其无,但公诉方要承担证明责任,因此这属于"举证责任的倒置"。为了有效地遏制刑讯逼供而制定这种"倒置"规则,符合刑事司法的发展趋势和价值取向。

八、证人出庭规则的完善

除了非法证据排除规则,我国的刑事司法还有许多证据规则需要完善,例如证人出庭作证规则。打击犯罪需要知情人的协助,因此世界各国的法律都规定知情人有作证的义务。我国 1979 年《刑事诉讼法》就明确规定:"凡是知道案件情况的人,都有作证的义务。"但是,这条法律规定很抽象,缺少具体的作证规则,特别是证人出庭作证的规则,因此在我国的刑事诉讼中,证人不作证的情况时有所见,证人不出庭的现象更是屡见不鲜。在过去二十多年,我国的立法机关和司法机关也在努力解决这个"老大难"问题,但是成效并不显著。

2003 年,全国人大常委会决定修订《刑事诉讼法》。经过大约 10 年的研究起草,修订工作终于在 2012 年完成,并由全国人大通过,从 2013 年开始施行。修订的《刑事诉讼法》首次就证人应当出庭作证的情况作出了明确的规定。第 187 条规定:"公诉人、当事人或者辩护人、诉讼代理人对证人证言有异议,且该证人证言对案件定罪量刑有重大影响,人民法院认为证人有必要出庭作证的,证人应当出庭作证。"另外,新刑诉法还增加了强制证人出庭作证的规则。第 188 条规定:"证人没有正当理由不出庭作证,法院可强制其出庭作证,但被告人的配偶、父母、子女除外。"这条规定还包含了"免证权",对此我要做一些说明。

知情人都有作证的义务。然而,在知情人与被告人具有某种特殊关系的情况下,要求知情人证明被告人的犯罪行为,似乎有违某些社会价值观。例如,让妻子证明丈夫的犯罪行为,让母亲证明儿子的犯罪行为,就有违亲情伦理,而这些亲情伦理也是维系社会关系稳定的重要支柱。因此,一些国家的法律就规定了免证权,即与被告人具有某种特殊关系的知情人可以免除作证义务。例如,基于夫妻关系、医患关系、律师—委托人关系、神父—教徒关系的免证权。这些规定体现了刑事司法的价值平衡。刑事司法不仅要考虑打击犯罪的需要,而且要考虑社会道德的要求。为了维护家庭伦理和职业伦理等道德价值,司法机关可以牺牲查明事实和打击犯罪的需要。这也是人类社会文明进步的体现。

中国也有类似的法律文化传统。早在两千多年前,孔子就曾经说过:

"吾党之直异于是,父为子隐、子为父隐,直在其中矣。"(《论语·子路》)这句话的意思是:我们所说的正直与求真是有区别的,父亲为儿子隐瞒罪行,儿子为父亲隐瞒罪行,这就是正直的。汉朝的统治者遵从儒家学说,在法律上确立了"亲亲相隐不为罪"的司法原则。后代王朝大多沿袭了这项制度,在不同程度上规定了"亲亲相隐",包括父子相隐、兄弟相隐、同居相隐等。这就是说,父亲为儿子隐瞒犯罪事实,或者儿子为父亲隐瞒犯罪事实,法律不视其为犯罪,不追究刑事责任。因此,与被告人有这类特殊关系的知情人就可以不在审判中作证,即享有免证权。

新中国成立之后的一段历史时期,我国的刑事司法强调查明事实和打击犯罪的需要,因此不承认免证权,并倡导大义灭亲的社会道德。但是,一些法律学者也在探讨建立免证权制度的必要性。特别是在20世纪90年代以后,我们开始重视个人价值,重视人权保障,强调要以人为本、构建和谐社会。于是,免证权也就成为立法机关考虑的一个问题。

在这次修改刑诉法的研讨过程中,专家学者对免证权问题的意见并不一致。有人主张建立,主要理由是建立免证权制度是刑事司法的文明发展趋势,也符合保障人权和建设和谐社会的需要。有人坚决反对,主要理由是免证权制度会阻碍查明案件事实,会影响打击犯罪的效率。最后,立法机关采取了折中的态度,在修正案中规定了"半个免证权",即没有明确规定免证权,而是规定具有某些亲属关系的人不得被强制出庭作证。《刑事诉讼法》第188条的规定在一定程度上承认了"亲亲相隐",但是也给司法审判带来了新的难题。

常言道,正义不仅要实现,更要以看得见的方式实现。为了加强司法公开,提高司法裁判的透明度,最高人民法院在2004年6月发出通知,要求各级法院在办理案件过程中,通过公开审判、公开宣判、庭审直播等形式,扩大审判的社会效果。于是,一些法院开始进行庭审网络图文直播和庭审网络视频直播。2009年3月,最高人民法院发布《人民法院第三个五年改革纲要》,又提出要"完善庭审旁听制度,规范庭审直播和转播"。2010年以来,各地法院在一些重大案件的审判中采用了网络直播或手机直播,包括"微博直播",在社会上产生了很好的效果。其中有些案件的直播引起了社会的广泛关注。

2013年8月,济南市中级法院在公开审理某高官受贿案时采用了微博直播。这次庭审直播引起了广大民众的关注,特别是从事法律工作的人,因为这是一个非常难得的机会。我就认真观看了"微博直播"。我认为,这次庭审体现了程序公正的精神,而且法官、公诉人和辩护人都表现出相当高的专业水平。不过,我也看到一些问题,包括证人出庭作证的问题。

在该受贿案中,被告人的妻子是重要证人,而且她在审前已经向检察机关提供了证言。那么,她应否出庭作证?根据济南市中级法院通过微博发布的庭审记录,被告人对妻子的证言有异议,两次强烈要求法庭传唤她出庭作证。对此,该案的审判长回答如下——

你刚才提到申请证人出庭作证的问题,公诉人及辩护人也向本庭提出了让证人到庭作证的申请,庭前本庭也将意见给双方进行了反馈。根据双方的申请,本庭也经过审查,认为该证人应该到庭作证。本庭同时派法官到羁押的监狱面见该证人,但该证人明确表示拒绝到庭参加出庭。根据《中华人民共和国刑事诉讼法》第188条第1款的规定,证人没有正当理由不出庭作证,法院可强制其出庭作证,但被告人的配偶、父母、子女除外。所以说该证人在本庭依法通知她之后,她明确表示拒绝出庭作证,本庭不能强制她出庭。

这应该是我国法院在刑诉法修订后第一次公开援引第188条的规定所作出的裁定。毫无疑问,这个裁定是合法的。但是,这个裁定是合理的吗?我刚才讲了,亲亲相隐是基于社会伦理道德的考虑而免除被告人亲属的作证义务,是要避免司法机关强制采用亲属的证言来证明被告人有罪,从本质上讲,这是要更好地保障被告人的权利。但是在本案中,法庭的这个裁定却是对被告人不利的,因为它剥夺了被告人的质证权。

质证权是被告人在刑事诉讼中的一项重要权利。联合国的《公民权利和政治权利国际公约》中明确规定,被告人应该享有与不利于自己的证人当庭对质的权利。我国的《刑事诉讼法》第48条规定:"证据必须经过查证属实,才能作为定案的根据。"《刑诉法解释》第63条规定:"证据未经当庭出示、辨认、质证等法庭调查程序查证属实,不得作为定案的根据,但法律和本解释另有规定的除外。"由此可见,我国刑事诉讼的被告人应该享有质证权。

在本案中,被告人明确要求关键证人出庭作证以便进行对质,法庭却以原本为保护被告人权利而设计的"亲属免予强制出庭作证权"来阻却被告人的"当面质证权",这就陷入了自相矛盾的困境。如果刑诉法规定的是完整的免证权,那就不会出现这种困境,因为被告人的亲属不用作证。但是,法律仅规定不能强制这些证人出庭作证,并未规定这些亲属有免证权,因此其证言还可以采用。在本案中,该证人证言就被用作证明被告人犯有受贿罪的证据。这样一来,本应保护被告人权利的免证权,就被用来对抗被告人的质证权。借用被告人的一项权利来剥夺被告人的另一项权利,这暴露出我国刑诉法规定的一个疏漏,即规定"半个免证权"所造成的司法困境。

另外,《刑事诉讼法》第 187 条的规定还为证人出庭设置了一个"法院认为"的主观要件,于是法官的态度就成为决定证人是否出庭作证的关键。而在司法实践中,法官往往会认为证人没有出庭的必要。实际上,2012 年修订的《刑事诉讼法》实施之后,刑事诉讼中的证人出庭律并没有明显的提高。因此,要提高证人的出庭率,保证法庭审判的实质功能,就要对"法院认为"作出更加具体明确的约束性规定。

2016 年 7 月,最高人民法院、最高人民检察院、公安部、安全部、司法部共同签发了《关于推进以审判为中心的刑事诉讼制度改革的意见》。2017 年 2 月,为贯彻落实该《改革意见》,最高人民法院又制定了《关于全面推进以审判为中心的刑事诉讼制度改革的实施意见》。该《实施意见》第 14 条规定:"控辩双方对证人证言有异议,人民法院认为证人证言对案件定罪量刑有重大影响的,应当通知证人出庭作证。"与前述《刑事诉讼法》第 187 条的规定相比较,这一规定把"人民法院认为"移到"证人证言对案件定罪量刑有重大影响"之前,体现了对这一主观要件使用范围的限制。但是,这一规定的实施情况仍然不够理想。这也说明,证人不出庭确实是一个老大难问题。

各位同学,这一讲的思考题是:如何解决刑事诉讼中证人不出庭的难题?

何老师留的
思考题

学生对谈

第二十一讲　人民陪审制度的改良

各位同学,大家好! 这节课我要讲中国刑事司法改良的第五个专题:人民陪审制度的改良。同时,我要讲一个山寨法庭的陪审团审判。这可不是搞笑版的喜剧小品,而是一次严肃认真的审判。

一、人民陪审制度的建立

世界各国的陪审制度主要有两种模式,一种是以英国和美国为代表的"分工式陪审制度",即陪审团模式;一种是以法国和德国为代表的"无分工式陪审制度",即参审模式。这两种模式的基本区别在于前者的陪审员和法官之间有明确的职能分工,而后者的陪审员与法官之间没有明确的职能分工。中国的人民陪审制度是在借鉴苏联陪审制度的基础上建立的,与大陆法系国家的参审制有许多相似之处。

新中国以人民为本,秉持着人民当家作主的精神,因此国家权力机关都要以"人民"冠名。我们有人民代表大会、人民政府、人民法院、人民检察院、人民解放军。另外,在我们国家,最重要的银行是人民银行,最重要的开会场所是人民大会堂,最重要的东西是人民币,最重要的大学是中国人民大学。总之,这个国家的一切都属于人民。但是,语词用多了,天天讲,月月讲,就容易成为没有实质意义的口头语,说话者也就忘记了它的本意。

为了体现人民司法,新中国在成立之后就建立了人民陪审制度。1951年,《人民法院暂行组织条例》第 6 条规定:"为便于人民参加审判,人民法院应视案件性质,实行人民陪审制。"1954 年,《宪法》把人民陪审员参与案件审判规定为宪法原则。同年颁布的《人民法院组织法》也明确规定在一审刑事案件和民事案件的审判中一般都应实行人民陪审员制度。那些年,人民陪审员在参与审判中也确实发挥了积极的作用。

"文革"期间,人民陪审制度遭到破坏。"文革"后,各地法院逐渐在审判中恢复人民陪审制度。1979 年,《人民法院组织法》和《刑事诉讼法》都明确规定人民法院一审合议庭应该由审判员和陪审员组成。但是受"文革"的影响,中国社会发生了很大变化,民众对待司法的态度也发生了变化。于是,人民陪审制度在实施中就遇到了很多问题。

首先,人民陪审员的选任相当混乱。按照法律规定,人民陪审员应该由基层人民代表大会选举产生。但是在实践中,人民陪审员的选举不受重视,在基层人民代表大会的选举活动中根本"排不上队"。于是,法院一般就让本地的单位或团体推荐陪审员。各单位一般都不太重视推荐陪审员的工作,往往推荐在本单位工作不重要的人,甚至推荐难以管理的人。这显然会影响陪审员的质量。法官们经常抱怨,陪审员的素质不高,也不负责任,在审判中也发挥不了什么作用。

按照法律规定,人民陪审员采用任期制,任期一般为 2 年或 3 年,可以连选连任。在实践中陪审员连任的情况很多见。有些人连续多年担任陪审员,成为"陪审专业户"。这种做法显然不符合设立陪审制度的初衷。

其次,人民陪审员的职责不够明确。按照法律规定,人民陪审员在法院执行职务期间,与法官享有同等的权力。在审判过程中,陪审员和法官一起审查案件事实,一起进行评议,一起投票表决。然而,陪审员究竟有哪些职责,法律没有作出明确规定。在实践中,法官往往在庭审时安排陪审员宣读一些程序性文字材料,例如有关案件当事人权利的规定等,就算陪审员参与审判了。在评议的时候,陪审员一般都会同意法官的意见。于是,人民陪审制度就流于形式。

我在前面的课程中讲过,20 世纪 80 年代初期,中国的刑事司法开始从群众专政转向专业司法,因此法院的审判工作也强调专业化。为了适应这种变化,1983 年修改的《人民法院组织法》就规定,人民法院一审合议庭可以由审判员和陪审员组成,也可以由审判员组成。这就是说,人民陪审员不是必需的,法院在审判中可以用,也可以不用。1996 年修改的《刑事诉讼法》也做出了同样的规定。那个时期,人民陪审制度呈现没落的趋势,法学界和司法实务界都有废除人民陪审制的声音。不过,后来又出现了转折,而我也有亲历的经验。

二、人民陪审制度的加强

世纪之交,刑事诉讼制度改革成为法学界关注的焦点,而陪审制度也成为讨论的热点问题之一。这一时期,国人思想解放,视野开拓,一些法律学者就开始研究介绍外国的陪审制度。

20世纪90年代初,我在美国西北大学法学院留学期间,曾经数次到当地法院旁听审判,包括经历陪审员的挑选过程。当时,美国的陪审制度给我留下了深刻的印象。后来,举世瞩目的辛普森涉嫌杀妻案的审判使中国人对美国的陪审制度产生了很大的兴趣。1995年10月20日,中央电视台的"体育沙龙"播出了辛普森案的特别节目,主持人是师旭平。作为嘉宾之一,我讲解了辛普森案的审判过程,也回答了电视观众通过热线电话提出的问题。观众所提的问题主要涉及美国的陪审制度和DNA鉴定。这个电视节目让很多中国人看到一种新奇的审判方式,就是由12个不懂法律的人作出判决。

1995年,我写的《毒树之果——美国刑事司法随笔》出版,其中比较具体地介绍了美国的陪审团审判。后来,我在报刊上发表了一些介绍美国陪审制度的文章,并开始思考中国的陪审制度改革问题。随着民众对陪审制度改革问题的关注,一些新闻媒体的记者就对我进行了关于陪审制度改革的采访,例如,1998年12月23日的《人民法院报》发表了记者采访我的文章《让陪审不再是陪衬》;1999年2月17日的《北京晚报》发表了《让陪审员不再当摆设——中国人民大学教授何家弘谈陪审制度改革》;1999年3月21日,我在中国国际广播电台的英语专家访谈节目"PEOPLE IN THE KNOW"中,专门谈了中国陪审制度的改革问题。与此同时,我还写了一些学术论文,例如,《陪审制度纵横论》,发表在1999年第3期《法学家》,《陪审制度改革断想》,发表在1999年第4期《中国律师》。

1999年3月,李鹏委员长在全国人大的工作报告中,谈到了反对司法腐败和保证司法公正。他强调,我国要加强人民陪审制度。同时,最高法院的肖扬院长在全国高等法院院长会议上也强调了人民陪审制度的重要性。于是,人民陪审制度改革成为我国司法机关的一项任务。

1999年4月,最高法召开了陪审制度改革专家座谈会。我应邀参加并发表了个人的意见。2000年,最高法起草了《关于完善人民陪审员制度的决定(草案)》,并于2000年9月提请第九届全国人大常委会进行审议。在人大常委会的审议过程中,委员们认为,人民陪审员制度是一个很好的制度,有利于弘扬司法民主,有利于促进司法公正,但是该草案在诸如人民陪审员的职责定位、人民陪审员的产生和管理、经费保障、陪审案件范围等问题上的规定都不够具体明确,还需要进一步研究,便搁置了下来。

后来,许多人大代表、政协委员、专家学者又提出了一些改革完善陪审制度的建议。有的学者主张坚持人民陪审员的参审模式;有的学者则主张采用英美法系的陪审团模式。例如,2004年广东省两会期间,就有人大代表建议,为降低案件误判率,提高法院工作效率,真正做到审判结果公平、公正,法院系统应借鉴西方法律体系中的陪审团制度,并在深圳市先试行。还有法官提出,从审委会与陪审团制度比较看,有必要建立中国特色的公民陪审团制度。

根据这些意见和建议,最高人民法院对原草案进行了修改,并提交给第十届全国人大常委会进行审议。2004年,全国人大常委会对该草案进行第二次审议之后,通过了《关于完善人民陪审员制度的决定》,并于2005年5月1日起在全国实施。不过,这个《决定》并没有采用陪审团模式,而是在坚持参审制的基础上,加强了人民陪审员的选任、培训和履职保障。

上述《决定》实施以后,人民陪审员制度得到了各级法院的重视,陪审员的数量和质量都有明显的提升,但是"陪而不审""审而不判"等问题并未从根本上得到解决。例如,我们曾经对中国法院网的"网络直播"栏目所登载的2010年审理的292起刑事案件进行实证分析。在有陪审员参与审判的177起案件中,由1名法官和2名陪审员组成合议庭(1+2模式)的案件为130件;由2名法官和1名陪审员组成合议庭(2+1模式)的案件为47件。绝大多数陪审员在法庭审判过程中扮演了消极听审的角色。在上述177起陪审案件中,98%的陪审员在法庭上没有提问;69%的陪审员在庭审过程中没有与审判长进行过交流。由此可见,人民陪审员在很多案件中都没有发挥实质性作用。

世界上许多国家陪审制度的发展趋势都是在重大或疑难案件中采用陪审模式,但是在我国恰恰相反,即主要在轻微或简单的案件中使用陪审员。由于这种 1+2 或 2+1 的陪审模式难以实现民众参与司法的核心价值,无法满足社会日益增长的对司法公正的需求,一些地方法院就开始探索陪审制度的改革路径。

2009 年 2 月,河南省高级法院刑一庭在公开审理一起社会广泛关注的死刑二审案件过程中,邀请人民群众代表组成“人民陪审团”,参与刑事审判,对案件裁判发表意见,供合议庭参考。这一做法引起了社会各界的强烈反响。随后,河南省高级法院经过论证,决定从 2009 年 6 月起,在郑州、开封、新乡、三门峡、商丘、驻马店等六个地市级法院开展人民陪审团的试点工作。

据报道,2009 年 6 月至 2010 年 3 月,河南省通过人民陪审团审理刑事案件 107 件。试点工作取得良好成效,主要体现在四个方面:第一是彰显了刑事司法的人民性;第二是实现了案件处理法律效果和社会效果的有机统一;第三是增强了刑事判决的社会认同度;第四是有效地开展了法制宣传教育。

此外,陕西、山西等地的法院也学习河南法院的做法,试行人民陪审团参与审判的做法。但是,这种做法没有法律依据,也没有得到最高法的授权。因此,这种人民陪审团的做法很有争议。在这个时候,我也做了一个很有争议的陪审团改革实验。

三、人民陪审制度的改革实验

我在前面讲刑事辩护制度的时候谈到了李庄案。2010 年,在重庆市大规模的“打黑风暴”中,辩护律师李庄被法院判决有罪,引起社会的广泛关注。于是,我就在隶属于最高检的正义网法律博客上,以“做游戏”的名义组织了“李庄案的虚拟陪审团审判”。我这样做的主要目的,就是借助这个案件推动陪审制度改革,让更多人了解陪审团审判。

2010 年 3 月 21 日,我在法律博客上发表了“虚拟审判公告”,讲了这个活动的目的和有关规则。博文发布之后,许多网友留言表示支持,但也有网友认为这个审判意义不大,还有网友告诫我不要“引火烧身”。其实,我事前已经征求了正义网领导的意见，他们知道此事有风险，但仍表示要给我"开绿灯"。

众多网友的积极响应令我深受鼓舞。于是，我任命自己为"山寨法庭"的法官，并邀请网友报名担任公诉人、辩护人、陪审员。在三天时间内，一共有12人报名担任公诉人，有7人报名担任辩护人，有22人报名担任陪审员。大多数网友都表示愿意围观。作为法官，我根据报名情况选定了4名公诉人和4名辩护人。前者多为检察官，后者多为律师。我还根据报名顺序指定了一名首席公诉人和一名首席辩护人。然后，我让报名陪审员的网友回答5个问题，包括你能否保证全程参与本次虚拟审判；你能否保证公正裁判等。根据他们的回答，我确认了17名候选人的资格，通知他们参加庭选。

在征求公诉人和辩护人意见的基础上，我又向参加庭选的陪审员候选人提出6个问题，包括你认为在刑事司法活动中保护被告人的权利更重要还是保护人民的利益更重要；在你的朋友中有没有律师；手机被偷或者被人骗走几百块钱的时候你是否会向警方求助等。候选人回答问题之后，我允许控辩双方对候选人资格提出质疑。在公诉方和辩护方分别行使否决权的基础上，我确定了陪审员名单，共有9名正选陪审员，还有8名替补陪审员。

我在博客中设置了公诉人工作室、辩护人工作室、陪审员休息室、传媒人工作室、旁听人员休息室等，供有关人员讨论案情和交流意见。我的博士研究生杨建国担任书记员兼法警，负责回答网友的问题并及时清除各工作室内的无关留言和不雅留言。

一些网友也专门报道了这次虚拟审判。当时微博尚未发达，这些网友就纷纷在各自的博客中进行报道，包括对公诉人、辩护人的追访和爆料。虽然本法官禁止陪审员接受记者采访，但仍然有个别陪审员溜到"电视台"亮相。有记者说，公诉方团结一心，已经集中到"海景别墅"准备开庭；但辩护方一团散沙，甚至出现内讧。有记者说，公诉方否决两名陪审团候选人是因为"家族原因"。还有记者说，一名辩护律师突然"失踪"，而法官的手机一直关机或不再服务区。这些报道有真有假，有虚有实，大大提升了虚拟审判的观赏性。一时间，正义网的法律博客上人流激增，点击率不断飙升。

网民期待的李庄案虚拟审判终于开始了。作为法官，我首先声明，因为众所周知的原因，本案被告人无法出庭。不过，本次审判是虚拟的，被告人的缺席不会影响审判的进行。由于控辩双方不能保证同时上网参加庭审，我们不得不分别安排公诉方和辩护方出庭陈述的时间。3 月 30 日,公诉人开庭陈述,发表公诉意见。31 日,辩护人开庭陈述,发表辩护意见。

接下来的审判进展顺利。首先,公诉方用了两天时间进行举证。公诉方就李庄伪造证据罪举出了 15 项证据;就李庄妨碍作证罪举出了 8 项证据;另举出综合性证据 4 项。辩护方用了一天时间进行质证。辩护方对公诉方的全部证据提出了质证意见,其中有 7 项质疑证据的可采性,有 20 项质疑证据的可靠性。针对可采性的质疑,本法官当即作出裁定,支持辩护方意见的 4 项,否决辩护方意见的 3 项。这就是说,公诉方举出的证据中,有 4 项因证据资格问题而被法庭排除。然后,辩护方也用了两天时间进行举证。辩护方就指控的第一个罪名举出 6 项证据,就第二个罪名举出 5 项证据。公诉方也用了一天时间进行质证。公诉方对辩方的证据全部提出质疑,并且对 6 项证据的资格提出质疑,要求法庭排除。本法官在裁定中支持了公诉方的一项主张,即排除了辩方的一项证据。

本法官在确认控辩双方完成举证之后,宣布审判进入最后辩述阶段。本法庭先给公诉方一天时间进行陈述;再给辩护方一天时间进行陈述;然后再给公诉方一天时间作最后的陈述。

法庭调查结束之后,我首先对陪审团给出指示,强调了罪刑法定原则和无罪推定原则,解释了刑事诉讼中的证明责任和证明标准。然后,我公布了本次虚拟审判的陪审团评议规则,包括:陪审团评议在公开的"陪审团评议室"进行;每位陪审员至少在评议室发言一次;每位陪审员都要对两项指控罪名发表意见;陪审员在评议室发表的意见不代表其最终的裁判意见;评议时间是 19 日 0 时至 20 日 24 时。

2010 年 4 月 22 日,我在法律博客上发出公告:各位陪审员,你们的裁判将载入"正义王国"的史册。你们的裁判意见是否公正,将由网民议论、后人评说。现在,本法官请各位陪审员公开发表自己的裁判意见。在本案中,公诉方指控被告人李庄犯有辩护人伪造证据、妨害作证罪。本法官请每位陪审员分别对这两项指控作出有罪或者无罪的回答。陪审员在回答时不需要说明理由。陪审员发表意见的时间是 22 日 20 时至 21 时。

陪审员逐个发表意见之后,本法官代表山寨法庭宣布:针对伪造证据的指控,9 名陪审员认为无罪,没有陪审员认为有罪;针对妨害作证的指控,8 名陪审员认为无罪,1 名陪审员认为有罪。本法官认为,上述陪审员的裁判意见真实有效。本法庭宣判：被告人李庄无罪。李庄案虚拟审判到此结束，山寨法庭解散。

根据正义网提供的数据，在这次虚拟审判的 42 天内，共有上千位博友参与留言，相关博文的点击率超过十万。这次虚拟审判成为很多法律界人士关注和讨论的话题。

2010 年 5 月 3 日，正义网与我们的证据学研究所在人民大学法学院举办了"李庄案虚拟审判与中国刑事审判制度改革"研讨会。来自全国各地的近百位法学教授、法官、检察官、律师、媒体记者以及参与李庄案虚拟审判的博友参加了会议。当天晚上在人民大学餐厅还举行了"正义王国山寨法庭"的颁奖晚会。这些活动进一步扩大了这次虚拟陪审团审判的社会影响。后来，我们把文字材料整理成书，由法律出版社出版于 2011 年出版，书名是《谁的陪审谁的团》。该书还在台湾地区出版了中文繁体字版，书名是《史无前例网路陪审团审判》。

四、人民陪审制度的改良路径

我们在讨论人民陪审制度改良的时候，要明确陪审制度的功能，用通俗的话说，司法审判为什么需要人民陪审员。从理论上讲，陪审制度的功能有三：第一，作为司法民主的一种形式，陪审制度有利于司法公正、司法公开、司法独立、司法廉洁，而且可以提高司法权威，为法官提供一个消除社会舆论压力和外界不良干扰的保护性屏障。第二，陪审制度可以弥补法官的知识缺陷和经验不足，而且，普通民众的参与可以把社区观念和生活常识带入司法决策过程。第三，陪审制度可以补充法院的劳动力，减轻司法系统的工作压力。在这三种功能中，哪一种功能最为重要？这是一个需要认真思考的问题。

2011 年 5 月，我应邀参加了最高人民法院在苏州召开的"陪审制度国际研讨会"。我在研讨会上发言，主要就陪审制度的功能发表个人意见。我认为，在缺乏有效监督的情况下，司法权容易被滥用甚至滋生腐败，因此，民众参与司法就成为社会的诉求。我国现行的人民陪审制度具有一定的积极作用，例如，在法官工作负担过重的情况下，人民陪审员可以凑成法律要求的合议庭组成人数，缓解法院人力不足的压力，犹如公安机关需要的"协警"或

"辅警"。然而,这是司法裁判需要陪审的理由吗?

在最高法的这次会议之后,我认识到在当下中国很难采用陪审团审判模式。于是我改变思路,建议我国借鉴法国和日本的改良思路,先增加参审陪审员的数量。我写了一篇文章,《陪审制度改革之我见》,于 2013 年 10 月发表在《人民法院报》。我的具体建议是:最高法可以选择一些地方的中级法院作为试点,在公众关注的重大刑事案件中试用"七人制合议庭审判",即由 1 名审判员和 6 名人民陪审员或 2 名审判员和 5 名人民陪审员组成合议庭,而且要采取当庭随机挑选的方式确定陪审人选,并保证审判程序的公开与合议庭评议的民主。这项改良需要得到立法机关的同意,试点的结果也可以作为修改《刑事诉讼法》等相关法律规定的依据。

这篇文章发表之后,得到了最高法领导的重视。2013 年 12 月,最高法发出通知,人民陪审员制度改革试点工作将在北京等 10 个省市的部分中级法院和基层法院进行,内容主要包括扩大陪审员选任范围、落实随机抽取原则、完善陪审工作机制等。

2014 年 10 月,中共十八届四中全会的《中共中央关于全面推进依法治国若干重大问题的决定》提出要"完善人民陪审员制度,保障公民陪审权利,扩大参审范围,完善随机抽选方式,提高人民陪审制度公信度。逐步实行人民陪审员不再审理法律适用问题,只参与审理事实认定问题"。

2015 年 4 月,最高法和司法部联合印发了《人民陪审员制度改革试点方案》。随后,最高法根据试点方案和全国人大常委会的授权,在北京、河北等地选择了 50 个法院进行"1+4"或"2+5"的大合议庭陪审模式的改革试点。根据最高法 2018 年 3 月的工作报告,这些试点法院三年来由陪审员参审的刑事、民事、行政案件一共近六万件,占这些法院一审普通程序案件的77.4%,其中由五人以上大合议庭审理的案件是 3 658 件。这些情况表明,以大合议庭为基本模式的人民陪审制度改革路径是可行的。

2017 年 5 月 31 日,最高法在北京的京西宾馆召开了"全国法院刑事审判工作总结表彰大会"。最高法的领导和各省级法院的领导都参加了会议。我作为特邀专家学者列席了会议。会议期间,我见到了最高法的周强院长。他对我说,你提出的人民陪审制度改革建议,我们已经采纳了。

2018 年 4 月,全国人大常委会审议通过了《人民陪审员法》。该法把陪审员参加审判的合议庭分为三人合议庭与七人合议庭两种,肯定了大合议庭改革试点的经验。

2018 年 10 月，全国人大常委会又通过了《关于修改〈刑事诉讼法〉的决定》，把原来规定的"基层人民法院、中级人民法院审判第一审案件，应当由审判员三人或者由审判员和人民陪审员共三人组成合议庭进行"，修改为"应当由审判员三人或者由审判员和人民陪审员共三人或者七人组成合议庭进行"。这一修改使《刑事诉讼法》的规定与《人民陪审员法》的规定相一致，确认了大合议庭的陪审模式。

《人民陪审员法》第 16 条规定："人民法院审判下列第一审案件，由人民陪审员和法官组成七人合议庭进行：（一）可能判处十年以上有期徒刑、无期徒刑、死刑，社会影响重大的刑事案件；（二）根据民事诉讼法、行政诉讼法提起的公益诉讼案件；（三）涉及征地拆迁、生态环境保护、食品药品安全，社会影响重大的案件；（四）其他社会影响重大的案件。"第 19 条规定："基层人民法院审判案件需要由人民陪审员参加合议庭审判的，应当在人民陪审员名单中随机抽取确定。中级人民法院、高级人民法院审判案件需要由人民陪审员参加合议庭审判的，在其辖区内的基层人民法院的人民陪审员名单中随机抽取确定。"这些规定是我国人民陪审制度的改良，对于推进司法独立和以审判为中心的诉讼制度改革都具有深远意义。当然，这些改革措施还需要司法实践的检验，特别是一些重大刑事案件审判的检验。

改革措施往往会遇到阻力。有些法院就没有认真执行《人民陪审员法》的有关规定，主要表现为重大刑事案件的审判并没有采用大合议庭。例如，在社会影响重大的吴谢宇案、劳荣枝案以及一些地方的黑社会案件中，有关法院并没有采用大合议庭审判。在采用大合议庭审判的案件中也存在问题。试举一例。

2019 年 11 月，吉林省通化市中级法院审理了张永福涉嫌黑社会团伙案。该案是吉林省 12 起重点涉黑案件之一，涉及保护伞 43 人。通化市中院组成了大合议庭，但是在 7 人合议庭中，只有 2 名人民陪审员。被告人张永福被法院判处无期徒刑。判决之后，辩护律师以合议庭组成人员不符合法律规定为理由，提出上诉。吉林省高级法院审理后裁定，一审法院的合议庭组成人员违反了《人民陪审员法》的有关规定，撤销原判，发回重审。2020 年 11 月 7 日上午，通化市中院开庭重审张永福涉黑案，引起了社会的关注。

当天，我接受了《南方周末》记者的采访。我说，《人民陪审员法》规定，对可能判处 10 年以上有期徒刑、无期徒刑、死刑,社会影响重大的刑事案件,法院应该组成 7 人合议庭,包括法官 3 人,人民陪审员 4 人。但是审理张永福案的合议庭只有 2 名人民陪审员,明显违反了法律的规定。这个案件反映出《人民陪审员法》的执行遭遇阻力。有些法院的领导在组成大合议庭时心存疑虑,担心陪审员的意见和法官的不一样,出现审判失控的局面。因此,要让《人民陪审员法》的规定真正落实到司法实践中,各方仍需努力。

总之,在过去二十多年,我国的司法机关一直在探索人民陪审制度的改良,但是还有一些基本问题需要我们回答。我在 20 年前主持了司法部的一个课题研究工作,其成果由中国政法大学出版社在 2006 年出版,书名是《中国的陪审制度向何处去——以世界陪审制度的历史发展为背景》。时至今日,我仍然无法给出这个问题的明确答案。

各位同学,这一讲的思考题是:刑事审判为什么需要陪审员?

何老师留的
思考题

学生对谈

第二十二讲　法庭审判制度的改良

各位同学，大家好！这节课我要讲中国刑事司法改良的第六个专题：法庭审判制度的改良。按照讲课的习惯，我要通过一些案例来进行说明。

一、庭审虚化的表象

2011 年 4 月，我应邀到美国的辛辛那提市参加了关于刑事错判问题的国际研讨会，并且在会上作了关于中国大陆地区刑事错判问题的主题发言。在研讨会上，来自墨西哥的代表罗伯托·赫尔南德兹放映了他执导拍摄的一部纪录片，片名为《有罪推定》，披露了墨西哥刑事司法制度存在的问题。据他介绍，墨西哥约有 92% 的刑事被告人在根本没有见过法官的情况下就被判有罪。这就是说，法官根据检控方提供的证据材料就可以判定被告人有罪。在这些案件中，法官认为没有听取被告人陈述的必要，甚至没有开庭审判的必要。审判无须开庭！这话令我感到震惊，也让我联想到中国刑事庭审虚化的问题。

法庭审判可以简称为"庭审"。在现代法治国家中，庭审应该是决定诉讼结果的中心环节，法官合议庭应该是司法裁判的主体。但是在实践中，未审先判、下审上判、审者不判、判者不审等现象仍时有所见。一言以蔽之，刑事庭审"被虚化"了。这就是说，庭审在刑事诉讼过程中没有实质性作用，司法人员不经过庭审程序也可以照样作出被告人是否有罪的判决。

2009 年，我带领一些青年学者进行了"刑事庭审实证研究"。课题组的成员分别以问卷调查、座谈访谈、旁听审判和网上查阅等方式就我国刑事庭审的现状和问题进行了实证研究。例如，课题组成员对中国法院网上"网络直播"的 2010 年 1—12 月审理的共计 292 起刑事案件进行了实证分析。我们发现，庭审虚化在刑事诉讼中具有相当的普遍性。这主要表现在举证的虚化、质证的虚化、认证的虚化、裁判的虚化四个方面。

（一）庭审举证的虚化

在刑事诉讼中，公诉方承担证明被告人有罪的责任，因此，公诉方举证应该是庭审的一项基本内容。从证据种类来看，公诉方举出的书证数量最多，其次是证人证言。在上述 292 起网上直播的案件中，公诉方共举出书证 1 924 份，举出证人证言 1 286 份。书证的出示比较简单，一般为出示原件或复印件，因此举证虚化主要表现在证言上。首先，证人不出庭使举证虚化。在这 292 起案件中，公诉方出示了 1 286 份证言，辩护方出示了 27 份证言，共计 1 313 份。其中，未出庭的证人数是 1 274，约占 97%；出庭的证人数是 39，约占 3%。其次，摘要宣读笔录使举证虚化。受庭审时间所限，公诉人一般都采取从案卷中摘要宣读询问笔录的方式，从而使举证只具有象征意义。

公诉方在庭审中的举证是虚的，在庭审前和庭审后移送案卷中的举证才是实的。在 1996 年修改《刑事诉讼法》之前，我国在刑事诉讼中实行的是"案卷移送"制度，检察机关在决定起诉之后要把包括全部证据在内的案卷材料与起诉书一起移送法院。因为这种"案卷移送"制度容易使法官在审判之前形成预判并使庭审虚化，所以 1996 年修改的《刑事诉讼法》借鉴了外国的"起诉状一本主义"的做法，要求检察机关在审判之前只向法院提交起诉书和主要证据复印件等，不再移送全部案卷材料。然而，这项改革并没有在司法实践中取得预期的效果，主要原因在于它并没有能够真正阻止法官对案卷材料的依赖。

两院三部和全国人大法工委于 1998 年颁布的《关于刑事诉讼法实施中若干问题的规定》第 42 条规定："人民检察院对于在法庭上出示、宣读、播放的证据材料应当当庭移交人民法院，确实无法当庭移交的，应当在休庭后三日内移交。"按照这一规定，检察院仍要向法院移送"案卷材料"，只不过移送的时间从庭审之前变为庭审之后。更准确地说，当时的做法是"庭前部分移送和庭后全部移送"。在我们与杭州地区法官的座谈中，有的法官坦言，只要检察院移送案卷材料给法院，庭审虚化的状况就很难改变，因为法官裁判时主要依据的还是案卷中的证据材料，不是庭审中的举证。由此可见，公诉方的真正举证是案卷材料，庭审举证只是走个过场。

（二）庭审质证的虚化

质证是指诉讼当事人及其法律代理人，包括检察官，在审判过程中针对对方举出的证据进行的质疑和质问。1996 年《刑事诉讼法》第 47 条规定："证人证言必须在法庭上经过公诉人、被害人和被告人、辩护人双方讯问、质证，听取各方证人的证言并且经过查实之后，才能作为定案的根据。"根据这一规定，质证应该是庭审中的一道必经程序。

在庭审实践中，法官在一方举证之后会询问另一方对证据有无异议，但对方表示"有异议"的比例并不高。例如，在我们分析的 292 起案件中，控辩双方共举出 5 817 份证据。其中，证人证言受到质疑的比例最高，占 16.67%；勘验检查笔录受到质疑的比例最低，占 2.83%。质疑的内容多涉及证据的真实性，少数涉及证据的合法性和关联性。

因为绝大多数证人都不出庭，所以质证的基本形式就是对询问笔录发表不同意见，也就是所谓的"质纸证"。质证是对证据的质疑和质问，本应采取当面诘问的形式。仅仅对证据提出不同意见，并不是真正意义上的质证。但是在证人不出庭的情况下，"质纸证"是无法避免的，质证也就被虚化了。

（三）庭审认证的虚化

认证，就是对证据的认定，是指法官在审判过程中对诉讼双方提供的证据进行审查判断，确认其证据能力和证据效力的活动。认证是司法证明的基本环节，也是审判活动的中心内容。根据认证活动的时间和地点不同，认证可以分为当庭认证和庭后认证两种方式。

21 世纪伊始，最高法院在推进审判方式改革时提出要加强当庭认证。法官当庭认证，可以提高审判决策过程的透明度，减少"暗箱操作"，提高审判质量，保证司法公正，而且有利于防止司法腐败和提高法官素质。不过，很多法官都认为当庭认证很难操作。

2003 年 7 月，中国人民大学法学院证据学研究所和最高人民法院刑一庭共同在黑龙江省牡丹江市召开了"刑事审判认证研讨会"。最高法和各省级高院的刑事审判法官和法律学者一起探讨了当庭认证等问题。认证的基本内容是对证据的审查评断,这包括两项内容:其一是证据能否采纳,主要审查证据的关联性与合法性;其二是证据能否采信,主要审查证据的真实性与充分性。与会者达成共识,当庭认证的主要内容是证据的采纳问题,就是涉及证据的关联性与合法性的问题,至于证据是否确实充分的问题,一般还要等庭审之后再综合认定。

然而,在司法实践中,法官的当庭认证率还是非常低。许多法官担心当庭认证会出现错误,例如,前面认定的证据被后面的证据所否定。在我们分析的 292 起案件中,法官进行当庭认证的有 62 件,占 21.23%,而且其中 52 件的认证只是"对双方明确无异议的证据予以认可"。由此可见,法官当庭认证的几乎都是没有异议的证据,因此并不具有实质意义。对于有异议的证据,法官一般都不会当庭认证,而是在庭审之后的判决书中再行认证。

(四)庭审裁判的虚化

所谓"庭审裁判",是指合议庭在庭审的基础上进行的裁判。这种裁判,可以是当庭作出的,也可以是在庭审之后作出的。如果以合议庭名义作出的裁判实际上不是合议庭的意见,而是合议庭中个别人的意见,或者是合议庭以外的人的意见,那就是庭审裁判的虚化。

我国《刑事诉讼法》对合议庭的组成和评议作出了明确的规定,但是在一些法院,合议庭的工作主要由承办案件的法官负责,其他人只参加庭审,不参加庭前准备工作,甚至也不参加评议,所有决定都由承办法官一人作出。合议庭的评议笔录多是承办法官写的,然后找其他成员签名。有的合议庭成员只是浏览一下承办法官起草的判决意见就签名,有的合议庭成员甚至不知道判决意见就签了名。例如,曾经有陪审员对我说,他在参加庭审之后,法官或书记员就让他在一张空白纸上签名,然后再附到合议庭的评议笔录后面。这样做的理由是减少以后找他签名的麻烦。实际上,如果他以后不去问,法官都不会告诉他判决的结果。凡此种种,庭审裁判之虚化可见一斑。

二、庭审虚化的原因

刑事庭审虚化既危害司法的程序公正,也危害司法的实体公正。在许多刑事错案的背后,人们都可以看到庭审虚化的阴影。虽然错案的发生不能完全归咎于庭审虚化,但是庭审虚化具有不可推卸的责任,譬如,那些通过刑讯等非法手段获取的虚假证据能够在法庭上畅通无阻,就反映出庭审虚化的弊端。要想改变这种状况,我们必须认真研究庭审虚化的原因。我认为,这主要有两个方面。

(一)"以侦查为中心"的流水线诉讼模式导致庭审虚化

我在前面讲过,我国的刑事诉讼具有以侦查为中心的传统。在这种"流水线"诉讼模式下,法官审理案件是"以案卷为中心"的。在案卷中,笔录是各种证据的基本形态。于是,法官对证据的审查也就成为对各种笔录的审查,如询问笔录、讯问笔录、勘验笔录、检查笔录、搜查笔录、辨认笔录等。就审查案卷笔录而言,开庭审判没有太大意义。法庭上的审查效率肯定会低于办公室里的审查效率,因为法官坐在办公室里审读案卷会更快更好。

在流水线诉讼模式下,侦查机关制作的案卷既是检察官提起公诉的主要依据,也是法官作出判决的主要依据。在实践中,检察官往往在侦查机关的起诉意见书上进行一些修改就作为起诉书,而法官又在起诉书上进行一些修改就作为判书。法院的判决书与侦查机关的起诉意见书在主体内容上大同小异的状况屡见不鲜。在电子计算机广泛使用的时代,检察官和法官都可以因此而减少工作量,但是法庭审判就被虚化了。我在调研座谈中曾经询问法官,如果审判不开庭,对法院判决有多大影响?有的法官就说,没有太大影响,我们照判不误。

(二)"下级服从上级"的行政决策模式导致庭审虚化

行政决策的基本原则是下级服从上级。法庭审判的主要任务是根据已知证据认定案件事实。这是一种专业认知活动,不同于行政决策,因此应遵循专业认知的规律,无须遵循下级服从上级的原则。然而,在我国的司法实践中存在着"司法裁判行政化"的倾向。这主要有两种情况,其一是审委会越俎代庖,其二是政法委未审先判。

在司法实践中,主审法官在遇到疑难案件时,一般就上报主管的副院长,然后提交审委会讨论。审委会的决定更有权威性,而且日后一旦出现错判,也应该由审委会集体承担责任。在这些案件中,裁判者不是庭审的法官,而是没有参加庭审的法院领导。这种做法违反了刑事司法的直接言辞原则,而且有可能造成错案。

例如,1998 年 4 月 21 日清晨,在辽宁省丹东市发生一起杀人案。某单位工人张益国身中 14 刀死亡。警察经过调查,认定案发前与被害人发生过争执的李永财为杀人凶手。由于辩护律师在庭审过程中提出了较为有力的无罪证据,合议庭评议后认为应判被告人无罪。但是,法院审判委员会在讨论之后认为,虽然证据不够充分,但是李永财杀人罪的指控还是能够成立的,决定判处死缓。合议庭执行审委会的决定,于 1999 年 2 月 3 日判处李永财死刑,缓期两年执行。李永财被错误羁押 2 年 2 个月后被平反昭雪。

又如,黑龙江省哈尔滨市的警察张金波于 1996 年被人指控强奸妇女。由于该案的证据只有被害人的陈述及其儿媳的证言,所以很难定案,后来经过公检法"三长协调会"决定,南岗区法院在 1998 年判处张金波有期徒刑 10 年。张金波上诉后,二审合议庭的法官经过审查,认为本案缺乏重要的物证,而且被害人的言词证据中存在矛盾之处,便写出了"无罪"的结案意见。但是在审委会讨论时,多数人认为可以定罪。最后,审判长只好违心地起草了驳回上诉维持原判的裁定。张金波在被错误羁押 3 644 天之后被宣告无罪释放。

各级党委的政法工作委员会是当地公检法机关的领导。在实践中,地方政法委的领导往往强调公检法机关"互相配合"的重要性。在面临重大疑难案件时,政法委经常组织公检法三家"联合办案",通过诸如"三长会"的形式决定案件中的疑难问题。在公安局已经侦查终结的情况下,检察院只能提起公诉,法院也只能作出有罪判决。于是,政法委出面协调的结果往往就成为检法两家要配合公安工作。

三、庭审虚化的案例

(一)奇怪的无名女尸

1994 年 4 月 11 日早晨,湖北省京山县雁门口镇吕冲村的一个村民送孩子上学。回来时,他在山边水塘中发现一个漂浮物,好像是人,便回去找来村长。两人来到水塘边,仔细观看,确认是一具尸体。于是,他们一起到镇派出所报案。

派出所的警察很快来到现场,在村民的帮助下把尸体打捞上来。虽然尸体已经腐败,面部浮肿,但还可以看出相貌,是个青年女子。警察问围观的村民是否认识这个女子。村民都说不认识,从来没有见过,肯定不是本地人。警察查看了死者的衣物,也没有找到任何可以证明其身份的东西,便决定上报县公安局。

11 日 14 时 25 分,京山县公安局接到雁门口镇派出所指导员的报案电话后,立即派刑警队的侦术人员赶赴现场。现场位于京山县雁门口镇吕冲村九组的窑凹坝堰中,该堰东西长 35 米,南北宽 30 米。打捞上来的尸体已高度腐败,呈巨人观,尸长 155 厘米。上身由外向内依次为黄色毛背心、黑底红花衬衣,带有胸罩;下身由外向内依次为黑色健美裤、黑色粗线裤、蓝色短裤;脚穿茄色保暖鞋,黑红相间的袜子。经过尸体外表检验,法医发现死者头部有六处创伤,颅骨骨折。根据伤口的位置和形状,法医认为这不像跌撞伤,而应是钝器击打伤,但一时还无法判断是钝器致死后沉尸还是钝器击昏后溺水身亡。死者年龄在 30 岁左右,曾经生育。根据死者的尸体现象和着装等情况,法医推断死亡时间较长,可能在两个月以上。

此时,有一个问题让警察感到困惑。这个水塘的面积不是很大,虽然位于山边,但是经常有人来往,而且还有人来此钓鱼。如果尸体已经在水塘中两个多月,为什么一直没有被人发现?虽然腐败会使沉入水中的尸体浮起,但一般不会相隔两个多月之久。看来,这具尸体可能来自别处,那么这里就不是杀人的第一现场了。这个水塘是封闭的,因此可以排除尸体从别的地方漂流至此的可能性。如果来自别处,那就一定是有人把它转移过来的。人已经死了两个多月,为什么还要转移尸体?如果是杀人抛尸,那也不该等这么久。当然还有一种可能性,那就是这具尸体一直沉在水底。但是它为何能沉留那么久?为何现在突然漂浮起来?不过,法医此时无暇探寻这些问题的答案,因为本案可以确定为他杀,所以应该由刑警大队负责侦查。

现场勘查人员没有在现场发现任何可能与本案有关的痕迹物证,便在拍摄现场照片和制作勘验笔录之后,将尸体运回县公安局,以便对尸体进行必要的保护处理,并决定是否进行解剖检验。

京山县的治安状况比较好,故意杀人等重大刑事案件的发案率不高,因此公安局的领导对该案非常重视,立即成立了专案组,由韩副局长亲自担任组长,刑警大队的卢大队长任副组长。专案组的另外两位主要成员也是经验丰富的刑警,一位姓何,一位姓潘。

专案组在听取了现场勘查工作的汇报之后,决定先通过排查失踪人来查明死者身份。于是,他们通知雁门口镇及其附近的村镇报告近期走失人口的情况。他们很快就得到一个很有价值的线索:有人曾报称其女儿在几个月前失踪,至今下落不明。失踪人名叫张爱青。侦查人员马上通知其近亲属来辨认尸体。来者是张爱青的母亲和大哥。

见面之后,侦查人员首先让张爱青的母亲描述失踪人的体貌特征。张母说,张爱青29岁,身高一米五五,不胖不瘦,圆脸,短发,鼻子有些上翘。张母还补充说,女儿赶时髦,扎了耳朵眼;另外,女儿在生孩子的时候因为难产还做过侧切手术。

然后,侦查人员让张家母子去辨认尸体。一见到尸体,张母便痛哭起来,哽咽着点头,认定这就是她的女儿。张大哥看了尸体,神态有些犹豫,只说很像爱青。他还说,死者身上穿的衣服好像不是爱青的。侦查人员让他再仔细辨认。他就问侦查人员还有没有别的方法来查明死者的身份。侦查人员说有,比如颅像重合,还有DNA检验,但是本地做不了,得请省里或北京的专家去做,成本很高,大概需要两万块钱。如果你们坚持要作,你们家就得提供这笔经费。张大哥一听,连连摆手,说我们家可没钱。张母不哭了,也说这衣服不是爱青的。侦查人员说,辨认的是人,不是衣服,因为衣服是可以换的。于是,张母肯定说死者就是爱青,张大哥也就不再说别的了。然后,侦查人员又找来曾经与张爱青一起在雁门口机械厂工作过的女工汤某某来辨认,后者也认为死者就是张爱青,而且说张爱青也有一条裤裆有补丁的黑色健美裤。

尸体辨认之后,法医再次对尸体进行了仔细的查验,发现张母的体貌描述和死者的人体特征基本吻合。经过综合分析,法医认为可以确认死者为张爱青。理由包括:(1)尸检推断死亡时间与张爱青失踪时间相吻合;(2)长相相同,且鼻孔朝上翘;(3)脚趾的分布形状与张爱青的相同;(4)张爱青生小孩时左阴唇有侧切刀伤,与尸检情况完全一致;(5)尸体头发的长短及扎法同张爱青一致;(6)尸长与张爱青的身高一致;(7)张爱青生前穿戴过耳环,与尸检一致;(8)张爱青有一条同尸体上一样的黑色健美裤;(9)年龄相同;(10)张爱青有不穿秋裤的习惯,尸检时未见秋裤;(11)张爱青双手食指甲朝内弯,同尸检一致。不过,法医要在尸体解剖检验之后才能给出正式的鉴定结论。而且法医还有一些需要解答的问题,例如,究竟是钝器打击头部致死还是溺水窒息死亡;死亡时间究竟有多长。当然还有那个令法医困惑的问题:为什么尸体在水塘中那么多天都没有被人发现?

对于专案组来说,确定了无名尸体的身份,也就明确了侦查方向,或者说,明确了查找犯罪嫌疑人的范围。于是,侦查人员让张母和张大哥介绍张爱青的有关情况,提供可能与案件有关的线索。张母说,其实在女儿失踪之后,她就怀疑女儿是被人杀害了。当妈的,最了解女儿的心事。接下来,她讲述了女儿生活中的不幸。

(二)危险的幸福婚姻

张爱青是个聪明好学的农村女子。上中学时,她就喜欢看小说,特别喜欢看外国的侦探推理小说。她常说,爱情小说的节奏太慢了,而且一眼就能看到结局。她也喜欢看新闻,偶尔也会跟村里的人们谈论国家大事。她性格沉稳,好静,爱思考。农闲时,她经常和邻居的女孩一起坐在院外的大树下,绣花,纳鞋底。有时,她就静静地看着远处的山林和天上的白云。

高中毕业后,她没有上大学。那时候,农村的女孩能读完高中就是很优秀的。她进了雁门口机械厂,当上了工人。她有三个哥哥,喜欢跟着哥哥嫂嫂骑自行车去赶集。即使什么都不买,她也很开心。虽然她的相貌并不出众,但是五官端正,长相也挺秀气。在那些农村姑娘中,她爱美,也敢于追随时尚。她是村里第一个穿喇叭裤的人,也是第一个穿高跟鞋的人。当年,她从县城买回一双高跟的塑料凉鞋,妈妈不让她穿,给藏了起来。但是她偷偷找出来,穿在脚上,昂首挺胸地走在村庄的小街上。

后来,她认识了何场村的一个小伙子,名叫佘祥林。佘祥林比她小一岁,身体强壮,聪明能干,还练过武术,虽然没上高中,但是个挺有志向的青年。经过一段时间的交往,两人明确了恋爱关系。虽然佘祥林的家里穷,爱青还是决定嫁给他。她相信,两个聪明人结合在一起,一定能过上好日子。

1986年9月18日,佘祥林与张爱青举办了简单的婚礼。结婚后,过日子不富裕,但小家庭还算和睦。祥林不甘心在村里务农,总想到外面去闯荡,一阵子说要南下去打工,一阵子又说要北上去做生意。1987年,佘祥林在雁门口镇建材厂当上了保安员,算是走出了农村。一年后,女儿出生了。1990年7月,佘祥林到高关水库派出所当上了治安队员。1993年1月,他又到马店派出所当上了治安巡逻员。

　　张爱青吃苦耐劳,属于贤妻良母。佘祥林到高关水库当治安员那几年,经常不回家,张爱青就带着女儿住在机械厂的宿舍。为了白天能照看孩子,她就经常上夜班,每天睡觉的时间不到四个小时,但她很少向丈夫抱怨。张爱青心灵手巧,用旧衣服给女儿做成马甲,再绣上花,点缀上玻璃珠,朋友们看了都赞不绝口。佘祥林有些大男子主义,虽然言语不多,但是喜欢交友,还爱喝酒。有时遇到应酬的场合,佘祥林还把张爱青带去。张爱青能说会道,从不怯场。有一次,佘祥林请客,招待领导,张爱青去陪酒。她一人连喝了十几杯,招来满堂喝彩。她说,这主要是怕佘祥林喝醉了出丑。她确实对佘祥林很好。有一年夏天,佘祥林发高烧不止,站都站不稳。家里没钱治病,张爱青就坚持给他按摩。一连45天,他终于病好了。在外人看来,他们有一个幸福的家庭。

　　然而,夫妻生活中难免会有矛盾。他们的矛盾主要来自经济问题。佘祥林在派出所当治安巡逻员,经常加夜班,每月能挣一百多块钱,但经常是月月花光。张爱青问他,他就说请人吃饭办事花了。后来,佘祥林把家里多年攒下的几千块钱也给花掉了。张爱青问他,他也说不清楚。夫妻就吵了一架,佘祥林还动了手。从表面上看,佘祥林不言不语,老实巴交,但实际上他的性情也很急躁。张爱青很能容忍,关键时刻总是她后退让步,因为她不想破坏夫妻关系。不过,她渐渐发现两人的性格有很大差异。张爱青愿意踏踏实实地做事,无论是爱情还是工作。她的人生愿望就是能够从头到尾干好一件事情。但佘祥林属于不安于现状的人。他似乎每天早上都幻想能开始一种新的生活。丈夫的这种性格,让张爱青感到不安,甚至恐惧。

　　1991年,佘祥林在高关水库认识了一个姓陈的姑娘。据说是因为佘祥林在治安巡逻的时候曾经帮助过她,所以两人就产生了感情。那是个单身女子,佘祥林一人在外,有时二人就一起过夜。俗话说得好,这世上没有不透风的墙。没过多久,此事就传进了张爱青的耳朵。张爱青一直认为夫妻感情很好,所以此事对她的打击很大。不过,情绪安定下来之后,她没有与丈夫吵闹,而是主动找到那个陈姑娘,和她打牌聊天,整整一个下午,将心比心地坦诚交流。佘祥林知道此事后,也很感动。在一次饮酒之后,他向妻子表达了内心的愧疚。

　　张爱青是一个要强且要面子的人。她不爱抱怨,不愿发泄,总把委屈和痛苦隐藏在内心深处。1993 年,机械厂的经营状况越来越差,面临停产,张爱青也面临下岗。家里家外的生活压力,再加上长期积蓄在心底的抑郁,使她的精神出了问题。有时,她会莫名其妙地焦虑。有时,她会不明不白地忘记。夫妻之间的争吵日益频繁。她曾经对母亲说,她感觉自己就要死了。10 月,她终于病倒了,连生活都需要丈夫照料。她甚至出现过神志不清的状况。

1994 年元旦过后不久,张爱青失踪了。佘祥林说是两口子吵架,妻子一气之下离家出走。但是张家人不相信,他们怀疑张爱青被佘祥林杀害了。张母曾到佘家去查看,虽然没有找到女儿被害的证据,但是发现女儿的几件外衣都在家中。正直冬季,难道女儿身穿内衣就走了吗?佘祥林说就是这样,而且他相信张爱青过几天就会回来。然而,一个星期过去了,张爱青没有回来,也没有任何音讯。张母不能再等,便让家人去公安机关报告了女儿失踪的事情。她有一种预感,女儿已经被佘祥林害死了。

(三)可疑的有罪供述

专案组的侦查人员听了张母的讲述之后,认为佘祥林有重大犯罪嫌疑,决定先开展外围调查工作。侦查人员从马店派出所的治安员那里了解到,张爱青得病后,佘祥林曾说过"想摆脱张爱青"的话。张爱青失踪后,佘祥林的寻找态度也不积极。那段时间,他的行为很反常,经常酗酒,深夜还和衣睡觉。经过研究讨论,专案组决定,立即采取行动,抓捕佘祥林。

4 月 12 日晚上,侦查人员赶到马店乡,在派出所警察的协助下找到佘祥林,把他带到当地的一家旅馆,实行"监视居住"。① 在旅馆房间里,侦查人员

---

① 1979 年颁布的《刑事诉讼法》第 38 条规定:"人民法院、人民检察院和公安机关根据案件情况,对被告人可以拘传、取保候审或者监视居住。被监视居住的被告人不得离开指定的区域。监视居住由当地公安派出所执行,或者由受委托的人民公社、被告人的所在单位执行。"监视居住本应是一种限制人身自由的强制措施,但是一些办案人员把它作为羁押手段,把被监视居住的嫌疑人关到私设的"留置室"或"小黑屋",或禁闭到招待所或旅馆内,甚至直接关到拘留所或收容所中。为了改变这种状况,1996 年修订的《刑事诉讼法》把语义模糊的"指定的区域"改为"指定的居所"。其第 57 条规定:"被监视居住的犯罪嫌疑人、被告人应当遵守以下规定:(一)未经执行机关批准不得离开住处,无固定住处的,未经批准不得离开指定的居所……"由于把监视居住作为变相羁押的做法未能得到有效的遏制,2012 年修订的《刑事诉讼法》对此又作出了更为明确的规定。其第 73 条规定:"监视居住应当在犯罪嫌疑人、被告人的住处执行;无固定住处的,可以在指定的居所执行。对于涉嫌危害国家安全犯罪、恐怖活动犯罪、重大贿赂犯罪,在住处执行可能有碍侦查的,经上一级人民检察院或者公安机关批准,也可以在指定的居所执行。但是,不得指定在羁押场所、专门的办案场所执行。"

告诉他,你的妻子已经被找到了,但是已经死了,是被人杀害的。佘祥林听说之后,十分悲痛。他要求去看妻子的尸体,但是侦查人员说无法安排,因为路途太远。侦查人员让他先讲一讲妻子失踪的情况。

佘祥林讲了妻子得精神病和离家出走的经过。侦查人员问他们夫妻的感情如何。佘祥林先说两人感情很好,后来在侦查人员的盘问下承认了夫妻多次吵架的事实。侦查人员又问他在外面有没有女人。他矢口否认,但后来也不得不承认在高关水库时曾经与一个女青年有过"关系"。他坚持说,被张爱青发现之后,他就与那个女子断绝了往来。

此时,侦查人员的态度突变,严厉地让他老实交代杀害妻子张爱青的经过。他有些慌乱,但是坚持说自己没有杀人,张爱青确实是离家出走了。他一再要求去看尸体。他不相信妻子真的死了。侦查人员没有理会他的要求,只是让他老实交代。侦查人员还不断进行政策教育,坦白从宽,抗拒从严。

那一夜的审讯没有结果。第二天上午,侦查人员把佘祥林带回县公安局的刑警大队。

专案组开会讨论案情,韩副局长出席,卢大队长主持。首先,法医汇报了尸体解剖检验的情况。根据在死者腹内发现的硅藻类物质,可以推断张爱青入水时还活着,属于溺水窒息死亡。正式的鉴定书过几天就可以提交。然后,刑警何某汇报了抓捕佘祥林的过程以及随后审讯的情况。他认为,佘祥林讲述妻子出走的情况很具体,好像是真实的。当然,这也可能是佘祥林早就精心编造出来的故事。根据昨晚的接触,他感觉,佘祥林或者是个老实巴交的人,或者是个善于演戏的人。刑警潘某补充说,佘祥林给人的感觉比较复杂,具有双重性。一方面,佘祥林听说妻子死后的痛苦表情好像是装出来的;另一方面,佘祥林说妻子没死并一再要求去看尸体的表情又挺真诚。他还说,如果佘祥林讲的是真话,这事真不是他干的,那么张爱青就很可能是离家出走后被人强奸杀害的,因为本案中看不到因仇杀人或图财害命的因素。

经过认真讨论之后,专案组一致认为,虽然不能完全排除张爱青离家出走之后遭他人杀害的可能性,但是佘祥林确有重大嫌疑,因此在没有发现指向其他嫌疑人的线索之前,佘祥林就是破案的目标。另外,由于本案的被害人已经死亡多日,而且尸体一直泡在水中,很难像一般杀人案件那样在现场提取到血迹、足迹、手印等证据，所以侦查工作的重心就要放在审讯嫌疑人上。

专案组决定兵分两路：一路以何某和潘某为主，再配上两名年轻的刑警，审讯佘祥林。佘祥林在派出所当了多年的治安员，熟悉警察工作。如果真是他干的，那他一定是精心策划的，而且会顽抗到底，因此审讯人员要做好"打持久战"的心理准备。另一路由卢大队长带领，包括刑警队的技术人员和派出所的警察，到何场村调查访问，要搜查佘祥林的家，还要到水塘周围去寻找物证。搜索物证的范围要扩大，岸上没有，水里可能有，周围的树林里也可能有。

县公安局刑警在派出所警察的带领下来到何场村。他们先来到佘家，对佘祥林的家人进行了询问。佘祥林的女儿才6岁，藏在奶奶的身后，眼睛里流露出恐惧的神色。佘祥林的哥哥要求去看张爱青的尸体，没有得到准许。佘祥林的母亲要求去看儿子，也没有得到准许。佘母说，张爱青确实是离家出走了，而且在那之前还走过两次，都被家里人给拦回来了。侦查人员在佘祥林家中没有发现任何可能与杀人有关的证据，在村里的走访和山林中的搜索也毫无成果。看来，破案的希望只能放在审讯那一边了。

为了使审讯的准备工作更加充分，侦查人员到高关水库调查了佘祥林"有外遇"的情况，并且提取了相关人的证言。那个陈姓女子在与张爱青谈话之后不久就外出打工，但是去年年底回来过年了。有人看见佘祥林又去找过她。侦查人员找到了陈姓女子，后者承认曾多次与佘祥林发生两性关系。她还说，张爱青失踪后，佘祥林曾经几次来找她，要求与她结婚。根据这些情况，侦查人员制定了审讯方案，充分利用这个问题给佘祥林施加压力，迫使他一次次陷入谎言被揭穿的窘境。侦查人员分成两组，轮番讯问佘祥林。两天两夜之后，佘祥林的防御终于崩溃了。他承认自己因另有新欢而杀害了患有精神病的妻子张爱青。不过，他在交代具体作案情节时却依然是吞吞吐吐，反反复复。

在那整整10天的审讯期间，佘祥林从不认罪到认罪再到供述了"完整的"作案过程。其间发生的事情，外人不得而知。但是从那厚厚的讯问笔录中，人们或许可以看到一些端倪。其中，颇值一提的是佘祥林在认罪之后供述了四种不同的作案过程和杀人方法。在那些讯问笔录的字里行间，人们可以隐约看到讯问双方的对抗与博弈。

供述一（4月15日）：1994年1月20日晚上，我带着张爱青出门，顺手在大门边拿了一根木棍。我把她带到雁门口镇红旗碎石厂的土坡上，用木棍把她打死，然后把尸体埋在了水沟里。

侦查人员认为佘祥林没有老实交代，他企图试探侦查人员是否找到了尸体。为了打破佘祥林的侥幸心理，侦查人员决定用话"点击"。侦查人员对他说："你别以为我们不知道你干的事情。我告诉你，你把尸体埋在土里，我们可以挖地三尺。你把尸体沉在水里，我们可以把水抽干。你懂吗？把水抽干！"

供述二（4月17日）：1994年1月20日晚上，我带着张爱青出门，在兽医站对面，看见我的好友魏哥在打台球，就让魏哥把张爱青带到村外的抽水机房，关在那里。三天以后，我和魏哥来到抽水机房，两人一起用石块把张爱青打死，然后就把尸体扔到水井中。

对于佘祥林的这个说法，侦查人员半信半疑。如果抽水机房真是杀人的第一现场，那倒也解答了尸体在水塘中浸泡两个月却没有被人发现之谜。另外，如果佘祥林杀人有个帮凶，那对于查明本案事实可能有帮助，因为毕竟又多了一条线索。于是，侦查人员一边继续讯问，一边展开调查。调查结果首先表明，那个抽水机房不可能是杀人的第一现场，因为那段时间的晚上有村民在抽水机房睡觉，白天则房门上锁。再者，张爱青单独跟着魏哥去抽水机房并被关了三天的说法也让人难以相信。因此，侦查人员认为佘祥林仍然没有老实交代，于是告诫他不要"自作聪明"，因为如此拙劣的谎言是很容易被戳穿的。侦查人员认为有必要让佘祥林知道他们已经掌握了充分的证据，就旁敲侧击地说："你别装傻！难道只有水井里有水吗？水库里就没有水吗？水塘里就没有水吗？水塘的水也是可以抽干的！你懂吗？"

就在这一天的凌晨，在水塘查找物证的刑事技术人员传来好消息。他们在水里打捞出一个装有四个石块的塑料编织袋，上面还缠着麻绳。技术人员推断，佘祥林把张爱青打昏之后，用编织袋装上4块石头，用麻绳捆在张爱青身上，推到水中，以免被人发现。但是尸体在水底时间长了，受到水流冲击等因素的影响，绳索逐渐松动，再加上尸体腐败后浮力增加，尸体便脱离绳索，浮出水面。于是，侦查人员在审讯中继续"教导"佘祥林："你别跟挤牙膏似的，一次说一点。如果你一次把问题讲清楚，我们还可以报告说，你认罪态度好,给你个坦白从宽。我告诉你,你的作案过程,我们全都查清楚了!你以为自己很聪明,用蛇皮袋①装上石块,捆在尸体身上,沉在水里,我们就找不到尸体啦?你别做梦啦!"

供述三(4月19日):1994年1月20日白天,我在兽医站外见到魏哥,就让他晚上到我家来。晚上11点,魏哥来了,我们俩一起把张爱青带到那个抽水机房外,给张换了衣服,然后带到山洼里,用石块把张打死。我们又用一个蛇皮袋装了四块石头,捆在张的身上,把张的尸体沉到水塘里。

此时,侦查人员已经查明,魏哥不可能参与此事,因为那段时间他生了大病,一直在当地医院打针吃药,不具备作案时间。医院的医生也出具了相应的证明。侦查人员认为,佘祥林是故意想拉上一个不相干的人,把事情搞乱,最后让侦查人员陷入被动的境地。于是,侦查人员指出佘祥林的漏洞,继续给他"增压",让他交代一人杀妻的罪行。

供述四(4月20日):1994年1月20日晚上10点,我把精神恍惚的张爱青从床上拉起来,带到村外一个无人的瓜棚,关在那里。凌晨2点,我又把女儿抱到父母的房间,谎称老婆出走了,我要去找。然后,我拿着手电筒、麻绳和事前准备好的衣服,来到瓜棚。我先给张爱青换了衣服,又拿上事前放在瓜棚的蛇皮袋,然后把她带到山边的一个水塘边,用石头猛击她的头部,将她打昏。我用麻绳将装了四个石块的蛇皮袋捆在她的身上,将她推进水中。第二天下午,我又把从她身上换下来的衣服和鞋放进自家的炉灶里烧毁了。

侦查人员认为,佘祥林这一次的供述"符合案件的客观事实",也能与案件中的其他证据互相印证。综合现有证据,他们认定案件事实如下:佘祥林因有外遇,就想除掉患有精神病的妻子。他经过认真的谋划和充分的准备后实施了杀妻行动。事前,他不仅准备了编织袋用于沉尸,还准备了更换的衣服来转移侦查视线。事后,他还四处放风,说妻子离家出走。被抓捕之后,他还负隅顽抗,百般抵赖。不过,狐狸再狡猾也斗不过好猎手!拿下口供之后,侦查人员便开始补足有关证据。

4月20日,京山县公安局的两名法医和京山县人民检察院的一名法医共同出具了"京公刑(1994)法鉴字第43号法医鉴定书"。鉴定书的结论是:张爱青系被他人用钝器打击头部致昏迷后又抛入水中溺水死亡。

---

① 即貌似蛇皮制作的塑料编织袋。

侦查人员决定让佘祥林去做杀人现场的指认。连续十天的审讯已经让佘祥林筋疲力尽。侦查人员先让他画一张"行走路线图"。佘祥林昏昏沉沉，画不出来。侦查人员就"指导"他画了一张。4月21日晚上，侦查人员带着佘祥林去指认现场。案卷中"佘祥林对作案现场的指认笔录"记载的情况如下："晚上8点从何场村九组出发，佘祥林带领办案人员走到一间放过塑料编织袋、关过张爱青的瓜棚，门朝东，门上无锁，内有木床。经过该镇街上，沿着公路向东走500米，沿一土路往吕冲九组走到一岔路口，继续走了1里。后到一池塘，佘祥林指认说，自己是在离池塘边30米处将张打死沉尸的。"

关于塑料编织袋的来源，佘祥林供认是在当地的客运三轮车上捡到的。侦查人员进行了调查，但是无人反映在1993年12月至1994年2月在跑雁门口镇的客运三轮车上丢失过这样的编织袋。不过，侦查人员认为这是一个无关紧要的细节问题。

4月22日，京山县公安局宣告佘祥林故意杀害张爱青一案已经侦破，同时决定对佘祥林刑事拘留。次日，专案组报请京山县人民检察院批准逮捕佘祥林。4月28日，检察院作出了批准逮捕的决定。随后，专案组整理案卷，撰写了侦查工作的"综合材料"和"破案经过"，把案卷移送公安局的预审部门。预审人员审查之后，制作了"起诉意见书"。至此，公安机关侦查终结，把案件移送检察院审查起诉。顺利侦破了这样一起影响重大的故意杀人案件，公安局专门召开了庆功表彰大会。当地报纸还刊发了公安机关已经侦破佘祥林杀妻案的报道。

检察院接到案卷之后，派人到看守所提审了佘祥林。见到检察官，佘祥林非常激动，他一再说自己没有杀人，那些口供都是警察逼着他说的。检察官答应会认真考虑他讲的情况，会认真调查核实。检察官阅读了案卷材料之后，给公安局刑警大队打了电话，询问有关情况。对方回答说，他们都是依法办案，绝对没有刑讯逼供。他们还说，这事肯定是佘祥林干的。对于检察官来说，犯罪嫌疑人在审查起诉阶段翻供的现象也是屡见不鲜了。

佘祥林的母亲终于获准去看守所看望儿子。佘祥林对母亲说，他没有杀人，张爱青确实是离家出走了。母亲相信儿子的话，也相信只要找回儿媳，就能救出儿子。离开看守所的时候，她就下定决心：踏破铁鞋也要把儿媳找回来!

(四)迟到的良心证明

由于佘祥林案涉嫌故意杀人罪,可能判处无期徒刑甚至死刑,依法应该由京山县所属的荆州地区中级人民法院管辖,所以应该由荆州地区人民检察分院审查起诉。1994 年 5 月 17 日,京山县人民检察院将此案呈送荆州地区人民检察分院审查起诉。5 月 30 日,检察分院认为证据不足,将此案以"第 49 号退查函"退回京山县检察院补充侦查。8 月 28 日,京山县检察院经补充侦查后再次呈送荆州检察分院。9 月 22 日,荆州检察分院就佘祥林故意杀人案提起公诉。

在此期间,被害人张爱青的亲属找人写了一份"联名上书",共有两百多名当地群众签名。"联名上书"说,佘祥林目无国法道德败坏,平日里酗酒滋事打架斗殴,现如今与人通奸杀害病妻,实在是天理难容民愤极大,因此要求政府严惩杀人罪犯佘祥林。此举给当地领导造成了很大的压力。

按照当时《刑事诉讼法》的规定,人民法院应该最迟在开庭 7 日前把检察院的起诉书副本送达被告人,并且告知被告人可以委托辩护人。荆州地区中级人民法院的法官在国庆节前夕通知佘祥林可以委托辩护人,但是因为佘家交通不便而且贫穷,佘祥林自己也不知道如何聘请律师,所以法院就为他指定了一名辩护律师。虽然当时的《刑事诉讼法》还没有明确规定,[①]但是在实践中,法院一般都会对可能被判处死刑的被告人指定辩护律师。国庆节后,开庭在即,尽管辩护律师抓紧时间到法院阅卷并摘抄案卷材料,辩护的准备工作还是比较仓促的。

1994 年 10 月 7 日,星期五,荆州地区中级人民法院开庭审理佘祥林故意杀人案。法庭里旁听的人不多,就是被害人和被告人的亲友。审判长宣布开庭之后,两名法警把被告人佘祥林从旁门带进来,坐到被告席的椅子上。审判长首先询问了被告人的姓名、年龄等基本情况以及何时被捕和是否收到起诉书等问题,然后宣布合议庭组成人员、书记员、公诉人和辩护人的姓名,告知被告人的申请回避权、自行辩护权、询问证人权、申请取证权和最后陈述权。审判长确认被告人知悉自己的上述权利并且没有回避请求之

---

① 1996 年修订的《刑事诉讼法》第 34 条规定:"被告人可能被判处死刑而没有委托辩护人的,人民法院应当指定承担法律援助义务的律师为其提供辩护。"

后，又补充说，如果辩护方申请通知新的证人到庭，或者调取新的物证、书证，或者重新进行勘验鉴定，那要由法庭决定是否同意。

审判长宣布开始法庭调查之后，首先让公诉人宣读起诉书。检察官站起身来，照本宣科地宣读了起诉书，指控佘祥林故意杀害张爱青，其行为已经触犯了我国《刑法》第 132 条关于故意杀人罪的规定，依法应该追究刑事责任。然后，审判长让被告人陈述事实经过，强调要如实陈述。佘祥林就说，我没有杀人，在公安局的口供是警察打出来的。审判长让公诉人对被告人发问，公诉人说没有问题。审判长又让辩护人发问，辩护人也说没有问题。审判长让书记员摘要宣读了案卷中公诉方提供的一些证据之后，见双方都没有异议，就宣布法庭调查结束，进入法庭辩论阶段。

审判长首先请公诉人进行陈述。检察官的陈述很简单。他先简要重述了起诉书中指控的犯罪事实和相关的证据，然后说，本案事实清楚，证据确实充分，而且是民愤极大，请法院依法严惩凶手。

检察官坐下之后，审判长让辩护人发表辩护意见。辩护律师起身说，本案中指控佘祥林有罪的证据不足。虽然公诉方提供了法医鉴定结论、证人证言等证据，但是这些证据都是间接证据，只能证明张爱青的死亡事实和佘祥林具有杀妻动机。实际上，本案中能够证明佘祥林杀死张爱青的证据就只有被告人口供。而且，被告人已经说了，那些口供是警察刑讯逼供的结果，法庭不应该采信。再退一步说，被告人先后供述了四种杀人方法，但是公诉人只选其中之一来认定，很不合理。另外，公诉方说被告人杀人后把张爱青的衣服拿回家烧毁了，但是没有任何证据能证明此事。综上，公诉方的证据不能确实充分地证明佘祥林杀害了张爱青，现有证据也不能排除张爱青离家出走之后被他人杀害的可能性，因此辩护律师请求法院作出无罪判决。

审判长又问公诉人还有没有补充意见。检察官又起身说，本案中最重要的是佘祥林的供述能与其他证据互相印证，包括与《法医学尸体检验鉴定书》中相关内容的印证，以及与侦查人员在水塘中提取到的塑料编织袋和石块的印证。在这些证据中，塑料编织袋是最有价值的，因为根据案卷中的提取笔录，侦查人员是根据佘祥林的供述在水塘中发现并提取那个塑料编织袋的。经验表明，如果犯罪嫌疑人供述出侦查人员不知道的作案细节并由此发现了新的证据，那么嫌疑人的口供就是真实可靠的。至于侦查人员没有能够在佘祥林家的炉灶中找到烧毁衣服的灰烬,那也很正常,因为发现尸体的时候,事情已经过去两个多月了。

审判长见双方不再发表意见,就让被告人做最后陈述。佘祥林一再说自己没有杀人和警察打人。审判长说,关于刑讯逼供的问题,本法庭会在庭后评议时一并考虑。然后,他宣布庭审结束,择日宣判。

10月13日,重阳节。湖北省荆州地区中级人民法院作出一审判决,佘祥林因犯故意杀人罪,被判处死刑,剥夺政治权利终身。法官到看守所向被告人宣布判决之后,佘祥林表示不服,要提出上诉。法官告诉他,无论他是否上诉,湖北省高院都要对本案进行复核,因为这是死刑判决。

那段时间,佘祥林的母亲一直在四处打听张爱青的下落。她徒步翻山越岭,走遍了本县和邻县的大小村落。功夫不负有心人。1994年12月,她终于在京山县南边毗邻的天门市姚岭村打听到了张爱青的踪迹。村里人说,两个月前,村子里来了一个女精神病,没吃没喝的不说,有时候就睡在坟地里。村民见她很可怜,就给她送衣服和饭食。有一家村民还特地将她带回家中住了两天。后来,这个女子又走了,去向不明。

佘母听说之后,立刻找到该村党支部的倪书记。后者了解情况之后,写了一份"良心证明",还盖上了"中共天门市石河镇姚岭村支部委员会"的公章。该证明是1994年12月30日出具的,内容如下:"我村8组倪心昊、倪伯清、李卿芝等人于10月中旬在本组发现一精神病妇女。年龄30岁左右,京山口音,身高1.5米左右,油黑脸。她本人说她姓张,家里有6岁一小孩,因走亲戚而迷失方向。其精神状况与其婆婆反映的基本一样。并在该组倪心昊家中停住两天一夜,而后去向不明。特此证明,请查证。"佘母千恩万谢地走了。

回到京山县后,她把这份"良心证明"交给了公安局。警察看了之后,说了一句,你这份材料送晚了。佘母问,为什么?警察说,已经判了。佘母说,不是上诉到省院了吗?警察说,那好吧,我把材料交给领导,你回去等消息吧。

公安局的领导看到这份"良心证明"之后,认为其不可采信。张爱青早就死了,不可能有人在半年多之后再见到她。这一定是佘祥林的母亲为了救儿子,找人写了这么一份假证明。就算是那几个村民果真见到过一个女精神病,肯定也不是张爱青,一定是他们按照佘祥林母亲的描述写出来的。

另外,本案已经进入二审环节,这份证明材料要是拿出去,只能增加麻烦。于是,领导作出了"材料审查核实之后再做处理"的决定。

然而,佘祥林的家人不知此情。他们以为这份"良心证明"一定能把佘祥林救出来。说不定,它还能帮助政府抓到真正的凶手呢!他们等待着。

(五)荒唐的疑罪从轻

1995 年 1 月 10 日,湖北省高级人民法院就佘祥林故意杀人案作出二审裁定:事实不清,证据不足,撤销原判,发回重审。① 二审法官在裁定书中指出了一审判决中的一些具体问题和疑点,例如,被告人的供述前后矛盾,而且是时供时翻;被告人供述了四种杀妻过程,仅选择其中的一种予以认定,缺乏合理依据;仅凭被告人的口供就认定杀人凶器是石头,依据不足;张爱青被换下的衣服去向不明;本案中的间接证据无法形成完整的证据链,不能完全排除死者离家出走后被他人杀害的可能性。尽管死者的亲属上访并组织了二百多名群众"联名上书"要求对杀人犯从速处决,但死刑案件一定要做到"铁证如山"。

荆州地区中级人民法院接到省高院的二审裁定之后,把案件退回检察院,检察院又把案件退回公安局,要求补充侦查,并列举了需要查明的五个问题:(1)本案的直接证据仅有被告人佘祥林前后矛盾的、时供时翻的口供,间接证据也不多,且无法形成证据锁链,仅依据被告人佘祥林有作案时间、作案动机以及法医鉴定,不足以定案。(2)被告人佘祥林的有罪供述多达四种,内容各不相同,在没有充分证据和理由的前提下,仅择其一种认定不妥。(3)本案的凶器没有找到,仅依被告人佘祥林的口供认定凶器是石头,依据不足。编织袋的失主未查清,无法印证被告人的口供。被告人佘祥林供述将张爱青换下的衣物放在家中灶里烧毁,既无残片,又无证人证言佐证,衣物去向不明。(4)张爱青患精神病没有医生诊断证明,即使有人证实张患病无出走习惯,也不能否定张自行出走或跟随别人出走的可能性。(5)佘祥林在交代沉尸用的编织袋及四块石头时,多次出现反复或与事实不符情况,证明力不充分。

---

① 按照《刑事诉讼法》的有关规定,二审法院在审理之后认为原判决事实不清或者证据不足的,可以改判,也可以发回重审,但是在实践中,二审法院直接改判的很少,一般都采取发回重审的做法。

公安机关经过补充侦查之后做出如下答复:(1)佘祥林1994年4月20日的供述与调查取证的情况一致。(2)1994年4月21日晚佘祥林指认了作案路线,指认了沉尸地点,顺利将办案人员带到现场,说明指认是真实可信的。(3)被告人佘祥林曾在公安机关工作过,具有一定的反侦查、反审讯能力,不可能彻底将作案过程交代清楚。(4)被告人佘祥林多次交代作案时使用的是石头,根据法医鉴定,死者头部有六处创缘不规则,符合案件客观实际。而现场周围遍地是石头,佘的交代时间与发案时间有三月之久,致使凶器无法查找。(5)经安排专人调查,无人反映在1993年12月至1994年2月有人在跑雁门口镇熊店的三轮客运车上丢过编织袋,丢失编织袋失主无法查清。(6)对佘祥林烧毁衣物的灶进行过查找,据佘的母亲杨五香讲,灶里的灰渣已清除倒到早稻秧田,事隔三月之久无法取证。(7)1993年10月,张爱青患病后,佘祥林未及时将张送往医院诊断治疗,所以没有医生对张爱青患精神病的诊断证明。总之,本案事过境迁,无法再收集新的证据。于是,公安局补充了一份"情况说明",讲述了案件侦破过程,强调"整个侦查过程合法,没有刑讯逼供",盖上了京山县公安局的公章。

检察院收到补充侦查的材料之后,经与法院协商,认为这些证据仍无法满足湖北省高级法院的要求,就再次"退补"。公安局坚持认为本案证据足以证明佘祥林故意杀人的事实,不再"补查"。案件就此搁置。不过,当地政府面临着来自两个方面的压力。一方面,张爱青的家人不断上访,以"联名上书"为由,要求严惩杀人凶手佘祥林。另一方面,佘祥林的家人也不断上访,以"良心证明"为据,要求无罪释放佘祥林。

一边有"联名上书",一边有"良心证明",这个曾经立功受奖的案件,一下子变成了"烫手的山芋",砸在京山县公检法人员的手上。他们骑虎难下,进退两难。此时,他们考虑的已经不仅是该案的事实真相,还有公检法的名誉和个人的前程。他们似乎已别无选择,只能背水一战。他们深知那份"良心证明"是最大的威胁,因此要采取特别手段。

佘祥林的母亲因为连续上访,被公安人员抓进了看守所,关押了九个月。本来是一个身体强壮的农村妇女,放出来的时候已经是半聋半瞎,几个月之后就病故了。佘祥林的二哥也因为不断上访而被公安局关押了四十多天,放出来时还告诫他不许再去上告。更有甚者,公安人员还找到那几位出具"良心证明"的姚岭村村民,让他们改变证言,声称没有见过那个女人。但是,村民们不愿昧着良心说话,结果是有人被关进京山县看守所长达三个多月,有人被迫外出避难。

1996 年 12 月,国务院批准将荆州地区改为荆州市之后,将荆州市管辖的京山县划归荆门市管辖。于是,佘祥林案这个"烫手的山芋"就从荆州转给了荆门。特别需要指出的是,佘祥林的羁押已经大大超过了法律规定的期限。既不能放,也不能判,这是令当地领导颇感头疼的案件。由于公检法三家对佘祥林杀人案的意见也不一致,所以当地的政法委员会出面协调。京山县政法委了解情况之后,又将此案上报荆门市政法委。

1997 年 10 月,荆门市政法委召开了由荆门市法院、检察院、公安局以及京山县政法委等有关单位负责人参加的协调会议。在会上,公安局的负责人坚持认为佘祥林就是杀害张爱青的凶手,但法院的负责人强调湖北省高级法院提出的问题中有些尚未查清。各方发表意见之后,政法委决定采取"疑罪从轻"的处理办法。具体方案是将案件从中级法院降格到基层法院审理:第一,由京山县检察院向京山县法院提起公诉;第二,京山县法院要"一审拉满",也就是按管辖权的最高限度判处被告人有期徒刑 15 年;第三,中级法院二审维持原判,使这个案件在本地"消化",不用再上到湖北省高级法院。

1998 年 6 月 15 日,京山县人民法院以故意杀人罪判处佘祥林有期徒刑 15 年,剥夺政治权利 5 年。同年 9 月 22 日,荆门市中级人民法院驳回佘祥林的上诉,维持原判。其《刑事裁决书》称,经审理查明,被告人佘祥林犯故意杀人罪的事实和情节有法医鉴定、尸检照片、现场勘查笔录等证明,有证人证言证实,还有被告人的作案"行走路线图"及将公安带到作案现场指认的记录印证。于是,两审终审,判决生效。佘祥林随即被送到湖北沙洋监狱服刑。

在监狱中,佘祥林不断地喊冤和申诉。他写了厚厚的申诉材料,还写下好几本日记。他在申诉材料中讲述了当年侦查过程中一些耐人寻味的细节。其一,"这次我说是用石头杀人。这是因为在前一次我说是用木棒杀的人,但侦查员硬逼我交出木棒。可我根本就没有杀人,哪里交得出木棒?这次想到石头到处都有,如果再叫我交出石头我可以随地捡一块石头给他们。这样就可以少吃亏"。其二,"用塑料编织袋沉尸体的事情,是侦查员告诉我的。是他们从水塘里找到塑料编织袋之后,让我供述的"。其三,"侦查员叫我将关桥水库机台的构造画出来,可我从来就没去过那里,且根本就没有杀人,怎么能画得出来?就这样,1994年4月21日下午,那位侦查员见我实在说不出死者的方位,就将我拉到写字台旁,给我画了一张'行走路线图',并叫我依照他画的那张图画了一张"。其四,"在去现场的路上,走到山边的一个路口时,我晕晕乎乎地往这边拐,侦查员拉住我说,不对,往那边走"。其五,"到了水塘边,他们问我在什么地方杀的人。我随便指了一个地方,他们就给我照了相。而后要我交出杀人的石头,我准备随便找一块石头给他们,谁知那地方根本就没有石头。他们又见我实在找不到石头,就直接将我架到水塘的另一头站定,问我尸体沉在哪里。我见侦查员面对着水塘,而且我们站的地方有很多纸,就猜着说在这里。他们就给我照了相"。其六,"当时我已被残忍体罚毒打了10天10夜,精神麻木,早已处于昏睡状态。而且全身伤痕累累,根本无法行走站立。我只有一个愿望,就是希望能尽快地休息一会。只要能让我休息一下,无论他们提出什么要求,我都会毫不犹豫地顺应"。

佘祥林的这些申诉材料,不知道经过了哪些人的手,也不知道经历了哪些人的眼睛,但是一直如石沉大海般没有回音。每次家人来探监,他都要家里人去上访,但是家人的申诉也同样是徒劳无功。

(六)离奇的亡者归来

2005年3月28日,一个惊人的消息在京山县不胫而走:张爱青回来了,她还活着!

张爱青没有去佘家,而是回到了张家。一进门,家里人都愣了。张爱青茫然地看着大家说:"我是爱青啊!我回来啦!"母亲扑了过来,两人抱头痛哭。家里人也都哭了起来。哭过之后,大哥说,我们都以为你早死了。张爱青说:"我差一点就死了,但是我命大,还是活过来了。我前两年还给家里写过信呀!你们没有收到吗?"大哥说:"确实收到过,但是我们都不相信那是你写的。我们当时就感觉那信很奇怪,虽然下面写的是你的名字,但是没说你的情况,就说让我们注意孩子,还说现在拐卖孩子的人相当多。我们还以为那是别人写来的恐吓信呢。再说,那也不像是你的笔迹。"张母问:"你这些年是怎么过来的。"爱青回头张望。这时,大家才注意到门口还站着一个陌生的男人。

二哥说："当年收到你的信，我们都很害怕，还以为有人要来报复我们。你知道，那年有个从监狱里出来的人到咱们家来，说是跟佘祥林关在一个牢房里的，来给捎个信，让我们帮忙照顾他的女儿。"张爱青忙问："我女儿怎么了？佘祥林怎么进了监狱？"家人面面相觑地沉默了一会，大哥才慢吞吞地说，看来，佘祥林是被冤枉了。然后，他简单地讲述了佘祥林被判刑的经过。张爱青的嘴紧闭着，泪水不住地流出眼眶。大哥说："咱们得去报案吧。"

雁门口镇派出所接到报案之后，立即上报了京山县公安局。得知这一消息，公安局领导非常重视，决定首先要核实这个女人的身份，不仅要让村里干部辨认，还要做科学鉴定。

第二天，DNA 鉴定结论出来了：这个女人确实是"死者"张爱青。公安局立即把这一情况上报京山县政法委，后者又立即上报荆门市政法委。荆门市政法委连夜召开会议，与会者都认为此事不能拖延，必须尽快纠正错案。

3 月 30 日，荆门市中级人民法院紧急撤销佘祥林故意杀害张爱青一案的一审判决和二审裁定，要求京山县法院重审此案，同时决定让佘祥林取保候审。

4 月 1 日，面色苍白且有些秃顶的佘祥林走出了沙洋监狱。许多记者都聚集在门外，拍下了这个震惊中国的历史镜头。

面对记者，佘祥林百感交集。对于张爱青的"死而复活"，他既有怨恨也有感激。不过，他此时最关心的是女儿。女儿当年只有 6 岁。母亲没有了，父亲被关进了监狱，最疼爱她的奶奶后来也去世了。在那个小山村里，她没有伙伴，没有朋友，勉强读到初中一年级就辍学了。随后，她跟着叔叔到东莞一家电子厂当了童工。佘祥林被告知，他的女儿已经知道此事，正在赶回家的路上。

这起"亡者归来"的冤错案件吸引了全国各地的记者。在等待法院开庭期间，记者们不断采访有关人员。当年的专案组副组长已经升任京山县公安局副局长。他在接受了记者采访时说，对于这个冤案，现在回想起来，感到十分的遗憾。遗憾当时没有让办案人员去搞 DNA 鉴定。如果将死者和张爱青的亲生母亲的 DNA 一对，情况当时就会很清楚了。虽然我们京山县没有这种鉴定设备，但是公安部 126 研究所当时是有这样的鉴定设备的。他还说，这个案件之所以成为冤案，关键的错就在于尸体的认错。因为当时张爱青的家人和亲属都认为无名尸体就是张爱青。现在看来，办案当中，不应该过分相信证人的证言。面对记者的追问,他否认本案的侦查人员曾经对佘祥林进行了刑讯逼供。

张爱青自然是记者采访的焦点,因为人们都想知道她当年是怎么离家出走的,这些年又是怎么生活的。不过,这件事对她的心理冲击很大,她的精神又出现了不稳定的状况。于是,当地媒体为她联系了一家精神病医院。医院很同情她的遭遇,为她免费进行治疗。在医院里,她对记者说,这次回来,本来就想看看家里人,住三两天就回去,根本没想到会发生这么多的事情。现在,她很想和佘祥林见个面,当面谈一谈,但不知佘祥林愿不愿意跟她见面。当她听说取保候审的佘祥林身体很差而且拒绝吃饭时,便委托记者买一束鲜花送去。她想给佘祥林打个电话,但又怕佘祥林精神崩溃。后来在记者的鼓励下,她终于给佘祥林打了电话。她说,你已经是"死过"两次的人了,要调整好自己的心态。你一定要撑下去,还记得你曾经高烧40多度坚持上班吗?那时候你就死过一次了,这次你一定也能撑过来,任何困难都可以克服。佘祥林没有说话,只是在听。最后,她对着电话轻轻说了一句"我很好",泪水终于留出了她的眼眶。

4月13日,京山县人民法院再审开庭。面对当事人佘祥林以及旁听的群众和记者,审判长郑重宣判:被告人佘祥林无罪!

走出法院之后,佘祥林在家人和记者的陪同下,先去母亲的墓地祭奠亡灵。他不住地说,如果不是因为他的事情,母亲绝不会遭那些罪,也绝不会那么早就离开人世。见到已经18岁的女儿,他本来有许多话要说,但却一句话也说不出来。父女相抱无语,留下的只有眼泪。

在纠正错案之后,当地有关部门的领导积极与佘祥林及其家人协商,安排国家赔偿和政府救助等事宜。

我国的《国家赔偿法》是1994年5月12日由全国人大常委会通过的,1995年1月1日起生效。由于佘祥林一案的刑事侵权损害主要发生在该法生效之后,所以有关部门应该按照该法的规定进行赔偿。刑事错案的赔偿金额一般包括伤残赔偿、医疗费用、被抚养人生活费和误工费等。从1994年4月12日被收容审查到2005年4月1日被取保候审,佘祥林一共被错误羁押了3 995天。按照《国家赔偿法》中的规定,"侵犯公民人身自由的,每日的赔偿金按照国家上年度职工日平均工资计算"。因此,佘祥林在丧失人身自由的11年时间内大概可以"挣得"约22万元的"工资"! 当时的《国家赔偿法》还没有关于"精神损害赔偿"的规定。①

2005 年 9 月,佘祥林与荆门市中级人民法院签订赔偿协议:荆门市中级人民法院向佘祥林支付人身侵权赔偿金 256 900 元(含无名女尸安葬费 1 100 元)。10 月,佘祥林及其家人又与京山县公安局达成赔偿协议:京山县公安局赔偿佘祥林 226 000 元;因错误羁押而赔偿其哥哥 4 000 元;因佘母死亡而赔偿其家人 220 000 元。当地政府还向佘祥林支付了 200 000 元的生活困难补助款。

此外,曾经因出具"良心证明"而遭受关押的两位姚岭村村民也与京山县公安局达成赔偿协议。其中,一人获得了 22 000 元的国家赔偿;一人获得了 3 000 元的国家赔偿。

冤错案件当事人所遭受的侵害,应该由国家承担赔偿责任,但是相关的办案人员也要承担错案责任。2005 年 4 月,荆门市政法委成立工作组对该案责任人员进行调查。当年担任佘祥林案专案组组长的京山县公安局原副局长韩某已调任京山县人民法院副院长。当年担任佘祥林案专案组副组长的京山县公安局原刑警大队长卢某已升任京山县公安局副局长。当年担任佘祥林案专案组主要成员的刑警何某后来升任京山县公安局刑警大队长,2001 年患肝癌病故。当年担任佘祥林案专案组主要成员的刑警潘某已升任京山县公安局巡警大队教导员。

在停职审查期间,潘某多次喊冤。2005 年 5 月 25 日,潘某来到武汉市的一个公共墓地,先用易拉罐的金属片割腕,在旁边的一个墓碑上用血书写了"我冤枉"三个大字,然后在一棵树上自缢身亡。此事虽然没有被媒体大加报道,但是对调查组和有关领导产生了很大震动。没过多久,调查组作出决定:本案中有关人员的行为已经构成了刑讯逼供和玩忽职守,但是两名主要办案人员已经死亡,不再追究责任;韩某被免去了京山县人民法院副院长的职务;卢某被免去了京山县公安局副局长的职务。佘祥林冤案的责任调查就这样画上了句号!

---

① 2010 年 4 月 29 日,全国人大常委会通过了《关于修改〈中华人民共和国国家赔偿法〉的决定》。修改后的《国家赔偿法》增加了精神损害赔偿的内容,自 2010 年 12 月 1 日起施行。该法第 35 条规定:"有本法第三条或者第十七条规定情形之一,致人精神损害的,应当在侵权行为影响的范围内,为受害人消除影响,恢复名誉,赔礼道歉;造成严重后果的,应当支付相应的精神损害抚慰金。"

(七)人生的酸甜苦辣

佘祥林既是不幸的也是幸运的,因为他虽蒙冤入狱却还能平反昭雪。假如张爱青客死他乡或因病无归,那么他终生也很难洗清冤屈。张爱青既是不幸的也是幸运的,因为她虽颠沛流离却还能幸遇好人。人们从她的嘴中了解到她那些年的经历,尽管其中有些情节连她自己也无法说清了。

1993 年底,张爱青终于病倒了。至于得病的原因,她自己也说不清楚。她只觉得生活压力很大,许多事情都窝在心里,没有人交流。她的心里全是阴影,后来就什么感觉都没有了。她就想走,走得远远的。

离家出走之后,她四处流浪,风餐露宿,讨吃要喝。她记不清自己都去过什么地方,好像还被人拐卖到安徽,后来又逃了出来。她觉得自己的生命力很强大,经历这么多磨难竟然活了下来。后来,她流落到山东枣庄一带,遇到一个好心的人家,收留了她。

当年,范家给矿务局的林场看管树林。有一天,范家的小儿子在树林里看到一个蓬头垢面的女人,躺在草地上,半死不活的,便上去问话。那女人是外地口音,他只能听懂一部分,大概说是讨饭的,找不到家了,也说不出家在何处。他看那女人可怜,就给带回了家。

范家父母都是好心人,就收留了这个自称叫张爱青的女人,给她吃喝,让她换洗衣服。范家有四个儿子,老大是个傻子,老二和老三都成了家,分家出去单过,老四还没有结婚。范家没有女儿,就把爱青当女儿对待。后来,他们发现爱青的精神不太正常,又带她去当地医院看病,花了几千块钱。爱青非常感激范家的人。身体恢复之后,她就帮助范家干活,不怕苦不怕累。

张爱青在范家住了几个月之后,感觉范家人很好,就和范四哥结了婚,第二年生下了一个男孩。张爱青告诉范家人,她以前结过婚,还说原来的男人不是个好东西。范家人都待她很好,而且知道她不能生气,因为一生气就会犯病,不吃不喝也不干活,躺在床上嚷着要回家,但是又说不出家在哪里。不犯病的时候,张爱青很能干,也很聪明。她养猪养鸡,家里的日子越来越富裕。她对丈夫和公婆都很好。她常说,"作为一个女人,对公婆好,就是对自己的丈夫好"。

几年过去了,张爱青的身体康复了,精神正常了,记忆也渐渐恢复了。

她不仅想起了自己在湖北的老家,想起了自己原来的丈夫和女儿,而且记起了家庭地址。于是,他给哥哥写了信,但是一直没有回音。她有时会一个人看着地图发愣。她很想回家去看看父母兄嫂。当然,她最想见的人是自己的女儿,当年她只有 6 岁。对于佘祥林,她的感情是复杂的。俗话说,一日夫妻百日恩。但是,那段不堪回首的经历,使她在心中留下了对佘祥林的怨恨。

张爱青感觉现在的生活很幸福,她现在最关心的人就是儿子。她认为儿子很聪明,像她们湖北人。山东人的规矩太多,脑瓜太死板,不如湖北人活络。儿子最佩服的人是妈妈。他说,在家里,妈妈是老大,他是老二,爸爸是老三,因为爸爸最笨。范四哥是个寡言少语的人。有外人来的时候,他经常站在一边,也不插话。听到儿子说这话的时候,他也会憨厚地笑起来。张爱青说要回湖北老家去看看,他没有表示反对。

2005 年春节过后,张爱青卖掉了自己养的十头猪,拿到了七千多元现金,便开始筹备回老家的事情。3 月 27 日,她和丈夫坐上了开往湖北的火车。

一夜之间,张爱青也成了名人。许多记者跑到这个偏僻的山村来采访她。她喜欢跟记者讲话,也很健谈。她讲了自己跟佘祥林的恋爱故事,讲了得病出走的经过,讲了四处流浪的遭遇,也讲了到范家之后的生活。她毫不避讳地谈论佘祥林,即使现在的丈夫就在身边。她对记者说,佘祥林很聪明,但是没有责任心。她说,人生是道德、伦理和责任的总和,他离开了这个准则,是他亏欠她的。她还说,当初如果他能把心思稍微放到家里一点,一切都不会发生。她认为佘祥林没有文化,而她是有文化的人。谈到佘祥林,她最爱说的一句话就是"人不读书是不行的"。她想跟佘祥林见面,要做一次"面对面的了断"。她很同情佘祥林这些年的遭遇,但是她不认为这是她的过错。她也不知道自己当年是怎么想的,她根本没有想到自己的出走会给佘祥林带来这么大的灾难。她要跟佘祥林说清楚,到底是什么造成了他们夫妻之间的紧张关系,到底是什么造成了她和他的人生悲剧。佘祥林现在不愿意跟她见面,她能够理解。她想等佘祥林的正式判决下来之后再去见面。她可以等待。

张爱青见到了女儿。她见女儿的性格很稳重,不像她爸爸,心里就放心了。她问女儿记不记得小时候妈妈如何带她。女儿说不记得了。她的心凉了。她知道女儿怨恨她，但她并不想解释。她知道，女儿这些年受了许多苦，她没能尽到一个母亲应尽的义务。但这是她的错吗？她认为，这一切都是命运的安排。现在这样也好，女儿不记得她了，她也就不再惦记女儿了。她要一心一意去照顾儿子，做一个合格的母亲。

4月13日，张爱青没有去法院旁听佘祥林无罪的宣判。她知道自己不适合在那样的场合露面。她在家中等待着，希望能和佘祥林见上一面。后来，她听记者说，佘祥林去给母亲上坟了。她觉得那是应该的。后来，她得知佘祥林不愿跟她见面。她愣了半天，最后长叹了一声。她知道，过去的事情是说不清楚的。她喃喃地说，该回家了。她的脸上又出现了笑容。她又对记者讲起了这些年范家人对她的好处和她的感激。记者让范四哥也讲讲。范四哥憨厚地笑了笑，妻子都说了，自己没有什么可说的。张爱青讲起了儿子，语速快了许多。看到妻子说话太多，范四哥赶紧去给她倒来一碗白开水。张爱青喝了水，似乎也下定了决心。她说，她不能留在湖北，她的家在山东。她说话中已带有一些山东口音。

4月15日，张爱青和丈夫返回了山东。临走之前，她写了一首诗，委托记者转交给佘祥林——

风嗖嗖，雨淋淋，
借宿一片碎瓦，回顾往日的春天。
刹那间，亮出一束玫瑰花的路标，
向着路标努力吧。
在你迷茫的时候，请摘一片枫叶，
点缀在玫瑰花上，这里有它光辉灿烂的一天。
翻过去的一页已是废墟，请爱惜生命。
我们不是幸运者，但我们是骄傲者，
在我们短短的岁月里，尝尽了人生的酸甜苦辣……①

四、庭审虚化的矫正

在佘祥林冤案中，造成错判的原因是多方面的。其中既有片面取证和

---

① 2005年秋天，张爱青与佘祥林见面，办理了离婚手续。2006年，她和范四哥带着儿子到武汉市开了一家小饭馆。佘祥林和女儿隐居在南方某城市。

刑讯逼供,也有公检法之间的制约不足,还有形同虚设的法庭审判。如前所述,荆门市政法委召开"三长会"讨论久拖不决的佘祥林杀妻案,决定在本地"消化"该案。于是,京山县法院判决佘祥林有罪,荆门市中级法院维持原判。这两级法院的审判都没有实质意义,只是"走过场"而已。

法庭审判应该是司法公正的最后一道关口,却被虚化到可有可无的境地。这既危害司法的程序公正,也危害司法的实体公正。在许多刑事错案的背后,人们都可以看到庭审虚化的阴影。

2013年9月8日,我到凤凰卫视的《世纪大讲堂》讲课,主题是"刑事错案与司法改革"。在讲课中,我提出了"四不主张":政法委不管个案,审委会不论事实,陪审员不当摆设,辩护人不作陪衬。我认为,政法委的主要职责是监督政法各部门依法行使职权,制定宏观政策,而不应该就具体案件作出决定。审委会在讨论具体案件的时候,可以就法律适用问题作出决定,但是不应该就事实认定问题作出决定。

这些年来,在刑事错案问题的推动下,我国也在努力解决刑事庭审虚化的问题。2013年8月,中央政法委发布《关于切实防止冤假错案的指导意见》,明确要求地方各级政法委不要介入具体案件的判决。2013年10月,最高人民法院发布《关于建立健全防范刑事冤假错案工作机制的意见》,强调了要提高法庭审判的实质作用。一些地方法院的领导曾对我说,他们接受了我的意见,审委会不再讨论个案的事实认定问题。

2014年,中共十八届四中全会决定要推进以审判为中心的刑事诉讼制度改革,为解决庭审虚化问题作出了原则性规定。2016年7月,最高人民法院、最高人民检察院、公安部、安全部、司法部共同签发了《关于推进以审判为中心的刑事诉讼制度改革的意见》。2017年2月,最高人民法院又制定了《关于全面推进以审判为中心的刑事诉讼制度改革的实施意见》。

这两个《意见》为解决庭审虚化问题作出了一些具体的规定。主要内容包括:第一,严格贯彻证据裁判原则的要求;第二,努力提高人权司法保障的水平;第三,充分发挥庭审在查明事实、认定证据、保护诉权、公正裁判中的决定性作用;第四,完善审判程序繁简分流的机制。

两个《意见》还明确提出要"规范法庭调查程序""完善法庭辩论规则"

"完善当庭宣判制度",以确保"诉讼证据出示在法庭、案件事实查明在法庭""控辩意见发表在法庭""判决结果形成在法庭"。这些意见指明了我国法庭审判制度的改革方向。当然,这些纸面上的规定还需要通过司法人员的持续努力,逐渐落实到司法实践之中。

各位同学,今天的思考题是:如何在法庭审判中保障司法公正?

何老师留的
思考题

学生对谈

第二十三讲　死刑适用制度的改良

各位同学,大家好! 这节课我要讲中国刑事司法改良的第七个专题:死刑适用制度的改良。同时,我要讲一个对中国的死刑适用制度产生很大影响的错案。这应该是你们都知道的案件,至少是有所耳闻。

一、死刑的适用范围与程序

死刑是人类历史上最古老的刑罚。作为剥夺人的生命权的刑罚,死刑具有严厉的惩罚性、有效的遏止性和强大的威慑性。然而,死刑又是一种野蛮的刑罚,因为人类文明的发展趋势之一就是要加强对生命的尊重。

据统计,全世界已经有一百多个国家在法律上废除了死刑,包括对所有犯罪都不适用死刑的国家,以及对普通犯罪废除死刑但保留对叛国罪适用死刑的国家。

几十年来,在我国的法学界和社会中,有关废除死刑的呼声也时有耳闻。然而,就中国的具体国情和历史传统而言,要在短期内废除死刑是不可能的,因此保留死刑是一种相对合理的现实选择。但是,在保留死刑的前提下,我们要尽量少用和慎用死刑,而且要规范死刑的适用。这也是死刑适用制度改良的路径。

死刑适用制度的改良主要包括两个方面:第一是死刑适用的范围;第二是死刑适用的程序。我先讲第一个问题,死刑适用的范围。这主要表现为刑法规定的可以判处死刑的罪名的减少。不过,在过去四十多年,这个变化的趋势是先增加,后减少。

1979 年,全国人大颁布的第一部《刑法》规定了 28 个死刑罪名。随后,伴随严厉打击刑事犯罪的需要,立法机关又多次通过单行法规增加死刑罪名。例如,1982 年 3 月,全国人大常委会通过的《关于严惩严重破坏经济的犯罪的决定》规定,对情节特别严重的盗窃罪,可以判处死刑。1983 年 9 月,全国人大常委会通过的《关于严惩严重危害社会治安的犯罪分子的决定》又把流氓罪的判刑提高到死刑。这些规定在一定程度上造成了"严打"期间对死刑的滥用,包括把一些乱搞两性关系的人以流氓罪判处死刑,例如我在前面讲过的西安马燕秦案。

据统计,到 1997 年之前,我国刑法规定的死刑罪名达到 70 个。1997年,全国人大常委会决定修改《刑法》时,取消了流氓罪和投机倒把罪。于是,刑法规定可以判处死刑的罪名是 68 个。

进入 21 世纪之后,国人对待死刑问题的态度发生了一些变化,包括有些学者提出要废除死刑。我国的死刑政策也发生了变化,强调要严格控制死刑的适用,坚持"少杀慎杀,可杀可不杀就不杀"的原则。于是,减少死刑罪名就成为法学界的呼声。2011 年,全国人大常委会通过的《刑法修正案(八)》取消了 13 个死刑罪名。2014 年,全国人大常委会通过的《刑法修正案(九)》又取消了 9 个死刑罪名。我国《刑法》规定可以判处死刑的罪名就从 68 个减少到 46 个。

这些罪名包括大家熟知的故意杀人罪、故意伤害罪、强奸罪、绑架罪、拐卖妇女儿童罪、抢劫罪、贪污罪、生产销售假药罪、生产销售有毒有害食品罪。此外还有危害国家安全罪的 7 个罪名,危害公共安全罪的 15 个罪名,妨害社会管理秩序罪的 3 个罪名,危害国防利益罪的 2 个罪名,军人违反职责罪的 10 个罪名。

为了保证"少杀慎杀",我国刑法就死刑适用的对象还作出了一些补充规定。例如,死刑只适用于罪行极其严重的犯罪分子;犯罪的时候不满 18 周岁的人和审判的时候怀孕的妇女,不适用死刑;审判的时候已满 75 周岁的人,不适用死刑,但以特别残忍手段致人死亡的除外。

刑法中可以适用死刑罪名的减少,从宏观层面展现了我国死刑适用制度的改良。下面,我再讲一个微观层面的问题,就是死刑适用的程序。

为了保障死刑适用的公正性和准确性,我国法律对死刑案件的审判管辖作出了具体的规定。1979 年颁布的《刑事诉讼法》就规定,判处无期徒刑、死刑的普通刑事案件由中级人民法院管辖。另外,《刑事诉讼法》在"两审终审"的原则基础上,还就死刑案件规定了专门的复核程序。判处死刑缓期二年执行的案件由高级人民法院核准;判处死刑立即执行的案件由最高人民法院核准。无论被告人是否提出上诉,判处死刑的案件都应该自动进入复核程序。但是在"严打"期间,这些保障性规定失去了应有的效力。

我在前面讲过,1983 年的"严打"运动,把判处死刑的权限交到县区一级法院,而且同级的党委领导可以直接决定判处死刑。当时,有的县委书记不懂法律,就从政绩考虑死刑的适用,甚至互相攀比,导致全国的死刑数量激增。1983 年底,最高法、最高检和公安部联合发出通知,要求公检法机关按照《刑事诉讼法》的规定,严格执行刑事案件的级别管辖,判处无期徒刑、死刑的普通刑事案件由中级法院管辖。这就终止了县级法院可以判处死刑的做法,在一定程度上遏制了死刑的滥用。

1983 年,为了"从重从快"打击严重危害社会秩序的刑事犯罪,最高人民法院把杀人、强奸、抢劫、爆炸以及其他严重危害公共安全和社会治安等案件的死刑核准权下放给高级人民法院。这种做法在一定程度上放松了对死刑案件的复查和管控。由于各省市自治区的高级法院一般是死刑案件的二审法院,所以核准权的下放就使得死刑案件的二审与复核变成同一个法院的职权,本来为严格控制死刑适用而设置的死刑复核程序就变得徒有虚名。下面,我就讲一个具体的案例。

二、死刑适用的大案

(一)神秘的打工妹

这个案件发生在湖南省武陵山区的苗乡。那里有一条汇聚了两百多条小溪的大河。这条河在麻阳县城形成一个宽阔的河湾,中间有多处沙洲,马家洲就是其中之一。在雨季,沙洲四面环水,成为岛屿,但是在旱季,便有土路与河岸连接。

1987 年 4 月 27 日清早,一位家住麻阳县城的老人在晨练时看见马家洲附近的河面漂浮着一个塑料编织袋。他捞上来打开一看,里面竟然是一条人腿！他随即报警。派出所的警察首先赶到现场,然后是县公安局刑警队的现场勘查人员。经过一番勘查和搜索,警察又在河边发现了被肢解的六个尸块,包括头颅、躯干、手臂、腿脚等。法医判断死者是一名女性青年。

小小的麻阳县城发生了如此耸人听闻的杀人碎尸案,这一消息不仅惊动了民众,也惊动了领导。当时正值"严打"时期,上级公安机关的领导对这起重大恶性案件十分重视,要求麻阳县公安局在一个月内侦破此案。于是,麻阳县公安局成立了"4·27特大杀人碎尸案"的专案组,由局长挂帅,刑警队主办,派出所协办,大张旗鼓,查缉凶犯。

经过分析讨论,专案组认为本案为"情杀"的可能性较大,"仇杀"和"财杀"的可能性较小。于是,侦查工作主要从两个方面展开:其一是派出侦查人员到县城及周边地区调查访问,发现可能与该杀人案有关的嫌疑线索,特别是那些有"不正当两性关系"的人;其二是通过各地的公安派出所和乡镇政府,了解失踪人员的情况,以求查明死者的身份。

当时,麻阳县公安局只有一辆吉普车,侦查人员外出调查只能骑自行车或者坐公交车。一周时间过去了,侦查工作进展缓慢,只获得了一些价值不大的线索。漫水渡口的船工说,他们曾经在水面上看到过漂浮的尸块。侦查人员去上游巡查,未能找到尸块的来源。河南岸马家村的一个村民说,他曾经在一天夜晚听到马家洲上有女人呼救的声音,听上去很惨。侦查人员到马家洲上勘查,但是因为近期下过大雨,也未能发现任何可疑的痕迹。侦查人员还根据群众举报,发现了几个"乱搞两性关系"的人,但是女方都还健在,显然与本案无关。不过,侦查人员在各地报来的失踪人中发现了一个值得关注的对象:外地女青年杨六妹。

杨六妹是县城广场旅社的服务员。侦查员找到了报案的旅社经理。这位刘经理三十多岁,言谈举止都很老到。他对警察说,杨六妹是贵州松桃县人,家里姐妹七个,她排行老六。因为家庭生活困难,她很小就外出打工。她的五姐也曾经在广场旅社做过服务员,去年10月辞职回家了。刘经理不知道这个女子的真实姓名。当时农村居民没有身份证,外地人来打工,自己报个姓名就可以了。她说自己叫"杨小燕",大家都叫她"小杨",或者叫她"六妹"。这个"小杨"的长相不错,人也聪明,来到麻阳的时间不长,但是认识不少人,有时晚上也跟人出去玩耍。大概一个月前,她没打招呼就不来上班了。不过,刘经理当时也没在意,因为这种外乡妹子经常是说走就走,不足为奇。后来听说河边发现一个青年女子的尸体,他觉得此事不该隐瞒,就报告了公安局。

根据刘经理的描述,侦查人员认为"小杨"的外貌特征与死者相像。但是,由于尸体残缺不全,面部损伤严重,无法进行辨认。另外,发现的尸块上没有任何衣物,只有一个在当地相当多见的塑料编织袋,无法作为确认死者身份的依据。虽然侦查人员已知死者的血型是 A 型,但是没有"小杨"的血样,无法比对。

在讨论案情的时候,多数专案组成员都认为死者就是"小杨"。为了进一步核实身份,侦查人员打电话给贵州省松桃县公安局,请求对方协助查找"杨小燕"或"杨六妹"。两天之后,松桃县警方告知"查无此人"。

侦查人员到广场旅社及周边地区进行调查,了解到一些情况。这个"小杨"交往的人很多也很杂,有男有女,有打工的也有做生意的。有时,她晚上还跟男人出去,可能是去干"那种事情"。"小杨"还对别的服务员说过,她不想当服务员,打算跟人合伙去做药材生意。侦查人员还了解到,这个"小杨"是在派出所挂了号的女人。曾经有男人因为她打架,闹到了派出所。派出所专门派一名警察去找她,让她最好离开麻阳。看来,这个"小杨"真是个"有戏"的女人!

(二)可疑的杀猪哥

上级下达的"限期破案令"到期了,但是侦查工作没有成效,公安局的领导感觉压力很大。他们决定,以这个神秘的"小杨"为线索,坚持"专群结合"的工作方针,一方面发动群众,提供可疑线索;另一方面动员警力,摸底排队,查找作案嫌疑人。一时间,当地大约一半的警力都投入到该案的侦查之中。

几个月的时间过去了,侦查工作还没有实质性突破。10 月,侦查人员根据刘经理提供的地址找到了"小杨"的家。她确是贵州省松桃县人,家住瓦溪乡炉坪村,1968 年出生,真名叫杨晓荣。他们找杨晓荣的家人核实了"小杨"的身份,并且提取了杨晓荣的衣服和毛发样本,还提取了杨晓荣姐妹的毛发样本。后来经法医鉴定,杨晓荣的血型为 A 型,与死者相同。这使专案组更加确信死者就是杨晓荣——"小杨"。不过,从杨晓荣的交往关系上查找嫌疑人的工作毫无进展,几个与"小杨"交往过的人都被排除了。该案的侦查工作陷入僵局。

在专案组讨论案情时,有人提出,本案中尸块的切割面都比较整齐,不是乱砍乱剁的。这说明,案犯掌握肢解尸体的知识和手法。什么人具备这种技能?屠夫!专案组领导认为这个分析很有道理,就派人对当地的屠夫进行调查,并且很快就发现了一个嫌疑人。

这个人名叫滕兴善,39 岁,苗族,小学文化,家住与县城隔河相望的马家村。滕兴善当过兵,复员回来之后与邻村的詹金花结婚,生有一女一子。马家兄弟五人,滕兴善排行老二,婚后仍与父母住在一起。滕兴善性格粗鲁,还喜欢饮酒。后来,因为婆媳不和,夫妻也经常吵架。1982 年,两人协议离婚,5 岁的女儿随母,3 岁的儿子随父。

滕兴善是个屠夫,在村头开了个小肉铺。有人告诉警察,滕兴善一个人很寂寞,有时就过河到城里去饮酒作乐。据说,他还曾经到广场旅社去"找过女人",也曾经把女人带回家来过夜。侦查人员到马家村去调查的时候曾经见过滕兴善。他们感觉滕兴善见到警察时神情紧张,好像心中有鬼。经过分析,专案组认为滕兴善既有作案动机也有作案条件,实属重大嫌疑,决定采取行动。

12 月 6 日,侦查人员在马家村的肉铺里抓捕滕兴善,带回公安局。根据事先确定的方案,侦查员采取了侧面迂回的审讯策略。侦查员对滕兴善说:"这次把你找来,主要是查你的男女关系问题。你有没有在外面搞过女人?"滕兴善说:"我虽然离婚了,但是一直很守规矩,没有作风问题。"侦查员说:"有人听你在肉铺里讲过,你现在还有女人嘛。"滕兴善说:"我那是在吹牛。"侦查员说:"有人还看见半夜有女人从你的家里出来。这也是吹牛吗?"滕兴善不说话了。在侦查员的反复追问下,滕兴善终于承认自己在县城里认识一个女人,交往了一段时间。侦查员问他:"那个女人叫什么名字?"滕兴善吞吞吐吐地说:"我也不知道,是个外地人。"侦查员说:"你都带她回家睡觉了,还能不知道她叫什么?"滕兴善又不说话了。侦查员又问:"你去过广场旅社吗?"滕兴善说:"去过。"侦查员问:"那个女人是广场旅社的吗?"滕兴善说:"我也不知道。"侦查员拿出杨晓荣的照片,让滕兴善辨认。滕兴善犹豫半天才说:"有点像。"这时,侦查员脸色一变,让滕兴善交代杀人的事实。滕兴善傻了。

在接下来的审讯中,滕兴善的回答相当混乱。一会儿说他根本没有在外面搞女人,那是他编出来的故事;一会儿说他带回家过夜的女人就是他原来的老婆;一会儿又说他确实在县城的酒馆里认识了一个女人,但不是照片上那个人。不过,他一直不承认自己杀人。侦查人员轮番上阵,采用了各种"手段",几天之后,滕兴善终于"认罪"了。

据滕兴善"交代",他在广场旅社认识了一个贵州来的女孩,名叫"小杨",两人有了那种"暧昧关系"。今年 4 月下旬的一天晚上,他把"小杨"带回家,发生关系之后,"小杨"走了。他发现自己放在枕头下面的钱不见了,怀疑是"小杨"偷走了,便起身去追。他一直追到马家洲上,才把"小杨"抓住。"小杨"拒绝把钱还给他,还拼命地呼救反抗,他只好把"小杨"活活掐死。然后,他回家取来一把刀和一把斧头,还有一个编织袋,把"小杨"的尸体肢解成 6 块,分别扔到河里。

滕兴善交代了作案经过之后,侦查人员带着他去提取作案工具。按照侦查人员的要求,他在自家指认了一把刀,又到弟弟家指认了一把斧头。侦查人员给他照了相,然后带着他和凶器回到公安局。

(三)复原的石膏像

"4·27 特大杀人碎尸案"发生八个月之后终于告破,麻阳县公安局的领导非常高兴,专门摆了两桌庆功筵。不过,专案组的工作还没有结束,因为案情重大,定案还需要更多的证据,最好是科学证据。这可不是一个县公安局所能完成的任务。于是,他们通过地区公安处,把案件上报湖南省公安厅,请求指导和帮助。后来,该案还得到了外省公安机关和司法鉴定机关的帮助。

专案组在拿到滕兴善的认罪口供并提取了作案工具之后,开始补充收集证据。他们知道,本案的关键问题之一是死者身份的认定,血型相同只是种属认定结论,不是人身同一认定的结论。因此,他们需要更为有力的证据来支持死者就是杨晓荣的结论。经咨询有关专家,他们得知可以通过颅骨复原技术和颅像重合技术来确认无名尸体的身份。

所谓"颅骨复原技术",就是通过对颅骨的三维扫描以及对头部软组织厚度的测量和推算,进行相貌复原。复原的相貌可以制成模拟画像或石膏像,供有关人辨认。所谓"颅像重合技术",就是通过照相技术将待查颅骨与怀疑对象的照片进行重合比对,以确定待查颅骨的身源。20 世纪 70 年代以来,我国的公安机关就开始在侦破碎尸案、白骨案和高度腐败的无名尸体案中使用这些技术,辽宁省铁岭市公安局 213 研究所在这方面积累了比较丰富的经验。

通过湖南省公安厅的联系,麻阳县公安局派人把无名尸体的头颅和杨晓荣的照片送到铁岭市公安局 213 研究所进行"颅像重合"与"颅骨复原"。1988 年 1 月 23 日,该研究所出具了第 97 号鉴定书,对麻阳碎尸案死者颅骨和杨晓荣照片的比对结果是"相貌特征相符",只是"有些部位不太一致"。该研究所还根据颅骨制作出死者的复原石膏像。

收到鉴定书和"颅骨复原"石膏像之后,麻阳县的侦查人员又来到贵州省松桃县,找到杨晓荣的几个姐姐。她们看了石膏像之后,都认为很像六妹,特别是牙齿略有些稀疏的特征。至此,侦查人员认为已经有了证明死者就是杨晓荣的充分证据。

该案中另外一个关键问题是证明滕兴善的杀人分尸行为。侦查人员把在滕兴善家提取的刀和斧头送到广州中山医科大学法医物证鉴定中心。后者没有在刀和斧头上检验出血迹,但是在斧把上发现了一根附着的毛发,经检验血型为 A 型,与死者相同。然后,湖南省公安厅的刑事技术部门又对斧头进行了砍痕检验,并且在死猪身上进行了侦查实验。经过痕迹比对,该斧头在猪身上形成的砍痕与尸体上遗留的砍痕具有相同的特征,可以认定这把斧头就是砍切尸体的工具。

有了这些科学证据,麻阳县公安局决定侦查终结,把案件移送检察院审查起诉。由于该案可能判处无期徒刑以上刑罚,麻阳县检察院就把案件上交怀化地区检察分院。1988 年 10 月 26 日,检察院作出了就滕兴善故意杀人案提起公诉的决定。怀化地区中级法院的领导认为本案影响重大,决定到麻阳县法院公开审判。合议庭的法官认真研究了案情并起草了判决书,定于 12 月 13 日开庭审判。

(四)指定的辩护人

12 月 6 日,法院的书记员把检察院的起诉书副本送交被告人滕兴善。按照法律规定,被告人可以委托律师或者亲友担任辩护人。在这种可能判处死刑的故意杀人案件中,如果被告人没有委托辩护人,法院就会为其指定辩护人。书记员告诉滕兴善,法院可以帮他找律师。滕兴善不知道律师是干什么的。经书记员解释之后,他同意法院为他去请律师。

在法院开庭审判的前一天,滕兴善见到了辩护律师。那是怀化地区法律顾问处的律师。会见的时间不长,律师已经在法院看过案卷,了解案件的基本情况,因此对滕兴善的辩解不太感兴趣。他问了滕兴善当兵的经历和婚姻家庭等情况之后说,这个案子的证据很多,都对滕兴善不利,辩护难度很大,但他会尽力。

1988 年 12 月 13 日,怀化地区中级法院在麻阳县法院的审判庭公开审理滕兴善故意杀害杨晓荣一案。审判长宣布开庭之后,两名法警把被告人滕兴善从旁门带进来,法庭里出现一阵骚动,还有人大声喧哗,审判长连忙让法警维持秩序。滕兴善坐到被告人的椅子上之后,审判长简单询问了被告人的姓名、年龄等基本情况,宣布了合议庭组成人员、书记员、公诉人和辩护人的姓名,告知了被告人的基本权利,然后宣布开始法庭调查,让公诉人宣读起诉书。

检察官站起身来,照本宣科地宣读了起诉书,指控滕兴善故意杀害杨晓荣,并且肢解分尸,抛尸灭迹,其行为已经构成我国《刑法》第 132 条规定的故意杀人罪,且手段特别残忍,情节特别恶劣,社会危害极大,必须依法严惩。

然后,审判长让被告人陈述事实经过,强调要如实陈述。滕兴善说自己根本没有杀人,也根本不认识那个叫杨晓荣的女人,以前的交代都是乱讲的。审判长问他,审讯笔录上的签名是不是他写的。滕兴善说,是他写的,但那是公安逼着他写的。审判长问公诉人有没有问题,公诉人说没有。审判长又问辩护人有没有问题,辩护人也说没有。审判长让书记员摘要宣读了案卷中公诉方提供的一些证据之后,就宣布法庭调查结束,进入法庭辩论阶段。

审判长首先请公诉人进行陈述。检察官再次强调,本案事实清楚,证据确实充分,滕兴善杀人分尸,抛尸灭迹,手段特别残忍,情节特别恶劣,社会危害性极大,必须依法严惩。

检察官坐下之后,审判长让辩护人发表意见。律师说,本案中指控滕兴善有罪的证据很多,他不想评论。他只想提请法庭注意,滕兴善曾经为国家服过兵役,表现一直很好,而且这次是被害人先拿了他的钱,事出有因,激情杀人,请法庭在量刑时予以考虑。

最后，审判长让被告人做最后陈述。滕兴善站起身来，结结巴巴地说，自己真的没有杀人，他相信政府不会冤枉好人。他反复地重复这两句话，审判长只好打断他，让他坐下。法庭里的人们议论纷纷。

审判长在法警的帮助下恢复了法庭的秩序。然后他说，因本案事实清楚，证据确实充分，决定当庭宣判。于是，他站起身来，另外两名法官以及检察官和律师也随即站了起来。法警让滕兴善再次站起来，又让法庭内旁听的人都站起来。审判长大声宣读了判决书："被告人滕兴善犯故意杀人罪，判处死刑，剥夺政治权利终身。根据最高人民法院依法授权高级人民法院核准部分死刑案件的规定，本判决经报请湖南省高级人民法院核准后生效。如不服本判决，可于接到本判决书的第二天起，三日内向本庭提出上诉状及其副本二份，上诉于湖南省高级人民法院。"

判决书宣读完毕，审判长宣布庭审结束。滕兴善依然站在原地，愣愣地不知所措。法警给他戴上手铐，连拉带架地把他押出了法庭。

（五）迟到的申诉状

滕兴善被判死刑之后，他的家人找到在长沙做律师的本地人叶叔。叶叔年过半百，为人正直，待人热情，在当地很有威望。因为与滕兴善家有亲戚关系，叶叔就答应帮忙。他首先来到怀化地区法律顾问处，得知滕兴善已决定上诉，顾问处另外委派了周律师作为二审辩护人。叶叔找到周律师，后者认为这个案子"没戏"，上诉也就是走个程序。不过，他欢迎叶叔来帮忙。

叶叔认真查阅了案卷中的证据材料，发现了三个疑点。第一，根据滕兴善的口供，他是用手把杨晓荣捂死的。而警方的尸检报告说，死者颧骨骨折。这说明死者的头部遭受过钝器打击，用手捂嘴不可能造成颧骨骨折。第二，滕兴善指认的刀和斧头上都没有死者的血迹，只是斧把上附着的一根头发的血型与死者相同，而这并不能肯定那刀和斧头就是杀人凶器。第三，颅像重合专家的鉴定结论中写明送检的颅骨与杨晓荣的照片有些特征不符，这个结论不能肯定死者就是杨晓荣。

发现这些疑点之后，叶叔信心大增，他决定再去麻阳了解情况，希望能找到对滕兴善更为有利的证据。新年前夕，他回到麻阳县，走访了马家村的村民。大家都说滕兴善是个好人，待人诚恳，乐于助人。很多人还表示，如果叶叔牵头写一份"村民意见"，证明滕兴善不会杀人，他们都愿意签名。在走访中,叶叔还得到一些很有价值的证据。

根据村民的指点,叶叔找到了在漫水渡口划渡船的船工大王。后者证明当年案发前他们几名船工都曾经在河水中看到漂浮的尸块。后来警察调查时,他们都讲了这个情况。叶叔认为这个证言很重要,因为警方认定的"杀人抛尸"现场是马家洲,而马家洲是在漫水渡口的下游。按常理,尸块在河水中只能从上游向下游漂浮。如果马家洲是杀人抛尸的现场,那么尸块就绝不能出现在漫水渡口。

叶叔还听村民讲,案发那段时间雨多水大,河中那些沙洲连通岸边的小路都被淹没了,村民只能坐船到沙洲上去。他看过案卷材料,按照侦查人员认定的事实经过,滕兴善在夜晚追杨晓荣到马家洲上,先将其捂死,然后再回家取来刀斧碎尸。如果当时河水淹没了小路,那么杨晓荣和滕兴善就只能从水中游到马家洲,或者坐船去马家洲,而这显然都是不可能的。于是,他专门跑到湖南水文总站陶依水文站,请该站工作人员出具了一份证明:"1987 年 4 月下旬,麻阳降大雨,河水大涨。从滕兴善所居住的马家村,到'杀人抛尸现场'的马家洲上,唯一的一条枯水时可以通行的小路,此时已完全淹没在洪水中。"

经过半个多月的奔波,叶叔认为自己找到了足以证明滕兴善无罪的证据。于是,他认真起草了一份《申诉状》。在列举该案上述疑点的基础上,他得出以下结论:第一,本案被害人杨晓荣有 80% 的可能性尚在人间,而被杀者有 90% 的可能性不是杨晓荣。第二,本案中的证据不能证明滕兴善是杀人者,反而能证明滕兴善不会杀人也无条件杀人。他还指出了办案人员存在的一些问题,一是不深入调查;二是不认真研究;三是求功心切,非法逼供;四是目无法纪,草菅人命。他最后写道:"希望中院冷静,高院认真,实事求是,为时也还不晚。反之,迁就中院,朱笔一点,冤杀者死不瞑目,办案者将依法追究,后果不堪设想——望三思。"在这份《申诉状》的后面签名的村民超过百人。

1989 年 1 月 24 日,叶叔带着这份《申诉状》离开麻阳。考虑到时间紧迫,他没有去怀化法律顾问处,而是直接赶往长沙,把《申诉状》交给了湖南省高级法院。然而,他来晚了。法院的人告诉他,这个人没戏了!

1 月 22 日,湖南省高院的两名法官已经到看守所向滕兴善宣读了法院的裁定:驳回上诉,维持原判。根据最高人民法院授权高级人民法院核准部分死刑案件的规定,本裁定即为核准上诉人滕兴善死刑的裁定。

1989 年 1 月 28 日上午,滕兴善被押到刑场,执行了枪决。

怀化地区中级法院按规定公布了滕兴善被执行死刑的消息,并且通知滕兴善的家人来收埋尸体和领取遗物。家人没有把滕兴善的尸体埋在自家的坟地,而是埋到了山里。因为滕兴善是被枪毙的,必须远离祖先的墓地。滕兴善的父亲又气又闷,吃不下饭,睡不着觉。儿子的尸体掩埋之后便一病不起,没过多久就去世了。又过了两年,滕兴善的母亲也离开了人世。

(六)归来的被害人

然而,这个案件并没有终结。我也该讲讲这个案件的被害人了,就是那个曾经在麻阳县城广场旅社当过服务员的青年女子杨晓荣。

杨晓荣出生在贵州省松桃县的山村,家里很穷,父母生下七个女儿,她排行老六。杨晓荣从小不爱学习,小学没毕业就辍学在家,后来就外出打工,很少回家。家人听说她在湖南遇害,伤心了一阵子,但是很快就过去了。后来,杨家人收到了滕兴善被执行死刑的通知,但是也没有什么可高兴的,因为事情早就过去了。杨晓荣的五姐与她关系最好,而且也曾经在麻阳县城广场旅社当过服务员,因此还为她哭了一场。

1992 年,就在家人已经把杨晓荣淡忘的时候,杨家收到一封奇怪的来信。信封上写的收信人地址是"贵州省松桃县瓦溪乡炉坪村关子门组",收信人是杨晓荣母亲的名字;寄信人地址是山东省鱼台县周堂乡钱赵村,没有写寄信人姓名;里面的信纸上只写了歪歪扭扭的几个字:"妈妈、五姐,我要回家",署名是"杨晓荣"。

一开始,杨家母女都被这封信吓坏了。母亲以为是女儿的冤鬼要回来,家人会大难临头,连忙趴在地上磕头,请求神灵保佑。几个姐妹也担心有人借"老六"的名义来敲诈勒索。后来经过分析,她们认为那信纸上的字可能真是老六写的。老六学习不好,不会写信,很可能是她求他人帮忙写的信封。如果是这样的话,那就说明老六还没死。经过一番商量,家人决定让老五的丈夫小张到山东去找杨晓荣。

1992 年秋天,小张拿着那封信,还带了家人的照片,来到山东。几经周折,他终于在鱼台县周堂乡钱赵村找到了杨晓荣。见面后,他让杨晓荣辨认姐妹的照片,后者辨认无误。据杨晓荣讲,她是 1987 年被人贩子以"做药材生意"的名义拐卖到山东赵家。头两年,赵家人不让她与外人联系。后来,她给赵家生下了一儿一女,才有了与外人联系的机会。赵家人主要是想要孩子,现在对她也不错。她说过想回家,赵家人也不太反对。

小张回到贵州之后,把此事告诉了杨家母女。杨妈就很想把女儿救回来。五姐给杨晓荣写了信。杨晓荣也回了信,还寄来两个孩子的照片。后来,两家人达成了让杨晓荣回家的协议。1994 年初,山东赵家人把杨晓荣送到了湖南省吉首市,然后杨晓荣自己回到了贵州松桃县的老家。

杨晓荣回来后,家人悲喜交加。杨晓荣讲述了自己这些年的遭遇。家人也谈到了当年湖南麻阳的杀人案,但是很简单,杨晓荣没有追问,家人也就不再提了。那毕竟是外人的事情。没过多久,杨晓荣嫁给了同村的大刘,开始了新的生活。

当时,瓦溪乡的农村还没有家庭户口簿。以前的户口管理由乡政府办公室负责,从 1992 年开始改由乡公安派出所管理。当时的农村户籍管理比较混乱,主要依靠村民自报。农村人生活中一般都不需要户口证明,所以家庭中增减人口时也不去政府报告。杨晓荣当年"被害"的时候就没有注销户口,因此这次"生还"也没有再报户口。假如不是后来的偶遇,此事大概也就这样画上了句号。

1994 年的冬天,麻阳县城广场旅社的刘经理到贵州松桃县做生意,偶然遇见了杨五姐。闲谈之中,杨五姐说她的六妹还活着。刘经理大吃一惊,忙问:"你不是开玩笑吧?"杨五姐说:"是真的,我六妹还活着。"然后,她讲述了家人收到杨晓荣的信以及杨晓荣被拐卖和回家的经过。刘经理说:"这可是件大事。当年法院判了那个杀猪的滕兴善杀死杨晓荣,给枪毙了。现在杨晓荣没死,那滕兴善不就是被冤杀了嘛!"他问杨晓荣现在何处,想去见见。杨五姐说:"六妹又嫁人了,我带你去找她。"

刘经理见到杨晓荣,感觉她的变化很大。杨晓荣听了滕兴善的故事,也很震惊。她没想到自己的失踪竟然搭上一条生命。她告诉刘经理,自己根本不认识滕兴善,更谈不上和他有什么"暧昧关系"。她很气愤,表示要给麻阳县的法院写信,要求撤销当年关于她与滕兴善"有暧昧关系"以及她已经被滕兴善"杀害"的错误判决,还要求给她恢复名誉,赔偿损失。最后,三个人都为滕兴善的命运感叹了一番。刘经理是热心人,他表示回去后一定要把此事告诉滕兴善的家人。

从贵州回到麻阳,刘经理到马家村找到滕兴善的大哥。他把自己在贵州见到杨晓荣的事情讲述一遍。马大哥并没有像刘经理想象的那么激动。沉默了一阵子,他才对刘经理说,这事得跟家人商量商量。

马大哥把刘经理讲的事情告诉了三个兄弟。大家商量之后,都认为此事不宜声张。第一,滕兴善的案子是政府定的,他们家如今再去找后账,就等于跟政府作对,恐怕还会惹来别的麻烦。第二,打官司就需要钱,请律师也得花钱,穷人家只有过日子的钱,哪有打官司的钱!第三,反正老二已经死了,这事也过去了,没人再提了。就算政府同意给翻案,人也活不过来,没有太大的意思。总之,这事不能再折腾了。他们决定此事不对外人讲,但是马大哥认为应该告诉滕兴善的前妻詹金花,因为那边还有滕兴善的两个孩子。

马大哥找到詹金花,把事情经过讲了一遍。詹金花听了,忍不住又哭了一阵子。马大哥知道金花这些年一人拉扯两个孩子,很不容易,就耐心地劝慰一番。临走前他叮嘱说,两个孩子都年轻,最好先别告诉他们,以免生事。金花点点头说,她也是这样想的。

大哥走后,金花愣愣地坐在屋里。她想不明白,这件事究竟是怎么发生的。政府那么多有本事的人,为什么就把案子判错了?麻阳县那么多人,为什么这冤枉就落在了滕兴善的头上?兴善是个多好的名字呀!当年结婚的时候,她还对滕兴善说过,我就是冲着你的这个名字才嫁给你的。虽然滕兴善是个屠夫,看上去很粗鲁,但是金花知道,他是个心地善良的人。他孝敬父母,这是做人的根本。婆媳关系不好,婆婆有时会逼着他去打媳妇,他把媳妇拉到屋里,噼里啪啦打一阵子,但是都打在了床上和凳子上。后来,在老人固执的要求下,他们不得不离婚,但也是藕断丝连。有些人的婚姻是名存实亡,她俩的婚姻是名亡实存,因为她有时还会半夜到滕兴善家去约会。当年她就不相信丈夫会杀人,但那是法院判的,她只能把眼泪咽到肚子里。

金花觉得心里憋屈。她真想找政府的人去讲理。但是思来想去,她认为还是大哥说得在理。咱们是老百姓,别跟政府闹别扭!这主要也是为孩子们着想。滕兴善死后,金花曾在他的坟前立下誓言——不管他是不是有罪,自己都要把两个孩子养大成人,就算是夫妻一场的情分。现如今,女儿大雁17岁,儿子小辉15岁,都快成年了。但是,两个孩子的脾气都很怪,越来越不听话。这大概也是父亲的死给孩子心上留下的阴影！大哥的话是对的，如果她把父亲冤死的事情告诉孩子，那姐弟俩还说不定会惹出什么麻烦呢！

（七）漫长的昭雪路

大雁和小辉是在"杀人犯"的阴影中长大的。父亲被抓走那年，大雁10岁，小辉8岁。在学校里，许多同学都远离她们，有些同学还向她们吐口水，骂她们的父亲是杀人犯。每当这个时候，大雁就会站到小辉的前面，用自己的身体保护弟弟。姐弟俩感到很委屈，不想去学校了，但是母亲坚持让她们上学。有一次，同学骂小辉，小辉忍不住，就回骂了。两个男孩子上来打小辉。大雁看见了，连忙跑过去保护弟弟，结果是姐弟俩让几个同学打了一顿。老师训诫的时候，姐弟俩一言不发。事后，她们跑到一个没人的地方，抱头痛哭。第二天早上，姐弟俩照常离家，但是没有去学校，而是跑到父亲的坟前，坐了一天。上学受欺负，再加上家里贫穷，大雁和小辉在断断续续地读完小学之后，就都回家务农了。

随着年龄增长，大雁和小辉开始在农闲时到县城去干一些零活，家里的日子也逐渐好了起来。那时候，一些农村人开始到经济发达的广东去打工。1998年春节过后，大雁跟着同村人来到珠海。经同乡介绍，大雁进了一家手袋厂做工。她工作十分努力，还受到过嘉奖。但是有一天，人事部经理来对她说："你被解雇了。"大雁问："为什么？"那个经理说："因为我们知道了，你是杀人犯的女儿！"大雁无言以对，只好默默地离开。

后来，大雁又找到一份工作，但是干了一段时间之后又被解雇了。几年的时间里，她在珠海四处奔波，干的是最辛苦而且报酬最低的工作。看到一些老乡的发展，她无话可说，但是内心感到很不平衡。看到一些女伴找到了男友，她的心中也会感到凄楚。她不比别人笨，但是生活中的机遇总是离她很远。她知道，这一切都因为她的头上顶着一个"杀人犯女儿"的恶名。

2004年初，大雁回老家过年。有一天，她和母亲谈起自己在珠海的遭遇，便忍不住抱怨起来。她说："都怨你！要不是你当年离开我爸，他也不会到外面去找女人，也不会去杀人。都是你的错！"金花愣了一下，然后伤心地哭了。大雁感觉自己的话说得有些过分，便劝慰母亲。金花止住了哭泣，慢慢地说道："有件事情，我也该告诉你了。当年那个杨晓荣根本没有死，你爸是冤枉的!"大雁瞪大了眼睛问:"你说什么?"金花便把十年前刘经理从贵州带回的消息讲了一遍。大雁愤怒了:"都十年了,你为什么到现在才告诉我!"金花说:"你大爷不让我告诉你们。我也觉得,政府定的事情,跟你们说了又有什么用?再说,咱们家没钱,也不敢跟政府作对,只好忍了。这些年,这事憋在我的心里,你以为我好受吗?"大雁沉默了。看着母亲脸上的皱纹和头上的白发,她似乎一下子明白了母亲的心。母女二人抱头痛哭。

小辉在外面听见哭声,便走进来询问。大雁就把事情讲了一遍。小辉听完之后,当即就要去找法院算账,被金花拦住了。大雁经过这些年在珠海的闯荡,长了见识,就对弟弟说,这事不能蛮干,必须走法律程序。过去像咱们这样的穷人家不可能去跟政府打官司,但现在不一样了。中国在进步,也要搞法治了,老百姓可以到法院去告政府。经过一番商量,她们决定先去找那位刘经理了解情况,然后再去怀化找个律师,通过法律程序为父亲洗刷罪名。

大雁找到了刘经理,详细地询问了杨晓荣的情况。然后,大雁找人帮忙写了一份申诉材料。她带着这份申诉材料,找到怀化市法律援助中心,提交了刑事申诉法律援助申请。法律援助中心审查材料之后,指派律师代理大雁向湖南省人民检察院提出了申诉。

2004 年 7 月 23 日,湖南省人民检察院决定受理大雁的申诉。在随后的一年内,该院控告申诉处的检察官走访了湖南、贵州、山东、广东、重庆、北京、辽宁等省市,核实了滕兴善故意杀人案的有关情况,补充收集了大量证据,包括杨晓荣的母亲和姐妹的证言,还有 DNA 鉴定结论。该结论支持杨晓荣是杨妈的生物学女儿,二人之间存在亲子关系的概率高达 99.9985%。

2005 年 6 月 13 日,湖南省人民检察院向湖南省高级人民法院发出了湘检发控申建字(2005)1 号检察建议书,建议省高院启动审判监督程序,对滕兴善杀人案重新审判。与此同时,大雁的代理律师也向湖南省高级人民法院提出了申诉。6 月 13 日,湖南省高级人民法院作出(2005)湘高法刑监字第 15 号决定,对滕兴善一案进行再审。

2005 年 10 月 25 日,湖南省高级人民法院依照审判监督程序对滕兴善故意杀人案做出再审判决:一、撤销本院(1989)刑一终字第 1 号刑事裁定和湖南省原怀化地区中级人民法院(1988)刑一初字第 49 号刑事判决;二、宣告原审被告人滕兴善无罪。

滕兴善故意杀人案改判之后,当年办理该案的主要责任人员受到"党内警告"的处分;大雁和小辉获得了国家赔偿款和补偿款共计 666 660 元。

滕兴善案是一个冤杀的个案,这个教训是惨痛的、是深刻的。此案改判之后,中国的最高司法机关决定要加强对死刑案件的复查,要严格控制死刑的适用。2006 年 1 月 1 日,最高人民法院规定对案件重要事实和证据问题提出上诉的死刑第二审案件,一律开庭审理。2007 年 1 月 1 日,最高人民法院决定,收回所有案件的死刑核准权。

2017 年 5 月 31 日,最高人民法院在北京的京西宾馆召开了"全国法院刑事审判工作总结表彰大会"。最高法院的领导和各省级法院的领导都参加了会议。我作为特邀专家学者列席了会议。这次会议的内容之一是纪念死刑核准制度改革十周年,于是我又想到了滕兴善冤案。

三、死刑的执行方法

下面我再讲一下死刑的执行方法,还是从一个案件谈起吧。

1999 年 5 月 30 日,北京市发生了一起骇人听闻的大案,某住宅小区内有 8 名青年女子被人用尖刀杀死。现场血迹斑斑,惨不忍睹。死者都是在附近一家商场工作的工艺品销售员,共同居住在公司的集体宿舍内,年龄最大的 24 岁,最小的 17 岁。

警方接到报案后,很快就查获了犯罪嫌疑人赵连荣。赵连荣是某机床厂的工人,37 岁,与妻子和儿子住在被害人宿舍的隔壁。根据凶手在现场遗留的血迹和足迹的鉴定结论,警方确认赵连荣就是杀人凶手,并且获得了赵连荣图财害命的口供。

这起杀人案在社会上产生了强烈的反响,赵连荣被称为"杀人魔"。由于案件事实清楚,证据确实充分,公检法机关很快就完成了侦查、起诉、审判的工作。北京市第一中级法院依法判处赵连荣死刑,北京市高级法院核准了死刑判决。1999 年 7 月 21 日上午,北京市一中院遵照高级法院下达的执行死刑命令,由法警把赵连荣押赴刑场,执行枪决。

消息传来,很多北京市民都拍手称快。不过,也有人觉得"不过瘾",认为像这种"恶魔",用一颗枪子儿送他走,实在是太便宜了。即使不用千刀万剐,起码也得用个"鬼头刀"或"狗头铡"!一时间,死刑执行方法成为人们讨论的话题,因为我国司法机关正在试行注射毒液的死刑执行方法。于是,我就写了一篇小文章,标题是《刑罚的文明》,发表在 1999 年 7 月 28 日的《北京晚报》。

就刑事案件而言,司法公正的基本要求是犯罪者得到相应的惩罚。这里包含着朴素的"恶有恶报"和"罪有应得"的社会价值观念。具体来说,法院应该根据犯罪的严重程度对犯罪人进行相应的处罚。重罪重罚,轻罪轻罚,这就是"罪刑相称原则"。

然而,什么是罪刑相称? 在不同的历史时期有不同的答案。例如,古代的很多国家都曾经对犯罪人采用过以眼还眼、以牙还牙等"同态复仇"的惩罚方法;很多国家都采用过对某些犯罪人执行肉体刑的做法;很多国家都采用过残酷的死刑执行方法。

杀人偿命,这是天经地义的。对于那些罪大恶极的杀人犯,世界各国都曾采用非常残酷的方法执行死刑。中国古代常用的死刑执行方法是斩首和铡头,此外还有更为残酷的斧剁、剜心、火烧、油炸、车裂、凌迟等方法。外国使用较多的死刑执行方法是火刑和绞刑,此外还有溺死、钉死和乱石砸死等方法。近代以来,随着司法文明的进步和科学技术的发展,死刑的执行方法也发生了变化,枪决、电椅、毒气室、注射毒液等方法相继问世,以便减少死刑犯人在结束生命时的肉体痛苦和折磨。

新中国成立以来,我国法院一直采用枪决的方法执行死刑。1979 年颁布的《刑事诉讼法》规定,死刑采用枪决的方法执行。后来,法院系统有人研究采用注射毒液的方法执行死刑的问题。1996 年修订的《刑事诉讼法》就作了相应的规定,死刑采用枪决、注射等方法执行。这一规定在法律上为"死刑注射法"亮起了绿灯。1997 年 3 月 28 日,云南省昆明市中级法院首次采用注射方法执行死刑。然后,昆明法院和其他一些地区的法院又多次使用注射方法执行死刑。

2001 年 9 月 13 日,最高人民法院召开全国法院采用注射方法执行死刑工作会议,要求全国各地的省会城市和中心城市的法院切实推进注射方法执行死刑工作的开展。

与"枪决法"相比,"注射法"有以下优点:第一,死刑执行的现场可以保持肃穆而又安静的氛围,淡化刑场枪决的恐怖色彩;第二,注射法可以减少被执行人的痛苦,使死刑执行过程更为人道;第三,在监狱等固定场所使用注射方法执行死刑可以节省人力、物力和财力;第四,执行死刑的过程更为安全,而且一次性成功率更高;第五,用注射方法执行死刑更容易得到被执行人家属的接受、配合和支持。

然而,采用注射方式执行死刑以来,社会上也有不少人反对。有人认为:那些罪犯是罪大恶极,用注射方法执行死刑,太便宜他们了。有些被害人亲属也表示,让罪大恶极的人通过注射的方法死亡,他们咽不下这口气。人们的这种心情和态度是可以理解的。

在现代文明社会中,死刑犯纵然罪大恶极、死有余辜,依然拥有作为人的某些权利,依然拥有作为人的最后尊严,而不应在生命的最后时刻遭受侮辱或折磨。善待死囚,尊重死囚最后的尊严和尸体不受毁损的权利,这是现代法治社会应当恪守的人道理念和文明信条。联合国《关于保护面对死刑的人的权利的保障措施》明确规定,"判处死刑后,应以尽量减轻痛苦的方式执行"。采用注射法执行死刑体现了司法文明的进步。

在讨论刑事司法文明的时候,有人以罪犯的邪恶进行反驳。有人说,那些罪犯并没有用文明的方法对待被害人,因此司法也不应该用文明的方法去对待罪犯。这种观点值得商榷。我们讲的司法文明是社会的文明,不是犯罪分子的文明。用通俗的话说,这是好人的文明,不是坏人的文明。在现代文明社会中,好人不仅对好人要文明,好人在惩罚坏人的时候,也要文明。因此,现代文明的刑事司法,既不能用刑讯去获取口供,也不能用残酷的方法去执行死刑。

各位同学,这一讲的思考题是:你赞成废除死刑吗?

何老师留的
思考题

学生对谈

第二十四讲　申诉再审制度的改良

各位同学,大家好! 这节课我要讲中国刑事司法改良的第八个专题:申诉再审制度的改良。同时,我要再讲一个在中国家喻户晓的错案。

一、刑事错案与申诉再审

刑事司法有一个美丽的传说,那就是"既不冤枉一个好人,也不放纵一个坏人"。但是,在任何一个国家的刑事司法制度下面,这都是做不到的。从这个意义上讲,刑事错案的发生具有不可避免性,只是或多或少的问题。

美国是错案比较多的国家。密歇根大学法学院于 2012 年 5 月成立了"全美洗冤登记中心",统计并发布美国平反昭雪的冤错案件。该中心的第一份报告公布了从 1989 年到 2012 年 2 月的 873 个洗冤案件。截止到 2015 年 3 月,该中心登记并公布的冤案共有 1 555 个。然而,这肯定不是美国发生的所有错案,因为总有一定数量的错案发生了,但是没有被发现。于是,有些学者就通过估算的错判率来推断错案数。

美国维恩州立大学刑事司法系的马文·札尔曼教授专门研究刑事错判率。据他介绍,美国不同学者估算的错判率不同,高的 2.4%;低的 0.02%。通过对其他学者研究成果的评估和对执法官员的问卷调查,札尔曼教授认为美国的错判率应该在 0.5% 到 1%。根据美国司法统计局公布的数据,美国每年大约有 100 万人被判有罪,其中被判处监禁刑的约占 40%。如果错判率为 1%,那么美国每年错判的就有 10 000 人,错误监禁的就有 4 000 人;

如果错判率是 0.5%,那么每年错判的也有 5 000 人,错误监禁的也有 2 000
人。这可不是个小问题!

近年来,随着一些冤错案件的披露,我国的错案问题越来越受到人们的
关注。其中特别引人瞩目的是那些涉嫌杀人的大案,如云南杜培武案、湖北
佘祥林案、湖南滕兴善案、黑龙江石东玉案、吉林任忠案、辽宁李化伟案、河
北李久明案、河南赵作海案、山东陈世江案、安徽刘明河案、福建念斌案、甘
肃王学义案、陕西李菊兰案、广西邓立强案、重庆童立民案、北京谭富义案,
等等。如果再加上那些强奸、抢劫、盗窃、故意伤害类错判案件,我国的错案
也不少。

错案一般都是在司法系统的常规运作中发生的,因此往往混藏在大量
的正确判决之中。许多蛰伏的错案是因偶然事件而浮出水面,进入司法机
关和公众的视野,从而获得了纠正的机会。有些是"亡者归来",例如佘祥林
案和滕兴善案;有些是"真凶再现",例如石东玉案和杜培武冤案。就错案发
现途径来说,有些是司法机关在办案过程中自己发现的,有些是通过当事人
或其亲属的申诉发现的。

我国法律就错案的发现和纠正进行了制度设计,主要体现为刑事诉讼
中的申诉制度和再审制度。申诉是法律赋予公民的一项权利。《刑事诉讼
法》规定:"当事人及其法定代理人、近亲属,对已经发生法律效力的判决、裁
定,可以向人民法院或者人民检察院提出申诉,但是不能停止判决、裁定的
执行。"再审又称为审判监督程序,是指人民法院、检察院对于已经发生法律
效力的判决和裁定,发现在认定事实上或者在适用法律上确有错误,依职权
提起并由人民法院对案件进行重新审判的一种诉讼程序。

无论警察、检察官、法官是否确有过错,认定错案都是对其工作的否定,
甚至会导致其利益的损害或丧失。因此,制造错案的人往往不愿意承认错
误,其中有些人甚至会想方设法去阻碍错案的认定。于是,错案的复查就成
为申诉人与原办案人之间的对抗!下面我就讲一个被国人关注多年的
案件。

二、青纱帐谜案的侦破

1994 年 8 月 10 日下午,石家庄市西郊的留营派出所接到一个村民的报

案。报案人名叫康孟东,家住孔寨村。这个老汉前几天就来过派出所,说他的女儿失踪了。他的女儿名叫康菊花,30 岁,是石家庄市液压件厂的描图员。8 月 5 日,康菊花下班后没有回家。当天晚上,她的丈夫去岳父家询问,第二天又去液压件厂查问,都没有找到康菊花。这几天,康老汉也一直在村子周围寻找。10 日下午,他在村外玉米地边的杂草堆里发现了康菊花的连衣裙和内裤,怀疑女儿被人杀害了,就来到派出所报案。

派出所民警跟着康老汉来到孔寨村西北的玉米地,在一个杂草堆里看到了一件连衣裙和一条内裤。随后,派出所打电话报告了公安分局。因为这可能是一起杀人案,所以分局的刑警和技术员很快就赶到现场。警察拍照提取衣物之后,查看了周围的玉米地,但是没有任何发现。

那片玉米地位于孔寨村和北面的新华西路中间,面积很大,而且玉米已经长到一人多高,真可以说是一片青纱帐。玉米地中间有一条南北土路,宽约 3 米,长 500 多米,北面与新华西路相接,南面向东就通向孔寨村。土路北段的两侧都是玉米地,南段的两侧是菜地。菜地北端还有一条小土路通向西边。康菊花的衣服就是在这条小路边的杂草堆里发现的。此时天色渐黑,警察就决定收工,第二天再继续查看。

第二天上午,警察和当地群众共一百多人,对玉米地进行拉网式搜索。经过三个多小时,终于在新华路南 204 米、田间土路东 15 米的玉米地里发现了一具尸体。

经法医检验,死者为女性,尸体头东脚西,仰躺,上肢屈伸,下肢分开,脚穿白色尼龙袜,白色背心在乳房上边,余处全裸。尸体的脖子上搭着一根玉米秸,玉米秸下面有一件半袖女衬衣,缠绕在脖子上。尸长 152 厘米,尸体表面没有发现明显的损伤和骨折。根据尸体的体位和衣着情况,法医推断是强奸杀人,凶手用衬衣勒颈导致窒息死亡。根据尸体情况和被害人失踪时间,法医认定死亡时间是 8 月 5 日下午 5 点至 6 点。

现查勘查发现,尸体左脚西侧 20 厘米处有一只红色塑料凉鞋,左脚西侧偏南 30 厘米处有一串钥匙,尸体北侧偏西 1.5 米处有一辆黑色自行车。由于天气炎热而且下过雨,尸体已经高度腐败,面目全非,无法辨认。但是康菊花的家人确认那自行车、钥匙和鞋子都是康菊花的,只有那件短袖女衬衣不是康菊花的。据此,侦查人员确认死者就是失踪人康菊花。

侦查人员询问了康菊花的亲友,了解康菊花的工作生活情况。康菊花为人善良,待人热情,家庭和邻里关系都很好。她身材不高,但是外貌清秀,喜爱打扮,又从事技术工作,在村里也算个出众的女子。乡民都认为这个凶手一定是个好色的恶魔。这个消息不胫而走,在当地居民中引起了恐慌。孔寨村的女人都不敢走那条青纱帐中的土路,出门都要绕道东边电化厂的大路。

当地领导非常重视此案。公安分局的领导亲自挂帅,成立了"8·5专案组",要集中力量破大案。侦查人员兵分两路,一路在孔寨村摸底排队,一路到液压件厂调查访问。由于那件短袖女衬衣是唯一能联系作案人的物证,侦查人员就拿去让村民和工人辨认,但是无人认得。

两个星期过去了,侦查工作毫无进展。领导决定要进一步发动群众,而且重点是现场周围的居民。于是,侦查人员找到孔寨村的村委会和电化厂宿舍区的居委会,让他们召集群众,提供线索,包括案发前后出现的形迹可疑的外地人。这一次果然有所收获。

侦查人员对群众提供的线索进行分析,认为其中有一条比较靠谱。电化厂的一个退休工人说,入夏以来经常看到一个男青年骑一辆蓝色山地车在该厂宿舍区闲逛,有时还去偷看女厕所。孔寨村一个妇女说,7月底的一天中午,她在村西浇菜,一个骑蓝色山地车的男青年过来,不怀好意地看着她,还拦住她的去路,她只好绕道跑回家。还有几个村民也说见过一个骑蓝色山地车的男青年到处游荡,还尾随过路的青年妇女。这些人都说,康菊花案发生之后就没有见过那个青年。侦查人员认为此人有重大嫌疑,并估计他可能还会再来,就要求当地群众注意查看,发现情况及时报告。

一个多月过去了,侦查工作毫无进展。虽然查了很多人,但是没有一个像样的嫌疑人!这让领导很生气,也让办案人很着急。就在侦查工作陷入僵局的时候,公安机关接到电化厂居委会的报告,有人看见那个骑蓝色山地车的男青年又来了,但是转了一圈就走了。

专案组决定派人去孔寨村和电化厂宿舍区"蹲守"。9月23日下午,"蹲坑"的两名警察在电化厂宿舍区抓获了这个青年。此人见到警察,立刻跪倒在地上,连声说道,"不是我干的"!警察说:"什么事儿啊?不是你干的?"警察把此人带回公安分局。

经查,此人名叫聂树斌,21岁,家住鹿泉市申后乡下聂庄村,是鹿泉市综合技术职业学校校办工厂的工人。在审讯中,聂树斌一开始只承认偷看女厕所和调戏妇女,拒不承认强奸杀人。后来,侦查人员采用多种审讯策略,终于在 9 月 28 日拿下了聂树斌的认罪口供。按照当时的做法,拿到口供就算破案了。侦查工作大功告成,侦查人员需要再补办一些诉讼手续并整理案卷材料。10 月 1 日,聂树斌被批准刑事拘留。10 月 9 日,聂树斌被批准逮捕。侦查终结之后,案件移送检察院审查起诉。

这起大案的成功侦破受到了社会的关注。1994 年 10 月 26 日,《石家庄日报》发表了一篇报道文章,标题是"青纱帐谜案",作者是公安局民警焦辉广。该文说,公安人员抓获聂树斌之后,"干警们巧妙运用攻心战术和证据,经过一个星期的突审,这个凶残的犯罪分子终于在 9 月 28 日供述了拦路强奸杀人的罪行:8 月 5 日下午,他行至新华路检查站附近时发现康老汉的女儿骑车驶入田间小路,便尾随上去将其撞倒,拖至玉米地打昏强奸,又用衬衣将其勒死。事过一个多月之后,他又出来蓄谋强奸作案,没想到刚露面就落入了法网"。

1995 年 3 月 3 日,石家庄市人民检察院就聂树斌故意杀人、强奸案提起公诉。3 月 15 日,石家庄市中级人民法院一审判处聂树斌死刑。聂上诉后,河北省高级人民法院于 4 月 25 日宣布维持原判,并核准死刑。4 月 27 日,聂树斌被执行枪决。

我在二十多年前就听说过这个案件。那是在北京市刑侦学会的研讨会上,警察学院的一位教师发言,谈的是"刑侦工作中的群众路线"。坚持群众路线本是我国犯罪侦查工作的一条重要经验。20 世纪 80 年代以后,我们开始强调侦查工作的专业化,重视刑事技术工作,有人就认为群众路线过时了。那位教师主张"专群结合"的侦查工作方针,强调了群众路线的重要性,还介绍了"青纱帐谜案"的成功经验。当时我在人民大学法律系讲授犯罪侦查学,特别需要案例材料,就在休息时向他询问该案的情况。

据说,该案的侦查工作走了一些弯路。在这类案件的侦查中,确定侦查方向是非常重要的,而这个案件的关键问题就是熟人作案还是生人作案。一开始,专案组倾向于熟人作案。主要理由有两个:第一,现场距离土路 15 米,而路边的玉米都没有倒伏,这说明被害人不是连人带车被拖进去的,而是自己走进去的。被害人会自愿跟着陌生人走进玉米地吗? 第二,作案人为什么要把被害人杀死? 如果是陌生人拦路强奸,他有必要杀人灭口吗? 因此,专案组按情杀的思路开展侦查,但是没有找到嫌疑人,侦查陷入僵局,只好转变思路,发动群众提供陌生人作案的线索,最后才抓到了罪犯。他还告诉我,《石家庄日报》上有这个案件的专门报道。后来,我在人民大学的课堂上给学生讲过这个案例,主要说明犯罪侦查要坚持群众路线,而且要保持思维的开放性。不过,我当时并没有记住案件当事人的名字,也没有关注案件中的证据问题。

十年之后,这个案件再次引起我的关注,而且我把它作为了错案研究的对象——不是法律意义上的错案,而是事实意义上的错案。我认真分析了案件中的证据问题。从表面上看,这个案件中定罪的证据不少,包括现场勘查笔录、法医检验报告、被告人供述,还有多个物证和证人证言。但是经过仔细分析,在这些证据中,能够证明聂树斌强奸杀害康菊花的证据就只有聂树斌的口供!其他那些证据的功能主要是证明死者的身份和死亡原因。例如,本案中的裙子、内裤、凉鞋、钥匙、自行车等物证及其辨认结论只能证明死者是康菊花,现场勘查笔录和法医检验报告只能证明康菊花是被强奸杀害的。那个短袖衬衣是可以连接作案人的物证,但是侦查人员也只能依赖聂树斌的口供来建立这种联系。聂树斌供认那件衬衣是他从一个收废品的三轮车上拿走的,但是侦查人员询问了一些收废品的人,都说没见过那件衬衣。

总之,这是一个典型的“依赖口供定罪”的案件,因此事实认定的正确与否就取决于口供是否真实。办案人员说,聂树斌的供述同现场勘查笔录和法医检验报告等证据高度吻合,互相印证,因此可以认定他就是凶手。但是,司法实践经验表明,口供与其他证据相吻合并不能保证口供的真实性,因为高度吻合也可能是“逼供和诱供”的结果。至于聂树斌案中有没有刑讯逼供,这是多年以后才引起人们关注的问题。

在这个案件中还有一个重要问题,一直未能引起人们的关注。作案人为什么要把被害人的裙子和内裤拿走藏起来?我们再看看那张现场方位图。被害人的衣服不是在强奸杀人的现场发现的,而是在西边这条小土路边的杂草堆里发现的。作案人为什么要把衣服藏到这里?这个问题困扰我很长时间,后来我终于找到了答案。这个问题,我在后面回答。

三、罪大恶极的逃犯

就在聂树斌被判死刑的 1995 年,河北省广平县也发生了一起强奸杀人案。9月初,广平县十里铺乡的女青年张某乙失踪,几天后其家人在该乡南寺郎固村东头的一个枯井内找到了尸体。警察接到报案后赶到该村,勘查现场之后确认张某乙被人强奸杀害。根据现场周边情况,侦查人员认为本地人作案的可能性很大,就对该村的青壮年男子进行排查,结果发现有一人去向不明。

此人名叫王书金,28岁,已婚,常年在石家庄打工,曾经因强奸幼女罪被判刑3年。经询问家人,得知其最近回来了,但是就在警察进村调查当天离去,应该是又去了石家庄。警方认为此人有重大嫌疑,就立即派人去石家庄,根据家人提供的线索,找到了王书金打工的地点,但是没有找到王书金。

与此同时,广平县公安局又接到报案:8月下旬的一天中午,十里铺乡闫小寨村的女青年贾某某在村外玉米地被人强奸。作案人曾试图把她掐死,但她拼命呼救反抗而逃脱。根据被害人的描述,侦查人员认为这个作案人也是王书金。

广平县公安局采取多种措施追查王书金,但是都没有效果,只好上报河北省公安厅,在网上通缉逃犯王书金。过了一年又一年,这个案件也就逐渐被人们淡忘了。

2005年春节前,河南省郑州市开展"创建平安郑州"活动,其重点之一就是加强对流动人口的管控。1月16日,荥阳市索河路派出所收到当地居民提供的一条线索:陈西砖厂有一个河北人,形迹很可疑。此人名叫"大王",来荥阳打工8年,与湖北女子马某某同居,有两个孩子,但是他逢年过节从不回家,碰到民警检查就躲避,有一次还跑进了玉米地。

第二天晚上,派出所民警来到"大王"家查户口。"大王"自称王永军,但是没有身份证也没办暂住证。警察把他带回派出所查问,发现"大王"报的姓名和地址都是假的,就怀疑他是个逃犯。于是,警察采用审讯策略,不断给"大王"施加心理压力。两个小时之后,"大王"终于崩溃了。他告诉派出所所长,自己的真名叫王书金,曾经在河北杀过人。民警上网查看,果然在河北省公安厅通缉的逃犯中找到了王书金的名字。

1月18日凌晨,广平县公安局副局长郑成月接到河南省索河路派出所的电话。对方说抓到一个网上通缉的逃犯,名叫王书金。郑成月记得这个名字,因为那是他担任刑警之后参与查办的第一起杀人案。他立即带领两名刑警,开车前往河南。当他们赶到索河路派出所时,王书金已经交代了强奸杀害张某乙的罪行。郑成月等人乘胜追击,挤清余罪,让王书金连续供认了四起强奸杀人案和一起强奸杀人未遂案。随后,郑成月等人把王书金带回广平县公安局。据说,王书金在路上一直睡觉,鼾声如雷。大概在过去 10 年,他一直提心吊胆,现如今都交代了,他也就踏踏实实地睡了一觉。

回到广平县之后,警方逐一核实了王书金供认的罪行。除了 1995 年的强奸杀害张某乙案和强奸贾某某案之外,1994 年 11 月强奸杀害刘某某案的尸体也找到了,得到证实,但是 1993 年强奸杀害张某甲案只找到部分白骨。不过,人们的注意力很快就转移到另外一个案件。

王书金供认,1994 年在石家庄西郊打工期间,他曾经在玉米地里强奸杀害了一个青年妇女。王书金供述了强奸杀人的作案过程、被害人的体貌特征和衣服鞋袜,以及现场的自行车和钥匙等物品,还供述了他埋藏被害人衣服的地点。

按照办案程序,郑成月带着王书金到石家庄去指认现场。虽然那一带已经发生变化,但王书金还是指认了孔寨村旁的玉米地是强奸杀人的现场。然后,郑成月到当地的公安机关告知有关情况,但是得到一个令他震惊的消息:那里确实在 1994 年 8 月发生一起强奸杀人案,但是该案早已判决,被告人也被执行了死刑! 于是,这个"一案两凶"的消息不胫而走,引起社会关注。

四、一案两凶的疑难

3 月 15 日,《河南商报》发表了轰动全国的报道:《一案两凶,谁是真凶?》值得一提的是,1995 年 3 月 15 日,石家庄中院一审判处聂树斌死刑。整整十年过去了,冥冥之中,似乎有某种力量造成了时间的巧合。3 月 24 日,《南方周末》发表了《"聂树斌冤杀案"悬而未决防"勾兑"　公众呼吁异地调查》一文。记者采访了很多当年涉案的人员,披露了一些案情细节。

2007 年 3 月 12 日,邯郸市中级法院一审判处王书金死刑。虽然王书金在审判中主动供述了强奸杀害康菊花的犯罪事实,但是检察官和法官都认为"与本案无关"。随后,王书金提出上诉,理由竟是公诉方没有指控其强奸杀害康菊花的罪行。7 月,河北省高级人民法院开庭审理王书金上诉案,但是没有作出裁定。

当时,我们正在进行"刑事错案的实证研究",就把聂树斌案作为一个研究样本——不是法律意义上的错案,而是事实意义上的错案。那几年,我在一些研讨会上谈过这个案件,在一些文章中也评论过这个案件。2012年,我给河北省检察院讲课期间,也和检察干部谈论过这个案件。检察院的一位领导对我说,他们认真复查了聂树斌案,当年的判决绝对没错,他们可以向我介绍具体情况。

2013年6月下旬,我接到河北省高院的电话,告诉我王书金上诉案即将在邯郸市中院开庭,邀请我去旁听审判。由于我在人民大学有教学任务,未能前去。不过,我关注了该案的审判情况。

6月25日和7月10日,河北省高院两次开庭审理王书金上诉案。在法庭上,控辩双方争论的焦点是王书金是否强奸杀害了康菊花。不过,双方的观点似乎有些错位:被告人坚持说自己就是凶手,但公诉人却坚持说被告人不是凶手。当然,一方是醉翁之意,一方是项庄舞剑。大家都知道,这次审判的要点不在于王书金是否有罪,而在于聂树斌是否有罪。

公诉方认为王书金不是凶手的主要理由有四个。第一,王书金没有供述用衬衣勒颈的杀人细节。第二,王书金供述的先掐脖子后跺胸,与尸检情况不符。第三,王书金供述的作案时间是中午,而康菊花被害是在下午。第四,王书金供述被害人的身高与自己差不多,那应该有1米70,但尸检确认的被害人身高是1米52。

针对公诉方给出的理由,辩护律师进行了反驳,主要观点是王书金作案多起,而且时间久远,记忆出现误差是可以理解的。这些记忆误差并不能否定王书金强奸杀害康菊花的事实。

9月27日,河北省高院作出二审判决:驳回上诉,维持原判,同时将依法报请最高人民法院核准王书金的死刑。对于王书金主动供述自己是石家庄西郊玉米地奸杀案的凶手,二审不予认定。

二审判决之后,我写过一些文章,就聂树斌和王书金案发表看法。我认为,这个案件中的主要证据就是口供。当年认定聂树斌有罪的主要证据是口供,现在认定王书金是否真凶的主要证据也是口供。那么,我们应该如何分析这两份口供的可信度呢?

首先,聂树斌的口供存在疑点。从抓捕聂树斌到其认罪,中间有5天的时间,但是诉讼卷中没有那5天的讯问笔录,而本应保存那些讯问笔录的侦查卷又去向不明。由此推断,侦查人员对聂树斌的讯问可能存在不合法之处。如果有刑讯逼供,那么聂树斌的供述就不能采信了。王书金的口供是自愿作出的,应该没有刑讯逼供的问题,因此其供述是比较可信的。有人怀疑王书金是为了活命而故意供出一个假案。我认为,这种可能性微乎其微。在逃亡10年之后突然被捕,王书金的心理防线崩溃了,于是连续供出了5起强奸杀人案。在这种情况下,他能为日后拖延死刑而供认一个假案吗?我认为不可能!王书金不是如此老谋深算之人,他也没有那么高的智商!

其次,如何看待王书金口供中的误差。王书金的供述是在案发11年之后,而且他还实施了另外4起类似的犯罪案件。在10年的逃亡生涯中,盘踞在他脑海中的大概主要是广平县那几个案件,因为那是警方通缉的案件。他大概认为石家庄的案件是不重要的,因为警方不会怀疑到他。于是,石家庄案的记忆就逐渐淡化,甚至被广平县那几起案件的记忆所覆盖。在这种情况下,他的供述中出现记忆的纠缠与错位,也就可以理解了。不过,这样解释王书金关于作案时间和被害人身高的记忆误差是可以的,但是用衬衣勒颈属于该案中特殊的杀人手段,作案人应该记得比较清楚。在这个问题上,我一开始也倾向于公诉方的观点,但是后来又研究了法医尸检报告,我认为该案并不能排除作案人用手掐脖子的行为。法医认定窒息死亡是有根据的,但是认定衬衣勒颈致死的根据不足,因为尸体已高度腐败,法医无法根据颈部皮肤上的痕迹判断是勒颈还是掐颈。因此,王书金供述有掐脖子的行为,也可能是真实的。

更为重要的是,王书金还供述了一个外人不知的隐秘证据。他说,他在被害人身上发现了一串钥匙,他觉得没有用,就没有拿,把钥匙放在被害人西边、自行车东边的地上,拿草盖住了。在康菊花案的现场确实有一串钥匙。这个细节没有公开,聂树斌的口供也没有提到,因此能够供出这个细节的人应该是真正的凶手。综合分析,我认为王书金的口供比聂树斌的口供更为可信。

总之,根据现有证据,既不能肯定聂树斌就是强奸杀害康菊花的凶手,也不能肯定王书金就是强奸杀害康菊花的凶手,但是王书金是真凶的可能性高于聂树斌是真凶的可能性。我们很难精确计算二者的概率,但是可以作出估算。由于王书金是真凶和聂树斌是真凶这两个事件具有互不相容的关系,二者的概率具有互补关系。如果说王书金是真凶的概率为70%~

80%,那么聂树斌是凶手的概率就是20%~30%。

在我国刑事诉讼中,认定被告人有罪的证明标准是"案件事实清楚,证据确实充分",而且要排除合理怀疑。如果用概率表述,那就应该在90%以上。按照"疑罪从无"的无罪推定原则,只要被告人有罪的概率低于90%,法院就应该判被告人无罪。在本案中,王书金是真凶的概率仅为70%~80%,那么二审法院判王书金"无罪",就是无可厚非的。不过,接下来的问题是:聂树斌案怎么办?既然王书金那70%~80%的概率都不足以认定有罪,那么聂树斌这20%~30%的概率就更不能认定有罪了。不过,此事说起来容易,做起来难。

五、错案复查与再审改判

2013年,王书金案二审判决之后,我曾经在一些会议上建议最高法院就聂树斌案启动再审,并且建议最高法院以聂树斌案为契机,推进错案复查制度的改良。我们可以借鉴英国的刑事案件复查委员会,改变错案申诉"自查自案"的做法,推行"异地复查",而且可以邀请社会人士参与复查,举行公开的听证会。

2014年12月12日,最高人民法院宣布,根据河北省高级人民法院申请和有关法律规定的精神,决定将河北省高级人民法院终审的聂树斌故意杀人、强奸妇女一案指令山东省高级人民法院进行复查。

2015年4月28日,山东省高院就聂树斌案举行听证会,邀请了15位各界代表,包括5为法学专家,听取申诉人及其代理律师和原办案单位代表的意见。一时间,聂案复查听证会成为社会关注的焦点。在此之前,最高法有关部门的领导曾打电话给我,告诉我听证会的事情,并邀请我作为专家接受央视"新闻1+1"的采访,就听证会进行点评,但是该节目最后因故取消。

我认为,山东高院举行的这次听证会对于错案复查制度改革来说具有积极意义,而且听证设计也体现了公正的要求,例如,对听证结果不预设答案,在挑选听证人时尽量保证客观公正,在听证时让申诉方和原办案方充分陈述意见等。

山东高院对聂树斌案的复查经过四次报请最高法批准,延期到2016年

6月才作出提交再审的决定。6月6日,最高法决定依法提审聂树斌案,按照审判监督程序重新审判。8日,山东省高级人民法院向聂树斌的母亲张焕枝送达了再审决定书。

11月25日,聂树斌故意杀人、强奸妇女案再审合议庭在最高人民法院第二巡回法庭第一法庭听取了申诉人张焕枝及其代理律师意见。

12月2日,最高人民法院第二巡回法庭公布再审结果,宣告聂树斌无罪。这也有一个小插曲。最高法和央视原本决定现场直播,而且邀请我去做点评专家,后来因故取消,改为新闻频道录播,包括对我的专访。

聂树斌案以"疑罪从无"的方式画上了句号,但是还有一些需要处理的后事,包括聂树斌家人的国家赔偿和王书金的死刑复核。前者比较好办,后者不太好办。

2017年3月30日,聂树斌的家人获得河北省高级法院支付的国家赔偿款268万元。

王书金怎么办?杀还是不杀?这确实是一个两难的问题。杀了吧,大家都知道聂树斌案的改判中有他一份功劳。不杀吧,他确属罪大恶极,而且法院并没有认定他是康菊花案的真凶。另外,死刑复核一般只需要几个月的时间,王书金的死刑已经复核了好几年,怎么向社会公众交代?

后来,法院找到了一个解决办法。当年判处王书金死刑的时候,法院只认定了强奸杀害张某乙案、强奸杀害刘某某案和强奸贾某某案,没有认定强奸杀害张某甲案,因为尸骨鉴定未能确定死者身份。当年未能认定这个案件,对于判处王书金死刑没有太大影响,现如今却给出了一个重新审判王书金的正当理由。

2020年11月9日,最高法院宣布:因为原审判决中没有查清王书金强奸杀害张某甲的犯罪事实,所以不核准王书金的死刑,将该案发回重审。

11月24日,河北省邯郸市中级法院重新审理后再次判处王书金死刑。

12月22日,河北省高级法院二审裁定,维持一审法院的死刑判决。

2021年2月2日,经最高法院核准并下达执行死刑命令,河北省邯郸市中级法院对王书金执行了死刑。执行死刑前,法院依法通知王书金的近亲属会见,但是其近亲属拒绝会见临死的王书金。

六、心理特征与事实真相

聂树斌-王书金案已经被司法机关画上了句号。但是,法院在改判聂树斌无罪时并没有肯定说他不是强奸杀害康菊花的凶手,在判处王书金死刑时也没有认定王书金是康菊花案的真凶。那么,究竟谁是真凶? 这个案件的真相究竟是什么?

从法律的角度来看,这两个判决都是合理合法的。根据现有证据,法院既不能肯定聂树斌是强奸杀害康菊花的凶手,也不能肯定王书金是强奸杀害康菊花的凶手,因此,法院改判聂树斌无罪是"疑罪从无",法院不认定王书金是强奸杀害康菊花的凶手也是"疑罪从无"。但是,这两个判决却无法满足人们对查明真相的追求。

康菊花案确实是疑难案件。在强奸类案件中,在被害人下体提取的精斑是查证罪犯的重要证据。但是在本案中,大概是因为尸体被发现时已经高度腐败,所以现场勘查人员未能提取到被害人的下体体液,导致这一重要证据的缺失。如前所述,这个案件中能够把被告人和强奸杀人行为联系起来的证据只有口供,对聂树斌来说如此,对王书金来说亦然。于是,证据短缺就导致案件事实的模糊,而法院判决也只能停留在没有查明真相的事实认定。

不过,我认为这个案件中还有能帮助我们查明真相的证据,而且是被办案人员忽视的证据。

根据案卷材料,被害人的裙子和内衣是在距离强奸杀人现场一百多米的小土路边的杂草堆里发现的。这些衣裙应该不是作案人随手丢弃的,而是有意藏匿的。那么,作案人为什么要把被害人的裙子和内裤拿走并藏在草堆里? 我认为,作案人想要那些衣物。他要等现场勘查结束之后,或者说此事过去之后,再来取走连衣裙和内裤。对他来说,那个女人的衣物是有用的,因为他有恋物癖。

毫无疑问,王书金是个十恶不赦、死有余辜的坏人。但是,他天生就是这么坏的人吗? 我认为,他走上犯罪的道路,既有先天的因素,更有后天的因素。王书金出生在一个缺少亲情温暖的大家庭。他有一个哥哥、三个姐姐和两个妹妹。父母为生活疲惫不堪,没有精力管他。他只上了两年小学。

他没有同学,没有朋友,不爱与人交谈,经常到田野中闲逛。村里人说,王书金总是低着头走路,而且爱走小路,遇见村里人也不打招呼。另外,王书金经常挨打,父亲打他,哥哥也打他。哥哥打得很厉害,有时是"往死里打"。

王书金的智商不高,但是男性荷尔蒙(雄性激素)的指数应该高于常人,因此他的身体强壮,性欲强盛,行为具有攻击性,有时还会失控。1982年,14岁的王书金因强奸幼女而被法院判处有期徒刑3年,到唐山少管所服刑。另外,村民都知道王书金有偷拿女人内衣的坏毛病。邻居家一个刚过门的媳妇,洗了内衣晾在外面,就都被他偷走了。

从少管所回到村里,王书金更加孤单。村里人原本就对他没有好感,此时就都避而远之。他没有文化,但是身强体壮,力气很大,就只能干一些粗话,例如在砖窑和泥、脱坯。像他这样的人,很难娶到媳妇,父母也很着急。

1990年,王书金的父母找到了"三村转婚"的办法。王书金的三姐嫁到盐池村,盐池村的姑娘嫁到南小留村,南小留村的姑娘嫁给王书金。这个换来的媳妇对王书金非常排斥,她经常回娘家,不做家务,也不愿意过夫妻生活。这对王书金走上犯罪道路也有一定影响。

1993年11月29日,王书金在村外看到单独外出的本村某家的媳妇张某甲,就产生了一种"难以抑制的冲动"。他后来说,当时"脑子一片空白,什么也顾不了",就强奸了张某甲。事后,他想到强奸幼女曾被判刑,就决定杀人灭口,并将尸体掩埋。那是他第一次强奸杀人,因为罪行没有被人发现,所以他的犯罪心理又得到了强化,使他形成了胆大、残忍、凶狠、变态的心理特征,而这也为我们认定康菊花案的真凶提供了依据。

在犯罪侦查中,我们可以利用作案人在实施犯罪过程中表现出来的心理特征,包括个人的兴趣、能力、气质、性格等,对作案人进行心理"画像",用于确定侦查方向和审查犯罪嫌疑人。另外,犯罪分子在作案时很难用意志力改变自身的生理和心理定型,因此在重复作案时就会不由自主地沿袭作案习惯,并且形成比较稳定的作案手法。

在康菊花案中,如果我们给作案人心理画像,那么这个人应该具有胆大、残忍、凶狠等心理特征,而且还有性变态。我在前面提出了一个问题,作案人为什么要把康菊花的连衣裙和内裤拿走,藏到距离现场挺远的杂草堆里?这不是为了阻碍侦查或转移侦查视线,而是为了自己用。作案人要等侦查结束之后再来取走被害人的连衣裙和内裤,因为他是性变态,他有恋物癖。

　　根据这个心理画像，我们就可以对两个嫌疑人作出判断。聂树斌显然不是这样的人，而王书金正是具有这些心理特征的人。我在前面讲过，同村的人都知道王书金有偷拿女人内衣的坏毛病。1995 年，侦查人员在发现张某乙尸体的枯井里还发现了几件女人内衣，当时还以为另有被害人。抓到王书金之后，警察问到此事，王书金承认自己有用女人内衣满足性欲的毛病，因此他经常偷拿女人的内衣带在身上。在康菊花案中，王书金就在强奸杀人后拿走了被害人的连衣裙和内裤。另外，在康菊花尸体上发现的那件短袖女衬衣，应该也是王书金偷拿并带在身上的。

　　根据以上分析，我推断王书金就是强奸杀害康菊花的真凶。当然，这只是我的个人观点，没有法律效力，并不能改变法院判决所认定的事实。如果我的分析和推理能够帮助同学们认知本案的真相，有助于同学们理解司法证明认识论的事实观和真实观，那么我的讲课目的也就达到了。

　　各位同学，这一讲的思考题是：如何完善我国的错案复查制度？

何老师留的
思考题

学生对谈

余论:刑事司法的发展趋向

各位同学,我在这门课中通过许多案例,讲述了中国的刑事司法在过去40年所走过的道路,所取得的进步。在这最后一课,我想从司法理念出发,谈谈刑事司法的愿景,就算是对这门课的总结。

2007年10月,党的十七大报告提出社会主义法治理念与和谐发展观。2011年10月,党中央又提出要树立理性、平和、文明、规范的司法理念。时任最高人民检察院副检察长的孙谦同志指出:"司法理念,是影响司法品质最关键的因素,是司法的真正指引者和司法价值目标的决定者。它是否科学与正确,决定了司法是先进还是落后。'社会主义法治理念',解决的是政治原则和方向的问题,而党中央关于'理性、平和、文明、规范'司法理念的提出,则意味着中国共产党由革命党到执政党在认识司法、领导司法方面实现的重大转变,这与科学发展观、构建社会主义和谐社会理论是一脉相承的。"①

理性、平和、文明、规范既是刑事司法理念,也是刑事司法的方式和样态,体现在具体的刑事司法活动之中。而且,这些司法理念有着深厚的中国传统文化的底蕴。中共中央的倡导,既是对历史经验的总结,也是对未来发展的指引。下面,我就从这四个方面谈谈刑事司法的发展趋向。

---

① 孙谦:《平和:司法理念与境界——关于法治、检察相关问题的探讨》,北京,中国检察出版社,2010年,第1页。

一、理性司法的发展趋向

理性是人类的思维状态和行为方式,包含了道理与合理等含义。作为与感性并列的语词,理性是人类认识活动的高级形态。人的感性认识经过思维加工,上升为符合道理的认识,就是理性认识。人在正常的思维状态下采取的有目的的行为,就是理性的行为。刑事司法是人类为打击犯罪而采取的组织行为,应该属于理性行为的范畴。

刑事司法的基本功能是在具体案件中认定事实和适用法律,而且以事实认定为首要任务。诚然,刑事司法人员在适用法律时也需要理性,例如,给被告人定罪量刑时要以"法理"为本,要符合司法公正的道理,不能受情感情绪等案外因素的影响,判刑不能畸轻畸重。但是,刑事司法的理性主要体现在案件事实的认定过程之中。案件事实都是发生在过去的,刑事司法人员只能通过各种证据去认定案件事实,因此就必须认识这些证据的形成规律,就必须掌握司法证明的道理。这就是理性司法的基本要求。

在人类的认识能力不够发达的历史时期,司法人员未能充分了解事物之理,也未能掌握认识之理,于是就采取了一些非理性的认知方式,譬如神明裁判。随着人类认识能力的提高,神明裁判的合理性受到质疑,神明裁判的权威性受到挑战。于是,人类就从神的手中收回司法裁判权,运用自己的理性去认定事实,即通过各种证据去认知发生在过去的案件事实。在这一进程中,以认识论为主的哲学思想发挥了重要的指引作用。

中国古代的思想家提出许多博大精深的哲学理念和知识理论。宋朝思想家程颢和程颐就创建了以"理"为中心概念的哲学知识体系。他们认为,万物皆有理。理是万物存在和发展的根据。程颐说:"天下物皆可以理照,有物必有则,一物须有一理。"(《二程遗书》卷十八)关于事物与理的关系,程氏兄弟提出了"事理一致"的观点。他们认为:"至显者莫如事,至微者莫如理,而事理一致,显微一源。"(《二程遗书》卷二十五)

事物各有其理,人类认知事物也有道理,即万事万物的认知规律。这是理性认识的必由之路。宋代理学家朱熹就从认识论的角度讲解理的认知,并且发扬了"格物致知"理论。孔子在讲解道德修养时提出"致知在格物"和"物格而后知至"的观点。(《礼记·大学》)朱熹对此补充说明,把道德修养的认知扩展到对自然事理的探求。朱熹说:"所谓致知在格物者,言欲致吾之知,在即物穷其理也。盖人心之灵莫不有知,而天下之物莫不有理,惟于理有未穷,故其知有不尽也。"他还主张"知先行重"。道德实践需要伦理指导,因此"知为先";伦理不能流于空谈,因此"行为重"。(《四书章句集注》)

朱熹的"格物致知"和"知先行重"理论对刑事司法具有指导意义。我在第一讲中介绍了"大宋提刑官"宋慈,把他的办案思想概括为"科学司法观",主要内容包括:重证据、重调查、重检验,科学断案,预防错判。我认为,宋慈是中国理性司法的先驱者。

在刑事司法活动中,司法者既要了解案件事实发生之理,也要了解各种证据生成之理,还要掌握通过证据认知案件事实之理。总之,司法行为应该合理,司法人员应该讲理,司法裁判应该说理,而且这些理都应该以证据为基础。从这个意义上讲,理性司法的要旨就是证据为本的合理裁判。

刑事司法应该是理性的,但是应然并非必然或实然。即使在神明裁判退出历史舞台之后,刑事司法在某些社会因素的影响下,也会呈现出不理性的样态。例如,激烈的政治斗争可以干扰司法的理性,狂热的民众情绪可以影响司法的理性。司法理性并非固态的有无两级,而是经常表现为由弱到强的层级样态。

在过去半个多世纪,中国的刑事司法走过了不无曲折的发展道路,也不无反复地提升了司法理性。总结经验,我国理性司法的进路主要有二:其一是刑事司法主体的专业化;其二是司法证明方法的科学化。

刑事司法朝向理性的发展要求人才的专业化。一方面,法律制度的完善提升了刑事司法工作的要求和标准,或者说提升了"刑事法理",因此只有专业人员才能把握司法理性。另一方面,犯罪活动的复杂化和多样化也增加了刑事司法的难度,或者说升级了"犯罪事理",因此也只有专业人员才能保证办案质量。

刑事案件发生在社会之中,普通人也可以根据自己的经验和常识作出判断,特别是在以人证为主的司法证明中。但是在以物证为主的司法证明中,证据评断和事实认定就需要专门的知识和技能,普通人就难以胜任。总之,刑事司法人员的专业化是理性司法的进步之路。

司法证明方法是有关人员在司法活动中运用证据去查明、论证、认定案件事实的方法。从历史的角度来看,科学化是司法证明方法的大趋势,也是理性司法发展的大趋势。如果说科学技术在以人证为主的司法证明中的作用还不太显著,那么在以物证为主的司法证明中的作用就至关重要了。一般来说,物证并不能自己到法庭上去证明案件事实,必须由人解读,而解读物证就需要一定的科学技术。19 世纪是物证技术发展的起步时期,主要表现在法医学的兴起和人身识别技术的进步。20 世纪是物证技术不断扩张的时期,笔迹鉴定、指纹鉴定、足迹鉴定、牙痕鉴定、声纹鉴定、唇纹鉴定等技术不断扩充司法证明的"工具库",而 DNA 遗传基因鉴定技术则带来了司法证明方法的飞跃。21 世纪伊始,现代信息技术的发展促进了司法证明方法的升级,主要表现为电子证据的使用。近年来,互联网、大数据、区块链等新兴科技又为电子证据增添了新的内容,也为司法证明提供了新的手段。综上,从人证理性到物证理性再到电证理性,记述了理性司法的进步之路。我在第九讲和第十一讲中介绍了中国在这方面的进程。

二、平和司法的发展趋向

"平和"一词包含了公平、平等、温和、和谐等含义。它可以描写人的心态,也可以描写事物的样态。平和司法的内涵有二:其一是公平与平等;其二是温和与和谐。用孙谦同志的话说,"平和司法,以一种平和的心态和情绪,平等地对待和保护社会的每一个组织和成员,保持司法的稳定性和连续性。平和司法观体现的是司法者理性、客观、审慎、平静的特质,体现的是司法机关把公平、公正作为根本的价值目标"①。

在中国,平和司法有深厚的文化底蕴,体现了儒家学说的"致中和"思想。孔子曰:"中也者,天下之大本也;和也者,天下之达道也;致中和,天地位焉,万物育焉。"(《礼记·中庸》)孔子还对"中庸之道"作出解释,"不偏之为中,不易之为庸;中者,天下之正道,庸者,天下之定理。"(《礼记·中庸》)受群众运动和大众文化的影响,一些人以为"中庸"的含义就是中立与平庸,甚至是无能力和无作为的托词。这是肤浅的误解。其实,中庸之道的基本含义是不偏不易、中正平和。

"致中和"是儒家思想的重要组成部分,代表了中华传统文化的价值观

① 孙谦:《平和:司法理念与境界——关于法治、检察相关问题的探讨》,北京,中国检察出版社,2010 年,第 1 页。

和理想观。中国的传统文化强调包容与和谐。孔子说:"礼之用,和为贵。"(《礼记·中庸》)老子说:"圣人法天顺地,贵在守和。"(《老子》)正因为数千年来中国人对"和为贵"思想的认同和追求,才形成了仁爱温良、平和宽容的民族品格,形成了求同存异、崇尚和谐的社会传统。

中华传统文化所主张的"和",并不否认差异与矛盾,因为"和"并不是简单的相同,而是在承认事物差异基础上的聚合与兼容。正所谓,和而不同,不同乃和。因此,"致中和"的主张不仅适用于处理社会中"好人"之间的关系,也适用于处理社会中"好人"与"坏人"之间的关系,包括刑事司法机关对待犯罪与罪犯的态度。这就是平和司法的精神内核。

作为社会功能系统,刑事司法应该具有平和的品质和样态。孙谦同志说:"理性、平和、文明、规范四者是有机联系的整体,但在这个整体中,平和是基础,是理性、文明、规范之前提,它更具人文精神,它是司法者最清晰、最智慧,不偏颇、不偏私,最平静、最周全,严有度、宽有据地判断、思维和做出决定的状态,它是司法这门'公正与善良'艺术的境界。"①然而,这样的境界并非自然天成,某些国家或某些时代的刑事司法就缺乏这样的品质,表现为非常激烈或极端严苛的司法样态。

毋庸讳言,中国的刑事司法在一段时期内也缺少平和的品质,例如在20世纪80年代的"严打"运动。这种模仿军事斗争的运动执法在短期内可以取得比较明显的打击犯罪的效果。但运动是有时限的,很难取得长效。运动过后,公检法人员会松懈,犯罪则会出现反弹。更为重要的是,运动执法还会危害法律权威,破坏国家法制。在总结经验教训的基础上,我国的刑事司法开始从运动执法转向常规司法,强调公检法机关都要"依法办案"。刑事司法是维护国家法制的活动,但是维护国家法制的活动也要遵守法律规范。强调依法办案就是朝向平和司法的进步。我在第十讲中介绍了相关的内容。

平和司法不仅要以依法办案为常态,而且要努力走向和谐。和谐是人类社会的崇高目标。其实,万事万物的发展都有走向和谐的内需,因为一旦失去和谐,事物就会进入不良状态,甚至会走向灭亡。这里所说的"和谐",既包括个体自身的和谐,也包括个体与外界的和谐。刑事司法是人类社会

---

① 孙谦:《平和:司法理念与境界——关于法治、检察相关问题的探讨》,北京,中国检察出版社,2010年,序言第1页。

的组成部分,当然也要遵循和谐发展规律。

刑事司法系统在发展过程中要实现内部的和谐,因为只有自身运转和谐,才能完成预定的功能,才能保持较高的效率。这里所说的"内部和谐"既包括刑事司法不同环节之间的和谐,也包括刑事司法不同子系统之间的和谐。

刑事司法功能的实现需要通过立法和施法两个环节来完成,因此就需要这两个环节的协调发展。如果相关的立法落后于施法,就会出现无法可依的状况。如果相关的施法落后于立法,则会出现有法不依的状况。无论出现哪一种状况,刑事司法系统都不能维持良好的运转。

刑事司法系统由刑事调查机关、刑事检察机关、刑事审判机关、刑事执行机关等子系统组成。这些子系统既承担各自的职能,又共同承担实现刑事司法总体任务的职能。如果这些子系统之间的关系不和谐,其功能的实现就会有障碍,整个系统的运转也会有问题。只有当这些子系统之间的关系维持和谐的状态,整个系统的运转才会顺畅并保持较高的效率。

刑事司法系统的和谐发展可以通过主动的自我调整来实现,也可以在外部因素的促动下通过被动的调整来实现。由于前一种调整方式的效率较高且成本较低,所以很多国家的刑事司法系统都会不断地通过主动的改革来实现自身的完善。总之,和谐是刑事司法的发展需求,也是平和司法的价值目标。

刑事司法系统总是在一定的社会环境中运转的,因此,其与外部环境的和谐也是至关重要的。这种和谐关系是双向互动的。一方面,不同国家的刑事司法系统所处的社会环境不同。刑事司法系统要在良性运转的状态下实现自身的功能,就必须适应所在国家的社会环境,包括历史传统、政治制度、道德观念、民俗文化等。如果刑事司法系统与所在国家的社会环境不和谐,就无法发挥预期的功能。另一方面,刑事司法系统在自身走向和谐并与社会保持和谐的同时,也在为社会的和谐发挥保障乃至推进的作用。实际上,刑事司法系统的基本功能之一就是维护社会秩序和公共安全,而这就是在保障社会的和谐。

三、文明司法的发展趋向

"文明"是一个通俗的语词,却是一个深奥的概念。人们都可使用它,但未必都能解释它。在汉语中,"文明"一词最早见于《易经》,即"见龙在田,天下文明",(《易·乾·文言》)其意为文化昌明。后来,国人用"文明"一词对应西文的 civilization,其词义就包含了符合西方文化标准和精神追求的社会生活样态。现在,"文明"一般指比较高级的社会形态或比较高尚的人类行为。作为形容词,文明的对应词是野蛮。

人类是从动物进化而来的,因此在人类的基因里就带有动物的野蛮性,如喜爱暴力、残杀、虐待异类乃至同类。然而,人类在达致丰衣足食的群体生活之后,便开始追求更高层次的生活方式和行为模式,于是,文明就成为一种时尚。虽然在不同的国家或地区,人类对文明的追求呈现不同的态势,虽然在一些历史时期,人类的文明进程出现过停滞甚至倒退的现象,但是就总体发展趋势而言,人类一直在从野蛮走向文明。

文明的表征之一是尊重礼仪。据说,civilization 一词最初的含义就是指文雅、有教养、举止得当、具有美德的社会群体。在中国古代,"礼"是重要的社会行为规范。从祭祀礼仪到言行礼貌,都要社会成员遵守。孔子说:"博我以文,约我以礼。"(《论语·子罕》)晏子说:"凡人之所以贵于禽兽者,以有礼也。故《诗》曰:'人而无礼,胡不遄死。'礼,不可无也。"(《晏子春秋·谏上二》)后来,"礼"成为社会行为规则和道德规范的总称,在政治、文化和社会生活中占有重要地位,因此隋唐以后的王朝一般都设有"礼部",作为中央行政机构的六部之一。违反礼仪规范的行为就是不文明的行为。

作为人类社会的高级样态,文明应该以仁为本,以善为怀。在中国的传统文化中,"仁"是一个非常重要的概念。孔子从做人的角度阐述了"仁"的含义。他说:"夫仁者,己欲立而立人,己欲达而达人。"(《论语·雍也》)他在回答弟子提问时又说:"仲弓问仁。子曰:'出门如见大宾,使民如承大祭。己所不欲,勿施于人。在邦无怨,在家无怨。'"(《论语·颜渊》)

孟子继承了孔子的思想并发扬光大。他从做人之"仁"出发,提出了"仁政"的主张,包括思想、政治、经济、文化等方面的纲领。他说:"当今之时,万乘之国,行仁政,民之悦之,如解倒悬也。"(《孟子·公孙丑上》)他又说:"王如施仁政于民,省刑罚,薄税敛,深耕易耨,壮者以暇日,修其孝悌忠信,入以事其父兄,出以事其长上。"(《孟子·梁惠王上》)"仁政"的基本精神是对民众的仁爱,是要善待民众。正所谓,上善若水,大爱无疆。这种仁政与善治的主张,是对苛政与恶治的否定。值得一提的是,孟子还提出了"省刑罚"的主张,而这正是文明司法的价值取向。

我在第一讲中说过,汉朝初期的统治者总结秦朝灭亡的教训,提出了"省刑除苛"的主张。西汉司法官路温舒就给皇帝写了一篇奏章,即著名的《尚德缓刑书》。路温舒在文中提出了司法改革的建议。他希望朝廷改变重刑罚、重刑狱的政策,主张"尚德缓刑"。他认为刑讯逼供的结果往往是无辜者含冤受罚,即所谓"捶楚之下,何求而不得"。他建议皇帝实行德政,放宽刑罚,废除刑讯。这代表了中国古代的刑事司法朝向文明的进步。

然而,司法文明的进步并非一往直前。在过去两千多年,中国的刑事司法经历多次前进与倒退的交替与重复。不过,野蛮的再现并不能改变文明的大趋势,因为走向文明是人类社会发展的必然。通过经验与教训的积累,人类不断探索刑事司法的文明之路,而其精神内核就应该是"仁"与"善"。

从社会分工的角度看,刑事司法系统的基本功能就是打击犯罪,因此,世界各国在相当长的历史时期内都把打击犯罪作为刑事司法的价值定位。然而,随着人类文明的进步,保护人权的观念越来越受到重视,并作为区分野蛮司法与文明司法的标准。在刑事司法中,这主要表现在两个方面:其一是侦查方法的文明化,重点是刑讯逼供问题;其二是刑罚方法的文明化,重点是死刑适用问题。在过去40年,中国的刑事司法在这两方面都取得了明显的进步。我在第十五讲和第二十三讲中介绍了相关的内容。

尊重和保障人权是人类社会文明进步的标志,也是刑事司法文明进步的标志。21世纪以来,我国越来越重视保障人权的问题。2004年修订的《宪法》第33条规定"国家尊重和保障人权"。2012年修订的《刑事诉讼法》第2条明确把"尊重和保障人权"规定为刑事诉讼法的任务之一。这些法律规定体现了中国刑事司法朝向文明的进步。

在刑事司法活动中,人权保护的重点是犯罪嫌疑人和被告人,因为他们是刑事司法的打击对象,其人权容易成为打击犯罪的牺牲品。有人认为,罪犯是邪恶的坏人,刑事司法不应保护坏人。这种观点值得商榷。司法文明是社会的文明,不是犯罪的文明;是好人的文明,不是坏人的文明。因此,刑事司法在打击犯罪的时候也要文明,也要尊重并保障"坏人"的权利。正如孙谦同志所言,"任何犯罪,不管多么恶劣和引起多么大的民愤,犯罪人有几项权利都不应当因此而丧失:辩解的权利,人格不受侮辱的权利,得到正当程序的调查、检控和公正审判的权利"。①

在展望文明司法的愿景时,我们不能回避死刑存废的问题。毫无疑问,中国现在还不能废除死刑,但我们应该通过讨论,让越来越多的人认识到死刑并非天经地义。废除死刑不能一蹴而就,而要循序渐进。我们可以从公布死刑数字做起。我以为,把死刑数字当作"国家机密"是不合适的。我国的死刑都是依法公开判处和执行的,都是正大光明的。死刑数字的公开既不会给司法机关抹黑,也不会引起社会动乱。正相反,公开死刑数字可以体现司法机关对公民知情权的尊重,也可以彰显我国政府直面死刑问题和推进司法文明的决心。然后,我们要进一步减少死刑罪名,逐步将适用死刑的犯罪缩减到纯粹的"杀人偿命"。再后,我们进一步减少执行死刑的数量,逐步从少杀慎杀到实际上不杀,即在事实上废除死刑。最后,经过若干年的民众适应期,法律再明令废除死刑。废除死刑并不是一个孤立的社会变化,而是社会文明进步的标志,也是司法文明的标志。

四、规范司法的发展趋向

所谓规范司法,就是说,刑事司法活动应该遵守统一的规则和范式,不能随意乱为,更不能恣意妄为。规范化是人类社会生活专业化发展的要求和结果,而行使国家管理职能的政府官员必须率先垂范,包括刑事司法人员。更为重要的是,规范司法也是建设法治国家的要求。

中国传统的国家治理文化以人治为主流,但是也有法治的思想。早在两千多年前的春秋战国时期,法家代表人物商鞅就提出了"法治"的主张。他强调"任法而治","法令者民之命也,为治之本也,所以备民也"。他认为法治有三个要素,即"法、信、权"。"法"是判断是非的标准,因此要"立法明分"。"信"是百姓对法律的信念,因此要"信赏必罚"。"权"即君权,只有"秉权而立",才能"垂法而治"。(《商君书·定分》)

韩非子是战国时期法家思想的集大成者。他强调"奉法",就是要让国民养成遵奉法律的行为习惯。他说:"国无常强,无常弱;奉法者强则国强,奉法者弱则国弱。"(《韩非子·有度》)在一个国家里,如果遵奉法律的人能

---

① 孙谦:《平和:司法理念与境界——关于法治、检察相关问题的探讨》,北京,中国检察出版社,2010年,序言第5页。

够成为强势群体,那国家就能保持强大;如果遵奉法律的人属于弱势群体,那国家就不能保持强大。而要做到奉法者强,就需要司法者遵奉法律。

法治的基本目标是以法的精神为基础,建立稳定且良性运转的社会秩序。法治的基本内涵包括两个重心和一个基本点。所谓"两个重心",就是立法和施法。所谓"一个基本点",就是治官限权。从这个意义上讲,法治所要治理的主要对象是官而非民,法治所要限制的主要对象是权力而非权利。刑事司法属于国家权力,必须依法行使。

20 世纪 80 年代,我国的刑事司法是极不规范的。一方面,相关的法律规定还不健全,存在许多漏洞和缺陷,刑事司法活动具有很大的自由度和随意性。另一方面,刑事司法人员还没有养成依法办案的行为习惯,在侦查、起诉和审判过程中就以各种理由违反法律规定,或者钻法律的"空子"。于是,各种各样的不规范行为就时有所见,甚至成为"常态"。例如,在 1983 年至 1985 年的"严打"期间,随意抓人、暴力取证、公审公判、滥用重刑等违反法律规定的作法就屡见不鲜。在总结教训的基础上,我国的刑事司法开始走向规范,一方面是完善相关的法律制度,另一方面是不断地强调依法办案。在过去 40 年,我国刑事司法的规范化水平有了持续的提升,其中表现最为突出的就是侦查讯问的规范化和强制措施的规范化。我在第十四讲和第十七讲中介绍过相关的内容。

刑事司法活动必须严格遵守法律的有关规定,特别是程序性规定。"依法办案"的要旨就在于依照法定的程序办案。面向未来,刑事司法人员必须加强程序意识,必须养成遵守程序规范的行为习惯。换句话说,规范司法的首要任务就是刑事司法人员的行为规范化。

刑事司法活动由具体办理案件的侦查人员、检察人员、审判人员等的职业行为所构成。由于人的素质和性格是各不相同的,知识和经验是参差不齐的,如果没有统一的行为规范,刑事司法工作的质量就很难保证,甚至会出现滥用职权、恣意妄为等现象。随着社会的发展和法制的完善,从事犯罪侦查、刑事检控和刑事审判等工作的刑事司法人员都要有具体明确的职业行为准则,而且要建立有效的保障机制。

刑事司法的规范化以具体明确的法律规范为基础,以司法人员的认真执行为保障。为此,刑事司法人员需要养成依法办案的职业行为习惯,而这也是法治的基本要求。

2014年,中共十八届四中全会明确提出要建设社会主义法治国家。有人说,要实现法治,就要让法治成为人们的信仰。我以为,法治可以成为一种信仰,但不是大众的信仰,而是小众的信仰,其信众应包括法官、检察官、律师和法学教师。如果我国的刑事司法人员都能以法治为职业信仰,那么刑事司法的规范化就容易实现,而社会主义法治国家也就不再遥远!

中共中央提出理性、平和、文明、规范的司法理念,既是经验的总结,也是工作的向导。在过去40年,我国的刑事司法在这四个方面都取得了一定的成就,但是仍然存在不少问题。在司法实践中,不理性、不平和、不文明、不规范的行为或现象依然时有所见。因此,我们今天仍有认真研究并努力践行的必要。

理性、平和、文明、规范是刑事司法的发展趋向,但并不是终极目标。刑事司法的终极目标是公正,就是要在具体案件的事实认定和法律适用中体现公平正义的精神,或者说,维护社会的公平正义。诚然,理性司法、平和司法、文明司法、规范司法都有自身的价值追求,但这些价值追求归根结底还要服务于司法公正。一言以蔽之,公正是刑事司法的精神皈依。

结　束　语

在这门课程结束的时候,我想借用信息技术的说法来概括刑事司法的历史进程。在古代社会,刑事司法的主要依据是人证,这是 1.0 版的刑事司法。在近代社会,科学技术的进步使许多物证成为司法裁判的依据,这是 2.0 版的刑事司法。在现代社会,计算机、互联网、大数据、区块链等科学技术为刑事司法提供了各种各样的电子证据,刑事司法就进入了 3.0 时代。展望未来,人工智能有可能把刑事司法提升到 4.0 版。

在大数据和大模型等科学技术的推动下,人工智能以不可阻挡之势走进人类社会,介入并影响我们的工作和生活。人工智能具有高速的数据收集和分析能力,可以为刑事司法提供助力。一方面,人工智能可以为刑事司法提供许多便利,例如提高犯罪信息分析、电子数据评断、法律条文适用、司法文书制作的效率。另一方面,人工智能可以提升程序规则和证据规则的标准化,从而提高案件处理的客观性和司法判决的权威性。

人工智能的魅力是难以抗拒的,许多刑事司法机关就“八仙过海各显其能”,开始探索利用的路径。正如熊秋红教授所言:“进入 21 世纪之后,各种自动化和人工智能技术在刑事司法中的应用更为深入。从目前的情况来看,人工智能在刑事司法中的应用主要集中在犯罪预测、犯罪侦查、审前羁押与保释、量刑、假释与罪犯矫正等领域。与其他国家和地区相比,我国人工智能的应用更为广泛,除了上述领域之外,还包括证据的审查判断、法律文书的生成、检察机关的诉讼监督等领域。"①

2017年,上海市法院系统研发了"刑事案件智能辅助办案系统",通过将证据标准数据化并嵌入公、检、法机关办案系统的做法,实现证据标准指引、单个证据的合法性检验、多个证据的矛盾审查等功能。然而,这些标准是否科学合理,其应用是否会侵蚀法官的自由裁量权乃至法庭审判的中心地位,都需要认真研究并经实践检验。对此,一些法律学者已经从不同角度进行了探讨。②

同年,杭州市成立了我国第一个互联网法院。次年,北京市和广州市也成立了互联网法院。互联网法院主要审理与互联网有关的合同纠纷、侵权责任纠纷、知识产权纠纷等类案件。由于其审理方式以"全程在线"为基本原则,案件受理、送达、调解、证据交换、庭前准备、庭审、宣判等诉讼环节全程网络化,程序规则和证据规则标准化,审理模式智能化,所以效率很高。值得一提的是,北京互联网法院在案件受理环节还"聘用"了"人工智能法官",协助法官办案。③毫无疑问,人工智能可以成为刑事司法的工具,犹如各种物证技术。但是,人工智能可以成为刑事司法的主体吗?"人工智能法官"可以掌握具体案件的司法裁判权吗?

生成式人工智能"法官"具有超强的自主学习能力,可以掌握运用证据认定案件事实的一般方法。然而,刑事案件是五花八门乃至千奇百怪的,人工智能的设计者无法完全预见,人工智能的机器系统也无法自主习得。更为重要的是,人工智能可以具有人的外形和体能,也可以具有人的脑力,但是很难具有人的心力。心力是人心的力量,是精神意志的力量。它包含了人的性格爱好、道德修养、价值取向,以及社会交往的认知能力和应对能力。在刑事司法中,主体的脑力很重要,心力也很重要。在复杂的刑事案件中,司法裁判者需要良好的心力才能作出公正合理的判决,而这恐怕是人工智能"法官"无法掌握的能力。

---

① 熊秋红:《人工智能与刑事司法:从各执一词到多元平衡》,载《检察日报》,2023年5月24日第3版。

② 参见潘庸鲁:《人工智能介入司法领域路径分析》,载《东方法学》,2018年第3期;纵博:《人工智能在刑事证据判断中的运用问题探析》,载《法律科学》,2019(1)。

③ 参见《百度百科》的"北京互联网法院"词条,https://baike.baidu.com/item/%E5%8C%97%E4%BA%AC%E4%BA%92%E8%81%94%E7%BD%91%E6%B3%95%E9%99%A2/22789000? fr = aladdin,2020年4月15日访问。

　　人工智能产品是人类创造的，但是其经过自主学习所生成的智能却可以超越人类的控制。如果人类任其"疯狂生长"，那就可能成为人类的灾难。就刑事司法而言，人工智能是司法理性的产物，但是有可能脱离预设的轨道，形成不同于人类理性的机器理性，而且可能带有机器人的"傲慢与偏见"。如果任其滥用，也会成为刑事司法的灾难。另外，如果刑事司法裁判过度依赖人工智能并形成惯例，那就可能走向理性司法的反面，造就新的"神明裁判"。总之，我们不能让人工智能成为人类理性的终结者！

　　然而，人工智能已然成为国际流行的"热词"，也是国际组织和各行各业关注的主题。2024 年 3 月 14 日，我收到国际刑法学协会（International Association of Penal Law）主席约翰·沃维拉（John Vervaele）教授的电子邮件，其主要内容是告诉我今年国际刑法学协会年会的主题是"刑事司法系统中的人工智能"。（Please find in attachment and below the information on the AIDP Congress on AI in the criminal justice system.）

　　国际刑法学协会是在国际上很有影响力的非官方学术组织。其分会组织遍布全球，共有会员 6 000 多人。2024 年 6 月下旬，国际刑法学协会在巴黎召开年会。与会者研讨的问题包括刑事责任与人工智能、刑事罪行与人工智能、刑事程序与人工智能、国际刑法与人工智能等。这个大会的研讨主题在一定程度上映射了刑事司法的发展趋势。

　　在此，我们也看到自然科学与社会科学的交织。在人类社会的发展历程中，自然科学的变化往往比社会科学更加积极、更加迅猛，从而对社会科学产生冲击。相对而言，社会科学是比较稳定的，但是也必须跟随自然科学的进步并作出回应。人工智能已然走进人类社会。无论是否愿意，我们都要与之共生。人工智能也为刑事司法提供了新的发展路径，尽管我们尚未看清前景。也许，我们应该接受探索者的说法，我们不是因为看到美好才前行，而是因为前行才能看到美好。

　　各位同学，这可不是我留给你们的思考题哦！

参考文献

（按出版时间排序）

中文书目

1. 张国华主编:《中国法律思想史》,北京,法律出版社,1982 年。

2. 宋慈著:《洗冤集录校译》,杨奉琨校译,北京,群众出版社,1982 年。

3. 陈盛清主编:《外国法制史》,北京,北京大学出版社,1982 年。

4. 巫宇甦主编:《证据学》,北京,群众出版社,1983 年。

5. [苏联]拉·别尔金:《刑事侦察学随笔》,李瑞勤译,北京,群众出版社,1983 年。

6. 贾静涛:《中国古代法医学史》,北京,群众出版社,1984 年。

7. 张晋藩主编:《中国法制史》,北京,群众出版社,1985 年。

8. 于凤玲主编:《刑事侦察教程》,北京,中国人民公安大学出版社,1988 年。

9. 何家弘:《同一认定——犯罪侦查方法的奥秘》,北京,中国人民大学出版社,1989 年。

10. 夏之乾:《神判》,上海,上海三联书店,1990 年。

11. 何家弘等编译:《私人侦探与私人保安》,北京,中国人民大学出版社,1990 年。

12. 陈一云主编:《证据学》,北京,中国人民大学出版社,1991 年。

13. [美]阿尔弗雷德·刘易斯:《血痕弹道指纹探奇》,何家弘译,北京,群众出版社,1991 年。

14.［美］弗雷德·英博等:《审讯与供述》,何家弘等翻译,北京,群众出版社,1992年。

15.董番舆:《日本司法制度》,北京,中国检察出版社,1992年。

16.龚祥瑞:《现代西方司法制度》,北京,北京大学出版社,1993年。

17.何家弘:《毒树之果——美国刑事司法随笔》,北京,中国人民公安大学出版社,1995年。

18.王利明:《司法改革研究》,北京,法律出版社,2000年。

19.张军、姜伟、田文昌:《刑事诉讼:控辩审三人谈》,北京,法律出版社,2001年。

20.何家弘、南英主编:《刑事证据制度改革研究》,北京,法律出版社,2003年。

21.韩波:《法院体制改革研究》,北京,人民法院出版社,2003年。

22.杨宇冠、杨晓春:《联合国刑事司法准则》,北京,中国人民公安大学出版社.2003年。

24.麦高伟、杰弗里·威尔逊主编:《英国刑事司法程序》,姚永吉等翻译,北京,法律出版社,2003年。

25.何家弘主编:《刑事司法大趋势——以欧盟刑事司法一体化为视角》,北京,中国检察出版社,2005年。

26.何家弘主编:《外国刑事司法制度》,北京,中国人民大学出版社,2006年。

27.何家弘主编:《中国的陪审制度向何处去——以世界陪审制度的历史发展为背景》,北京,中国政法大学出版社,2006年。

28.［美］米尔吉安·R.达马斯卡:《比较法视野中的证据制度》,吴宏耀、魏晓娜译,北京,中国人民公安大学出版社,2006年。

29.［英］罗伯特·巴特莱特:《中世纪神判》,徐昕等译,杭州,浙江人民出版社,2007年。

30.［意］切萨雷·贝卡里亚:《论犯罪与刑罚》,黄风译,北京,北京大学出版社,2008年。

31.姚建龙:《超越刑事司法——美国少年司法史纲》,北京,法律出版社,2009年。

32.孙谦:《平和:司法理念与境界——关于法治、检察相关问题的探讨》,北京,中国检察出版社,2010 年。

33. 刘俊杰:《当代中国权力制衡结构研究》,北京,中共中央党校出版社,2012 年。

34. 彭海青:《刑事裁判共识论》,北京,法律出版社,2012 年。

35. 何家弘主编:《迟到的正义——影响中国司法的十大冤案》,北京,中国法制出版社,2014 年。

36. 何家弘:《亡者归来——刑事司法十大误区》,北京,北京大学出版社,2014 年。

37. 何家弘主编:《外国司法判例制度》,北京,中国法制出版社,2014 年。

38. 江必新主编:《最高人民法院刑事诉讼法司法解释理解与适用》,北京,人民法院出版社,2015 年。

39. 何家弘、刘品新主编:《法治国家建设中的司法判例制度研究》(教育部哲学社会科学研究重大课题攻关项目成果),北京,经济科学出版社,2017 年,

40. 王燃:《大数据侦查》,北京,清华大学出版社,2017 年。

41. 卓泽渊:《中国的法治之路》,北京,外文出版社,2018 年。

42. 何家弘:《世界名案证据解密》,北京,人民法院出版社,2023 年。

英文书目

1. Hazel Kerper：*Introduction to the Criminal Justice System* (Second Edition) ,West Publishing Company, 1979.

2. James Levine, Michael Musheno, *Dennis Palumbo：Criminal Justice：a Publice Policy Approach* ,Harcourt Brace Jovanovich, Inc. , 1980.

3. Samuel Walker：*Popular Justice：A History of American Criminal Justice*, Oxford University Press, 1980.

4. Peter De Forest, R. Gaensslen, Henry Lee：*Forensic Science：an Introduction to Criminalistics, McGraw-Hill Series in Criminology and Criminal Justice*, McGraw-Hill Book Company,1983.

5. Peter De Forest, R. Gaensslen, Henry Lee：*Forensic Science：an Introduction to Criminalistics*, McGraw-Hill Series in Criminology and Criminal Justice, McGraw-Hill Book Company,1983.

6. William Andrew Noye：Evidence：*Its History and Policies*, Australia,

Butterworths Pty Ltd, 1991.

7. He Jiahong: *Criminal Prosecution in the PRC and the USA: a Comparative Study*, China Procuratorial Press, 1995.

8. P K Waight and C R Williams: *Evidence, Commentary and Materials* (fifth edition). The Law Book Company Limited (Australia), 1998.

9. Neil Vidmar: *World Jury System*, Oxford University Press, 2000

10. George Cole & Christopher Smith: *The American System of Criminal Justice*, Wadsworth Group, 2001.

11. Mike McConville & Geoffrey Wilson: *The Handboook of the Criminal Justice Process*, Oxford University Press, 2002.

12. Larry Gaines& Roger Miller: *Criminal Justice in Action*, Wadsworth Group, 2003.

13. Mike McConville & Satnam Choongh: *Criminal Justice in China: an Empirical Inquiry*, Edward Elgar Publishing Limited, 2011.

14. He Jiahong, *Back from the Dead: Wrongful Convictions and Criminal Justice in China*, University of Hawai'i Press, 2016.

15. He Jiahong, *Methodology of Judicial Proof and Presumption*, Springer, 2018.

附 录 一

"刑事司法的回顾与展望"研讨会纪要

执笔人：郭佳音（中国人民大学法学院博士生）

2023 年 5 月 14 日，由中国人民大学法学院主办，中国人民大学法学院证据学研究所、中国人民大学刑事法律科学研究中心承办的"刑事司法的回顾与展望"主题研讨会在北京昌平举行。会议邀请了全国刑事司法学术界与实务界的数十位专家学者，共话刑事司法的改革，共谈刑事司法的发展。研讨会的举办恰逢何家弘教授七十岁生日和荣休之际，与会的专家学者也在会上向何家弘教授致以由衷的敬意与诚挚的祝愿。

研讨会第一阶段由中国人民大学法学院李学军教授主持。

中国人民大学法学院陈卫东教授发言。陈卫东教授祝贺何老师荣休，寄语参会的中青年学者要承担起中国法学的未来。接着他回顾了自十五大以来我国的司法改革，深刻指出刑事司法是我国司法改革的重要内容，但历经二十余年改革，现状尚未达到令人完全满意的程度。刑事诉讼法仍然存在条文数量偏少、规定较为粗疏、可操作性不强的缺憾。刑事诉讼结构仍停留在 1979 年《刑事诉讼法》首次颁布时的流水线模式，侦查中心主义仍然存在，由此造成了审查起诉程序和审判程序的功能弱化；以审判为中心的诉讼制度的改革尚未能取得预期的效果，司法实践中一审证人不出庭，二审不开庭两个问题仍然突出，我国法院的刑事审判的能力和水平仍有待提升；除此之外，当前随着适用认罪认罚程序的刑事案件比例已达到 90%，我国刑事司法还存在着检察中心主义的倾向。他指出，现阶段我国刑事司法应将重心放在认真落实现行刑事诉讼法律和相关司法解释的规定上,而未来我国刑事诉讼的改革,一是应将重点放在侦查制度的改革上,探索建立侦查的司法审查等侦查约束机制;二是应积极推动刑事诉讼法典的编纂,通过法典化带来的体例的调整,捋顺侦查、审查起诉、审判三个阶段的职能,切实落实犯罪嫌疑人、被告人和辩护律师的辩护防御功能。

中国社会科学院大学党委副书记、副校长,中国社会科学院研究生院院长王新清教授发言。 王新清教授指出,我国哲学社会科学三大体系(学科体系、学术体系、话语体系)建设的关键点之一是建立自主知识体系。中央政法委已经为刑事司法指明了方向,目标是建立中国特色的刑事司法制度,作为学者要研究与之相配套的中国特色刑事司法理论。他提出了刑事司法公正观、新时代刑事诉讼的目的、刑事诉讼的基本形式(特别是合意式诉讼能否成为刑事诉讼的基本形式)三个具有重大基础性意义的问题。王新清教授重点就刑事司法的公正观发表了自己的观点。他指出,刑事司法的公正包括司法主体的公正、司法程序公正与司法实体的公正,司法主体的公正是司法公正的必要条件和前提,司法程序公正是实体公正的必由路径和刑事司法的价值目标,司法实体公正通过司法主体和司法程序的公正得以实现,三者之间有紧密的逻辑关系,三位一体共同构成司法公正观。他认为新时代的司法公正观是包含侦查、审查起诉、审判三个阶段的整体的司法公正观,是既包括保障人权也包括控制犯罪的全面的司法公正观,是控辩审三方主体在不同诉讼阶段具有不同地位的辩证的司法公正观。王新清教授最后祝贺何家弘教授荣休,祝福何老师荣休后学术之树常青。

北京师范大学法学院卢建平教授发言。 卢建平教授首先祝贺何家弘教授荣休,风趣地回顾了和陈卫东教授、何家弘教授在四十年前成为同学的生活往事,并对改革开放初期中国刑事司法的往事进行了回顾。他指出刑事司法的边界是不确定的,党的二十大报告提出要在法治的轨道上推进国家治理的现代化,我们应当认识到,当前包括犯罪治理在内的我国的国家治理尚未完全实现法治化,未来要推进刑事司法的法治化向着良善的目标迈进仍然任重道远。

浙江大学法学院王敏远教授作主题发言。 王敏远教授首先回顾了和何家弘教授相识、交往的二十余年历程,接着回忆了何家弘教授当年在《法学研究》发表的《让证据走下人造的神坛——试析证据概念的误区》一文对证据概念的批判在学界和刑事立法中所产生的重要影响,以及二十余年前何家弘教授与刘金友教授关于客观真实与法律真实的学术辩论在学界引发的广泛争鸣。他最后谈到当前的学术写作在文风上存在的"玄"的弊病,并以何家弘教授当年组织编辑的《法学家茶座》为例,指出学术论文应当用通俗的语言和常规的表达将学理讲清。

清华大学法学院张建伟教授发言。张建伟教授对中国刑事司法中证据制度的发展进行了回顾,他指出几十年间证据法逐渐在立法中被重视并成为显学,刑事诉讼程序和证据制度向着精致化发展。他同时指出我国证据法的诸多问题。在证明标准方面,随着零口供案件数量增加,实现客观的证明标准的难度提升,建立在口供主义基础上的客观标准未来要向主观标准转变。他指出,证明标准的应用目前存在两大误区:第一,排除合理怀疑重点不在怀疑而在合理,有些案件法院在认定案件事实时存在不合理的第三人想象;第二,疑罪从无原则,重点不在无而在疑罪。模糊事实与证据短缺并不鲜见,但是个别事实的模糊和个别证据的缺失可能并不影响全案的综合判定。他认为何家弘教授提出的短缺证据与模糊事实的命题值得深思,在证据短缺案件事实模糊的情况下是否能综合全案证据对事实进行判定,涉及司法僵化的现象能否得到纠正。在证据规则方面,他认为当前我国证据制度在自白任意性规则、传闻规则和推定体系方面存在疏漏。在司法责任制方面,他认为当前司法责任制片面追究入罪之错、疏于追究出罪之错,在心理上对法官造成束缚,产生了司法机械和僵化的现象。张建伟教授最后指出,对于事实认定的难题,当前研究尚有不足,对于事实认定的经验缺乏累积、缺乏传承,学院派法官的事实认定能力亟待提升。这一方面需要社会经验和法庭经验的长期累积,另一方面可以通过阅读侦探推理的作品获得事实判断的慧眼,何家弘教授的洪律师系列作品就是这方面作品的代表。

中南财经政法大学刑事司法学院杨宗辉教授发言。杨宗辉教授认为可以从刑事司法的理念、刑事司法的制度、刑事司法的运行这三个方面实现刑事司法实体与程序的双公正。在从事刑事司法学科研究的过程中,需要对包括刑法学、刑事诉讼法学、侦查学、犯罪学、犯罪心理学等在内的学科群的发展历程与研究方法进行审视,进行整体式研究,打破学科之间的研究壁垒。杨宗辉教授指出,回顾刑事司法发展历程,要回顾作出重大贡献的代表人物,以砥砺后学。他认为何家弘教授是新中国侦查学科的中流砥柱和带头人,在学科发展、人才培养、社会服务等方面功绩卓越。杨教授风趣地说:"何家弘先生倡刑事一体化发展之要,并身体力行地把侦查学、证据学及证据法学、刑事诉讼法学'玩儿'了一个遍,'玩儿'得很溜,'玩儿'得很深。"他称赞何家弘先生儒雅、大气、仁爱和博学,并称其影响力在刑事司法界、侦察学界是生生不息的。杨宗辉教授回忆了何教授指导、帮助中南大刑事侦查学科发展的历史。他诚挚地表示,何家弘先生不仅是人大的人,也是中南大的人,他代表中南大刑事司法学科的全体同仁向何老师表示感谢,欢迎何老师常回中南大这个"家"看看,并祝何老师身体康健,遵从内心做欢喜之事,江上清风自在游。

国家检察官学院党委副书记杨迎泽教授发言。杨迎泽教授首先祝贺研讨会的召开。本次研讨会正值何家弘教授荣休和七十岁生日,杨迎泽教授祝福何老师生日快乐,并祝福何老师荣休后的生活充满快乐,健康长寿。杨迎泽教授回忆了与何老师相识二十五年的历程,他与何老师既是好友也是邻居。杨迎泽教授称赞何家弘教授是我国刑事证据学的泰斗,为我国刑事司法的完善作出了卓越贡献。他感谢何老师多年来在学术上、工作上的指导与帮助,并代表国家检察官学院党委书记邓云同志对何老师的荣休表示祝贺,欢迎何老师今后继续支持学院的工作。杨迎泽教授最后真挚地说:"何老师不仅在学术方面,更在做人方面树立了好的榜样,是最尊敬的师长和兄长,也是终身学习的楷模。祝福何老师退休生活丰富多彩、幸福美满,永远身体健康。"

德恒律师事务所(北京)党委副书记、副主任、全球合伙人李贵方律师发言。他认为这几十年刑事司法改革实际上就是刑事诉讼制度的改革。首先《刑事诉讼法》的修改取得了令人瞩目的成就。经过几十年发展,我国刑诉法的地位提高到了和刑法一样重要的位置。律师过去主要是实体辩护,现在实体辩护和程序辩护都很重要。第二个成就是证据法地位提升到了刑事诉讼制度的核心位置。查明案件事实就是通过诉讼程序,用证据来证明案件事实,证据法就具有核心的地位,没有证据就谈不到审判、庭审实质化与证据裁判。李贵方律师回顾了德恒律师事务所和何家弘教授及人大证据学研究所共同举办的一百期德恒证据学论坛,称赞论坛取得了巨大成就。对于未来的展望,他认为刑事诉讼制度、刑事司法改革还有很长的路要走,质证实质化、证人出庭,非法证据排除、二审开庭等诸多问题仍亟待解决,需要大家共同努力。李贵方律师指出,只有这些问题都得到实质性解决,我们的刑事司法制度才会更好、更有效,我们法院的判决才能更接近事实,更符合法律,更贴近公正,期待尽快实现这样的目标。

中国人民大学刑事法律科学研究中心主任,中国人民大学法学院时延安教授发言。 时延安教授首先代表中国人民大学刑事法律科学研究中心对何家弘教授的荣休表示祝贺,希望何老师退休后的人生更精彩,并代表中心全体人员向何家弘教授赠送了礼物。时延安教授认为,刑法与刑事司法改革关系密切。他将刑事诉讼法比喻为路,将刑法比喻为车。他指出不能脱离车的情况笼统地谈路的问题,程序和实体应当一起考量。时延安教授认为,刑事司法改革要确立系统的、宏观的思维。具体的路径就是要实现三个方面一体化,首先是刑法、刑事诉讼法、证据法知识的一体化。另外,刑事司法还涉及政治与社会资源的问题,简单地谈一个点的改革并不可行,必须做整体的思考。其次是方法的一体化。当前刑法的学者和刑事诉讼法的学者在话语体系上有较大的偏差,对话困难。原因在于刑法和刑诉法的学者在方法和关注重点上有偏差,一些改革也存在明显的各说各话的问题,很多改革到最后出现了与目标偏离的情况。最后,他认为刑事司法是一个领域,要从不同学科做多元化的思考,作为刑法学者也应经常从证据或者程序角度思考刑事实体法的问题,随着知识的积累,每个学者都更要注重系统的思维方式。

中国人民大学法学院副院长程雷教授发言。 他首先代表中国人民大学法学院向何老师表达了最深切的感谢,称赞何家弘老师是人大法学院最优秀的一批大先生当中的杰出代表,他代表黄文艺院长、杜焕芳书记以及人大法学院的全体老师向何老师致敬,并在会上代表学院向何老师赠送了礼物。程雷教授将几十年以来何家弘教授留给人大法学院的同志们的宝贵财富概括为四点:第一,何老师是一位受人尊重的好老师。何老师认真给学生上好课,因材施教带好学生,把最宝贵的学术财富都留在了课堂上。第二,何老师在学术科研上能够坚持中国意识。当前提出的自主知识体系在何老师身上体现得淋漓尽致,何老师永远都在回应中国问题,引领着学术的创新前沿。何老师开拓的证据法学、反腐败等研究领域现在都成为了热点。第三,更加难能可贵的,何老师是一位真正有国际视野的中国学者。程雷教授回忆了与何老师几次出国的深刻感受。程雷教授指出很多学者在国内都觉得自己有国际视野、懂外语,但没有几个人能像何老师一样,真的能给外国人讲清楚中国的事情并获得他们的认可。最后,何老师在培养学生的健全人格方面给我们很多的启示。何老师是在文学、足球、羽毛球等各方面全面发展的学者,我们都应该向何老师学习。特别期待何老师继续在各个领域给人大法学院的后辈以传承,我们作为晚辈后生也一定会总结好、学习好何老师留给我们的这些宝贵的东西。

中国政法大学证据科学研究院李训虎教授发言。 李训虎教授认为何老师是值得我们学习的大先生,作为晚辈后学,我们一定要继续像何老师这样治学、教书、育人。他为何老师总结了三个关键词,传说、传奇和传承。第一个关键词是传说,他回忆,在山东就读大学期间,在20世纪90年代末网络不发达的时代就了解到了何老师,但当时何老师还是离自己很遥远的传说。他在2001年到人大读书,选修何老师的课程,何老师赠送了《中美检察制度比较研究》一书,这也是李老师人生中拥有的第一部英文学术专著。第二个关键词是传奇,何老师是我们身边的传奇,在座的很多师友都领略过何老师在课堂上、研讨会上以及球场上的风采。通过对何老师进一步的感知和了解,他发现何老师有非常值得我们学习的优秀品质,比如乐观向上、多才多艺。他还在会上分享了一个细节,何老师从卡塔尔回国隔离时,在隔离酒店中依然坚持健身锻炼,何老师的超级自律,值得每一个人学习。最后一个关键词是传承,李训虎教授表示作为晚辈后学,要不断传承、发扬何老师的优秀品质。他最后祝福何老师,七十再出发,未来更精彩。

研讨会第二阶段由最高人民检察院检察理论研究所季美君研究员主持。
何家弘教授在不同时期的学生代表发言,他们发表了参会学习的感受,回忆了多年来与恩师求学与生活中的点滴往事,讲述了毕业后在各行业的成就以及从恩师身上学到的知识与品质,介绍了近年来学术与工作发展的情况,并在发言中不约而同地衷心感谢何老师和师母的深厚恩情。

发言人包括:四川大学法学院张斌教授、浙江省人民检察院法律政策研究室主任王晓霞、西南政法大学刑事侦查学院院长梁坤教授、中南民族大学法学院周遵友教授、中国人民大学法学院伊朗籍博士研究生佳音。

附　录　二
案例索引

（按首字拼音排序）

1. 安徽于英生涉嫌杀妻案,第八讲,第 198 页。

2. 安徽赵新建涉嫌杀人案,第十四讲,第 310 页。

3. 北京绊马索抢劫案,第十一讲,第 258 页。

4. 北京流氓团伙案,第十八讲,第 373 页。

5. 北京入室盗窃伤人案,第十一讲,第 253 页。

6. 北京撬盗保险柜案,第十一讲,第 256 页。

7. 北京赵连荣杀人案,第二十三讲,第 479 页。

8. 北京朱令铊中毒案,第六讲,第 160 页。

9. 重庆李庄妨害司法案,第十九讲,第 395 页。

10. 重庆綦江彩虹桥垮塌案,第十三讲,第 294 页。

11. 东北"二王"抢劫杀人案,第十讲,第 240 页。

12. 法国伯恩斯正当防卫案,第二讲,第 70 页。

13. 法国玛丽投毒杀夫案,第一讲,第 43 页。

14. 福建吴谢宇弑母案,第三讲,第 89 页。

15. 广东孙志刚收容致死案,第十七讲,第 363 页。

16. 广州旋某某故意杀人案,第七讲,第 178 页。

17. 河北聂树斌涉嫌强奸杀人案,第二十四讲,第 483 页。

18. 河北朱凤山故意伤害案,第七讲,第 182 页。

19. 河南错换人生案,第八讲,第 218 页。

20. 河南李怀亮涉嫌杀人案,第十四讲,第 307 页。

21. 河南刘国胜强奸杀人案,第九讲,第 235 页。

22. 河南张金柱交通肇事案,第十四讲,第 303 页。

23. 河南王书金强奸杀人案,第二十四讲,第 487 页。

24. 河南赵作海涉嫌杀人案,第二十讲,第 403 页。

25. 黑龙江孟广虎故意伤害案,第十八讲,第 382 页。

26. 黑龙江石东玉涉嫌杀人案,第十二讲,第 263 页。

27. 黑龙江汤兰兰被轮奸案,第五讲,第 130 页。

28. 黑龙江张金波涉嫌强奸案,第二十二讲,第 437 页。

29. 湖北佘祥林涉嫌杀人案,第二十二讲,第 437 页。

30. 湖南滕兴善涉嫌杀人案,第二十三讲,第 465 页。

31. 互联网公司网络入侵案,第六讲,第 154 页。

32. 甲经理办公室枪击案,第六讲,第 157 页。

33. 吉林张永福涉嫌黑社会团伙案,第二十一讲,第 430 页。

34. 辽宁李永财涉嫌杀人案,第二十二讲,第 437 页。

35. 辽宁刘涌犯罪团伙案,第十九讲,第 392 页。

36. 美国艾尔斯达德入室盗窃案,第十五讲,第 335 页。

37. 美国俄克拉荷马爆炸案,第三讲,第 84 页。

38. 美国警察测谎侦破杀人案,第一讲,第 56 页。

39. 美国警察入室搜查案,第十四讲,第 313 页。

40. 美国夸尔利斯强奸案,第十五讲,第 334 页。

41. 美国李昌钰涉嫌伪证案,第四讲,第 113 页。

42. 美国林肯律师质证案,第八讲,第 191 页。

43. 美国米兰达强奸案,第十五讲,第 331 页。

44. 美国牛津中学枪击案,第四讲,第 118 页。

45. 美国手指强奸案,第四讲,第 123 页。

46. 美国辛普森入室抢劫案,第十三讲,第 289 页。

47. 美国辛普森涉嫌杀妻案,第八讲,第 192 页。

48. 美国杂货店抢劫案,第十三讲,第 280 页。

49. 摸钟辨盗案,第一讲,第 32 页。

50. 所罗门王智断争子案,第一讲,第 32 页。

51. 山东于欢正当防卫案,第七讲,第 184 页。

52. 陕西高玉川贪污案,第十七讲,第 368 页。

53. 山西女婴被踩身亡案,第六讲,第 158 页。

54. 温州田某某故意杀人案,第七讲,第 179 页。

55. 杨乃武与小白菜案,第一讲,第 35 页。

56. 杨评事巧破图财害命案,第一讲,第 39 页。

57. 扬州刺史智断争儿案,第一讲,第 33 页。

58. 英国公交车撞人赔偿案,第八讲,第 213 页。

59. 英国海难吃人案,第十四讲,第 302 页。

60. 英国黑人强奸老妇案,第十五讲,第 337 页。

61. 英国牧师强奸案,第二讲,第 66 页。

62. 云南杜培武涉嫌杀人案,第十五讲,第 319 页。

63. 赵某持枪抢劫储蓄所案,第六讲,第 165 页。

64. 浙江张氏叔侄涉嫌杀人案,第十六讲,第 340 页。

65. 舟山法院神誓案,第一讲,第 33 页。

后　记

　　2024年1月3日，中国人民大学给老教师举办隆重的荣休仪式，党委书记和校长亲自为我们颁发荣休证书。这为我在人大38年的教学生涯画上了一个圆满的句号。不过，我很快就有了新的工作。

　　退休之后，我收到一些高校的邀请。经过协商，我接受了中南财经政法大学（简称"中南大"）的聘请，担任"文澜学者"特邀教授。中南大是国家重点大学，其前身之一湖北财经学院还是我国在"文革"后首批招收法学本科生的三所大学之一（1977年，另外两所是北京大学和吉林大学）。

　　4月中旬，我来到武汉，与中南大有关部门的领导协商聘任的具体事宜，同时给刑事司法学院的学生做了一场讲座，主题是"刑事司法第一课"。

　　6月中旬，我再次来到武汉。中南大的党委书记给我颁发了聘书。我又给刑事司法学院的研究生做了一场讲座，主题是"足坛的腐败与反腐败"。我还参加了中南大主办的第七届法庭科学发展国际研讨会，主题是"认知法庭科学与智慧司法"。我担任了第一节研讨会的主持人，发言人是来自中国、韩国、美国和爱尔兰的专家学者。

　　这一次，妻子与我同行。我们抽空游览了南湖、东湖和宝通禅寺。另外，我还与中南大的教师打了一场羽毛球。总之，这次武汉之行，很充实，很愉快，就是天气很热。

　　周日下午回到北京后，我稍事休息，就在小区内跑步两公里。晚上与家人团聚，我照例喝了一杯红酒。赋诗为证——

　　燕山愚公不言休，南湖老荷生新藕。

探求法治四十载,报效祖国五十秋。

打球跑步喝小酒,健康快乐能长久。

夫妻携手度金婚,潇洒人生一轮游。

已然履新,我就要开始工作。于是,我就利用暑假,全力以赴修改这部书稿。我希望能在中南大开设一门新课,名称就定为"刑事司法通识课"。我还希望,中南大年富力强的教授可以承担这门课的讲授,以使它在中南大流传下去,成为精品课程。而我的任务就是要把这门课的教材写好,让师生都爱用。

今年夏天,北京酷热。不过,我终于给这本书画上了句号。

在此,我要感谢清华大学出版社,特别要感谢刘晶编辑为本书出版所做的努力。我也要感谢帮助我录制"刑事司法解密"课程的"瞰法人"徐晶、李元格和赵振宇。我还要感谢人大法学院博士生郭佳音,他不仅执笔了本书附录之一,还参与了课后思考题的讨论。

该说的话都说了,我也就该下课了。

何家弘

2024 年 8 月写于北京世纪城痴醒斋